KB084863

펼쳐 보면 느껴집니다

단 한 줄도 배움의 공백이 생기지 않도록
문장 한 줄마다 20년이 넘는
해커스의 영어교육 노하우를 담았음을

덮고 나면 확신합니다

수많은 선생님의 목소리와
정확한 출제 데이터 분석으로 꽉 찬
교재 한 권이면 충분함을

해커스북 중·고등
HackersBook.com

해커스 수능 어법 불변의 패턴 <u>필수편</u> 이 **특별한** 이유!

수능·내신에 나오는 어법은 모두 다 잡으니까!

1

역대 수능·모의고사 기출
완벽 분석으로 출제의도를 파고드는
55개의 불변의 패턴

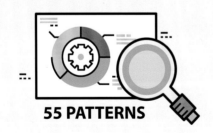

55 PATTERNS

2

출제포인트와 함정까지
빈틈없이 대비하는
기출 예문 및 기출 문제

해커스 수능 어법 불변의 패턴

필수편   실력편

어떤 변수에도 흔들리지 않는 진짜 내 실력이 되니까!

3

기초 문법부터 실전 어법까지
제대로 된 어법 실력을 쌓는
단계별 학습 구성

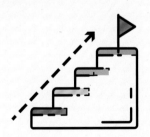

4

엄선된 문항을 풀기만 하면
패턴이 저절로 외워지는
워크북 및 영작 워크시트

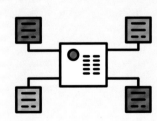

해커스 수능 어법 불변의 패턴 시리즈를 검토해주신 선생님들

경기
강상훈 RTS학원/수원대치명문
우재선 리더스학원
이창석 정현영어학원
최지영 다른영어학원

경남
권장미 인서울영어학원
김상훈 청어람
이현란 헬렌아카데미
조유진 리딩온어학원
황은영 에이블어학원

대전
이재근 이재근영어수학학원

서울
이현아 이은재 어학원
최세아 씨앤씨학원

세종
주현아 너희가꽃이다입시학원

전북
정석우 정석우영어학원

충남
노성순 천안공업고등학교

해커스 어학연구소 자문위원단 3기

강원
박정선 잉글리쉬클럽
최현주 최샘영어

경기
강민정 김진성열정영어학원
강상훈 평촌RTS학원
강지인 강지인영어학원
권계미 A&T+ 영어
김미아 김쌤영어학원
김설화 업라이트잉글리쉬
김성재 스윗스터디학원
김세훈 모두의학원
김수아 더스터디(The STUDY)
김영아 백송고등학교
김유경 벨트어학원
김유경 포시즌스어학원
김유동 이스턴영어학원
김지숙 위디벨럽학원
김지현 이지프레임영어학원
김해빈 해빛영어학원
김현지 지앤비영어학원
박가영 한민고등학교
박영서 스윗스터디학원
박은별 더킹영수학원
박재홍 록키어학원
성승민 SDH어학원 불당캠퍼스
신소연 Ashley English
오귀연 루나영어학원
유신애 에듀포커스학원
윤소정 ILP이화학원
이동진 이룸학원
이상미 버밍엄영어교습소
이연경 명품M비욘드수학영어학원
이은수 광주세종학원
이지혜 리케이온
이진희 이엠원영수학원
이충기 영어나무
이효명 갈마리드앤톡영어독서학원
임한글 Apsun앞선영어학원
장광명 엠케이영어학원
전상호 평촌이지어학원
전성훈 훈선생영어교실
정선영 코어플러스영어학원
정준 고양외국어고등학교
조연아 카이트학원
채기림 고려대학교EIE영어학원
최지영 다른영어학원
최한나 석사영수전문
최희정 SJ클쌤영어학원
현지환 모두의학원

홍태경 공감국어영어전문학원

경남
강다훤 더(the)오르다영어학원
라승희 아이작잉글리쉬
박주언 유니크학원
배송현 두잇영어교습소
안윤서 어썸영어학원
임진희 어썸영어학원

경북
권현민 삼성영어석적우방교실
김으뜸 EIE영어학원 옥계캠퍼스
배세왕 비케이영수전문고등관학원
유영선 아이비티어학원

광주
김유희 김유희영어학원
서희연 SDL영어수학학원
송수일 아이리드영어학원
오진우 SLT어학원수학원
정영철 정영철영어전문학원
최경옥 봉선중학교

대구
권익재 제이슨영어
김명일 독학인학원
김보곤 베스트영어
김연정 달서고등학교
김혜란 김혜란영어학원
문애주 프렌즈입시학원
박정근 공부의힘pnk학원
박희숙 열공열강영어수학학원
신동기 신통외국어학원
위영선 위영선영어학원
윤창원 공터영어학원 상인센터
이승현 학문당입시학원
이주현 이주현영어학원
이헌욱 이헌욱영어학원
장준현 장쌤독해종결영어학원
주현아 민샘영어학원
최윤정 최강영어학원

대전
곽선영 위드유학원
김지운 더포스둔산학원
박미현 라시움영어대동학원
박세리 EM101학원

부산
김건희 레지나잉글리쉬 영어학원
김미나 위드중고등영어학원
박수진 정모클영어국어학원
박수진 지니잉글리쉬
박인숙 리더스영어전문학원
옥지윤 더센텀영어학원
윤진희 위니드영어전문교습소
이종혁 진수학원
정혜인 엠티엔영어학원
조정래 알파카의영어농장
주태양 솔라영어학원

서울
Erica Sull 하버드브레인영어학원
강고은 케이앤학원
강신아 교우학원
공현미 이은재어학원
권영진 경동고등학교
김나영 프라임클래스영어학원
김달수 대일외국어고등학교
김대니 채움학원
김문영 창문여자고등학교
김정은 강북뉴스터디학원
김혜경 대동세무고등학교
남혜원 함영원입시전문학원
노시은 케이앤학원
박선정 강북세일학원
박수진 이은재학원
박지수 이플러스영수학원
서승희 함영원입시전문학원
양세희 양세희수능영어학원
우정용 제임스영어앤드학원
이박원 이박원어학원
이승혜 스텔라영어
이정욱 이은재영어학원
이지연 중계케이트영어학원
임예찬 학습컨설턴트
장지희 고려대학교사범대학부속고등학교
정미라 미라정영어학원
조민규 조민규영어
채가희 대성세그루영수학원

울산
김기태 그라티아어학원
이민주 로이아카데미
홍영민 더이안영어전문학원

인천
강재민 스터디위드제이쌤
고현순 정상학원
권효진 Genie's English
김솔 전문과외
김정아 밀턴영어학원
서상천 최정서학원
이윤주 트리플원
최예영 영웅아카데미

전남
강희진 강희진영어학원
김두환 해남맨체스터영수학원
송승연 송승연영수학원
윤세광 비상구영어학원

전북
김길자 맨투맨학원
김미영 링크영어학원
김효성 연세입시학원
노빈나 노빈나영어전문학원
라성남 하포드어학원
박재훈 위니드수학지앤비영어학원
박향숙 STA영어전문학원
서종원 서종원영어학원
이상훈 나는학원
장지원 링컨더글라스학원
지근영 한솔영어수학학원
최성령 연세입시학원
최혜영 이든영어수학학원

제주
김랑 KLS어학원
박자은 KLS어학원

충남
김예지 더배움프라임영수학원
김철홍 청경학원
노태겸 최상위학원

충북
라은경 이화윤스영어교습소
신유정 비타민영어클리닉학원

수능·내신 한 번에 잡는 어법 기본서

해커스
수능 어법
불변의
패턴 필수편

Ⅲ 해커스 어학연구소

Contents

CHAPTER 01 주어-동사 수 일치

CHAPTER 02 동사의 시제

CHAPTER 03 동사의 능동태·수동태

CHAPTER 04 조동사와 가정법

CHAPTER 05 준동사

책의 특징과 구성

1 수능에서 내신까지 기출 어법 학습을 빠르게 끝낼 수 있습니다.

역대 수능, 모의고사, 내신 시험 기반의 빅데이터에서 추출한 기출 포인트와 기출 문장들 위주로
빠르게 어법 학습을 끝낼 수 있습니다.

○ 핵심 기출 포인트를 총정리한
불변의 패턴 01 ~ 55

시험에 항상 나오는 핵심 포인트들을 문제 풀이에 바로 적용할 수 있는 불변의
패턴으로 정리하였습니다. 55개의 불변의 패턴들만 익혀두면 쉽고 빠르게 어
법 학습을 끝낼 수 있습니다.

○ 기출 함정과 관용표현도 꽉 잡는
TIP & 함께 알아두기

시험에 자주 나오는 함정과 헷갈리는 어법, 외워두면 바로 정답이 되는 기출 관
용표현까지 놓치지 않고 함께 학습할 수 있습니다.

○ 기출 문장과 유형으로 문제 풀이 연습을 할 수 있는
예문과 문제

수능, 모의고사에 실제로 나왔던 문장을 수록하였으며, 수능은 물론 내신 시험
에 출제되는 유형과 서술형 문제까지 연습할 수 있습니다.

○ 수능 기출까지 완벽하게 마무리하는
12 대표 문제로 끝내는 수능 어법 문제 완전 정복

수능 기출 문제를 통한 패턴 적용 풀이를 익혀보며 수능 실전을 위한 학습까지
완벽하게 마무리 할 수 있습니다.

2 기본부터 실전까지 체계적인 반복 학습이 가능합니다.

체계적인 구성을 통하여 고등 어법의 기초부터 수능 실전 어법까지 단계별로 난이도를 높여가며
반복 학습할 수 있습니다.

처음부터 차근차근, 초보도 문제 없는
기본 개념 마스터하기 & 알고 갈 기초 문법

핵심 기출 어법 학습에 필요한 문법 용어의 개념과 기초 문법을 통해 누구나
쉽게 학습을 시작할 수 있습니다.

짧은 문장부터 긴 실전 지문까지 체계적으로 연습하는
패턴 연습문제 & Mini TEST & 어법 만점 TEST

한 패턴마다, 4페이지마다, 그리고 한 챕터마다, 문장부터 실전 길이의 지문까
지 체계적으로 발전하는 난이도의 문제를 누적해서 풀어보며 실력을 향상 시
킬 수 있습니다.

풀기만 하면 저절로 복습이 되는
워크북

본책의 패턴들을 다시 한번 정리하고, 추가 연습문제들과 실전 테스트까지 풀
어보며 완벽한 복습을 할 수 있습니다.

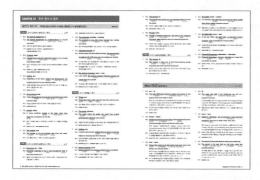

완벽한 이해와 복습을 돕는
정답·해설·해석·어휘

이해하기 쉬운 자세한 해설과 오답분석을 제공하여 읽기만 해도 완벽한 복습
을 할 수 있으며, 문제마다 패턴 표시를 제공하여 어떤 패턴을 다시 학습하면
좋을지 점검할 수 있습니다.

수능 어법 문제 출제 경향 및 풀이 전략

1. 수능 어법 문제 유형

지문에서 밑줄 친 특정 단어나 어구 ①~⑤ 중 어법상 틀린 것을 고르는 유형으로 영어 영역 전체 45문항 중 1문항이 출제된다.

기출 문제 예시

> 29. 다음 글의 밑줄 친 부분 중, 어법상 틀린 것은?　　　　　　　　2021학년도 수능 (2020년 12월 시행)
>
> Regulations covering scientific experiments on human subjects are strict. Subjects must give their informed, written consent, and experimenters must submit their proposed experiments to thorough examination by overseeing bodies. Scientists who experiment on themselves can, functionally if not legally, avoid the restrictions ① associated with experimenting on other people. They can also sidestep most of the ethical issues involved: Nobody, presumably, is more aware of an experiment's potential hazards than the scientist who devised ② it. Nonetheless, experimenting on oneself remains ③ deeply problematic. One obvious drawback is the danger involved; knowing that it exists ④ does nothing to reduce it. A less obvious drawback is the limited range of data that the experiment can generate. Human anatomy and physiology vary, in small but significant ways, according to gender, age, lifestyle, and other factors. Experimental results derived from a single subject are, therefore, of limited value; there is no way to know ⑤ what the subject's responses are typical or atypical of the response of humans as a group.
>
> *consent: 동의　**anatomy: (해부학적) 구조　***physiology: 생리적 현상

2. 역대 수능 어법 문제 출제 경향

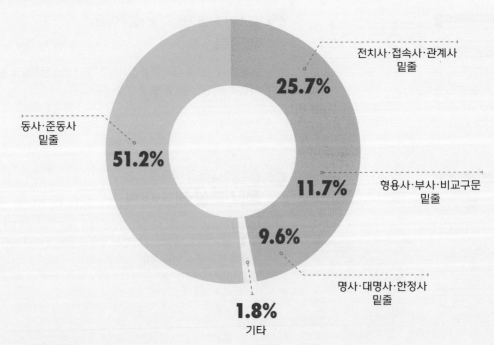

전치사·접속사·관계사
밑줄
25.7%

동사·준동사
밑줄
51.2%

형용사·부사·비교구문
밑줄
11.7%

명사·대명사·한정사
밑줄
9.6%

1.8%
기타

각각의 문제는 다음과 같은 사항을 주로 물었다.

동사·준동사 밑줄	• 밑줄 친 자리에 동사와 준동사 중 바른 것이 왔는가? • 동사의 수/시제/태 등이 바른가? • 동명사/to부정사/분사 중 적절한 준동사가 왔는가? • 준동사의 능동형·수동형·부정형 등이 바른 형태로 왔는가?
명사·대명사·한정사 밑줄	• 가산명사 또는 불가산명사가 바른 형태로 쓰였는가? • 단수형과 복수형 중 적절한 것으로 쓰였는가? • 대명사와 한정사는 그것이 가리키거나 수식하는 명사에 맞는 것이 왔는가?
형용사·부사·비교구문 밑줄	• 형용사나 부사 중 바른 것이 왔는가? • 원급/비교급/최상급 비교구문의 형태가 바른가?
전치사·접속사·관계사 밑줄	• 전치사와 부사절 접속사 중 바른 것이 왔는가? • 명사절 접속사와 관계사 중 바른 것이 왔는가?
기타	• 여러 가지를 나열·반복하는 규칙(병렬과 생략)이 바르게 적용되었는가? • 특수한 어순 규칙(어순과 도치)을 잘 따르고 있는가?

3. 수능 어법 문제 특징 및 풀이 전략

- **단편적인 문법적 지식만으로 풀기보다는 여러 문법 사항을 함께 고려해서 풀어야 한다.**
  예를 들어 밑줄 친 단어가 동사라면, 밑줄 친 곳이 동사 자리가 맞는지, 주어에 수 일치하는지, 시제나 능동태·수동태가 바른지 등을 함께 확인해야 한다.

- **다양한 쓰임새와 의미를 가진 단어가 자주 출제되므로 문장 전체의 구조와 문맥을 확인하고 풀어야 한다.**
  예를 들어 that은 대명사, 한정사, 부사, 명사절 접속사, 관계사 등 다양한 역할을 할 수 있고, 각각이 올 수 있는 자리와 의미가 다르다. 따라서 that이 속한 문장 전체의 구조와 문맥을 파악하여, that이 바르게 쓰인 것인지 확인해야 한다.

- **자주 출제되는 포인트 위주로 익혀두면 비교적 쉽게 정답을 맞힐 수 있다.**
  수능 어법 문제는 여러 문법 사항과 문맥 등을 고려해서 풀어야 한다는 점에서 어렵게 느껴질 수 있지만, 자주 출제되는 포인트들이 정해져 있다. 따라서 이러한 포인트들을 정리한 55개 불변의 패턴을 잘 익혀두면 정답을 쉽게 맞힐 수 있다.

기본 개념 마스터하기

1. 품사

명사

사람, 사물, 추상적인 감정 등 모든 것의 이름이다.

가산명사

명사 중 수를 셀 수 있는 것들을 가리키는 명사를 가산명사라고 한다.
가산명사는 하나일 때는 단수, 둘 이상일 때는 복수로 써야 한다.

단수	a book	one child	a room	an apple
복수	books	two children	many rooms	a few apples

I had **an apple** and **a sandwich** for breakfast.
Jane has **three books** and **many pens** in her bag.

불가산명사

명사 중 수를 셀 수 없는 것들을 가리키는 명사를 불가산명사라고 한다.
불가산명사는 수를 셀 수 없기 때문에 단수로 a(n)/one 등과 함께 쓸 수 없고, 끝에 -(e)s가 붙은 복수형으로도 쓸 수 없다.

고유명사

고유명사란 인명, 지명과 같이 **세상에 하나밖에 없는 고유한 것의 이름**이다.
ex Yuna, David, Seoul, Korea, the Amazon
David lives in **Seoul**, which is the capital of **Korea**.

추상명사

추상명사란 사랑, 슬픔 등 **실제 형태가 없는 추상적인 개념의 이름**이다.
ex love, sadness, anger, joy
Anger is a strong emotion.

물질명사

물질명사란 공기, 물처럼 **고정된 형태가 없어 모양이 다양하게 바뀌는 물질의 이름**이다.
'가구'나 '돈'처럼 모양이 다른 다양한 종류의 것들을 포괄적으로 가리키는 명사들도 포함한다.
ex air, water, sugar, snow, furniture, jewelry, money
Snow fell from the sky.
Tom bought **furniture** for his new house.

대명사

이름 대신 '그/그들', '이것/저것' 등으로 대신 가리키는 말이다.

인칭대명사

인칭대명사는 **특정한 사람이나 사물을 가리키는 대명사**로, 가리키는 대상의 인칭/성별/역할에 따라 형태가 다르다.

인칭	수	주격	소유격 (~의)	목적격	소유 대명사 (~의 것)	재귀대명사 (~자신, 스스로)
1인칭	단수	I	my	me	mine	myself
1인칭	복수	we	our	us	ours	ourselves
2인칭	단수	you	your	you	yours	yourself
2인칭	복수	you	your	you	yours	yourselves
3인칭	단수(남성)	he	his	him	his	himself
3인칭	단수(여성)	she	her	her	hers	herself
3인칭	단수(사물)	it	its	it	-	itself
3인칭	복수	they	their	them	theirs	themselves

Tom gave **me** a present. **It** was a necklace.
She introduced **herself** to **my** friends.

지시·부정대명사

지시대명사는 **특정한 대상을 지시하는 대명사**이며, 부정대명사는 앞서 말한 명사의 반복을 피하기 위해 쓰지만, **특정한 대상이 아닌 불특정한 대상을 가리키는 대명사**이다.

지시대명사	this/these	that/those		
부정대명사	all	most	few/a few	little/a little
	one(s)	another	other	
	both	either	neither	
	some	any	none	
	-thing/-body/-one (something/anybody 등)			

That is my father's car, and **this** is my bike.
I drew **some** of the pictures. You can have **one** if you want to.

※ 대부분의 지시·부정대명사는 명사 앞에 와서 명사의 수량 또는 범위를 한정해 주는 한정사이기도 하며, 한정사는 명사를 수식한다는 점에서 형용사로 보기도 한다.

These are really beautiful flowers.
대명사

These flowers are really beautiful.
한정사(형용사) 명사

Both are famous baseball players.
대명사

Both baseball players are famous.
한정사(형용사) 명사

동사

행위/동작을 나타내거나, 상태/존재를 서술하는 말이다. 동사는 주어가 단수인지 복수인지, 동사가 나타내는 행위가 언제 일어난 일인지 등에 따라 형태가 다양하게 변한다.

be동사

be동사는 '~이다', '(~에) 있다'의 뜻으로, **상태/존재를 서술하기 위한 동사**이다.

원형	현재형	과거형
be	am/is/are	was/were

Sean **is** a high-school student.
They **were** at the soccer stadium yesterday.

일반동사

일반동사는 '뛰다', '걷다'와 같이 **일반적인 행위/동작을 나타내거나**, '가지고 있다', '좋아하다'와 같이 **상태를 나타내는 동사**이다.

ex	원형	현재형	과거형
	run	run/runs	ran
	walk	walk/walks	walked
	have	have/has	had
	like	like/likes	liked

The cheetah **runs** very fast and **goes** hunting during the day.
My brother **had** a robot that he really **liked**.

조동사

조동사는 동사 앞에서 **동사를 돕는 동사**로, 기능적 도움을 주는 조동사와 의미적 도움을 주는 조동사가 있다.

기능 조동사

기능적 도움을 주는 조동사는 **부정문이나 의문문을 만드는 기능을 하는 조동사**로, do/be/have동사가 있다.

Are you watching television right now?
Have you been to Thailand?
I **wasn't** able to finish my homework because I **didn't** have enough time.

의미 조동사

의미적 도움을 주는 조동사는 **동사에 '~할 수 있다', '~해야 한다'와 같은 의미를 더하는 조동사**로 can/may/must/should 등이 있으며, 동사원형 앞에 온다.

Jamie **can** play the violin.
You **should** brush your teeth before going to bed.

준동사

동사의 형태가 변해서 동사가 아닌 명사/형용사/부사 등의 역할을 하는 것이다. 준동사에는 동명사·to부정사·분사(현재분사 또는 과거분사)가 있다.

동명사

동명사는 **동사 끝에 -ing가 붙은 형태로, '~하기', '~하는 것'과 같은 뜻이며, 명사 역할을 한다.**

ex) **talk** 이야기하다 → **talking** 이야기하는 것　　**write** 쓰다 → **writing** 쓰기

I enjoy **talking** with my friends.

to부정사

to부정사는 「**to + 동사원형」 형태로, 명사/형용사/부사 등 다양한 역할을** 하며, 역할에 따라 다양한 의미를 갖는다.

명사 역할	'~하기', '~하는 것'	**To steal** other people's belongings is a crime.
형용사 역할	'~하는', '~할'	My sister brought <u>a snack to eat</u>.
부사 역할	'~하기 위해'(목적)	Sam studied hard **to pass** the test.
	'~해서'(이유)	I'm so happy **to meet** you.
	'~하다니'(판단의 근거)	He must be kind **to help** the old people.
	'~하기에'(형용사 수식)	My coffee is too hot **to drink**.
	'(~한 결과) ~하다'(결과)	Amy grew up **to be** a scientist.

분사

분사는 **동사 끝에 -ing가 붙은 현재분사와 -ed가 붙거나 불규칙하게 변하는 과거분사로 나뉘며, 형용사의 역할을 한다.**

현재분사

현재분사는 **'~하고 있는', '~하는'의 진행/능동의 의미를 가진 분사이다.**

ex) **jump** 뛰다 → **jumping** 뛰고 있는, 뛰는
　　sit 앉다 → **sitting** 앉아 있는, 앉는

We watched the **jumping** rabbit.

과거분사

과거분사는 **'~해진', '~된'의 완료/수동의 의미를 가진 분사이다.**

ex) **lock** 잠그다 → **locked** 잠겨진, 잠긴
　　break 깨뜨리다, 부수다 → **broken** 깨진, 부서진

I tried to find the key for the **locked** door.

※ 분사는 분사구문으로 쓰여 '언제/왜' 등을 의미하는 부가적인 정보를 제공하는 부사의 역할을 하기도 한다.

Cleaning my room, I always listen to music. (= When I clean my room, I always listen to music.)

Disturbed by the noise, Jake couldn't concentrate well.

(= Because Jack was disturbed by the noise, he couldn't concentrate well.)

형용사 명사를 앞/뒤에서 수식하거나, 사람이나 사물의 성질/상태 등을 설명하는 보어 역할을 하는 말이다.

명사 수식　　He is a **famous** actor.

　　　　　　There is a cat **asleep** under the chair.

보어 역할　　The movie was **scary**.
　　　　　　　주어　　동사　주격보어

　　　　　　The gold medal made Jenny **proud**.
　　　　　　　주어　　　　동사　목적어　목적격보어

부사 명사 이외의 것을 수식하여, '언제/어디에서/어떻게/왜' 등의 부가적인 정보를 제공하는 수식어이다.

Since his bus came **very** late, he had to walk **quickly** to arrive on time.

Unfortunately, this year's festival has been canceled.

전치사 명사(구) 앞에 오는 at, in 등과 같은 말로, 명사(구)와 함께 형용사 역할을 하거나, 부사처럼 부가적인 정보를 제공하는 역할을 한다.

형용사 역할　　The children **at** the playground look happy.

부사 역할　　I visited my grandparents **during** vacation.

　　　　　　Jake goes to school **by** bus.

접속사

'접속'이란 말에서 알 수 있듯이, 어떤 것을 다른 것에 연결하는 말이다.

등위접속사

등위접속사는 단어와 단어, 구와 구, 절과 절을 대등하게 연결하는 접속사이다.
and/but/or가 등위접속사에 포함된다.

He prepared <u>flowers</u> **and** <u>presents</u>.
　　　　　　　단어　　　　　　단어

Her hobby is not <u>swimming in the pool</u> **but** <u>surfing at the beach</u>.
　　　　　　　　　　　명사구　　　　　　　　　　　　명사구

You can <u>walk to the museum</u>, **or** <u>I can take you in my car</u>.
　　　　　　절　　　　　　　　　　　　　절

종속접속사

종속접속사는 절과 절을 연결하되, 하나의 절을 다른 절의 일부 성분으로 종속되는 상태로 연결하는 접속사이다. 종속접속사에는 명사절 접속사와 부사절 접속사가 있다.

명사절 접속사

명사절 접속사는 하나의 절이 명사처럼 다른 절의 주어/목적어/보어 역할을 하도록 연결하는 접속사이다.

<u>**What** we have to do</u> will take a long time.
　　　　주어

I noticed <u>**that** Peter ate my hamburger</u>.
　　　　　　　목적어

My concern is <u>**whether** she will arrive on time</u>.
　　　　　　　　　　보어

부사절 접속사

부사절 접속사는 하나의 절이 부사처럼 '언제/왜' 등의 부가적인 정보를 제공하는 수식어 역할을 하도록 연결하는 접속사이다.

I always drink tea <u>**when** it rains</u>.
　　　　　　　수식어(언제)

Frank went to bed early <u>**because** he was so tired</u>.
　　　　　　　　　　수식어(왜)

함께 익혀둘 **문법 개념**

의문사

묻고자 하는 것을 가리키는 말로, what/which/who(m)/whose 또는 when/where/how/why 등을 가리킨다.

의문대명사

의문대명사는 **묻고자 하는 것이 사람/사물 등의 명사일 때 쓰는 what/which/who(m)/whose**를 가리킨다. 의문대명사는 명사를 대신하는 대명사 역할을 하므로, 문장에서 주어/목적어/보어 역할을 한다.

What is hanging on the wall? – It is a portrait.
Who is that girl over there? – She is my younger sister.

※ what/which/whose는 형용사와 같이 명사 앞에 올 수도 있으며, 이때 의문형용사라고 부른다.
  Which bag do you prefer? – The black one.
  Whose bike is it? – It's mine.

의문부사

의문부사는 **묻고자 하는 것이 '언제/어디서/어떻게/왜' 등의 정보를 나타내는 부사일 때 쓰는 when/where/how/why**를 가리킨다. 부사와 같이 문장에서 부가적인 수식어 역할을 한다.

Where did you go last summer? – I went to the beach.
Why didn't you come to the party? – I had to finish my homework.

관계사

두 문장의 공통적인 요소 중 하나를 대신하면서, 그 두 문장을 한 문장으로 연결하는 말로, which/who(m)/that 또는 when/where/why/how 등을 가리킨다. 관계사로 연결한 절은 앞에 있는 명사를 수식하거나, 명사에 대해 부연 설명하는 역할을 한다.

관계대명사

관계대명사는 **주어/목적어 등을 대신하는 which/who(m)/that**을 가리킨다.

I have a friend . + He is from Canada.
▶ I have a friend **who[that]** is from Canada.

The crown is expensive. + It is made of gold.
▶ The crown **which[that]** is made of gold is expensive.

관계부사

관계부사는 **'언제/어디서/왜/어떻게' 등을 나타내는 부사를 대신하는 when/where/why/how**를 가리킨다.

Do you remember the day ? Jessica won the award that day .
▶ Do you remember **the day** **when** Jessica won the award?

The station is on Main Street. You can take an express train there .
▶ **The station** **where** you can take an express train is on Main Street.

2. 구와 절

구

2개 이상의 단어가 모여 하나의 품사 역할을 하는 덩어리를 이루는 것으로, 명사구, 형용사구, 부사구가 있다.

명사구

명사구는 명사와 같은 역할을 하는 어구로, 주어/목적어/보어 자리에 쓸 수 있다. 동명사, to부정사, 「의문사 + to부정사」 등이 명사구에 속한다.

Exercising regularly is important.
　　　　주어

Mark wants **to be a pilot** in the future.
　　　　　　목적어

The question is **how to find the stolen wallet**.
　　　　　　　　보어

형용사구

형용사구는 형용사와 같은 역할을 하는 어구로, 명사를 수식하거나 보어 자리에 쓸 수 있다. 「전치사 + 명사(구)」, to부정사, 분사 등이 형용사구에 속한다.

The ships **in the harbor** are ready for departure.

I need a friend **to share my secrets with**.

The new video game seemed **more fascinating** than it actually was.
　　주어　　　　　　동사　　　　주격보어

부사구

부사구는 부사와 같은 역할을 하는 어구로, 명사 이외의 것을 수식하면서 '언제/어디에서/왜' 등의 부가적인 정보를 제공하는 수식어이다. 「전치사 + 명사(구)」, to부정사, 분사구문 등이 부사구에 속한다.

He was dancing **on the stage**.
　　　　　　수식어(어디에서)

She took a plane **to go to Hawaii**.
　　　　　　　수식어(왜)

I like eating popcorn **when watching movies**.
　　　　　　　　수식어(언제)

절

「(주어) + 동사」가 포함된 여러 단어가 모여 하나의 역할을 하는 덩어리를 이루는 것으로, 크게 등위절과 종속절이 있으며, 종속절은 다시 명사절, 형용사절, 부사절로 나뉜다.

등위절

등위절은 and/but/or(등위접속사)로 대등하게 연결된 절을 가리킨다.

I went to the gym and **I exercised for an hour**.
　　　절　　　　　　　　　　　절

You can buy the book or **you can borrow it from the library**.
　　　절　　　　　　　　　　　　절

종속절

종속절은 종속접속사와 관계사로 연결되어, 주어/목적어/보어/수식어 등 다른 절의 일부로서 역할을 하는 절을 가리킨다.

명사절

명사절은 명사와 같이 주어/목적어/보어 자리에 쓸 수 있는 절로, that/what 등의 명사절 접속사가 이끄는 절을 가리킨다.

I couldn't believe **that he lied to me**.
　　　　　　　　　　목적어

What made our life comfortable is the discovery of electricity.
　　　주어

형용사절 = 관계절

형용사절은 형용사와 같이 앞에 있는 명사(선행사)를 수식하는 절로, who/which/that/where 등의 관계사가 이끌기 때문에 관계절이라고도 불린다.

I traveled to France with my friend **who speaks French very well**.

Mary left the town **where she spent her childhood**.

부사절

부사절은 부사와 같이 명사 이외의 것을 수식하면서 '언제/왜' 등의 부가적인 정보를 제공하는 절로 when/while/if/because 등의 부사절 접속사가 이끄는 절을 가리킨다.

Jack washed the dishes **while I swept the floor**.
　　　　　　　　　　　수식어(언제)

If you bring your student ID, you'll get a discount.
　　수식어(조건)

3. 문장 성분과 5형식

문장 성분

하나의 문장을 구성하는 요소들을 가리킨다. 문장 성분에는 필수 성분과 수식어가 있다.

필수 성분

주어, 동사, 목적어, 보어와 같이 문장을 구성하는데 필수적으로 있어야 하는 요소들을 필수 성분이라고 부른다.

주어

주어(Subject)는 **문장의 주체**를 가리킨다. 명사나 대명사, 명사구와 명사절처럼 명사 역할을 하는 것들이 주어 자리에 올 수 있다.

The boy is running in the playground.
　주어(S)

동사

동사(Verb)는 **주어의 행위나 상태를 나타내는 말**이다.

Mr. Smith **teaches** math in school.
　주어(S)　　동사(V)

목적어

목적어(Object)는 **동사가 나타내는 행위의 대상**을 가리킨다. 주어와 마찬가지로 명사 역할을 하는 것들이 목적어 자리에 올 수 있다.

Jimmy baked **an apple pie** this morning.
　주어(S)　동사(V)　　목적어(O)

보어

보어(Complement)는 동사만으로는 **주어나 목적어에 대한 설명이 불완전할 때 보충해주는 말**이다. 주어를 보충 설명하는 주격보어(SC), 목적어를 보충 설명하는 목적격보어(OC)가 있으며 보어 자리에는 명사 역할을 하는 것이나 형용사 역할을 하는 것들이 올 수 있다.

Emily is **a musician.**
주어(S) 동사(V) 주격보어(SC)
You should keep your room **clean.**
주어(S)　　동사(V)　　목적어(O)　목적격보어(OC)

수식어
(부가정보)

문장의 필수 성분은 아니지만, 내용이 좀 더 풍부하도록 부가적인 정보를 제공하는 말을 수식어라고 부른다. 형용사 역할을 하는 것이나, 부사 역할을 하는 것이 수식어 자리에 올 수 있다.

In the morning, I buy a cup of coffee **to drink.**
　수식어　　주어(S) 동사(V)　목적어(O)　　수식어
The resort is **certainly** a good vacation spot **that has a wonderful beach.**
　주어(S) 동사(V) 수식어　　　주격보어(SC)　　　　수식어

문장의 5형식

「주어 + 동사」를 기본으로, 다른 필수 성분을 더해서 만드는 영어 문장의 5가지 형태를 가리킨다. 문장에 다양한 수식어가 있을 수 있지만, 수식어는 문장 형식에 영향을 미치지 않으며, 모든 영어 문장은 5형식 중 하나의 형식에 속한다.

1형식
S+V

「주어 + 동사」로 구성된 문장을 말한다. '언제/어디서' 등을 나타내는 다양한 수식어가 붙을 수 있지만, 이 수식어를 제외하고 「주어 + 동사」 만으로도 완전한 의미가 되는 문장이다.

The child cried.
주어　동사

My dog sleeps next to me.
주어　동사　수식어

2형식
S+V+SC

「주어 + 동사 + 주격보어」로 구성된 문장이다. 1형식 문장과는 달리, 주어의 성질 또는 상태 등을 설명하는 주격보어가 포함되어야 완전한 의미가 되는 문장이다.

The plan seems impossible.
주어　동사　주격보어

You look beautiful in your new shoes.
주어　동사　주격보어　수식어

3형식
S+V+O

「주어 + 동사 + 목적어」로 구성된 문장으로, 동사가 나타내는 행위의 대상, 즉 목적어까지 와야 완전한 의미가 되는 문장이다.

I love my family.
주어 동사　목적어

Tim met his uncle last weekend.
주어　동사　목적어　수식어

4형식
S+V+IO+DO

「주어 + 동사 + 간접목적어 + 직접목적어」로 구성된 문장이다. 4형식 문장의 동사는 2개의 목적어, 즉 간접목적어(Indirect Object)와 직접목적어(Direct Object)를 가질 수 있는 동사로, 이런 동사를 수여동사라고 부른다.

My girlfriend sent me a postcard.
주어　　　동사 간접목적어 직접목적어

The tourists asked John directions to the station.
주어　　　동사　간접목적어 직접목적어　수식어

※ 수여동사들은 3형식 문장으로도 쓸 수 있다.
My girlfriend sent a postcard to me.
주어　　　동사　목적어　수식어

5형식
S+V+O+OC

「주어 + 동사 + 목적어 + 목적격보어」로 구성된 문장으로, 목적어에 대해 설명하는 목적격보어까지 와야 완전한 의미가 되는 문장이다.

I thought the show funny.
주어　동사　목적어　목적격보어

Sally got her bike stolen on Sunday.
주어　동사　목적어　목적격보어　수식어

함께 익혀둘 문법 개념

문장의 형식은 동사에 의해 결정된다. 동사는 목적어 필요 여부에 따라 자동사와 타동사로 나눌 수 있고, 보어 없이도 의미가 완전한지 불완전한지에 따라 완전동사와 불완전동사로 나뉜다.

자동사

목적어 없이 혼자 써도 문장의 의미가 완전한 동사이다. 예를 들어 "I sleep well."이라는 문장의 동사 sleep은 목적어가 없어도 완전한 의미를 전달할 수 있다.

완전 자동사

완전 자동사란 **동사만으로 의미가 완전한 문장이 되는 동사**로, 이 동사들은 1형식 문장을 만든다.

Charlie swims.
주어　동사

The mail arrived yesterday.
주어　동사

불완전 자동사

불완전 자동사란 **목적어는 필요 없지만, 문장의 의미가 완전해지기 위해서는 주격보어가 필요한 동사**를 말한다. 이 동사들은 2형식 문장을 만든다.

This juice tastes sweet.
주어　동사　주격보어

The mountain road looks dangerous to climb.
주어　동사　주격보어

타동사

목적어와 함께 써야만 문장의 의미가 완전해지는 동사이다. 예를 들어 "I love."라는 문장은 무엇을 사랑하는지 알 수 없으므로 의미가 불완전하고, you/my dog 등의 목적어가 함께 와야 문장의 의미가 완전해진다.

완전 타동사

완전 타동사란 **목적어와 함께 쓰면 문장의 의미가 완전하여, 보어는 필요 없는 동사**를 말한다. 이 동사들은 3형식 문장을 만든다.

Mr. Miller built a house.
주어　동사　목적어

She resembles her mother very much.
주어　동사　목적어

불완전 타동사

불완전 타동사란 **목적어와 함께 써도 문장의 의미가 불완전하여 목적격보어까지 필요한 동사**를 말한다. 이 동사들은 5형식 문장을 만든다.

The judge considered him guilty.
주어　동사　목적어　목적격보어

They elected Cindy student president last week.
주어　동사　목적어　목적격보어

※ 많은 동사들이 자동사/타동사의 의미, 완전동사/불완전동사의 의미를 모두 가지고 있으므로 문맥에서 어떤 뜻으로 쓰였는지를 잘 파악하는 것이 중요하다.

She walked in the park.
자동사

She walks the dog every day.
타동사　목적어

He drank slowly.
자동사

He drank water a lot.
타동사　목적어

I made a muffin.
완전타동사　목적어

The rain made my clothes wet.
불완전타동사　목적어　목적격보어

John called his friend.
완전타동사　목적어

My grandmother calls me a little tiger.
불완전타동사　목적어　목적격보어

CHAPTER 01

주어-동사 수 일치

밑줄 친 단어가 동사인 경우, 동사가 주어에 수 일치하는지를 묻는 문제가 가장 자주 출제되고 있다. 따라서 동사에 밑줄이 있다면 밑줄 친 동사의 주어가 무엇인지 파악하고, 동사가 그 주어와 수 일치하는지 가장 먼저 확인하는 것이 좋다.

주어-동사의 수 일치는 다음의 두 가지 사항을 중심으로 확인한다.

1. 밑줄 친 동사가 수 일치해야 할 주어가 무엇인가?

주어와 동사가 멀리 떨어져 있거나, 순서가 뒤바뀌어 있는 문장이 주로 나온다.

▶ 불변의 패턴 01, 05-07

2. 주어는 단수인가 복수인가?

단수인지 복수인지 따로 익혀두어야 하는 단어나 표현이 주어로 나온다.

▶ 불변의 패턴 02-04

알고 갈 기초 문법

단수주어-단수동사 vs. 복수주어-복수동사

주어가 하나의 대상을 가리키면 단수, 둘 이상의 대상을 가리키면 복수이다. 동사는 항상 주어와 수 일치를 이루어야 하기 때문에 단수주어에는 단수동사가 와야 하고, 복수주어에는 복수동사가 와야 한다.

1. 단수주어 - 단수동사

단수명사   **The book is** interesting.
                         단수명사   단수동사

단수대명사   **She has** a beautiful house.
                         단수대명사 단수동사

불가산명사   **Love requires** courage.
                         불가산명사   단수동사

                         ※ 불가산명사(셀 수 없는 명사)는 단수로 취급하기 때문에 단수동사가 온다.

2. 복수주어 - 복수동사

복수명사   **The books are** interesting.
                         복수명사   복수동사

복수대명사   **They have** a beautiful house.
                         복수대명사 복수동사

and로 연결된   **Love and peace require** courage.
둘 이상   A and B   복수동사

⏱ 1초 QUIZ

1. Trust | make / makes | our life happier.
2. The students | go / goes | on a field trip twice a year.
3. Six days a week, he | eat / eats | at the same restaurant.
4. My brother and Amy | take / takes | piano lessons together.

정답 1. makes 2. go 3. eats 4. take

주어와 동사 사이의 수식어는 제외하고 수 일치해야 한다.

The perfume [of wildflowers] ~~fill~~ the air as the grass dances upon a gentle breeze.
단수주어　　　수식어　　　　↳ fills (단수동사)　　　　　　　　　　　　　　　　〈수능〉

수 일치

풀이 부드러운 바람을 따라 춤을 출 때 야생화의 향기가 공기를 채운다.

주어와 동사 사이에는 다양하고 긴 수식어가 올 수 있지만, 이 수식어는 아무리 길더라도 주어-동사의 수 일치에 영향을 미치지 않는다. 따라서 수식어를 제외하고 주어와 동사가 수 일치하는지 확인해야 한다.

수 일치

주어 + [수식어] + 동사

(TIP) 수식어가 명사로 끝나는 경우, 이 명사를 주어로 착각하기 쉽다. 하나의 의미 덩어리를 이루는 수식어를 정확히 제외하고 주어와 동사의 수 일치를 확인해야 한다.

The popularity [of fine breads and pastries] ~~are~~ growing faster than new chefs can be trained. 〈모의〉
단수주어　　　　　　복수명사　　　　↳ is (단수동사)

Type 1　주어 + [전치사 + 명사(구)] + 동사

The use [of cameras and video cameras] ~~are~~ permitted in all galleries. 〈모의〉
단수주어　　　전치사 + 명사구　　　　↳ is (단수동사)

수 일치

카메라와 비디오카메라의 사용은 모든 미술관에서 허용된다.

「전치사 + 명사(구)」는 명사 뒤에서 명사를 수식하는 역할을 할 수 있다. 따라서 주어와 동사 사이에서 주어를 수식하는 역할을 할 수 있지만, 주어-동사의 수 일치에 영향을 미치지 않는다.

✔ 주어에 밑줄을 치고, 네모 안에서 어법상 알맞은 동사를 고르세요.

1. The typical equipment of a mathematician is / are a board and chalk. 〈수능〉

2. Crashes due to aircraft malfunction tend / tends to occur during long-distance flight. 〈모의〉
*malfunction: 오작동

3. Regardless of the times, writers like Shakespeare is / are implying that all of us are wearing masks. 〈모의응용〉

4. Today, the presence of computers and printers has / have added machine noise. 〈모의응용〉

5. In many countries, people in the large urban area enjoy / enjoys the convenience of city life.

6. The worker by the tall cabinets was / were hired last week.

정답 및 해설 p.2

Type 2 주어 + [to부정사구/분사구] + 동사

When children are upset, **the easiest way** [to calm them down] **are** to give them food.
　　　　　　　　　　　단수주어　　　　　　　to부정사구　　　　↳ is (단수동사)　　〈모의〉

아이들이 화가 났을 때, 그들을 진정시킬 가장 쉬운 방법은 그들에게 음식을 주는 것이다.

> to부정사(to + 동사원형)와 분사(v-ing와 p.p.)는 다른 단어들과 함께 하나의 구를 이루어 주어와 동사 사이에서 주어를 수식하는
> 역할을 할 수 있으며, 주어-동사의 수 일치에는 영향을 미치지 않는다.

☑ 주어에 밑줄을 치고, 밑줄 친 동사가 틀렸다면 바르게 고치세요. 바르면 ○로 표시하세요.

1. Someone motivated to buy a new smartphone <u>try</u> to earn extra money for it.
　〈모의〉

2. The students to stay after school <u>includes</u> Sam, Ashley, and Jason.

3. As the number of cars in cities increases, city governments struggling with traffic jams <u>are</u> encouraging car sharing. 〈모의응용〉

4. Last month, the science museum featuring drones and robots <u>were</u> very popular.

정답 및 해설 p.2

Type 3 주어 + [관계절] + 동사

Many people [who live in this part of the world] **is** worried about the cold weather.
　복수주어　　　　　　관계절　　　　　　　　↳ are (복수동사)　　　〈수능응용〉

세계의 이 지역에 사는 많은 사람들은 추운 날씨에 대해 걱정한다.

> 관계대명사/관계부사가 이끄는 관계절은 앞에 있는 명사(선행사)를 수식하는 역할을 한다. 따라서 주어와 동사 사이에서 주어를 수
> 식하는 역할을 할 수 있지만, 주어-동사의 수 일치에는 영향을 미치지 않는다. 단, 목적격 관계대명사와 관계부사는 생략되어 있을
> 수 있다.

☑ 주어에 밑줄을 치고, 네모 안에서 어법상 알맞은 동사를 고르세요.

1. Those who never make it ｜is / are｜ the ones who quit too soon. 〈수능〉

2. The event where the public can watch free musical performances ｜attract / attracts｜ many people. 〈모의응용〉

3. In warm environments, clothes that can absorb sweat ｜is / are｜ helpful in releasing heat from the body. 〈모의응용〉

4. Some products the company ordered ｜was / were｜ unavailable.

5. The person from whom you can purchase fruits ｜is / are｜ across the street.

6. People of Northern Myanmar, who think in the Jinghpaw language, ｜has / have｜ eighteen terms for describing their kin. 〈모의〉

정답 및 해설 p.2

Type 4 주어 + [삽입구/삽입절] + 동사

--- 수 일치 ---

Jeffrey Nelson, [president of Hartley Hotels,] ~~come~~ this week to discuss ways to
_{단수주어}   _{삽입구}   └→ comes (단수동사)
develop international tourism. 〈수능응용〉

Hartley 호텔의 사장인 Jeffrey Nelson은 국제 관광을 발전시킬 방법들을 의논하기 위해 이번 주에 온다.

주어를 다른 명사구로 풀어서 설명하는 말이나 「주어 + think/suggest/seem/turn out」 등과 같은 형태의 덧붙이는 말이 주어와 동사 사이에 올 수도 있다. 이런 말들을 삽입구/삽입절이라고 부르며, 주어-동사의 수 일치에는 영향을 미치지 않는다. 대부분의 삽입구/삽입절은 앞뒤에 콤마(,)로 구분되어 있어 쉽게 알아볼 수 있다.

(TIP) 주어 뒤에 명사구가 삽입구로 올 수 있는 것처럼 the fact/the idea 등과 같은 특정 명사 뒤에 그 내용을 풀어서 설명하는 동격 that절이 올 수도 있다.

The fact [that someone is interested enough to help poor villagers] ~~work~~ wonders. 〈수능〉
_{단수주어}   _{동격 that절}   └→ works (단수동사)

☑ 주어에 밑줄을 치고, 밑줄 친 동사가 틀렸다면 바르게 고치세요. 바르면 ○로 표시하세요.

1. The reason, it turns out, <u>is</u> that blood-sharing greatly improves each bat's chances of survival. 〈수능〉

2. For example, the belief that one brand has higher quality than others <u>make</u> someone choose a heavily advertised brand. 〈모의응용〉

3. In the late 1800s, the light bulb, an important modern invention, <u>were</u> completed by Thomas Edison.

4. Powerful languages, it seems, <u>stimulates</u> us in ways that are similar to real life. 〈모의〉

정답 및 해설 p.3

함께 알아두기 주어와 동사 사이에는 여러 수식어가 동시에 올 수도 있다. 수식어가 몇 개이든 상관없이 모든 수식어는 제외하고 주어와 동사의 수 일치를 확인해야 한다.

The report, [except for some sections] [that require graphs and charts], **is** almost complete.
_{단수주어}   _{수식어 1}   _{수식어 2}   _{단수동사}

밑줄 친 부분이 틀렸다면 바르게 고치세요. 바르면 ○로 표시하세요.

1. The only difference between grapes and raisins <u>are</u> that grapes have more water in them. 〈모의〉

2. Seeds recovered at ancient sites clearly <u>shows</u> that farmers developed larger seeds and thinner seed coats. 〈수능응용〉

3. Those who made to-do lists before bed <u>was</u> able to fall asleep nine minutes faster than those who wrote about past events. 〈모의〉

4. The eggs and milk in the refrigerator <u>are</u> old, so I wouldn't use them.

5. Daniel H. Burnham, one of America's most important architects, <u>were</u> born in 1846 in New York, and moved to Illinois, at the age of eight. 〈모의〉

서술형 대비

주어진 단어들을 사용해서 우리말 해석에 맞는 영어 문장을 쓰세요. 필요한 경우 단어의 형태를 바꾸세요.

6. 우리가 매주 방문하는 공원의 앵무새는 아름다운 깃털을 가지고 있다.
   (in the park, have, every week, the parrot, that we visit)

_____ beautiful feathers.

정답 및 해설 p.3

Adapting popular novels are one of the most attractive movie projects. 〈수능응용〉
동명사구 주어 　　　　　　　 ↳ is (단수동사)

인기 있는 소설을 각색하는 것은 가장 매력적인 영화 프로젝트들 중 하나다.

동명사구와 명사절은 명사와 같은 역할을 하기 때문에 문장의 주어 자리에 올 수 있으며, 동명사구와 명사절 전체를 하나의 대상으로 보아 단수로 취급하기 때문에 단수동사가 와야 한다.

동명사구 or 명사절 + 단수동사

(TIP) 명사를 수식하는 현재분사와 주어 역할을 하는 동명사를 혼동하지 않도록 주의한다.

Falling leaves always **remind** me of autumn.
현재분사 복수주어　　　　 복수동사

Falling from a ladder **is** a common cause of an injury at a construction site.
동명사 주어　　　　　　　 단수동사

☑ 주어에 밑줄을 치고, 네모 안에서 어법상 알맞은 동사를 고르세요.

1. Whether we have a picnic or not depends / depend on the weather.

2. When a war ends, returning soldiers experience / experiences intense feelings of stress.

3. However, combining the strengths of machines with human strengths creates / create synergy. 〈모의〉

4. After eating your meal, what you do within the next 30 minutes sends / send powerful signals to your body. 〈수능응용〉

5. Finding different ways to produce sounds is / are an important stage of musical education.
〈모의〉

6. How politicians influence people plays / play a crucial role in an election.

정답 및 해설 p.4

Market researchers often comment that **the elderly thinks** they are younger than they actually are. 〈수능응용〉

the + 형용사　　→ think (복수동사)

시장 조사원들은 나이가 든 사람들이 그들이 실제보다 더 젊다고 생각한다는 것을 종종 언급한다.

'~한 사람들'이라는 뜻의 「the + 형용사/분사」가 주어 자리에 오면, 복수동사가 와야 한다.

the + 형용사/분사 + 복수동사

다음과 같은 「the + 형용사/분사」(~한 사람들) 표현이 자주 쓰인다.

· the poor 가난한 사람들
· the rich 부유한 사람들
· the homeless 집이 없는 사람들(노숙자들)
· the unemployed 직업이 없는 사람들(실업자들)

· the young 젊은 사람들
· the old/elderly/aged 나이가 든 사람들
· the blind 눈이 안 보이는 사람들(시각 장애인들)

☑ 주어에 밑줄을 치고, 밑줄 친 동사가 틀렸다면 바르게 고치세요. 바르면 ○로 표시하세요.

1. The old is wise because they have a lot of experience.

2. Unfortunately, the rich man was very unkind and cruel to his servants. 〈모의응용〉　　*servant: 하인

3. The homeless in the shelter receives three free meals each day.

4. While I was waiting for the bus, the young girl sitting on the bench were with her little dog.

정답 및 해설 p.4

---

the 뒤에 추상적인 의미를 가진 형용사가 올 경우 '~한 것'이라는 뜻의 명사로 쓸 수도 있으며, 이때는 단수동사가 와야 한다.

· the true 진실한 것, 참인 것
· the unknown 알려지지 않은 것

· the false 잘못된 것, 거짓인 것
· the beautiful 아름다운 것

· the personal 개인적인 것
· the supernatural 초현실적인 것

Often, **the unknown gives** us a sense of fear.
　　　　　　　　단수동사

부분/수량표현을 포함하는 주어는 표현에 따라 다른 동사가 와야 한다.

───── 수 일치 ─────

One of the exercises [we were given] **were** to make a list of the important events
주어 (one of + 명사) ... 수식어(관계절) ... ↳ was (단수동사)
of our lives. 〈모의응용〉

───── 수 일치 ─────

Because **most of the plastic particles** [in the ocean] **is** so small, there is no way
주어 (most of + 복수명사) ... 수식어(전치사 + 명사구) ... ↳ are (복수동사)
to clean up the ocean. 〈모의〉

우리에게 주어졌던 과제들 중 하나는 우리의 삶에서 중요한 사건들의 목록을 만드는 것이었다.
바다에 있는 대부분의 플라스틱 입자들이 너무 작기 때문에, 바다를 청소할 방법이 없다.

「부분/수량표현 + of + 명사」 형태의 주어는 부분/수량표현에 따라 단수동사와 복수동사 중 무엇을 쓸지 다른 경우가 있고, of 뒤의 명사에 수 일치해야 하는 경우가 있다. 따라서 각 표현별로 동사가 어디에 수 일치하는지 익혀두어야 한다.

─── 수 일치 ─── ┌─수 일치─┐
부분/수량표현 + of + 명사 + 동사   OR   부분/수량표현 + of + 명사 + 동사
주어 ... 주어

1. of 앞의 부분/수량표현에 수 일치하는 표현

| of 앞을 단수 취급하는 표현 | · one of | · much of | · the number of | · the amount of |
| of 앞을 복수 취급하는 표현 | · many of | · a number of | | |

2. 동사가 of 뒤 명사에 수 일치하는 표현

| · all of | · half of | · some/any of | · the rest of | · 퍼센트/분수 + of |
| · most of | · plenty of | · majority of | · a lot [lots] of | |

(TIP) 「the number of + 명사」는 '~의 수'라는 뜻으로 단수동사가 오지만, 「a number of +명사」는 '많은 ~'이라는 뜻이며, 복수동사가 와야 하는 것에 주의한다.

The number of customers at our stores **is** higher than last year.
단수동사

A number of customers at our stores **prefer** the self-checkout counters.
복수동사

✅ 네모 안에서 어법상 알맞은 동사를 고르세요.

1. One of the keys to insects' successful survival in the open air lies / lie in their skin. 〈모의〉

2. In the past three years, a lot of money has / have been spent on the new construction project.

3. To show their support for the soccer team, some of the enthusiastic fans in the stadium cheers / cheer loudly.

4. In 2017, the number of trips to Latin America was / were higher than that to the Middle East and North Africa. 〈모의〉

☑ 밑줄 친 동사가 틀렸다면 바르게 고치세요. 바르면 ○로 표시하세요.

5. The rest of the birds fly south before the arrival of winter.

6. Many of the people in my neighborhood lives in apartments.

7. These days, the amount of fat people consume every day are increasing greatly.

8. About one-third of the human brain is devoted to vision. ⟨모의⟩

정답 및 해설 p.4

「none of + 단수/불가산명사」가 주어일 경우 단수동사가 와야 하지만, 「none of + 복수명사」가 주어일 경우에는 단수동사와 복수동사 둘 다 올 수 있다.

None of the information on the website **were** correct.
　　　불가산명사　　　　　　　　　　　↳ was (단수동사)
None of the students in my class **is[are]** boring.
　　　복수명사

Mini TEST 불변의 패턴 02~04

밑줄 친 부분이 틀렸다면 바르게 고치세요. 바르면 ○로 표시하세요.

1. Right now, the unemployed needs services to make sure they get jobs.

2. Throwing things out only hurt for a little while. ⟨모의⟩

3. Nearly 40 percent of the participants were sure that the product was safe and worth the price.
⟨모의응용⟩

4. A lot of the parts of the machinery was completely worn and needed to be replaced or repaired.
⟨모의⟩

5. In my opinion, the amount of sugar in this cake recipe seem like a lot.

서술형 대비
주어진 ⟨조건⟩에 맞게 우리말을 영작하세요.

6. 질문을 하는 습관을 갖는 것은 당신을 적극적인 청자로 바꾼다.

┌─────── ⟨조건⟩ ───────┐
1. the habit, you, of asking questions, having, transform을 활용하세요.
2. 필요한 경우 단어의 형태를 바꾸세요.
3. 8단어로 쓰세요.
└────────────────────┘

_____ into an active listener.
⟨모의⟩

정답 및 해설 p.5

There are **many stars** [in the universe] **that is** thousands of times hotter than the sun.

선행사(복수명사)   수식어   주격 관계대명사   ↳ are (복수동사)   〈모의〉

수 일치

태양보다 수천 배 더 뜨거운 많은 별들이 우주에 있다.

목적격 관계대명사절의 동사는 관계대명사절 내의 주어에 수 일치하면 된다. 그러나 주격 관계대명사절에서는 관계대명사가 주어 역할을 하기 때문에, 관계대명사를 보고 단수인지 복수인지 판단이 불가능하다. 따라서 관계대명사가 가리키는 대상인 선행사에 동사가 수 일치하는지 확인해야 한다.

┌─ 수 일치 ─┐   ┌──── 수 일치 ────┐

목적격 관계대명사 + 주어 + 동사   VS.   선행사 + 주격 관계대명사 + 동사

☑ 동사가 수 일치해야 할 대상에 밑줄을 치고, 네모 안에서 어법상 알맞은 동사를 고르세요.

1. Computers can only carry out instructions that humans give / gives them. 〈모의〉

2. The key to treatment is to help people relieve the pain that make / makes them suffer. 〈모의응용〉

3. Put any garbage in the trash can that is / are outside the building.

4. Sometimes we meet those who pretend / pretends to be good at many tasks, but cannot perform a single one of them well. 〈모의응용〉

5. It's great to have people in your life who believe / believes in you and support you. 〈모의〉

6. Knowledge relies on information that we discover / discovers in conversation with other people. 〈모의응용〉

정답 및 해설 p.5

불변의 패턴06

it-that 사이의 강조 대상이 주어 역할을 하는 that절의 동사는 강조 대상에 수 일치해야 한다.

┌─── 수 일치 ───┐
It is **his self-confidence that enable** him to accomplish anything. 〈모의응용〉
　　　강조 대상(불가산명사)　　　　　　　└→ enables (단수동사)

그가 어떤 것이든 성취하도록 해준 것은 바로 그의 자신감이다.

> it-that 강조 구문에서 that절이 「that + 주어 + 동사」 형태면, 동사는 주어에 수 일치하면 된다. 그러나 본래 문장의 주어가 강조 대상이 되어 it과 that 사이로 가고, that절이 「that + 동사」 형태면, 동사는 강조 대상에 수 일치해야 한다.
>
> 　　　　　　　　　┌ 수 일치 ┐　　　　　┌── 수 일치 ──┐
> it+ 강조 대상 + that + 주어 + 동사　VS.　it + 강조 대상 + that + 동사

☑ 동사가 수 일치해야 할 대상에 밑줄을 치고, 밑줄 친 동사가 틀렸다면 바르게 고치세요. 바르면 ○로 표시하세요.

1. It is the sun that <u>give</u> plants the energy they need.

2. On weekdays, it is a boiled egg that my roommates <u>eat</u> in the morning.

3. According to the manager, it is the security workers that always <u>locks</u> the main entrance at 11 P.M.

4. It might be people's belief in the power of hypnosis that <u>lead</u> them to recall more things. 〈모의〉

*hypnosis: 최면

정답 및 해설 p.6

함께 알아두기

it-that 강조 구문은 '~한 것은 바로 -이다'라는 의미로, 주어 이외에도 목적어/보어/수식어 등이 it과 that 사이에 와서 강조될 수 있다.

The mayor gave **an inspiring speech** **at the city park** last week.
　주어　　　　　　　목적어　　　　　수식어(전치사+ 명사구)

→ It was **the mayor that** gave an inspiring speech at the city park last week.
　　　　　　주어

→ It was **an inspiring speech that** the mayor gave at the city park last week.
　　　　　　　목적어

→ It was **at the city park that** the mayor gave an inspiring speech last week.
　　　　　수식어(전치사 + 명사구)

There **is rising concerns** over the marketing of child musicians using TV auditions. 〈모의〉

장소 → are 주어(복수명사)
(복수동사)

수 일치

TV 오디션을 활용한 어린이 음악가들의 마케팅에 대한 높아지는 우려들이 있다.

다음과 같이 특정한 어구들이 문장의 앞쪽에 오면 주어와 동사의 순서가 바뀌는 도치가 일어난다. 따라서 도치된 구조의 문장에서는 동사가 뒤에 나오는 주어에 수 일치하는지 확인해야 한다.

수 일치
장소/방향, 부정/제한을 나타내는 어구 + **동사** + **주어**

다음과 같은 어구들이 도치를 일으킨다.

장소/방향을 나타내는 어구	• there/here	• in/on/under/beneath 등 전치사 + 명사
부정/제한을 나타내는 어구	• not/never/no/nor 아닌	• not only ~뿐 아니라
	• not until ~까지는 아닌, ~에서야 비로소	• only 겨우, 오로지
	• rarely/little/seldom/hardly/scarcely 거의 ~ 않는	

TIP 장소/방향을 나타내는 어구가 문장 앞쪽에 있더라도, 주어가 대명사인 경우에는 도치가 일어나지 않는 것에 주의한다.

Here <u>comes</u> <u>the mailman</u> with today's mail.　　　Here <u>he</u> <u>comes</u> with today's mail.
　　　동사　　주어(명사)　　　　　　　　　　　　　　　　주어(대명사)　동사

☑ 주어에 밑줄을 치고, 네모 안에서 어법상 알맞은 동사를 고르세요.

1. There ｜is / are｜ two basic components in mathematics and music. 〈모의〉　　*component: 요소

2. Not only ｜does / do｜ it turn night into day, but artificial light allows us to live in big buildings that natural light can't enter. 〈모의응용〉

3. In the terminal ｜was / were｜ standing a young father waiting for his family to return. 〈모의〉

4. Rarely ｜are / is｜ a computer more sensitive than a human in managing the same environmental factors. 〈수능〉　　*factor: 요소, 요인

5. Never ｜does / do｜ airlines permit passengers without passports to board international flights.

6. Toward the distant planet ｜was / were｜ sent several spaceships by NASA.

정답 및 해설 p.6

함께 알아두기

주격보어는 보통 동사 뒤에 나오지만, 의미를 강조하기 위해 형용사/분사 주격보어가 동사 앞에 올 수 있으며 이때 주어가 동사 뒤로 도치된다. 따라서 동사는 뒤에 나오는 주어에 수 일치해야 한다.

수 일치
Perhaps **even more striking is the experience** of wine tasters. 〈모의〉
　　　　주격보어　　단수동사　단수주어

밑줄 친 부분이 틀렸다면 바르게 고치세요. 바르면 ○로 표시하세요.

1. Business owners offer discounts to customers who frequently <u>visits</u> the shops and restaurants in the town.

2. There <u>were</u> at least three or four different species of human living on Earth for the past five million years. 〈모의응용〉

3. It is my older sister that <u>own</u> the art gallery in downtown.

4. Never <u>does</u> we imagine that war could actually happen when we wake up each morning and go about our everyday lives.

5. The teacher will give a prize to the students who <u>knows</u> the capitals of every state in the US.

[서술형 대비]

주어진 <조건>에 맞게 우리말을 영작하세요.

6. 너에게 유용한 조언을 해주는 똑똑한 친구들을 가지는 것은 좋은 생각이다.

〈조건〉
1. give, intelligent friends, helpful advice, you를 활용하고, 필요한 경우 단어의 형태를 바꾸세요.
2. 관계대명사 that을 함께 사용하세요.
3. 7단어로 쓰세요.

It is a good idea to have _____.

정답 및 해설 p.7

어법 만점 TEST

네모 안에서 어법상 알맞은 것을 고르세요.

01 Who we are is / are a result of the choices we make about our future. 〈모의응용〉

02 At the annual international conference, one of the issues discussed every year is / are global warming.

03 In many countries, the rich pays / pay more taxes than other citizens even if they earned their money through hard work.

04 There is a deep cave on the island, containing the bones of the Indians, who, it is supposed, was / were buried there. 〈모의〉

05 Only recently has / have humans created various written languages to symbolize the messages. 〈모의응용〉

밑줄 친 부분이 틀렸다면 바르게 고치세요. 바르면 ○로 표시하세요.

06 The stage lights will quickly draw the audience's attention to the actors who especially <u>needs</u> to be focused on. 〈모의응용〉

07 The stories told in the author's new book that is about a murder mystery <u>have</u> many interesting topics and characters.

08 The best thing about driverless cars <u>are</u> that people won't need a license to operate them. 〈모의〉

09 With technology progressing faster than ever before, there <u>is</u> plenty of devices that consumers can install in their homes to save more water. 〈모의〉

10 Researchers who study giving behavior <u>has</u> noticed that some people give money to just one charity while others donate to several charities. 〈수능응용〉

(A), (B), (C)의 각 네모 안에서 어법에 맞는 표현으로 가장 적절한 것을 고르세요.

11 It is noise in the classrooms that (A) [has / have] negative effects on communication patterns and the ability to pay attention. Thus, it is not surprising that constant exposure to noise is related to children's academic achievement, particularly in its negative effects on reading and learning to read. Some researchers found that, when preschool classrooms were changed to reduce noise levels, the children spoke to each other more often and in more complete sentences, and their performance on prereading tests improved. Research with older children (B) [suggests / suggest] similar findings. On reading and math tests, elementary and high school students who study in noisy schools or classrooms consistently (C) [performs / perform] below those in quieter settings. 〈모의〉

	(A)	(B)	(C)
①	has	suggests	performs
②	has	suggests	perform
③	has	suggest	perform
④	have	suggest	performs
⑤	have	suggest	perform

12 Hydroelectric power is a clean and renewable power source. However, there are a few things about dams that (A) [is / are] important to know. To build a hydroelectric dam, a large area must be flooded behind the dam. Whole communities sometimes have to be moved to another place. Entire forests can be drowned. The water released from the dam (B) [is / are] colder than usual and this can affect the ecosystems in the rivers downstream. It can also wash away riverbanks and destroy life on the river bottoms. One of the negative effects of dams (C) [has / have] been observed on salmon that have to travel upstream to lay their eggs. If blocked by a dam, the salmon life cycle cannot be completed. 〈모의〉   *Hydroelectric power: 수력 발전

	(A)	(B)	(C)
①	is	is	have
②	is	are	has
③	are	are	have
④	are	is	has
⑤	are	is	have

밑줄 친 부분 중 어법상 틀린 것을 고르세요.

13 Most of the office desks sold on the market today ① <u>do</u> not help you do your work; they only delay decisions. Some executives have replaced their standard office desks with simple writing tables. Removing the desks from their offices ② <u>has</u> made office work much easier and faster. Supporters of the deskless office ③ <u>reports</u> that it improves face-to-face communication. The fact that they are no longer chained to their desk ④ <u>makes</u> people feel freer to talk. Consider the possibility that you may not need a desk. If you can get rid of it, try working without it and see the wonderful results that ⑤ <u>happen</u> after you free yourself from it. 〈모의응용〉

*executive: (기업의) 임원, 간부

14 Play can be costly because it takes energy and time which could be spent foraging. While playing, the young animal may be at great risk. For example, 86 percent of young Southern fur seals eaten by a predator ① <u>were</u> play-swimming with others when they were caught. Despite the risk, scientists think play allows young seals to practice skills like hunting and helps them develop social skills. Rarely ② <u>have</u> scientific studies offered any proof for these theories, however. For example, detailed studies which traced juvenile play and adult behavior of meerkats ③ <u>were</u> not successful in proving that play-fighting influenced fighting ability as an adult. Therefore, the role of play in so many animal species ④ <u>remain</u> a mystery. What motivates play in young animals ⑤ <u>is</u> something future research may reveal. 〈모의응용〉

*forage: 먹이를 찾아다니다   **juvenile: 성장기의

15 Marketers have known for decades that you buy what you see first. Items that are placed at eye level in the grocery store ① <u>get</u> the attention of customers before those on the bottom shelf. There is a research about the way "product placement" in stores ② <u>influences</u> your buying behavior. This gives you a chance to use product placement to your advantage. Healthy items like produce ③ <u>are</u> often the least visible foods at home. You won't think to eat what you don't see. For this reason, the number of Americans who eat enough fruits and vegetables ④ <u>is</u> small. If produce is hidden in a drawer at the bottom of your refrigerator, these good foods, it seems, ⑤ <u>is</u> out of sight and mind. ⟨모의응용⟩

*produce: 농작물

다음 글을 읽고 질문에 답하세요.

16 When I was very young, I had difficulty telling the difference between dinosaurs and dragons. But there are significant differences between them. ⓐ <u>In numerous cultures around the world appears dragons in stories such as legends and tales.</u> (2) <u>오늘날 창작된 많은 이야기들은 용에 대한 흥미로운 줄거리들을 가지고 있다.</u> However, dragons have always been the products of the human imagination and never existed. Dinosaurs, however, did once live. They walked the earth for a very long time, even if human beings never saw them. ⓑ <u>They existed around 200 million years ago, and we know about them because of bones that has been preserved as fossils.</u> ⟨모의응용⟩

(1) 위 글의 밑줄 친 문장에서 어법상 틀린 곳을 각각 찾아 바르게 쓰세요.

ⓐ _____ → _____

ⓑ _____ → _____

(2) 주어진 ⟨조건⟩에 맞게 위 글의 밑줄 친 우리말을 영작하세요.

⟨조건⟩
1. interesting plots, many stories, that, be created today, have를 활용하세요.
2. 필요한 경우 단어의 형태를 바꾸세요.
3. 9단어로 쓰세요.

_____ about dragons.

CHAPTER 02

동사의 시제

밑줄 친 단어가 동사인 경우, 동사의 시제가 바른지 묻는 문제도 간혹 출제되고 있다.
시제는 종류가 다양하지만, 특수한 고려 사항이 있는 시제 위주로 출제되고 있으므로,
자주 출제되는 사항 몇 가지만 간단히 확인하고 넘어가도록 한다.
동사의 시제는 다음의 두 가지 사항을 중심으로 확인한다.

1. 문장에 특정한 기간이나 시점을 나타내는 표현이 포함되어 있는가?
현재완료 또는 단순과거 동사와 함께 써야 하는 표현을 포함한 문장이 주로 나온다.
▶ 불변의 패턴 08

2. 시간이나 조건을 나타내는 부사절의 동사인가?
미래시제 대신 현재시제 동사를 사용하는 시간/조건의 부사절이 주로 나온다.
▶ 불변의 패턴 09

알고 갈 기초 문법

동사의 시제

영어의 동사는 그 동사가 나타내는 일이 과거/현재/미래 중 언제 일어나는지에 따라 시제가 달라지며, 또한 형태에 따라 단순/진행/완료/완료진행으로 구분된다.

1. 단순

단순과거와 단순미래는 과거와 미래의 한 시점에 발생해서 완료되는 일에 쓰고, 단순현재는 현재 반복적으로 일어나거나 일반적으로 사실인 일에 대해 쓴다.

단순과거	I **played** soccer with my friends yesterday.
단순현재	I **play** soccer with my friends every day.
단순미래	I **will play** soccer with my friends tomorrow.

2. 진행 (be동사 + v-ing)

과거/현재/미래의 특정한 시점에 진행되고 있는 일에 쓴다.

과거진행	They **were traveling** in Europe last week.
현재진행	They **are traveling** in Europe now.
미래진행	They **will be traveling** in Europe next week.

3. 완료 (have동사 + p.p.)

과거/현재/미래의 특정한 기준 시점 이전에 일어나서 그 기준 시점까지 계속되거나 영향을 미치는 일에 쓴다.

과거완료	Larry **had lived** in Seoul until he moved to New York.
현재완료	Larry **has lived** in Seoul for 10 years, and he still enjoys the city.
미래완료	Larry **will have lived** in Seoul for 15 years when he graduates high school.

4. 완료진행 (have동사 + been + v-ing)

완료형과 유사하지만, 완료형에 비해 어떤 일이 일정 기간 동안 계속 진행된 것을 더 강조할 때 쓴다.

과거완료진행	She **had been studying** English for 3 hours before she went to bed.
현재완료진행	She **has been studying** English since 6 P.M.
미래완료진행	She **will have been studying** English for 3 hours by dinner time.

1초 QUIZ

1. Eric's hobby is drawing cartoons. He draws / will draw them every Sunday.
2. We were swimming / will be swimming in the ocean tomorrow.
3. My sister had woken / has woken up already when I entered her room.
4. By noon tomorrow, it has been snowing / will have been snowing for three days.

정답 1. draws   2. will be swimming   3. had woken   4. will have been snowing

과거와 현재를 모두 포함한 시간 표현은 현재완료와 쓰고, 과거 한 시점만 나타내는 시간 표현은 단순과거와 써야 한다.

Seedy Sunday, a seed-exchange event, **took** place every year **since 2002.** 〈모의응용〉
└→ has taken (현재완료)   2002년 이래로 과거부터 현재까지

In the summer of 2001, Jimmy Carter ~~has visited~~ Korea to participate in a house-
2001년 여름이라는 과거의 한 시점에   └→ visited (단순과거)
building project. 〈수능〉

씨앗 교환 행사인 Seedy Sunday는 2002년 이래로 매년 개최되어 왔다.
2001년 여름에, Jimmy Carter는 주택 건설 프로젝트에 참여하기 위해 한국을 방문했다.

현재완료는 과거에 시작되어서 지금까지 계속되거나 영향을 미치는 일을 나타내고, 단순과거는 과거의 한 시점에 일어나서 끝난 일을 나타낸다. 따라서 과거와 현재를 모두 포함하는 시간 표현은 현재완료와 쓰고, 과거의 특정한 한 시점을 나타내는 시간 표현은 단순과거와 써야 한다.

현재완료(have/has p.p.) + 과거와 현재 모두 포함하는 시간 표현   VS.   단순과거 + 과거의 한 시점을 나타내는 시간 표현

Type 1 과거와 현재 모두 포함하는 시간 표현: since, for, how long

The clerk is still polite to customers even though he **was** at work **for eight hours.** 〈모의응용〉
                        has been (현재완료) ←┘   과거부터 지금까지 8시간 동안

그 점원은 8시간 동안 일해 왔을지라도 여전히 손님들에게 예의 바르다.

다음과 같이 과거의 한 시점부터 현재까지를 모두 포함하는 시간 표현은 단순과거와 쓸 수 없고, 현재완료와 써야 한다.

· since ~ 이래로 (지금까지)   · for (지금까지) ~ 동안   · how long (지금까지) 얼마나 오래

TIP 1. since는 '어떤 일을 한 이래로 지금까지'라는 뜻의 접속사로도 쓰일 수 있으며, 이때 since가 이끄는 절의 동사는 단순과거로 온다.
Susan and I **have spent** many happy times **since** we first **met** at the airport. 〈모의응용〉
              현재완료   단순과거

2. for와 how long이 '지금까지'를 포함하는 기간을 뜻하면 현재완료와 써야 하지만, 그렇지 않다면 단순과거와 쓸 수 있다.
I'm not sure **how long** he **has played** on that soccer team so far.
            지금까지 얼마나 오래   현재완료
Do you remember **how long** you **played** soccer yesterday?
                어제 얼마나 오래   단순과거

☑ 네모 안에서 어법상 알맞은 것을 고르세요.

1. I don't know how long Peter ┃ has lived / lived ┃ here in France, but he seems very familiar with French culture.

2. Ben has dreamed of becoming a singer since he ┃ has been / was ┃ five years old.

3. The floods ┃ have lasted / lasted ┃ for two weeks before the water returned to normal levels 12 hours ago.

4. We ┃ have solved / solved ┃ problems of this kind since childhood, usually without awareness of what we are doing. 〈모의〉

*awareness: 의식, 자각

정답 및 해설 p.10

함께
알아두기

> since는 '~이기 때문에'라는 뜻의 접속사로도 쓰일 수 있다. 이때는 단순과거와도 함께 쓸 수 있다.
>
> I <u>wanted</u> to get some sleep **since** a long, tough journey was ahead of me. 〈수능응용〉
>   단순과거

Type 2 과거의 한 시점을 나타내는 시간 표현: yesterday, ~ ago 등

A month ago, my husband, Mark, ~~has had~~ a heart attack and fell down on the way
한 달 전이라는 과거의 한 시점에   ↳ had (단순과거)
back from our trip. 〈모의〉

한 달 전에, 내 남편 Mark는 우리의 여행에서 돌아오는 길에 심장마비를 일으켜서 쓰러졌다.

> 다음과 같이 과거의 특정한 한 시점을 나타내는 시간 표현은 현재완료와 쓸 수 없고, 단순과거와 써야 한다.
>
> · yesterday 어제
> · ~ ago ~ 전에
> · last night/week/month 등 지난밤/주/달 등
> · in + 과거 세기/연도/계절/월 등 (과거 세기/연도/계절/월 등)에

☑ 네모 안에서 어법상 알맞은 것을 고르세요.

1. Sandy Brown, our after-school swimming coach for six years, ┃ has retired / retired ┃ from coaching last month. 〈모의〉

2. I feel frustrated because we ┃ have been / were ┃ stuck in traffic for two hours now.

3. A system of transporting letters by canal boat ┃ has developed / developed ┃ in the Dutch Republic in the seventeenth century. 〈모의〉

*canal: 운하

4. One of Sigrid Undset's novels ┃ has been / was ┃ translated into more than eighty languages since its publication. 〈모의응용〉

정답 및 해설 p.10

┌─────────── 조건을 나타내는 부사절 ───────────┐

If schools ~~will provide~~ knowledge only, they will destroy creativity and produce

↳ provide (현재시제)

ordinary people. 〈수능응용〉

만약 학교가 지식만을 제공한다면, 그들은 창의성을 파괴하고 평범한 사람들을 배출할 것이다.

---

when/if 등의 접속사가 이끄는 시간/조건 부사절의 동사는 아직 일어나지 않은 미래의 일이라도 동사를 미래시제가 아닌 현재시제로 써야 한다. 부사절은 문장의 앞쪽에 있을 수도 있고 뒤쪽에 있을 수도 있다.

when/if 등 부사절 접속사 + 주어 + 현재시제

다음은 시간/조건을 나타내는 부사절을 이끄는 접속사이다.

시간을 나타내는 부사절 접속사	· when ~할 때	· before ~하기 전에	· as soon as ~하자마자
	· while ~하는 동안	· after ~한 후에	
	· until[till] ~할 때까지	· by the time ~할 때쯤에	
조건을 나타내는 부사절 접속사	· if 만약 ~한다면	· unless 만약 ~하지 않는다면	· as long as ~하는 한에는
	· once 일단 ~하면	· in case ~하는 경우에 대비해서	

(**TIP**) when/if절이 부사절이 아니라 주어/목적어 등으로 쓰이는 명사절이면, 미래의 일은 미래시제로 쓰는 것에 주의한다.

┌─────── 시간을 나타내는 부사절 ───────┐

1. We will start the meeting **when** James **comes** to the office.

현재시제

┌─── 동사 know의 목적어로 쓰인 명사절 ───┐

2. I don't know **when** James **will come** to the office.

미래시제

☑ 네모 안에서 어법상 알맞은 것을 고르세요.

1. As soon as a person and a chimp | start / will start | running, they will both get hot. 〈모의〉

2. The commuters wonder if the construction | is / will be | finished on time.

3. Once cameras | are / will be | put on spacecraft, we will see the universe clearly for the first time. 〈모의응용〉

4. Many parents will continue to read bedtime stories even when their children | learn / will learn | to read by themselves. 〈모의〉

정답 및 해설 p.11

Mini TEST 불변의 패턴 08~09

밑줄 친 부분이 틀렸다면 바르게 고치세요. 바르면 ○로 표시하세요.

1. According to the report, the amount of rice eaten by each person in Korea <u>has reached</u> its peak in 2008. 〈모의응용〉

2. If you <u>offer</u> me $10 today or $11 tomorrow, I'll probably say I'd rather have the $10 today. 〈모의〉

3. We <u>produced</u> healthy and natural foods for over thirty years and always try our best to make your shopping visits an enjoyable experience. 〈모의응용〉

4. The government <u>has held</u> a special ceremony at the national event last week to honor the country's war heroes.

〈수능응용〉

5. Our neurons will communicate to form networks of information when we <u>learn</u> a new fact or skill.

*neuron: 신경세포, 뉴런

서술형 대비

주어진 단어들을 사용해서 우리말 해석에 맞는 영어 문장을 쓰세요. 필요한 경우 단어의 형태를 바꾸세요.

6. 그 감독은 그녀의 첫 영화가 1970년에 개봉한 이래로 수많은 영화들을 만들어 왔다.

   (be released, since, numerous movies, make, her first film)

   The director _____ in 1970.

정답 및 해설 p.11

어법 만점 TEST

네모 안에서 어법상 알맞은 것을 고르세요.

01 The debate about the use of nuclear energy will not end until the conflict comes / will come to a conclusion.

02 DNA left behind at the scene of a crime has been / was accepted as evidence in court since the 1980s. 〈모의응용〉

03 Some people think that the police cannot stop the violent demonstration unless they use / will use force.

*demonstration: 시위, 입증

04 The match has finished / finished over an hour ago and there is no need for me to feel especially under pressure. 〈모의〉

05 Since all members of the hiking club were so exhausted, I'm curious how long they has hiked / hiked in the mountains this morning.

밑줄 친 부분이 틀렸다면 바르게 고치세요. 바르면 ○로 표시하세요.

06 More than a third of UK Internet users has considered smartphones as their most important device for accessing the Internet in 2016. 〈모의〉

07 Some Asian nations still have many new cases of the disease, but Korea has remained free of it for six months. 〈수능응용〉

08 If your roommate's cleaning habits will meet your own personal standards, it will really make you satisfied. 〈모의응용〉

09 The farmers have gathered in the city last weekend since they wanted to attend the conference on new farming technology.

10 Currently, our company is keeping an eye on when our competitors will introduce a new product on the market in the future.

(A), (B), (C)의 각 네모 안에서 어법에 맞는 표현으로 가장 적절한 것을 고르세요.

11 The dish you start with serves as an anchor food for your entire meal. Scientists proved this decades ago through multiple experiments. Since then, more specific studies (A) | have shown / showed | that people eat nearly 50 percent greater quantity of the food they eat first. If you (B) | start / will start | with a dinner roll, you will eat less protein, and fewer vegetables. Eat the healthiest food on your plate first. As age-old wisdom suggests, this usually means starting with your vegetables or salad. If you are going to eat something unhealthy, at least save it for last. This will give your body the opportunity to fill up on better options before you move on to sugary desserts. Even our ancestors (C) | have realized / realized | the unhealthiness of sweets many years ago. 〈모의응용〉

*anchor: 닻

	(A)	(B)	(C)
①	have shown	start	realized
②	have shown	start	have realized
③	have shown	will start	have realized
④	showed	will start	realized
⑤	showed	start	have realized

12 I'm leaving for the Amazon tomorrow, finally! I don't even remember how long I (A) | have wanted / wanted | this so far. At this hour, the great Emerald Amazon Explorer should be at the port waiting for me to get on board. Freshwater dolphins will escort me on the playful river. 500 species of birds, half a dozen species of monkeys, and numerous colorful butterflies will welcome me when I (B) | enter / will enter | their kingdom. I wish I could camp in the wild and enjoy the company of mosquitos, snakes, and spiders. I'd love to make the world's largest rainforest home. Last night, since I was so excited about my journey, I (C) | stayed / have stayed | awake all night. My heart swells as much as my chubby bags. 〈수능응용〉

	(A)	(B)	(C)
①	wanted	enter	have stayed
②	wanted	will enter	stayed
③	have wanted	will enter	have stayed
④	have wanted	enter	stayed
⑤	have wanted	enter	have stayed

밑줄 친 부분 중 어법상 틀린 것을 고르세요.

13 It will comfort you to know you are not alone if you ① <u>will suffer</u> from aches and pains in your lower back. Nearly two-thirds of adults who have lower-back pain ② <u>experience</u> it more than once throughout their lives. In fact, one of the leading causes of missed work days ③ <u>is</u> lower-back pain. The good news is that rarely ④ <u>are</u> cases serious, and they can be relieved with simple treatments. Sometimes, however, the condition will last a long time, so doctors can't easily predict when the pain ⑤ <u>will go</u> away. 〈수능응용〉

14 China's frequent times of unity and Europe's constant disunity ① <u>have</u> a long history. The different political regions in China ② <u>have joined</u> for the first time in 221 BC. Since then, they have remained unified for most of the time. China ③ <u>has had</u> a single writing system and solid cultural unity for over two thousand years, and this is still true today. In contrast, Europe has never come close to political unification. Europe ④ <u>was</u> divided into hundreds of states around 500 years ago, and it remained heavily divided for several centuries. In the 1980s, this number got down to as low as 25 states, but now it is back up to over 40. It still has 45 languages, and even greater cultural diversity. The current disagreements about the issue of unifying Europe ⑤ <u>are</u> still common today. 〈모의응용〉

*unity: 통합 **disunity: 분열

15 If you ever walked into a room that smelled of freshly baked bread, you probably noticed that the pleasant smell did not last long. Most likely, the aroma of the bread ① <u>faded</u> away since you became used to it. This is common. In fact, the only way to reawaken the smell is to walk out of the room and come back in again. Many aspects of our lives, such as our happiness, ② <u>work</u> in a similar way. Everyone has something to be happy about. Perhaps they have a loving partner, good health, and a satisfying job. As time passes, however, they get used to what they currently ③ <u>have</u>. Moreover, just like the smell of fresh bread, these wonderful things that enhance life ④ <u>disappears</u> from their consciousness. As the old proverb goes, you will never miss the water till the well ⑤ <u>runs</u> dry. 〈모의응용〉   *consciousness: 의식

다음 글을 읽고 질문에 답하세요.

16 In early 19th century London, a young man named Charles Dickens ⓐ <u>have had</u> a strong desire to be a writer. But everything seemed to be against him. He had never been able to attend school for more than four years. His father ⓑ <u>was</u> in jail since he couldn't pay his debts, and this young man often knew the pain of hunger. Moreover, he had so little confidence in his ability to write that he mailed his writings secretly at night to editors. Story after story was rejected. But one day, one editor ⓒ <u>recognized</u> his talent. The praise that he received for his writing changed his whole life. He ⓓ <u>became</u> famous far outside of Britain since that time. (2) <u>전 세계의 많은 독자들은 거의 200년 동안 그의 작품을 즐겨 왔다.</u> 〈모의응용〉

(1) 위 글의 밑줄 친 ⓐ~ⓓ 중 어법상 틀린 것을 2개 고르고 바르게 고치세요.

(2) 주어진 〈조건〉에 맞게 위 글의 밑줄 친 우리말을 영작하세요.

┌─────────────────────── 〈조건〉 ───────────────────────┐
│ 1. nearly, his works, enjoy, two hundred years를 활용하세요. │
│ 2. 알맞은 시제를 사용하세요. │
│ 3. 9단어로 쓰세요. │
└──┘

Many readers around the world _____.

정답 및 해설 p.12

CHAPTER 03

동사의
능동태·수동태

밑줄 친 단어가 동사인 경우, 동사의 능동태·수동태가 바른지 묻는 문제가 수 일치 문제 다음으로 자주 출제되고 있다. 따라서 밑줄 친 동사의 주어를 파악하여 수 일치를 확인한 후에는, 주어와의 관계에 맞는 능동태 또는 수동태 동사가 왔는지 확인하는 것이 좋다. 동사의 능동태·수동태가 바른지는 다음의 두 가지 사항을 중심으로 확인한다.

1. 주어는 동사가 나타내는 행위의 주체인가, 대상인가?

멀리 떨어진 주어와 동사의 관계 또는 선행사와 관계절 동사의 관계를 파악해야 하는 문장이 주로 나온다. 이때 다양한 시제별로 능동태·수동태 동사의 형태를 알고 있는지도 함께 묻는다.

▶ 불변의 패턴 10-12

2. 특수한 성격을 가진 동사인가?

수동태로 쓸 수 없는 자동사, 수동태로 써도 뒤에 목적어나 목적격보어가 있을 수 있는 4형식과 5형식 동사가 사용된 문장이 주로 나온다.

▶ 불변의 패턴 13-15

알고 갈 기초 문법

능동태 vs. 수동태

주어가 동사가 나타내는 행위를 하는 주체이면 동사를 능동태로 쓴다. 그러나 '~되다/당하다/해지다'와 같은 의미로 주어가 동사가 나타내는 행위의 대상이면 동사를 수동태로 써야 한다. 수동태 동사는 「be동사 + 과거분사(p.p.)」형태이며, 보통 능동태 문장의 목적어가 수동태 문장의 주어로 온다.

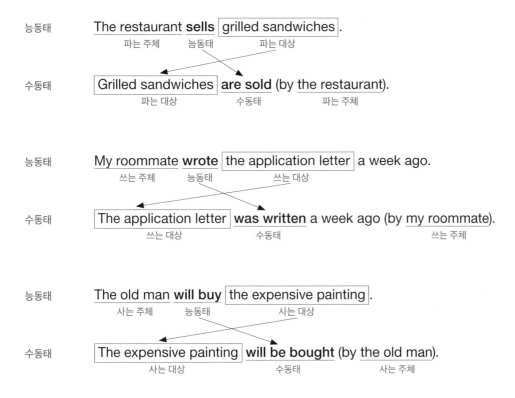

능동태 The restaurant **sells** grilled sandwiches.
       파는 주체   능동태   파는 대상

수동태 Grilled sandwiches **are sold** (by the restaurant).
       파는 대상   수동태   파는 주체

능동태 My roommate **wrote** the application letter a week ago.
       쓰는 주체   능동태   쓰는 대상

수동태 The application letter **was written** a week ago (by my roommate).
       쓰는 대상   수동태   쓰는 주체

능동태 The old man **will buy** the expensive painting.
       사는 주체   능동태   사는 대상

수동태 The expensive painting **will be bought** (by the old man).
       사는 대상   수동태   사는 주체

🕐 1초 QUIZ

1. She cleans / is cleaned her room every morning.
2. The lost treasure found / was found in the ocean by the explorers.
3. The winner of the contest will announce / will be announced tomorrow.
4. Robert prepared / was prepared a birthday party for his brother.

정답 1. cleans 2. was found 3. will be announced 4. prepared

Most of us know that skin is protected us from heat, cold, or dirt. 〈모의〉
　　　　　　　　　　　　주어　　　　　　↳ protects (능동태)
　　　　　　　　　　(보호하는 행위의 주체)

The flavors of old-fashioned breads lost as baking became more industrialized. 〈모의〉
　　　주어　　　　　　　　　　　　　↳ were lost (수동태)
(상실하는 행위의 대상)

우리 중 대부분은 피부가 열, 추위, 또는 먼지로부터 우리를 보호한다는 것을 안다.
제빵이 더 산업화되면서 옛날식 빵의 맛은 상실되었다.

주어가 밑줄 친 동사 행위의 주체라면 능동태 동사가 와야 하고, 행위의 대상이라면 수동태 동사가 와야 한다. 수동태 동사의 행위 주체를 따로 표시할 경우 by를 사용한다.

　　　　행위의 주체 + 능동태　　VS.　　행위의 대상 + 수동태 (be동사 + p.p.) + (by + 행위 주체)
　　　　　주어　　　동사　　　　　　　　　주어　　　　　　동사

✅ 네모 안에서 어법상 알맞은 것을 고르세요.

1. We discussed / were discussed this issue for a few hours.

2. Female butterflies attract / are attracted male butterflies with a smell. 〈모의〉

3. Before the shipping process, the fruit places / is placed in boxes with the farm's logo on it.

4. Platinum, which is a valuable metal, uses / is used in many electronic devices.

5. Someone who is only clinically dead can often bring / be brought back to life. 〈모의〉

6. My little feet carried / were carried me up the stairs into the grandstands at the car racing stadium. 〈수능〉

*grandstand: 특별관람석

정답 및 해설 p.15

Smoking is prohibiting in all Smithsonian facilities. 〈모의〉
　주어　　be동사　↳ prohibited (p.p.)
(금지하는 행위의 대상)

Over the years, I am frequently counseled people who wanted better jobs. 〈모의〉
　　　　　주어　↳ have (have동사)　　　　p.p.
　　　(상담하는 행위의 주체)

스미스소니언의 모든 시설 내에서 흡연은 금지된다.
몇 년 동안, 나는 더 좋은 직업을 원하는 사람들을 자주 상담해 왔다.

be동사와 have동사는 뒤에 오는 것에 따라 다양한 시제를 나타내는 동시에 능동태 동사일 수도 있고, 수동태 동사일 수도 있으므로, 시제별로 능동태일 때와 수동태일 때 형태를 구별할 수 있어야 한다.

	능동태 동사		수동태 동사
단순과거/단순현재	동사의 과거형/현재형	VS.	be동사 + p.p.
진행시제	be동사 + v-ing		be동사 + being + p.p.
완료시제	have동사 + p.p.		have동사 + been + p.p.

※ 「have동사 + been + v-ing」는 완료진행시제 능동태 동사이다.

Type 1 be동사 뒤: v-ing vs. p.p.

Money management is something you will need to learn, and **not everything is**
~~**teaching**~~ at school. ⟨모의⟩
└→ taught (p.p.)

주어 (가르치는 행위의 대상)   be동사

돈 관리는 당신이 배울 필요가 있는 것이고, 모든 것들이 학교에서 가르쳐지는 것은 아니다.

주어가 동사 행위의 주체라면 be동사 뒤에는 p.p.가 아닌 v-ing가 와야 한다. 반대로 주어가 동사 행위의 대상이라면 be동사 뒤에는 v-ing가 아닌 p.p.가 와야 한다.

능동태 동사 (be동사 + v-ing)		수동태 동사 (be동사 + p.p.)	
(현재진행)	am/is/are + v-ing	(단순현재)	am/is/are + p.p.
(과거진행)	was/were + v-ing	(단순과거)	was/were + p.p.
(현재완료진행/과거완료진행)	have/has/had been + v-ing	(현재/과거완료)	have/has/had been + p.p.

(VS.)

(TIP) 주어가 동사 행위의 대상일 때 be동사 뒤에 「being + p.p.」가 올 수도 있다. 「be동사 + being + p.p.」는 진행시제 수동태 동사이다.
The old house is being turned into a new hotel.
주어(바꾸는 행위의 대상)

☑ 네모 안에서 어법상 알맞은 것을 고르세요.

1. Some questions were asking / asked to the witnesses at the crime scene.

2. A lot of people had been spending / spent time at the beach when the shark was first seen.

3. The human body has been viewing / viewed as a 'natural' phenomenon — a fixed, unchanging fact of nature. ⟨수능⟩

☑ 밑줄 친 부분이 틀렸다면 바르게 고치세요. 바르면 ○로 표시하세요.

4. The sense of looking freshly at something is <u>knowing</u> as 'beginner's mind.' ⟨수능⟩

5. My favorite stores at the mall are <u>selling</u> many interesting handicrafts these days.

*handicraft: 수공예(품)

6. Many obstacles had been <u>placing</u> in his path, and he knew that they were part of his preparation. ⟨모의응용⟩

정답 및 해설 p.15

Type 2   p.p. 앞: have동사 vs. be동사

An American company was invented a new product called Puppy Purse. 〈모의〉
주어
(발명하는 행위의 주체)
↳ has   p.p.
(have동사)

한 미국 회사가 Puppy Purse라고 불리는 새로운 제품을 발명했다.

주어가 동사 행위의 주체라면, p.p. 앞에는 be동사가 아니라 have동사가 와야 한다. 반대로 주어가 동사 행위의 대상이라면 p.p. 앞에 have동사가 아닌 be동사가 와야 한다.

have동사 + p.p.   VS.   be동사 + p.p.
능동태 동사(완료시제)   수동태 동사

TIP 「have동사 + p.p.」와 「have동사 + been + p.p.」를 혼동하지 않도록 주의한다. 「have동사 + p.p.」는 완료시제 능동태 동사이고, 「have동사 + been + p.p.」는 완료시제 수동태이다.

For decades, **experts have encouraged** the nighttime separation of babies from parents. 〈수능〉
주어(권장하는 행위의 주체)

For decades, the nighttime separation of babies from parents **has been encouraged**.
주어(권장하는 행위의 대상)

☑ 네모 안에서 어법상 알맞은 것을 고르세요.

1. When food dyed blue │ has / is │ served, people lose their appetite. 〈모의〉   *appetite: 식욕, 욕구

2. My sister │ had / was │ learned how to swim by the time she was two years old.

3. Again and again, communities │ have / are │ studied water systems and discovered wise use. 〈모의〉

4. The musical instruments │ have / were │ made in the 1800s for musicians in the national orchestra.

정답 및 해설 p.15

불변의 패턴 12

수능 출제 빈도 ★★☆ │ 내신 출제 빈도 ★☆☆

주격 관계대명사절의 동사는 선행사가 동사 행위의 주체인지 대상인지 확인해야 한다.

┌──────── 관계절 ────────┐
The wings of some insects have **bright colors that** can **see** from far away. 〈모의응용〉
선행사   주격 관계대명사   ↳ be seen (수동태)
(보는 행위의 대상)

어떤 곤충들의 날개는 멀리에서 보일 수 있는 밝은 색을 가지고 있다.

주격 관계대명사절 내의 동사는, 선행사가 동사 행위의 주체라면 능동태로 오고, 동사 행위의 대상이라면 수동태로 와야 한다.

┌── 관계절 ──┐   ┌── 관계절 ──┐
행위의 주체 + 주격 관계대명사 + 능동태   VS.   행위의 대상 + 주격 관계대명사 + 수동태
선행사   동사   선행사   동사

TIP 「(대)명사 + of which/whom」, 「whose + 명사」도 관계절의 주어 역할을 할 수 있으며, 이때는 관계대명사가 가리키는 것을 선행사를 보고 유추하되, 「(대)명사 + of which/whom」과 「whose + 명사」 자체가 동사 행위의 주체인지 대상인지 확인해야 한다.

The TV host interviewed an actor **whose new film will be released** next month.
주어 (개봉하는 행위의 대상)

☑️ 네모 안에서 어법상 알맞은 것을 고르세요.

1. A tsunami is a huge wave that | causes / is caused | terrible destruction. 〈모의응용〉

2. The speaker introduced the local artist, who | selected / was selected | as the best young painter in the city.

3. The firefighters found three men who were | barbecuing / barbecued | some chicken and beef on the balcony. 〈모의응용〉

4. Photography is a way of learning about the deep-sea world, 95 percent of which has never | explored / been explored | before. 〈모의응용〉

정답 및 해설 p.16

Mini TEST 불변의 패턴 10~12

밑줄 친 부분이 틀렸다면 바르게 고치세요. 바르면 ○로 표시하세요.

1. Suppose you see a friend who lately has been <u>lost</u> a lot of weight. 〈모의응용〉

2. Successful people have simply learned the value of staying in the game until it <u>wins</u>. 〈수능〉

3. While some people are natural humorists, being funny is a skill that should <u>learn</u>. 〈모의〉

4. If music enhances physical and mental skills, are there circumstances in which music is <u>damaging</u> to performance? 〈모의응용〉

5. According to several scientists, babies will have better brain development if they <u>have</u> held in their parents' arms more often.

서술형 대비

주어진 단어들을 사용해서 우리말 해석에 맞는 영어 문장을 쓰세요. 필요한 경우 단어의 형태를 바꾸세요.

6. 그 공장에서 만들어지는 자동차들은 전기자동차들이다.
   (that, electric vehicles, the cars, make, are, in the factory)

_____

_____

정답 및 해설 p.16

자동사는 수동태로 쓸 수 없고, 능동태로 써야 한다.

The "24-hour" news cycle ~~was emerged~~ from the rise of cable TV, and it is now a thing of the past. 〈모의응용〉
→ emerged (능동태)

'24시간' 뉴스 주기는 케이블 TV의 성장에서 생겨났고, 그것은 이제 과거의 것이다.

자동사는 뒤에 목적어가 오지 않는 동사이고, 타동사는 목적어가 와야만 하는 동사이다. 능동태 문장의 목적어가 수동태 문장의 주어가 되므로, 뒤에 목적어가 오지 않는 자동사는 수동태로 쓸 수 없다.

행위의 주체 + 타동사 능동태 + 행위의 대상   행위의 주체 + 자동사 능동태 + (보어/수식어 등)
주어   목적어   주어   ⇓

VS.

행위의 대상 + 타동사 수동태 + (by + 행위의 주체)   수동태 불가능
주어

다음은 수동태로 쓸 수 없는 자동사들이다.

- **appear** 나타나다, ~처럼 보이다
- **seem** ~처럼 보이다, ~인 것 같다
- **become** ~이 되다, ~해지다
- **remain** 남아 있다, 계속 ~하다
- **happen** 일어나다, 벌어지다
- **occur** 발생하다, 일어나다
- **arise** 생기다, 발생하다
- **emerge** 생겨나다, 드러나다
- **rise** 오르다, 일어나다
- **lie** 눕다, 놓여있다, 거짓말하다
- **belong (to)** (~에) 속하다
- **result (in)** (~라는) 결과를 낳다

☑ 네모 안에서 어법상 알맞은 것을 고르세요.

1. When people sleep, breathing ⟦becomes / is become⟧ less rapid and more relaxed. 〈모의응용〉

2. The clothes on the back of the chair ⟦belong / are belonged⟧ to my sister.

3. The paper for the photocopier ⟦keeps / is kept⟧ in the cabinet beside the desks.

4. Trade will not ⟦occur / be occurred⟧ unless both parties want what the other party has to offer. 〈모의〉

5. Surfing is a leisure activity that ⟦enjoys / is enjoyed⟧ around the world in beach communities.

6. Most new islands ⟦appear / are appeared⟧ where volcanic eruptions create rocky material above the surface of the oceans.

정답 및 해설 p.17

함께 알아두기

다음과 같이 의미와 형태가 헷갈리는 타동사와 자동사를 주의하여 익혀둔다.

자동사	타동사
· rise - rose - risen 오르다, 일어나다	· raise - raised - raised 올리다, 키우다
· arise - arose - arisen 생기다, 발생하다	· arouse - aroused - aroused 자극하다, 깨우다
· lie - lay - lain 눕다, 놓여있다	· lay - laid - laid 놓다, 두다
· lie - lied - lied 거짓말하다	

A large suitcase **lay** on the bed. → 수동태 불가능
             자동사(능동태)

He **laid** a large suitcase on the bed. → A large suitcase **was laid** on the bed.
타동사(능동태)   목적어   주어   타동사(수동태)

불변의 패턴 14

수능 출제 빈도 ★☆☆ | 내신 출제 빈도 ★☆☆

4형식 수동태 동사 뒤의 목적어를 보고 능동태가 와야 한다고 착각하지 말아야 한다.

Your colleagues **are giving you an important message**.
　　　　　　　동사 (능동태)　간접목적어　　　직접목적어

You gave an important message, if your colleagues told you they didn't
주어　└▸ were given (수동태)　직접목적어

understand your idea. 〈모의응용〉

만약 당신의 동료들이 당신에게 그들이 당신의 생각을 이해하지 못했다고 말했다면, 당신은 중요한 메시지를 받은 것이다.

4형식 동사는 2개의 목적어(간접목적어와 직접목적어)가 오기 때문에, 이 2개의 목적어를 각각 주어로 하는 수동태 문장을 쓸 수 있다. 이 중 간접목적어를 주어로 하는 수동태 동사 뒤에는 직접목적어가 바로 나오기 때문에, 이 목적어를 보고 능동태 동사가 와야 한다고 착각해서는 안 된다.

행위의 주체 + 능동태 + 행위의 대상 1 + 행위의 대상 2
　주어　　　4형식 동사　간접목적어　　직접목적어

행위의 대상 1 + 수동태 + 행위의 대상 2　　OR　　행위의 대상 2 + 수동태 + to/for 등 + 행위의 대상 1
　주어　　4형식 동사　직접목적어　　　　　　　　　주어　　4형식 동사　전치사　　간접목적어

다음은 2개의 목적어를 취할 수 있는 4형식 동사들이다.

- give 주다
- tell 말해주다
- buy 사주다
- send 보내다
- show 보여주다
- offer 제공해주다
- make 만들어 주다
- grant 허락해주다, 승인해주다
- teach 가르쳐주다
- bring 가져다주다
- ask 물어보다
- lend 빌려주다
- loan 빌려주다, 대출하다
- award 상을 주다, 수여하다

✓ 밑줄 친 부분이 틀렸다면 바르게 고치세요. 바르면 ○로 표시하세요.

1. My friend <u>lent</u> me an umbrella because I had left mine at home.

2. People who form an attachment to their belongings prefer to keep their things even if they <u>offer</u> money for them. 〈모의응용〉

3. The homeless people <u>give</u> a free meal at Hope Shelter and are very grateful for it.

4. When William was young, his grandparents <u>was taught</u> him the value of respecting his elders.

5. A medal will <u>be awarded</u> to the scientist for her invention of a new vaccine.

6. All travelers have to prove their identity before the government <u>is granted</u> them permission to enter the country.

*identity: 신원, 신분

정답 및 해설 p.17

5형식 수동태 동사 뒤의 목적격보어를 목적어로 착각하지 말아야 한다.

This year, we **expect** the amount of venture capital to show a steeper decline.
　　　　　　 동사 (능동태)　　　　　 목적어　　　　　　　　　　　 목적격보어

This year, **the amount of venture capital expect to show a steeper decline.** 〈수능응용〉
　　　　　　　　　 주어　　　　　　　　↳ is expected (수동태)　　목적격보어

올해, 벤처 자금의 총액은 더 가파른 감소를 보일 것으로 예상된다.

5형식 동사는 동사 뒤에 목적어와 목적격보어를 취하므로, 목적어를 주어로 하는 5형식 동사의 수동태 문장에서는 동사 뒤에 목적격보어가 남는다. 따라서 이 목적격보어를 목적어로 착각하여 능동태 동사가 와야 한다고 착각하지 않도록 주의해야 한다.

행위의 주체 + 능동태 + 행위의 대상 + 명사/to부정사/v-ing 등
　주어　　　5형식 동사　목적어　　　　목적격보어

행위의 대상 + 수동태 + 명사/to부정사/v-ing 등
　주어　　　5형식 동사　　　목적격보어

다음은 목적어로 착각하기 쉬운 명사/to부정사/v-ing 목적격보어를 취할 수 있는 5형식 동사들이다.

명사 목적격보어를 갖는 동사	· make	· call	· name	· elect	
to부정사 목적격보어를 갖는 동사	· expect	· want	· tell	· ask	· allow
	· compel	· urge	· force	· cause	
v-ing 목적격보어를 갖는 동사	· keep	· find	· leave		

✓ 밑줄 친 부분이 틀렸다면 바르게 고치세요. 바르면 ○로 표시하세요.

1. After a long and expensive political campaign, Deborah Miller <u>was elected</u> governor.

2. Local residents will <u>force</u> to leave their homes because of the serious flood.

3. We <u>found</u> the two lost dogs playing in the park beside the river.

4. Johnson led the successful expedition, and he has <u>called</u> a hero for his bravery.

*expedition: 탐험, 원정

정답 및 해설 p.17

다음과 같이 전치사와 함께 관용적으로 수동태로 써야 하는 표현들은 통째로 익혀둔다.

• be involved in ~에 관여하다	• be absorbed in ~에 열중하다
• be associated with ~와 관련되다	• be devoted to ~에 헌신하다
• be related to ~와 관련되다	• be dedicated to ~에 헌신/전념하다
• be named after ~을 따서 이름 짓다	• be occupied with ~으로 바쁘다/여념 없다
• be based on ~에 근거하다	• be finished with ~이 끝나다
• be covered with ~로 덮이다	• be equipped with ~을 갖추고 있다
• be crowded with ~으로 붐비다	• be credited with ~에 대한 공을 인정받다
• be used to ~에 익숙하다 (*cf.* be used to + 동사원형 ~하기 위해 사용되다)	

The lawyer **was occupied with** her work, so she missed lunch.

Steve has lived in Korea for 10 years, so he **is used to** taking off his shoes indoors.

Mini TEST 불변의 패턴 13~15

밑줄 친 부분이 틀렸다면 바르게 고치세요. 바르면 ○로 표시하세요.

1. Every buyer will <u>give</u> a free Bluetooth headset that works with the TV. 〈모의응용〉

2. Sometimes, negative comments can <u>seem</u> overwhelming and stressful. 〈모의〉

〈모의응용〉
3. Frank Conroy <u>made</u> a famous writer in the literary world by the publication of *Stop-Time* in 1967.

*literary: 문학의

4. Former president Jimmy Carter works along with volunteers during the program, which <u>is named</u> after him. 〈수능응용〉

5. The navigation app on your new smartphone <u>is appeared</u> to be more useful than others.

서술형 대비

주어진 〈조건〉에 맞게 우리말을 영작하세요.

6. 그 고객은 고장 난 제품 때문에 회사로부터 무료 선물을 제공받았다.

─────── 〈조건〉 ───────
1. the company, a free gift, offer를 활용하고, 필요한 경우 단어의 형태를 바꾸세요.
2. 8단어로 쓰세요.

The customer _____ because of the broken product.

정답 및 해설 p.18

어법 만점 TEST

네모 안에서 어법상 알맞은 것을 고르세요.

01 Guess how many soda cans the back of the pickup truck [held / is held]. 〈모의〉

02 The producer's popular films have [seen / been seen] in movie theaters around the world.

03 Matilda had taught herself to read by studying newspapers that [lay / laid] around the house.
〈모의〉

04 The award-winning teams will [give / be given] the opportunity to participate in the "Korean Food Festival" on November 14th of next year. 〈모의〉

05 Most of the dishes which [prepare / are prepared] in that famous restaurant are from old Italian recipes.

밑줄 친 부분이 틀렸다면 바르게 고치세요. 바르면 ○로 표시하세요.

06 The subjects that <u>teach</u> at the music academy include classical and modern musical themes.

07 My sister and I have been <u>taking</u> dance lessons together recently at a dance center that opened last month.

08 The sailors standing on the deck <u>threw</u> from the ship due to the strong force of a large wave.

09 Unfortunately for all of the city's commuters, the main bridge <u>is remained</u> closed because the construction took longer than planned.

10 The female professional speech writer <u>credits</u> with creating such well-known phrases as "Read my lips" and "A kinder, gentler nation." 〈모의응용〉

(A), (B), (C)의 각 네모 안에서 어법에 맞는 표현으로 가장 적절한 것을 고르세요.

11 The rambutan tree is native to Malaysia and Indonesia. Rambutan is the Malay word for hair, and refers to the hairlike spine of the fruit. The fruit, which contains a variety of healthy vitamins and minerals, is mainly (A) producing / produced in Southeast Asia. Once the fruit is ripe, it (B) has / is sold fresh in both local and foreign markets. It is also used in making jams and jellies. The rambutan tree has various uses. For example, people in Malaysia (C) use / are used its roots for treating fever. The bark of the rambutan tree also has medicinal value in the local cultures. 〈모의응용〉

*spine: 가시 **bark: 나무껍질 ***medicinal: 의료의, 약효가 있는

	(A)	(B)	(C)
①	producing	has	are used
②	producing	has	use
③	produced	has	are used
④	produced	is	use
⑤	produced	is	are used

12 In an experiment, participants (A) gave / were given two photos to review. Each photo had a person's face, and they were asked to choose the photo that they thought was more attractive. Then researchers used a clever trick in the next step. When participants received the photo, it had been (B) switching / switched to the photo not chosen in the previous stage of the experiment. Remarkably, most participants accepted this photo as their own choice and then proceeded to give arguments for why they had chosen that face in the first place. This revealed that a striking mismatch (C) arises / is arisen between our choices and our ability to rationalize outcomes. This same finding has since been observed in various domains including taste for jam and financial decisions. 〈모의응용〉

*domain: 영역, 범위

	(A)	(B)	(C)
①	were given	switched	is arisen
②	gave	switching	is arisen
③	gave	switched	is arisen
④	gave	switching	arises
⑤	were given	switched	arises

밑줄 친 부분 중 어법상 틀린 것을 고르세요.

13 Dear Mr. Stevens,

This is a reply to your inquiry about the shipment status of the desk you purchased at our store on September 26. Unfortunately, what we have to tell you about the shipment ① is not great news. The delivery of your desk will take longer than expected due to the damage that ② was occurred during the shipment from the furniture manufacturer to our warehouse. We ③ have ordered an exact replacement from the manufacturer. The delivery ④ is expected to take place within two weeks. When the desk arrives, we will call you immediately to arrange a delivery time that ⑤ suits you. We regret the inconvenience this delay has caused you.

Sincerely,

Justin Upton ⟨모의⟩

14 A pet goldfish, which ① was kept by a friend of mine, was put in a bowl with my goldfish because my friend was moving to another country. They lived together for six months, and two weeks ago, we ② separated them again, and she took her goldfish home. Both fish ③ influenced in a negative way in the changed environment. I immediately noticed that my goldfish was behaving strangely. It was banging against the side of the bowl. It ④ seemed to me that it was missing its old friend. The next morning it was floating on the surface, dead. Later that day, I ⑤ was sent a message that her goldfish was also dead. I believe that they died of broken hearts. ⟨모의응용⟩

15 You might notice that most dogs seem happier than most people. For example, whereas bad weather bothers many people, dogs ① are affected less than people are. I notice that even when it's pouring rain outside, my dogs, Blue and Celeste, ② are still excited to go for a walk. As soon as I ③ open the front door to look outside, they will be beside me ready for an adventure. I usually wait for a break in the heavy rain, and then we all dash out together. The fact that the ground is wet and there are mud puddles ④ mean nothing to the dogs. While I'm carefully ⑤ picking my way around the wet spots, the dogs are joyfully playing in the puddles. They aren't afraid to get their paws dirty. 〈수능응용〉

다음 글을 읽고 질문에 답하세요.

16 (2) Many people are considering traveling to new places these days. However, tourism is not beneficial for the environment. First of all, the air and seas ⓐ ___(pollute)___ during the transport of millions of tourists. Secondly, as more hotels are ⓑ ___(build)___ , people destroy some of the world's most beautiful places. And finally, water is running short as people use more water. In short, tourism in today's world ⓒ ___(damage)___ nature in many ways. If we want our Earth to be a healthy place, we need to travel less. 〈모의응용〉

(1) 위 글의 ⓐ~ⓒ에 주어진 괄호 안의 단어를 어법에 맞게 바꾸어 쓰세요.

　　ⓐ _____

　　ⓑ _____

　　ⓒ _____

(2) 위 글의 밑줄 친 문장을 수동태 문장으로 바꾸세요.

_____

CHAPTER 04

조동사와 가정법

밑줄 친 단어가 동사인 경우, 「조동사 + 동사」 또는 가정법 동사의 형태가 바른지 묻는 문제도 간혹 출제되고 있다. 조동사나 가정법 문장은 형태상 쉽게 구분이 가능하고 묻는 내용이 비교적 제한적이므로, 자주 출제되는 사항 중심으로 밑줄 주변을 빠르게 확인하여 해결할 수 있다.

「조동사 + 동사」 또는 가정법 동사의 형태가 바른지는 다음의 두 가지 사항을 중심으로 확인한다.

1. 「조동사 + 동사」가 언제의 일을 나타내고 있는가?

「조동사 + 동사」가 현재/미래의 일인지, 과거의 일인지 구분해야 하는 문장이 주로 나온다. 간혹 조동사가 생략되어 있거나, 일반동사를 강조하는 do동사가 포함된 문장도 나온다.

▶ 불변의 패턴 16-18

2. 가정법 문장의 실제 시제는 무엇인가?

실제 시제보다 하나 앞선 시제의 동사를 사용해야 하는 가정법 문장의 동사 형태가 바른지 확인해야 하는 문장이 주로 나오며, 이때 if절 또는 주절 중 하나의 동사에 밑줄이 있다.

▶ 불변의 패턴 19-20

알고 갈 기초 문법

조동사는 동사를 돕는 동사라는 뜻이다. 조동사는 동사 앞에 와서 '~할 수 있다'와 같은 의미를 더해주는 역할을 하며, 보통 하나의 조동사가 다양한 의미를 가지고 있다.

1. can

<능력> ~할 수 있다	I **can** play the piano, but I **can't** play the guitar.
<허가> ~해도 된다	You **can** use my computer if you need to.
<추측> ~일 수도 있다 (= could)	Our new plan **can[could]** be possible.
<추측> can't: ~일 리가 없다	The rumor about the actor **can't** be true.

2. may [might]

<추측> ~일지도 모른다	We **may** take a taxi to get there, or we may take a bus.
<허가> ~해도 된다	You **may** go to the beach, but you **may not** swim.

3. should

<추측> (당연히) ~일 것이다	The museum **should** be crowded this weekend.
<권고> ~하는 것이 좋다, ~해야 한다	We **should** always be kind and **should not** be rude.

4. must

<추측> ~임이 틀림없다	The girl across the street **must** be Kate.
<의무> ~해야 한다	Everyone **must** walk and **must not** run in the hallway.

*do/be/have동사 역시 의문문에서 주어의 앞으로 오거나, 부정문에서 not이 붙는 등 동사를 돕는 역할을 한다는 점에서 조동사로 부르기도 한다.

Has Fred handed in his assignment yet?

Fred **didn't** hand in his assignment yesterday because he wasn't in class.

가정법은 실제로는 그렇지 않거나 불가능한 상황을 사실이라고 가정해 보는 문장이다. 가정법에서는 상황을 그대로 말하는 문장인 직설법과는 달리 실제보다 하나 앞선 시제의 동사를 사용한다.

직설법	They **are not** astronauts, so they **can't go** to the moon. 현재시제
가정법	If they **were** astronauts, they **could go** to the moon. 과거시제

⏱ 1초 QUIZ

1. You [must not / should] turn off the lights before leaving because it will save electricity.
2. You [may / should not] borrow my books if you want to.
3. Billy [can't / must] be very sad. He is crying loudly.
4. If I [have / had] money, I would buy new sneakers. But I don't have any.

정답 1. should 2. may 3. must 4. had

현재/미래의 일은 「조동사 + 동사원형」으로, 과거 일에 대한 추측/후회는 「조동사 + have p.p.」로 써야 한다.

My brother became ill yesterday, but I did not send him to hospital. **I should pay** more attention to him. 〈수능응용〉

조동사

↳ have paid (have p.p.)

나의 형제가 어제 아팠지만, 나는 그를 병원에 보내지 않았다. 나는 그에게 더 신경을 썼어야 했다.

현재나 미래의 일을 말할 때는 조동사 뒤에 동사원형이 와야 한다. 그러나 과거의 일에 대한 추측이나 후회의 의미를 나타낼 때 조동사 뒤에는 have p.p.가 와야 한다.

조동사 + 동사원형   VS.   조동사 + have p.p.

현재/미래의 일   과거의 일에 대한 추측/후회

TIP 도치된 구조의 문장이나 의문문에서는 조동사가 주어 앞에 오기 때문에, 조동사와 동사원형/have p.p. 사이에 주어와 수식어 등이 있을 수 있다. 따라서 이런 주어와 수식어에 수 일치하는 동사가 와야 한다고 착각하지 않도록 주의한다.

How **might** music's ability to influence driving **is** explained? 〈모의응용〉

조동사   주어   수식어(to부정사구)   ↳ be (동사원형)

Type 1   추측의 의미를 가진 조동사

If you've ever gone snorkeling, you **may see** an amazing sight. 〈모의〉

조동사   ↳ have seen (have p.p.)

만약 당신이 스노클링을 하러 가본 적이 있다면, 당신은 놀라운 광경을 봤을지도 모른다.

다음과 같이 추측의 의미를 나타내는 조동사 뒤에 현재나 미래의 일은 동사원형으로 와야 하고, 과거의 일은 have p.p.로 와야 한다.

현재/미래 일에 대한 추측				과거 일에 대한 추측		
cannot		~일 리가 없다		cannot		~이었을 리가 없다
could	+ 동사원형	~일 수도 있다	VS.	could	+ have p.p.	~이었을지도 모른다
may[might]		~일지도 모른다		may[might]		~이었을지도 모른다
must		~임이 틀림없다		must		~이었음이 틀림없다

☑ 네모 안에서 어법상 알맞은 것을 고르세요.

1. Peter cannot | arrive / have arrived | already because his plane gets in tomorrow.

2. Many people think what might | happen / have happened | in the future is based on past failures. 〈모의〉

3. Your painting could [win / have won] the art contest next week, if you submit your work on time.

4. Measuring tools must [be / have been] very accurate in ancient Egypt, because the lengths of the sides of the Great Pyramid are almost the same. 〈모의응용〉

정답 및 해설 p.21

Type 2 후회의 의미를 가진 조동사

Those students were victims of education because they **should receive** better training to develop creative talents in school. 〈수능응용〉
조동사
↳ have received (have p.p.)

그 학생들은 창의력을 발달시키기 위해 학교에서 더 좋은 교육을 받았어야 했기 때문에 교육의 희생자들이었다.

다음과 같이 조동사 뒤에 현재나 미래의 일은 동사원형으로 와야 하고, 과거의 일에 대한 후회는 have p.p.로 와야 한다.

현재/미래의 일			VS.	과거 일에 대한 후회		
can	+ 동사원형	~할 수 있다		could	+ have p.p.	~할 수 있었는데 안 했다
should		~해야 한다		should		~했어야 했는데 안 했다

※ '~할 수 있었다'라는 뜻으로 과거에 어떤 일을 할 능력이 있었다고 할 때는 「could + 동사원형」을 쓴다.
When Mozart was four years old, he **could** already **play** the keyboard beautifully.

☑ 네모 안에서 어법상 알맞은 것을 고르세요.

1. I should [take / have taken] my umbrella when I left the house this morning.

2. Language skills, like any other skills, can [be / have been] acquired only through practice. 〈모의〉

3. We should [use / have used] our resources wisely now and we will still have more for the future. 〈모의〉

4. Karl could [go / have gone] to medical school, but he decided to pursue a military career instead.

정답 및 해설 p.21

함께
알아두기

다음은 두 단어로 이루어진 조동사이며, 이 조동사들 뒤에도 동사원형이 와야 한다.

· used to (과거에) ~하곤 했다, 한때 ~였다	· had better ~하는 것이 더 낫다

I find myself laughing at things that I **used to take** far too seriously. 〈모의〉
조동사 동사원형

We **had better reserve** a large tent for the company picnic because the weather is rainy.
조동사   동사원형

주장/제안/요구/명령 동사의 목적어로 쓰인 that절에는 should가 생략된 동사원형이 와야 한다.

(should)
Some people **insist** that the museum **puts** at least reduced fees on the poor and
students. 〈모의〉   주장 동사   └→ put (동사원형)

어떤 사람들은 박물관이 가난한 사람들과 학생들에게는 적어도 할인된 요금을 부과해야 한다고 주장한다.

주장/제안/요구/명령의 의미를 가진 동사의 목적어 역할을 하는 that절이 '어떤 일을 해야 한다'라는 내용일 때 that절의 조동사 should는 생략될 수 있으며, 이때 should가 없어도 동사는 동사원형으로 와야 한다.

┌─── 어떤 일을 해야 한다 ───┐
주어 + 주장/제안/요구/명령 동사 + that + 주어 + (should) + 동사원형

다음은 주장/제안/요구/명령의 의미를 가진 동사들이다.

- **insist** 주장하다
- **demand** 요구하다
- **urge** 촉구하다
- **order** 명령하다
- **suggest** 제안하다
- **request** 요청하다
- **advise** 충고하다
- **command** 명령하다
- **propose** 제안하다
- **ask** 요청하다
- **recommend** 권고하다

(TIP) 주장/제안/요구/명령의 의미를 가진 동사 뒤라도 that절이 '어떤 일을 해야 한다'가 아니라 '어떤 일이 일어나다'라는 뜻일 수 있다. 이때는 생략된 should가 없으므로 동사원형이 오지 않는다.

┌──────── 어떤 일이 일어나다 ────────┐
The research **suggested** that humans' relationship with dogs **changed** 10,000 years ago. 〈모의응용〉
과거시제

✓ 네모 안에서 어법상 알맞은 것을 고르세요.

1. Many witnesses insisted that the accident | take / took | place on the crosswalk, so the driver
   was responsible for the accident. 〈수능〉

2. Linda was uncomfortable about being on the participant list and demanded that her name
   | be / was | removed. 〈모의응용〉

3. Most scientists recommend that the government | do / does | more to fight global warming.

4. The rapid spread of the current wildfire suggests that the weather still | remain / remains |
   extremely dry.

정답 및 해설 p.22

do동사가 일반동사를 강조할 때 「do/does/did + 동사원형」으로 써야 한다.

The two mobile phone companies **did** eventually **solved** the technological problem.
강조 do동사   └→ solve (동사원형)   〈수능〉

두 휴대전화 회사는 결국에는 그 기술적인 문제를 정말 해결했다.

일반동사의 앞에 do동사를 써서 일반동사의 의미를 강조할 수 있다. 이때 do동사가 do/does/did의 형태로 시제나 수를 나타내고, do동사 뒤에는 동사원형이 와야 한다.

주어 + do/does/did + 동사원형

✓ 밑줄 친 부분이 틀렸다면 바르게 고치세요. 바르면 ○로 표시하세요.

1. When children are young, much of the work teaches them that they <u>do</u> have some control in their lives. 〈모의응용〉

2. Samantha does really <u>loves</u> the dress that you bought her as a graduation gift.

3. Copernicus's theory that the Earth went around the Sun did <u>faced</u> attacks from the Catholic Church.

4. Koalas move as little as possible — and when they do <u>move</u>, they often look as though they're in slow motion. 〈모의〉

정답 및 해설 p.22

Mini TEST 불변의 패턴 16~18

밑줄 친 부분이 틀렸다면 바르게 고치세요. 바르면 ○로 표시하세요.

1. Because the patient's condition had not improved enough, the doctor advised that he <u>rested</u> for at least another week.

2. The judge said, "Jonathan's dive at the competition yesterday may not <u>be</u> the cleanest, but it was the riskiest." 〈모의응용〉

3. The Germans did really <u>used</u> the proverb, "*Morgenstunde* hat Gold im Munde" (*The morning hour* has gold in its mouth) with high frequency. 〈모의응용〉

4. If you want to be a mathematician, you had better <u>expose</u> your new ideas to the criticism of others. 〈수능〉

5. I should <u>visit</u> the Colosseum and the Pantheon when I was in Italy last year, and now I regret my decision.

서술형 대비

주어진 단어들을 사용해서 우리말 해석에 맞는 영어 문장을 쓰세요. 필요한 경우 단어의 형태를 바꾸세요.

6. 전문가들은 그 지진이 건물에 손상을 야기시켰다고 주장했다.
(the earthquake, cause, experts, to the building, that, insisted, damage)

_____.

정답 및 해설 p.22

You live on a farm now, but if you **lived** in an apartment, you **would have been** foolish to buy a cow. 〈모의응용〉

├─── if절 ───┤ ├─── 주절 ───┤
과거시제 → be (동사원형)

당신은 지금 농장에 살지만, 만약 당신이 아파트에 산다면, 소를 사는 것은 어리석은 일일 것이다.

상황을 반대로 가정해보는 가정법 문장에서는 실제 시제보다 하나 앞선 시제를 사용한다. 가정법 문장에서 if절이나 주절 중 하나의 동사에 밑줄이 있다면, 밑줄이 없는 다른 동사를 보고 짝이 맞는 동사가 왔는지 확인해야 한다.

	├── if절 ──┤	├──── 주절 ────┤
가정법 과거 (현재 상황의 반대)	If + 주어 + 과거시제,	주어 + would/should/could/might + 동사원형
가정법 과거완료 (과거 상황의 반대)	If + 주어 + had p.p.,	주어 + would/should/could/might + have p.p.

(TIP) if가 쓰였다고 해서 항상 가정법 문장인 것은 아니다. if는 일어날 가능성이 있는 일에 대해 말하는 조건절에 쓰이기도 하며, 이때 if절에 현재시제 동사가 온다.

조건절 If we **miss** the bus, we **will be** late for class. (버스를 놓칠 가능성이 있음)
현재시제   미래시제

가정법 If we **missed** the bus, we **would be** late for class. (버스를 놓칠 가능성이 없음)
과거시제   would + 동사원형

☑ 밑줄 친 부분이 틀렸다면 바르게 고치세요. 바르면 ○로 표시하세요.

1. How would you feel if your parents <u>told</u> you tomorrow that they plan to move overseas?

2. If the Soviet Union and USA had not joined together, Germany would <u>win</u> the Second World War.

3. An employee will be punished if he or she <u>breaks</u> company regulations.

4. If you <u>turned</u> a light toward Mars that day, it would have reached Mars in 186 seconds. 〈수능〉

5. It would be much more convenient to communicate if the people around the world <u>use</u> only one language.

6. If you don't clean your computer keyboard, it <u>would become</u> as dirty as a toilet bowl. 〈모의〉

정답 및 해설 p.23

함께 알아두기

1. '과거의 상황을 반대로 가정해 보면 현재 결과가 다를 것이다'라는 뜻으로 혼합 가정법을 쓸 수도 있다. 이때 if절의 동사는 과거완료인 had p.p.이지만, 주절에는 would/should/could/might 뒤에 have p.p.가 아닌 동사원형이 온다.

┠── if절 ──┨ ┠──────── 주절 ────────┨
· If + 주어 + **had p.p.**, 주어 + **would/should/could/might** + **동사원형** ~

If we **hadn't asked** for directions a while ago, we **would be** lost right now.
　　　　　　　had p.p.　　　　　　　　　　　　　　　　　would + 동사원형

2. 미래에 일어날 가능성이 거의 없거나, 불가능한 일이 일어날 것이라고 가정해서 말할 때는 다음과 같이 가정법 미래 문장을 쓸 수 있다.

· If + 주어 + **were to** + **동사원형** ~, 　주어 + **would/should/could/might** + **동사원형** ~
· If + 주어 + **should** + **동사원형** ~, 　주어 + **would/should/could/might** 또는 **will/shall/can/may** + **동사원형** ~

If you **were to skip** the upcoming meeting, you **would miss** a lot of important information.
　　　　were to + 동사원형　　　　　　　　　　　　would + 동사원형

불변의 패턴 20

수능 출제 빈도 ★☆☆ | 내신 출제 빈도 ★☆☆

as if 가정법의 동사는 실제 시제보다 하나 앞선 시제를 사용해야 한다.

The women walking down the street are wearing old-fashioned clothes **as if they ~~live~~ in the Middle Ages.** 〈수능응용〉
└→ lived (과거시제)

길을 걸어 내려가고 있는 그 여성들은 마치 그들이 중세 시대에 사는 것처럼 옛날식 옷을 입고 있다.

as if 가정법은 '(사실은 그렇지 않지만) 마치 ~인 것처럼'이라는 뜻으로, 사실과 반대되는 내용을 가정해 보는 방법이다. as if 가정법의 동사는 실제 시제보다 하나 앞선 시제로 와야 한다. as if와 같은 뜻으로 as though를 쓸 수도 있다.

현재 사실의 반대	주어 + 동사 ~ + as if [as though] + 주어 + 과거시제
과거 사실의 반대	주어 + 동사 ~ + as if [as though] + 주어 + had p.p.

TIP as if나 as though가 쓰였다고 해서 항상 가정법 문장인 것은 아니다. as if와 as though는 실제 그럴 가능성이 있는 일을 나타낼 때도 쓸 수 있으며, 이때는 실제 시제에 맞는 동사를 사용해야 한다.
She looks **as if** she **is** sick. (= She might be sick.)

✔ 밑줄 친 부분이 틀렸다면 바르게 고치세요. 바르면 ○로 표시하세요.

1. Although Patrick acted as if he <u>donated</u> his own money to the charity the month before, his claim was not true.

2. The country is now growing, and the economy seems as if it <u>is</u> stronger than ever before.

3. My little sister plays with her toy spaceship as if she <u>were</u> a real astronaut.

4. Conan judged that Meredith could not have been hurt by the sound, and therefore he did not turn as if he <u>heard</u> nothing. 〈모의응용〉

정답 및 해설 p.23

if를 포함하지 않았지만 다음과 같이 가정법의 의미를 나타내는 표현들을 익혀두자.

· **Were it not for / Had it not been for = Without [But for]** ~이 아니라면, ~이 없다면

Were it not for friends, the world **would be** a pretty lonely place.
(= If it were not for friends)
= **Without[But for]** friends, the world **would be** a pretty lonely place. 〈모의〉

Had it not been for such passion, they **would have achieved** nothing.
(= If it had not been for such passion)
= **Without[But for]** such passion, they **would have achieved** nothing. 〈모의〉

· **It's about[high] time + 주어 + 과거시제** ~해야 할 때이다

It's about[high] time the government <u>closed</u> the dangerous mountain road.
　　　　　　　　　　　　　　　　과거시제

· **I wish + 주어 + 과거시제/had p.p.** ~라면/였다면 좋을 텐데 (아니다)

I wish I <u>were</u> a superhero in my favorite movie series.
　　　　　과거시제

I wish she <u>had applied</u> for a student exchange program, but she decided to study in her own country.
　　　　　　　had p.p.

· **otherwise + 주어 + would/should/could/might + 동사원형/have p.p.**
그렇지 않으면 ~할 텐데/했을 텐데 (아니다)

Vice President Brown is in a meeting; **otherwise**, he <u>would take</u> your call.
　　　　　　　　　　　　　　　　　　　　　　　　would + 동사원형

We ran to the station; **otherwise**, we <u>would have missed</u> the train.
　　　　　　　　　　　　　　　　　　would + have p.p.

밑줄 친 부분이 틀렸다면 바르게 고치세요. 바르면 ○로 표시하세요.

1. If they <u>have</u> thirty minutes of free time, they would take a break for a while, but actually they are too busy.

2. Lawrence Brown never visited Spain, but he spoke the Spanish language as if he <u>lived</u> there for his entire life.

3. If the itch <u>did</u> not disappear, you should stop scratching and take the medicine. 〈수능응용〉

4. <u>Were</u> it not for antibiotics, many people would get seriously sick after even routine surgeries.

*antibiotics: 항생제

5. If the workers <u>followed</u> the instructions in the employee manual, they would have avoided the security accident.

서술형 대비

주어진 <조건>에 맞게 우리말을 영작하세요.

6. 어제 구명보트가 바다에서 사람들을 발견하지 못했다면, 그들은 죽었을 것이다.

─────── 〈조건〉 ───────
1. discover, in the sea, the people, die, the rescue boat, yesterday, they를 활용하세요.
2. 가정법 문장으로 쓰세요.
3. 15단어로 쓰세요.

Yesterday, if _____ .

정답 및 해설 p.24

네모 안에서 어법상 알맞은 것을 고르세요.

01 The pop singer could release / have released more albums, but instead he chose to retire from the music industry.

02 If the TV in our apartment had not broken, we would watch / have watched the soccer game at home last night.

03 In his book on management, Elton Mayo suggests that having many different cultures in a community greatly increase / increases conflicts. ⟨수능응용⟩

04 I wish I thought / had thought about my decision longer before I quit my job last month.

05 They look as if they were / had been twin sisters, but in fact they aren't even related.

*related: 친척 관계에 있는, 관련된

밑줄 친 부분이 틀렸다면 바르게 고치세요. 바르면 ○로 표시하세요.

06 Because the food was very spicy, the chef recommended that we tasted a small piece first.

07 While you are reading books, you should have kept asking yourself what the author's main idea is. ⟨모의응용⟩

08 Art does not solve problems, but makes us aware of their existence. On the other hand, arts education does solve problems. ⟨모의응용⟩

09 If spaceships travel faster than the speed of light, we could visit other solar systems.

10 Recent evidence suggests that the ancestor of Neanderthals, living about 400,000 years ago, may have used pretty complex language. ⟨수능응용⟩

(A), (B), (C)의 각 네모 안에서 어법에 맞는 표현으로 가장 적절한 것을 고르세요.

11 I do not hate anyone. However, if I (A) hate / hated a person, I would forgive him as soon as possible. From experience, I learned that hating someone is like carrying that person on my back like a very heavy weight. A few years ago, I had a huge fight with a colleague and hated him. Every time I saw him, I was so stressed. He must (B) be / have been stressed, too. Eventually, about a year later, we forgave each other, and since then I've found peace of mind. I should (C) forgive / have forgiven him sooner.

	(A)	(B)	(C)
①	hate	have been	have forgiven
②	hate	be	forgive
③	hated	have been	have forgiven
④	hated	have been	forgive
⑤	hated	be	have forgiven

12 You might think that you can hold a child in a car rather than using a child safety seat. But when a car stops suddenly, the child's body moves forward with great force. This movement does certainly (A) make / makes the child feel much heavier. Nearly half of serious car accident injuries to young children in recent years could (B) be / have been prevented if child safety seats had been used. That is why the government urges that everyone (C) put / puts young children and babies in child safety seats. So, if there's a child in your family, go and get a safety seat right now. 〈모의응용〉

	(A)	(B)	(C)
①	make	have been	put
②	makes	have been	puts
③	make	have been	puts
④	makes	be	puts
⑤	make	be	put

밑줄 친 부분 중 어법상 틀린 것을 고르세요.

13 Some animals can change the color of their bodies. The octopus is one of these, and the color of the surroundings is ① <u>mimicked</u> as closely as possible. However, how might its color ② <u>change</u> when it becomes upset? It will get pale all over or turn brown, or even purple. The octopus keeps on changing colors, one after another, until it calms down. So when you see an octopus under the sea, please check its color, though the chance to see one ③ <u>is</u> very rare. If it is brown or purple, you'd better ④ <u>move</u> away from it. When its color does eventually ⑤ <u>goes</u> back to normal, the octopus can't be seen very easily. 〈모의응용〉

*mimic: 모방하다

14 One spring day, a hungry rooster was ① <u>scratching</u> for food in the dirt. Suddenly his claws dug into something hard, and there on the ground he saw a glittering jewel. "Ah," sighed the rooster. To any rooster, a jewel is completely useless. To a rooster, all of the jewels in the world ② <u>are</u> less valuable than a single grain of corn. The poor rooster must ③ <u>have felt</u> disappointed when he found the treasure. In contrast, if his owner ④ <u>found</u> the jewel, she would have been so happy. Truly, what has value for one ⑤ <u>is</u> worthless to another. 〈모의응용〉

15 A young man lost his eyesight when his father accidentally fired his gun while hunting. After the accident, the son ① was filled with despair. But one thing saved him. He loved his father and knew his father was nearly out of his mind with grief. The only way that he could protect his father's emotions ② were to choose hope over despair. He pretended to be cheerful when he was not. He pretended to take an interest in life when he felt like giving up. Then a strange thing ③ occurred. Pretending became reality! It was as if he ④ had removed the evil spirit with this magical power. He pursued his chosen career and finally he became a famous politician and economist. Had it not been for his effort, the young man might not ⑤ have succeeded.

〈모의응용〉

다음 글을 읽고 질문에 답하세요.

16 ⓐ Yesterday, I had an experience which did terribly humiliated me. It happened at lunchtime. Many students were waiting all the way down the stairs, since our school cafeteria was in the basement. I was at the top of the stairs when I found my boyfriend several steps below me. He was talking with his friends. I stretched my neck to see him when I stepped forward, forgetting where I was. Suddenly, I tumbled down the stairs, and everyone was staring at me! My hands and knees were injured. ⓑ My boyfriend must see me fall. (2) 만약 내가 더 조심했다면, 창피를 피할 수 있었을 것이다. 〈모의응용〉

(1) 위 글의 밑줄 친 문장에서 어법상 틀린 곳을 각각 찾아 바르게 쓰세요.

ⓐ _____ → _____

ⓑ _____ → _____

(2) 주어진 〈조건〉에 맞게 위 글의 밑줄 친 우리말을 영작하세요.

〈조건〉

1. be, avoid, embarrassment, more careful을 활용하세요.
2. If로 시작하는 가정법 과거완료 문장을 쓰세요.
3. 11단어로 쓰세요.

_____

CHAPTER 05

준동사

준동사에 밑줄이 있는 경우, 밑줄 친 준동사 대신 동사나 다른 준동사가 필요하지 않은지 묻는 문제가 가장 자주 출제되고 있다. 따라서 준동사가 주어/동사/목적어/목적격보어/수식어 중 어떤 역할을 하고 있는지 파악하는 것이 중요하다.

준동사에 밑줄이 있는 경우, 다음의 두 가지 사항을 중심으로 확인한다.

1. 준동사가 문장에서 어떤 역할을 하는가?

동사 자리에 준동사가 오지 않았는지, 주어/목적어/보어 각각의 자리에 적절한 종류의 준동사가 왔는지 묻는 문제가 주로 나온다.

▶ 불변의 패턴 21-23

2. 준동사의 의미상 주어는 준동사가 나타내는 행위의 주체인가, 대상인가?

준동사의 의미상의 주어가 무엇인지 파악하여, 관계에 따라 현재분사 또는 과거분사 중 적절한 것, 동명사/to부정사의 능동형 또는 수동형 중 적절한 것이 왔는지 묻는 문제가 주로 나온다.

▶ 불변의 패턴 24-25

※ 준동사의 부정형과 완료형의 형태가 바른지 묻는 문제도 간혹 출제되고 있으므로, not이 있다면 위치가 바른지, 준동사 행위가 일어난 시점이 언제인지 등을 간단하게 확인하고 넘어가도록 한다. (불변의 패턴 26)

알고 갈 **기초 문법**

준동사의 종류와 역할

준동사란 동명사(v-ing), to부정사(to + 동사원형), 분사(v-ing 또는 p.p.)를 가리킨다. 준동사는 동사와는 다른 품사의 역할을 하기 때문에, 동사 자리에는 올 수 없다. 다만, 준동사는 동사에서 비롯되었기 때문에, 동사처럼 목적어/보어를 갖는 등 동사의 성질을 가지고 있다.

1. 명사 역할을 하는 동명사와 to부정사

주어   **Reading [To read]** comic books is my hobby.
            주어   동사

목적어   He started **writing [to write]** a journal in English.
            주어   동사   목적어

보어   My goal is **being [to be]** a movie director.
            주어   동사   보어

2. 형용사 역할을 하는 to부정사와 분사

명사 수식   Summer is the best season **to go** swimming.

It's difficult to look after a **crying** baby.

보어   The boy wants his friends **to come** to his party.
            주어   동사   목적어   목적격보어

Jenny felt **tired** after she played soccer with her friend.
주어   동사 주격보어

3. 부사 역할을 하는 to부정사와 분사구문

I went to the supermarket **to buy** some sugar and butter.
                              (~하기 위해)

Listening to the music, he painted the fence.
            (~하면서)

⏱ 1초 QUIZ

1. She took / taking a picture of a cat at the park.
2. Brian likes do / to do volunteer work at the hospital on weekends.
3. The architects build / to build beautiful houses to provide to poor families.
4. Walk / Walking along the beach, we enjoyed the sunshine.

정답 1. took 2. to do 3. build 4. Walking

Everything [Mom touched] **turning** to gold. 〈수능응용〉
　　주어　　　　　수식어　　　　　　↳ turned (동사)

Answer the question [in a new, unexpected way] **is** the essential creative act. 〈수능〉
↳ Answering 또는 To answer (주어)　　　　　수식어　　　　　　동사

엄마가 만진 모든 것들은 황금으로 변했다.
새롭고 예기치 않은 방식으로 질문에 대답하는 것은 근본적인 창조적 행동이다.

동사 자리에 준동사는 올 수 없고, 주어/목적어/수식어처럼 명사/형용사/부사 등의 다른 품사가 와야 하는 자리에는 동사가 올 수 없다. 동사 자리에는 동사만 오고, 다른 품사 자리에는 준동사가 와야 한다.

동사 (~하다) turn(s)/turned 등	VS.	준동사	명사 (~하기, ~하는 것)	· 동명사 turning	· to부정사 to turn
			형용사 (~하는, ~할)	· to부정사 to turn	· 분사 turning/turned
			부사 (~하기 위해, ~하면서 등)	· to부정사 to turn	· 분사 turning/turned

Type 1　동사 자리

A few dozen people [from each side] **sitting** down in rows facing each other. 〈모의〉
　　　　주어　　　　　　수식어　　　　　↳ sat (동사)

각 측에서 온 수십 명의 사람들은 서로 마주 보고 줄지어 앉았다.

절 안에는 동사가 반드시 있어야 하며, 준동사는 명사/형용사/부사 등 다른 품사의 역할을 하므로 동사 자리에 올 수 없다.

(TIP) 명령문은 주어 You를 생략하고 동사원형으로 시작한다. 동사원형 자리에 주어가 될 수 있는 준동사가 와야 한다고 착각하지 않도록 주의한다.

(You)

~~Allowing~~ children time to explore ways of playing the instruments for themselves. 〈모의〉
　↳ Allow (동사원형)

☑ 네모 안에서 어법상 알맞은 것을 고르세요.

1. During the first half century of the sport, baseball games, like the traditional workday, ending / ended when the sun set. 〈모의〉

2. For many people, save / saving enough money for retirement is a challenge in modern society.

3. The movie theater, which is on Main Street, attracts / to attract a lot of visitors.

4. When you read the comics section of the newspaper, cut / cutting out a cartoon that makes you laugh. 〈모의〉

5. It is true that the questions from the interview dealt / dealing with very personal issues. 〈모의응용〉

6. Some stores put pleasant scents in the air make / to make customers comfortable. 〈모의〉

정답 및 해설 p.27

Type 2 주어/보어/(전치사의) 목적어: 명사 역할을 하는 준동사 자리

~~Live~~ your life [in pursuit of someone else's expectations] is a difficult way to live.
└→ Living 또는 To live (주어)　　　　　　　　　　　수식어　　　　　　　　　동사　　　　　　⟨모의⟩

다른 사람의 기대를 좇으며 당신의 인생을 사는 것은 살기에 어려운 방식이다.

주어/보어/(전치사의) 목적어가 될 수 있는 것은 명사 역할을 하는 것이므로, 동사가 아니라 동명사나 to부정사가 와야 한다.
단, 전치사의 목적어 자리에는 to부정사는 올 수 없고, 동명사만 와야 한다.

(TIP) 1. 가주어/가목적어 it 뒤의 진짜 주어/목적어 자리에도 명사 역할을 하는 to부정사가 와야 한다.

Why is **it** difficult **to find** a runner who competes well in both 100-m and 10,000-m races? ⟨수능⟩
　　　가주어　　　　진짜 주어

Many people consider **it** rude **to check** your phone during a conversation.
　　　　　　　　　　가목적어　　진짜 목적어

2. to부정사의 to 뒤에는 동사원형이 오지만, 전치사 to뒤에는 동명사가 오는 것에 주의한다.
　다음은 뒤에 동명사가 와야 하는 전치사 to를 포함한 표현들이다.

- look forward to ~하기를 고대하다
- contribute to ~하는 데 기여하다
- be dedicated to ~하는 것에 헌신하다
- be devoted to ~하는 것에 헌신하다
- get used to ~하는 데 익숙해지다
- be used to ~하는 데 익숙하다
　※ 비교: be used to + 동사원형 ~하기 위해 사용되다

- be/come close to ~에 가깝다/근접하다
- object to ~하는 것에 반대하다
- admit to ~한 것을 인정하다
- confess to ~한 것을 고백하다
- be committed to ~하는 데 전념하다
- be accustomed to ~하는 데 익숙하다

I **look forward to hearing** your opinion on this subject.
　　　전치사　동명사

☑ 네모 안에서 어법상 알맞은 것을 고르세요.

1. We often choose friends as a way of expand / expanding our sense of identity beyond our families. ⟨모의⟩

2. Sometimes, exercise / exercising enough is hard because people are too tired after work.

3. The vases which scientists found in Egypt seem / seeming at least 10,000 years old.

4. However, the lack of time for relaxation makes it more difficult get / to get the most out of your studies. ⟨모의⟩

5. It is often believed that the function of school is produce / to produce knowledgeable people. ⟨수능⟩

6. Poor weather in August was beneficial for certain butterflies which prospering / prospered as their enemies decreased in number. ⟨모의⟩

정답 및 해설 p.28

준동사는 동사의 성격을 가지고 있기 때문에 목적어나 보어를 가질 수 있지만, 명사는 스스로 목적어나 보어를 가질 수 없다.
따라서 뒤에 목적어/보어 등을 취할 수 있는 것은 명사가 아니라 준동사이다.

　　　　　　　　　　　　　　　　　　　　　　┌ 동명사의 목적어
Getting rich information was expensive, and the tools for ~~analysis~~ it weren't available until the early 1990s.
　　　　　　　　　　　　　　　　　　└→ analyzing　　　　　　　　　　　　　　　　⟨수능⟩

Type 3   주격보어/명사 수식: 형용사 역할을 하는 준동사 자리

To be a mathematician, one thing you need to do is to join a club [devotes to mathematics.] 〈수능응용〉

동사   명사   → devoted (명사 수식 분사)

수학자가 되기 위해서, 당신이 할 필요가 있는 한 가지는 수학에 전념하는 클럽에 가입하는 것이다.

> 주격보어 자리에 오거나 명사를 수식할 수 있는 것은 형용사 역할을 하는 것이므로, 동사가 아니라 to부정사나 분사가 와야 한다.

✅ 네모 안에서 어법상 알맞은 것을 고르세요.

1. Parents even buy books or videos which ⬚focus / focusing⬚ on toilet training for their children. 〈모의응용〉

2. Now that the fall weather is here, there are some leaves ⬚fall / falling⬚ from the trees.

3. In the early 1990s, Norway introduced a carbon tax, and it did seem ⬚encourage / to encourage⬚ environmental innovation. 〈수능〉

4. Food labels are a good way ⬚find / to find⬚ the information about the foods you eat. 〈모의〉

5. Gradually ⬚stir / stirring⬚ the eggs into the cake mix until the mix becomes easy to pour.

6. To help the recovery of patients who are badly ⬚injure / injured⬚, the hospital offers special therapy.

정답 및 해설 p.28

Type 4   명사 이외 품사 및 문장 전체 수식: 부사 역할을 하는 준동사 자리

Yesterday, I went to a bookstore [buy a book about computers.] 〈수능〉

동사   → to buy (동사 수식 to부정사)

어제, 나는 컴퓨터에 관한 책을 사기 위해 서점에 갔다.

> 명사 이외 품사 및 문장 전체 수식하는 것은 부사 역할을 하는 것이므로, 동사가 아니라 to부정사나 분사구문의 분사가 와야 한다.

✅ 네모 안에서 어법상 알맞은 것을 고르세요.

1. He sat for a time in front of the fireplace, ⬚gaze / gazing⬚ at the warm fire. 〈수능〉

2. The penguins that we rescued ⬚swam / swimming⬚ back to their home.

3. We've done everything we can ⬚lower / to lower⬚ costs without losing quality. 〈모의〉

4. Bad habits, as we all know, are extremely hard ⬚break / to break⬚. 〈모의〉

5. ⬚Compare / Compared⬚ to the old model, the new smartphone is much lighter and faster.

6. A study of the 1974 Canadian elections found that attractive candidates ⬚receiving / received⬚ more votes than unattractive candidates. 〈수능〉

정답 및 해설 p.28

밑줄 친 부분이 틀렸다면 바르게 고치세요. 바르면 ○로 표시하세요.

1. As Jenny's broken leg began to heal, <u>walk</u> became easier for her every day.

2. Judith Harris, who is a psychologist, <u>arguing</u> that three main forces shape our development. 〈모의〉

3. "Monumental" is a word that comes very close to <u>express</u> the basic characteristic of Egyptian art. 〈수능〉
   *monumental: 장엄한

4. One exercise in teamwork I do on company trips is <u>to put</u> eight people in a circle. 〈수능응용〉

5. Also, <u>making</u> sure to bring chocolate to proper temperature before eating, as frozen chocolate is tasteless. 〈모의응용〉

서술형 대비

주어진 〈조건〉에 맞게 우리말을 영작하세요.

6. 이뉴잇족에게 사슴과 물개 고기를 함께 저장하는 것은 금기사항이었다.

   ┌─────────────── 〈조건〉 ───────────────
   │ 1. store, reindeer, and seal meat, a taboo를 활용하고, 필요한 경우 단어의 형태를 바꾸세요.   *taboo: 금기사항
   │ 2. 가주어 it을 함께 사용하세요.
   │ 3. 10단어로 쓰세요.
   └────────────────────────────────────

   For the Inuit, _____ together. 〈모의〉

정답 및 해설 p.29

He told me to cut the grass, and I **decided** ~~doing~~ just the front yard and **postpone**
↳ doing (동명사)
~~to do~~ the back. 〈모의〉
↳ to do (to부정사)

그는 나에게 잔디를 깎으라고 말했고, 나는 앞마당만 하고 뒷마당은 미루기로 결정했다.

목적어가 될 수 있는 것은 명사 역할을 하는 것이다. 따라서 목적어 자리에는 동명사나 to부정사가 와야 하며, 이때 동사가 무엇인지에 따라서 동명사나 to부정사 중 적절한 것이 와야 한다.

enjoy/postpone 등의 동사 + 동명사   VS.   want/decide 등의 동사 + to부정사

Type 1   동명사나 to부정사 중 하나만 목적어로 취하는 동사

〈수능응용〉
The washing machine made a lot of noise, and later it **stopped** ~~to operate~~ entirely.
↳ operating (동명사)

그 세탁기는 많은 소음을 냈고, 나중에 작동하는 것을 완전히 멈췄다.

다음의 동사들은 목적어로 동명사와 to부정사 중 한 가지만 취한다. 따라서 동사를 보고 목적어 자리에 적절한 준동사가 왔는지 확인해야 한다.

동명사를 목적어로 취하는 동사				to부정사를 목적어로 취하는 동사			
· enjoy	· suggest	· keep	· imagine	· want	· expect	· offer	· refuse
· avoid	· recommend	· finish	· give up	· need	· decide	· ask	· fail
· mind	· discuss	· quit	· postpone	· wish	· plan	· promise	· manage
· deny	· consider	· stop*	· put off	· hope	· choose	· agree	· afford

※ stop은 동명사만 목적어로 취하지만, '~하기 위해 (하던 일을) 멈추다'라는 의미로 뒤에 부사적 용법의 to부정사가 올 수 있다.
  We **stopped to ask** for directions on the way to the concert. (질문하기 위해 가던 길을 멈춤)
  He **stopped asking** for help because he could answer the questions himself. (도움을 요청하는 것을 멈춤)

(TIP) help는 목적어로 to부정사를 취하지만, 이때 to를 생략하고 동사원형만 쓸 수도 있다. 따라서 help의 목적어 자리에 동사원형이 와도 틀린
  문장이 아닌 것에 주의한다.
  They realize that they can **help (to) make** a better future. 〈수능〉

☑ 네모 안에서 어법상 알맞은 것을 고르세요.

1. At first, they considered moving / to move to America after their wedding, but they changed
   their minds.

2. With your career, you need finding / to find information about where you can work and how
   much you will earn. 〈모의〉

3. Dana stopped talking / to talk only after the lights went off and the movie started.

4. Unfortunately, many people still choose living / to live on the streets and beg for money. 〈모의〉

정답 및 해설 p.30

Type 2 동명사나 to부정사 둘 다 목적어로 취하는 동사

When Olivia reached her car, it occurred to her that she might **have forgotten turning** off the gas range. 〈모의〉
└→ to turn (to부정사)

Olivia가 그녀의 차에 다다랐을 때, 가스레인지를 끄는 것을 잊어버렸을지도 모른다는 것이 떠올랐다.

1. 다음의 동사들은 목적어로 동명사와 to부정사를 모두 취할 수 있지만, 동명사일 때와 to부정사일 때 의미가 다르므로 적절한 의미가 되는 준동사가 목적어로 와야 한다.

동사	목적어가 동명사일 때	목적어가 to부정사일 때
· forget	(과거에) ~한 것을 잊다	(미래에) ~할 것을 잊다
· remember	(과거에) ~한 것을 기억하다	(미래에) ~할 것을 기억하다
· regret	(과거에) ~한 것을 후회하다	(미래에) ~하게 되어 유감이다
· try	(시험 삼아) ~해보다	~하려고 노력하다

2. 다음의 동사들은 목적어로 동명사와 to부정사를 모두 취할 수 있으며, 이때 의미 차이가 없다.

· begin   · start   · like   · love   · prefer   · hate   · continue

After hearing the compliment about my car, I said, "Thanks," and **continued wiping [to wipe]** off my car. 〈모의응용〉

✅ 밑줄 친 부분이 틀렸다면 바르게 고치세요. 바르면 ○로 표시하세요.

1. I remember <u>to feel</u> homesick when I was studying abroad last year, but it was a good experience.

2. Upon arriving, two firefighters immediately began <u>smashing</u> down the door with axes. 〈모의응용〉

3. I regret <u>telling</u> you this, but we have to cancel our picnic this weekend.

4. The Nuer, one of the ethnic groups in South Sudan, prefer <u>to be</u> called by the names of the cattle they raise. 〈수능응용〉

*ethnic: 종족의, 민족의

정답 및 해설 p.30

불변의 패턴23 목적어와 목적격보어의 관계 및 동사에 따라 다른 준동사가 목적격보어로 와야 한다.

수능 출제 빈도 ★★★ | 내신 출제 빈도 ★★★

Our basic nature **enables us ~~choosing~~** our response to particular circumstances. 〈모의응용〉
동사   목적어 └→ to choose (to부정사)
         (선택하는 행위의 주체)

우리의 기본적인 본성이 특정한 상황들에 대한 우리의 반응을 선택하는 것을 가능하게 한다.

목적격보어 자리에는 목적어가 목적격보어 행위의 주체인지 대상인지에 따라, 또한 동사가 무엇인지에 따라 각기 다른 준동사가 와야 한다.

<목적어가 목적격보어 행위의 주체일 때>	<목적어가 목적격보어 행위의 대상일 때>
동사 + 목적어 + to부정사 or 동사원형 or 현재분사	VS. 동사 + 목적어 + 과거분사
동사에 따라 한 가지 선택 ┘	

Type 1 목적어가 목적격보어가 나타내는 행위의 주체일 때

Meredith suffered from an unusual disease that <u>caused her fall</u> occasionally. 〈모의〉

　　　　　　　　　　　　　　　　　　　　　동사　　목적어　↳ to fall
　　　　　　　　　　　　　　　　　　　　　　　　　(쓰러지는 행위의 주체)

Meredith는 그녀를 가끔 넘어지게 하는 희귀한 질병으로 고통받았다.

목적어가 목적격보어 행위의 주체일 때는 동사에 따라 목적격보어 자리에 올 수 있는 것이 다르다. 따라서 동사를 보고 목적격보어 자리에 적절한 준동사가 왔는지 확인해야 한다.

to부정사를 목적격보어로 취하는 동사 (주어 + 동사 + 목적어 + to부정사)	· want · force · get · tell · compel	· expect · allow · permit · advise · enable	· invite · encourage · cause · ask · require	· lead · warn · forbid · tempt
동사원형을 목적격보어로 취하는 동사 (주어 + 동사 + 목적어 + 동사원형)	사역동사	· make	· have	· let
	지각동사	· see · watch	· listen to · hear	· feel · smell
현재분사를 목적격보어로 취하는 동사 (주어 + 동사 + 목적어 + 현재분사)	· keep	· find	· leave	

(TIP) 1. help는 목적격보어로 to부정사를 취하지만, 이때 to를 생략하고 동사원형만 쓸 수도 있다. 따라서 help의 목적격보어 자리에 동사원형이 와도 틀린 문장이 아닌 것에 주의한다.
　　　Charlie Brown and *Blondie* **help** me **(to) start** the day with a smile. 〈모의〉

　　2. 지각동사는 목적격보어로 현재분사를 취할 수도 있다. 이때는 목적어가 어떤 행동을 하는 중이라는 의미이다.
　　　I **saw** my neighbor's red motorcycle **explode/exploding**. 〈모의〉

✅ 네모 안에서 어법상 알맞은 것을 고르세요.

1. The contests allowed his students | have / to have | fun while they studied math. 〈모의응용〉

2. The director always has all of his actors | read / reading | the script together before filming.

3. We tend to find things more | appealing / to appeal | if not everything about them is obvious.
〈모의응용〉

4. Do you want to have a cup of coffee to help you | wake / waking | up but avoid it because caffeine is harmful to your health? 〈모의〉

5. I watched a man on the Métro | try / to try | to get off the train and fail. 〈수능〉

6. Impressionism is an art form which does not ask the viewer | working / to work | hard to understand the imagery. 〈모의응용〉

정답 및 해설 p.30

Type 2 목적어가 목적격보어가 나타내는 행위의 대상일 때

〈모의응용〉

Every farmer knows that the hard part of agriculture <u>is getting the field to prepare</u>.

　　　　　　　　　　　　　　　　　　　　　　　　　동사　　　목적어　↳ prepared
　　　　　　　　　　　　　　　　　　　　　　　　　　　　　(준비하는 행위의 대상)

모든 농부들이 농업의 어려운 부분은 밭이 준비되게 하는 것이라는 것을 안다.

목적어가 목적격보어가 나타내는 행위의 대상일 때는 동사가 무엇인지와 관계없이 목적격보어 자리에 과거분사가 와야 한다.

☑ 밑줄 친 부분이 틀렸다면 바르게 고치세요. 바르면 ○로 표시하세요.

1. The heating system in the office is not working, and the employees want it <u>to repair</u> right away.

2. A greater variety of food leads people <u>eaten</u> more than they should. 〈수능응용〉

3. In a survey, seven out of ten parents said they would never let their children <u>play</u> with toy guns. 〈모의〉

4. Many Native American languages are disappearing, so it is rare to hear them <u>speaking</u> these days.

정답 및 해설 p.31

Mini TEST 불변의 패턴 22~23

밑줄 친 부분이 틀렸다면 바르게 고치세요. 바르면 ○로 표시하세요.

1. The smell of vanilla helps people <u>relax</u>. 〈모의〉

2. "I can remember <u>to report</u> Simba's birth like it was yesterday," said a zookeeper after the lion died. 〈수능응용〉

3. The Ministry of Culture and Tourism advises all tourists <u>to travel</u> in groups since there has been an increase in robberies recently.

*ministry: (정부의) 부

4. The manager of the apartment building made everyone <u>to leave</u> because of the fire.

5. Decide today to end all the excuses, and stop <u>to lie</u> to yourself about what is going on. 〈모의〉

`서술형 대비`

주어진 〈조건〉에 맞게 우리말을 영작하세요.

6. 사람들이 자신의 문제가 해결되기를 원할 때, "무엇이 문제인가?"와 같은 질문이 중요하다.

> ─────── 〈조건〉 ───────
> 1. want, solve, when, their problem, people을 활용하고, 필요한 경우 단어의 형태를 바꾸세요.
> 2. 목적격보어 자리에 알맞은 준동사를 사용하세요.
> 3. 6단어로 쓰세요.

_____, a question like "What's the problem?" is important.

〈모의응용〉

정답 및 해설 p.31

A snack with the label "99% natural" **is** more **appealing** than others. 〈모의〉
주어 (매력을 느끼게 하는 주체)　　　　　　　　　　　　　　　　　　동사　　　　주격보어

There have been **recommendations** ~~making~~ to athletes about foods that could
　　　　　　　　　분사의 의미상 주어 (만드는 행위의 대상)　└→ made
enhance athletic performance. 〈모의〉

99퍼센트 천연이라는 상표를 가진 스낵이 다른 것보다 더 매력을 느끼게 한다.
운동 경기력을 향상시킬 수 있는 음식에 대해 운동선수들에게 주어진 권고들이 있어 왔다.

주격보어/목적격보어 자리에 온 분사는 주어/목적어가 분사 행위의 주체이면 현재분사, 대상이면 과거분사로 쓴다.
그러나 분사의 의미상 주어가 따로 있는 경우, 이 의미상 주어가 분사 행위의 주체인지 대상인지에 따라 현재분사와 과거분사 중 적절한 것이 와야 한다.

Type 1　명사를 수식하는 분사

On January 10, **a ship** ~~traveled~~ through rough seas lost 12 cargo containers. 〈수능〉
　　　　　　　명사　　└→ traveling
　　　　　(여행을 하는 주체)

1월 10일에, 거친 바다를 지나 여행하던 한 선박이 12개의 화물 컨테이너를 분실했다.

분사가 명사를 수식할 때는 명사가 분사의 의미상 주어이다. 이 명사가 분사 행위의 주체이면 현재분사가 오고, 분사 행위의 대상이면 과거분사가 와야 한다. 이때 분사는 명사 앞이나 뒤에 온다.

명사 + 분사　OR　분사 + 명사
의미상 주어　　　　　　의미상 주어

☑ 네모 안에서 어법상 알맞은 것을 고르세요.

1. A piece of wood │tossing / tossed│ into water floats instead of sinking. 〈수능〉

2. We could not open the │locking / locked│ door because we had no key.

3. The word 'courage' is from the Latin word 'cor' │meaning / meant│ 'heart.' 〈수능응용〉

4. Instead of making guesses, scientists follow a system │designing / designed│ to prove if their ideas are true or false. 〈모의〉

5. Driving home with my family one day, I noticed smoke rising / risen from the roof of an apartment building. 〈모의〉

6. After wearing a pair of unwashing / unwashed jeans for fifteen months, Josh handed them to Dr. McQueen. 〈모의〉

정답 및 해설 p.31

명사 앞의 v-ing는 현재분사가 아니라 동명사일 수도 있다. 「동명사 + 명사」는 복합명사로, 이때 동명사는 '~하는 용도의/~하기 위한'의 의미이며, 뒤에 있는 명사도 동명사 행위의 주체나 대상이 아니다.

· dining room 식사하는 용도의 방
· climbing boots 등산하는 용도의 부츠
· packaging box 포장하는 용도의 상자
· working condition 근무하기 위한 조건
· scoring opportunity 득점을 위한 기회
· living environment 생활을 하기 위한 환경

Our service is guaranteed to improve the quality of your **living environment**. 〈모의〉

Type 2 「with + (대)명사 + 분사」에서 분사

They danced in circles making joyful sounds **with arms r̶a̶i̶s̶i̶n̶g̶** over their heads. 〈모의〉
　　　　　　　　　　　　　　　　　　　　　　　 명사　　　 └ raised
　　　　　　　　　　　　　　　　　　　 (들어 올리는 행위의 대상)
그들은 머리 위로 팔을 들어 올린 채로 즐거운 소리를 내면서 원을 그리며 춤을 추었다.

「with + (대)명사 + 분사」에서는 (대)명사가 분사의 의미상의 주어이다. 따라서 이 (대)명사가 분사 행위의 주체이면 현재분사가 오고, 분사 행위의 대상이면 과거분사가 와야 한다.

with + (대)명사 + 분사
　　　　　 의미상 주어

☑ 네모 안에서 어법상 알맞은 것을 고르세요.

1. She made a wish and blew out the candles with her eyes closing / closed .

2. I tried to concentrate, but I had a hard time listening to the lecture with the kids making / made so much noise.

3. This painting is 'comfortable' to look at, with its summer scenes and bright colours appealing / appealed to the eye. 〈모의〉

4. Adolescents have been quick to accept new technology with most using / used the Internet to communicate. 〈모의응용〉

정답 및 해설 p.32

Type 3 분사구문을 만드는 분사

= When **she realized** that ~ (she가 깨닫는 행위의 주체)
Realized that the elevator was not working, **she** walked down 10 floors. 〈모의〉
    ↳ Realizing   주절의 주어

= If **all these things are considered** (all these things가 고려하는 행위의 대상)
All these things ~~considering~~, it's better to ask for the services of a moving company.
    분사구문의 주어   ↳ considered   〈수능〉

엘리베이터가 작동하지 않는다는 것을 깨달았을 때, 그녀는 10층을 걸어 내려갔다.
이 모든 것들이 고려된다면, 이사 업체의 서비스를 요청하는 것이 더 낫다.

분사구문의 주어가 따로 없는 경우에는 주절의 주어가 분사구문의 의미상 주어이다. 그러나 분사구문의 주어가 분사 앞에 따로 있는 경우, 분사 앞의 주어가 분사 행위의 주체라면 현재분사가 오고, 대상이면 과거분사가 와야 한다.

분사구문의 주어 + 분사
의미상 주어

(TIP) 분사구문 앞에 있는 when/while 등의 접속사는 의미를 명확하게 하기 위한 것으로, 분사와 주어의 관계에는 영향을 미치지 않는다.
                                                   (= while people ignore evidence ~)
    People pay attention to information that supports their viewpoints, **while ignoring** evidence to the contrary.
    주절의 주어   접속사   현재분사   〈모의〉

☑ 네모 안에서 어법상 알맞은 것을 고르세요.

1. A cat in a small box will behave like a fluid, | taking / took | up all the space. 〈모의〉

2. | Building / Built | in the 14th century, the palace is the country's most well-known example of Gothic architecture.

3. Scientists are becoming more concerned about rising sea levels, the climate | getting / gotten | warmer every year.

4. When | asking / asked | by my grandmother, I replied, "Yes, I do feel a great change has taken place." 〈수능〉

5. I noticed only one boy running in regular sneakers while | attending / attended | my 16-year-old son's high school track meet. 〈모의응용〉

6. After the climbing accident, the hiker needed emergency treatment, her ankle | breaking / broken | from the fall.

정답 및 해설 p.32

Type 4 감정동사의 분사

While you are listening, you will find that even **boring lecturers** become a bit
interested. 〈모의응용〉   주어 (흥미를 느끼게 하는 주체)
   ↳ interesting

듣고 있다 보면, 당신은 심지어 지루하게 하는 강사들도 조금은 흥미롭게 하는 것을 발견할 것이다.

감정동사의 현재분사는 '~한 감정을 느끼게 하는'이라는 뜻이고, 과거분사는 '~한 감정을 느끼는'이라는 뜻이다. 따라서 의미상 주어가 감정을 느끼게 하는 행위의 주체라면 현재분사가 오고, 감정을 느끼게 하는 행위의 대상이라면 과거분사가 와야 한다.

다음은 자주 쓰이는 감정동사의 현재분사-과거분사이다.

- surprising-surprised 놀라게 하는-놀라움을 느끼는
- relaxing-relaxed 느긋하게 하는-느긋하게 느끼는
- fascinating-fascinated 매력을 느끼게 하는-매력을 느끼는
- appealing-appealed 매력을 느끼게 하는-매력을 느끼는
- annoying-annoyed 성가시게 하는-성가시게 느끼는
- discouraging-discouraged 낙담하게 하는-낙담을 느끼는
- frustrating-frustrated 좌절하게 하는-좌절감을 느끼는
- confusing-confused 혼란스럽게 하는-혼란스럽게 느끼는
- overwhelming-overwhelmed 압도되게 만드는-압도되게 느끼는

- satisfying-satisfied 만족하게 하는-만족감을 느끼는
- pleasing-pleased 기쁘게 하는-기쁘게 느끼는
- interesting-interested 흥미롭게 하는-흥미를 느끼는
- shocking-shocked 충격을 주는-충격을 받은
- exhausting-exhausted 지치게 하는-지치게 느끼는
- depressing-depressed 우울하게 하는-우울하게 느끼는
- frightening-frightened 무섭게 하는-무서움을 느끼는
- humiliating-humiliated 굴욕감을 주는-굴욕감을 느끼는
- embarrassing-embarrassed 당황하게 하는-당황을 느끼는

✔ 네모 안에서 어법상 알맞은 것을 고르세요.

1. I was fascinating / fascinated by the beautiful leaves and flowers of the mangroves. 〈수능〉

2. The athlete did not want to repeat the humiliating / humiliated defeat he had suffered at the championship three years ago.

3. He looked exhausting / exhausted , so I made him pack up his books and go to bed. 〈모의〉

4. The local soccer team lost badly, discouraging / discouraged people in the community.

정답 및 해설 p.32

Mini TEST 불변의 패턴 24

밑줄 친 부분이 틀렸다면 바르게 고치세요. 바르면 ○로 표시하세요.

〈모의〉

1. The phrase, 'jack-of-all-trades' is a shortened version of 'jack-of-all-trades and master of none.'

*jack-of-all-trades: 만물박사

2. Most plastics break down into smaller and smaller pieces when exposing to ultraviolet (UV) light.

〈모의〉

3. My parents worshipped medical doctors as if they were exceptional beings possessed godlike qualities. 〈모의〉

4. When you are feeling overwhelming by tests, you will probably spend all your time studying to deal with these pressures. 〈모의〉

5. Situated at a height of 1,350m, the city of Kathmandu enjoys a warm climate year-round. 〈수능〉

서술형 대비

주어진 단어들을 사용해서 우리말 해석에 맞는 영어 문장을 쓰세요. 필요한 경우 단어의 형태를 바꾸세요.

6. 다른 참가자들이 초조하게 기다리는 동안, Bill은 그의 다리를 꼰 채로 참을성 있게 앉아 있었다.

   (his legs, with, sitting patiently, cross, was, Bill)

   While other participants were waiting nervously, _____.

정답 및 해설 p.33

Go to a fairly quiet place where you are not likely **to disturb.** 〈수능〉
↳ be disturbed

당신이 방해 받을 가능성이 없는 아주 조용한 장소로 가라.

동명사나 to부정사가 '~되는 것', '~될' 등의 수동의 의미일 때는 수동형으로 써야 한다. 동명사의 수동형은 「being + p.p.」로 쓰고, to부정사의 수동형은 「to be + p.p.」로 써야 한다.

	<능동형>		<수동형>
동명사	v-ing (~하기, ~하는 것)	VS.	being + p.p. (~되기, ~되는 것)
to부정사	to + 동사원형 (~하는 것/ ~할/~하기 위해 등)	VS.	to be + p.p. (~되는 것/~될/~되기 위해 등)

TIP 동명사나 to부정사는 다음과 같이 의미상 주어를 가질 수 있으며, 이 의미상 주어가 동명사/to부정사가 행위의 주체면 능동형이 오고, 행위의 대상이면 수동형이 와야 한다.

소유격/목적격 + 동명사   OR   for + 목적격 + to부정사
의미상 주어   의미상 주어

After counting votes, everyone celebrated ~~her selecting~~ as student president.
　　　　　　　　　　　　　　의미상 주어 (선발하는 행위의 대상)　　↳ being selected

Eating meals together has been one of the greatest ways **for people** to ~~be bond.~~ 〈모의응용〉
　　　　　　　　　　　　　　　　　의미상 주어 (유대감을 형성하는 행위의 주체)　↳ bond

☑ 네모 안에서 어법상 알맞은 것을 고르세요.

1. It is important for all children to educate / be educated about good manners and how to behave.

2. The standard you may be struggling to meet / be met may not actually be your own. 〈모의〉

3. Activities, friends, and pastimes may cause some difficulties in your performing / being performed the real job at hand. 〈모의〉

4. In today's world of social media, celebrities are used to criticizing / being criticized because of their mistakes.
*celebrity: 유명 인사

5. Wolves are excellent hunters, but some animals are too big for them to kill / be killed .

6. The scientist's colleagues congratulated him awarding / being awarded the gold medal in the science competition.

정답 및 해설 p.33

함께 알아두기

준동사는 동사처럼 자신만의 시제를 표현할 수도 있다. 준동사가 문장의 동사보다 앞선 시점에 일어난 일이라면 이를 나타내기 위해 다음과 같이 완료형을 쓸 수 있다.

	동명사	to부정사	분사
원형	v-ing	to + 동사원형	v-ing 또는 p.p.
완료형	having p.p.	to have p.p.	having p.p. 또는 having been p.p.

One ancient Greek athlete **is reported to have eaten** dried fruits to enhance training. 〈모의〉
　　　　　　　　　　　　　　　현재시제　　　완료형 (보고된 것보다 앞선 시점에 먹었음)

불변의 패턴26　수능 출제 빈도 ★☆☆ | 내신 출제 빈도 ★★☆
동명사/to부정사/분사구문의 의미를 부정하는 not은 준동사 앞에 와야 한다.

Karen was blamed by her boss for ~~being not~~ on time. 〈모의〉
　　　　　　　　　　　　　　　　　↳ not being

Karen은 제시간에 오지 않은 것 때문에 그녀의 상사에게 비난받았다.

동명사/to부정사/분사구문의 의미를 부정하는 not은 동명사/to부정사/분사구문 앞에 와야 한다.

not + 동명사/to부정사/분사구문

☑ 밑줄 친 부분이 틀렸다면 바르게 고치세요. 바르면 ○로 표시하세요.

1. When you make a complaint, remember to be calm and try <u>not to anger</u> the person. 〈모의〉

2. Many nations will regret <u>taking not</u> action against climate change sooner.

3. <u>Understanding not</u> the math lesson, I asked my older sister for help.

4. In order to make their dream come true, Mike and Amy decided <u>not to waste</u> money. 〈수능〉

정답 및 해설 p.34

CH 05

준동사 | 해커스 수능 어법 불변의 패턴 필수편

다음과 같이 관용적으로 준동사를 정해서 쓰는 표현들을 통째로 익혀두도록 한다.

<관용적으로 동명사를 쓰는 표현들>

· on/upon v-ing ~하자마자 · be worth v-ing ~할 가치가 있다 · be busy v-ing ~하느라 바쁘다	· feel like v-ing ~하고 싶다 · end up v-ing 결국 ~하게 되다 · wind up v-ing ~를 마무리 짓다	· keep (on) v-ing 계속 ~하다 · cannot help v-ing ~하지 않을 수 없다 · spend + 시간/돈/노력 + (in) + v-ing ~하는 데 시간/돈/노력을 쓰다
· have difficulty [trouble, a problem] v-ing ~하는 데 어려움이 있다 · when it comes to v-ing ~에 관한 한	· It's no use v-ing ~해도 소용없다	

On hearing the sound of the gun, the great bear turned and fled from me. 〈모의〉
If we try to ignore unpleasant thoughts, we only **end up increasing** their intensity. 〈모의〉

<관용적으로 to부정사를 쓰는 표현들>

1. 「형용사 + to부정사」 표현

· be about to 막 ~하려는 참이다 · be likely to ~할 것 같다 · be unlikely to ~할 것 같지 않다	· be willing to 기꺼이 ~하다 · be eager to ~하고 싶어 하다 · be anxious to ~하기를 열망하다	· be able to ~할 수 있다 · be ready to ~하기를 불사하다

Cindy said that she **was about to** make a very important business call. 〈모의응용〉
Large animals such as elephants **are likely to** use vibrations for communication. 〈모의〉

2. 「명사 + to부정사」 표현

· decision to ~하려는 결정 · plan to ~하려는 계획 · effort to ~하려는 노력 · attempt to ~하려는 시도	· ability to ~할 능력 · chance to ~할 기회 · opportunity to ~할 기회 · way to ~할 방법	· time to ~할 시간 · need to ~할 필요 · right to ~할 권리

I hope that I have the **chance to** travel abroad one day.
Pablo Picasso thought of Cubism as a **way to** help us see the world differently. 〈모의〉

3. 「동사 + to부정사」 표현

· seem to ~처럼 보이다 · be said to ~라고 한다	· appear to ~처럼 보이다 · be reported to ~하는 것으로 나타나다	· remain to 여전히 ~이다

The sound of the dogs **seemed to** be all around him, so he was frightened. 〈모의응용〉

4. 기타 to부정사 표현

· when/where/how to ~할 때/장소/방법 · only to 결국 ~할 뿐이다, 고작 ~하다	· have no choice but to ~할 수밖에 없다

You need to know **how to** manage your money. 〈모의〉

<관용적으로 분사를 쓰는 표현들>

1. 분사가 포함된 표현

· be supposed to + 동사원형 ~하기로 되어 있다	· take ~ for granted ~을 당연하게 여기다

The visitors **are supposed to** press their index finger onto a scanner. 〈모의〉

2. 분사구문 표현

· judging from ~으로 판단하건대 · considering that ~을 고려하면 · supposing that ~더라도	· comparing/compared that ~을 비교해서 · providing/provided that ~을 조건으로, ~라면 · generally/frankly/strictly speaking 일반적으로/솔직히/엄밀히 말하면

Judging from the damage to the vehicles, the accident was serious.
Employees may park in the underground garage, **provided that** they pay the monthly fee.

밑줄 친 부분이 틀렸다면 바르게 고치세요. 바르면 ○로 표시하세요.

1. The researchers had 57 young adults spend five minutes before bed <u>to write</u> a to-do list for the days ahead. ⟨모의⟩

2. I would get used to <u>being taught</u> the girls, who, although they were very poor, might have been as good as children from greatest families in England. ⟨모의⟩

3. Vision is normally so swift and sure, and so effortless that we take it for <u>granted</u>. ⟨모의⟩   *vision: 시력

4. The professor is still waiting for the research paper <u>to deliver</u> to his office.

5. In fact, koalas spend little time thinking; their brains actually appear <u>to have shrunk</u> over the last few centuries. ⟨모의⟩

서술형 대비
주어진 단어들을 사용해서 우리말 해석에 맞는 영어 문장을 쓰세요. 필요한 경우 단어의 형태를 바꾸세요.

6. 나의 아들은 Eric에게 운동화 살 돈에 대해 걱정하지 말라고 말했다.
   (told, my son, not, about, Eric, worry, the money)

   _____ for the running shoes.
   ⟨모의응용⟩

정답 및 해설 p.34

어법 만점 TEST

네모 안에서 어법상 알맞은 것을 고르세요.

01 Many scientists are not creative because they don't know how to stop | thinking / to think | about problems in the same way. 〈모의응용〉

02 At the end of my first day, I felt quite | depressing / depressed | at the thought of the hard work ahead of me. 〈모의〉

03 The washing machine and other household appliances, by reducing housework, | allow / allowing | women to enter the workforce. 〈모의응용〉

04 Proper safety gear needs to | wear / be worn | by all employees when they are on the factory's assembly line.

*assembly line: (공장 등의) 조립 라인

05 As it is entirely the company's responsibility to correct the defect, I hope you will not make us | pay / to pay | for the labor component of its repair. 〈수능〉

밑줄 친 부분이 틀렸다면 바르게 고치세요. 바르면 ○로 표시하세요.

06 Examine your thoughts, and you will find them wholly <u>to occupy</u> with the past or the future. 〈수능〉

07 "You are what you eat." That phrase is often used to <u>showing</u> the relationship between the foods you eat and your physical health. 〈모의〉

08 Many children regard the natural world as a mere fantastic place <u>filling</u> with endangered rainforests. 〈모의응용〉

09 According to the judge, witnesses remember <u>seeing</u> a black car near the area of the crime.

10 The sun <u>moving</u> behind the mountains, the last light of day began to disappear.

(A), (B), (C)의 각 네모 안에서 어법에 맞는 표현으로 가장 적절한 것을 고르세요.

11 Dear Mr. Hane,

Our message to you is brief, but important: Your subscription to Winston Magazine will end soon and we haven't heard from you about renewing it. We're sure you won't want to miss even one upcoming issue. (A) Renew / Renewing your subscription now will make sure that your service continues without interruption. You'll get (B) extending / extended delivery of the excellent stories and news that make Winston Magazine the fastest growing magazine in America. To make it as easy as possible for you to act now, we've sent a reply card for you to complete. Simply (C) send / to send back the card today and you'll continue to receive your monthly issue of Winston Magazine.

Best regards,

Thomas Strout 〈모의〉

	(A)	(B)	(C)
①	Renew	extended	to send
②	Renew	extending	send
③	Renewing	extended	send
④	Renewing	extending	send
⑤	Renewing	extended	to send

12 For many people, a trip to the grocery store is a fun break in the day. However, what often happens is that shoppers end up (A) to buy / buying things that are not really needed. Take half an hour out of the day to do a little research at the grocery store as a method of (B) change / changing this bad habit. Just go around with a pen and paper and look at what you buy. See whether there are other options that are less expensive or more specific to your needs. In the end, it will help you (C) make / making a really good plan for grocery shopping.

〈모의응용〉

	(A)	(B)	(C)
①	buying	change	make
②	buying	changing	make
③	buying	changing	making
④	to buy	changing	making
⑤	to buy	change	making

밑줄 친 부분 중 어법상 틀린 것을 고르세요.

13 The next time you're out under a clear, dark sky, look up. If you've picked a good spot for stargazing, you'll see a sky full of stars brightly ① <u>shine</u> like thousands of brilliant jewels. But this amazing sight of stars can also be ② <u>confusing</u>. Try and point out a single star to someone. ③ <u>Not knowing</u> exactly which star you are referring to, that person will have a hard time finding it. It might be easier if you describe patterns of stars. You could say something like, "See that big triangle of bright stars there?" Or, "Do you see those five stars that ④ <u>look</u> like a big letter W?" When you do that, you're doing exactly what we all do when we look at the stars. We look for patterns ⑤ <u>to point</u> things out to others, because that's what we humans have always done. 〈모의응용〉

14 Most people think that the medium through which sound is carried ① <u>is</u> air. However, this is not always the case. For instance, you might have once seen a fish in the water get frightened when you made a loud noise. In that case, the sound must ② <u>have reached</u> them through the water. Similarly, Native Americans in old movies, in order to detect distant footsteps, ③ <u>putting</u> their ears to the ground. When ④ <u>carried</u> through the earth, such sounds are comparatively clear. Likewise, when you press your ear against a table, a gentle tapping at the opposite end of the long table ⑤ <u>is</u> clearly heard. From these facts, we can see that sound can be carried to the ear by various materials. 〈모의응용〉

15 Jim Marshall was a 20th-century photographer ① admired for his vivid pictures of celebrities. He was the first and only photographer to ② be awarded with the Grammy Trustees Award. He started as a professional photographer in 1959. He ③ was given unrivaled access to rock's biggest artists, including the Rolling Stones, Bob Dylan, and Ray Charles. He was the only photographer allowed backstage access for the Beatles' final full concert. ④ Formed special bonds with the artists he worked with, he was able to capture vivid and iconic imagery. Over a 50-year career, the photographs he took ⑤ appeared on more than 500 album covers. 〈수능응용〉

다음 글을 읽고 질문에 답하세요.

16 Touch screens let the user ⓐ _____ with a computer by the touch of a finger. Touching the screen, users can make commands without a keyboard or a mouse. One of the significant advantages of the touch screen is that it's very easy to use. The reason is that it's natural to point things with a finger. (2) 게다가, 사용자들이 터치스크린을 사용하는 방법을 배우는 것은 쉽다. A finger ⓑ _____ the screen interrupts the beams, making an electronic signal. You don't need ⓒ _____ special skills to use it. Pointing a finger is the only thing you must do to have your requests ⓓ _____. 〈모의응용〉

(1) <보기> 중 의미상 알맞은 단어를 골라 위 글의 빈칸 ⓐ~ⓓ에 어법에 맞게 쓰세요.

<보기> touch	have	send	interact

ⓐ _____ ⓑ _____ ⓒ _____ ⓓ _____

(2) 주어진 <조건>에 맞게 위 글의 밑줄 친 우리말을 영작하세요.

〈조건〉
1. learn, easy, how to use, the users, touch screens를 활용하고, 필요한 경우 단어의 형태를 바꾸세요.
2. 가주어 it을 주어로 사용하세요.
3. 13단어로 쓰세요.

In addition, _____.

CHAPTER 06

명사·대명사·한정사

명사, 대명사, 한정사 밑줄 문제 중에서는 밑줄 친 대명사/한정사가 그것이 가리키거나 수식하는 명사에 맞는 것인지 묻는 문제가 가장 자주 출제되고 있다. 따라서 밑줄 친 대명사/한정사가 가리키거나 수식하는 명사가 무엇인지 파악하는 것이 중요하다.

대명사나 한정사에 밑줄이 있는 경우, 다음의 두 가지 사항을 중심으로 확인한다.

1. 대명사/한정사가 그것이 가리키거나 수식하는 명사에 수 일치하는가?

가리키거나 수식하는 명사가 가산명사/불가산명사인지에 따라, 또는 단수/복수인지에 따라, 적절한 대명사나 한정사가 왔는지 묻는 문제가 주로 나온다.

▶ 불변의 패턴 28, 31-32

2. 대명사/한정사의 종류가 적절한가?

대명사가 가리키는 것이 무엇인지에 따라 적절한 종류의 대명사가 왔는지 묻는 문제가 주로 나오며, 의문문/부정문 등 문장의 종류에 맞는 대명사/한정사가 왔는지 묻는 문제가 간혹 나온다.

▶ 불변의 패턴 29-30, 33

※ 간혹 출제되는 명사 밑줄 문제의 경우, 가산명사/불가산명사인지, 단수/복수 중 무엇이 적절한지 헷갈리는 명사 위주로 출제되고 있으므로, 정해진 명사들 위주로 익혀두면 간단히 해결할 수 있다. (불변의 패턴 27)

알고 갈 **기초 문법**

명사

명사란 사람/사물/개념 등의 이름을 가리키는 말이다. 명사에는 단수 또는 복수로 수를 셀 수 있는 가산명사와 수를 셀 수 없는 불가산명사가 있다.

1. 가산명사 vs. 불가산명사

수를 셀 수 있는 명사인 가산명사는 반드시 단수 또는 복수로 써야 한다. 반면에 수를 셀 수 없는 불가산명사는 앞에 a(n)를 쓰거나, 복수로 쓸 수도 없다. 단, 불가산명사는 단수처럼 취급한다.

I need **an apple** and two **oranges** to make **juice**.
　　　가산명사(단수)　　　　가산명사(복수)　　　불가산명사

Oil is expensive in most **countries** in Europe.
불가산명사　　　　　　　가산명사(복수)

2. 단수 vs. 복수

가산명사가 하나의 대상을 가리킬 때는 단수, 둘 이상을 가리킬 때는 복수로 써야 한다.

They have **three sons**. **One son** lives in London and the other **two sons** live in Paris.
　　　　　복수　　　　단수　　　　　　　　　　　　　　　복수

Cats usually avoid water, but **my cat** loves taking baths.
복수　　　　　　　　　　　　단수

대명사와 한정사

대명사란 '그들', '이것' 등의 뜻으로 명사를 대신하는 말이며, 한정사란 '그/이/저 ~', '대부분의 ~' 등의 뜻으로 명사 앞에서 명사의 수량/범위를 한정해 주는 수식어이다. 대명사와 한정사는 그것이 가리키거나 수식하는 명사와 수가 일치해야 한다.

┌─단수─┐ ┌─────── 단수 ───────┐
This │ book │ is my favorite. You should read **it**.
한정사　단수명사　　　　　　　　　　　　　　대명사

　　　　　　　　　　　┌─ 복수 ─┐ ┌─ 복수 ─┐
I want to recommend **these** │ books │. **They** are great.
　　　　　　　　한정사　복수명사　대명사

　　　　　　┌─ 불가산 ─┐ ┌──────── 불가산 ────────┐
Drinking too **much** │ coffee │ is unhealthy, but it's fine to have **a little**.
　　　　한정사　불가산명사 (단수 취급)　　　　　　　　　　대명사

⏱ 1초 QUIZ

1. To prepare a Christmas present for her friend, Lisa bought three candle / candles at the store.
2. Feeling thirsty, the basketball players drank water / waters .
3. I took that / those train when I took a trip to Busan.
4. These flowers were planted by my father. It / They smell really good.

정답 1. candles 2. water 3. that 4. They

명사의 의미에 따라 가산/불가산, 단수/복수를 구분해야 한다.

Pour your lemonade into **glass**, add some ice, and enjoy it! 〈모의응용〉
└→ a glass ('유리잔'이라는 뜻의 가산 단수명사)

유리잔에 당신의 레모네이드를 붓고, 약간의 얼음을 추가하고, 그것을 즐겨라!

glass와 같이 어떤 명사들은 의미에 따라 가산명사이기도 하고 불가산명사이기도 하다. 또한 의미에 따라 단수나 복수 중 한 가지 형태로만 쓸 수 있기도 하다. 따라서 명사의 형태가 맞는지 확인하기 위해서는 먼저 문맥상 어떤 의미로 쓰였는지 파악해야 한다.

<table>
<tr><td>불가산명사 (셀 수 없는 명사)
(glass: 유리)</td><td>VS.</td><td>가산명사 (셀 수 있는 명사)
• 단수 (a glass: 유리잔 하나)
• 복수 (glasses: 유리잔 여럿, 안경)</td></tr>
</table>

Type 1   의미에 따라 가산명사 또는 불가산명사가 되는 명사

Do **hairs** and fingernails continue to grow after a person dies? 〈모의〉
└→ hair ('머리카락 전체'라는 뜻의 불가산명사)

사람이 죽은 후에 머리카락과 손톱이 계속해서 자랄까?

다음과 같은 명사들은 문장에서 어떤 의미로 쓰였는지 먼저 확인하여 가산명사인지 불가산명사인지 판단해야 한다. 가산명사라면 단수 또는 복수로 써야 하고, 불가산명사라면 a(n)가 붙을 수 없고, 복수로도 쓸 수 없다.

다음은 의미에 따라 가산명사 또는 불가산명사가 되는 명사들이다.

명사	light	time	room	hair
불가산 의미	빛	시간	공간, 여유	머리카락 전체
가산 의미	전등, 조명	횟수, ~번	방	머리카락 ~올

명사	paper	work	company	glass
불가산 의미	종이	일	손님, 동반	유리
가산 의미	신문, 논문	작품	회사, 단체	유리잔, 안경

※ '안경'의 뜻일 때는 항상 복수형 glasses

☑ 네모 안에서 어법상 알맞은 것을 고르세요.

1. Our horses are full of new energy and ready for work / a work after having the weekend off. 〈모의〉

2. The maintenance staff installed light / a light outside the door for better safety at night.

3. Throughout World War II, paper / papers around the world reported on the continuing battles.

4. When there is no room / rooms for error, we learn to avoid vagueness in communication. 〈수능〉

*vagueness: 애매함, 막연함

정답 및 해설 p.38

Type 2 의미에 따라 단수 또는 복수를 다르게 쓰는 명사

My father insists on sitting around the house in his swimming **trunk**. 〈모의〉

trunks ('반바지'라는 의미의 복수명사) ←┘

나의 아버지는 그의 수영용 반바지를 입고 집에 앉아있는 것을 고집한다.

pants(바지), jeans(청바지), scissors(가위) 등과 같이 두 개의 부분이 모여 하나의 사물을 가리키는 명사는 항상 복수명사로 써야 한다. 그러나 이런 종류의 명사라도 다른 의미로 쓰였다면 단수 또는 복수 둘 다로 쓸 수 있다.

- trunks (운동용) 반바지   ↔   a trunk/trunks 나무의 줄기, 여행용 가방, 코끼리의 코
- glasses 안경   ↔   a glass/glasses 유리잔

(TIP) 두 개의 부분이 모여 하나의 쌍을 이루더라도, 다음과 같이 각각 하나로 분리될 수 있는 사물을 가리키는 명사는 단수로도 쓸 수 있다.

- shoes 신발 한 쌍 - a shoe 신발 한 짝
- boots 부츠 한 쌍 - a boot 부츠 한 짝
- socks 양말 한 쌍 - a sock 양말 한 짝
- gloves 장갑 한 쌍 - a glove 장갑 한 짝

I keep the striped **socks** in the top drawer, but **a sock** is missing.
　　　　　　　복수명사　　　　　　　　　　　　　단수명사

✅ 밑줄 친 부분이 틀렸다면 바르게 고치세요. 바르면 ○로 표시하세요.

1. As my grandmother is over 70 now, she needs <u>a glass</u> to see clearly.

2. Golfers often put <u>a glove</u> on one hand and leave the other hand bare.

3. You can tell the age of a tree by examining the circles in its <u>trunks</u>.

4. Actually, millionaires are more likely to be wearing old <u>jeans</u> and driving an old pickup truck.

〈모의〉

정답 및 해설 p.38

수 일치

With ~~their~~ mechanical system, **the washing machine** is one of the most advanced
└→ its (단수대명사)   단수명사
examples of a household appliance. 〈모의〉

그것의 기계적인 시스템 때문에, 세탁기는 가전제품들 중 가장 진보된 예시들 중 하나이다.

대명사는 그것이 가리키는 명사와 반드시 수가 일치해야 한다. 따라서 밑줄 친 대명사의 앞뒤를 살펴보고 대명사가 가리키는 것이
무엇인지 정확히 파악하는 것이 중요하다.

┌─ 수 일치 ─┐   ┌─ 수 일치 ─┐
단수명사/불가산명사 + (~) + 단수대명사   VS.   복수명사 + (~) + 복수대명사

다음은 수를 구분해야 할 단수/복수 대명사이다.

단수대명사	it/its/it	this	that	one
복수대명사	they/their/them	these	those	ones

(TIP) it은 to부정사나 that절 등 긴 주어나 목적어를 대신하여 가주어나 가목적어로 쓰일 수도 있다. 이러한 it을 앞에 언급된 명사 대신 쓴 대명
사로 착각하지 않도록 주의한다.
We cannot know people's thoughts, but **it** is easy **to judge people based on their actions.** 〈모의응용〉
                               가주어   진짜 주어
The architecture firm considered **it** disappointing **that its designs were rejected.**
                               가목적어   진짜 목적어

☑ 네모 안에서 어법상 알맞은 것을 고르세요.

1. The farm-to-school program is good for local farmers who sell │ its / their │ products to the
   school cafeterias. 〈모의응용〉

2. Despite the lack of evidence, some people think │ it / them │ real that aliens exist.

3. Upon entering this garden, I notice that the ankle-high grass is greener than │ that / those │ on
   the other side of the fence. 〈수능응용〉

   〈모의〉
4. Some people like the taste of coriander while others find │ it / them │ soapy and unpleasant.
                                                                        *coriander: 고수

5. When the egg of the thief bee hatches, it kills the host bee's offspring and then eats the food
   of │ its / their │ victim. 〈모의응용〉   *offspring: 새끼, 자식

6. Cyber crimes are less complex than the │ one / ones │ that appear on television shows.

정답 및 해설 p.38

밑줄 친 부분이 틀렸다면 바르게 고치세요. 바르면 ○로 표시하세요.

1. Things often seem at <u>its</u> worst just before they get better. 〈수능〉

2. Do you think my husband should sit in the living room watching sports when I have <u>a company</u>? 〈모의응용〉

3. Elephants may greet each other simply by reaching their <u>trunks</u> into each other's mouths. 〈수능〉

4. Economists have shown again and again that people refuse unfair offers even if <u>it</u> costs them money to do so. 〈모의〉

5. The number of letters sent to Santa in Portugal was smaller than <u>those</u> of letters sent to Santa in Spain. 〈모의〉

서술형 대비

주어진 <조건>에 맞게 우리말을 영작하세요.

6. 오늘은 파도가 높기 때문에, 작은 배를 타고 항해하는 것은 안전하지 않다.

┌─────────────── 〈조건〉 ───────────────┐
  1. a small boat, sail, on, safe를 활용하고, 필요한 경우 단어의 형태를 바꾸세요.
  2. it과 they 중 알맞은 것 하나만 함께 사용하세요.
  3. 10단어로 쓰세요.
└──────────────────────────────────────┘

Since the waves are high today, _____.

정답 및 해설 p.39

To show his students **math** could help **themselves**, the teacher held several contests. 〈모의〉

主어: math (다른 대상) → them (목적격 대명사)

Ironically, students with the need to concentrate are **the ones** who surround **them** with distractions. 〈모의〉

주어 (=the students) themselves (재귀대명사)

그의 학생들에게 수학이 그들을 도울 수 있다는 것을 보여주기 위해, 그 선생님은 몇 번의 대회를 열었다.
역설적으로, 집중할 필요가 있는 학생들은 방해하는 것들을 항상 그들 자신 주변에 두는 학생들이다.

목적어나 전치사의 목적어가 주어와 다른 대상을 가리킨다면 목적격 대명사가 와야 하지만, '~ 자신/스스로'라는 뜻으로 목적어가 주어와 동일한 대상을 가리킨다면 재귀대명사가 와야 한다.

┌─ 다른 대상 ─┐   ┌─ 동일한 대상 ─┐
주어 + 동사 (~) + 목적격 대명사   VS.   주어 + 동사 (~) + 재귀대명사
          목적어   목적어

가리키는 명사에 따라 다음 목적격 대명사와 재귀대명사를 구분하여 사용한다.

목적격 대명사	me	you	it	him	her	us	them
재귀대명사	myself	yourself/yourselves	itself	himself	herself	ourselves	themselves

(TIP) 명령문에는 주어 you가 생략되어 있으므로, 목적어가 주어 you와 동일한 대상이라면 재귀대명사 yourself나 yourselves로 와야 한다.

┌─ 동일한 대상 ─┐
(You) Promise **yourself** that you will always relax during one full evening after work. 〈모의응용〉
생략된 주어   목적어

☑ 네모 안에서 어법상 알맞은 것을 고르세요.

1. We'll spend the next three decades continually asking `us / ourselves` what humans are good for. 〈수능〉

2. As long as a man keeps his information to `him / himself`, he may feel superior to those who do not know it. 〈모의〉

3. The helicopters were so loud that everyone in the town took notice of `them / themselves`.

4. Children at play often take on other roles, happily forcing `them / themselves` to think and behave like someone else. 〈모의응용〉

5. Get to really know `you / yourself` and learn what your weaknesses are. 〈모의〉

6. After Queen Mary's death, Elizabeth I replaced `her / herself` as the queen of England.

정답 및 해설 p.39

불변의 패턴30

수능 출제 빈도 ★★★ | 내신 출제 빈도 ★☆☆

앞서 언급한 명사와 종류만 같은 다른 대상은 that/those로 써야 한다.

종류(The popularity)만 같은 다른 대상

The popularity of horror movies is twice as high as **it** of animations. 〈모의〉
공포 영화의 인기 → that (만화 영화의 인기)

공포 영화의 인기가 만화 영화의 인기보다 두 배 더 높다.

앞서 언급한 명사와 동일한 바로 그 대상을 가리킬 때는 it(단수) 또는 they/them(복수)이 오지만, 종류만 같을 뿐 다른 대상을 가리킬 때는 that(단수) 또는 those(복수)가 와야 한다

┌─ 바로 그 대상 ─┐   ┌종류만 같은 다른 대상┐
명사 + (~) + it/they/them   VS.   명사 + (~) + that/those

TIP those는「전치사 + 명사(구)」나 분사구, 관계절 등의 수식을 받아 '~한 사람들'이라는 뜻의 대명사로도 쓰인다. 이때는 those가 앞에 있는 명사를 대신하는 것이 아닌 것에 주의한다.
All **those** under the age of 18 must be accompanied by an adult. 〈모의〉

☑ 밑줄 친 부분이 틀렸다면 바르게 고치세요. 바르면 ○로 표시하세요.

1. From this side, the part of the castle which faces north looks lower than <u>it</u> which faces the south. 〈모의응용〉

2. Many frogs in the jungle are brightly colored, and some of <u>them</u> are poisonous.

3. In offices, workers who have windows near their desks work harder than <u>them</u> who don't. 〈모의〉

4. Nobody is more aware of an experiment's risks than the scientist who devised <u>it</u>. 〈수능〉

5. Many experienced travelers think that the scenery of New Zealand is as beautiful as <u>it</u> of any other country.

6. Tony is such a caring and an unselfish person that he always volunteers to help <u>them</u> in need.

정답 및 해설 p.40

불변의 패턴 31

수능 출제 빈도 ★★☆ | 내신 출제 빈도 ★☆☆

가산명사 앞에는 many와 (a) few가 오고, 불가산명사 앞에는 much와 (a) little이 와야 한다.

By the age of one and a half, Matilda knew as ~~much~~ **words** as most grown-ups. 〈모의〉
many ←   가산명사

You may think that moving a short distance is so easy that you can do it with **few effort.** 〈수능〉
little ←
불가산명사

한 살 반 때쯤에 Matilda는 대부분의 어른들만큼 많은 단어를 알았다.
당신은 짧은 거리를 이동하는 것이 너무 쉬워서 거의 노력 없이 그것을 할 수 있다고 생각할지도 모른다.

비슷한 뜻을 가진 한정사라도 가산명사 앞에만 올 수 있거나 불가산명사 앞에만 올 수 있는 것이 있으므로, 적절한 한정사가 쓰였는
지는 뒤의 명사를 보고 판단해야 한다.

many/(a) few + 가산명사(복수)   VS.   much/(a) little + 불가산명사

Type 1   many vs. much

Robots and astronauts use ~~many~~ of **the same equipment** in space. 〈수능〉
↳ much   불가산명사

로봇과 우주 비행사들은 우주에서 많은 같은 장비를 사용한다.

many와 much는 둘 다 '많은'이라는 뜻이지만, 가산명사 앞에는 many가 와야 하고, 불가산명사 앞에는 much가 와야 한다. many
of 와 much of 역시 각각 가산명사와 불가산명사 명사 앞에 와야 한다.

many + (of) + 가산명사(복수)   VS.   much + (of) + 불가산명사

※ '많은'이라는 뜻의 a lot of와 lots of는 가산명사와 불가산명사 앞에 모두 올 수 있다.

☑ 네모 안에서 어법상 알맞은 것을 고르세요.

1. Sometimes dolphins spread out in wide groups to catch as many / much fish as possible. 〈모의〉

2. The detectives did not find many / much evidence during the investigation of the crime.

3. We know that the journalism program at our college was a source of many / much of these positive experiences for you. 〈모의〉

4. Fortunately, many / much of the damage to the downtown buildings could be repaired.

정답 및 해설 p.40

Type 2   (a) few vs. (a) little

Shops in the early 1800s sold just a little products such as meat and bread. 〈모의응용〉
└→ a few　　가산명사

1800년대 초반의 상점들은 고기와 빵과 같은 단지 몇몇의 상품들만 팔았다.

a few와 a little은 둘 다 '약간 있는, 몇몇'이라는 뜻이고, few와 little은 둘 다 '거의 없는'이라는 뜻이지만, (a) few는 가산명사 앞에 와야 하고, (a) little은 불가산명사 앞에 와야 한다.

~가 약간 있는, 몇몇의 ~	a few + 가산명사(복수)	VS.	a little + 불가산명사
~가 거의 없는	few + 가산명사(복수)	VS.	little + 불가산명사

☑ 네모 안에서 어법상 알맞은 것을 고르세요.

1. If you save | a few / a little | money now, you're still not a millionaire. 〈모의〉

2. When cable television first began, people saw very | few / little | advertisements on cable TV.

3. We made | a few / a little | changes, but the results never seem to come quickly. 〈모의〉

4. The publishing company gave | few / little | information about the book's unknown author.

정답 및 해설 p.41

Mini TEST 불변의 패턴 29~31

밑줄 친 부분이 틀렸다면 바르게 고치세요. 바르면 ○로 표시하세요.

1. Earth's climate is much milder than <u>it</u> of the other planets in the solar system.

2. These microplastics are small enough to pass through the nets typically used to collect <u>themselves</u>. 〈모의〉
*microplastic: 미세 플라스틱 조각

3. <u>Many</u> of the furniture in the old palace is very rare and worth a lot of money.

4. A pet's continuing affection becomes extremely important for <u>those</u> enduring hardship. 〈수능〉

5. In some valleys there's <u>few</u> snow because strong winds do not allow it to build up. 〈모의〉

서술형 대비
주어진 단어들을 사용해서 우리말 해석에 맞는 영어 문장을 쓰세요. 필요한 경우 단어의 형태를 바꾸세요.

6. 좋은 과학 용품을 획득하기 위해서, 그저 학교 밖에서 과학을 즐기는 당신의 셀피를 제출하세요!
(enjoying, submit, science, you, a selfie of)

〈모의〉
To win science goodies, just _____ outside of school!
*selfie: 셀피(스마트폰 등으로 찍은 자신의 사진)

정답 및 해설 p.41

불변의 패턴 32

수능 출제 빈도 ★★☆ | 내신 출제 빈도 ★★☆

단수명사 앞에는 every, another, either/neither가 오고, 복수명사 앞에는 all, other, both가 와야 한다.

Kimchi is a traditional Korean dish served with almost ~~all~~ **meal.** 〈수능〉
    every ← ⌐단수명사

Film has always been closely related to ~~another~~ **art forms.** 〈수능응용〉
    ↳other   복수명사

김치는 거의 모든 식사와 함께 제공되는 한국 전통 음식이다.
영화는 다른 예술 형식들과 항상 밀접하게 관련되어 왔다.

비슷한 뜻을 가진 한정사라도 단수명사 앞에만 올 수 있거나, 복수명사 앞에만 올 수 있는 것이 있으므로, 적절한 한정사가 쓰였는지는 뒤의 명사를 보고 판단해야 한다.

every/another/either/neither + 단수명사   VS.   all/other/both + 복수명사

Type 1   every vs. all

While playing games will not solve **every your problems,** it can give you the
    ↳all   복수명사
needed perspective. 〈모의응용〉

게임을 하는 것이 당신의 모든 문제들을 해결하지는 않을 것이지만, 그것은 당신에게 필요한 시각을 제공할 수 있다.

---

every와 all은 둘 다 '모든'이라는 뜻이지만, 단수명사 앞에는 every가 와야 하고, 복수명사 앞에는 all이 와야 한다. 단, all은 불가산명사 앞에도 올 수 있으며, 「all of + 복수명사/불가산명사」 형태로도 쓸 수 있다.

every + 단수명사   VS.   all + (of) + 복수명사/불가산명사

☑ 네모 안에서 어법상 알맞은 것을 고르세요.

1. When John was just two, he could memorize nearly every / all page he read. 〈모의응용〉

2. Every / All milk contains Vitamin D, which is important for healthy bones and skin.

3. Motivation may come from the respect I give every / all student. 〈모의응용〉

4. A merchant has done good business—he has sold every / all of his silk goods, and filled his bag with gold and silver. 〈모의〉

정답 및 해설 p.41

「every + 단수명사」는 단수대명사로 가리켜야 하며, 주어로 쓸 때 단수동사가 와야 한다.
마찬가지로, 「all + 복수명사」는 복수명사로 가리켜야 하며, 주어로 쓸 때 복수동사가 와야 한다.

⌐─────── 수 일치 ───────
Every device requires a battery to power **it.**
every + 단수명사 단수동사   단수대명사

⌐─────── 수 일치 ───────
All products come with a money-back guarantee, and **they** also have a 10-year warranty.
all + 복수명사 복수동사   복수대명사

함께
알아두기

Type 2 another vs. other

When he went on board, he found ~~other~~ passenger was to share the cabin with him. ⟨모의⟩
　　　　　　　　　　　　　　　　　　another ↵　　단수명사

그가 배에 탔을 때, 다른 승객이 그와 객실을 함께 써야 하는 것을 발견했다.

another와 other는 둘 다 '다른'이라는 뜻이지만, 단수명사 앞에는 another가 와야 하고, 복수명사 앞에는 other가 와야 한다. 단, '나머지'라는 뜻의 the other는 단수명사와 복수명사 앞에 모두 올 수 있다.

another + 단수명사　　VS.　　other + 복수명사　　VS.　　the other + 단수명사/복수명사

(TIP) another는 '다른 하나'라는 뜻의 대명사로도 쓰이지만, other는 대명사로는 쓸 수 없다. '다른 여럿'이라는 뜻의 대명사는 others로 쓴다. 또한 the other는 '나머지 하나', the others는 '나머지 여럿'을 가리키는 대명사이다.
　　Jessica has three hats. One is red, **another** is green, and **the other** is yellow.
　　Our restaurant offers several foreign dishes. Some are Italian, **others** are Mexican, and **the others** are Spanish.

☑ 네모 안에서 어법상 알맞은 것을 고르세요.

1. We need employees who speak English and | another / other | foreign languages at the information desks. ⟨모의⟩

2. In the afternoon, he stopped in | another / other | town to feed his horse. ⟨모의⟩

3. To be prepared for problems with the camera, he brought | another / others | as a backup.

4. Snakes, for example, are honored by some cultures and hated by | other / others |. ⟨모의⟩

정답 및 해설 p.42

Type 3 either vs. neither vs. both

Various kinds of wildflowers cover the ground on ~~either~~ sides of the path. ⟨수능응용⟩
　　　　　　　　　　　　　　　　　　　　　　　　both ↵　　복수명사

다양한 종류의 야생화들이 그 길 양쪽 땅 둘 다를 뒤덮는다.

단수명사 앞에는 either(둘 중 무엇이든 하나)와 neither(둘 다 ~ 아닌)가 와야 하고, 복수명사 앞에는 both(둘~ 모두)가 와야 한다. 그러나 either of/neither of/both of는 모두 복수명사 앞에 온다.

either/neither + 단수명사　　VS.　　both + 복수명사　　VS.　　either/neither/both + of + 복수명사

☑ 밑줄 친 부분이 틀렸다면 바르게 고치세요. 바르면 ○로 표시하세요.

1. Try on <u>both</u> shoes, as most people have one foot that is slightly larger than the other. ⟨모의⟩

2. <u>Both</u> airline offers flights to Berlin, so he had to give up his plan to visit the city.

3. You must show your driver's license or passport. <u>Both</u> form of ID is acceptable.

4. <u>Either</u> of the pills relieves your headache, so you can take whichever one you want.

정답 및 해설 p.42

If you take some bags to the shop, you will **not** need to bring ~~no~~ more plastic bags home with you. 〈모의〉
　　　　　　　　　　　　　　　　　　　　　부정 의미의 어구　　　　　　　　　↳ any

만약 당신이 몇 개의 가방을 상점에 가지고 간다면, 당신은 더 이상 비닐봉지를 당신과 함께 집에 가져올 필요가 없을 것이다.

---

not이나 unable/hardly/little/without 등 부정의 의미를 가진 어구가 이미 포함된 문장에 no가 또 올 수 없다. 이때는 any가 와야 한다.

not/unable/hardly/little/without 등 + (~) + any
부정 의미의 어구

TIP 1. not ~ any는 no로 바꾸어 쓸 수 있다.
　　　They wanted to go to the seminar, but there were **not any** tickets left.
　　　= They wanted to go to the seminar, but there were **no** tickets left.

　　2. any는 보통 부정문/의문문에 쓰고 긍정문에는 some을 쓰지만, if절에나, '어떤 ~든지'라는 뜻으로 쓸 때는 긍정문에도 any를 쓸 수 있다.
　　　Please feel free to contact me at **any** time **if** you have **any** questions regarding my decision. 〈모의〉

✓ 밑줄 친 부분이 틀렸다면 바르게 고치세요. 바르면 ○로 표시하세요.

1. I have little interest in <u>no</u> games that require physical exercise.

2. If the doctors have treated <u>any</u> infected patients, they should make a report immediately.

3. You might think <u>no</u> plants could grow in Antarctica, but amazingly, they can. 〈모의〉

4. The first English explorers of New World came without <u>no</u> maps, so they brought crows to guide them. 〈모의응용〉

정답 및 해설 p.42

 함께 알아두기　대명사 anything/anybody/anyone도 any와 같은 규칙을 따른다.

One of the client's lawyers **hardly** said **anything** during the meeting.
　　　　　　　　　　　　　부정 의미의 어구
If there is **anything** else we can do for you, please do not hesitate to ask. 〈모의〉
if절
She teaches her students that they can do **anything**. 〈모의〉
　　　　　　　　　　　　　　　　　　　　　　'어떤 것이든'

밑줄 친 부분이 틀렸다면 바르게 고치세요. 바르면 ○로 표시하세요.

1. The time period and <u>another</u> minor details are changed but the themes of *Apocalypse Now* are the same as those of *Heart of Darkness*. 〈수능〉

2. The Mayan people believed <u>every</u> people came from the corn god, which was considered as the most important god. 〈모의〉

3. The two countries in Northern Europe are popular with tourists, but <u>neither</u> country has a high-speed railway system for them to use.

4. Suffering from Lou Gehrig's disease, Stephen Hawking was unable to move <u>nothing</u> except his eyes and three fingers. 〈모의〉

5. As we walked toward the front door, he paused briefly at a small tree, touching the tips of the branches with <u>either</u> hands.

서술형 대비

주어진 <조건>에 맞게 우리말을 영작하세요.

6. 우리의 모든 조리법들은 독특하고, 모든 음식은 유기농이다.

〈조건〉
1. dish, recipes, organic, unique를 활용하세요.
2. all과 every를 둘 다 한 번씩 사용하세요.
3. 10단어로 쓰세요.

_____

정답 및 해설 p.42

어법 만점 TEST

네모 안에서 어법상 알맞은 것을 고르세요.

01 Without advertising, customers will not know that a product exists or whether it may work for [it / them] . 〈모의응용〉

02 Online shoppers are now taking more [time / times] to click the "buy" button than they were two years ago. 〈모의〉

03 [Every / All] our native birds disappeared after the introduction of the foreign snake species.

04 People who behave badly draw a lot of negative attention to [them / themselves] .

05 If the desk lamp is damaged when you receive it, the company will replace it with [another / other] .

밑줄 친 부분이 틀렸다면 바르게 고치세요. 바르면 ○로 표시하세요.

06 Although the salmonberry has thorns, they are much smaller than <u>them</u> of the blackberry or raspberry bush. 〈모의〉　　　　　　　　　　　　　　　　　　　　　*thorn: 가시

07 <u>Any</u> individual can start a movement, such as a change in direction, and this can spread through the group at a very rapid speed. 〈모의〉

08 Third-class passengers on the Titanic brought <u>a few</u> luggage with them for the voyage.

09 While manned space missions are more costly than unmanned <u>ones</u>, they are more successful. 〈수능〉　　　　　　　　　　　　　　　　　　　*manned: 유인의, 사람을 실은

10 When you attempt to do something and fail, you have to ask <u>you</u> why you have failed to do what you intended. 〈수능〉

(A), (B), (C)의 각 네모 안에서 어법에 맞는 표현으로 가장 적절한 것을 고르세요.

〈모의응용〉

11 Most people spend nearly a third of their lives asleep, and until the invention of the electric light bulb, the darkness of nighttime gave (A) | it / them | little choice. Artificial light was hard to get, so people rose with the dawn and went to bed soon after dark. But for the past few centuries, artificial light has been available around the clock, and there is plenty to do at any time of day or night. Sleeping at night, therefore, is no longer the only choice. Instead of sleeping, people can do (B) | many / much | activities at night. For example, a gym in New York stays open 24 hours a day so that busy workers can visit (C) | it / that | in the middle of the night.

*artificial: 인공적인

	(A)	(B)	(C)
①	it	many	it
②	it	much	it
③	them	many	it
④	them	much	that
⑤	them	many	that

12 Although many small businesses have good websites, they often can't afford online marketing. In these cases, a good option is an advertising exchange with other small businesses. For example, (A) | company / a company | selling beauty products could place its banner on a site that sells women's shoes. And in turn, the shoe company could put a banner on the beauty product site. (B) | Every / All | their banners are placed free of charge; they simply exchange ad space. Marketers who do not have enough money in their budgets are making (C) | them / themselves | more competitive by using advertising exchanges. By doing so, advertisers find new outlets that reach their target audiences that they would not otherwise be able to afford. 〈모의응용〉

*outlet: 출구

	(A)	(B)	(C)
①	a company	All	themselves
②	company	All	themselves
③	a company	All	them
④	company	Every	them
⑤	a company	Every	them

밑줄 친 부분 중 어법상 틀린 것을 고르세요.

13 The baobab tree is leafless for most of the year and looks very much like it has its roots sticking up in the air. There are numerous stories ① <u>offering</u> explanations of how the tree came to be stuffed in the ground upside down. One of the stories that is often told ② <u>says</u> that after it was planted by God, it kept moving, so God replanted it upside down. There ③ <u>are</u> also countless beliefs among native African people regarding the powers of the tree. Some people fear the baobab's power, and one of ④ <u>its</u> beliefs is that anyone who picks its flowers will be eaten by a lion. On the other hand, if you drink water in which the seeds have been ⑤ <u>soaked</u>, you will be safe from a crocodile attack.〈모의응용〉

14 "Put on your hat and coat, or you'll catch a cold." Or "Take off the wet clothes before you catch a cold." You must ① <u>have heard</u> these expressions. However, being wet or cold does not cause colds. It does make ② <u>it</u> more likely that you will catch a cold, though. So the old expressions may not be scientifically accurate, but ③ <u>those</u> who don't listen to their wisdom will probably become ill. Your body demands heat. No matter how cold it is outside, your body needs to have a temperature of 36.5°C. If you become cold, your body must produce extra heat. While ④ <u>doing</u> this, your body can't make enough germ-fighting cells to keep the cold germs from attacking you. Therefore, make sure to keep ⑤ <u>you</u> warm during cold weather. 〈모의응용〉

*germ: 세균

15 Before Scott Adams became the creator of one of the most successful comic strips of all time, he decided to write to Jack Cassady, the host of a TV show, ① to ask for his advice about becoming a cartoonist. Much to his surprise, he heard back from Cassady within ② a few weeks in the form of a handwritten letter. The letter advised Adams not to be disappointed with ③ receive early rejections. Adams got inspired and submitted some cartoons, but he was quickly rejected. Not following Cassady's advice, he became ④ discouraged and put his materials away. About fifteen months later, he was surprised to receive another letter from Cassady, especially because he had been without ⑤ any contact with him since the original letter. He acted again on Cassady's encouragement, and this time he succeeded. 〈수능응용〉

*comic strip: (신문 등의 연재) 만화

다음 글을 읽고 질문에 답하세요.

16 (2) 이탈리아의 출생률은 많은 다른 나라들의 출생률보다 낮다. In fact, the birth rate in Italy has been falling for decades, and its lower birth rate has several causes. One cause is that, in the 1970s, increasing unemployment left people feeling financially insecure, and ⓐ they chose to have fewer children. ⓑ Other cause is that more people moved from rural to urban areas. The cost of living and raising children in the city was higher, so people didn't have many children. The third reason is that women now have jobs outside the home more than ⓒ that in the past. Because of these changes, the government had to force ⓓ itself to accept the reality of a lower birth rate in the country, even if it meant a smaller population in the future. 〈모의응용〉

(1) 위 글의 밑줄 친 ⓐ~ⓓ 중 어법상 틀린 것을 2개 고르고 바르게 고치세요.

(2) 주어진 <조건>에 맞게 위 글의 밑줄 친 우리말을 영작하세요.

─────── 〈조건〉 ───────
1. lower than, birth rate, Italy's, other countries를 활용하세요.
2. that of와 those of 중 알맞은 것 하나만 함께 사용하세요.
3. many와 much 중 알맞은 것 하나만 함께 사용하세요.
4. 11단어로 쓰세요.

정답 및 해설 p.43

CHAPTER 07

형용사·부사·비교구문

형용사, 부사, 비교구문 밑줄 문제 중에서는 밑줄 친 곳에 형용사나 부사 중 무엇이 와야 하는지 묻는 문제가 가장 자주 출제되고 있다. 따라서 밑줄 앞뒤의 단어들을 보고 밑줄 친 단어의 역할이 무엇인지 확인하는 것이 중요하다.

형용사나 부사에 밑줄이 있는 경우, 다음의 두 가지 사항을 중심으로 확인한다.

1. 밑줄 친 단어가 문장에서 어떤 역할을 하고, 무엇을 수식하는가?

부사가 올 수 없는 보어 자리에 부사가 오지 않았는지, 형용사와 부사 중 수식하고 있는 단어의 품사에 맞는 것이 왔는지를 묻는 문제가 주로 나온다. 형용사와 부사의 형태와 의미가 유사하여 혼동을 줄 수 있는 단어들이 자주 출제된다.

▶ 불변의 패턴 34-39

2. 비교구문의 형태가 올바른가?

형용사·부사의 원급·비교급·최상급을 포함한 비교구문의 형태가 바른지를 묻는 문제도 간혹 출제되고 있으며, 비교구문의 경우 형태만 익혀두면 쉽게 구분이 가능하므로, 밑줄 주변을 확인함으로써 간단히 해결할 수 있다.

▶ 불변의 패턴 40-41

알고 갈 **기초 문법**

형용사 vs. 부사

형용사는 명사를 수식하거나 보어 자리에 온다. 부사는 문장이나 절 전체 또는 명사 이외의 것들을 수식하는 역할을 한다. 형용사와 부사는 유사하게 생긴 경우가 많지만 역할과 쓸 수 있는 자리가 다르므로, 형용사 자리에는 형용사만, 부사 자리에는 부사만 와야 한다.

1. 형용사

명사 수식	My little sister has **beautiful** eyes.
주격보어 자리	The bed in your room looks **comfortable**.
	주어 동사 주격보어
목적격보어 자리	This song made the band **popular**.
	주어 동사 목적어 목적격보어

2. 부사

동사 수식	We should talk **quietly** in the museum.
형용사 수식	The region is **extremely** cold during winter.
부사 수식	The farmers worked **very** busily.
「전치사 + 명사(구)」 수식	It rained **only** for a few minutes.
문장/절 전체 수식	**Strangely**, there was no one in the classroom.

⏱ 1초 QUIZ

1. He could [easy / easily] answer the question.
2. The teacher found the dictionary [useful / usefully] for students.
3. The chef cooked a [delicious / deliciously] dish for us.
4. [Fortunate / Fortunately], the patient recovered from her illness.

정답 1. easily 2. useful 3. delicious 4. Fortunately

〈모의응용〉

The purpose of philosophy is not to confuse our friends with ~~unexpectedly~~ questions.
unexpected (형용사) ←┘   명사

Young people also ~~increasing~~ access social networking websites. 〈모의〉
increasingly (부사) ←┘   동사

철학의 목적은 예상 밖의 질문들로 우리의 친구들을 혼란스럽게 만들기 위한 것이 아니다.
젊은 사람들은 또한 소셜 네트워킹 웹사이트에 점점 더 많이 접속한다.

형용사와 부사는 형태와 의미가 유사하지만, 명사 수식은 형용사가 해야 하고, 명사가 아닌 다른 품사나 절 전체는 부사가 수식해야 한다. 형용사/부사는 수식하는 대상의 앞이나 뒤에 올 수 있다.

형용사 + 명사   VS.   부사 + 명사 이외 모든 품사 or 절 전체

☑ 네모 안에서 어법상 알맞은 것을 고르세요.

1. Our behavior and attitude reveal important / importantly information about our personalities.

2. The air feels fresher, and the stars shine more brilliant / brilliantly in the night sky. 〈수능〉

3. Light that flashes direct / directly into the eyes can make your eyesight worse. 〈모의응용〉

4. The animal doctor came and tried giving the lion some red meat full / fully of medicine. 〈수능〉

5. Some people thought that the rock band's new album would not succeed, but, amazing / amazingly , it became a big hit.

6. Professor Peter Gray has reported a continuous and ultimate / ultimately dramatic decline in children's opportunities to play in their own ways. 〈모의〉

정답 및 해설 p.45

〈수능응용〉

When you fall in love, **your problems and challenges** suddenly **seem ~~insignificantly~~**.
주어   동사 └→ insignificant (주격보어)

As we grew older, we did our part by **keeping our rooms ~~neatly~~**. 〈수능〉
동사   목적어 └→ neat (목적격보어)

당신이 사랑에 빠질 때, 당신의 문제와 과제들은 갑자기 사소하게 보인다.
우리는 나이가 들면서, 우리의 방을 깔끔하게 유지함으로써 우리의 역할을 했다.

주격보어와 목적격보어 자리에는 부사가 올 수 없고 형용사가 와야 한다.

주어 + 동사 + 주격보어   주어 + 동사 + 목적어 + 목적격보어
　　　　　형용사 　　　　　　　　　　　　　　　　　　　형용사

TIP 「as + 원급 + as」 또는 「비교급 + than」과 같은 비교구문에서도 보어 자리에는 형용사가 와야 한다. 이때, 문장에서 as와 than을 제외하고 보면 보어 자리인 것을 쉽게 확인할 수 있다.

You should be as ~~specifically~~ as possible. 〈수능〉　　　Jason considers **exercise** more ~~importantly~~ than his diet.
주어　　동사　　 └→ specific (주격보어)　　　　　　　　　목적어　　　　　　 └→ important (목적격보어)

Type 1 주격보어 자리

Although rewards sound so **positively**, they can lead to negative consequences. 〈모의〉
　　　　　주어　　 동사　　　　└→ positive (주격보어)

비록 보상은 매우 긍정적으로 들리지만, 그것들은 부정적인 결과로 이어질 수 있다.

다음은 형용사 주격보어를 자주 취하는 동사들이며, 이 동사들 뒤의 주격보어 자리에는 부사가 올 수 없다.

상태/상태 추측 (~이다, ~인 것 같다)	· be동사	· seem	· appear		
상태 변화 (~하게 되다, ~해지다)	· become · turn	· come · grow	· go	· run	· get
상태 유지 (계속 ~이다, ~하게 유지하다)	· remain	· keep	· stay	· stand	· continue
감각 (~하게 보이다/들리다/느끼다 등)	· look	· sound	· smell	· taste	· feel

TIP 일반적인 「주어 + 동사 + 주격보어」 어순이 아닌 다음과 같은 경우에도, 주격보어 자리에는 형용사가 오는 것에 주의한다.

1. 부정/제한의 어구 등이 문장의 앞에 와서 도치가 일어난 경우
   Not only **are polar bears large**, but they are also extremely heavy.
   　　　　　동사　　주어　　　형용사(주격보어)

2. 형용사 주격보어가 강조되어 문장의 맨 앞에 와서 도치가 일어난 경우
   Selfish appears the person who steals from others.
   형용사(주격보어)　동사　　주어

3. when/if 등 부사절 접속사 뒤의 「주어 + be동사」가 생략된 경우
   When possible, please send the client an e-mail.
   　　(it is)　형용사(주격보어)

☑ 네모 안에서 어법상 알맞은 것을 고르세요.

1. The company charges for the engineer's labor and that looks ☐unfair / unfairly☐. 〈수능응용〉

2. To get oxygen from the air, insects use narrow breathing holes in their bodies, which take in air ☐effortless / effortlessly☐. 〈모의응용〉

3. Two young girls kept ☐quiet / quietly☐ in the tree house when the bird approached.

4. People can actually appear more ☐foolish / foolishly☐ when they act as if they had knowledge that they do not. 〈모의〉

5. Not only are humans ☐unique / uniquely☐ for our use of tools, we are also the only species to use fuel for energy. 〈모의응용〉

6. As instruments and music become more complex, learning the proper playing techniques becomes ☐noticeable / noticeably☐ necessary. 〈모의응용〉

정답 및 해설 p.46

Type 2 목적격보어 자리

The dead silence in the car made the drive painfully. 〈수능〉
동사   목적어   → painful (목적격보어)

차 안의 죽은듯한 적막이 운전을 고통스럽게 만들었다.

다음은 형용사 목적격보어를 자주 취하는 5형식 동사들이며, 이 동사들 뒤의 목적격보어 자리에는 부사가 올 수 없다.

생각하다/알게 되다/느끼다	· think	· believe	· consider	· find	· feel
~하게 하다/만들다	· make	· drive	· render		
유지하다/남기다	· keep	· leave			

(TIP) 일반적인 「동사 + 목적어 + 목적격보어」 어순이 아닌 다음과 같은 경우에도, 목적격보어 자리에는 형용사가 오는 것에 주의한다.

1. 가목적어 it을 쓴 경우

     가목적어   진짜 목적어
People find it ~~difficultly~~ to correctly identify fruit-flavoured drinks if the color is wrong. 〈모의〉
   동사   → difficult(목적격보어)

2. 5형식 동사가 수동태로 쓰인 경우

능동태   People had never considered the subject appropriate for artists.
            동사   목적어   목적격보어

수동태   **The subject had never been considered ~~appropriately~~** for artists. 〈모의응용〉
     주어   수동태 5형식 동사   → appropriate (목적격보어)

✔ 네모 안에서 어법상 알맞은 것을 고르세요.

1. The girl's family had run out of the firewood they needed to make their tiny house
   warm / warmly . 〈모의〉

2. Consider that most eight-year-old children are able to recognize substantial / substantially
   more animation characters than common wildlife species. 〈모의응용〉

3. Many science topics about astronomy are still left unclear / unclearly even after much
   research.

4. Doctors will almost always believe it advantageous / advantageously to hire someone else
   to keep and manage their records. 〈모의〉

정답 및 해설 p.46

밑줄 친 부분이 틀렸다면 바르게 고치세요. 바르면 ○로 표시하세요.

1. In spring, the female mosquitoes slowly become <u>actively</u>, flying around looking for food—fresh blood. 〈모의〉

2. Younger people don't feel the need to present their ideas because they are often considered <u>wrong</u>. 〈모의응용〉

3. As a patient and a teenager <u>eagerly</u> to return to college, I asked each doctor who examined me, "What caused my disease?" 〈모의〉

4. Cultures as <u>diversely</u> as the Japanese, the Guatemalan Maya, and the Inuit of Northwestern Canada practice parent-infant 'co-sleeping.' 〈수능〉   *co-sleeping: (아이와 부모가 함께 자는) 공동 수면

5. If <u>available</u>, the tennis player will teach preschoolers at the local community center.

서술형 대비

주어진 단어들을 사용해서 우리말 해석에 맞는 영어 문장을 쓰세요. 필요한 경우 단어의 형태를 바꾸세요.

6. 광부들은 상대적으로 적은 양의 금을 발견하기 위해 엄청난 양의 흙을 살펴봐야 한다.
(amounts of soil, look through, relative, amount of gold, to find, enormous, a, small)

Miners have to _____.

정답 및 해설 p.46

형용사와 부사 둘 다로 쓰이는 단어에 주의해야 한다.

Three hours will be enough for us to **make your home freely** of any dirt. 〈모의〉

동사　　　　목적어　　↳ free (형용사)

세 시간은 우리가 당신의 집을 먼지가 없게 만드는 데 충분할 것이다.

형용사와 부사 둘 다로 쓰이면서, -ly가 붙으면 별개의 부사가 되는 단어들이 있다. 이런 단어들 중, -ly가 붙은 단어는 부사이므로 형용사 자리에 올 수 없고, 부사 자리에는 -ly가 붙은 것과 아닌 것 중 의미가 적절한 것이 와야 한다.

형용사 = 부사	+ -ly 부사
• near　(형) 가까운 (부) 가까이	• nearly　(부) 거의
• close　(형) 가까운, 친밀한 (부) 가까이	• closely　(부) 자세히, 긴밀하게
• deep　(형) 깊은 (부) 깊이, 깊게	• deeply　(부) 깊이, 매우
• high　(형) 높은 (부) 높이, 높게	• highly　(부) 고도로, 매우
• late　(형) 늦은, ~말의 (부) 늦게	• lately　(부) 최근에
• short　(형) 짧은, 키 작은, 부족한 (부) 짧게, 갑자기	• shortly　(부) 곧, 간단히
• free　(형) 자유로운, 무료인, ~이 없는 (부) 자유롭게, 무료로	• freely　(부) 자유롭게
• hard　(형) 어려운, 단단한, 열심히 하는 (부) 열심히, 심하게, 세게	• hardly　(부) 거의 ~ 않다

TIP 다음과 같이 형용사와 부사 둘 다로 쓰이는 단어들도 함께 알아두도록 한다. 이 단어들은 부사로 쓰일 때도 끝에 -ly가 붙지 않는다.

- **long** (형) 긴, 오랜 (부) 길게, 오래
- **early** (형) 이른, 초기의 (부) 일찍, 초기에
- **enough** (형) 충분한 (부) 충분히
- **fast** (형) 빠른 (부) 빠르게, 빨리
- **that** (형) 저, 그 (부) 그렇게, 그 정도로
- **alike** (형) 비슷한, 서로 같은 (부) 비슷하게, 마찬가지로

Although there was a **long line**, we did not have to **wait** very **long**.

형용사 명사　　　　　　　　동사　　부사

☑ 밑줄 친 부분이 틀렸다면 바르게 고치세요. 바르면 ○로 표시하세요.

1. Hammer and Shaw would have agreed with me that nothing can replace <u>hardly</u> work in life. 〈모의〉

2. The difference between success and failure is not <u>that</u> great. 〈수능〉

3. The number of cyclists has increased <u>late</u>, so the government is planning to build new bicycle paths.

4. The negative impact on wildlife inhabiting areas <u>closely</u> to the fish farms continues to be a public problem. 〈수능〉

5. When I learned that Linda had won instead of me, I was <u>deeply</u> troubled and unhappy. 〈수능〉

6. Ancient humans would be considered <u>shortly</u> by modern standards of height.

정답 및 해설 p.47

보통 형용사 끝에 -ly가 붙으면 부사가 되지만, 다음과 같이 -ly로 끝나도 부사가 아니라 형용사인 단어들이 있으므로 이 단어들을 부사로 착각하지 않도록 주의한다.

- orderly (형) 질서 있는, 정돈된
- elderly (형) 연세가 드신
- deadly (형) 치명적인, 극도의
- likely (형) 가능성 있는, 그럴듯한
- lovely (형) 사랑스러운, 아름다운
- leisurely (형) 한가한, 느긋한
- lively (형) 생기 있는, 활발한
- hourly/daily/weekly/monthly/yearly (형) 시간의/일간의/주간의/월간의/연간의
- friendly (형) 친절한, 우호적인
- costly (형) 값비싼, 대가가 큰
- timely (형) 시기 적절한, 때맞춘

Most workers at fast-food chains are paid **hourly wages** without medical benefits. 〈모의응용〉
　　　　　　　　　　　　　　　　　　　　　　　형용사　명사

enough는 명사의 앞에 오거나, 형용사/부사의 뒤에 와야 한다.

I thought to myself, 'Did I work ~~enough carefully~~ to beat the other participants?'
　　　　　　　　　　　　　　　└→ carefully enough 〈모의〉

나는 '내가 다른 참가자들을 이길 수 있을 만큼 충분히 세심하게 작업했을까?'라고 마음속으로 생각했다.

enough는 명사는 앞에서 수식하고, 형용사/부사는 뒤에서 수식해야 한다.

enough + 명사　VS.　형용사/부사 + enough

TIP enough 뒤에는 「for + 목적격」 또는 to부정사가 자주 함께 쓰이며, 둘 다 올 때는 「for + 목적격」이 to부정사 앞에 온다.

There were many guests, but thankfully we had **enough seats for them**.
　　　　　　　　　　　　　　　　　　　　　　　　　　명사　for + 목적격

This laptop is **light enough for me to carry** in my bag.
　　　　　　　　형용사　for + 목적격 to부정사

☑ 밑줄 친 부분이 틀렸다면 바르게 고치세요. 바르면 ○로 표시하세요.

1. We did not run <u>quickly enough</u> to catch the train, so we missed it.

2. The local library did not have <u>enough information</u> for her research.

3. The candidate was <u>enough experienced</u> for the position, so we planned to hire him immediately.
　　　　　　　　　　　　　　　　　　　　　　　　　　　　*candidate: 지원자, 후보자

4. If you were <u>enough lucky</u> to win the lottery, what would you do with the money?

정답 및 해설 p.47

명사 수식은 most가 하고, 형용사/부사 수식은 almost가 해야 한다.

The jobs that ~~almost~~ companies are doing with information today would have been
　　　　　　└→ most　　　명사
impossible several years ago. 〈수능〉

오늘날 대부분의 회사들이 정보를 가지고 하는 일들은 몇 년 전에는 불가능했을 것이다.

most는 '대부분의'라는 뜻의 형용사이며, almost는 '거의'라는 뜻의 부사이다. 따라서 뒤에서 수식 받는 것이 명사라면 most가 와야
하고, 형용사/부사라면 almost가 와야 한다.

　　　　　　　　　most + 명사　　　VS.　　almost + 형용사/부사

※ most는 명사의 수량/범위를 한정한다는 점에서 '한정사'이기도 하다.

(TIP) most는 '대부분, 대다수'라는 뜻의 대명사로도 쓴다. 이때도 almost와 혼동하지 않도록 주의한다.
　　　 ~~Almost~~ of Samuel's customers couldn't afford to buy goods elsewhere. 〈모의응용〉
　　　 └→ Most (대명사)

☑ 네모 안에서 어법상 알맞은 것을 고르세요.

1. Most / Almost all major sporting activities are played with a ball. 〈모의〉

2. They used most / almost of the prize money for an end-of-the-year field trip. 〈모의〉

3. During summer, an addax's coat gets lighter, and is most / almost completely white. 〈모의〉

*addax: 사슴뿔영양

4. Most / Almost plants in the desert are able to survive with just a small amount of rain.

정답 및 해설 p.48

명사 수식은 such가 하고, 형용사/부사 수식은 so가 해야 한다.

It is ~~such easy~~ to underestimate the value of making small improvements. 〈모의응용〉
　　 └→ so　형용사
작은 개선사항들을 만드는 것의 가치를 과소평가하는 것은 매우 쉽다.

such는 명사를 수식하는 반면, so는 형용사/부사를 수식한다. 따라서 뒤에서 수식 받는 어구에 명사가 있다면 such가 와야 하고, 명
사 없이 형용사/부사만 있다면 so가 와야 한다.

　　　　　　such + (형용사) + 불가산명사/복수명사
　　　　　　　　　　　　　　　　　　　　　　　　VS.　　so + 형용사/부사
　　　　　　such + a/an + (형용사) + 단수명사

(TIP) 다음과 같은 경우에는 so 뒤에도 명사가 올 수 있는 것에 주의한다.

1. so + many/much + 명사

When people left the beach, they left **so much garbage** behind.
　　　　　　　　　　　　　　　　　　　　명사

2. so + 형용사 + a/an + 단수명사 (= such + a/an + 형용사 + 단수명사)

We must deal with poverty because it is **so important an issue**. (= **such an important issue**)
　　　　　　　　　　　　　　　　　　　　형용사　　　명사　　　　　　　　　　형용사　　명사

☑ 네모 안에서 어법상 알맞은 것을 고르세요.

1. When impressionist paintings were first displayed, the public had never seen │such / so│ 'informal' paintings before. 〈모의응용〉

*impressionist: 인상파 화가

2. It is a great disappointment that │such / so│ a young population of our community cannot see the light of education. 〈모의〉

3. I was │such / so│ delighted to receive your letter and to learn that you have been accepted to the university. 〈모의응용〉

4. │So / Such│ nervous were the children that they were afraid to go on the stage.

정답 및 해설 p.48

Mini TEST 불변의 패턴 36~39

밑줄 친 부분이 틀렸다면 바르게 고치세요. 바르면 ○로 표시하세요.

1. Steve tried to be <u>friendly</u> toward Dave, but he just didn't seem to care. 〈수능〉

2. Because the sea had <u>so</u> large waves, the ship's captain decided to turn the ship around and return to shore.

3. The hippo must remain <u>nearly</u> the water where it can swim often and keep from drying out. 〈모의응용〉

4. Interestingly enough, many of the technological advances in bread making have sparked a reaction among bakers and consumers <u>alike</u>. 〈모의〉

5. The individual bird responds <u>most</u> instantly to the movements of its neighbors in the flock.

〈모의응용〉

서술형 대비

주어진 단어들을 사용해서 우리말 해석에 맞는 영어 문장을 쓰세요. 필요한 경우 단어의 형태를 바꾸세요.

6. 그 가족은 매우 성공했고 개인 비행기를 소유할 만큼 충분히 부유하다.

(to own, enough, and, wealthy, high, successful, a private jet)

The family is _____ .

정답 및 해설 p.48

원급/비교급/최상급 비교구문의 형태를 구분해야 한다.

The toothfish can live **as ~~longer~~ as** 50 years and does not breed until it is at least ten years old. 〈모의〉
 └→ long (원급)

메로는 50년만큼 살 수 있고, 그것이 최소한 10살이 될 때까지 새끼를 낳지 않는다.

비교구문에서는 as와 as 사이에 원급이 왔는지, 비교급 뒤에 than이 잘 왔는지 등을 묻는 문제가 자주 출제된다. than은 비교급과 멀리 떨어져 있는 경우도 있으므로, 문장을 전체적으로 확인하는 것이 중요하다.

원급 비교구문	A ~ + as + 형용사/부사 원급 + as + B
비교급 비교구문	A ~ + 형용사/부사 비교급 + than + B
최상급 비교구문	A ~ + (the) + 형용사/부사 최상급 + (of/in + 기간/집단 등)

TIP 일부 형용사/부사는 비교급과 최상급의 형태가 불규칙하게 변한다. 이 불규칙한 변화형이 의미상 맞는 것이 올바르게 사용되었는지 확인해야 한다.

- good/well 좋은/잘 - **better** 더 좋은, 더 잘 - **best** 가장 좋은, 가장 잘
- bad/ill 나쁜/나쁘게 - **worse** 더 나쁜, 더 나쁘게 - **worst** 가장 나쁜, 가장 나쁘게
- many/much 많은, 많이 - **more** 더 많은, 더 많이 - **most** 가장 많은, 가장 많이
- little 적은, 적게 - **less** 더 적은, 더 적게 - **least** 가장 적은, 가장 적게
- late 늦은, 늦게 ┌ **later** 나중의, 나중에 - **latest** 최신의
　　　　　　　└ **latter** 후자의, 후반의 - **last** 지난, 마지막의, 마지막에
- far 먼, 멀리 ┌ **farther** 더 먼, 더 멀리 - **farthest** 가장 먼, 가장 멀리
　　　　　　└ **further** 더 먼, 한층 더한, 더 멀리, 더 나아가 - **furthest** 가장 먼, 가장 멀리

He always dressed in the ~~most~~ suits and carried a silk handkerchief. 〈모의〉
 └→ best

✔ 밑줄 친 부분이 틀렸다면 바르게 고치세요. 바르면 O로 표시하세요.

1. For a lawyer, an hour spent with clients is more profitable <u>than</u> an hour spent typing. 〈모의응용〉

2. Our cleaning van comes with highly-trained professionals, special cleaning solutions, and the <u>last</u> equipment. 〈모의응용〉

3. Schubert explored music as <u>further</u> as many of his peers. 〈수능응용〉

4. It is better to do mathematics on a blackboard <u>as</u> on a piece of paper because chalk is easier to erase. 〈수능〉

5. Deserts tend to be <u>cold</u> at night than other environments because the air is so dry.

6. Among the eight planets in the solar system, Neptune is the <u>farthest</u> planet from the Sun.

정답 및 해설 p.49

1. more와 most는 형용사/부사의 원급 앞에서 비교급과 최상급을 만드는 데 쓰이지만, 그 자체로 many/much의 비교급 (더 많은)과 최상급(가장 많은)이기도 하다.

Miller's novel is **more popular**, but I think Sullivan's work is the **most interesting** book of the year.
            (더 인기 있는)   (가장 재미있는)

Russia has **more land area** than any other country, but China has the **most people**.
            (더 많은 육지)   (가장 많은 사람)

2. less와 least 또한 형용사/부사의 원급 앞서 '덜 ~한', '가장 덜 ~한'이라는 비교급과 최상급을 만드는 데 쓰이지만, 그 자체 로 little의 비교급(더 적은)과 최상급(가장 적은)이기도 하다.

That battery is **less expensive** than the others, but it is also the **least powerful**.
            (덜 비싼)   (가장 덜 강력한)

Maple Avenue has **less traffic** than most streets, but Forest Street has the **least traffic**.
            (더 적은 교통량)   (가장 적은 교통량)

불변의 패턴 41 | 수능 출제 빈도 ★★☆ | 내신 출제 빈도 ★★☆
비교급 강조는 much/even/(by) far/still/a lot 등이 해야 한다.

Machines transform the way we live, making our lives **very easier and better**. 〈모의〉
                                          much/even 등↵   비교급

기계는 우리의 삶을 훨씬 더 쉽고 더 좋게 만들면서 우리가 사는 방식을 변형시킨다.

비교급의 의미를 강조할 때는 '훨씬'이라는 뜻의 much/even/still/a lot/(by) far 등의 강조부사가 비교급 앞에 와야 한다. 그러나 very 는 원급 앞에만 오고, 비교급 앞에 올 수 없다.

        much/even/(by) far/still/a lot 등 + 비교급   VS.   very + 원급

✅ 밑줄 친 부분이 틀렸다면 바르게 고치세요. 바르면 ○로 표시하세요.

1. One's memories can grow <u>very</u> sharper even after a long passage of time. 〈수능〉

2. The little children were <u>very</u> shocked to hear that the sick animal at the zoo is dead. 〈수능응용〉

3. The new high-efficiency dishwashers save <u>far</u> more water than older models. 〈모의응용〉

4. A frog's lungs do not work <u>much</u> well, and it gets part of its oxygen by breathing through its skin. 〈모의〉
                                                                       *lung: 폐

정답 및 해설 p.49

다음과 같이 관용적으로 원급/비교급/최상급을 쓰는 표현들을 통째로 익혀두도록 한다.

<원급 관련 표현>

· as + many/much + 명사 + as ··· 만큼 많은 (명사)
· 배수사(twice/three times 등) + as + 원급 + as ··· ···의 몇 배만큼 ~한
· as + 원급 + as possible 가능한 한 ~하게

Your body stores **as much energy as** you need: for thinking, for moving, for doing exercises. 〈모의〉

In fact, black objects are perceived to be **twice as heavy as** white objects. 〈모의응용〉

The firefighters tried to put out the wildfire **as quickly as possible** to reduce the damage.

<비교급 관련 표현>

· get + 비교급(, + 비교급,) + and + 비교급 점점 더 ~해지다
· the + 비교급 ~, the + 비교급 ··· 더 ~할수록, 더 ···하다
· 비교급 + than any other + 단수명사 다른 어떤 (단수명사)보다 더 ~한

In thirty seconds, actors in commercials can **get thinner, prettier, and richer**. 〈모의〉

The more specific the to-do lists of the next day were, **the faster** the writers fell asleep. 〈모의응용〉

The eastern part of Antarctica is **colder than any other** place on Earth.

<최상급 관련 표현>

· one of the + 최상급 + 복수명사 가장 ~한 (복수명사)들 중 하나
· the + 최상급 + possible 가능한 한 가장 ~한

George Bernard Shaw, **one of the most successful authors** of all time, loved writing. 〈모의응용〉

If you are ever outside during a tornado, you should move to **the lowest possible** spot.

밑줄 친 부분이 틀렸다면 바르게 고치세요. 바르면 ○로 표시하세요.

1. In terms of the social changes, the Internet revolution has not been as <u>important</u> as other household appliances. 〈모의〉

2. I thought the value of experience would be <u>very</u> greater than any advice I could give him.

3. To celebrate our company's 10th anniversary and to boost <u>further</u> growth, we have arranged a small event. 〈모의〉

4. He is an artist who has tried to make his paintings as <u>simplest</u> as possible.

5. The same amount of water flows faster and stronger through a narrow strait <u>than</u> across the open sea. 〈모의〉

*strait: 해협

서술형 대비

주어진 〈조건〉에 맞게 우리말을 영작하세요.

6. 사람들이 그들의 미래를 위해 더 일찍 준비할수록, 그들은 그들의 목표에 더 가까이 도달한다.

〈조건〉
1. people, their goals, their future, soon, close, get to, they, prepare for를 활용하고, 필요한 경우 단어의 형태를 바꾸세요.
2. 14단어로 쓰세요.

정답 및 해설 p.50

어법 만점 TEST

네모 안에서 어법상 알맞은 것을 고르세요.

01 Needless to say, the visitors were ever so / such grateful, as the coupon cut their costs in half. 〈모의응용〉

02 After the containers were lost from the ship, some of them floated along the Alaskan coast, and others stayed at sea even / very longer. 〈수능응용〉

03 By having discussions with various people, you may learn how to respect others who have opinions different / differently from your own.

04 As any music fan knows, the most popular performance is not necessarily the same as the best / most one. 〈모의응용〉

05 Not accepting animals' intelligence convenient / conveniently lets us maintain false beliefs about the emotional capacity of animals. 〈모의응용〉

*capacity: 능력, 용량

밑줄 친 부분이 틀렸다면 바르게 고치세요. 바르면 ○로 표시하세요.

06 Although most readers find the story <u>shortly</u>, they agree that it teaches valuable lessons for life.

07 We are still far away from designing computers that are capable of recognizing chess pieces as <u>easily</u> as a typical three-year-old child can. 〈모의〉

08 It is highly <u>likely</u> that a year from now you are not going to care about an argument with your spouse, a mistake, or a lost opportunity. 〈모의응용〉

*spouse: 배우자

09 One might say, "I'm not very successful in business, because I'm the youngest child, and thus I'm less <u>aggressively</u> than my older brothers and sisters." 〈수능〉

10 A solid rubber ball would be too bouncy for <u>almost</u> sports, and a solid ball made of clay would not bounce at all. 〈모의〉

(A), (B), (C)의 각 네모 안에서 어법에 맞는 표현으로 가장 적절한 것을 고르세요.

11 On the way home, Shirley noticed a truck parked in front of the house across the street. New neighbors! Shirley was dying to know about them. Her dad said, "There's one thing that may sound (A) interesting / interestingly to you." Shirley became very curious. Dad said joyfully, "They have a girl just your age. Maybe she wants to be your playmate." Shirley (B) near / nearly dropped her fork on the floor. How many times had she prayed for a friend? Finally, her prayers were answered! She was (C) excessive / excessively excited during the whole dinner, thinking about her new neighbor. She and the new girl could go to school together, play together, and become best friends. 〈모의응용〉

	(A)	(B)	(C)
①	interesting	near	excessively
②	interesting	nearly	excessively
③	interesting	nearly	excessive
④	interestingly	nearly	excessive
⑤	interestingly	near	excessive

12 You might not consider breakfast (A) essential / essentially, but actually you should. When you skip breakfast, you are like a car trying to run without fuel. Experts say that a nutritious breakfast is the brain's fuel. A brain that is fully fueled concentrates (B) very / much better and solves problems faster. Some students say that getting a few extra minutes of sleep is more important than eating a bowl of oatmeal, but they're wrong. Of course, sleeping is important, but going to bed a half-hour earlier would be better than sleeping (C) late / lately and skipping breakfast. For students who want to do well in school, breakfast is the most important meal of the day. Give your brain the fuel it needs to run well. To think more clearly and faster, eat a good breakfast. 〈모의응용〉

	(A)	(B)	(C)
①	essential	much	late
②	essential	much	lately
③	essentially	very	late
④	essentially	much	lately
⑤	essentially	very	lately

밑줄 친 부분 중 어법상 틀린 것을 고르세요.

13 Doing science in the school laboratory can be ① far more interesting than reading about it. However, you must strictly follow safety rules in order to decrease the possibility of accidents. You can't predict when something will go wrong. Think of a person ② take a trip in a car. Most of the time when someone drives somewhere, an accident like a car crash does not occur. But to be safe, drivers and passengers in a vehicle should always fasten ③ their safety belts. Likewise, you should always wear and use safety gear in the laboratory — whether you are conducting an experiment or just observing. The most important part of any experiment is to conduct it ④ safely. The laboratory should always be kept ⑤ secure for everyone to avoid danger. 〈모의응용〉

*laboratory: 실험실

14 One of the most important aspects of ① providing good care is making sure that an animal's needs are being met consistently. Like humans, animals want ② themselves to have a sense of control. So an animal that may get enough food but doesn't know when the food will be provided ③ is likely to experience distress. We can provide a sense of control by ensuring our animal has a predictable environment. For instance, you might leave out a bowl ④ full of fresh food and water in the same place every morning. This way, there is always something to eat and drink when they wake up. Human companions can display consistent emotional support, rather than providing love one moment and withholding love the next. When animals know what to expect, they can feel more ⑤ confidently. 〈모의응용〉

*distress: 고통, 괴로움

15 Most consumer magazines depend on subscriptions. ① <u>Almost</u> all magazine sales are done by subscription. Single-copy, or newsstand, sales account for the rest. However, single-copy sales are important: they bring in more revenue per magazine, because subscription prices are typically at least 50 percent less ② <u>than</u> the price of buying single issues. Further, potential readers explore a new magazine by buying a single issue; all the ads with subscription offers are included in magazines to encourage you ③ <u>to subscribe</u>. However, some magazines are distributed only by subscription. Professional or trade magazines are ④ <u>so</u> specific magazines that they are often published by professional associations. Thus, their contents are ⑤ <u>closely</u> related to their target audience. 〈수능응용〉

*subscription: 구독, 구독료 **revenue: 수입

다음 글을 읽고 질문에 답하세요.

16 We've all met people who limit their lives in the narrowest ⓐ <u>possible</u> terms. They feel it is ⓑ <u>easy</u> to stay in their comfort zone than to face challenges. Some people avoid the opportunity to make a public presentation because it makes them ⓒ <u>terribly</u> nervous. Others reject a chance to study abroad because they don't consider themselves ⓓ <u>adventurously</u>. People become trapped by their own conception of their limits, so they are highly ⓔ <u>likely</u> to become angry at even being asked to step beyond them. This attitude toward life, however, is a huge mistake. Try to embrace new challenges actively. (2) <u>그것은 당신의 삶에서 소중한 기회들을 만드는 가장 좋은 방법들 중 하나다.</u> 〈모의응용〉

(1) 위 글의 밑줄 친 ⓐ~ⓔ 중 어법상 틀린 것을 2개 고르고 바르게 고치세요.

(2) 주어진 〈조건〉에 맞게 위 글의 밑줄 친 우리말을 영작하세요.

〈조건〉
1. opportunities, valuable, make, good ways를 활용하고, 필요한 경우 단어의 형태를 바꾸세요.
2. 9단어로 쓰세요.

It is ＿＿＿＿＿＿＿＿＿＿＿＿＿＿＿＿＿＿＿＿＿＿＿＿ in your life.

정답 및 해설 p.50

CHAPTER 08

전치사·접속사·관계사

전치사, 접속사, 관계사에 밑줄이 있는 경우, 밑줄 친 곳이 전치사/접속사/관계사 중에서
무엇이 필요한 자리인지 묻거나 문맥과 문장구조에 맞는 접속사/관계사가 왔는지 묻는
문제가 가장 자주 출제되고 있다. 따라서 밑줄이 포함된 문장 전체의 구조와 의미를 함
께 파악하는 것이 중요하다.

전치사, 접속사, 관계사 밑줄 문제는 다음의 두 가지 사항을 중심으로 확인한다.

1. 적절한 전치사나 부사절 접속사가 왔는가?

전치사와 부사절 접속사 중 적절한 것이 왔는지, 절과 절을 적절한 의미로 연결하는 부사
절 접속사가 왔는지 묻는 문제가 주로 나온다.

▶ 불변의 패턴 42-44

2. 관계사나 명사절 접속사가 의미상 적절하고, 뒤에 오는 절의 형태에 맞는가?

다양한 관계사 중 선행사의 종류와 격에 맞는 접속사가 왔는지, 뒤에 오는 절의 형태에
맞는 명사절 접속사나 관계사가 왔는지 묻는 문제가 주로 나온다.

▶ 불변의 패턴 45-49

알고 갈 기초 문법

전치사 vs. 접속사/관계사

전치사 뒤에는 명사(구)/대명사/동명사 등 명사 역할을 하는 단어나 구가 오고, 접속사/관계사 뒤에는 「(주어) + 동사」를 포함한 절이 온다.

He likes to eat popcorn **during** movies.
　　　　　　　　　　　　 전치사　　명사

He likes to eat popcorn **while** movies are playing.
　　　　　　　　　　　　 접속사　 주어　　 동사

John felt cold **because of** the strong wind.
　　　　　　　　 전치사　　　　 명사구

John felt cold **because** the wind was strong.
　　　　　　　　 접속사　　 주어　　 동사

절과 절을 연결하는 접속사와 관계사

영어 문장에서 「(주어) + 동사」를 포함한 절과 절을 연결하기 위해서는 반드시 접속사나 관계사가 필요하다.

부사절 접속사　Sara laughed **when** she heard the funny joke.
　　　　　　　　 주어　 동사　 부사절　 주어　 동사
　　　　　　　　　　　　　　　 접속사

명사절 접속사　I always wonder **where** Christine gets her ideas.
　　　　　　　　 주어　　　 동사　 명사절 접속사　 주어　　 동사

관계대명사　He bought some cookies **that[which]** have chocolate chips in them.
　　　　　　 주어　 동사　　　　　　　 관계대명사　　 동사

관계부사　We looked at the horizon **where** the sun rises.
　　　　　 주어　 동사　　　　　　　 관계부사　 주어　 동사

⏱ 1초 QUIZ

1. They plan to travel to Spain │ while / during │ summer vacation.
2. We started eating more vegetables, │ it / which │ is good for our health.
3. │ My father was / When my father was │ young, he wanted to be a doctor.
4. Laura is nervous │ because of / because │ her presentation is today.

We study philosophy **because the mental skills** which it develops in us.
  └→ because of (전치사)   명사구

|————————— 절 —————————|
We study philosophy **because of it helps** us develop mental skills. 〈모의응용〉
  └→ because (접속사) 주어 동사

철학이 우리 안에서 발달시키는 정신적인 역량들 때문에 우리는 철학을 공부한다.

철학은 우리가 정신적인 역량들을 발달시키는 것을 돕기 때문에 우리는 철학을 공부한다.

명사/대명사/동명사 등 명사 역할을 하는 단어/구 앞에는 전치사가 와야 하고, 「주어 + 동사」를 포함한 절 앞에는 부사절 접속사가 와야 한다. 의미가 유사한 전치사와 부사절 접속사를 구별하는 문제가 주로 나온다.

|————— 절 —————|
전치사 + 명사(구)/대명사/동명사(구)   VS.   부사절 접속사 + 주어 + 동사

다음은 유사한 의미를 가졌지만, 각각 전치사와 접속사로만 쓰이는 표현들이다.

전치사	· because of + 단어/구 ~ 때문에	· during + 단어/구 ~ 동안	· despite [in spite of] + 단어/구 ~에도 불구하고
부사절 접속사	· because + 절 ~하기 때문에	· while + 절 ~하는 동안	· although [though] + 절 비록 ~일지라도

(TIP) 다음의 단어들은 전치사와 부사절 접속사 둘 다로 쓰이므로, 뒤에 단어/구나 절이 모두 올 수 있는 것에 주의한다.

· **before** (전) ~ 전에 (접) ~하기 전에
· **until** (전) ~까지 (접) ~하기까지
· **as** (전) ~로서, ~처럼, ~ 만큼 (접) ~하듯이, ~함에 따라, ~하기 때문에

· **after** (전) ~ 후에 (접) ~한 후에
· **since** (전) ~ 이래로 (접) ~한 이래로, ~하기 때문에
· **like** (전) ~과 같은, ~처럼 (접) ~하는 것처럼, ~하듯이

I have lived with my grandmother **since my birth**.
                                            명사구

I have lived with my grandmother **since I was** born.
                                            주어 동사

☑ 밑줄 친 부분이 틀렸다면 바르게 고치세요. 바르면 ○으로 표시하세요.

1. The people enjoyed themselves at the festival, <u>despite</u> the fireworks were canceled because of the heavy rain.

2. And, in part <u>because</u> recent advances in psychology, we have begun to realize the importance of emotional intelligence. 〈모의〉

3. Left alone when his parents died <u>while</u> World War II, he was raised by his aunt. 〈수능응용〉

4. In general, one's memories of any period necessarily weaken <u>as</u> one gets older. 〈수능응용〉

5. We are able to see images <u>because of</u> light reflects from surfaces and enters our eyes. 〈모의응용〉

6. The local leaders found ways to improve life in the city <u>like</u> building public libraries in every neighborhood.

정답 및 해설 p.52

like와 alike를 혼동하지 않도록 주의한다. like는 전치사나 접속사로 쓸 수 있지만, alike는 형용사와 부사로만 쓸 수 있다. 또한 형용사 alike는 명사를 앞에서 수식하는 데는 쓸 수 없고, 동사 뒤에서 보어로만 쓰인다.

• like (전) ~와 비슷한, ~처럼 (접) ~하는 것처럼, ~하듯이   • alike (형) 비슷한, 서로 같은 (부) 비슷하게, 마찬가지로

Labels on food are ~~alike~~ **the table** of contents found in books. 〈모의〉
　　　　　　　　　like (전치사) ↵　　명사

불변의 패턴43 | 수능 출제 빈도 ★☆☆ | 내신 출제 빈도 ★☆☆
생각/감정을 나타내는 형용사 뒤에 전치사 또는 접속사 that 중 하나가 와야 한다.

I was surprised ~~that~~ **the large number of books** at the bookstore.
　　　　　　　at (전치사) ↵　　　　　　　　명사구

I was surprised **at there were** a large number of books at the bookstore. 〈수능응용〉
　　　　　　that (접속사) ↵　주어　동사

나는 서점의 많은 수의 책들에 놀랐다.
나는 서점에 많은 수의 책들이 있어서 놀랐다.

생각/감정을 나타내는 형용사 뒤에 at/of 등과 같은 전치사 또는 접속사 that이 올 수 있다. 뒤에 오는 것이 명사 역할을 하는 단어나 구면 전치사가 오고, 「주어 + 동사」를 포함한 절이면 접속사 that이 와야 한다. 단, 이때의 that은 생략하는 것이 가능하다.

　　　　　　　　　　　　　　　　　　　　　　　　　　　　　├── 절 ──┤
생각/감정 형용사 + 전치사 + 명사(구)/대명사/동명사(구)　VS.　생각/감정 형용사 + (that) + 주어 + 동사

다음은 뒤에 전치사 또는 접속사 that이 올 수 있는 생각/감정을 나타내는 형용사들이다.

명사 역할의 단어/구 앞	「주어 + 동사」 포함한 절 앞
• sure of/about ~에 대해 확신하는	• sure (that) ~라고 확신하는
• certain of/about ~에 대해 확신하는	• certain (that) ~라고 확신하는
• confident of ~을 자신하는	• confident (that) ~라는 것에 확신하는
• aware of ~에 대해 알고 있는	• aware (that) ~라는 것을 알고 있는
• ignorant of ~에 대해 모르는	• ignorant (that) ~라는 것을 모르는
• proud of ~이 자랑스러운	• proud (that) ~라는 것이 자랑스러운
• afraid of ~이 두려운	• afraid (that) ~인 것이 두려운
• sorry about/for ~에 대해 미안한	• sorry (that) ~라서 미안한
• surprised at ~에 놀란	• surprised (that) ~라서 놀란
• disappointed at/with ~에 실망한	• disappointed (that) ~라서 실망한

☑ 네모 안에서 어법상 알맞은 것을 고르세요.

1. Some people think that the painting is a fake Picasso, but experts are sure of / that it is real.

2. The goal is going to be difficult to achieve, and you will certainly be disappointed at / that your slow progress. 〈모의응용〉

3. He was sorry about / that breaking the very expensive vase, and he promised to pay to replace it.

4. We are largely ignorant of / that there is such a thing as visual communication. 〈모의〉

정답 및 해설 p.53

The use of flash photography is not permitted inside museums **if** permission is granted. 〈모의응용〉
  ↳ unless

만약 허가를 받지 않는다면 박물관 내에서 플래시 촬영의 사용은 허용되지 않는다.

절과 절을 연결하는 부사절 접속사는 다양한 의미를 가지는 경우가 많다. 따라서 접속사별 다양한 의미를 익혀두고 문맥에 맞는 적절한 접속사가 쓰였는지 확인할 수 있어야 한다.

다음은 의미가 다양한 부사절 접속사들이다.
- **while** ~하는 동안, 반면에
- **if** 만약 ~라면 (명사절 접속사일 때는 '~인지 아닌지')
- **unless** 만약 ~아니라면, ~하지 않는 한
- **since** ~한 이래로, ~기 때문에
- **whether** ~이든 아니든
- **as** ~할 때, ~함에 따라, ~기 때문에
  ※ **(just) as** (꼭) ~인 것처럼
  as though [as if] 마치 ~인 것처럼

(TIP) 접속사 없이 절과 절을 연결할 수 없으므로, 적절한 의미로 절과 절을 연결하는 부사절 접속사가 빠져 있는 것은 아닌지 확인해야 한다.

┌─────── 절 ───────┐   ┌─── 절 ───┐
The bakery receives many positive reviews it offers great cakes.
  주어   동사   since it ↵   동사

┌─────── 절 ───────┐   ┌─── 절 ───┐
~~The planes~~ were covered in ice, all flights were canceled.
  ↳ As the planes 동사   주어   동사

✅ 네모 안에서 의미상 더 적절한 것을 고르세요.

1. The children have been eager to be astronauts since / unless they saw the movie about wonderful space travel.

2. My partner and I had a successful concert together. She sang beautifully while / though I played the piano for her.

3. Your body will not get all of the nutrition that it needs you stop / if you stop eating vegetables.

4. We had to have dinner at home, as / whether all the restaurants were closed. Our town doesn't have any restaurants that are open after 9 p.m.

5. In other words, if / unless your father's hair becomes gray when he is quite young, your hair is likely to become gray, too. 〈모의응용〉

6. Remember that just as you enjoy / you enjoy reading stories about others, your readers will enjoy reading stories about things that happened to you.

정답 및 해설 p.53

밑줄 친 부분이 틀렸다면 바르게 고치세요. 바르면 ○로 표시하세요.

1. You can still eat the frozen chocolate, even though it should not be used for decorations <u>as</u> it tends to break easily. 〈모의응용〉

2. You feel light and happy <u>as though</u> your life is perfect in every way. 〈수능응용〉

3. Tolstoy is confident <u>of</u> the artist with pride will convey the feeling to the viewer. 〈수능응용〉

4. Squirrels collect and store nuts so that they have enough food <u>while</u> the winter months until the weather gets warm again. *squirrel: 다람쥐

5. Falling in love is <u>alike</u> being wrapped in a magical cloud. 〈수능〉

서술형 대비

주어진 〈조건〉에 맞게 우리말을 영작하세요.

6. 배가 심한 폭풍우에 갇혔을 때 그 탐험가는 스페인으로 돌아오는 중이었다.

〈조건〉
1. the ship, to Spain, was returning, got caught, the explorer를 활용하세요.
2. 필요한 경우 적절한 접속사를 함께 사용하세요.
3. 11단어로 쓰세요.

〈수능응용〉

_____ in a bad storm.

정답 및 해설 p.54

In 1762, the island was taken by <u>the English</u>, <u>and they</u> restored it the following year to the French.
선행사(사람)   접속사 주격 대명사

In 1762, the island was taken by **the English, ~~whom~~** restored it the following year to the French. 〈모의〉
선행사(사람)   └→ who (사람을 가리키는 주격 관계대명사)

It is educational for children to visit <u>a farm</u>, <u>and</u> <u>there</u>/<u>at that place</u> they can meet animals in person.
선행사(장소) 접속사   부사 「전치사 + 명사구」

It is educational for children to visit **a farm ~~when~~** they can meet animals in person.
선행사(장소)   └→ where (장소를 가리키는 관계부사)   〈수능응용〉

1762년에, 그 섬은 영국인들에 의해 점령되었는데, 그들은 다음 해에 그것을 프랑스에 반환했다.
어린이들이 동물들을 직접 만날 수 있는 농장을 방문하는 것은 교육적이다.

앞에 있는 명사(선행사)를 수식하거나, 보충 설명하는 역할을 하는 관계사는 선행사의 종류에 맞아야 한다. 또한 관계대명사의 경우, 주어/목적어 등 관계대명사가 대신하는 대명사의 원래 격에 일치해야 한다.

선행사	관계대명사		
	주격	목적격	소유격
사람	who/that	who(m)/that	whose + 명사
사물	which/that	which/that	whose + 명사 명사 + of which

선행사	관계부사
시간	when
장소	where
the reason(이유)	why
the way(방법)	how

※ 단, the way와 how는 함께 쓸 수 없고, 둘 중 하나는 반드시 생략해야 한다.

TIP 1. which는 앞에 있는 절 전체를 가리키기도 한다. 이때 which 뒤에는 단수동사가 온다.
　　　　Susan goes to the gym twice a week, **which** makes her much healthier.

2. 관계대명사 자리에 대명사가 오지 않았는지 확인해야 한다. 명사 뒤에 수식하거나 보충 설명하는 절을 접속사 없이 연결하기 위해서는 대명사가 아닌 관계대명사가 필요하다.
　　　The Great Pyramid of Giza is <u>a large structure</u> ~~it~~ was built over 4,000 years ago.
　　　　　　　　　　　　　　　　선행사   └→ which/that
　　　The market now has **high-efficiency toilets**, some of ~~them~~ use 1.3 gallons per flush. 〈모의응용〉
　　　　　　　　　　　　선행사   └→ which

☑ 네모 안에서 어법상 알맞은 것을 고르세요.

1. The skillful mechanic was replaced by a teenager in a uniform | who / which | doesn't know anything about cars. 〈모의〉

2. She searched for the book in all of the city's libraries, none of | them / which | owned a copy.

3. Most publishers will not want to waste time with writers | whom / whose | material contains too many mistakes. 〈모의〉

4. The location | where / why | the ships sank has become a popular place for scuba diving.

☑ 밑줄 친 부분이 틀렸다면 바르게 고치세요. 바르면 ○로 표시하세요.

5. By six months, a child <u>who</u> regularly sleeps in her parents' room is likely to become dependent. 〈수능〉

6. Several months of extremely dry weather made things difficult for farmers, <u>which</u> is the reason many crops failed.

7. People receive so many Christmas cards during a season of much activity <u>how</u> they have too little time to read them. 〈모의〉

8. The koala is a slow-moving and unaggressive animal and <u>whose</u> brain only fills half of its skull. 〈모의응용〉

정답 및 해설 p.54

관계대명사는 「접속사 + 대명사」를 대신하고, 관계부사는 「접속사 + 부사」를 대신한다.

1. 「접속사 + 대명사」를 대신하는 관계대명사는 주격/목적격 등 대명사와 격이 맞아야 한다.

My father purchased a new car, **and it** has many exciting features.
                             접속사 주격 대명사

= My father purchased a new car, **which** has many exciting features.
                             주격 관계대명사

On Saturday afternoon, I met my friend Sally, **and** I hadn't seen **her** for a long time.
                             접속사   목적격 대명사

= On Saturday afternoon, I met my friend Sally **who(m)** I hadn't seen for a long time.
                             목적격 관계대명사

2. 「접속사 + 부사」에서 부사는 「전치사 + 명사(구)」로 바꿔 쓸 수 있고, 따라서 관계부사도 「전치사 + 관계대명사」로 바꿔 쓸 수 있다.

We visited a museum, **and there/at that place** many famous works of art were on display.
                           접속사 부사/「전치사 + 명사구」

= We visited a museum **where/at which** many famous works of art were on display.
                      관계부사/「전치사 + 관계대명사」

불완전한 절 앞에는 관계대명사가 오고, 완전한 절 앞에는 관계부사 또는 「전치사 + 관계대명사」가 와야 한다.

┌──── 완전한 절 ────┐
People carried their laundry to riverbanks, and they rubbed it against rocks there/at the riverbanks.
　　　　　　　　　　　　　　　　　　　接속사　주어　동사　목적어　　　　　　　　　부사/「전치사 + 명사(구)」

┌──────── 완전한 절 ────────┐
People carried their laundry to riverbanks, which they rubbed it against rocks. 〈모의〉
　　　　　　　　　　　　　　　　　　　　　where 또는 at which←　　주어　　동사　　목적어

사람들은 그들의 빨래를 강둑으로 가져갔고, 그곳에서 그들은 바위에 대고 그것을 문질렀다.

관계대명사는 뒤에 있는 절의 주어/목적어 역할을 하기 때문에, 뒤에 주어/목적어가 없는 불완전한 절 앞에 온다. 반면 관계부사와 「전치사 + 관계대명사」는 뒤에 있는 절에서 부사 또는 「전치사 + 명사(구)」 같은 수식어 역할을 하기 때문에, 완전한 절 앞에 온다.

주격 관계대명사 + 주어 없는 불완전한 절
　　　　　　　　　　　　　　　　　　　　　VS.　　관계부사 or 「전치사 + 관계대명사」 + 완전한 절
목적격 관계대명사 + 목적어 없는 불완전한 절

※ '완전한 절'은 주어/보어/(전치사의) 목적어를 모두 갖춘 절이고, '불완전한 절'은 주어/보어/(전치사의) 목적어 중 하나가 없는 절이다.

(TIP) 전치사 뒤의 관계대명사로는 which나 whom이 오고, that은 올 수 없는 것에 주의한다.

┌──────── 관계절 ────────┐
There are **many examples in that** insect bodies develop differently from our own. 〈모의응용〉
　　　　　선행사　　　전치사 └→ which

☑ 네모 안에서 어법상 알맞은 것을 고르세요.

1. Select clothing appropriate for the environment 　which / in which 　you will be doing exercise. 〈모의〉

2. Ryan Holmes, a freshman at New York University, found an affordable room in a building 　which / where 　many other students lived.

3. Many young people are pursuing high-tech careers 　which / of which 　are very different from traditional ones.

☑ 밑줄 친 부분이 틀렸다면 바르게 고치세요. 바르면 ○로 표시하세요.

4. My last day of work will be the 31st of July, <u>when</u> should allow me time to find another job. 〈모의응용〉

5. Countries <u>which</u> break time has decreased the most are suffering the greatest increase in mental disorders. 〈모의응용〉

6. The spotlight effect means seeing ourselves at center stage, thus wrongly guessing the extent <u>to which</u> other people notice us. 〈모의응용〉

정답 및 해설 p.55

관계부사 대신 that을 쓸 수도 있다. 따라서 that이 관계대명사일 때는 불완전한 절 앞에 오고, 관계부사일 때는 완전한 절 앞에 온다.

┌── 주어 없는 불완전한 절 ──┐
Take your comics with you when you visit sick friends **that can use a good laugh.** 〈모의〉
　　　　　　　　　　　　　　　　　(= 주격 관계대명사 who)　동사　　　목적어

┌──── 완전한 절 ────┐
Most people do not like to spend time in places **that they feel uncomfortable.**
　　　　　　　　　　　　　　　　　　(= 관계부사 where)　주어　동사　　주격보어

Mini TEST 불변의 패턴 45~46

밑줄 친 부분이 틀렸다면 바르게 고치세요. 바르면 ○로 표시하세요.

1. Many people still wrongly believe that Thomas Edison was the person <u>whose</u> invented the first lightbulb.

2. Private companies are now making aircraft <u>where</u> are capable of journeys into space.

3. The doctor took on the difficult task of treating chronic-pain patients, many of <u>them</u> had not responded well to traditional therapy. 〈모의〉

4. In the groups <u>which</u> humans live together, individuals must have common ground to establish social relationships. 〈모의응용〉

5. The country's military is considering some major changes in the way <u>that</u> they train their soldiers.

서술형 대비

주어진 <조건>에 맞게 우리말을 영작하세요.

6. 우리는 우리에 대한 정보가 인터넷에 영원히 보존될 세계를 향해 가고 있다.

┌─────────────── 〈조건〉 ───────────────┐
1. forever, information, be preserved, about us, a world를 활용하고, 필요한 경우 단어의 형태를 바꾸세요.
2. 관계대명사 또는 「전치사 + 관계대명사」를 함께 사용하세요.
3. 11단어로 쓰세요.
└────────────────────────────────────┘

We're heading toward _____
on the Internet. 〈모의응용〉

정답 및 해설 p.55

완전한 절과 불완전한 절 앞에 오는 명사절 접속사를 구분해야 한다.

Everyone looked at **what the man held his chopsticks** so that they could imitate him. 〈모의〉
→ how / 주어 / 동사 / 목적어
완전한 절

When we saw two trees, we needed to know **that had more fruit** hanging from it. 〈모의〉
which← / 동사 / 목적어
주어 없는 불완전한 절

모든 사람이 그를 흉내 내기 위해서 그 남자가 어떻게 젓가락을 잡는지 보았다.
나무 두 그루를 보았을 때, 우리는 어떤 것이 더 많은 과일이 달리는지 알아야 했다.

명사절 접속사는 완전한 절 앞에 오는 것과 불완전한 절 앞에 오는 것으로 나뉘므로, 뒤에 오는 절의 형태를 보고 올바른 것이 왔는지 확인할 수 있다. 뒤에 오는 절의 형태에 맞는 것이 왔다면, 의미가 적절한 것이 왔는지 확인한다.

명사절 접속사 + 완전한 절		명사절 접속사 + 불완전한 절
· **that** ~라는 것, ~라고 · **whether/if** ~인지 (아닌지) · **when/where/why/how** 언제/어디에서/왜/어떻게 ~하는지, ~하는 시간/장소/이유/방법 · **how + 형용사/부사** 얼마나 ···한/하게 ~하는지	VS.	· **what** 무엇이(무엇을) ~하는지, ~하는 것 · **which/who(m)** 무엇이(무엇을)/누가(누구를) ~하는지 · **whatever/whichever/who(m)ever** ~하는 무엇이든지/누구든지

(TIP) 명사절은 보통 길이가 길기 때문에, 문장의 앞에 주어로 쓰기보다는 가주어 it을 쓰고 진짜 주어인 명사절은 뒤에 쓰는 경우가 많다. 이때도 뒤에 오는 절의 형태를 보고 올바른 것이 왔는지 확인한다.

It is important **that students learn the value** of hard work.
가주어 / 주어 / 동사 / 목적어
완전한 절

When we assess food, **it** is surprising **what we emphasize** about flavor. 〈모의응용〉
가주어 / 주어 / 동사
목적어가 없는 불완전한 절

✅ 네모 안에서 어법상 알맞은 것을 고르세요.

1. After seven months, the lost toys were found on beaches near Alaska, 3,540 kilometers from [what / where] they were lost. 〈수능응용〉

2. Most people can see [what / how] powerfully the new rules would affect their opportunities for employment. 〈모의응용〉

3. After seeing the hotel room, she came up to the clerk's desk and inquired [if / that] she could leave her jewelry in the safe. 〈모의응용〉

✅ 밑줄 친 부분이 틀렸다면 바르게 고치세요. 바르면 ○로 표시하세요.

4. They judged by the lightning and thunder <u>which</u> the storm was very serious.

5. Those who donate to a charity seek information about <u>what</u> it is really having a positive impact. 〈수능응용〉

6. The first thing a doctor will need to know includes <u>what</u> was eaten by the patient. 〈모의응용〉

정답 및 해설 p.56

불변의 패턴 48

수능 출제 빈도 ★★★ | 내신 출제 빈도 ★★★

that은 명사절 접속사와 관계사로 모두 쓸 수 있지만, what은 선행사를 수식하는 관계사로 쓸 수 없다.

There is probably a shop close to your home that **sells** just that **you want.** 〈모의〉

┌── 목적어 없는 불완전한 절 ──┐
└→ what 주어 동사
└ 동사 sells의 목적어인 명사절

동사

Almost every day, I play **a game** with myself what I call "time machine." 〈모의〉
선행사
┌─ 동사 call의 목적어가 없는 불완전한 절 ─┐
└→ that 주어 동사   목적격보어
└ 선행사 a game을 수식하는 관계절

아마도 딱 당신이 원하는 것을 파는 가게가 당신의 집 가까이에 있을 것이다.
거의 매일, 나는 내가 '타임머신'이라고 부르는 게임을 나 자신과 한다.

---

that이 명사절 접속사일 때는 완전한 절 앞에 오고, 관계사일 때는 완전한 절과 불완전한 절 모두 앞에 올 수 있다. 반면에 what은 명사절 접속사로서, 불완전한 절 앞에만 올 수 있고, 앞에 있는 명사(선행사)를 수식하는 관계사로는 쓸 수 없다.

명사절	that + 완전한 절	VS.	what + 불완전한 절
관계절	선행사 + that + 불완전한 절 or 완전한 절		

(TIP) what은 the thing(s) that과 바꾸어 쓸 수 있고, 따라서 '선행사를 포함한 관계대명사'라고 불리기도 한다. 그러나 what은 앞에 있는 선행사를 수식할 수 없으며, 명사절만을 이끈다는 것을 기억해 두어야 한다.

Finally, people began to believe **what we were saying.** 〈모의응용〉
believe의 목적어 역할을 하는 명사절

= Finally, people began to believe **the thing that we were saying.**
선행사   선행사를 수식하는 관계절

☑ 네모 안에서 어법상 알맞은 것을 고르세요.

1. Many social scientists have believed for some time that / what birth order directly affects personality. 〈수능〉

2. Old ideas are replaced when experts find new information that / what they cannot explain. 〈모의〉

3. That / What looked like a snake on the hiking trail was just a stick.

☑ 밑줄 친 부분이 틀렸다면 바르게 고치세요. 바르면 ○로 표시하세요.

4. Recent progress in telecommunications is not more revolutionary than that happened in the late nineteenth century. 〈모의〉

5. On the island, the traders found markets what they could sell their goods at while they repaired their ships. 〈모의응용〉

6. To really understand that Martin Luther King Jr. accomplished requires appreciating his role in improving America. 〈모의응용〉

정답 및 해설 p.56

〈모의〉

Eucalyptus leaves are simply **so low** in nutrients ~~what koalas have~~ almost no energy.
so   형용사   →that   주어   동사

유칼립투스 잎은 그야말로 영양분이 너무 낮아서 코알라들은 에너지를 거의 갖지 못한다.

which/what 등의 다른 접속사는 쓸 수 없고 that만 쓸 수 있는 구문들이 있다. 따라서 문제 주변을 잘 살펴보고 that을 써야만 하는 구문인지 확인해야 한다. 이러한 that 뒤에는 완전한 절이 온다.

'너무 (형용사/부사)해서 ~하다'　　`so` + 형용사/부사 + `that` + 완전한 절

　　　　　　　　　　　　　　　 `such` + (a/an) + (형용사) + 명사 + `that` + 완전한 절

'~해서/~라는 것이 (형용사)하다'　`생각/감정 형용사` + `that` + 완전한 절

'~라는 (사실/희망 등 명사)'　　　 `the + 특정 명사` + `동격 that` + 완전한 절

　　· the fact that ~라는 사실　　· the news that ~라는 소식　　· the possibility that ~라는 가능성
　　· the hope that ~라는 희망　　· the belief that ~라는 믿음　　· the perspective that ~라는 관점
　　· the idea that ~라는 아이디어　· the notion that ~라는 개념　　· the guarantee that ~라는 보장

(TIP) it-that 강조 구문 역시 that을 주로 사용하지만, 강조 대상의 종류에 따라 that 대신 who(사람)/when(시간)/where(장소) 등이 올 수 있는 것에 주의한다.

It was **Dr. Jonas Salk who[that]** successfully developed the vaccine in 1955.
　　　　 강조 대상(사람)

✔ 밑줄 친 부분이 틀렸다면 바르게 고치세요. 바르면 ○로 표시하세요.

1. This year, we'd like to add a music class in the hope <u>what</u> each of our students will have the opportunity to develop their musical abilities. 〈모의〉

2. It was September <u>when</u> the ship was last seen in the dangerous waters around Antarctica.

3. David was so excited to hear <u>that</u> he would get as a prize for winning the talent contest.

4. We are sure <u>that</u> you will be satisfied with our well-experienced tutors. 〈수능〉

5. Some of the village people have such a strong country accent <u>which</u> I could hardly communicate with them. 〈모의응용〉

6. He began to accept the belief of his friend <u>which</u> people should be evaluated based on their jobs.

정답 및 해설 p.57

다음과 같이 관용적으로 접속사를 쓰는 표현들을 통째로 익혀두도록 한다.

· in that + 주어 + 동사 ~라는 점에서	· now (that) + 주어 + 동사 ~이니까
· except/but that + 주어 + 동사 ~임을 제외하고	· so that + 주어 + 동사 (~해서 그 결과) ~하다
· provided that + 주어 + 동사 ~하면, ~하는 경우	· given that+ 주어 + 동사 ~을 고려하면

Ice hockey is unusual **in that** teams often play with different numbers of players. 〈모의〉
Provided that we arrive at the airport early, we can look around the duty-free shops.

- · as long as + 주어 + 동사 ~하는 한, 하면
- · as soon as + 주어 + can [as soon as possible] (주어가) 할 수 있는 한 빨리
- · just as + 주어 + 동사, so ... ~하는 것과 마찬가지로 … 하다
- · this/that is because + 주어 + 동사 이것은/그것은 ~기 때문이다
- · when it comes to A A에 관한 한, A에 대해서라면

College students can receive a discount **as long as** they show their student IDs.
Just as faster music causes people to eat faster, **so** it causes people to drive faster. 〈모의〉

Mini TEST 불변의 패턴 47~49

밑줄 친 부분이 틀렸다면 바르게 고치세요. 바르면 ○로 표시하세요.

1. <u>What</u> some animals must starve in nature is deeply unfortunate and sad. 〈모의〉

2. Experimental results from a single subject have limited value; we can't know <u>what</u> the subject's responses are typical or atypical. 〈수능응용〉   *atypical: 이례적인

3. Most people are happiest in bright sunshine—this may cause a release of chemicals in the body <u>what</u> bring a feeling of emotional well-being. 〈모의〉

4. A decline of empathy is exactly <u>what</u> we would expect in children who have little opportunity to play socially. 〈모의〉   *empathy: 공감, 감정이입

5. It is important to remember that impressionist art was new in <u>that</u> was expressed because people were used to realistic art. 〈모의응용〉

서술형 대비

주어진 <조건>에 맞게 우리말을 영작하세요.

6. 우리가 집에서 온라인 쇼핑을 할 수 있다는 사실은 쇼핑을 매우 편리하게 만든다.

┌─────────────── 〈조건〉 ───────────────┐
1. at home, do, the fact, online shopping을 활용하세요.
2. 알맞은 관계사나 접속사를 함께 사용하세요.
3. 10단어로 쓰세요.
└──────────────────────────────────┘

_____ makes shopping very convenient.

정답 및 해설 p.57

어법 만점 TEST

네모 안에서 어법상 알맞은 것을 고르세요.

01 Near the ocean's surface, where / which there is enough light, it is possible for an amateur photographer to take great shots. 〈모의〉

02 Many schools in the country have already closed their doors because / because of the decreased number of students. 〈모의〉

03 Some of the water comes from underground sources and some from rain, so it is hard to measure where / what the tree is getting it. 〈모의〉

04 Movies were first seen as a kind of illusionist theatre, the screen corresponding to the stage, which / on which actors appeared. 〈수능〉

*correspond to: ~에 해당하다, ~에 상응하다

05 You cannot fit objects that / what occupied a 5,000-square-foot house in a 2,000-square-foot apartment. 〈모의〉

밑줄 친 부분이 틀렸다면 바르게 고치세요. 바르면 ○로 표시하세요.

06 Lawyers should assure people seeking legal advice <u>which</u> they will not reveal any information to third parties. 〈모의응용〉

07 Scientists are researching two animal viruses, both of <u>them</u> are dangerous to humans but common in the Amazon jungle.

08 Consumers are able to compare goods and make purchases so that they get <u>that</u> they desire with their hard-earned money. 〈모의〉

09 <u>Whether</u> you wear torn jeans or like to read poetry, by doing so you show others which group of people you belong to. 〈모의응용〉

10 It is easier to deny the morality of animals than to deal with the possibility <u>which</u> animals have moral behavior. 〈모의〉

*morality: 도덕성

(A), (B), (C)의 각 네모 안에서 어법에 맞는 표현으로 가장 적절한 것을 고르세요.

11 Africans hold some of the same beliefs and practices regarding feet and footwear that are found in other cultures. For example, in much of Africa, both feet and shoes have polluting qualities associated with them. In fact, there are many parts of Africa (A) which / in which people must remove their shoes before entering a home. In addition, showing the soles of one's feet to other people is unacceptable, (B) despite / although many people go barefoot. It is not clear (C) what / why they have this custom. Nevertheless, it is a custom worth learning if you ever plan to visit. ⟨모의응용⟩

	(A)	(B)	(C)
①	which	despite	why
②	which	despite	what
③	which	although	why
④	in which	although	what
⑤	in which	although	why

12 Salva had to raise money for a project to help southern Sudan. That was the first time (A) when / which Salva spoke in front of an audience. There were more than a hundred people. Salva's knees were shaking as he walked to the microphone. "H-h-hello," he said. His hands trembling, he looked out at the audience. At that moment, he noticed that every face looked interested in (B) that / what he had to say. People were smiling and seemed friendly. That made him feel a little better, so he spoke into the microphone again. "Hello," he repeated. He smiled, feeling at ease, and went on. Like Salva, most people are not confident in front of others (C) unless / if they feel welcomed. ⟨모의응용⟩

	(A)	(B)	(C)
①	when	what	unless
②	when	what	if
③	when	that	if
④	which	what	unless
⑤	which	that	if

밑줄 친 부분 중 어법상 틀린 것을 고르세요.

13 I have believed for a long time ① <u>what</u> a person can find truth in life by focusing on one thing and mastering it. For example, I know a carpenter ② <u>who</u> has devoted himself to his work for years. He has got great skills and can also tell much about life. Unfortunately, young people graduating from school quickly grow ③ <u>impatient</u> with their unattractive, basic-level jobs. They wonder ④ <u>if</u> their work will lead to anything meaningful, and they ask for different responsibilities—but they may never be satisfied. If our knowledge is broad but shallow, we really know nothing. Yet ⑤ <u>developing</u> one skill in great depth can show truth in life. 〈모의〉

14 Some gender research suggests that women from Western cultures tend to be more caring than men. This tendency may result from socialization processes ① <u>in which</u> women are encouraged to care for their families and men are encouraged to be competitive in work environments. These environments make it difficult for men to feel proud of ② <u>themselves</u> when they are not given credit for success. However, we live in a society ③ <u>which</u> gender roles and boundaries are not as strict as in prior generations. We should be aware of the risks of stereotyping ④ <u>as</u> there are significant differences between individuals. Culture and gender may have an effect on ⑤ <u>how</u> people perceive, interpret, and respond to conflict; however, we must be careful to avoid overgeneralizations and to consider individual differences. 〈모의응용〉

*stereotype: 고정관념을 형성하다 **overgeneralization: 과잉일반화

15 Until the 1920s, freestyle, backstroke, and breaststroke were the only three competitive swimming strokes, each of ① which had specific rules that described how it was to be performed. When people do the breaststroke, their arms ② were pulled together underwater and then returned simultaneously to the start of the pulling position. Most people understood this arm movement to mean an underwater movement, and ③ it continued doing it the same way. But in the 1920s, some swimmers began to raise their arms out of the water. Since this new breaststroke was about 15% faster, people using the conventional version couldn't compete against their competitors ④ effectively. Something had to be done to solve the problem. Swimming officials soon declared ⑤ what their decision was: They made it a separate stroke. This new stroke became known as the "butterfly," and it was introduced as an Olympic event in 1956. 〈수능응용〉 *simultaneously: 동시에, 일제히

다음 글을 읽고 질문에 답하세요.

16 Scientists ⓐ who were given the task of studying animal behavior made a surprising discovery. Their research showed ⓑ how some animals help other injured ones. For instance, (2) 만약 돌고래가 너무 심하게 다쳐서 그것이 혼자서 수면으로 헤엄칠 수 없다면, 다른 돌고래들이 그것을 밀어 올린다. If necessary, they will keep doing this for several hours. The same kind of thing happens among elephants. A fallen elephant is likely to have difficulty breathing ⓒ because its own weight, or it may overheat in the sun. Many elephant experts have reported that at the moment ⓓ which an elephant falls down, other members of the group try to raise it to its feet. 〈모의응용〉

(1) 위 글의 밑줄 친 ⓐ~ⓓ 중 어법상 틀린 것을 2개 고르고, 바르게 고치세요.

(2) 주어진 〈조건〉에 맞게 위 글의 밑줄 친 우리말을 영작하세요.

─────── 〈조건〉 ───────
1. to, swim, severely, so, the surface를 활용하세요.
2. 적절한 접속사를 함께 사용하세요.
3. 9단어로 쓰세요.

For instance, if a dolphin is wounded _____
by itself, other dolphins push it upward.

정답 및 해설 p.58

CHAPTER 09

병렬·생략·어순·도치

수능 어법 문제에서는 밑줄 친 여러 요소를 나열/반복할 때 따라야 하는 규칙(병렬·생략)이 적용되었는지, 일반적인 어순과 다른 특수한 어순(어순·도치)이 잘 적용되었는지 확인해야 하는 문제도 간혹 출제된 바 있다.

병렬, 생략, 어순, 도치에 대해 묻는 문제는 밑줄 주변 문장의 형태에 따라 다음의 세 가지 사항을 중심으로 확인한다.

1. and/or/but 앞뒤로 대등한 것이 연결되어 있는가?

and/or/but을 사이에 두고 동일한 형태와 기능을 가진 대등한 것이 나열되었는지 묻는 문제가 주로 나온다.

▶ 불변의 패턴 50

2. 반복되는 어구를 적절한 단어를 사용하여 생략했는가?

반복되는 어구 대신 do/be/have동사 중 적절한 것이 왔는지, 또는 반복되는 내용을 생략하고 남는 것이 정확히 왔는지 묻는 문제가 주로 나온다.

▶ 불변의 패턴 51-52

3. 특수한 어순 규칙을 잘 따르고 있는가?

간접의문문의 어순, 「타동사 + 부사」와 목적어의 어순, 도치 구문의 어순이 바른지 묻는 문제가 주로 나온다.

▶ 불변의 패턴 53-55

알고 갈 **기초 문법**

병렬과 생략

'병렬'이란 여러 가지를 나열할 때, 나열되는 여러 대상의 형태와 기능이 대등한 것이어야 한다는 뜻이다. 그리고 앞에서 언급된 내용 중 반복되는 어구는 다시 쓰지 않는 것을 '생략'이라고 부른다.

<u>Nick plays the guitar</u> and <u>he sings songs</u>.
     절   절

(the runners were)
The runners were **tired** but **excited** after the race.
            분사   분사

               (bears eat)   (bears eat)
Bears eat <u>honey from beehives</u>, <u>meat from their prey</u>, or <u>berries from the trees</u>.
         명사구   명사구   명사구

도치

'도치'란 강조되어야 할 어구가 문장의 앞쪽에 왔을 때, 이러한 변화가 일어났다는 표시로 동사가 주어 앞으로 오게 되는 것을 뜻한다.

1. never/rarely/seldom 등 부정의 의미를 가진 어구가 문장의 앞에 올 때

기본 어순   Jeremy rarely exercises early in the morning.
                     주어   동사

도치 어순   Rarely does Jeremy exercise early in the morning.
                     조동사   주어

2. 장소/방향 등을 나타내는 어구가 문장의 앞에 올 때

기본 어순   A dolphin jumped out of the water.
                     주어   동사

도치 어순   Out of the water jumped a dolphin.
                           동사   주어

 1초 QUIZ

1. The player ran fast and | to kick / kicked | the ball hard.
2. Today Emily will spend time playing chess or | write / writing | a poem.
3. Never | they found / did they find | the lost purse, even though they looked for it for an hour.
4. Seldom | my sister lends / does my sister lend | me her clothes.

정답 1. kicked 2. writing 3. did they find 4. does my sister lend

We **might hear** a song on the radio for the first time that catches our interest **and**
　　조동사　　동사원형　　　　　　　　　　　　　　　　　　　　　　　　　　　　　　등위접속사
~~decided~~ we like it. 〈모의〉
└→ decide (동사원형)

우리는 우리의 관심을 사로잡는 노래를 라디오에서 처음으로 듣고 그것을 좋아하기로 결정한 지도 모른다.

등위접속사 and/but/or를 사용하여 둘 이상의 것을 나열할 때는 and/but/or 앞뒤로 서로 동일한 형태와 기능을 가진 대등한 것이 와야 한다.

```
        ┌── A = B ──┐              ┌── A = B = C ──┐
        A + and/but/or + B    OR    A, B + and/but/or + C
```

(TIP) 다음과 같이 and/but/(n)or 등이 포함된 상관접속사로 연결된 A와 B에도 동일한 형태와 기능을 가진 대등한 것이 와야 한다.

- both A and B A와 B 둘 다
- either A or B A와 B 둘 중 아무거나
- neither A nor B A나 B 둘 다 아닌
- not A but (rather) B A가 아니라 (오히려) B
- not only/just A but (also) B A뿐 아니라 B도

Today's youth enjoy **both** underline{surfing the Internet} **and** underline{shopping online}.
　　　　　　　　　　　　　　동명사구　　　　　　　　　　　동명사구

The book must **not only have** commercial value, **but be** very competently written and free of errors. 〈모의응용〉
　　　　　　　　동사원형　　　　　　　　　　　　　동사원형

Type 1　동사는 동사끼리

This decision **is** not an easy one, **and** ~~involving~~ much consideration. 〈모의〉
　　　　　　　동사　　　　　　　　　　등위접속사　└→ involves (동사)

이 결정은 쉬운 것이 아니며, 많은 고려 사항들을 수반한다.

동사와 함께 나열되는 것은 동사여야 한다. 동명사/to부정사/분사와 같은 준동사는 동사 역할을 하지 못하기 때문에 이 자리에 올 수 없다. and/but/or 뒤에 나열된 동사 역시 주어에 수 일치해야 하며, 조동사가 앞에 있다면 동사원형으로 와야 한다.

☑ 네모 안에서 어법상 알맞은 것을 고르세요.

1. He can take what's offered or [refuse / refused] to take anything. 〈모의〉

2. Productivity improvements generally raise the standard of living for everyone and [are / being] good indications of a healthy economy. 〈모의〉

3. The security officer accepted the responsibility for the expensive jewelry and [remarking / remarked], "I'll be very glad to take care of it for you." 〈모의응용〉

☑ 밑줄 친 부분이 틀렸다면 바르게 고치세요. 바르면 ○로 표시하세요.

4. If you want a smaller place, get rid of your belongings and <u>buying</u> a small apartment. ⟨모의응용⟩

5. The driver must get out of the car, pump the gas, and <u>walks</u> over to the booth to pay. ⟨모의⟩

6. When the doctor only spends funding on the latest medical equipment but <u>ignoring</u> the cost, financial problems can occur. ⟨모의응용⟩

정답 및 해설 p.60

Type 2 동명사는 동명사끼리, to부정사는 to부정사끼리

In the Paris Métro, you have to open the doors yourself **by pushing** a button,
전치사 동명사

depressing a lever, **or slide** the door. ⟨수능⟩
동명사　　　　　등위접속사 └→ sliding (동명사)

파리 지하철에서, 당신은 버튼을 누르거나, 레버를 밀거나, 문을 미끄러뜨림으로써 직접 문을 열어야 한다.

같은 준동사라도 동명사와 함께 나열되는 것은 동명사여야 하고, to부정사 뒤에 나열되는 것은 to부정사여야 한다. 형태가 다른 준동사를 함께 나열할 수 없다.

(TIP) to부정사가 나열될 때, 뒤에 오는 to부정사는 to를 생략하고 동사원형으로 올 수 있다.
Meditation allows people **to increase** their sense of well-being **and (to) experience** a better quality of life. ⟨모의⟩
　　　　　　　　　　to부정사　　　　　　　　　　　　　　　　　　to를 생략한 동사원형

☑ 네모 안에서 어법상 알맞은 것을 고르세요.

1. By living with their parents and drastically | cut / cutting | their leisure expenses, they hoped to save money to buy a car. ⟨수능응용⟩

2. The tools of the digital age give us a way to easily get, share, and | act / acting | on information in new ways. ⟨수능⟩

3. In the late 1700s, the circus encouraged millions of people to see wild animals or | enjoying / to enjoy | stage shows performed by incredible entertainers. ⟨모의응용⟩

4. Instead of writing a letter with pen and paper and then | mail / mailing | it, we send an e-mail. ⟨모의⟩

정답 및 해설 p.61

Chapter 09 병렬·생략·어순·도치 **155**

Type 3 분사/형용사는 분사/형용사끼리

Fish have bodies which are **streamlined and smoothly,** with fins and a powerful tail. 〈모의〉

과거분사　　　등위접속사　　　↳ smooth (형용사)

물고기들은 지느러미와 강력한 꼬리가 달린, 유선형이며 매끈한 몸을 가지고 있다.

> 분사는 형용사 역할을 할 수 있기 때문에, 분사와 형용사가 함께 나열될 수 있다. 단, 이 자리에 부사는 올 수 없는 것에 주의한다.
>
> (TIP) 분사구문 역시 분사구문과 함께 나열되어야 한다. 부사절은 분사구문과 기능은 같지만 형태가 다르기 때문에, 분사구문과 함께 나열될 수 없는 것에 주의한다.
>
> The men were fighting; the women were in the factories, <u>making war materials</u> or ~~while they were~~
>
> 　　　　　　　　　　　　　　　　　　　　　　　　　　분사구문　　　　　　　(삭제)
>
> <u>helping with civil defense.</u> 〈수능〉
>
> 분사구문

✅ 밑줄 친 부분이 틀렸다면 바르게 고치세요. 바르면 ○로 표시하세요.

1. Your dog automatically knows the way to make you feel important and <u>loved</u>. 〈모의〉

2. Looking lively and <u>excitedly</u>, Johnny ran to the swimming pool and jumped in.

3. Facing your negative thoughts helps you overcome challenges, increasing your confidence and <u>while it is making</u> the presentation easier. 〈모의응용〉

4. Old coins are far more valuable if they are neither too worn nor too <u>damaged</u>.

정답 및 해설 p.61

> and/or/but을 사이에 두고 절과 절이 나열될 수도 있다. 이때에도 연결되는 두 절은 기능이 같은 것이 와야 한다.
>
> Security workers are trying to find out **what the package is and how it got there.**
>
> 　　　　　　　　　　　　　　　　　　　　명사절　　　　　　　　　명사절
>
> Reading comics is worthwhile **not only because they will make you laugh but because they contain**
>
> 　　　　　　　　　　　　　　　　　　　부사절　　　　　　　　　　　　　　부사절
>
> **wisdom about life.** 〈모의응용〉

밑줄 친 부분이 틀렸다면 바르게 고치세요. 바르면 ○로 표시하세요.

1. Compared to robots, humans are more capable of operating machines and <u>to place</u> them in appropriate and useful positions. 〈수능응용〉

2. The researchers took a light, tied it to a rope, and <u>dropping</u> it into the cave.

3. Staying in one location for an extended time helped early humans to cultivate plants and <u>tame</u> animals.

4. A benefit of yoga is that it can help you when you are lonely and <u>frustrated</u>.

5. These bees are similar to cuckoo birds, which lay an egg in the nest of another bird and <u>leaves</u> it for that bird to raise. 〈모의〉

서술형 대비

주어진 〈조건〉에 맞게 우리말을 영작하세요.

6. 비언어적 의사소통의 목표는 언어적 의사소통을 대체하기 위한 것이 아니라 오히려 그것을 보완하기 위한 것이다.

> ─────── 〈조건〉 ───────
> 1. to replace, complement it, verbal communication을 활용하고, 필요한 경우 단어의 형태를 바꾸세요.
> 2. not ~ but rather를 함께 사용하세요.
> 3. 10단어로 쓰세요.

The aim of non-verbal communication _____

_____ . 〈모의응용〉

정답 및 해설 p.62

(all shoes will be)

Donate your unwanted shoes! All shoes will be <u>repaired</u> **and** <u>give</u> to children. 〈모의〉

분사   ↳ given (분사)

원치 않는 신발을 기부하세요! 모든 신발은 수선되어서 아이들에게 주어질 것입니다.

and/but/or 뒤에 오는 내용 중 앞에 언급된 어구와 반복되는 어구는 생략할 수 있다. 따라서 생략된 어구가 무엇인지 고려하여 밑줄 친 부분이 올바른지 확인해야 한다.

$$★ + □ + and/but/or + \overset{(★)+}{○}$$

A   B

☑ 괄호 안에 생략되어 있는 내용을 모두 쓰고, 밑줄 친 단어를 바르게 고치세요.

1. Alton's Cookie is rectangular shaped and (_____) <u>wraps</u> individually. 〈모의〉

2. The criminals were not admitting but (_____) <u>deny</u> their role in the crime.

3. Jeremy did not answer the phone because he was either occupied with work or (_____) not <u>allow</u> to use his phone.

4. We tend to be bothered by the same things, be annoyed by the same situations, and (_____) <u>argued</u> over the same sets of facts. 〈모의〉

정답 및 해설 p.62

(= but if you **make** foolish choices,)

일반동사

You may **make foolish choices**, but if you **are**, you will learn from your mistakes. 〈모의〉

↳ do (do동사)

당신은 어리석은 선택을 할지도 모르지만, 만약 그렇게 한다면, 당신의 실수로부터 배울 것이다.

동사부터 그 이후 내용 전체가 앞에 나온 내용을 그대로 반복하고 있다면, do/be/have동사만 쓰고 나머지 내용은 생략할 수 있다. 이때 do/be/have동사는 생략된 동사와 종류가 일치하는 것이 와야 한다.

<반복되는 동사>		<대신 쓰는 동사>
do동사/일반동사	→	do동사(do/does/did)
be동사	→	be동사(am/is/are, was/were)
have동사	→	have동사(have/has/had)

(TIP) 다음의 표현에서도 do/be/have동사는 반복되어 생략된 동사의 종류와 일치하는 것이 와야 한다.
- so + do/be/have동사 + 주어 (주어)도 역시 그렇다
- neither + do/be/have동사 + 주어 (주어)도 역시 그렇지 않다
- as + do/be/have동사 + 주어 (주어)가 그렇듯이

(= and I **have** been to France too.)
have동사
↓
Jane **has been to France**, and so ~~am~~ I.
↳ have (have동사)

☑ 네모 안에서 어법상 알맞은 것을 고르세요.

1. In the Middle Ages, scientific knowledge did not develop as greatly as it did / had in the Renaissance.

2. The heavy rain of the storm has not caused any problems, but the strong winds that came with it are / have .

3. The Greeks traded with each other far more often than they did / were with Persians or other non-Greeks. 〈모의〉

☑ 밑줄 친 부분이 틀렸다면 바르게 고치세요. 바르면 ○로 표시하세요.

4. Productivity is as important to the economy as it <u>does</u> to the individual business. 〈모의〉

5. The washing machine not only cleans clothes well, but it <u>is</u> so with far less energy than washing by hand. 〈모의응용〉

6. People who are not extremely sick should make a doctor's appointment, but if they <u>have</u>, they should go to the emergency room.

정답 및 해설 p.63

 반복되는 내용 앞에 can/should 등 조동사가 있다면, 조동사까지만 쓰고 이후의 반복된 내용은 생략한다. 이때는 do/be/have동사를 쓰지 않는다.

(= your consumers **may** not understand your idea, either)
If your colleague cannot **understand your idea**, your consumers **may** not either. 〈모의응용〉
조동사

간접의문문은 「의문사 + 주어 + 동사」 순으로 와야 한다.

┌─────────── 동사 ask의 직접목적어인 간접의문문 ───────────┐

I asked a clerk **where did they have** books about computers. 〈수능〉
  ↳ where they had (의문사 + 주어 + 동사)

나는 점원에게 그들이 컴퓨터에 관한 책들을 어디에 갖고 있는지 물었다.

「의문사 + 동사 + 주어」 순으로 오는 일반적인 의문문과 달리, 주어/보어/(전치사의) 목적어 역할로 문장의 일부를 이루는 간접의문문은 「의문사 + 주어 + 동사」 순으로 와야 한다.

<의문문>		<간접의문문>
의문사 + 동사 + 주어 ~?	VS.	의문사 + 주어 + 동사

(TIP) 간접의문문의 「주어 + 동사」 앞에 다음과 같은 형태의 의문사가 올 수도 있다.

- how + **형용사/부사** 얼마나 ~한/하게
- how + **many/much (of)** + 명사 얼마나 많은 (명사)
- what/which (kind of) + 명사 어떤 (명사)

Managers are still discussing **which solution the client will prefer**.
　　　　　　　　　　　　　　which + 명사　　　주어　　　동사

The traffic study revealed **how many cars residents** of the city **own**.
　　　　　　　　　　how + many + 명사　　주어　　　　　　동사

☑ 밑줄 친 부분이 틀렸다면 바르게 고치세요. 바르면 ○로 표시하세요.

1. You should always ask yourself questions about <u>what are you doing</u> at the moment, and decide on the best way to proceed. 〈모의응용〉

2. The government official plans to give a speech about <u>when gas prices will return</u> to normal.

3. It's clear that these birds leave the area in the fall, but <u>where they spend</u> the winter?

4. When the children saw the cabbage patch, they suddenly remembered <u>how vast was it</u>. 〈수능〉

5. Experts are discussing <u>what methods can they use</u> to prevent water pollution from oil spills in the future.

6. There are several different theories about <u>how the Egyptians built</u> the ancient pyramids.

정답 및 해설 p.63

함께 알아두기

간접의문문은 의문사를 접속사로 해서 다른 절에 연결된 절이다. 이때 의문사가 연결하는 절은 문장에서 주어/보어/(전치사의) 목적어 역할을 하므로, 간접의문문은 명사절이기도 하다.

┌─────────── to부정사 to know의 목적어인 명사절 ───────────┐

Nobody seems to know **why Daniel has been** away from town for the past few days.
　　　　　　　　　　　　의문사　주어　　동사
　　　　　　　　　　(명사절 접속사)

밑줄 친 부분이 틀렸다면 바르게 고치세요. 바르면 ○로 표시하세요.

1. The number of fans who watch e-sports is increasing much more rapidly than the number of traditional sports fans <u>has</u>.

2. Salad vegetables like lettuce, cucumbers, and tomatoes also have a very high water content, as <u>do</u> broth-based soups. 〈모의〉

   * broth: 묽은 수프

3. Thomas wanted to know what her father was like, and <u>how long had her mother been dead</u>. 〈수능응용〉

4. Music can be stored digitally as MP3 or WAV files and then <u>change</u> back into sound that we can hear. 〈모의〉

5. Planting a seed does not require great intelligence; creating an environment that seeds can grow successfully <u>has</u>. 〈모의응용〉

서술형 대비

주어진 〈조건〉에 맞게 우리말을 영작하세요.

6. 그 기술자는 컴퓨터의 문제가 무엇이었고 언제 그것이 고장 났는지 물었다.

   ┌──────────────────── 〈조건〉 ────────────────────┐
   1. what, when, broken, was, the computer problem, was, it을 사용하세요.
   2. 바른 어순이 되도록 주어진 단어들의 순서를 바꾸어 쓰세요.
   3. 10단어로 쓰세요.
   └──┘

   The technician asked _____.

정답 및 해설 p.64

「타동사 + 부사」의 목적어가 대명사면 타동사와 부사 사이에 와야 한다.

Possibly the most effective way to focus on your goals is to ~~write down them~~. 〈수능〉

write them down (타동사 + 대명사 + 부사) ↵

아마 당신의 목표에 집중하는 가장 효과적인 방법은 그것들을 적는 것이다.

「타동사 + 부사」의 목적어가 명사라면 타동사와 부사 사이에 올 수도 있고, 부사 뒤에 올 수도 있다. 그러나 목적어가 대명사라면 타동사와 부사 사이에만 와야 하고, 부사 뒤에는 올 수 없다.

타동사 + 명사 + 부사
　　　　목적어　　　　　　VS.　　　타동사 + 대명사 + 부사
타동사 + 부사 + 명사　　　　　　　　　　　　목적어
　　　　　　　　목적어

다음은 자주 쓰이는 「타동사 + 부사」이다.

- give away ~을 거저 주다
- take away ~을 치우다
- put down ~을 내려놓다
- turn down ~을 거절하다
- write down ~을 적다

- hand in ~을 제출하다
- put on ~을 입다
- put off ~을 미루다
- turn on ~을 켜다
- turn off ~을 끄다

- put out ~을 내놓다, ~을 끄다
- bring up (문제를) 꺼내다, ~을 기르다
- give up ~을 포기하다, ~을 줘버리다
- wake up ~을 깨우다
- set up ~을 설치하다, ~을 함정에 빠뜨리다

(TIP) 「타동사 + 부사」와 「자동사 + 전치사」를 혼동하지 않도록 주의해야 한다. 타동사는 목적어를 취하는 동사이므로 목적어가 타동사 바로 뒤에 올 수 있지만, 자동사는 목적어를 취하지 않는 동사이므로 목적어는 항상 전치사 뒤에 와야 한다.

- arrive at ~에 도착하다
- laugh at ~을 (비)웃다
- look at ~을 보다
- look after ~을 돌보다

- ask for ~을 요구하다
- wait for ~을 기다리다
- look for ~을 찾다
- consist of ~로 구성되다

- depend on ~에 의존하다
- belong to ~에 속하다
- listen to ~을 듣다

- agree with ~에 동의하다
- cope with ~을 다루다
- deal with ~을 다루다

Alligators lay their eggs near the river and ~~look them after~~ for about two months.

↳ look after them (자동사 + 전치사 + 대명사)

☑ 밑줄 친 부분이 틀렸다면 바르게 고치세요. 바르면 ○로 표시하세요.

1. People called the police in the middle of the night claiming that something <u>woke up them</u>. 〈모의〉

2. The fire crew started to make progress in <u>putting the fire out</u>. 〈모의응용〉

3. My childhood was difficult, and most of my new book <u>deals it with</u>.

4. Grandma adopted a dog from the animal shelter, which cared for the animal after a family had <u>given him away</u>. 〈모의응용〉

정답 및 해설 p.64

불변의 패턴 55

동사가 주어 앞에 오는 도치 구문의 어순에 주의해야 한다.

Only when the information is repeated ~~its possessor can~~ turn something that he
　　　　　　제한의 의미를 가진 어구　　　　　　　　　　↳ can its possessor (조동사 + 주어)
knows into something socially valuable. 〈모의응용〉

오직 정보가 반복될 때만 그것의 소유자는 그가 알고 있는 어떤 것을 사회적으로 가치 있는 어떤 것으로 바꿀 수 있다.

부정/제한의 의미를 가진 어구가 절의 앞쪽에 있으면, do/be/have동사 또는 can/will 등의 조동사가 주어 앞으로 오는 도치가 일어난다.

　　　　　부정/제한의 의미를 가진 어구 + 조동사 + 주어 + 동사원형/-ing/p.p. 등
　　　　　· no/not/never/nor/neither ~가 아닌
　　　　　· rarely/little/seldom/hardly/scarcely 거의 ~않는
　　　　　· only (when/if) 오직 (~일 때/~라면)

TIP here/there 등 장소/방향을 나타내는 어구가 절의 앞쪽에 왔을 때도 도치가 일어날 수 있으며, 이때는 일반동사가 그대로 주어 앞으로 오거나, 「be+p.p.」 등과 같은 동사 전체가 주어 앞으로 오기도 한다. 단, 주어가 대명사인 경우에는 도치가 일어나지 않는다.
On the ground before him was placed a stick. 〈모의〉
　　장소를 나타내는 어구　　　동사　　주어
From my sick bed I noticed the little notebook on a nearby shelf. 〈수능응용〉
　방향을 나타내는 어구　주어　동사
　　　　　　　　　（대명사）

☑ 밑줄 친 부분이 틀렸다면 바르게 고치세요. 바르면 ○로 표시하세요.

1. Beneath the stamped mark <u>was a note</u> from the bank in ink. 〈수능〉

2. Not until I got home and reached for the house key <u>I realized</u> that I had left my purse on the bench at the bus stop. 〈모의〉

3. Although the snakes are very poisonous, rarely <u>they can create</u> danger for humans.

4. Across the sea <u>sailed the ship</u>, which carried the immigrants to a new land.

5. <u>Never violence is</u> an appropriate response to a situation, so it is important to control your temper.

6. When his neighbor began to play music loudly, <u>hardly Greg had fallen</u> asleep on Saturday night.

정답 및 해설 p.65

도치가 일어날 수 있는 다음의 경우들도 함께 익혀둔다.

<장소/방향을 의미하는 「전치사 + 관계대명사」가 이끄는 관계절인 경우>

The Amazon is an amazing river, **in which live many unique species of fish**.
          동사   주어

<형용사/분사 주격보어가 절이나 문장의 앞쪽에 온 경우>

Matthew's talent is great, but his attitude is even more impressive.
→ Matthew's talent is great, but **even more impressive is his attitude**.
           주격보어 동사 주어

<가정법에서 if가 생략된 경우>

If it were not for his injury, he could play in the game.
→ **Were it** not for his injury, he could play in the game.
 동사 주어

If it had not been for the mice, our camping trip would not have been so bad.
→ **Had it** not been for the mice, our camping trip would not have been so bad. 〈모의응용〉
 조동사 주어

<반복되는 내용 대신 쓰는 do/be/have동사를 포함한 표현>

· so + do/be/have동사 + 주어 (주어)도 역시 그렇다
· neither + do/be/have동사 + 주어 (주어)도 역시 그렇지 않다
· as + do/be/have동사 + 주어 (주어)가 그렇듯이

             (= and the doctor believes too)
The nurse believes that the patient will be fine, and **so does the doctor**.
               do동사 주어

              (= and we did not know either)
The police officer didn't know who had stolen our motorcycle and **neither did we**.
                  do동사 주어

밑줄 친 부분이 틀렸다면 바르게 고치세요. 바르면 ○로 표시하세요.

1. The book was so absorbing that she could not <u>put down it</u>. 〈모의〉

2. Inside the boxes <u>are computers</u>, communications equipment, and all sorts of other high-tech devices. 〈모의응용〉

3. The singer was ready to go on stage, and the fans <u>waited him for</u> with excitement.

4. Only if this duty of confidentiality is respected <u>people will</u> feel free to consult lawyers. 〈모의〉

*confidentiality: 비밀 유지

5. A company developed what it called a 'technology shelf,' on which <u>were placed technical solutions</u> that other teams might use in the future. 〈수능〉

서술형 대비

주어진 단어들을 사용해서 우리말 해석에 맞는 영어 문장을 쓰세요.

6. 만약 체중을 줄이는 것이 당신의 관심사라면, TV를 끄고 개를 산책시키는 것이 어떤가요?
(and, the TV, walk, why don't, the dog, turn, you, off)

If losing weight is your concern, _____?

〈모의응용〉

정답 및 해설 p.65

어법 만점 TEST

네모 안에서 어법상 알맞은 것을 고르세요.

01 I became a medical curiosity, causing some specialists to take an interest in me and review / reviewing my case. 〈모의응용〉

02 Although Denali is the highest mountain in North America, Mount Everest is even higher than it is / does .

03 Each suspect in the bank robbery accused the other of setting up him / setting him up for the crime.

04 When Matilda was young, her parents called her a noisy chatterbox and told her that small girls should be seen and not hear / heard . 〈모의응용〉 *chatterbox: 수다쟁이

05 He filled a bowl with marbles, asked the students to guess how many marbles there were, and awarding / awarded a free lunch to the winner. 〈모의〉

밑줄 친 부분이 틀렸다면 바르게 고치세요. 바르면 ○로 표시하세요.

06 Never since <u>the quality of architecture has</u> been achieved as fully as it was in Egypt. 〈수능응용〉

07 The pace of the baseball game is leisurely and <u>unhurriedly</u>, like the world before the discipline of measured time. 〈모의〉

08 If cars have mapping systems, the systems show <u>where they are going</u> and the best way to get to a place. 〈모의〉

09 A designer must both examine the conditions of a problem and <u>collecting</u> data to solve it. 〈모의응용〉

10 Feedback on performance can be very helpful, not only to the participant who does not win but also to those who <u>do</u>. 〈모의〉

(A), (B), (C)의 각 네모 안에서 어법에 맞는 표현으로 가장 적절한 것을 고르세요.

11 I am writing to you on behalf of Ashley Hale. I have coached Ashley in soccer for three years and (A) instructed / instructing her in Spanish for the past two years. The commitment that Ashley has displayed to her athletic and academic performance has not only been inspiring but (B) impressive / impressively. She frequently goes the extra mile to help her classmates or teammates achieve their goals. I believe she will take an active role in college, as she (C) was / did in high school, and recommend that you accept her to your college. If you need further information, feel free to contact me. Thank you for your time. 〈모의응용〉

	(A)	(B)	(C)
①	instructing	impressively	was
②	instructing	impressive	was
③	instructed	impressive	was
④	instructed	impressive	did
⑤	instructed	impressively	did

12 One of the best ways to help someone save face is to let them come to the conclusion that they're wrong all by themselves. Asking a few simple questions gives people the chance to explain themselves or (A) admits / admit they need to go back to the drawing board. For example, your best friend wants to get her tongue pierced. You could say, "Yuck, not only (B) it is / is it disgusting, but piercing is so old-fashioned." Instead, why not ask a few leading questions, like "Do you think it will hurt? What happens if it gets infected?" This will show that you are concerned about her well-being. It will also encourage her to consider her decision carefully, and she may choose to (C) give up it / give it up on her own. 〈모의응용〉   *pierce: 구멍을 뚫다

	(A)	(B)	(C)
①	admit	it is	give it up
②	admit	is it	give up it
③	admit	is it	give it up
④	admits	it is	give up it
⑤	admits	is it	give it up

밑줄 친 부분 중 어법상 틀린 것을 고르세요.

13 My brother, the mountain climber, once took me up the 13,776-foot Grand Teton. It was terrifying! As we climbed, the mountain went straight up. At that point, we tied ① <u>ourselves</u> together with ropes to save our lives if one of us fell. That rope kept me from ② <u>taking</u> thousand-foot falls to my death two times. We trusted the rope to guard our safety and eventually ③ <u>reaching</u> the top. If you rope up too, you will learn that trusting others is important and ④ <u>that</u> this applies to other areas of life. The more ropes you have, the ⑤ <u>better</u> your chances are for success. 〈모의응용〉

14 Since the beginning of time, the mysterious nature of dreaming has led people to believe ① <u>what</u> dreams were messages from the other world. Though sometimes ② <u>regarded</u> as meaningful communications about the future, dreams do not necessarily predict anything. In fact, there is absolutely no scientific evidence for this theory. It is certainly true that individuals who are concerned about losing a loved one ③ <u>dream</u> about that loved one more. If the dreamer then calls someone after waking up and ④ <u>finds</u> that the loved one has died, it is understandable for him or her to assume that the dream was a vision of that death. But this is a mistake. It is simply a situation ⑤ <u>about which</u> one has concerns and fears. 〈수능응용〉

15 Isn't the Internet amazing? When you ① <u>turn your computer on</u>, you can use it to find information and even play games. You might wonder when the Internet began and ② <u>who</u> made it. Actually, the Internet began in the 1960s. The United States government started it. The government wanted to connect computers in different places and ③ <u>share</u> information between them. It was a new idea; people had not linked computers together before. The government had to figure out how. It took several years. Finally, four computers in different cities ④ <u>were</u> linked together by phone lines. The computers shared information, and the Internet was born. Soon, more computers were added. Other groups wanted to join the Internet. Scientists linked up their computers, so ⑤ <u>were</u> colleges and businesses. Later, people at home hooked up their computers, and the Internet became huge. 〈모의응용〉

다음 글을 읽고 질문에 답하세요.

16 According to a wildlife researcher, Jennifer Hunter, predators with experience of skunks avoid them both because of their coloration and their distinctive body shape. ⓐ <u>She wanted to learn how do predators know a skunk is a skunk.</u> She prepared lots of stuffed black-and-white skunks and gray foxes, which were about the same size. She dyed the stuffed skunks gray and she dyed the stuffed foxes black-and-white. She then placed the animals at many sites around California. (2) <u>Predators never attempted to drag away the black-and-white foxes as well as the gray skunks.</u> ⓑ <u>She concluded that experiences of encountering a skunk and identify its colors and shape teach predators to avoid it in the future.</u> 〈모의응용〉   *stuffed: 박제된

(1) 위 글의 밑줄 친 문장에서 어법상 틀린 곳을 각각 찾아 바르게 고치세요.

ⓐ _____ → _____

ⓑ _____ → _____

(2) 위 글의 밑줄 친 부분을 주어진 표현으로 시작하는 문장으로 바꿔 쓰세요.

Never _____

as well as the gray skunks.

정답 및 해설 p.66

12

대표 문제로 끝내는

수능 어법 문제

완전 정복

수능 어법 문제는 밑줄 친 단어가 어법상 틀렸는지 판단하기 위해, 단어의 품사에 따라 여러 사항을 종합적으로 고려해야 한다. 따라서 보기를 통해 무엇을 묻는지 알 수 있는 선다형 문제에 비해 어렵게 느껴질 수 있다. 그러나 앞서 익힌 불변의 패턴들을 밑줄 친 단어의 품사별로 적용하는 방법을 익혀둔다면 비교적 쉽게 이 문제들을 해결할 수 있다. 지금부터 수능 어법 문제 정복을 위한 불변의 패턴 적용 비법을 대표 문제를 통해 익혀보도록 하자.

◆ **다음 글의 밑줄 친 부분 중, 어법상 틀린 것은?** 2021학년도 수능응용

Scientists who experiment on themselves, functionally if not legally, ① avoiding the restrictions associated with experimenting on other people. Nonetheless, experimenting on oneself remains deeply problematic. One obvious drawback is the danger involved; knowing that it exists ② does nothing to reduce it.

정답 ① avoiding → avoid

해석
그들 자신에게 실험하는 과학자들은 합법적으로는 아닐지라도 기능적으로 다른 사람에게 실험하는 것과 관련된 규제를 피한다. 그럼에도 불구하고 자신에게 실험하는 것은 여전히 크게 문제가 있다. 한 가지 분명한 문제점은 수반되는 위험인데, 그것이 존재한다는 것을 아는 것이 그것을 줄이는 어떤 것도 하지는 못한다.

---

① avoiding에 밑줄이 있다.

동사에 -ing가 붙은 avoiding은 준동사인 동명사 또는 현재분사 중 하나이다.

⬇

밑줄 친 곳이 동사 자리인지 준동사 자리인지 확인하자!

문맥상 '과학자들은 규제를 피한다'라는 의미가 되는 것이 적절하므로, Scientists가 주어이고, 밑줄 친 곳은 동사가 와야 하는 자리이다. 따라서 준동사인 avoiding이 아니라, 복수주어 Scientists에 수 일치하는 복수동사 avoid가 와야 한다. who ~ themselves는 Scientists를 수식하는 관계절이며, functionally ~ legally는 '합법적으로는 아닐지라도 기능적으로'라는 의미의 부사 역할을 하는 수식어이다. <불변의 패턴 21> 적용

---

② does에 밑줄이 있다.

동사에 -(e)s가 붙은 does는 단수주어에 올 수 있는 동사이다.

⬇

밑줄 친 곳이 동사 자리인지 준동사 자리인지 확인하자!

접속사 역할을 하는 세미콜론(;) 뒤쪽이 문맥상 '그것이 존재한다는 것을 아는 것이 어떤 것도 하지는 못한다'라는 의미가 되는 것이 자연스러우므로, 동명사구 knowing that it exists가 주어이고 밑줄 친 곳은 동사가 오는 것이 적절하다. <불변의 패턴 21> 적용

⬇

동사의 수/시제/태/종류가 맞는지 확인하자!

동명사구는 단수 취급하는 주어이므로 단수동사 does가 온 것은 적절하다.
<불변의 패턴 02> 적용

◆ 다음 글의 밑줄 친 부분 중, 어법상 틀린 것은?   2020학년도 수능응용

Speculations about the meaning and purpose of prehistoric art ① <u>relies</u> heavily on analogies drawn with modern-day hunter-gatherer societies. Among hunter-gatherers, animals are not only good to eat, they are also good to think about, as experts have ② <u>observed</u> for decades.

*speculation: 고찰 **analogy: 유사점

정답   ① relies → rely

해석
선사 시대 예술의 의미와 목적에 대한 고찰은 오늘날의 수렵-채집 사회에서 이끌어낸 유사점에 크게 의존한다. 전문가들이 수십 년 동안 말해온 것과 같이, 수렵-채집인들 사이에서 동물들은 먹기에 좋을 뿐 아니라, 또한 생각하기에도 좋다.

---

① relies에 밑줄이 있다.

동사에 -(e)s가 붙은 relies는 단수주어에 올 수 있는 동사이다.

밑줄 친 곳이 동사 자리인지 준동사 자리인지 확인하자!

문맥상 '고찰이 유사점에 크게 의존한다'라는 의미가 되는 것이 자연스러우므로, Speculations가 주어이고, 밑줄 친 곳은 동사가 오는 것이 적절하다. about the meaning ~ of prehistoric art는 Speculations를 수식하는 「전치사 + 명사구」이다. <불변의 패턴 21> 적용

동사의 수/시제/태/종류가 맞는지 확인하자!

주어 Speculations는 복수명사이므로, 복수동사 rely가 와야 한다. 주어와 동사 사이의 수식어구는 수 일치에 영향을 미치지 않는다. <불변의 패턴 01> 적용

---

② observed에 밑줄이 있다.

동사에 -(e)d가 붙은 observed는 과거시제 동사이거나, 준동사인 과거분사이다.

밑줄 친 곳이 동사 자리인지 준동사 자리인지 확인하자!

밑줄 앞에 have가 있고, 문맥상 '(지금까지) 전문가들이 말해온 것과 같이'라는 의미가 되는 것이 자연스러우므로, 밑줄 친 곳은 have와 함께 현재완료시제를 만드는 과거분사가 오는 것이 적절하다.

동사의 수/시제/태/종류가 맞는지 확인하자!

또한 문장에 과거부터 현재까지를 모두 포괄하는 시간 표현인 for decades가 있으므로, 과거분사 observed가 와서 현재완료시제 동사를 완성하는 것이 적절하다. <불변의 패턴 08> 적용

◆ 다음 글의 밑줄 친 부분 중, 어법상 틀린 것은? 　2007학년도 수능응용

I was five years old when my father introduced me to motorsports. Dad must ① have thought it was a normal family outing to go to a car-racing event. I still remember the awesome feeling I had on that day in May when my little feet ② were carried me up the stairs into the grandstands at the car-racing stadium.

정답 ② were carried → carried

해석
나의 아버지가 내게 자동차 경주를 소개했을 때 나는 다섯 살이었다. 아버지는 자동차 경주 대회에 가는 것이 평범한 가족 외출이라고 생각했음이 틀림없다. 나는 나의 작은 발이 나를 자동차 경주 경기장의 특별관람석으로 이어지는 계단 위로 데리고 갔던 5월의 그 날에 내가 느낀 굉장한 감정을 여전히 기억한다.

① have thought에 밑줄이 있다. 　「have + 과거분사(p.p.)」 형태인 have thought는 현재완료시제 동사이다.

↓

밑줄 친 곳이 동사 자리인지 준동사 자리인지 확인하자! 　밑줄 앞에 조동사 must가 있으므로 밑줄 친 곳은 조동사와 함께 동사를 만드는 동사원형이나 have p.p.가 오는 것이 적절하다. <불변의 패턴 21> 적용

↓

동사의 수/시제/태/종류가 맞는지 확인하자! 　문맥상 '아버지는 생각했음이 틀림없다'라는 과거의 일에 대해 추측하는 의미가 되는 것이 자연스러우므로, must 뒤에서 '~이었음이 틀림없다'라는 뜻으로 과거의 일에 대한 추측을 나타내는 have thought가 온 것은 적절하다. <불변의 패턴 16> 적용

② were carried에 밑줄이 있다. 　「be + 과거분사(p.p.)」 형태인 were carried는 수동태 동사이다.

↓

밑줄 친 곳이 동사 자리인지 준동사 자리인지 확인하자! 　접속사 when 뒤쪽이 문맥상 '나의 작은 발이 나를 데려가다'라는 의미가 되는 것이 자연스러우므로, my little feet이 주어이고, 밑줄 친 곳은 동사가 오는 것이 적절하다. <불변의 패턴 21> 적용

↓

동사의 수/시제/태/종류가 맞는지 확인하자! 　주어인 my little feet이 동사가 나타내는 '데려가는(carry)' 행위의 주체이므로, 수동태 동사가 were carried가 아니라 능동태 동사 carried가 와야 한다. <불변의 패턴 10> 적용

◆ 다음 글의 밑줄 친 부분 중, 어법상 틀린 것은? 2009학년도 수능응용

You were under the false impression that you did not have as many items to pack as you really ① <u>were</u>. If you had found out early that your car could not carry as much as you thought it could, it would ② <u>have taken</u> you far less trips to your new home.

정답 ① were → did

해석

당신은 짐을 싸야 할 물건을 당신이 실제로 가진 것만큼 많이 가지고 있지 않다는 잘못된 생각을 하고 있었다. 만약 당신의 자동차가 실을 수 있다고 생각한 만큼 많이 실을 수 없다는 것을 당신이 일찍 알았더라면, 당신의 새집까지의 여정이 훨씬 덜 걸렸을 것이다.

---

① were에 밑줄이 있다.

were는 과거시제 be동사의 복수형이다.

⬇

밑줄 친 곳이 동사 자리인지 준동사 자리인지 확인하자!

접속사 as 뒤쪽이 문맥상 '당신이 실제로 가진 것만큼'이라는 의미가 되는 것이 자연스러우므로, you가 주어이고, 밑줄 친 곳은 동사가 오는 것이 적절하다. <불변의 패턴 21> 적용

⬇

동사의 수/시제/태/종류가 맞는지 확인하자!

생략 전 as 뒤의 내용을 모두 써보면 as you really had items to pack이고, 반복되는 동사 had는 일반동사 과거형이므로 밑줄 친 곳에는 be동사 were가 아니라 일반동사를 대신하는 do동사 did가 와야 한다. <불변의 패턴 52> 적용

---

② have taken에 밑줄이 있다.

「have + 과거분사(p.p.)」 형태인 have taken은 현재완료시제 동사이다.

⬇

밑줄 친 곳이 동사 자리인지 준동사 자리인지 확인하자!

밑줄 앞에 조동사 would가 있으므로 밑줄 친 곳은 조동사와 함께 동사를 만드는 동사원형이나 have p.p.가 올 수 있는 자리이다. <불변의 패턴 21> 적용

⬇

동사의 수/시제/태/종류가 맞는지 확인하자!

문장의 앞쪽에 「if + 주어 + had p.p.」(If you had found out)가 있고, 문맥상 '(사실은 그렇지 않지만) 당신이 일찍 알았더라면'이라는 의미로 과거의 상황을 반대로 가정해 보고 있으므로, 주절의 would 뒤에 가정법 과거완료를 완성하는 have taken(have p.p.)이 오는 것은 적절하다. <불변의 패턴 19> 적용

◆ 다음 글의 밑줄 친 부분 중, 어법상 틀린 것은?　　2019학년도 수능응용

"Monumental" is a word that comes very close to ① express the basic characteristic of Egyptian art. Never before and never since ② has the quality of monumentality been achieved as fully as it was in Egypt.

정답　① express → expressing

해석

"Monumental(장엄한)"은 이집트 예술의 기본적인 특징을 표현하는 데에 매우 근접한 단어이다. 이전과 이후로, 이집트에서 달성되었던 것만큼 장엄함의 특징이 완벽하게 달성된 적이 없었다.

---

① express에 밑줄이 있다.

⬇

밑줄 친 곳이 동사 자리인지 준동사 자리인지 확인하자!

express는 동사원형이거나 현재시제 복수동사이다.

come close to는 '~에 근접하다'라는 의미의 표현으로, 이때 to는 전치사이다. 따라서 동사원형 express가 아니라, 전치사 to 뒤에 올 수 있는 동명사 expressing이 와야 한다. <불변의 패턴 21> 적용

---

② has에 밑줄이 있다.

⬇

밑줄 친 곳이 동사 자리인지 준동사 자리인지 확인하자!

⬇

동사의 수/시제/태/종류가 맞는지 확인하자!

has는 과거분사 앞에 와서 현재완료를 만드는 조동사이거나, 일반동사 have의 현재시제 단수형이다.

Never before and never since로 부정의 의미를 가진 어구가 문장의 앞쪽에 있으므로, 조동사가 주어(the quality of monumentality) 앞으로 도치된다. 따라서 밑줄 친 곳에 조동사 has가 온 것은 적절하다. <불변의 패턴 55> 적용

동사가 수 일치해야 하는 주어(the quality of monumentality)가 단수이므로, 이에 수 일치하는 단수동사 has가 온 것이 적절하다. 또한 문맥상 never since가 '이집트가 달성했던 것 이후로 지금까지'라는 뜻의 과거와 현재를 모두 포함한 시간 표현이므로, 과거분사 앞에 와서 현재완료 시제를 만드는 have동사가 온 것도 적절하다. <불변의 패턴 07, 08> 적용

◆ 다음 글의 밑줄 친 부분 중, 어법상 틀린 것은?　2011학년도 수능

We try to support the present with the future and ① think of arranging things we cannot control for a time we have no certainty of reaching. Examine your thoughts, and you will find them wholly ② to occupy with the past or the future.

정답　② to occupy → occupied

해석

우리는 미래를 가지고 현재를 지탱하려고, 그리고 우리가 도달하는 것에 대해 확실성이 없는 시간을 위해 우리가 통제할 수 없는 것들을 조절하는 것에 대해 생각하려고 노력한다. 당신의 생각을 검토하라, 그러면 당신은 그것들이 과거 또는 미래에 완전히 사로잡혀 있다는 것을 발견할 것이다.

---

① think에 밑줄이 있다.

think는 동사원형이거나 현재시제 복수동사이다.

⬇

밑줄 친 곳이 동사 자리인지 준동사 자리인지 확인하자!

밑줄 앞에 and가 있고, 문맥상 '지탱하려고, 그리고 생각하려고 노력한다'라는 의미가 되는 것이 자연스러우므로, 동사 try 뒤에 to support와 대등한 to think가 나열되어야 한다. 그러나 and/but/or 뒤에 나열되는 to부정사의 to는 생략하고 동사원형을 쓸 수 있으므로, 동사원형 think가 온 것이 적절하다. <불변의 패턴 50> 적용

② to occupy에 밑줄이 있다.

「to + 동사원형」형태인 to occupy는 준동사인 to부정사이다.

⬇

밑줄 친 곳이 동사 자리인지 준동사 자리인지 확인하자!

밑줄 앞에 목적어와 목적격보어를 취하는 동사 find가 있고, 문맥상 '그것들이 사로잡혀 있다는 것을 발견하다'라는 의미가 되는 것이 자연스러우므로, 밑줄 친 곳은 목적어 them을 보충 설명하는 목적격보어 자리이다. 목적격보어 자리에는 동사원형이나 다양한 준동사가 올 수 있다. <불변의 패턴 21> 적용

⬇

적절한 종류와 형태의 준동사가 왔는지 확인하자!

문맥상 '생각이 사로잡혀 있다'라는 뜻으로, 목적어 them이 가리키는 thoughts가 '사로잡히게 하는(occupy)' 행위의 대상이므로, to부정사 to occupy가 아니라 과거분사 occupied가 와야 한다. <불변의 패턴 23> 적용

◆ 다음 글의 밑줄 친 부분 중, 어법상 틀린 것은?   2017학년도 수능응용

A pet's continuing affection becomes crucially important for patients ① <u>endured</u> hardship because it reassures them that their core essence has not been damaged. Thus, pets are important in the treatment of ② <u>depressed</u> or chronically ill patients.

정답   ① endured → enduring

해석

반려동물의 지속적인 애정은 고난을 견디고 있는 환자들에게 그들의 핵심적인 본질이 훼손되지 않았다고 안심시키기 때문에 매우 중요해진다. 그러므로 반려동물은 우울증을 앓거나 만성적으로 질병이 있는 환자들의 치료에 중요하다.

---

① endured에 밑줄이 있다.

동사에 -(e)d가 붙은 endured는 과거시제 동사이거나, 준동사인 과거분사이다.

밑줄 친 곳이 동사 자리인지 준동사 자리인지 확인하자!

밑줄 앞에 becomes라는 동사가 이미 있고, 문맥상 '고난을 견디고 있는 환자들'이라는 의미가 되는 것이 자연스러우므로, 앞에 있는 명사 patients를 수식하는 형용사 역할을 할 수 있는 준동사가 와야 하는 자리이다. <불변의 패턴 21> 적용

적절한 종류와 형태의 준동사가 왔는지 확인하자!

수식 받는 명사, 즉 분사의 의미상의 주어 patients가 endure가 나타내는 '견디는' 행위의 주체이므로, 과거분사 endured가 아니라 현재분사 enduring이 와야 한다.
<불변의 패턴 24> 적용

---

② depressed에 밑줄이 있다.

동사에 -(e)d가 붙은 depressed는 과거시제 동사이거나, 준동사인 과거분사이다.

밑줄 친 곳이 동사 자리인지 준동사 자리인지 확인하자!

밑줄 앞에 are라는 동사가 이미 있고, 문맥상 '우울증을 앓거나 만성적으로 질병이 있는 환자들'이라는 의미가 되는 것이 자연스러우므로, 뒤에 있는 명사 patients를 수식하는 형용사 역할을 할 수 있는 준동사가 와야 하는 자리이다. <불변의 패턴 21> 적용

적절한 종류와 형태의 준동사가 왔는지 확인하자!

depress는 '우울하게 하다'라는 의미의 감정을 나타내는 동사로, 수식 받는 명사 patients가 '우울함을 느끼는', 즉 '우울하게 하는' 행위의 대상이므로 과거분사 depressed가 온 것은 적절하다. <불변의 패턴 24> 적용

◆ 다음 글의 밑줄 친 부분 중, 어법상 틀린 것은? 2011학년도 수능응용

People who are daring in taking a wholehearted stand for truth with ① little fear often achieve results that surpass their expectations. On the other hand, halfhearted individuals are seldom distinguished for courage even when it involves ② its own welfare.

정답 ② its → their

해석
진리를 위해 두려움이 거의 없이 마음을 다하는 태도를 취하는 것에 대담한 사람들은 종종 그들의 기대를 능가하는 결과를 성취한다. 반면에 열의가 없는 개인들은 그것이 그들 자신의 안녕과 관련되어 있을 때조차 용기가 거의 두드러지지 않는다.

> **① little에 밑줄이 있다.**

little은 불가산명사와 함께 쓰는 한정사이다.

⬇

> **대명사/한정사가 가리키거나 수식하는 명사와 수가 일치하는지 확인하자!**

문맥상 little이 뒤에 있는 명사 fear를 수식하여 '두려움이 거의 없이'라는 의미가 되는 것이 자연스럽고, 수식 받는 fear가 불가산명사이므로, '거의 없는'이라는 뜻으로 불가산명사를 수식하는 little이 온 것은 적절하다. <불변의 패턴 31> 적용

> **② its에 밑줄이 있다.**

its는 3인칭 단수 소유격 대명사이다.

⬇

> **대명사/한정사가 가리키거나 수식하는 명사와 수가 일치하는지 확인하자!**

문맥상 대명사가 앞에 있는 복수명사 individuals를 가리켜서 '그들 자신의 안녕'이라는 의미가 되는 것이 자연스러우므로, 단수 소유격 대명사 its가 아니라 복수 소유격 대명사 their가 와야 한다. <불변의 패턴 28> 적용

◆ 다음 글의 밑줄 친 부분 중, 어법상 틀린 것은? 2010학년도 수능응용

"Children who regularly sleep in their parents' room are likely to become ① <u>much</u> more dependent on this arrangement," reports the study. Yet parent-infant 'co-sleeping' is the norm for approximately 90 percent of the world's population. Cultures as ② <u>diversely</u> as the Japanese, the Guatemalan Maya, and the Inuit of Northwestern Canada practice it.

정답 ② diversely → diverse

해석
"부모님의 방에서 정기적으로 자는 어린이들은 이러한 방식에 훨씬 더 의존적이 될 가능성이 있다"라고 연구는 보고한다. 하지만 부모와 유아가 '함께 자는 것'은 세계 인구의 대략 90퍼센트의 사람들에게는 일반적인 것이다. 일본인, 과테말라의 마야인, 캐나다 북서부의 이뉴잇족과 같은 다양한 문화권에서 그것을 실행한다.

---

① much에 밑줄이 있다.

much는 불가산명사와 함께 쓰는 형용사 또는 비교급 강조 부사이다.
※ much는 불가산명사를 가리키는 대명사로 쓰기도 한다.

⬇

밑줄 친 곳이 형용사 자리인지 부사 자리인지 확인하자!

문맥상 much가 뒤에 있는 형용사 more dependent를 수식하여 '훨씬 더 의존적인'이라는 의미가 되는 것이 자연스러우므로, 밑줄 친 곳은 형용사를 수식하는 부사가 오는 것이 적절하다. <불변의 패턴 34> 적용

⬇

비교구문의 형태가 바른지 확인하자!

much가 수식하는 형용사가 비교급 more dependent이므로, 비교급의 의미를 강조할 때 쓰는 부사 much가 온 것이 적절하다. <불변의 패턴 41> 적용

---

② diversely에 밑줄이 있다.

diversely는 부사이다.

⬇

밑줄 친 곳이 형용사 자리인지 부사 자리인지 확인하자!

문맥상 diversely가 앞에 있는 명사 Cultures를 수식하여 '일본인, 과테말라의 마야인, 캐나다 북서부의 이뉴잇족과 같은 다양한 문화권에서'라는 의미가 되는 것이 자연스러우므로, 명사를 수식할 수 있는 형용사 diverse가 와야 한다. 부사는 명사 이외의 것을 수식한다. <불변의 패턴 34> 적용

◆ 다음 글의 밑줄 친 부분 중, 어법상 틀린 것은?　　2015학년도 수능응용

① <u>Because</u> a general lack of knowledge and insufficient care being taken when fish pens were initially constructed, pollution from excess feed and fish waste created huge barren underwater deserts. These were costly lessons to learn, but now stricter regulations are in place to ensure that fish pens are placed in sites ② <u>where</u> there is good water flow to remove fish waste.

정답　① Because → Because of
해석
어류 가두리 양식장이 처음 건설되었을 때 지식의 전반적인 부족과 취해진 불충분한 관리 때문에 초과 사료와 어류 폐기물로부터 나온 오염이 거대하고 황폐한 해저 사막을 만들었다. 이것들은 대가가 비싼 교훈이었지만, 이제 어류 가두리 양식장이 어류 폐기물을 제거하기에 좋은 물의 흐름이 있는 장소에 위치하도록 하는 더 엄격한 규제가 시행되고 있다.

---

① Because에 밑줄이 있다.

Because는 부사절 접속사이다.

⬇

밑줄 친 곳이 전치사 자리인지 부사절 접속사 자리인지 확인하자!

Because 뒤에 명사구 a general lack of knowledge and insufficient care가 있으므로, 명사(구) 앞에 올 수 있는 전치사 Because of가 와야 한다. 부사절 접속사 Because는 「주어 + 동사」를 포함한 절 앞에 온다. being ~ constructed는 '어류 가두리 양식장이 처음 건설되었을 때 취해진'이라는 의미로 앞에 있는 명사구를 수식하는 수식어이다.
<불변의 패턴 42> 적용

② where에 밑줄이 있다.

where는 관계부사 또는 명사절 접속사이다.

⬇

밑줄 친 곳이 명사절 접속사 자리인지 관계사 자리인지 확인하자!

문맥상 where가 뒤에 있는 절 there is good water flow to remove fish waste를 이끌면서 '어류 폐기물을 제거하기에 좋은 물의 흐름이 있는'이라는 의미로 앞에 있는 명사 sites를 수식하는 것이 자연스러우므로, 명사(선행사)를 수식하는 관계사가 오는 것이 적절하다.

⬇

적절한 접속사/관계사가 왔는지 확인하자!

where 뒤의 there ~ waste는 부족한 성분이 없는 완전한 절이므로, 완전한 절 앞에 오면서 장소의 의미를 가진 선행사 sites를 수식할 수 있는 관계부사 where가 온 것이 적절하다. <불변의 패턴 46> 적용

◆ **다음 글의 밑줄 친 부분 중, 어법상 틀린 것은?** 2013학년도 수능

Movies were first seen as an exceptionally potent kind of illusionist theatre, the rectangle of the screen corresponding to the proscenium of a stage, ① which appear actors. Starting in the early silent period, plays were regularly "turned into" films. But filming plays did not encourage the evolution of ② what truly was distinctive about a movie: the intervention of the camera— its mobility of vision.

*proscenium: 앞 무대

정답 ① which → on which 또는 where

해석
영화는 처음에는 직사각형의 화면이 배우들이 출연하는 앞 무대에 해당하는 특별히 강력한 일종의 마술 공연으로 여겨졌다. 초기 무성영화 시기에서부터, 연극은 자주 영화로 '바뀌었다'. 하지만 연극을 영화화하는 것은 영화에서 진정으로 독특한 것, 즉 카메라의 개입, 다시 말해 시각적 이동성의 발전을 촉진하지는 않았다.

---

① which에 밑줄이 있다.

which는 관계대명사 또는 명사절 접속사이다.

⬇

밑줄 친 곳이 명사절 접속사 자리인지 관계사 자리인지 확인하자!

문맥상 which가 뒤에 있는 절 appear actors를 이끌면서, '배우들이 출연하는'이라는 의미로 앞에 있는 선행사 the proscenium of a stage에 대한 보충 설명을 하는 것이 자연스러우므로 관계사가 오는 것이 적절하다.

⬇

적절한 접속사/관계사가 왔는지 확인하자!

which 뒤의 appear actors는 부족한 성분이 없는 완전한 절이므로, 완전한 절 앞에 오면서 장소 선행사 the proscenium of a stage 뒤에 올 수 있는 관계부사 where 또는 「전치사 + 관계대명사」 on which가 와야 한다. 관계대명사 which는 불완전한 절 앞에 온다. appear actors는 장소를 나타내는 관계부사/「전치사 + 관계대명사」가 절의 앞에 오면서 동사 appear가 주어 actors 앞으로 도치된 구조이다. <불변의 패턴 46> 적용

---

② what에 밑줄이 있다.

what은 명사절 접속사이다.

⬇

밑줄 친 곳이 명사절 접속사 자리인지 관계사 자리인지 확인하자!

문맥상 what이 뒤에 있는 절 truly was distinctive about a movie를 이끌면서, '영화에서 진정으로 독특한 것'이라는 의미로 앞에 있는 전치사 of의 목적어 역할을 하는 것이 자연스러우므로, 명사절 접속사가 오는 것이 적절하다.

⬇

밑줄 뒤에 나오는 절의 형태에 맞는 접속사/관계사가 왔는지 확인하자!

what 뒤의 truly ~ movie는 동사 was의 주어가 없는 불완전한 절이므로, 불완전한 절 앞에 오면서 '~한 것'이라는 의미를 나타낼 수 있는 명사절 접속사 what이 온 것이 적절하다. <불변의 패턴 47, 48> 적용

◆ 다음 글의 밑줄 친 부분 중, 어법상 틀린 것은? 2018학년도 수능응용

Those who donate to one or two charities seek evidence about what the charity is doing and ① <u>what</u> it is really having a positive impact. If the evidence indicates without a doubt ② <u>that</u> the charity is really helping others, they make a substantial donation.

정답 ① what → whether/if

해석
한두 자선단체에 기부하는 사람들은 그 자선 단체가 무엇을 하고 있는지와 그것이 정말로 긍정적인 영향을 미치는지에 대한 증거를 찾는다. 만약 증거가 그 자선단체가 정말로 다른 사람들을 돕고 있다는 것을 의심의 여지 없이 보여준다면 그들은 많은 기부를 할 것이다.

---

① what에 밑줄이 있다.

what은 명사절 접속사이다.

⬇

밑줄 친 곳이 명사절 접속사 자리인지 관계사 자리인지 확인하자!

문맥상 what이 뒤에 있는 절 it is really having a positive impact를 이끌면서, '그것이 정말로 긍정적인 영향을 미치는지'라는 의미로 앞에 있는 전치사 about의 목적어 역할을 하는 것이 자연스러우므로 명사절 접속사가 오는 것이 적절하다.

⬇

적절한 접속사/관계사가 왔는지 확인하자!

what 뒤의 it ~ impact는 부족한 성분이 없는 완전한 절이므로, 완전한 절 앞에 '~인지 아닌지'의 의미를 나타낼 수 있는 명사절 접속사 whether/if가 와야 한다. what은 불완전한 절 앞에 오는 명사절 접속사이다. <불변의 패턴 47, 48> 적용

---

② that에 밑줄이 있다.

that은 관계대명사 또는 명사절 접속사이다.

⬇

밑줄 친 곳이 명사절 접속사 자리인지 관계사 자리인지 확인하자!

문맥상 that이 뒤에 있는 절 the charity is really helping others를 이끌면서 '다른 사람들을 돕고 있다는 것'이라는 의미로 앞에 있는 동사 indicates의 목적어 역할을 하는 것이 자연스러우므로, 명사절 접속사가 오는 것이 적절하다.

⬇

밑줄 뒤에 나오는 절의 형태에 맞는 접속사/관계사가 왔는지 확인하자!

that 뒤의 the ~ others는 부족한 성분이 없는 완전한 절이므로, 완전한 절 앞에 오면서 '~라는 것'이라는 의미를 나타낼 수 있는 명사절 접속사 that이 온 것이 적절하다.
<불변의 패턴 47, 48> 적용

MEMO

수능·내신 한 번에 잡는 어법 기본서

해커스
수능 어법
불변의 패턴 필수편

초판 5쇄 발행 2024년 9월 2일
초판 1쇄 발행 2022년 1월 3일

지은이	해커스 어학연구소
펴낸곳	㈜해커스 어학연구소
펴낸이	해커스 어학연구소 출판팀

주소	서울특별시 서초구 강남대로61길 23 ㈜해커스 어학연구소
고객센터	02-537-5000
교재 관련 문의	publishing@hackers.com
	해커스북 사이트(HackersBook.com) 고객센터 Q&A 게시판
동영상강의	star.Hackers.com

ISBN	978-89-6542-460-4 (53740)
Serial Number	01-05-01

중고등영어 1위,
해커스북 HackersBook.com

· 효과적인 단어 암기를 돕는 **어휘리스트** 및 **어휘테스트**
· 내신 시험을 완벽하게 대비할 수 있는 **서술형 대비 영작 워크시트**

수능·내신 한 번에 잡는
해커스 불변의 패턴 시리즈

해커스 수능 어법 불변의 패턴

기본서
필수편 (고1)

· 역대 수능·모의고사 기출에서 뽑아낸
  55개의 불변의 패턴

· 출제포인트와 함정까지 빈틈없이 대비하는
  기출 예문 및 기출 문제

훈련서
실력편 (고2)

· 역대 수능·모의고사 기출 분석으로
  실전에 바로 적용하는 **37개의 불패 전략**

· **핵심 문법 설명부터 실전 어법까지**
  제대로 실력을 쌓는 **단계별 학습 구성**

해커스 수능 독해 불변의 패턴

기본서
유형편 (예비고~고1)

· 역대 수능·모평·학평에서 뽑아낸
  32개의 불변의 패턴

· 끊어 읽기와 **구문 풀이**로
  독해 기본기 강화

실전서
실전편 (고2~고3)

· 최신 수능·모평·학평 출제경향과 패턴을
  그대로 반영한 **실전모의고사 15회**

· **고난도 실전모의고사 3회분**으로
  어려운 수능에 철저히 대비

해커스
수능 어법
불변의
패턴 필수편

정답 및 해설

수능·내신 한 번에 잡는 어법 기본서

해커스
수능 어법
불변의
패턴 필수편

정답 및 해설

해커스 어학연구소

CHAPTER 01 주어-동사 수 일치

불변의 패턴 01 　주어와 동사 사이의 수식어는 제외하고 수 일치해야 한다. 　　　본책 p.22

TYPE 1 　주어 + [전치사 + 명사(구)] + 동사 　　　p.22

1 정답 **The typical equipment, is**

해설 The typical equipment of a mathematician is a board
　　　단수주어　　　　　　전치사 + 명사구　　단수동사
and chalk.

해석 수학자의 대표적인 장비는 칠판과 분필이다.

어휘 typical 대표적인, 전형적인　equipment 장비
mathematician 수학자

2 정답 **Crashes, tend**

해설 Crashes due to aircraft malfunction tend to occur during
　　　복수주어　　　전치사 + 명사구　　　복수동사
long-distance flight.

해석 항공기 오작동으로 인한 사고들은 장거리 비행 동안 발생하는 경향이
있다.

어휘 crash 사고, 충돌　malfunction 오작동
long-distance flight 장거리 비행

3 정답 **writers, are**

해설 Regardless of the times, writers like Shakespeare are
　　　　　　　　　　　　　복수주어　　전치사 + 명사　복수동사
implying that all of us are wearing masks.

해석 시대와 상관없이, 셰익스피어 같은 작가들은 우리 모두가 가면을 쓰고
있다는 것을 암시하고 있다.

어휘 imply 암시하다

4 정답 **the presence, has**

해설 Today, the presence of computers and printers has added
　　　　　　단수주어　　　전치사 + 명사구　　　단수동사
machine noise.

해석 오늘날, 컴퓨터와 프린터의 존재가 기계 소음을 증가시켰다.

어휘 presence 존재

5 정답 **people, enjoy**

해설 In many countries, people in the large urban area
　　　　　　　　　　　　복수주어　　　전치사 + 명사구
enjoy the convenience of city life.
복수동사

해석 많은 나라에서, 대도시 지역에 있는 사람들은 도시 생활의 편리함을
즐긴다.

어휘 urban 도시의　convenience 편리함

6 정답 **The worker, was**

해설 The worker by the tall cabinets was hired last week.
　　　단수주어　　전치사 + 명사구　단수동사

해석 높은 캐비닛 옆의 그 직원은 지난주에 고용되었다.

TYPE 2 　주어 + [to부정사구/분사구] + 동사 　　　p.23

1 정답 **Someone, try → tries**

해설 Someone motivated to buy a new smartphone tries to
　　　단수주어　　　　　　분사구　　　　　　단수동사
earn extra money for it.

해석 새로운 스마트폰을 사려는 동기가 부여된 사람은 그것을 위해 추가의
돈을 벌려고 노력한다.

어휘 motivate 동기를 부여하다　earn (돈을) 벌다

2 정답 **The students, includes → include**

해설 The students to stay after school include Sam, Ashley,
　　　복수주어　　　to부정사구　　　복수동사
and Jason.

해석 방과 후에 남을 학생들은 Sam, Ashley, 그리고 Jason을 포함한다.

3 정답 **city governments, ○**

해설 As the number of cars in cities increases, city governments
　　　　　　　　　　　　　　　　　　　　　　　복수주어
struggling with traffic jams are encouraging car sharing.
　　분사구　　　　　　복수동사

해석 도시에 자동차 수가 증가함에 따라, 교통 체증으로 고심하는 시 정부
들은 차량 공유를 장려하고 있다.

어휘 struggle with ~로 고심하다, ~와 씨름하다　traffic jam 교통 체증
encourage 장려하다

4 정답 **the science museum, were → was**

해설 Last month, the science museum featuring drones and
　　　　　　　　　단수주어　　　　　　　분사구
robots was very popular.
　　　단수동사

해석 지난달에, 드론과 로봇을 전시한 그 과학 박물관은 매우 인기 있었다.

어휘 feature 전시하다, 특별히 포함하다

TYPE 3 　주어 + [관계절] + 동사 　　　p.23

1 정답 **Those, are**

해설 Those who never make it are the ones who quit too soon.
　　　복수주어　　　관계절　　복수동사

해석 결코 해내지 못하는 사람들은 너무 일찍 그만두는 사람들이다.

어휘 make it 해내다

2 정답 **The event, attracts**

해설 The event where the public can watch free musical
　　　단수주어　　　　　　　　　관계절
performances attracts many people.
　　　　　단수동사

해석 대중이 무료 음악 공연을 볼 수 있는 행사는 많은 사람들을 끌어모은다.

어휘 performance 공연　attract 끌어모으다

3 정답 **clothes, are**

해설 In warm environments, clothes that can absorb sweat are
　　　　　　　　　　　　복수주어　　　관계절　　복수동사
helpful in releasing heat from the body.

해석 따뜻한 환경에서, 땀을 흡수할 수 있는 옷들은 몸에서 열을 배출하는
데 도움이 된다.

어휘 absorb 흡수하다　release 배출하다, 놓아 주다

4 정답 **Some products, were**

해설 Some products the company ordered were unavailable.
　　　복수주어　　　　관계절　　　복수동사

해석 그 회사가 주문했던 일부 제품들은 구할 수 없었다.

어휘 unavailable 구할 수 없는, 사용할 수 없는

5 정답 **The person, is**

해설 **The person** from whom you can purchase fruits **is** across
　　　_{단수주어}　　　　　　_{관계절}　　　　　　_{단수동사}
the street.

해석 당신이 과일을 구매할 수 있는 사람은 길 건너에 있다.

어휘 purchase 구매하다, 구매

6 정답 **People, have**

해설 **People** of Northern Myanmar, who think in the Jinghpaw
　　　_{복수주어}　_{전치사 + 명사구}　　　　_{관계절}
language, **have** eighteen terms for describing their kin.
　　　　　_{복수동사}

해석 미얀마 북부 사람들은 Jinghpaw 언어로 생각하는데 그들의 친족을
표현하기 위한 18개의 용어를 가지고 있다.

어휘 term 용어　kin 친족, 친척

TYPE 4 주어 + [삽입구/삽입절] + 동사　　　　　　　　p.24

1 정답 **The reason, ○**

해설 **The reason**, it turns out, **is** that blood-sharing greatly
　　　_{단수주어}　_{삽입절}　_{단수동사}
improves each bat's chances of survival.

해석 원인은, 드러나고 보니, 피를 나누는 것이 각각의 박쥐의 생존 가능성
을 크게 향상시킨다는 것이다.

어휘 turn out 드러나다　survival 생존

---

2 정답 **the belief, make → makes**

해설 For example, **the belief** that one brand has higher quality
　　　　　　　_{단수주어}　　_{동격 that절}
than others **makes** someone choose ~.
　　　　　_{단수동사}

해석 예를 들어, 한 브랜드가 다른 브랜드들보다 더 높은 품질을 가지고 있
다는 믿음은 어떤 사람이 많이 광고되는 브랜드를 선택하도록 만든다.

3 정답 **the light bulb, were → was**

해설 In the late 1800s, **the light bulb**, an important modern
　　　　　　　　　　_{단수주어}　_{삽입구}
invention, **was** completed by Thomas Edison.
　　　　_{단수동사}

해석 1800년대 후반에, 중요한 현대 발명품인 전구가 토마스 에디슨에 의
해 완성되었다.

어휘 light bulb 전구　invention 발명(품)

4 정답 **Powerful languages, stimulates → stimulate**

해설 **Powerful languages**, it seems, **stimulate** us in ways that
　　　_{복수주어}　　_{삽입절}　_{복수동사}
are similar to real life.

해석 강력한 언어는, 아마도, 현실과 유사한 방식들로 우리를 자극하는 것
같다.

어휘 stimulate 자극하다

Mini TEST 불변의 패턴 01 본책 p.25

1 정답 **are → is**

해설 **The only difference** between grapes and raisins **is** that
　　　_{단수주어}　_{수식어(전치사 + 명사구)}　_{단수동사}
grapes have more water in them.

　주어 The only difference는 단수명사이므로 단수동사 is가 와야 한
다. between grapes and raisins는 수 일치에 영향을 미치지 않는 수
식어(전치사 + 명사구)이다. (불변의 패턴 01-1)

해석 포도와 건포도의 유일한 차이점은 포도가 안에 더 많은 수분을 가지고
있다는 것이다.

어휘 raisin 건포도

2 정답 **shows → show**

해설 <u>Seeds</u> recovered at ancient sites clearly **show** that farmers
　　_{복수주어}　_{수식어(분사구)}　　　　_{복수동사}
developed larger seeds and thinner seed coats.

　주어 Seeds는 복수명사이므로 복수동사 show가 와야 한다.
recovered at ancient sites는 수 일치에 영향을 미치지 않는 수식어
(분사구)이다. (불변의 패턴 01-2)

해석 고대 유적들에서 찾아낸 씨앗들은 농부들이 더 큰 씨앗과 더 얇은 씨
앗 껍질을 개발했다는 것을 명백히 보여준다.

어휘 seed 씨앗, 종자　recover 찾아내다, 회복하다　ancient 고대의

3 정답 **was → were**

해설 <u>Those</u> who made to-do lists before bed **were** able to fall
　　_{복수주어}　_{수식어(관계절)}　_{수식어(전치사 + 명사)} _{복수동사}
asleep nine minutes faster ~.

　주어 Those는 복수대명사이므로 복수동사 were가 와야 한다. who
made ~ lists(관계절)와 before bed(전치사 + 명사)는 둘 다 수 일치
에 영향을 미치지 않는 수식어이다. (불변의 패턴 01-3, 01-1)

해석 자기 전에 해야 할 일의 목록을 만들었던 사람들은 과거 사건들에 대
해 적었던 사람들보다 9분 더 빨리 잠들 수 있었다.

---

4 정답 **○**

해설 **The eggs and milk** in the refrigerator **are** old, so I
　　　_{복수주어}　_{수식어(전치사 + 명사구)} _{복수동사}
wouldn't use them.

　A and B 형태의 주어 The eggs and milk는 복수 취급하므로 복수동
사 are가 온 것이 적절하다. in the refrigerator는 수 일치에 영향을 미
치지 않는 수식어(전치사 + 명사구)이다. (불변의 패턴 01-1)

해석 냉장고에 있는 계란과 우유는 오래되어서, 나는 그것들을 사용하지 않
을 것이다.

5 정답 **were → was**

해설 **Daniel H. Burnham**, one of America's most important
　　　_{단수주어}　　　　_{수식어(삽입구)}
architects, **was** born in 1846 in New York, and ~.
　　　　_{단수동사}

　주어 Daniel H. Burnham은 단수 취급하는 고유명사이므로 단수동
사 was가 와야 한다. one of America's most important architects
는 수 일치에 영향을 미치지 않는 수식어(삽입구)이다. (불변의 패턴 01-4)

해석 미국의 가장 권위 있는 건축가들 중 한 명인 Daniel H. Burnham은
1846년에 뉴욕에서 태어났고, 여덟 살의 나이에 일리노이로 이사했다.

어휘 architect 건축가

6 정답 **The parrot in the park that we visit every week has**

해설 **The parrot** in the park that we visit every week **has**
　　　_{단수주어}　_{수식어(전치사 + 명사구)}　_{수식어(관계절)}　_{단수동사}
beautiful feathers.

　수식어를 제외하고 보면 '앵무새가 ~ 깃털을 가지고 있다'라는 뜻의
문장이므로, The parrot이 주어, have가 동사로 와야 한다. 주어 The
parrot은 단수명사이므로, have는 단수동사 has로 바꿔서 써야 한
다. (불변의 패턴 01-1, 01-3)

어휘 feather 깃털

1 정답 **Whether we have a picnic or not, depends**

해설 <u>Whether we have a picnic or not</u> <u>depends</u> on the weather.
단수주어(명사절)   단수동사

해석 우리가 소풍을 갈지 말지는 날씨에 달려있다.

2 정답 **soldiers, experience**

해설 When a war ends, <u>returning</u> <u>soldiers</u> <u>experience</u> intense
soldiers를 수식하는 현재분사 복수주어 복수동사
feelings of stress.

해석 전쟁이 끝날 때, 귀환하는 군인들은 극심한 스트레스의 감정을 경험한다.

어휘 intense 극심한, 강렬한

3 정답 **combining the strengths of machines with human strengths, creates**

해설 However, <u>combining the strengths of machines with</u>
단수주어(동명사구)
<u>human strengths</u> <u>creates</u> synergy.
단수동사

해석 그러나, 기계의 힘을 인간의 힘과 결합하는 것은 시너지 효과를 만들어 낸다.

어휘 combine A with B A를 B와 결합하다
synergy 시너지 효과, 동반 상승효과

4 정답 **what you do within the next 30 minutes, sends**

해설 After eating your meal, <u>what you do within the next</u>
단수주어(명사절)
<u>30 minutes</u> <u>sends</u> powerful signals to your body.
단수동사

해석 식사를 한 후에, 당신이 그 다음 30분 안에 하는 것은 당신의 몸에 강력한 신호들을 보낸다.

어휘 signal 신호; 신호를 보내다

5 정답 **Finding different ways to produce sounds, is**

해설 <u>Finding different ways to produce sounds</u> <u>is</u> an
단수주어(동명사구)   단수동사
important stage of musical education.

해석 소리를 만들어 내기 위한 다양한 방법들을 찾는 것은 음악 교육의 중요한 단계이다.

어휘 produce 만들어 내다, 생산하다

6 정답 **How politicians influence people, plays**

해설 <u>How politicians influence people</u> <u>plays</u> a crucial role in
단수주어(명사절)   단수동사
an election.

해석 정치인들이 사람들에게 어떻게 영향을 미치는지가 선거에서 중대한 역할을 한다.

어휘 play a role 역할을 하다 crucial 중대한, 결정적인

---

1 정답 **The old, is → are**

해설 <u>The old</u> <u>are</u> wise because they have a lot of experience.
복수주어 복수동사
(the + 형용사)

해석 나이가 든 사람들은 많은 경험을 가지고 있기 때문에 현명하다.

2 정답 **the rich man, O**

해설 Unfortunately, <u>the rich man</u> <u>was</u> very unkind and cruel
단수주어 단수동사
to his servants.

해석 불행하게도, 그 부유한 남자는 그의 하인들에게 매우 불친절하고 잔인했다.

어휘 cruel 잔인한 servant 하인, 종

3 정답 **The homeless, receives → receive**

해설 <u>The homeless</u> <u>in the shelter</u> <u>receive</u> ~.
복수주어(the + 형용사) 수식어(전치사 + 명사구) 복수동사

해석 쉼터의 노숙자들은 매일 세 번 무료 식사를 받는다.

어휘 shelter (노숙자 등을 위한) 쉼터, 피신(처)

4 정답 **the young girl, were → was**

해설 While I was waiting for the bus, <u>the young girl</u> <u>sitting on</u>
단수주어 수식어(분사구)
<u>the bench</u> <u>was</u> with her little dog.
단수동사

해석 내가 버스를 기다리고 있던 동안, 벤치에 앉아 있는 어린 소녀는 그녀의 작은 개와 함께 있었다.

---

1 정답 **lies**

해설 <u>One of the keys</u> to insects' successful survival <u>in the</u>
주어(one of + 명사) 수식어(전치사 + 명사구) 수식어(전치사
<u>open air</u> <u>lies</u> in their skin.
+ 명사구) 단수동사

해석 야외에서 곤충들의 성공적인 생존 비결들 중 하나는 그들의 표피에 있다.

어휘 open air 야외, 옥외

2 정답 **has**

해설 In the past three years, <u>a lot of money</u> <u>has</u> been spent
주어(a lot of + 불가산명사) 단수동사
on the new construction project.

해석 지난 3년간, 많은 돈이 새로운 건설 사업에 쓰여 왔다.

3 정답 **cheer**

해설 To show their support for the soccer team, <u>some of</u>
주어(some of
<u>the enthusiastic fans</u> <u>in the stadium</u> <u>cheer</u> loudly.
+ 복수명사) 수식어(전치사 + 명사구) 복수동사

해석 그 축구 팀에 대한 그들의 지지를 보여주기 위해서, 그 경기장의 열성적인 팬들 중 일부는 큰 소리로 응원한다.

어휘 enthusiastic 열성적인 cheer 응원하다; 응원

4 정답 **was**

해설 In 2017, <u>the number of trips</u> to Latin America <u>was</u>
주어(the number of + 명사) 수식어(전치사 + 명사구) 단수동사
higher than that to the Middle East and North Africa.

해석 2017년에, 라틴 아메리카로의 여행 수는 중동과 북아프리카로의 그것보다 더 높았다.

5 정답 **O**

해설 The rest of **the birds fly** south before the arrival of winter.
주어(the rest of + 복수명사) 복수동사

해석 그 새들 중 나머지는 겨울이 오기 전에 남쪽으로 날아간다.

6 정답 **lives → live**

해설 **Many of the people** in my neighborhood **live** in
주어(many of + 명사) 수식어(전치사 + 명사구) 복수동사
apartments.

해석 나의 동네 사람들 중 다수는 아파트에 산다.

7 정답 **are → is**

해설 These days, **the amount of fat** people consume every
주어(the amount of + 명사) 수식어(관계절)

---

day **is** increasing greatly.
단수동사

해석 요즘, 사람들이 매일 먹는 지방의 양이 크게 증가하고 있다.

어휘 fat 지방 consume 먹다, 소비하다

8 정답 **O**

해설 About **one-third of the human brain is** devoted to vision.
주어(분수 + of + 단수명사) 단수동사

해석 인간 뇌의 약 3분의 1은 시각에 전념한다.

어휘 be devoted to ~에 전념하다, ~에 헌신하다

Mini TEST 불변의 패턴 02~04
본책 p.29

1 정답 **needs → need**

해설 Right now, **the unemployed need** services to ~
복수주어(the + 분사) 복수동사

주어 the unemployed는 '실업자들'이라는 뜻으로 복수 취급하는
「the + 분사」이므로 복수동사 need가 와야 한다. (불변의 패턴 03)

해석 지금 당장, 실업자들은 그들이 일자리를 구하는 것을 확실하게 해 줄
서비스가 필요하다.

어휘 make sure 확실하게 하다

2 정답 **hurt → hurts**

해설 **Throwing things out** only **hurts** for a little while.
단수주어(동명사구) 단수동사

주어 Throwing things out은 단수 취급하는 동명사구 주어이므로 단
수동사 hurts가 와야 한다. (불변의 패턴 02)

해석 물건들을 버리는 것은 잠시 동안만 마음을 아프게 한다.

3 정답 **O**

해설 Nearly **40 percent of the participants were** sure ~.
주어(퍼센트 + of + 복수명사) 복수동사

주어 40 percent of the participants에서 「퍼센트 + of」는 동사
가 of 뒤의 명사에 수 일치해야 하는 부분/수량표현이므로, 복수명
사 participants에 수 일치하는 복수동사 were가 온 것이 적절하다.
(불변의 패턴 04)

해석 참가자들 중 거의 40퍼센트는 제품이 안전하고 가격만큼 가치가 있다
고 확신했다.

어휘 worth the price 가격만큼 가치가 있는

4 정답 **was → were**

해설 **A lot of the parts** of the machinery **were** completely
주어(a lot of + 복수명사) 수식어(전치사 + 명사구) 복수동사

---

worn and needed to be replaced or repaired.

주어 A lot of the parts에서 a lot of는 동사가 of 뒤의 명사에 수 일치
해야 하는 부분/수량표현이므로 복수명사 parts에 수 일치하는 복수
동사 were가 와야 한다. of the machinery는 수 일치에 영향을 미치
지 않는 수식어(전치사 + 명사)이다. (불변의 패턴 04, 01-1)

해석 그 기계의 많은 부품들이 완전히 닳았고 교체되거나 수리될 필요가 있
었다.

어휘 machinery 기계 worn 닳은, 마모된

5 정답 **seem → seems**

해설 In my opinion, **the amount of sugar** in this cake recipe
주어(the amount of + 명사) 수식어(전치사 + 명사구)
seems like a lot.
단수동사

주어 the amount of sugar에서 the amount of는 항상 앞을 단
수 취급하는 표현이므로 단수동사 seems가 와야 한다. in this cake
recipe는 수 일치에 영향을 미치지 않는 수식어(전치사 + 명사구)이
다. (불변의 패턴 04, 01-1)

해석 내 생각에는, 이 케이크 조리법의 설탕의 양이 많은 것 같아 보인다.

6 정답 **Having the habit of asking questions transforms you**

해설 **Having the habit** of asking questions **transforms** you
단수주어(동명사구) 수식어(전치사 + 명사구) 단수동사
into an active listener.

수식어를 제외하고 보면 '습관을 갖는 것은 ~ 바꾼다'라는 뜻의 문장
이므로, Having the habit이 주어, transform이 동사로 와야 한다. 동
명사구 주어 Having the habit은 단수 취급하므로, transform은 단수
동사 transforms로 바꿔서 써야 한다. '질문을 하는'이라는 뜻으로 주
어를 수식하는 수식어(전치사 + 명사구) of asking questions는 주어
와 동사 사이에 오는 것이 적절하다. (불변의 패턴 02, 01-1)

어휘 transform 바꾸다

불변의 패턴 05 주격 관계대명사절의 동사는 선행사에 수 일치해야 한다.
본책 p.30

1 정답 **humans, give**

해설 Computers can only carry out instructions **that humans**
목적격 복수주어
관계대명사
give them.
복수동사

해석 컴퓨터는 인간들이 그들에게 주는 지시만 수행할 수 있다.

어휘 carry out 수행하다 instruction 지시

2 정답 **the pain, makes**

해설 The key to treatment is to help people relieve **the pain**
선행사(단수명사)
that makes them suffer.
주격 관계대명사 단수동사

해석 치료의 핵심은 사람들이 그들을 고통받게 하는 통증을 완화하도록 돕
는 것이다.

어휘 relieve 완화하다 suffer 고통받다

3 정답 **the trash can, is**

해설 Put any garbage in <u>the trash can</u> <u>that</u> <u>is</u> outside the
선행사(단수명사)　주격 단수동사
관계대명사

building.

해석 어떤 쓰레기든 건물 밖에 있는 쓰레기통에 넣어라.

4 정답 **those, pretend**

해설 Sometimes we meet <u>those</u> <u>who</u> <u>pretend</u> to be good at
선행사(복수명사) 주격 복수동사
관계대명사

many tasks, but cannot perform ~.

해석 때때로 우리는 많은 일을 잘하는 척하지만, 그것들 중 단 하나도 제대
로 수행할 수 없는 사람들을 만난다.

어휘 pretend to ~인 척하다　perform 수행하다

5 정답 **people, believe**

해설 It's great to have <u>people</u> in your life <u>who</u> <u>believe</u> in you
선행사(복수명사)　주격 관계대명사 복수동사

and support you.

해석 당신의 삶에서 당신을 믿고 지지해주는 사람을 가진 것은 멋지다.

어휘 support 지지하다, 지원하다

6 정답 **we, discover**

복수주어

해설 Knowledge relies on information <u>that</u> <u>we</u> <u>discover</u> in
목적격　　복수동사
관계대명사

conversation with other people.

해석 지식은 우리가 다른 사람들과의 대화에서 발견한 정보에 의존한다.

어휘 rely on 의존하다, 기대다

불변의 패턴 06 it-that 사이의 강조 대상이 주어 역할을 하는 that절의 동사는 강조 대상에 수 일치해야 한다. 본책 p.31

1 정답 **the sun, give → gives**

해설 It is <u>the sun</u> that <u>gives</u> plants the energy they need.
강조 대상(불가산명사) 단수동사

해석 식물에게 그들이 필요한 에너지를 주는 것은 바로 태양이다.

2 정답 **my roommates, ○**

해설 On weekdays, it is a boiled egg that <u>my roommates</u>
복수주어
<u>eat</u> in the morning.
복수동사

해석 평일에, 나의 룸메이트들이 아침에 먹는 것은 바로 삶은 달걀이다.

어휘 boiled 삶은

3 정답 **the security workers, locks → lock**

해설 According to the manager, it is <u>the security workers</u>
강조 대상(복수명사)

that always <u>lock</u> the main entrance at 11 P.M.
복수동사

해석 관리자에 따르면, 항상 오후 11시에 중앙 입구를 잠그는 것은 바로 보
안요원들이다.

어휘 security 보안　entrance 입구, 입장

4 정답 **people's belief, lead → leads**

해설 It might be <u>people's belief</u> in the power of hypnosis that
강조 대상(불가산명사)　수식어(전치사 + 명사구)
<u>leads</u> them to recall more things.
단수동사

해석 그들이 더 많은 것들을 생각나게 할 수 있는 것은 바로 최면의 능력에
대한 사람들의 믿음일지도 모른다.

어휘 hypnosis 최면　recall 생각나게 하다

불변의 패턴 07 도치된 문장에서는 동사가 뒤에 있는 주어에 수 일치해야 한다. 본책 p.32

1 정답 **two basic components, are**

해설 <u>There</u> <u>are</u> <u>two basic components</u> in mathematics and
장소 복수동사　복수주어
music.

해석 수학과 음악에는 두 가지 기본적인 요소들이 있다.

어휘 component 요소

2 정답 **it, does**

해설 <u>Not only</u> <u>does</u> <u>it</u> turn night into day, but ~.
부정　단수동사 단수주어

해석 인공조명은 밤을 낮으로 바꿀 뿐 아니라, 자연광이 들어갈 수 없는 큰
건물에서 우리가 사는 것을 가능하게 한다.

어휘 artificial 인공적인

3 정답 **a young father, was**

해설 <u>In the terminal</u> <u>was</u> standing <u>a young father</u> ~.
장소　단수동사　　단수주어

해석 터미널에 그의 가족이 돌아오기를 기다리는 한 젊은 아버지가 서 있
었다.

4 정답 **a computer, is**

해설 <u>Rarely</u> <u>is</u> <u>a computer</u> more sensitive than ~.
부정 단수동사 단수주어

해석 동일한 환경적 요소들을 관리하는 데 있어 컴퓨터는 거의 인간보다 더
민감하지 않다.

어휘 sensitive 민감한, 예민한　factor 요소, 요인

5 정답 **airlines, do**

해설 <u>Never</u> <u>do</u> <u>airlines</u> permit passengers without ~.
부정 복수동사 복수주어

해석 항공사들은 여권이 없는 승객들이 국제선 항공기에 탑승하도록 절대
허가하지 않는다.

어휘 board 탑승하다; 판자

6 정답 **several spaceships, were**

해설 <u>Toward the distant planet</u> <u>were</u> sent <u>several spaceships</u>
방향　　　　복수동사　　　복수주어
by NASA.

해석 먼 행성을 향해 몇 대의 우주선이 NASA에 의해 보내졌다.

어휘 distant 먼, 동떨어진

1 정답 **visits → visit**

해설 Business owners offer discounts to **customers who**
　　　　　　　　　　　　　　　　선행사(복수명사)　주격
　　　　　　　　　　　　　　　　　　　　　　관계대명사
frequently **visit** the shops and restaurants in the town.
　　　　복수동사

관계대명사 who 뒤에 주어 없이 동사가 바로 왔으므로 who는 주격 관계대명사이고, 동사는 선행사인 customers에 수 일치해야 한다. customers가 복수명사이므로 복수동사 visit이 와야 한다. (불변의 패턴 05)

해석 사업주들은 시내에 있는 상점과 식당을 자주 방문하는 손님들에게 할인을 제공한다.

어휘 discount 할인 frequently 자주, 빈번히

2 정답 **O**

해설 **There were** at least **three or four different species** of
　　　장소　복수동사　　　　복수주어
human living on Earth for the past five million years.

장소를 나타내는 어구인 There가 문장의 앞쪽에 와서 도치가 되었으므로 동사는 뒤에 있는 주어 three or four different species에 수 일치해야 한다. three or four different species가 복수명사이므로 복수동사 were가 온 것이 적절하다. (불변의 패턴 07)

해석 지난 5백만 년 동안 지구에 산 최소한 서너 다른 종의 인간이 있었다.

3 정답 **own → owns**

해설 It is **my older sister** that **owns** the art gallery in downtown.
　　　강조 대상(단수명사)　　단수동사

It-that 강조 구문에서 that 뒤에 주어 없이 동사가 바로 왔으므로 동사는 It과 that 사이의 강조 대상에 수 일치해야 한다. 강조 대상 my older sister가 단수명사이므로 단수동사 owns가 와야 한다. (불변의 패턴 06)

해석 시내에 있는 그 미술관을 소유한 사람은 바로 나의 언니다.

4 정답 **does → do**

해설 **Never do we** imagine that war could actually happen
　　　부정 복수동사 복수주어
when ~.

부정의 의미를 나타내는 어구인 Never가 문장의 앞쪽에 와서 도치가 되었으므로 동사는 뒤에 나오는 복수주어 we에 수 일치하는 복수동사 do가 와야 한다. (불변의 패턴 07)

해석 우리는 매일 아침 일어나서 우리의 일상생활을 시작할 때 전쟁이 실제로 일어날 수도 있다고 절대 상상하지 않는다.

어휘 go about ~을 시작하다

5 정답 **knows → know**

해설 The teacher will give a prize to **the students who know**
　　　　　　　　　　　　　　　　선행사(복수명사)　주격 복수동사
the capitals of every state in the US.　　관계대명사

관계대명사 who 뒤에 주어 없이 동사가 바로 왔으므로 who는 주격 관계대명사이고, 동사는 선행사인 the students에 수 일치해야 한다. the students가 복수명사이므로 복수동사 know가 와야 한다. (불변의 패턴 05)

해석 선생님은 미국의 모든 주의 주도를 아는 학생들에게 상을 줄 것이다.

6 정답 **intelligent friends that give you helpful advice**

해설 It is a good idea to have **intelligent friends that give** you
　　　　　　　　　　　　　　선행사(복수명사)　주격 복수동사
helpful advice.　　　　　　　　　　관계대명사

'너에게 유용한 조언을 해주는 똑똑한 친구들'이라는 의미가 되어야 하므로 선행사 intelligent friends 뒤에 관계절이 와야 한다. 관계대명사 that 뒤의 내용인 유용한 조언을 해주는 주체가 '똑똑한 친구들'이므로 동사 give는 선행사인 복수명사 intelligent friends에 수 일치하는 복수동사 give로 바꿔서 써야 한다. (불변의 패턴 05)

어휘 intelligent 똑똑한, 지능적인

01	is	02	is	03	pay	04	were	05	have
06	need	07	O	08	is	09	are	10	have
11	②	12	④	13	③	14	④	15	⑤

16　(1) ⓐ appears → appear, ⓑ has → have
　　(2) Many stories that are created today have interesting plots

01 정답 **is**

해설 **Who we are is** a result of the choices ~.
　　　명사절 주어 단수동사

주어 Who we are는 단수 취급하는 명사절 주어이므로 단수동사 is가 와야 한다. We ~ future는 the choices를 수식하는 관계절이다. (불변의 패턴 02)

해석 우리가 누구인지는 우리의 미래에 대해 우리가 한 선택들의 결과이다.

02 정답 **is**

해설 At the annual international conference, **one of** the issues
discussed every year **is** global warming. 주어(one of + 명사)
　　수식어(분사구)　　　단수동사

주어 one of the issues에서 one of는 항상 of 앞을 단수 취급하는 표

현이므로 단수동사 is가 와야 한다. discussed every year는 수 일치에 영향을 미치지 않는 수식어(분사구)이다. (불변의 패턴 04, 01-2)

해석 연례 국제회의에서, 매년 논의되는 이슈들 중 하나는 지구온난화이다.

어휘 annual 연례의, 연간의　conference 회의

03 정답 **pay**

해설 In many countries, **the rich pay** more taxes than other
citizens ~. 복수주어(the + 형용사) 복수동사

주어 the rich는 '부유한 사람들'이라는 뜻으로 복수 취급하는 「the + 형용사」이므로 복수동사 pay가 와야 한다. (불변의 패턴 03)

해석 많은 나라들에서, 부유한 사람들은 그들이 노력을 통해서 돈을 벌었을지라도 다른 시민들보다 더 많은 세금을 낸다.

04 정답 **were**

해설 There is a deep cave on the island, containing the bones
of **the Indians**, **who**, it is supposed, **were** buried there.
　　선행사(복수명사)　주격 관계대명사　수식어(삽입절)　복수동사

관계대명사 who 뒤에 주어 없이 동사가 바로 왔으므로 who는 주격 관계대명사이고, 동사는 선행사 the Indians에 수 일치해야 한다. the Indians가 복수명사이므로 복수동사 were가 와야 한다.

it is supposed는 수 일치에 영향을 미치지 않는 수식어(삽입절)이다. (불변의 패턴 05, 01-4)

해석 그 섬에는 깊은 동굴이 있는데, 추정되기로는, 거기에 묻혔던 인디언들의 뼈가 들어 있다.

어휘 cave 동굴 contain 들어 있다, 포함하다
suppose 추정하다, 가정하다 bury 묻다

05 정답 have

해설 Only recently have humans created various written
　　　　제한　　　　복수동사　복수주어
languages to symbolize the messages.

　　제한을 나타내는 어구인 Only recently가 문장의 앞쪽에 와서 도치가 되었으므로 뒤에 오는 복수주어 humans에 수 일치하는 복수동사 have가 와야 한다. (불변의 패턴 07)

해석 최근에서야 인간들은 메시지를 부호로 나타내기 위해 다양한 언어들을 만들어 냈다.

어휘 recently 최근에 symbolize 부호로 나타내다, 상징하다

06 정답 needs → need

해설 The stage lights will quickly draw the audience's attention
to the actors who especially need to be focused on.
　선행사(복수명사)　주격 관계대명사　　복수동사

　　관계대명사 who 뒤에 주어 없이 동사가 바로 왔으므로 who는 주격 관계대명사이고, 동사는 선행사인 the actors에 수 일치해야 한다. the actors가 복수명사이므로 복수동사 need가 와야 한다. especially는 수 일치에 영향을 미치지 않는 수식어(부사)이다. (불변의 패턴 05)

해석 무대 조명은 특히 초점이 맞춰져야 하는 배우에게로 관객의 관심을 빠르게 끌 것이다.

어휘 audience 관객, 청중 attention 관심, 주목

07 정답 O

해설 The stories told in the author's new book that is about
　복수주어　　　수식어(분사구)　　　　수식어(관계절)
a murder mystery have many interesting topics and
　　　　　　　복수동사
characters.

　　주어 The stories가 복수명사이므로 복수동사 have가 온 것이 적절하다. told in the author's new book(분사구)과 that ~ mystery(관계절)는 둘 다 수 일치에 영향을 미치지 않는 수식어이다. (불변의 패턴 01-2, 01-3)

해석 그 작가의 살인 미스터리에 관한 새 책에서 말해진 이야기들은 많은 흥미로운 주제들과 인물들을 가지고 있다.

어휘 author 작가 character 인물, 캐릭터

08 정답 are → is

해설 The best thing about driverless cars is that ~.
　　단수주어　　수식어(전치사 + 명사구)　단수동사

　　주어 The best thing은 단수명사이므로 단수동사 is가 와야 한다. about driverless cars는 수 일치에 영향을 미치지 않는 수식어(전치사 + 명사구)이다. (불변의 패턴 01-1)

해석 무인 자동차의 가장 좋은 점은 사람들이 그것을 운전하기 위해 면허증이 필요하지 않을 것이라는 것이다.

어휘 license 면허증, 자격증 operate 운전하다, 가동하다

09 정답 is → are

해설 With technology progressing faster than ever before,
there are plenty of devices that ~.
장소 복수동사 주어(plenty of + 복수명사)

　　장소를 나타내는 어구인 there가 문장의 앞쪽에 와서 도치가 되었으므로 동사는 뒤에 있는 주어 plenty of devices에 수 일치해야 한다. plenty of는 동사가 of 뒤의 명사에 수 일치해야 하는 부분/수량표현이므로 복수명사 devices에 수 일치하는 복수동사 are가 와야 한다. (불변의 패턴 07, 04)

해석 이전 어느 때보다 더 빠른 기술 발전 덕분에, 더 많은 물을 절약하기 위해 소비자들이 그들의 집에 설치할 수 있는 많은 장치들이 있다.

어휘 device 장치 consumer 소비자 install 설치하다

10 정답 has → have

해설 Researchers who study giving behavior have noticed
　복수주어　　　수식어(관계절)　　　복수동사
that some people give money to just one charity ~.

　　주어가 복수명사인 Researchers이므로 복수동사 have가 와야 한다. who study giving behavior는 수 일치에 영향을 미치지 않는 수식어(관계절)이다. (불변의 패턴 01-3)

해석 기부 행위를 연구하는 연구원들은 어떤 사람들은 딱 하나의 자선단체에 돈을 내는 반면, 다른 사람들은 여러 자선단체에 기부한다는 것을 알아챘다.

어휘 charity 자선단체 donate 기부하다, 기증하다

11 정답 ② has – suggests – perform

해설 (A) It is noise in the classrooms that has negative effects
　　강조 대상　수식어(전치사 + 명사구)　　단수동사
　　(불가산명사)
on communication patterns and the ability ~.

　　It-that 강조 구문에서 that 뒤에 주어 없이 바로 동사가 왔으므로, 동사는 It-that 사이에 있는 강조 대상에 수 일치해야 한다. 강조 대상 noise는 단수 취급하는 불가산명사이므로 단수동사 has가 와야 한다. in the classrooms는 수 일치에 영향을 미치지 않는 수식어(전치사 + 명사구)이다. (불변의 패턴 06, 01-1)

(B) Research with older children suggests similar
　　단수주어　수식어(전치사 + 명사구)　단수동사
findings.

　　주어 Research가 단수 취급하는 불가산명사이므로 단수동사 suggests가 와야 한다. with older children은 수 일치에 영향을 미치지 않는 수식어(전치사 + 명사구)이다. (불변의 패턴 01-1)

(C) On reading and math tests, elementary and high
school students who study in noisy schools or
　　복수주어　　　　　수식어(관계절)
classrooms consistently perform below ~.
　　　　　　　　　　　복수동사

　　주어 elementary and high school students가 복수명사이므로 복수동사 perform이 와야 한다. who ~ classrooms는 수 일치에 영향을 미치지 않는 수식어(관계절)이다. (불변의 패턴 01-3)

해석 의사소통 패턴과 주의를 기울이는 능력에 부정적인 영향을 미치는 것은 바로 교실에서의 소음이다. 따라서, 소음에 대한 지속적인 노출이 아이들의 학업 성취와 특히 읽기와 읽기 학습에 대한 그것의 부정적인 영향과 관련되어 있다는 것은 놀랍지 않다. 일부 연구원들은 유치원 교실이 소음 수준을 낮추도록 바뀌었을 때, 아이들이 서로 더 자주 그리고 더 완전한 문장들로 말을 했고, 사전 읽기 시험에 대한 그들의 성적이 향상되었다는 것을 발견했다. 나이가 더 많은 아이들을 대상으로 한 연구는 비슷한 결과를 보여준다. 읽기와 수학 시험에서, 시끄러운 학교 또는 교실에서 공부하는 초등학생들과 고등학생들은 더 조용한 환경의 학생들보다 지속적으로 낮게 성취한다.

어휘 constant 지속적인, 변함 없는 exposure 노출
be related to ~와 관련되다 achievement 성취
preschool 유치원, 미취학의 performance 성적, 수행, 공연
finding 결과 consistently 지속적으로, 일관되게

12 정답 ④ are – is – has

해설 (A) However, there are a few things about dams that
　　　　　　　　　선행사(복수명사)　　　　주격
are important to know.　　　　　　　　　관계대명사
복수동사

　　관계대명사 that 뒤에 주어 없이 동사가 바로 왔으므로 that은 주격 관계대명사이고, 동사는 선행사 a few things에 수 일치해야 한다. a few things가 복수명사이므로 복수동사 are가 와야 한다. (불변의 패턴 05)

(B) **The water** released from the dam **is** colder than ~.
　주어(불가산명사)　　수식어(분사구)　　단수동사

주어 The water는 단수 취급하는 불가산명사이므로 단수동사 is 가 와야 한다. released from the dam은 수 일치에 영향을 미치지 않는 수식어(분사구)이다. (불변의 패턴 01-2)

(C) **One** of the negative effects of dams **has** been
　주어(one of + 명사)　수식어(전치사 + 명사) 단수동사
observed on salmon ~.

주어 One of the negative effects에서 one of는 항상 of 앞을 단수 취급하는 표현이므로 단수동사 has가 와야 한다. of dams는 수 일치에 영향을 미치지 않는 수식어(전치사 + 명사)이다. (불변의 패턴 04, 01-1)

해석 수력 발전은 깨끗하고 재생 가능한 동력원이다. 하지만, 댐에 대해서 알아야 할 중요한 몇 가지 것들이 있다. 수력 발전 댐을 짓기 위해, 댐 뒤쪽에 넓은 지역이 침수되어야 한다. 때때로 지역 사회 전체가 다른 곳으로 옮겨져야 한다. 숲 전체가 물에 잠길 수도 있다. 댐에서 방출된 물은 보통보다 더 차갑고 이는 강 하류의 생태계에 영향을 미칠 수 있다. 그것은 또한 강기슭을 유실시키고 강바닥의 생명을 파괴할 수 있다. 댐의 부정적 영향들 중 하나는 그들의 알을 낳기 위해 상류로 이동해야 하는 연어에서 관찰되어 왔다. 만약 댐에 의해 막히면, 연어의 생활 주기는 완성될 수 없다.

어휘 hydroelectric power 수력 발전　renewable 재생 가능한
flood 침수하다　drown 물에 잠기다　release 방출하다, 놓아 주다
ecosystem 생태계　downstream 하류의
wash away 유실시키다　riverbank 강기슭, 강둑
salmon 연어　upstream 상류의　life cycle 생활 주기

13 **정답** ③ reports → report

해설 ③ **Supporters** of the deskless office **report** that ~.
　　　복수주어　　수식어(전치사 + 명사구)　　복수동사

주어 Supporters가 복수명사이므로 복수동사 report가 와야 한다. of the deskless office는 수 일치에 영향을 미치지 않는 수식어(전치사 + 명사구)이다. (불변의 패턴 01-1)

오답분석 ① 주어 Most of the office desks에서 most of는 동사가 of 뒤의 명사에 수 일치해야 하는 부분/수량표현이므로, 복수명사 office desks에 수 일치하는 복수동사 do가 온 것이 적절하다. on the market today는 수 일치에 영향을 미치지 않는 수식어(전치사 + 명사구)이다. (불변의 패턴 04, 01-1)

② 주어 Removing the desks from their offices는 단수 취급하는 동명사구 주어이므로 단수동사 has가 온 것이 적절하다. (불변의 패턴 02)

④ 주어 The fact가 단수명사이므로 단수동사 makes가 온 것이 적절하다. The fact 뒤의 that ~ desk는 수 일치에 영향을 미치지 않는 수식어(동격 that절)이다. (불변의 패턴 01-4)

⑤ 관계대명사 that 뒤에 주어 없이 동사가 바로 왔으므로 that은 주격 관계대명사이고, 동사는 선행사인 results에 수 일치해야 한다. results가 복수명사이므로 복수동사 happen이 온 것이 적절하다. (불변의 패턴 05)

해석 오늘날 시중에 판매되는 대부분의 사무용 책상들은 당신이 당신의 일을 하는 것을 돕지 않고, 결정을 지연시킬 뿐이다. 일부 임원들은 그들의 표준 사무용 책상을 단순한 필기용 탁자로 교체했다. 책상을 그들의 사무실에서 없애는 것은 사무실 업무를 훨씬 더 쉽고 빠르게 만들었다. 책상 없는 사무실에 대한 지지자들은 그것이 대면 의사소통을 개선했다고 보고한다. 그들이 더 이상 그들의 책상에 묶여 있지 않다는 사실은 사람들이 대화하는 것을 더 자유롭게 느끼도록 만든다. 당신이 책상을 필요로 하지 않을 수도 있다는 가능성을 고려해 보아라. 당신이 그것을 없앨 수 있다면, 그것 없이 일하는 것을 시도해보고 당신이 그것으로부터 스스로가 자유로워진 후에 일어나는 놀라운 결과들을 보아라.

어휘 delay 지연시키다　executive 임원, 간부
face-to-face 대면의, 마주 보는　be chained to ~에 묶여 있다
possibility 가능성　get rid of ~를 없애다, 제거하다

14 **정답** ④ remain → remains

해설 ④ Therefore, **the role** of play in so many animal species
　　　　　　　단수주어　수식어　수식어 (전치사 + 명사구)
　　　　　　　　　　(전치사 + 명사)
remains a mystery.
　단수동사

주어 the role이 단수명사이므로 단수동사 remains가 와야 한다. of play와 in so many animal species는 수 일치에 영향을 미치지 않는 수식어(전치사 + 명사구)이다. (불변의 패턴 01-1)

오답분석 ① 주어 86 percent of young Southern fur seals에서 「퍼센트 + of」는 동사가 of 뒤의 명사에 수 일치해야 하는 부분/수량표현이므로, 복수명사 young Southern fur seals에 수 일치하는 복수동사 were가 온 것이 적절하다. eaten by a predator는 수 일치에 영향을 미치지 않는 수식어(분사구)이다. (불변의 패턴 04, 01-2)

② 부정의 의미를 나타내는 어구 Rarely가 문장의 앞쪽에 와서 도치가 되었으므로 동사는 뒤에 나오는 주어 scientific studies에 수 일치해야 한다. scientific studies가 복수명사이므로 복수동사 have가 온 것이 적절하다. (불변의 패턴 07)

③ 주어 detailed studies가 복수명사이므로 복수동사 were가 온 것이 적절하다. which ~ meerkats는 수 일치에 영향을 미치지 않는 수식어(관계절)이다. (불변의 패턴 01-3)

⑤ 주어 What motivates play in young animals는 단수 취급하는 명사절이므로 단수동사 is가 온 것이 적절하다. (불변의 패턴 02)

해석 놀이는 먹이를 찾아 다니는 데 소비될 수 있는 에너지와 시간을 소모하기 때문에 대가가 클 수 있다. 노는 동안, 어린 동물은 큰 위험에 처할지도 모른다. 예를 들어, 포식자에 의해 잡아 먹히는 86퍼센트의 어린 남방 물개들은 그들이 잡혔을 때 다른 이들과 수영 놀이를 하는 중이었다. 위험에도 불구하고, 과학자들은 놀이가 어린 물개들이 사냥과 같은 기술을 연습할 수 있게 해주고 그들이 사교 기술을 발달시키는 것을 돕는다고 생각한다. 그러나 과학적 연구들은 이러한 이론들에 대한 어떤 증거도 거의 제시하지 못했다. 예를 들어, 미어캣의 성장기 놀이와 성체의 행동을 추적했던 상세한 연구는 싸움 놀이가 성체로서 싸우는 능력에 영향을 미쳤다는 것을 증명하는데 성공적이지 못했다. 그러므로, 매우 많은 동물 종에서 놀이의 역할은 의문으로 남아있다. 어린 동물들에게 놀이의 동기를 부여해 주는 것은 미래의 연구가 밝혀낼지도 모르는 것이다.

어휘 costly 대가가 큰, 비용이 많이 드는　forage 먹이를 찾아 다니다
proof 증거　detailed 상세한, 자세한　trace 추적하다
juvenile 성장기의　reveal 밝히다, 드러내다

15 **정답** ⑤ is → are

해설 ⑤ If produce is hidden ~, **these good foods**, it seems,
　　　　　　　　　　　　　　　복수주어　　수식어(삽입절)
are out of sight and mind.
복수동사

주어 these good foods가 복수명사이므로 복수동사 are가 와야 한다. it seems는 수 일치에 영향을 미치지 않는 수식어(삽입절)이다. (불변의 패턴 01-4)

오답분석 ① 주어 Items가 복수명사이므로 복수동사 get이 온 것이 적절하다. that are placed at eye level(관계절)과 in the grocery store(전치사 + 명사구)는 둘 다 수 일치에 영향을 미치지 않는 수식어이다. (불변의 패턴 01-3, 01-1)

② 주어 "product placement"는 단수 취급하는 불가산명사이므로 단수동사 influences가 온 것이 적절하다. in stores는 수 일치에 영향을 미치지 않는 수식어(전치사 + 명사)이다. "product placement" ~ behavior는 선행사인 the way를 수식하는 관계부사로 the way 뒤에 관계부사 how가 생략되어 있다. (불변의 패턴 01-1)

③ 주어 Healthy items가 복수명사이므로 복수동사 are가 온 것이 적절하다. like produce는 수 일치에 영향을 미치지 않는 수식어(전치사 + 명사)이다. (불변의 패턴 01-1)

④ 주어 the number of Americans에서 the number of는 항상 of 앞을 단수 취급하는 표현이므로 단수동사 is가 온 것이 적절하다. who eat enough fruits and vegetables는 수 일치에 영향을 미치

지 않는 수식어(관계절)이다. (불변의 패턴 04, 01-3)

해석 마케팅 담당자들은 당신이 처음 보는 것을 산다는 것을 수십 년 동안 알고 있었다. 식료품점에서 눈높이에 배치된 상품들은 맨 아래 선반에 있는 것들보다 먼저 손님들의 관심을 얻는다. 당신의 구매 행동에 영향을 미치는 상점 내의 '제품 배치' 방법에 대한 조사가 있다. 이것은 상품 배치를 당신에게 유리하게 활용할 수 있는 기회를 준다. 농작물과 같은 건강식품은 종종 집에서 가장 눈에 띄지 않는 음식이다. 당신은 당신이 보지 않는 것을 먹을 생각을 하지 못할 것이다. 이러한 이유로, 충분한 과일과 야채를 먹는 미국인들의 수가 적다. 만약 농작물이 당신의 냉장고의 가장 아래에 있는 서랍에 숨겨져 있다면, 이러한 좋은 음식들은, 아마도, 보이지도 않고 기억에서도 잊혀질 것이다.

어휘 decade 십 년 placement 배치, 설치
to one's advantage ~에게 유리하게 produce 농작물
visible 눈에 띄는, 보이는

16 정답 **(1) ⓐ appears → appear, ⓑ has → have**
(2) Many stories that are created today have interesting plots

해설 (1) ⓐ <u>In numerous cultures around the world</u> <u>appear</u>
　　　　　　　　　　장소　　　　　　　　　　　복수동사
<u>dragons</u> in stories such as legends and tales.
복수주어

장소를 나타내는 어구 In ~ world가 문장의 앞쪽에 와서 도치가 되었으므로 동사는 뒤에 있는 주어 dragons에 수 일치해야 한다. dragons가 복수명사이므로 복수동사 appear가 와야 한다. (불변의 패턴 07)

ⓑ ~ and we know about them because of <u>bones that</u>
　　　　　　　　　　　　　　　　선행사(복수명사)　　주격
<u>have</u> been preserved as fossils.　　　　　　　관계대명사
복수동사

관계대명사 that 뒤에 주어 없이 동사가 바로 왔으므로 that은 주격 관계대명사이고, 동사는 선행사인 bones에 수 일치해야 한다. bones가 복수명사이므로 복수동사 have가 와야 한다. (불변의 패턴 05)

(2) <u>Many stories</u> <u>that are created today</u> <u>have</u> interesting
　　복수주어　　　　수식어(관계절)　　　복수동사
plots about dragons.

수식어를 제외하고 보면 '많은 이야기들이 ~ 가지고 있다'라는 뜻의 문장이므로, Many stories가 주어, have가 동사로 와야 한다. 주어 Many stories는 복수명사이므로, 동사는 복수형인 have 그대로 써야 한다. '오늘날 창작된'이라는 의미의 수식어(관계절) that be created today는 주어와 동사 사이에 오는데, 관계절에 주어가 따로 없으므로 be는 선행사인 Many stories에 수 일치하는 복수동사 are로 바꿔 써야 한다. (불변의 패턴 01-3, 05)

해석 내가 아주 어렸을 때, 나는 공룡과 용의 차이점을 구별하는 데 어려움을 겪었다. 하지만 그들 사이에는 상당한 차이가 있다. 전 세계의 수많은 문화에서 전설이나 소설 같은 이야기 속에 용들이 등장한다. 오늘날 창작된 많은 이야기들은 용에 대한 흥미로운 줄거리들을 가지고 있다. 하지만, 용은 항상 인간의 상상력의 산물이었고 결코 존재한 적이 없었다. 그러나 공룡은 한때 실제로 살았다. 비록 인간이 그들을 본 적이 없을지라도, 그들은 매우 오랫동안 지구를 거닐었다. 그들은 약 2억 년 전에 존재했고, 우리는 화석으로 보존되어온 뼈들 때문에 그들에 대해 알고 있다.

어휘 have difficulty -ing ~하는데 어려움을 겪다
significant 상당한, 현저한 numerous 수많은
tale 소설, 이야기 product 산물, 생산물 preserve 보존하다
fossil 화석 plot 줄거리

CHAPTER 02　동사의 시제

불변의 패턴 08　과거와 현재를 모두 포함한 시간 표현은 현재완료와 쓰고, 과거 한 시점만 나타내는 시간 표현은 단순과거와 써야 한다.
본책 p.40

TYPE 1 과거와 현재 모두 포함하는 시간 표현: since, for, how long　p.40

1 정답 **has lived**
해설 I don't know <u>how long</u> Peter <u>has lived</u> here in France, but ~.
　　　　　　(지금까지) 얼마나 오래　　　현재완료
해석 나는 Peter가 이곳 프랑스에서 얼마나 오래 살아왔는지 모르지만, 그는 프랑스 문화에 매우 익숙한 것처럼 보인다.

2 정답 **was**
해설 Ben <u>has dreamed</u> of becoming a singer <u>since</u> he <u>was</u>
　　　　현재완료　　　　　　　　　　　~이래로 (지금까지)　단순과거
five years old.
해석 Ben은 그가 다섯 살이었던 이래로 가수가 되는 것을 꿈꿔왔다.

3 정답 **lasted**
해설 The floods <u>lasted for two weeks</u> before the water returned
　　　　　　　　단순과거 (과거에) 2주 동안
to normal levels 12 hours ago.
해석 12시간 전에 물이 정상 수위로 돌아오기까지 홍수가 2주 동안 지속되었다.
어휘 flood 홍수 level (지면 등의) 수위, 정도, 수준

4 정답 **have solved**
해설 We <u>have solved</u> problems of this kind <u>since childhood</u>,
　　　　현재완료　　　　　　　　　　어린 시절 이래로 (지금까지)
usually without awareness of what we are doing.
해석 우리는 보통 우리가 무엇을 하고 있는지에 대한 의식 없이, 어린 시절 이래로 이런 종류의 문제들을 해결해 왔다.
어휘 awareness 의식, 자각

TYPE 2 과거의 한 시점을 나타내는 시간 표현: yesterday, ~ ago 등　p.41

1 정답 **retired**
해설 Sandy Brown, our after-school swimming coach for six years, <u>retired</u> from coaching <u>last month</u>.
　　　　　　　　　　　　　　　단순과거　　　　　　지난달에
해석 6년간 우리의 방과 후 수영 코치였던 Sandy Brown은 지난달에 코치 직에서 은퇴했다.
어휘 retire 은퇴하다

2 정답 **have been**

해설 I feel frustrated because we **have been** stuck in traffic
　　　　　　　　　　　　　　　　　　　　현재완료
for two hours now.
(지금까지) 2시간 동안

해석 우리는 지금 2시간 동안 교통 체증에 갇혀 있었기 때문에 나는 좌절스
럽게 느낀다.

어휘 frustrated 좌절스러운, 불만스러워하는　stuck in traffic 교통 체증에 갇힌

3 정답 **developed**

해설 A system of transporting letters by canal boat **developed**
　　　　　　　　　　　　　　　　　　　　　　　　　　단순과거
in the Dutch Republic **in the seventeenth century**.
17세기에

해석 운하용 배를 통해 편지를 운반하는 시스템은 17세기에 네덜란드 공화
국에서 발전했다.

어휘 transport 운반하다　canal boat 운하용 배

4 정답 **has been**

해설 One of Sigrid Undset's novels **has been** translated into
　　　　　　　　　　　　　　　　　　　　현재완료
more than eighty languages **since its publication**.
그것의 출간 이래로 (지금까지)

해석 Sigrid Undset의 소설들 중 하나는 그것의 출간 이래로 80개 이상의
언어로 번역되어 왔다.

어휘 translate 번역하다　publication 출간, 출판

불변의 패턴 09　시간/조건 부사절의 동사는 미래의 일이라도 현재시제로 써야 한다.　　본책 p.42

1 정답 **start**

해설 **As soon as** a person and a chimp **start** running, they
　　　시간의 부사절 접속사(~하자마자)　　　현재시제
will both get hot.

해석 사람과 침팬지가 달리기 시작하자마자, 그들 둘 다 더워질 것이다.

어휘 chimp 침팬지

2 정답 **will be**

해설 The commuters wonder **if** the construction **will be**
　　　　　　　　　　　명사절 접속사(동사 wonder의 목적어)　　미래시제
finished on time.

해석 통근자들은 그 공사가 제때 끝날지 궁금해한다.

어휘 commuter 통근자　construction 공사

3 정답 **are**

해설 **Once** cameras **are** put on spacecraft, we will see ~.
　　　조건의 부사절 접속사　　　현재시제
　　　(일단 ~하면)

해석 일단 카메라들이 우주선에 장착되면, 우리는 처음으로 우주를 또렷하
게 보게 될 것이다.

어휘 universe 우주

4 정답 **learn**

해설 Many parents will continue to read bedtime stories even
when their children **learn** to read by themselves.
시간의 부사절 접속사(~할 때)　현재시제

해석 많은 부모들은 심지어 그들의 아이들이 혼자서 읽는 것을 배울 때에도
잠자기 전에 들려주는 이야기들을 계속 읽어줄 것이다.

어휘 bedtime story (아이들에게) 잠자기 전에 들려주는 이야기

Mini TEST 불변의 패턴 08~09　　본책 p.43

1 정답 **has reached → reached**

해설 According to the report, the amount of rice eaten by
each person in Korea **reached** its peak **in 2008**.
　　　　　　　　　　　　　단순과거　　　　　2008년에
in 2008은 과거의 한 시점만을 나타내는 시간 표현이므로 단순과거
reached가 와야 한다. (불변의 패턴 08-2)

해석 보고에 따르면, 한국에서 각각의 사람들에 의해 소비된 쌀의 양은
2008년에 그것의 정점을 찍었다.

어휘 peak 정점, 꼭대기

2 정답 **O**
　　　　현재시제
해설 **If** you **offer** me $10 today or $11 tomorrow, I'll probably say
조건의 부사절 접속사
(만약 ~한다면)
I'd rather have the $10 today.

If가 이끄는 절이 조건의 의미를 나타내는 부사절이므로, 오늘 10달러
나 내일 11달러를 주겠다고 하는 것이 미래에 일어날 일이더라도 현재
시제 offer가 온 것이 적절하다. (불변의 패턴 09)

해석 만약 당신이 내게 오늘 10달러나 내일 11달러를 주겠다고 한다면, 나는
아마도 오늘 10달러를 갖겠다고 말할 것이다.

3 정답 **produced → have produced**

해설 We **have produced** healthy and natural foods **for over**
　　　현재완료

thirty years and always try our best to make your
(지금까지) 30년 이상 동안
shopping visits an enjoyable experience.

문맥상 지금도 음식을 생산하는 일을 하고 있다는 것을 알 수 있으므
로, for over thirty years는 과거와 현재를 모두 포함하는 시간 표현
이다. 따라서 현재완료 have produced가 와야 한다. (불변의 패턴 08-1)

해석 우리는 30년 이상 동안 건강식품과 자연식품을 생산해 왔으며 당신의
쇼핑을 위한 방문을 즐거운 경험으로 만들기 위해 항상 최선을 다하고
있다.

어휘 enjoyable 즐거운

4 정답 **has held → held**

해설 The government **held** a special ceremony at the national
　　　　　　　　　　　단순과거
event **last week** to honor the country's war heroes.
　　　　지난주에
last week은 과거의 한 시점만을 나타내는 시간 표현이므로 단순과거
held가 와야 한다. (불변의 패턴 08-2)

해석 정부는 국가의 전쟁 영웅들을 기리기 위해 지난주에 국가 행사에서 특
별 의식을 개최했다.

어휘 honor 기리다, 예우하다　war hero 전쟁 영웅

5 정답 **O**

해설 Our neurons will communicate to form networks of information **when** we **learn** a new fact or skill.
시간의 부사절 접속사(~할 때) 현재시제

when이 이끄는 절이 시간의 의미를 나타내는 부사절이므로, 새로운 사실이나 기술을 배우는 것이 미래에 일어날 일이더라도 현재시제 learn이 온 것이 적절하다. (불변의 패턴 09)

해석 우리가 새로운 사실이나 기술을 배울 때 우리의 뉴런들은 정보망을 형성하기 위해 소통할 것이다.

어휘 neuron 뉴런, 신경 단위

6 정답 **has made numerous movies since her first film was released**

해설 The director **has made** numerous movies **since** her first
현재완료 ~한 이래로 (지금까지)
film **was released in 1970**.
단순과거 1970년에

'감독이 만들어 왔다'는 의미가 되어야 하므로 The director 뒤에 동사 make를 써야 하는데, 뒤에 '첫 영화가 개봉한 이래 (지금까지)'라는 의미의 과거와 현재를 모두 포함한 시간 표현이 포함되어 있으므로 현재완료 has made로 써야 한다. since 절의 in 1970은 과거의 한 시점을 나타내는 시간 표현이므로 동사 be released를 단순과거 was released로 써야 한다. (불변의 패턴 08-1, 08-2)

어휘 release 개봉하다

01	comes	02	has been	03	use	04	finished
05	hiked	06	considered	07	O	08	meet
09	gathered	10	O	11	①	12	④
13	①	14	②	15	④		

16 (1) ⓐ have had → had, ⓓ became → has become
     (2) have enjoyed his works for nearly two hundred years

01 정답 **comes**

해설 The debate about the use of nuclear energy will not end **until** the conflict **comes** to a conclusion.
시간의 부사절 접속사(~할 때까지) 현재시제

until이 이끄는 절이 시간의 의미를 나타내는 부사절이므로, 갈등이 종결되는 것이 미래에 일어날 일이더라도 현재시제 comes가 와야 한다. (불변의 패턴 09)

해석 핵에너지의 사용에 대한 논쟁은 갈등이 종결될 때까지 끝나지 않을 것이다.

어휘 nuclear 핵의, 원자력의 conflict 갈등, 충돌
come to a conclusion 종결되다, 결론에 도달하다

02 정답 **has been**

해설 DNA left behind at the scene of a crime **has been** accepted as evidence in court **since** the 1980s.
현재완료 ~이래로 (지금까지)

문맥상 '1980년대 이래로 (지금까지)'라는 의미로 since는 과거와 현재를 모두 포함하는 시간 표현이므로 현재완료 has been이 와야 한다. (불변의 패턴 08-1)

해석 범죄 현장에 남겨진 DNA는 1980년대 이래로 법정에서 증거로 받아들여져 왔다.

어휘 leave behind (사건 등이 흔적을) 남기다 evidence 증거

03 정답 **use**

해설 Some people think that the police cannot stop the violent demonstration **unless** they **use** force.
조건의 부사절 접속사(만약 ~하지 않는다면) 현재시제

unless가 이끄는 절이 조건의 의미를 나타내는 부사절이므로, 물리력을 사용하는 것이 미래에 일어날 일이더라도 현재시제 use가 와야 한다. (불변의 패턴 09)

해석 어떤 사람들은 경찰이 물리력을 사용하지 않는 한 폭력적인 시위를 막을 수 없다고 생각한다.

어휘 violent 폭력적인 demonstration 시위 force 물리력, 폭력

04 정답 **finished**

해설 The match **finished over an hour ago** and there is no
단순과거 한 시간도 더 전에
need for me to feel especially under pressure.

over an hour ago는 과거의 한 시점만을 나타내는 시간 표현이므로 단순과거 finished가 와야 한다. (불변의 패턴 08-2)

해석 그 경기는 한 시간도 더 전에 끝났고 내가 특별히 압박감을 느낄 필요는 없다.

어휘 especially 특별히, 특히 under pressure 압박감을 느끼는

05 정답 **hiked**

해설 Since all members of the hiking club were so exhausted, I'm curious **how long** they **hiked** in the mountains **this**
얼마나 오래 단순과거
morning.
오늘 아침에

문맥상 '오늘 아침에 얼마나 오래'라는 뜻으로 how long ~ morning이 과거와 현재를 모두 포함하는 것이 아닌 과거의 기간만을 나타내고 있으므로 단순과거 hiked가 와야 한다. (불변의 패턴 08-1)

해석 모든 등산 동아리 회원들이 너무 지쳤기 때문에, 나는 그들이 오늘 아침에 산에서 얼마나 오래 등산을 했는지 궁금하다.

어휘 exhausted 지친

06 정답 **has considered → considered**

해설 More than a third of UK Internet users **considered**
단순과거
smartphones as their most important device for accessing the Internet **in 2016**.
2016년에

in 2016은 과거의 한 시점만을 나타내는 시간 표현이므로 단순과거 considered가 와야 한다. (불변의 패턴 08-2)

해석 2016년에 영국 인터넷 사용자들의 3분의 1 이상이 스마트폰을 인터넷에 접속하기 위한 가장 중요한 장치로 여겼다.

어휘 consider 여기다, 고려하다 access 접속하다, 접근하다

07 정답 **O**

해설 Some Asian nations still have many new cases of the disease, but Korea **has remained** free of it **for** six months.
현재완료 (지금까지) 6개월 동안

문맥상 지금도 그 질병에 대한 사례가 없다는 것을 알 수 있으므로, for six months는 과거와 현재를 모두 포함하는 시간 표현이다. 따라서, 현재완료 has remained가 온 것이 적절하다. (불변의 패턴 08-1)

해석 일부 아시아 국가들은 여전히 그 질병의 많은 새로운 사례들을 가지

고 있지만, 한국은 6개월 동안 그것에 대한 사례가 없는 상태로 있어
왔다.

어휘 free of ~이 없는

08 정답 **will meet → meet**

해설 <u>If</u> your roommate's cleaning habits <u>meet</u> your own
　　조건의 부사절 접속사(만약 ~한다면)　　　　　현재시제

personal standards, it will really make you satisfied.

If가 이끄는 절이 조건의 의미를 나타내는 부사절이므로, 룸메이트의
청소 습관이 당신의 기준을 충족시키는 것이 미래에 일어날 일이더라
도 현재시제 meet로 써야 한다. (불변의 패턴 09)

해석 만약 당신의 룸메이트의 청소 습관이 당신의 개인적인 기준을 충족시
킨다면, 그것은 정말로 당신을 만족스럽게 만들 것이다.

어휘 meet 충족시키다, 만나다　satisfied 만족스러워 하는, 만족하는

09 정답 **have gathered → gathered**

해설 The farmers <u>gathered</u> in the city <u>last weekend</u> since
　　　　　　　　단순과거　　　　　　　지난 주말에

they wanted to attend the conference on new farming
technology.

last weekend는 과거의 한 시점만을 나타내는 시간 표현이므로 단순
과거 gathered가 와야 한다. (불변의 패턴 08-2)

해석 농부들은 새로운 농업 기술에 대한 콘퍼런스에 참석하고 싶었기 때문
에 지난 주말에 도시에 모였다.

10 정답 **O**

해설 Currently, our company is keeping an eye on <u>when</u> our
　　　　　　　　　　　　　　　　　　　명사절 접속사 (전치사 on의 목적어)

competitors <u>will introduce</u> a new product on the market
　　　　　　미래시제
in the future.

when절이 전치사 on의 목적어로 쓰인 명사절이므로 새로운 제품을
소개한다는 미래의 일을 나타내기 위해 미래시제 will introduce가 온
것이 적절하다. (불변의 패턴 09)

해석 현재, 우리 회사는 우리의 경쟁사들이 미래에 언제 새로운 제품을 시
장에 소개할 것인지를 주시하고 있다.

어휘 keep an eye on ~을 주시하다　competitor 경쟁사, 경쟁자

11 정답 ① **have shown – start – realized**

해설 (A) <u>Since then</u>, more specific studies <u>have shown</u> that
　　　그때 이래로 (지금까지)　　　　　　　　　현재완료

people eat nearly 50 percent greater quantity of the
food they eat first.

Since then은 '그때 이래로 (지금까지)'라는 의미로 과거와 현재를
모두 포함하는 시간 표현이므로 현재완료 have shown이 와야 한
다. (불변의 패턴 08-1)

(B) If you <u>start</u> with a dinner roll, you will eat less protein,
조건의 부사절 접속사 현재시제
(만약 ~한다면)

and fewer vegetables.

If가 이끄는 절이 조건의 의미를 나타내는 부사절이므로, 디너 롤
로 시작하는 것이 미래에 일어날 일이더라도 현재시제 start가 와
야 한다. (불변의 패턴 09)

(C) Even our ancestors <u>realized</u> the unhealthiness of
　　　　　　　　　　　단순과거

sweets <u>many years ago</u>.
　　　　　수년 전에

many years ago는 과거의 한 시점을 나타내는 시간 표현이므
로 단순과거 realized가 와야 한다. (불변의 패턴 08-2)

해석 당신이 처음 먹는 음식은 당신의 전체 식사에 닻을 내리는 음식의 역
할을 한다. 과학자들은 수십 년 전에 여러 실험들을 통해 이것을 증명
했다. 그때 이래로, 더 구체적인 연구들은 사람들이 처음 먹는 음식의
거의 50퍼센트 더 많은 양을 먹는다는 것을 보여주어 왔다. 만약 당신
이 디너 롤로 시작하면, 당신은 더 적은 단백질과 더 적은 채소를 먹을

것이다. 당신의 접시에 있는 가장 건강에 좋은 음식을 먼저 먹어라. 오
래된 지혜가 말해주듯이, 이것은 보통 채소나 샐러드로 시작하는 것
을 의미한다. 만약 당신이 건강에 좋지 않은 무언가를 먹을 것이라면,
최소한 그것을 마지막으로 남겨두어라. 이것은 당신이 설탕이 들어간
디저트로 넘어가기 전에 당신의 몸에게 더 나은 선택지들로 채울 수
있는 기회를 줄 것이다. 우리의 옛날 조상들조차 단 것의 건강하지 못
함을 수년 전에 깨달았다.

어휘 anchor 닻　experiment 실험　quantity 양　protein 단백질
wisdom 지혜　fill up 채우다　realize 깨닫다

12 정답 ④ **have wanted – enter – stayed**

해설 (A) I don't even remember <u>how long</u> I <u>have wanted</u> this
　　　　　　　　　　　　지금까지 얼마나 오래　　현재완료
so far.

문맥상 '(지금까지) 얼마나 오래 원해 왔는지'라는 의미로 how
long ~ far는 과거와 현재를 모두 포함한 시간 표현이다. 따라서 현
재완료 have wanted가 와야 한다. (불변의 패턴 08-1)

(B) 500 species of birds ~ will welcome me <u>when</u> I <u>enter</u>
　　　　　　　　　　　　　　　　　　　　시간의　　현재시제
their kingdom.　　　　　　　　　　　　　부사절 접속사

when이 이끄는 절이 시간의 의미를 나타내는 부사절이므로, 왕
국에 들어가는 것이 미래에 일어날 일이더라도 현재시제 enter가
와야 한다. (불변의 패턴 09)

(C) <u>Last night</u>, since I was so excited about my journey,
　　지난밤에
I <u>stayed</u> awake all night.
　　단순과거

Last night은 과거의 한 시점만을 나타내는 시간 표현이므로 단순
과거 stayed가 와야 한다. since ~ journey의 since는 '~이기 때문
에'라는 뜻의 접속사이다. (불변의 패턴 08-2, 08-1 함께 알아두기)

해석 나는 마침내 내일 아마존으로 떠난다! 내가 지금까지 이것을 얼마나
오래 원해 왔는지 기억조차 나지 않는다. 이 시간에, 멋진 Emerald
Amazon Explorer가 항구에서 내가 승선하기를 기다리고 있을 것이
다. 민물 돌고래들이 즐거운 강에서 나를 호위해 줄 것이다. 내가 그들
의 왕국에 들어가면 500종의 새들, 6종의 원숭이들, 그리고 수많은 화
려한 나비들이 나를 반길 것이다. 나는 내가 야생에서 캠핑을 하고 모
기들, 뱀들, 그리고 거미들과 함께 있는 것을 즐길 수 있었으면 좋겠다.
나는 세계에서 가장 큰 열대 우림을 집으로 만들고 싶다. 지난밤에, 나
는 여행에 대해 너무 신이 났기 때문에, 나는 밤을 새웠다. 나의 가슴은
내 불룩한 가방들만큼 많이 벅차오른다.

어휘 on board 승선한, 탑승한　freshwater 민물의
playful 즐거운, 장난치는　company 함께 있음, 동행
swell 벅차오르다, 부풀다　chubby 불룩한, 통통한

13 정답 ① **will suffer → suffer**

해설 ① It will comfort you to know you are not alone <u>if</u> you
　　　　　　　　　　　　　　　　　　　　　　조건의 부사절 접속사
<u>suffer</u> from aches and pains in your lower back.
현재시제

if가 이끄는 절이 조건의 의미를 나타내는 부사절이므로, 허리
의 통증으로 고통받는 것이 미래에 일어날 일이더라도 현재시제
suffer가 와야 한다. (불변의 패턴 09)

오답
분석 ② 주어 two-thirds of adults에서 「분수 + of」는 동사가 of 뒤의 명
사에 수 일치해야 하는 부분/수량표현이므로, 복수명사 adults에
수 일치하는 복수동사 experience가 온 것이 적절하다. who have
lower-back pain은 수 일치에 영향을 미치지 않는 수식어(관계절)
이다. (불변의 패턴 04, 01-3)

③ 주어 one of the leading causes of missed work days에서 one
of는 항상 of 앞을 단수 취급하는 표현이므로 단수동사 is가 온 것
이 적절하다. of the leading causes of missed work days는 수
일치에 영향을 미치지 않는 수식어(전치사 + 명사구)이다. (불변의
패턴 04, 01-1)

④ 부정의 의미를 나타내는 어구 rarely가 절의 앞쪽에 와서 도치가
되었으므로, 동사는 뒤에 나오는 복수주어 cases에 수 일치하는

복수동사 are가 온 것이 적절하다. (불변의 패턴 07)

⑤ when절이 동사 predict의 목적어로 쓰인 명사절이므로 통증이 사라진다는 미래의 일을 나타내기 위해 미래시제 will go가 온 것이 적절하다. (불변의 패턴 09)

해석 만약 당신이 허리의 통증으로 고통받는다면 혼자가 아니라는 것을 아는 것이 당신에게 위로가 될 것이다. 허리 통증이 있는 성인의 거의 3분의 2가 평생 동안 한 번 이상의 그것을 경험한다. 사실, 결근의 주된 원인 중 하나는 허리 통증이다. 좋은 소식은 심각한 경우는 드물고, 그것들은 간단한 치료로 완화될 수 있다는 것이다. 하지만, 때때로, 그 상태가 오랫동안 지속될 것이므로, 의사들은 언제 통증이 사라질지 쉽게 예측할 수 없다.

어휘 suffer 고통받다 aches and pains 통증 lower back 허리 leading 주된 treatment 치료 last 지속되다 predict 예측하다

14 정답 ② have joined → joined

해설 ② The different political regions in China **joined** for the first time **in 221 BC**.
단순과거 / 기원전 221년에

in 221 BC는 과거의 한 시점만을 나타내는 시간 표현이므로 단순과거 joined가 와야 한다. (불변의 패턴 08-2)

오답 분석 ① 복수 취급하는 A and B 형태의 China's frequent times of unity and Europe's constant disunity가 주어이므로 복수동사 have가 온 것이 적절하다. (Ch 01 알고 갈 기초 문법)

③ 문맥상 '지금을 포함해 2천 년이 넘는 시간 동안'이라는 뜻으로 for over two thousand years가 과거와 현재를 모두 포함하는 시간 표현이므로 현재완료 has had가 온 것이 적절하다. (불변의 패턴 08-1)

④ around 500 years ago는 과거의 한 시점만을 나타내는 시간 표현이므로 단순과거 was가 온 것이 적절하다. (불변의 패턴 08-2)

⑤ 주어 The current disagreements가 복수명사이므로 복수동사 are가 온 것이 적절하다. about the issue of unifying Europe은 수 일치에 영향을 미치지 않는 수식어(전치사 + 명사구)이다. (불변의 패턴 01-1)

해석 중국의 빈번한 통합의 시기와 유럽의 지속적인 분열은 긴 역사를 가지고 있다. 중국의 여러 정치 지역들은 기원전 221년에 처음으로 합쳐졌다. 그때 이래로, 그들은 대부분의 시간 동안 통합된 상태를 유지해 왔다. 중국은 2천 년이 넘는 시간 동안 오직 하나의 문자 체계와 견고한 문화적 통일성을 가져왔고, 이것은 오늘날에도 여전히 사실이다. 반면에, 유럽은 정치적 통합에 근접한 적이 한 번도 없었다. 유럽은 약 500년 전에 수백 개의 국가들로 나누어졌고, 그것은 몇 세기 동안 엄격하게 나뉜 상태를 유지해 왔다. 1980년대에, 이 수는 25개의 국가까지 감소했지만, 지금은 40개 이상으로 다시 증가했다. 그것은 여전히 45개의 언어와 훨씬 더 큰 문화적 다양성을 가지고 있다. 유럽을 통합하는 문제에 대한 현재의 의견 차이들은 오늘날 여전히 흔하게 있다.

어휘 frequent 빈번한 unity 통합 disunity 분열 solid 견고한, 단단한 diversity 다양성 disagreement 의견 차이, 불일치

15 정답 ④ disappears → disappear

해설 ④ Moreover, just like the smell of fresh bread, **these wonderful things** that enhance life **disappear** from
복수명사 / 수식어(관계절) / 복수동사
their consciousness.

주어 these wonderful things가 복수명사이므로 복수동사 disappear로 써야 한다. that enhance life는 수 일치에 영향을 미치지 않는 수식어(관계절)이다. (불변의 패턴 01-3)

오답 분석 ① 문맥상 향기가 사라진 것은 과거의 한 시점에 일어난 일이므로 단순과거 faded가 온 것이 적절하다. 뒤에 오는 since는 '~이기 때문에'라는 뜻의 접속사이다. (불변의 패턴 08-2, 08-1 함께 알아두기)

② 주어 Many aspects가 복수명사이므로 복수동사 work가 온 것이 적절하다. of our lives와 such as our happiness는 수 일치에 영향을 미치지 않는 수식어(전치사 + 명사구)이다. (불변의 패턴 01-1)

③ 주어 they가 복수대명사이므로 복수동사 have가 온 것이 적절하다. what ~ have는 전치사 to의 목적어 역할을 하는 명사절이다. (Ch 01 알고 갈 기초 문법)

⑤ till이 이끄는 절이 시간의 의미를 나타내는 부사절이므로, 우물이 마르는 것이 미래에 일어날 일이더라도 현재시제 runs가 온 것이 적절하다. (불변의 패턴 09)

해석 만약 당신이 이전에 갓 구워진 빵 냄새가 나는 방에 들어갔었다면, 당신은 아마도 그 기분 좋은 냄새가 오래 지속되지 않았다는 것을 알아차렸을 것이다. 아마도, 당신이 그 냄새에 익숙해졌기 때문에 빵의 향기는 사라졌을 것이다. 이것은 흔한 일이다. 사실, 그 냄새를 다시 불러일으키는 유일한 방법은 방을 나갔다가 다시 들어오는 것이다. 행복과 같은 우리 삶의 많은 측면들이 비슷한 방식으로 작용한다. 모든 사람들은 기뻐할 무언가가 있다. 아마도 그들은 사랑하는 동반자, 좋은 건강, 만족스러운 직업을 가지고 있을 것이다. 그러나 시간이 지나면서, 그들은 그들이 현재 가진 것에 익숙해진다. 더욱이, 갓 구운 빵의 냄새처럼, 삶을 향상시키는 이러한 훌륭한 것들이 그들의 의식에서 사라진다. 옛 속담이 말하듯이, 당신은 우물이 마르고 나서야 비로소 물을 아쉬워할 것이다.

어휘 fade away 사라지다, 희미해지다 reawaken 다시 불러일으키다 aspect 측면 enhance 향상시키다 consciousness 의식

16 정답 (1) ⓐ have had → had, ⓓ became → has become
(2) have enjoyed his works for nearly two hundred years

해설 (1) ⓐ **In early 19th century London**, a young man named
19세기 초 런던에서
Charles Dickens **had** a strong desire to be a writer.
단순과거

In early 19th century London은 과거의 한 시점만을 나타내는 시간 표현이므로 단순과거 had가 와야 한다. (불변의 패턴 08-2)

ⓓ He **has become** famous far outside of Britain **since**
현재완료 / 그때 이래로
that time.
(지금까지)

since that time이 '그때 이래로 지금까지'라는 의미로 과거와 현재를 모두 포함하는 시간 표현이므로 현재완료 has become이 와야 한다. (불변의 패턴 08-1)

오답 분석 (1) ⓑ 문맥상 아버지가 감옥에 있었던 것은 '지금'까지를 포함한 시점이 아니라 과거 시점에만 일어난 일이므로 단순과거 was가 온 것이 적절하다. 뒤에 오는 since는 '~이기 때문에'라는 뜻의 접속사이다. (불변의 패턴 08-2, 08-1 함께 알아두기)

ⓒ 문맥상 one day가 '(과거의) 어느 날'이라는 뜻으로 과거의 한 시점을 나타내고 있으므로 단순과거 recognized가 온 것이 적절하다. (불변의 패턴 08-2)

해설 (2) Many readers around the world **have enjoyed** his works **for nearly two hundred years**.
현재완료 / (지금까지) 거의 200년 동안

문맥상 '찰스 디킨스가 찬사를 받은 이래로 지금까지 거의 200년 동안'이라는 의미인 것이 자연스러우므로, for nearly two hundred years는 과거와 현재를 모두 포함한 시간 표현이다. 따라서 동사 enjoy를 현재완료로 써야 하는데, 주어 Many readers가 복수명사이므로 복수동사인 have를 사용해 have enjoyed로 써야 한다. around the world는 주어-동사 수 일치에 영향을 미치지 않는 수식어(전치사 + 명사구)이다. (불변의 패턴 08-1, 01-1)

해석 19세기 초 런던에서, 찰스 디킨스라는 이름의 젊은 남자는 작가가 되고자 하는 강한 열망을 가지고 있었다. 하지만 모든 것이 그에게 불리해 보였다. 그는 학교에 4년 넘게 다닐 수 있던 적이 없었다. 그의 아버지는 빚을 갚지 못했기 때문에 감옥에 있었고, 이 젊은 남자는 종종 배고픔의 고통을 경험했다. 게다가, 그는 그의 글을 쓰는 능력에 대해 자신감이 너무 적어서 밤에 몰래 편집자들에게 그의 글을 보냈다. 글은 계속해서 거절당했다. 하지만 어느 날, 한 편집자가 그의 재능을 알아보았다. 그가 그의 글에 대해서 받았던 그 찬사는 그의 인생 전체를 바꿔 놓았다. 그는 그때 이래로 영국 밖 멀리에서도 유명해졌다. 전 세계의 많은 독자들은 거의 200년 동안 그의 작품을 즐겨 왔다.

어휘 debt 빚 know 경험하다, 알다 reject 거절하다
recognize 알아보다

불변의 패턴 10 주어가 동사 행위의 주체이면 능동태, 대상이면 수동태로 써야 한다. 본책 p.50

1 정답 **discussed**

해설 <u>We discussed</u> this issue for a few hours.
　　　주어　　능동태
　　(논의하는 행위의 주체)

해석 우리는 이 문제를 몇 시간 동안 논의했다.

2 정답 **attract**

해설 <u>Female butterflies attract</u> male butterflies with a smell.
　　　주어(매혹하는 행위의 주체)　능동태

해석 암컷 나비들은 냄새로 수컷 나비들을 매혹한다.

어휘 female 암컷의, 여성의 attract 매혹하다, 끌어들이다

3 정답 **is placed**

해설 Before the shipping process, <u>the fruit is placed</u> in boxes
　　　　　　　　　　　　　주어(넣는 행위의 대상) 수동태
with the farm's logo on it.

해석 선적 절차 전에, 과일은 농장의 로고가 있는 상자에 넣어진다.

어휘 shipping 선적, 운송 process 절차, 과정

4 정답 **is used**

해설 <u>Platinum</u>, which is a valuable metal, <u>is used</u> in many
　　　주어(사용하는 행위의 대상)　　　　　　　수동태
electronic devices.

해석 백금은 가치가 큰 금속이고 많은 전자 기기들에 사용된다.

어휘 platinum 백금 valuable 가치가 큰, 귀중한

5 정답 **be brought**

해설 <u>Someone</u> who is only clinically dead can often <u>be brought</u>
　　　주어(되살리는 행위의 대상)　　　　　　　　　　　수동태
back to life.

해석 방금 사망 진단이 난 사람은 종종 되살려질 수 있다.

어휘 clinically dead 사망 진단이 난 bring back to life 되살리다

6 정답 **carried**

해설 <u>My little feet carried</u> me up the stairs into ~.
　　　주어　　　　능동태
　　(이끄는 행위의 주체)

해석 나의 작은 발이 나를 자동차 경주 경기장의 특별관람석으로 이르는 계
단으로 이끌었다.

불변의 패턴 11 be동사와 have동사 뒤에 v-ing와 p.p. 올 때를 구분해야 한다. 본책 p.50

TYPE 1 be동사 뒤: v-ing vs. p.p. p.51

1 정답 **asked**

해설 <u>Some questions were asked</u> to the witnesses ~.
　　　주어(묻는 행위의 대상) be동사　p.p.

해석 몇 가지 질문들이 그 범죄 현장에서 목격자들에게 물어졌다.

어휘 witness 목격자

2 정답 **spending**

해설 <u>A lot of people had been spending</u> time at the beach
　　　주어　　　　「have동사 + been」 v-ing
　　(시간을 보내는 행위의 주체)
when the shark was first seen.

해석 그 상어가 처음 목격되었을 때 많은 사람들이 해변에서 시간을 보내고
있었다.

3 정답 **viewed**

해설 <u>The human body has been viewed</u> as a 'natural'
　　　주어(여기는 행위의 대상)　「have동사 + been」 p.p.
phenomenon ~.

해석 인체는 '자연적인' 현상, 즉 자연의 확립되고 변하지 않는 사실로 여겨
져 왔다.

어휘 view 여기다, 보다 phenomenon 현상

4 정답 **knowing → known**

해설 <u>The sense</u> of looking freshly at something <u>is known</u> as
　　　주어(아는 행위의 대상)　　　　　　　　　be동사 p.p.
'beginner's mind.'

해석 어떤 것을 새롭게 바라보는 감각은 '초심자의 마음'이라고 알려져
있다.

5 정답 **O**

해설 <u>My favorite stores</u> at the mall <u>are selling</u> many interesting
　　　주어(파는 행위의 주체)　　　　　be동사 v-ing
handicrafts these days.

해석 요즘 쇼핑몰에서 내가 가장 좋아하는 가게들은 많은 흥미로운 수공예
품들을 팔고 있다.

어휘 handicraft 수공예품

6 정답 **placing → placed**

해설 <u>Many obstacles had been placed</u> in his path, and he
　　　주어(놓는 행위의 대상) 「have동사 + been」 p.p.
knew that they were part of his preparation.

해석 많은 장애물이 그의 길에 놓여 있었고, 그는 그것들이 그가 준비하는
과정의 일부라는 것을 알았다.

어휘 obstacle 장애물 preparation 준비(하는 과정)

TYPE 2 p.p. 앞: have동사 vs. be동사 p.52

1 정답 **is**

해설 When **food** dyed blue <u>is served</u>, people lose their
　　　　　주어(차리는 행위의 대상)　be동사 p.p.
appetite.

해석 파란색으로 착색된 음식이 차려지면, 사람들은 식욕을 잃는다.

어휘 dye 착색하다, 염색하다 appetite 식욕, 욕구

2 정답 **had**

해설 <u>My sister had learned</u> how to swim by the time she was
　　　주어(배우는 행위의 주체) have동사 p.p.
two years old.

해석 나의 언니는 그녀가 두 살이었을 무렵 수영하는 방법을 배웠다.

3 정답 **have**

해설 Again and again, <u>communities</u> <u>have</u> <u>studied</u> water
　　　　　　　　　　　주어(연구하는 행위의 주체) have동사　p.p.
systems and discovered wise use.

해석 몇 번이고, 지역 사회들은 급수 시설들을 연구해왔고 현명한 사용법을
찾아왔다.

어휘 water system 급수 시설, 상수도

4 정답 **were**

해설 <u>The musical instruments</u> <u>were</u> <u>made</u> in the 1800s for
　　　주어(만드는 행위의 대상)　 be동사　 p.p.
musicians in the national orchestra.

해석 그 악기들은 1800년대에 국립 오케스트라의 음악가들을 위해 만들어
졌다.

어휘 musical instrument 악기

불변의 패턴 12 　주격 관계대명사절의 동사는 선행사가 동사 행위의 주체인지 대상인지 확인해야 한다. 　본책 p.52

1 정답 **causes**

해설 A tsunami is <u>a huge wave</u> <u>that</u> <u>causes</u> terrible destruction.
　　　　　　　　선행사　　　관계대명사　능동태
　　　　　　　(파괴를 일으키는 주체)　　 주격 관계대명사

해석 쓰나미는 끔찍한 파괴를 일으키는 거대한 파도이다.

어휘 destruction 파괴

2 정답 **was selected**

해설 The speaker introduced <u>the local artist</u>, <u>who</u> <u>was</u>
　　　　　　　　　　　　　선행사　　　주격 관계대명사
　　　　　　　　　　　　(선정하는 행위의 대상)
<u>selected</u> as the best young painter in the city.
　수동태

해석 그 연설자는 지역 예술가를 소개했는데, 그는 그 도시 내 최고의 젊은
화가로 선정되었다.

3 정답 **barbecuing**

해설 The firefighters found <u>three men</u> <u>who</u> <u>were</u> <u>barbecuing</u>
　　　　　　　　　　선행사(고기를 굽는 행위의 주체)　　 능동태
　　　　　　　　　　　　　　　　　　　　주격 관계대명사
some chicken and beef on the balcony.

해석 소방관들은 발코니에서 닭고기와 소고기를 굽고 있던 세 명의 남자들
을 발견했다.

4 정답 **been explored**

해설 Photography is a way of learning about <u>the deep-sea</u>
　　　　　　　　　　　　　　　　　　　　　　선행사
<u>world</u>, <u>95 percent of which</u> has never <u>been explored</u>
　　　　「명사 + of which」　　　　　　　수동태
　　　　(탐사하는 행위의 대상)
before.

해석 사진술은 심해 세계에 대해 알아내는 방법이며, 심해 세계의 95퍼센
트는 전에 한 번도 탐사된 적이 없다.

Mini TEST 불변의 패턴 10~12 　본책 p.53

1 정답 **lost → losing**

해설 Suppose you see <u>a friend</u> <u>who</u> lately <u>has been losing</u>
　　　　　　　　　　선행사　　　 「have동사 + been」 v-ing
　　　　　　　(체중을 줄이는 행위의 주체)　　 주격 관계대명사
a lot of weight.

주격 관계대명사 who 앞의 선행사 a friend가 관계절의 동사 lose가
나타내는 '체중을 줄이는' 행위의 주체이므로 관계절의 동사는 능동태
로 와야 한다. 따라서 「have동사 + been」 뒤에 능동태 동사를 만드는
losing이 와야 한다. (불변의 패턴 12, 11-1)

해석 최근에 많은 체중을 줄이고 있는 친구를 본다고 가정해 봐.

어휘 suppose 가정하다

2 정답 **wins → is won**

해설 주어 it(game)이 동사 win이 나타내는 '이기는' 행위의 대상이므로 수
동태 is won이 와야 한다. (불변의 패턴 10)

해석 성공적인 사람들은 이길 때까지 경기를 계속하는 것의 중요성을 간단
히 터득해 왔다.

3 정답 **learn → be learned**

해설 While ~, being funny is <u>a skill</u> <u>that</u> should <u>be learned</u>.
　　　　　　　　　　선행사(학습하는 행위의 대상)　　 수동태
　　　　　　　　　　　　　　　　　　　　주격 관계대명사

선행사 a skill이 관계절의 동사 learn이 나타내는 '학습하는' 행위의 대
상이므로 주격 관계대명사절의 동사는 수동태 be learned가 와야 한
다. (불변의 패턴 12)

해석 어떤 사람들은 타고난 익살꾼이지만, 웃기려고 하는 것은 학습되어야
하는 기술이다.

어휘 natural 타고난, 자연의　humorist 익살꾼, 유머가 넘치는 사람

4 정답 **O**

해설 If music ~, are there circumstances in which <u>music</u>
　　　　　　　　　　　　　　　　　　　　　　주어(피해를 주는 행위의 주체)
<u>is damaging</u> to performance?
　be동사 v-ing

주어 music이 동사 damage가 나타내는 '피해를 주는' 행위의 주
체이므로 be동사 뒤에서 진행시제이면서 능동태 동사를 만드는
damaging이 온 것이 적절하다. (불변의 패턴 11-1)

해석 음악이 신체적 및 정신적 기능을 향상시킨다면, 음악이 실행에 피해를
주는 상황들이 있는가?

어휘 enhance 향상시키다　circumstance 상황

5 정답 **have → are**

해설 According ~, babies will have better brain development
if <u>they</u> <u>are</u> <u>held</u> in their parents' arms more often.
　 주어　be동사 p.p.
　(안는 행위의 대상)

주어 they(babies)가 동사 hold가 나타내는 '안는' 행위의 대상이므
로, p.p. 앞에 수동태 동사를 만드는 are가 와야 한다. (불변의 패턴 11-2)

해석 몇몇 과학자들에 따르면, 아기들은 그들 부모에게 좀 더 자주 안기면
더 나은 두뇌 발달을 얻게 될 것이다.

어휘 development 발달, 성장

6 정답 **The cars that are made in the factory are electric**
vehicles.
　　　 주격
　 관계대명사

해설 <u>The cars</u> <u>that</u> <u>are made</u> in the factory are electric
　선행사(만드는 행위의 대상)　 수동태
vehicles.

문맥상 '그 공장에서 만들어지는'이라는 뜻으로 주어 The cars를 뒤에
서 수식하는 관계절이 오는 것이 자연스럽다. 선행사 The cars가 관계
절의 동사 make가 나타내는 '만드는' 행위의 대상이므로, 관계절의 동
사는 수동태인 are made로 바꾸어 써야 한다. (불변의 패턴 12)

1 정답 **becomes**

해설 동사 become은 목적어가 오지 않아 수동태로 쓸 수 없는 자동사이므로 능동태 becomes가 와야 한다.

해석 사람들이 잠을 잘 때, 호흡은 덜 빨라지고 더 편안해진다.

어휘 rapid 빠른　relaxed 편안한, 느긋한

2 정답 **belong**

해설 동사 belong은 목적어가 오지 않아 수동태로 쓸 수 없는 자동사이므로 능동태 belong이 와야 한다.

해석 의자 등받이에 있는 옷은 나의 언니의 것이다.

어휘 back 등받이, 등

3 정답 **is kept**

해설 주어 The paper가 동사 keep이 나타내는 '보관하는' 행위의 대상이므로 수동태 is kept가 와야 한다.

해석 복사기 용지는 책상 옆의 캐비닛 안에 보관된다.

4 정답 **occur**

해설 동사 occur는 목적어가 오지 않아 수동태로 쓸 수 없는 자동사이므로 능동태 occur가 와야 한다.

해석 양측 당사자들이 다른 당사자가 제공하는 것을 원하지 않는 한 거래는 발생하지 않을 것이다.

어휘 party 당사자, 정당

5 정답 **is enjoyed**

해설 선행사 a leisure activity는 주격 관계대명사절의 동사 enjoy가 나타내는 '즐기는' 행위의 대상이므로 수동태 is enjoyed가 와야 한다.

해석 서핑은 해변의 지역사회에서 세계적으로 즐겨지는 여가 활동이다.

6 정답 **appear**

해설 동사 appear는 목적어가 오지 않아 수동태로 쓸 수 없는 자동사이므로 능동태 appear가 와야 한다.

해석 대부분의 새로운 섬들은 화산 폭발이 해양 표면 위에 암석 물질을 만드는 장소에 나타난다.

어휘 volcanic 화산의　eruption 폭발, 분화

1 정답 **O**

해설 <u>My friend</u> <u>lent</u> <u>me</u> <u>an umbrella</u> because I had left mine
주어 (빌려주는 행위의 주체)　간접목적어　직접목적어　4형식 능동태
at home.

해석 내가 나의 것을 집에 두고 왔기 때문에 나의 친구가 나에게 우산을 빌려주었다.

2 정답 **offer → are offered**

해설 People who form an attachment to their belongings prefer to keep their things even if <u>they</u> <u>are offered</u> <u>money</u>
주어　4형식 수동태　직접목적어
(제공하는 행위의 대상)
for them.

해석 그들의 소유물에 애착을 형성하는 사람들은 그것들의 대가로 돈을 제공받을지라도 그들의 물건을 가지고 있는 것을 선호한다.

3 정답 **give → are given**

해설 <u>The homeless people</u> <u>are given</u> <u>a free meal</u> at Hope
주어(주는 행위의 대상)　4형식 수동태　직접목적어
Shelter and are very grateful for it.

해석 노숙인들은 Hope Shelter에서 무료 식사를 받고 그것에 대해 매우 고마워한다.

어휘 grateful 고마워하는

4 정답 **was taught → taught**

해설 When William was young, <u>his grandparents</u> <u>taught</u> <u>him</u>
주어(가르치는 행위의 주체)　간접목적어　4형식 능동태
<u>the value of respecting his elders</u>.
직접목적어

해석 William이 어렸을 때, 그의 조부모님은 그에게 연장자를 존경하는 것의 가치를 가르쳤다.

5 정답 **O**

해설 <u>A medal</u> <u>will be awarded</u> <u>to</u> <u>the scientist</u> for her invention
주어　4형식 수동태　전치사　간접목적어
(수여하는 행위의 대상)
of a new vaccine.

해석 그 훈장은 그녀의 새로운 백신의 발명으로 그 과학자에게 수여될 것이다.

어휘 medal 훈장, 메달　award 수여하다, 주다

6 정답 **is granted → grants**

해설 All travelers have to prove their identity before <u>the</u>
<u>government</u> <u>grants</u> <u>them</u> <u>permission</u> to enter the
주어　4형식 능동태 간접목적어　직접목적어
(승인하는 행위의 주체)
<u>country</u>.

해석 정부가 그들에게 입국 허가를 승인해주기 전에, 모든 여행객은 그들의 신원을 증명해야 한다.

어휘 prove 증명하다　permission 허가, 허락

1 정답 **O**

해설 After a long and expensive political campaign, <u>Deborah</u>
<u>Miller</u> <u>was elected</u> <u>governor</u>.
주어(선출하는 행위의 대상)　5형식 수동태　목적격보어

해석 길고 비용이 많이 드는 선거 운동 후에, Deborah Miller가 주지사로 선출되었다.

어휘 political campaign 선거 운동　governor 주지사　elect 선출하다

2 정답 **force → be forced**

해설 <u>Local residents</u> <u>will be forced</u> <u>to leave</u> their homes
주어(강요하는 행위의 대상)　5형식 수동태　목적격보어
because of the serious flood.

해석 심각한 홍수 때문에 지역 주민들은 그들의 집을 떠나도록 강요받을 것이다.

3 정답 **O** 5형식 능동태

해설 <u>We found the two lost dogs playing</u> in the park ~.
주어 · 목적어 · 목적격보어
(발견하는 행위의 주체) (발견하는 행위의 대상)

해석 우리는 강 옆의 공원에서 주인 잃은 두 마리의 개가 놀고 있는 것을 발견했다.

4 정답 **called → been called**

해설 Johnson led the successful expedition, and <u>he has been</u>
주어   5형식
<u>called a hero</u> for his bravery.
(부르는 행위의 대상) 수동태
목적격보어

해석 Johnson은 성공적인 탐험을 이끌었고, 그는 그의 용감함으로 인해 영웅이라고 불려 왔다.

어휘 expedition 탐험, 원정 bravery 용감함

Mini TEST 불변의 패턴 13~15
본책 p.57

1 정답 **give → be given**

해설 <u>Every buyer</u> will <u>be given</u> <u>a free Bluetooth headset</u>
주어(주는 행위의 대상) 4형식 수동태 직접목적어
that works with the TV.

주어 Every buyer가 동사 give가 나타내는 '주는' 행위의 대상이므로 수동태 be given이 와야 한다. 동사 give는 목적어 2개가 올 수 있는 4형식 동사이므로, 수동태 동사 뒤에 남은 직접목적어 a free Bluetooth headset을 보고 능동태 동사가 와야 한다고 착각하지 않도록 주의한다. (불변의 패턴 14)

해석 모든 구매자는 TV와 작동되는 무료 블루투스 헤드셋을 받을 것이다.

2 정답 **O**

해설 동사 seem은 뒤에 목적어가 오지 않아 수동태로 쓸 수 없는 자동사이므로 능동태 seem이 온 것이 적절하다. (불변의 패턴 13)

해석 때로는, 부정적인 발언들이 견디기 어렵고 스트레스를 주는 것처럼 보일 수 있다.

어휘 comment 발언, 논평 overwhelming 견디기 어려운, 압도적인

3 정답 **made → was made**

해설 <u>Frank Conroy was made a famous writer</u> in the literary
주어(만드는 행위의 대상) 5형식 수동태 목적격보어
world by the publication of *Stop-Time* in 1967.

주어 Frank Conroy가 동사 make가 나타내는 '만드는' 행위의 대상이므로 수동태 was made가 와야 한다. 동사 make는 목적어와 목적격보어가 올 수 있는 5형식 동사이므로, 수동태 뒤에 남은 목적격보어 a famous writer를 보고 목적어로 생각하여 능동태 동사가 와야 한다고 착각하지 않도록 주의한다. (불변의 패턴 15)

해석 Frank Conroy는 1967년에 『Stop-Time』의 출판에 의해 문학계에서 유명한 작가로 만들어졌다.

어휘 literary world 문학계 publication 출판

4 정답 **O**

해설 Former president Jimmy Carter works along with volunteers during <u>the program, which is named</u> after him.
선행사(이름 짓는 행위의 대상) 주격 관계대명사 수동태

선행사 the program은 주격 관계대명사 which가 이끄는 관계절의 동사 name이 나타내는 '이름 짓는' 행위의 대상이므로, 수동태 is named가 온 것이 적절하다. be named after(~을 따서 이름 짓다)는 전치사와 함께 관용적으로 수동태로 써야 하는 표현임을 익혀둔다. (불변의 패턴 15 함께 알아두기)

해석 Jimmy Carter 전 대통령은 프로그램 동안 자원봉사자들과 함께 일하고, 그 프로그램은 그를 따서 이름 지어진다.

5 정답 **is appeared → appears**

해설 appear는 뒤에 목적어가 오지 않아 수동태로 쓸 수 없는 자동사이므로 능동태 appears가 와야 한다. 주어 The navigation app은 단수명사이므로 단수동사 appears로 고쳐야 한다. (불변의 패턴 13, Ch 01 알고 갈 기초 문법)

해석 당신의 새 스마트폰의 내비게이션 앱이 다른 것들보다 더 유용한 것으로 보인다.

6 정답 **was offered a free gift by the company**

해설 <u>The customer was offered a free gift</u> by the company
주어(제공하는 행위의 대상) 4형식 수동태 직접목적어
because of the broken product.

'그 고객은 제공받았다'라는 의미로 주어 The customer가 동사 offer가 나타내는 '제공하는' 행위의 대상이므로 동사는 수동태인 was offered로 바꾸어 써야 한다. 4형식 동사 offer는 수동태로 쓰더라도 남은 목적어 하나가 동사 뒤에 올 수 있으므로, 직접목적어 a free gift를 was offered 뒤에 쓴다. 선물을 제공하는 주체인 '회사' 앞에는 by를 써서 연결한다. (불변의 패턴 14)

어법 만점 TEST
본책 p.58

01	held	02	been seen			03	lay	04	be given
05	are prepared			06	are taught			07	O
08	were thrown			09	remains	10	is credited		
11	④	12	⑤	13	②	14	③	15	④

16 (1) ⓐ are polluted, ⓑ built, ⓒ damages
   (2) Traveling to new places is being considered by many people these days.

01 정답 **held**

해설 주어 the back of the pickup truck이 동사 hold가 나타내는 '싣는' 행위의 주체이므로 능동태 held가 와야 한다. how ~ held는 동사 Guess의 목적어로 쓰인 「의문사 + 주어 + 동사」 순의 간접의문문(명사절)이다. (불변의 패턴 10)

해석 소형 오픈 트럭의 짐칸이 얼마나 많은 음료수 캔들을 실었는지 맞혀 봐라.

어휘 soda 음료수, 탄산음료 pickup truck 소형 오픈 트럭

02 정답 **been seen**

해설 <u>The producer's popular films</u> <u>have been seen</u> in movie
　　　　주어(보는 행위의 대상)　　수동태(have동사 + been + p.p.)
theaters around the world.

주어 The producer's popular films가 동사 see가 나타내는 '보는' 행
위의 대상이므로 have동사 뒤에서 수동태 동사를 만드는 been seen
이 와야 한다. (불변의 패턴 11-1)

해석 그 제작자의 인기 있는 영화들은 전 세계 영화관에서 보여져 왔다.

03 정답 **lay**

해설 '눕다, 놓여있다'라는 의미의 동사 lie는 뒤에 목적어가 오지 않아 수동
태로 쓸 수 없는 자동사이므로 능동태 lay가 와야 한다. lay는 lie(lie-
lay-lain)의 과거형으로, '놓다, 두다'라는 의미의 타동사 lay(lay-laid-
laid)와 혼동하지 않도록 주의한다. (불변의 패턴 13 함께 알아두기)

해석 Matilda는 집 위에 놓여 있던 신문을 공부함으로써 그녀 스스로에
게 읽는 것을 가르쳤다.

04 정답 **be given**

해설 <u>The award-winning teams</u> will <u>be given</u> <u>the opportunity</u>
　　　　주어(주는 행위의 대상)　　4형식 수동태　직접목적어
to participate in the "Korean Food Festival" ~.

동사 give는 4형식 동사이므로 수동태 문장에서도 동사 뒤에 목적어
가 남는다. 주어 The award-winning teams가 동사 give가 나타내는
'주는' 행위의 대상이므로 수동태 be given이 와야 한다. 수동태 동사
뒤에 남은 직접목적어 the opportunity를 보고 능동태 동사가 와야
한다고 착각하지 않도록 주의한다. (불변의 패턴 14)

해석 상을 받은 팀들은 내년 11월 14일에 '한국 음식 축제'에 참가할 기회가
주어질 것이다.

어휘 award-winning 상을 받은

05 정답 **are prepared**

해설 <u>Most of the dishes</u> which <u>are prepared</u> in that famous
　선행사(준비하는 행위의 대상)　주격 관계대명사　수동태
restaurant are from old Italian recipes.

선행사 Most of the dishes는 주격 관계대명사절의 동사 prepare가
나타내는 '준비하는' 행위의 대상이므로 관계절의 동사는 수동태 are
prepared가 와야 한다. (불변의 패턴 12)

해석 저 유명한 식당에서 준비되는 대부분의 요리들은 오래된 이탈리아 요
리법에서 온 것이다.

06 정답 **teach → are taught**

해설 <u>The subjects</u> that <u>are taught</u> at the music academy
　선행사(가르치는 행위의 대상) 주격　　수동태
　　　　　　　　　　관계대명사
include classical and modern musical themes.

선행사 The subjects는 주격 관계대명사절의 동사 teach가 나타내
는 '가르치는' 행위의 대상이므로 수동태 are taught가 와야 한다.
(불변의 패턴 12)

해석 음악 학교에서 가르쳐지는 과목들은 클래식과 현대 음악 주제들을 포
함한다.

07 정답 **O**

해설 <u>My sister and I</u> <u>have been taking</u> dance lessons
　주어(수강하는 행위의 주체) 능동태(have동사 + been + v-ing)
together recently at a dance center ~.

주어 My sister and I가 동사 take가 나타내는 '수강하는' 행위의 주체
이므로 「have동사 + been」 뒤에서 완료진행시제 능동태 동사를 만드
는 taking이 온 것이 적절하다. (불변의 패턴 11-1)

해석 나의 언니와 나는 지난달에 문을 연 댄스 센터에서 최근에 함께 댄스
수업을 수강하고 있다.

08 정답 **threw → were thrown**

해설 주어 The sailors가 동사 throw가 나타내는 '내동댕이치는' 행위의 대
상이므로 수동태 were thrown이 와야 한다. (불변의 패턴 10)

해석 갑판 위에 서 있던 선원들은 거대한 파도의 강력한 힘 때문에 배에서
내동댕이쳐졌다.

어휘 deck 갑판　throw 내동댕이치다, 던지다　force 힘

09 정답 **is remained → remains**

해설 동사 remain은 뒤에 목적어가 오지 않아 수동태로 쓸 수 없는 자동사
이므로 수동태 is remained가 아니라 능동태 remains가 와야 한다.
closed는 목적어가 아니라 '폐쇄된'이라는 의미로 주어의 상태를 설명
하는 주격보어이다. (불변의 패턴 13)

해석 그 도시의 통근자들 모두에게 안타깝게도, 공사가 계획된 것보다 더
오래 걸렸기 때문에 주요 다리는 계속 폐쇄된 상태이다.

어휘 unfortunately 안타깝게도, 불행히도　commuter 통근자
construction 공사

10 정답 **credits → is credited**

해설 <u>The female professional speech writer</u> <u>is credited</u> with
　　　　주어(공을 인정하는 행위의 대상)　　　수동태
creating such well-known phrases as ~.

주어 The female professional speech writer가 동사 credit이 나타내
는 '공을 인정하는' 행위의 대상이므로, 수동태 is credited가 와야 한
다. credit은 전치사 with와 함께 be credited with(~에 대한 공을 인정
받다)의 형태로 자주 쓰이는 관용표현이다. (불변의 패턴 10, 15 함께 알아두기)

해석 그 여성 전문 연설문 작성자는 'Read my lips' 그리고 'A kinder,
gentler nation'과 같이 매우 잘 알려진 구절들을 만들어낸 것에 대한
공을 인정받는다.

어휘 speech writer 연설문 작성자　phrase 구절, 구

11 정답 ④ **produced – is – use**

해설 (A) <u>The fruit</u>, which contains a variety of healthy vitamins
　　　　주어(생산하는 행위의 대상)
and minerals, <u>is</u> mainly <u>produced</u> in Southeast Asia.
　　　　　　　　　be동사　　　　　p.p.

주어 The fruit가 동사 produce가 나타내는 '생산하는' 행위의 대
상이므로, be동사 뒤에서 수동태 동사를 만드는 produced가 와
야 한다. which ~ minerals는 주어와 동사 사이에 온 수식어(관계
절)이다. (불변의 패턴 11-1)

(B) Once the fruit is ripe, <u>it</u> <u>is</u> <u>sold</u> fresh in both local and
　　　　　　　　　　　주어 be동사 p.p.
　　　　　　　　　　(판매하는 행위의 대상)
foreign markets.

주어 it(the fruit)은 동사 sell이 나타내는 '판매하는' 행위의 대
상이므로 p.p. 앞에서 수동태 동사를 만드는 is가 와야 한다.
(불변의 패턴 11-2)

(C) For example, <u>people</u> in Malaysia <u>use</u> its roots for
　　　　　　　　주어(사용하는 행위의 주체)　　능동태
treating fever.

주어 people이 동사 use가 나타내는 '사용하는' 행위의 주체이므
로, 능동태 use가 와야 한다. (불변의 패턴 10)

해석 람부탄 나무는 말레이시아와 인도네시아가 원산지이다. 람부탄은 머
리카락을 뜻하는 말레이어이며, 그 열매의 털처럼 생긴 가시를 가리킨
다. 그 열매는 여러 가지 건강에 좋은 비타민과 미네랄을 함유하고 있
고, 주로 동남아시아에서 생산된다. 열매가 익으면, 그것은 지역과 해
외 시장 모두에서 신선하게 판매된다. 그것은 또한 잼과 젤리를 만드
는 데 사용된다. 람부탄 나무는 다양한 쓰임새가 있다. 예를 들어, 말
레이시아 사람들은 열을 다스리는 데 그것의 뿌리를 사용한다. 람부탄
나무의 나무껍질 또한 현지 문화에서 의료적 가치가 있다.

어휘 native 원산지의, 토박이의　hairlike 털 같은, 매우 가는　spine 가시
ripe 익은　fever 열　bark 나무껍질　medicinal 의료의, 약용의

12 정답 ⑤ **were given – switched – arises**

해설 (A) In an experiment, <u>participants</u> <u>were given</u> two
　　　　　　　　　　주어(주는 행위의 대상)　4형식 수동태
<u>photos</u> to review.
직접목적어

주어 participants가 동사 give가 나타내는 '주는' 행위의 대상이므로 수동태 were given이 와야 한다. 동사 give는 목적어 2개가 올 수 있는 4형식 동사이므로, 수동태 동사 뒤에 남은 직접목적어 two photos를 보고 능동태 동사가 와야 한다고 착각하지 않도록 주의한다. (불변의 패턴 14)

「have동사 + been」

(B) When participants received the photo, it had been
주어(바꾸는 행위의 대상)

switched to the photo not chosen in the previous
p.p.

stage of the experiment.

주어 it(the photo)이 동사 switch가 나타내는 '바꾸는' 행위의 대상이므로, 「have동사 + been」 뒤에서 완료시제 수동태 동사를 만드는 switched가 와야 한다. not chosen ~ experiment는 앞의 명사 the photo를 수식하는 수식어(분사구)이다. (불변의 패턴 11-1)

(C) 동사 arise는 뒤에 목적어가 오지 않아 수동태로 쓸 수 없는 자동사이므로 능동태 arises가 와야 한다. that ~ outcomes는 동사 revealed의 목적어로 쓰인 명사절이다. (불변의 패턴 13)

해석 한 실험에서, 참가자들은 살펴볼 두 장의 사진이 주어졌다. 각 사진에는 한 사람의 얼굴이 있었고, 그들은 더 매력적이라고 생각하는 사진을 고르라는 요청을 받았다. 연구원들은 다음 단계에서 교묘한 속임수를 썼다. 참가자들이 사진을 받았을 때, 그것은 실험의 이전 단계에서 선택되지 않은 사진으로 바뀌어 있었다. 놀랍게도, 대부분의 참가자들은 이 사진을 자신들의 선택으로 받아들였고, 처음에 왜 그들이 그 얼굴을 선택했는지에 대한 주장을 하는 것으로 이어갔다. 이것은 우리의 선택과 결과를 합리화하는 능력 사이에 현저한 불일치가 발생한다는 것을 드러냈다. 그 이래로 잼의 맛과 재정상 결정을 포함하는 다양한 영역에서 동일한 결과가 관찰되어 왔다.

어휘 remarkably 놀랍게도, 두드러지게 striking 현저한, 눈에 띄는
mismatch 불일치 rationalize 합리화하다 domain 영역, 범위

13 정답 ② was occurred → occurred

해설 ② 동사 occur는 뒤에 목적어가 오지 않아 수동태로 쓸 수 없는 자동사이므로 능동태 occurred가 와야 한다. that ~ warehouse는 선행사 the damage를 수식하는 주격 관계대명사절이다. (불변의 패턴 13)

오답분석 ① 주어 what ~ shipment는 단수 취급하는 명사절이므로 단수동사 is가 온 것이 적절하다. (불변의 패턴 02)

③ 주어 We가 동사 order가 나타내는 '주문하는' 행위의 주체이므로 p.p. 앞에서 완료시제이면서 능동태 동사를 만드는 have가 온 것이 적절하다. (불변의 패턴 11-2)

④ 주어 The delivery가 동사 expect가 나타내는 '예상하는' 행위의 대상이므로 수동태 is expected가 온 것이 적절하다. expect는 to부정사를 목적격보어로 취하는 5형식 동사이므로, 뒤에 있는 to take place는 목적격보어이다. (불변의 패턴 10, 15)

⑤ 선행사 a delivery time은 주격 관계대명사절의 동사 suit가 나타내는 '맞는' 행위의 주체이면서 단수명사이므로, 능동태이면서 선행사에 수 일치하는 단수동사 suits가 온 것이 적절하다. (불변의 패턴 12, 05)

해석 Stevens씨께,
이것은 9월 26일에 귀하께서 저희 매장에서 구매하신 책상의 배송 상황 관련 문의에 대한 답변입니다. 유감스럽게도, 배송에 대해 저희가 귀하께 알려야 할 것은 좋은 소식이 아닙니다. 가구 제조사로부터 저희 창고로의 배송 중에 발생한 손상으로 인해 귀하의 책상의 배송은 예상된 것보다 더 오래 걸릴 것입니다. 저희는 제조사에 정확한 교체품을 주문했습니다. 배송은 2주 이내에 이루어질 것으로 예상됩니다. 책상이 도착하면, 귀하께 맞는 배송 시간을 정하기 위해 즉시 전화드리겠습니다. 이 지연이 귀하께 끼친 불편에 대해 유감스럽게 생각합니다.
Justin Upton 드림

어휘 status 상황, 신분 manufacturer 제조사 warehouse 창고
arrange 정하다, 준비하다 suit 맞추다, 적합하다
regret 유감스럽게 생각하다, 후회하다

14 정답 ③ influenced → were influenced

해설 ③ Both fish were influenced in a negative way ~.
주어(영향을 주는 행위의 대상) 수동태

주어 Both fish가 동사 influence가 나타내는 '영향을 주는' 행위의 대상이므로, 수동태 were influenced가 와야 한다. (불변의 패턴 10)

오답분석 ① 선행사 A pet goldfish가 주격 관계대명사절의 동사 keep이 나타내는 '기르는' 행위의 대상이므로 수동태 was kept가 온 것이 적절하다. (불변의 패턴 12)

② 주어 we가 동사 separate가 나타내는 '따로 떼어놓는' 행위의 주체이고, two weeks ago는 과거의 한 시점만을 나타내는 시간 표현이므로 단순과거이면서 능동태 동사인 separated가 온 것이 적절하다. (불변의 패턴 10, 08-2)

④ 동사 seem은 뒤에 목적어가 오지 않아 수동태로 쓸 수 없는 자동사이므로 능동태 seemed가 온 것이 적절하다. (불변의 패턴 13)

⑤ 주어 I가 동사 send가 나타내는 '보내는' 행위의 대상이므로, 수동태 was sent가 온 것이 적절하다. 동사 send는 2개의 목적어를 갖는 4형식 동사이므로 수동태 문장에서도 동사 뒤에 목적어 하나가 남는다. 수동태 동사 뒤에 남은 직접목적어 a message를 보고 능동태 동사가 와야 한다고 착각하지 않도록 주의한다. that ~ dead는 a message를 다른 말로 풀어 쓴 동격 that절이다. (불변의 패턴 14)

해석 반려동물 금붕어 한 마리가 내 친구에 의해 길러졌는데, 내 친구가 다른 나라로 이사를 갈 것이었기 때문에 내 금붕어와 함께 통에 넣어졌다. 그들은 6개월 동안 같이 살았고, 2주 전에 우리는 그들을 다시 따로 떼어 놓았고, 그녀가 그녀의 금붕어를 집으로 데려갔다. 두 물고기 모두 변화된 환경에서 부정적인 측면으로 영향을 받았다. 나는 내 금붕어가 이상하게 행동하고 있었다는 것을 즉시 알아차렸다. 그것은 통의 옆면에 몸을 부딪치고 있었다. 내가 보기에 그것은 그것의 옛 친구를 그리워하는 것 같았다. 다음 날 아침에 그것은 죽은 채로 수면 위에 떠 있었다. 그날 늦게, 나는 그녀의 금붕어도 죽었다는 메시지를 받았다. 나는 그들이 상심으로 인해 죽었다고 생각한다.

어휘 separate (따로) 떼어놓다, 분리하다 immediately 즉시
bang (신체 일부를) 부딪치다 surface 수면, 표면
broken heart 상심, 절망

15 정답 ④ mean → means

해설 ④ The fact that the ground is wet and there are mud
단수명사 수식어(동격 that절)

puddles means nothing to the dogs.
단수동사

주어 The fact가 단수명사이므로 단수동사 means가 와야 한다. The fact 뒤의 that ~ puddles는 The fact를 다른 말로 풀어 쓴 동격 that절로 수 일치에 영향을 미치지 않는 수식어이다. (불변의 패턴 01-4)

오답분석 ① 주어 dogs가 동사 affect가 나타내는 '영향을 주는' 행위의 대상이므로 수동태 are affected가 온 것이 적절하다. (불변의 패턴 10)

② 주어 my dogs가 복수명사이면서 동사 excite가 나타내는 '신나게 하는' 행위의 대상이므로, p.p. 앞에서 수동태 동사를 만드는 복수동사 are가 온 것이 적절하다. Blue and Celeste는 수 일치에 영향을 미치지 않는 수식어(삽입구)이다. excite와 같이 감정을 나타내는 동사의 경우, 주어가 감정을 느끼게 하는 주체이면 능동태, 주어가 감정을 느끼는 대상이면 수동태를 쓴다. (불변의 패턴 11-2, 01-4)

③ As soon as(~하자마자)가 이끄는 절이 시간의 의미를 나타내는 부사절이므로, 현관문을 여는 것이 미래에 일어날 일이더라도 미래시제가 아니라 현재시제로 써야 한다. 따라서 현재시제 open이 온 것이 적절하다. (불변의 패턴 09)

⑤ 주어 I가 동사 pick이 나타내는 '가려내는' 행위의 주체이므로, be동사 뒤에서 진행시제이면서 능동태 동사를 만드는 picking이 온 것이 적절하다. (불변의 패턴 11-1)

해석 당신은 대부분의 개들이 대부분의 사람들보다 더 행복해 보인다는 것을 알아차릴 수 있을 것이다. 예를 들어, 나쁜 날씨가 많은 사람들을 괴롭히는 반면, 개들은 사람들보다 덜 영향을 받는다. 밖에 비가 퍼붓고 있을 때에도 나의 개들인 Blue와 Celeste는 산책을 하러 가는 것

에 여전히 신나 한다는 것을 나는 안다. 내가 현관문을 열고 밖을 보자마자, 그들은 모험을 떠날 준비가 된 채로 내 옆에 있을 것이다. 나는 보통 폭우가 내릴 때 휴식을 위해 기다렸다가, 우리는 모두 함께 달려 나간다. 땅이 젖어 있고 진흙 웅덩이가 있다는 사실은 개들에게 아무런 의미가 없다. 내가 젖은 곳 주변에서 조심스럽게 길을 가려내는 동안, 개들은 웅덩이에서 즐겁게 놀고 있다. 그들은 그들의 발을 더럽히는 것을 두려워하지 않는다.

어휘 **dash out** 달려 나가다, 급히 출발하다 **puddle** 웅덩이
paw (동물의) 발

16 정답 **(1) ⓐ are polluted, ⓑ built, ⓒ damages**
(2) Traveling to new places is being considered by many people these days.

해설 (1) ⓐ First of all, **the air and seas are polluted** ~.
　　　　　　　　복수주어(오염시키는 행위의 대상)　　수동태 복수동사

주어 the air and seas가 복수 취급하는 A and B이면서 동사 pollute가 나타내는 '오염시키는' 행위의 대상이므로 복수수동사이면서 수동태인 are polluted가 와야 한다. (Ch 01 알고 갈 기초 문법, 불변의 패턴 10)

ⓑ Secondly, as **more hotels are built**, people destroy
　　　　　　　　주어(짓는 행위의 대상)　수동태
some of the world's most beautiful places.

주어 more hotels가 동사 build가 나타내는 '짓는' 행위의 대상이므로, be동사 are 뒤에서 수동태를 만드는 p.p인 built가 와야 한다. (불변의 패턴 11-1)

ⓒ In short, **tourism** in today's world **damages** nature
단수주어(훼손하는 행위의 주체) 수식어(전치사 + 명사구) 능동태 단수동사
in many ways.

주어 tourism이 동사 damage가 나타내는 '훼손하는' 행위의 주체이면서 단수명사이므로, 단수동사이면서 능동태인 damages가 와야 한다. in today's world는 수 일치에 영향을 미치지 않는 수식어(전치사 + 명사구)이다. (불변의 패턴 01-1, 10)

(2) Traveling to new places is being considered
　　　주어(고려하는 행위의 대상)　　　　　　　수동태
by many people these days.
by + 고려하는 행위의 주체

주어진 능동태 문장의 목적어인 동명사구 traveling to new places를 주어로 써야 한다. 동명사구는 단수 취급하므로 동사는 단수동사이면서 수동태인 is being considered로 바꾸어 써야 한다. 또한 본래 문장의 주어(행위의 주체) many people은 by와 함께 문장 뒤에 써야 한다. (불변의 패턴 10, 02)

해석 요즘에 많은 사람들이 새로운 곳으로 여행하는 것을 고려하고 있다. 그러나 관광은 환경에 이롭지 않다. 먼저, 수백만 명의 관광객들의 이동 중에 공기와 바다가 오염된다. 두 번째로, 더 많은 호텔이 지어지기 때문에, 사람들은 세계에서 가장 아름다운 장소들 중 일부를 파괴한다. 그리고 마지막으로, 사람들이 더 많은 물을 사용하므로 물이 부족해지고 있다. 요약하면, 오늘날의 세계에서 관광은 여러 방면에서 자연을 훼손한다. 만약 우리가 우리의 지구가 건강한 곳이기를 바란다면, 우리는 여행을 덜 해야 한다.

어휘 **tourism** 관광, 관광업 **beneficial** 이로운, 유익한
run short 부족하다, 떨어지다 **in short** 요약하면, 간단히 말해

CHAPTER 04 조동사와 가정법

불변의 패턴 16 현재/미래의 일은 「조동사 + 동사원형」으로, 과거 일에 대한 추측/후회는 「조동사 + have p.p.」로 써야 한다.
본책 **p.64**

TYPE 1 추측의 의미를 가진 조동사　　　　　　　p.64

1 정답 **have arrived**

해설 'Peter가 (과거에) 벌써 도착했을 리 없다'라는 의미이므로, 조동사 cannot 뒤에 과거 일에 대한 추측을 나타내는 have arrived(have p.p.)가 와야 한다.

해석 그의 비행기는 내일 도착하기 때문에 Peter가 벌써 도착했을 리 없다.

어휘 **get in** 도착하다

2 정답 **happen**

해설 '미래에 일어날지도 모른다'라는 의미이므로, 조동사 might 뒤에 현재/미래 일에 대한 추측을 나타내는 happen(동사원형)이 와야 한다.

해석 많은 사람들은 미래에 일어날지도 모르는 일이 과거의 실패에 기반을 두고 있다고 생각한다.

어휘 **be based on** ~에 기반을 두다, ~에 근거하다

3 정답 **win**

해설 '다음 주(미래)에 우승할 수도 있다'라는 의미이므로, 조동사 could 뒤에 현재/미래 일에 대한 추측을 나타내는 win(동사원형)이 와야 한다.

해석 만약 당신이 당신의 작품을 제시간에 제출하면, 당신의 그림은 다음 주 미술 대회에서 우승할 수도 있다.

어휘 **submit** 제출하다 **on time** 제시간에, 정각에

4 정답 **have been**

해설 '고대(과거)에 측정 도구들이 매우 정확했음이 틀림없다'라는 의미이므로, 조동사 must 뒤에 과거 일에 대한 추측을 나타내는 have been(have p.p.)이 와야 한다.

해석 대 피라미드의 측면의 길이들이 거의 같기 때문에, 고대 이집트에서 측정 도구들이 매우 정확했음이 틀림없다.

어휘 **accurate** 정확한, 정밀한

TYPE 2 후회의 의미를 가진 조동사　　　　　　　p.65

1 정답 **have taken**

해설 '오늘 아침(과거)에 우산을 가져왔어야 했는데 안 가져왔다'라는 의미이므로, 조동사 should 뒤에 과거 일에 대한 후회를 나타내는 have taken(have p.p.)이 와야 한다.

해석 나는 오늘 아침에 집에서 나왔을 때 내 우산을 가져왔어야 했다.

2 정답 **be**

해설 '(현재나 미래에) 언어 능력도 습득될 수 있다'라는 의미이므로, 조동사 can 뒤에 현재/미래의 일을 나타내는 be(동사원형)가 와야 한다.

해석 다른 기술들과 마찬가지로, 언어 능력도 오직 연습을 통해서만 습득될 수 있다.

어휘 **acquire** 습득하다, 획득하다

3 정답 **use**

해설 '(현재나 미래에) 우리의 자원을 현명하게 사용해야 한다'라는 의미이므로, 조동사 should 뒤에 현재/미래의 일을 나타내는 use(동사원형)가 와야 한다.

해석 우리는 지금 우리의 자원을 현명하게 사용해야 하며 그러면 미래를 위해 여전히 더 많이 보유하게 될 것이다.

어휘 resource 자원, 재원

4 정답 **have gone**

해설 '(과거에) 의대에 갈 수 있었는데 안 갔다'라는 의미이므로, could 뒤에 과거 일에 대한 후회를 나타내는 have gone(have p.p.)이 와야 한다.

해석 Karl은 의대에 갈 수 있었지만, 대신 그는 군인의 진로를 추구하기로 결정했다.

어휘 pursue 추구하다   military 군인의, 군대의   career 진로, 직업

불변의 패턴 17   주장/제안/요구/명령 동사의 목적어로 쓰인 that절에는 should가 생략된 동사원형이 와야 한다.

본책 p.66

1 정답 **took**

해설 동사 insisted의 목적어로 쓰인 that절이 '사고가 일어났다'라는 의미로 어떤 일이 일어났다는 내용이므로, 과거시제 동사 took이 와야 한다.

해석 많은 목격자들은 그 사고가 횡단보도에서 일어나서, 운전자가 그 사고의 책임이 있다고 주장했다.

어휘 witness 목격자   take place 일어나다, 개최하다
responsible for ~의 책임이 있는

2 정답 **be**

해설 요구의 의미를 가진 동사 demanded의 목적어로 쓰인 that절이 '그녀의 이름이 삭제되어야 한다'라는 의미로 어떤 일을 해야 한다는 내용이므로, should를 생략한 동사원형 be가 와야 한다.

해석 Linda는 참가자 명단에 있는 것에 대해 불편해했고 그녀의 이름이 삭제되어야 한다고 요구했다.

어휘 demand 요구하다   remove 삭제하다, 제거하다

3 정답 **do**

해설 제안의 의미를 가진 동사 recommend의 목적어로 쓰인 that절이 '정부가 더 많은 것을 해야 한다'라는 의미로 어떤 일을 해야 한다는 내용이므로, should를 생략한 동사원형 do가 와야 한다.

해석 대부분의 과학자들은 정부가 지구 온난화에 맞서기 위해 더 많은 것을 해야 한다고 권고한다.

어휘 government 정부   global warming 지구 온난화

4 정답 **remains**

해설 동사 suggests의 목적어로 쓰인 that절이 '날씨가 극도로 건조한 상태이다'라는 의미로 어떤 일이 일어난다는 내용이므로, 현재시제 동사 remains가 와야 한다.

해석 현재의 들불의 빠른 확산은 날씨가 여전히 극도로 건조한 상태임을 나타낸다.

어휘 wildfire 들불, 도깨비불   extremely 극도로, 극히

불변의 패턴 18   do동사가 일반동사를 강조할 때 「do/does/did + 동사원형」으로 써야 한다.

본책 p.66

1 정답 **O**

해설 When children are young, much of the work teaches them that <u>they</u> <u>do</u> <u>have</u> some control in their lives.
복수대명사 · 강조 do동사 · 동사원형

해석 아이들이 어릴 때, 많은 일들은 그들이 그들의 삶에서 어느 정도의 통제권을 정말 가지고 있다는 것을 그들에게 가르쳐준다.

어휘 control 통제(권), 지배

2 정답 **loves → love**

해설 Samantha <u>does</u> really <u>love</u> the dress that you bought
강조 do동사 · 동사원형
her as a graduation gift.

해석 Samantha는 당신이 그녀에게 졸업 선물로 사줬던 그 드레스를 정말 매우 좋아한다.

3 정답 **faced → face**

해설 Copernicus's theory that the Earth went around the Sun <u>did</u> <u>face</u> attacks from the Catholic Church.
강조 do동사 · 동사원형

해석 지구가 태양 주위를 돈다는 코페르니쿠스의 가설은 가톨릭 교회의 맹비난에 정말 직면했다.

어휘 theory 가설, 이론   attack 맹비난, 공격

4 정답 **O**

해설 Koalas move as little as possible — and when they <u>do</u>
강조 do동사
<u>move</u>, they often look as though they're in slow motion.
동사원형

해석 코알라는 가능한 한 적게 움직이며 그들이 정말 움직일 때 마치 그들은 종종 느린 동작인 것처럼 보인다.

Mini TEST 불변의 패턴 16~18

본책 p.67

1 정답 **rested → rest**

해설 Because the patient's condition ~ enough, the doctor <u>advised</u> that he <u>rest</u> for at least another week.
제안 동사 · (should) rest

제안의 의미를 가진 동사 advised의 목적어로 쓰인 that절이 '일주일 더

쉬어야 한다'라는 의미로 어떤 일을 해야 한다는 내용이므로, should를 생략한 동사원형 rest가 와야 한다. (불변의 패턴 17)

해석 환자의 상태가 충분히 나아지지 않았기 때문에, 의사는 그가 적어도 일주일 더 쉬어야 한다고 충고했다.

2 정답 be → have been

해설 The judge said, "Jonathan's dive at the competition yesterday **may** not **have been** the cleanest, but ~."
　　　　　　　　　　　　　　　　추측 조동사　　　 have p.p.

'어제(과거) Jonathan의 다이빙이 가장 깔끔하지 않았을지도 모른다' 라는 의미이므로, may 뒤에 과거 일에 대한 추측을 나타내는 have been(have p.p.)이 와야 한다. (불변의 패턴 16-1)

해석 심사위원은 "어제 경기에서 Jonathan의 다이빙이 가장 깔끔하지 않았을지도 모르지만, 그것은 가장 위험했다"고 말했다.

어휘 judge 심사위원, 심판　risky 위험한

3 정답 used → use

해설 The Germans **did** really **use** the proverb, "*Morgenstunde*
　　　　　　　　　 강조 do동사　　동사원형
hat Gold im Munde" (*The morning hour* has gold in its mouth) with high frequency.

일반동사의 의미를 강조하는 do동사 did가 앞에 있으므로, 동사원형 use가 와야 한다. (불변의 패턴 18)

해석 독일인들은 "*Morgenstunde* hat Gold im Munde" (아침 시간은 그것의 입에 금을 물고 있다)라는 속담을 매우 빈번하게 정말 실제로 사용했다.

어휘 proverb 속담　with frequency 빈번하게

4 정답 O

해설 If you want to be a mathematician, you **had better expose** your new ideas to the criticism of others.　조동사　　동사원형

had better(~하는 것이 더 낫다)는 두 단어로 이루어진 조동사이므로, 뒤에 동사원형 expose가 온 것이 적절하다. (불변의 패턴 16-2 함께 알아두기)

해석 만약 당신이 수학자가 되고 싶다면, 당신의 새로운 아이디어들을 다른 사람들의 비판에 노출시키는 것이 낫다.

어휘 mathematician 수학자　expose 노출시키다, 드러내다

5 정답 visit → have visited

해설 I **should have visited** the Colosseum and the Pantheon
　　　 후회 조동사　 have p.p.
when I was in Italy last year, and now I regret my decision.

'작년(과거)에 콜로세움과 판테온을 방문했어야 했는데 안 했다'라는 의미이므로, 조동사 should 뒤에 과거 일에 대한 후회를 나타내는 have visited(have p.p.)가 와야 한다. (불변의 패턴 16-2)

해석 나는 작년에 이탈리아에 있을 때 콜로세움과 판테온을 방문했어야 했고, 나는 지금 나의 결정을 후회한다.

6 정답 **Experts insisted that the earthquake caused damage to the building**

해설 Experts **insisted** that the earthquake **caused** damage
　　　　　　 주장 동사　　　　　　　　　　 과거시제(과거에 발생시켰음)
to the building.

'전문가들이 ~라고 주장했다'라는 뜻이므로, Experts가 주어로, insisted가 동사로 와야 하고, 주장하는 내용인 that절이 목적어로 와야 한다. 동사 insisted의 목적어로 쓰인 that절이 과거에 어떤 일이 일어났다는 의미이므로 that절의 동사 cause는 과거시제 caused로 바꾸어 써야 한다. (불변의 패턴 17)

불변의 패턴 19　가정법 문장에서는 if절과 주절의 동사가 짝이 맞아야 한다.　　본책 p.68

1 정답 O

해설 How **would** you **feel if** your parents **told** you tomorrow that
　　 would + 동사원형　　　　　　　 과거시제
they plan to move overseas?

해석 만약 내일 당신의 부모님이 해외로 이사할 계획이라고 말한다면 기분이 어떻겠는가?

2 정답 win → have won

해설 If the Soviet Union and USA **had not joined** together,
　　　　　　　　　　　　　　　　 had p.p.
Germany **would have won** the Second World War.
　　　　　 would + have p.p.

해석 만약 소비에트 연방과 미국이 함께 연합하지 않았다면, 독일은 2차 세계대전에서 승리했을 것이다.

어휘 Soviet Union 소비에트 연방　join 연합하다, 함께하다

3 정답 O

해설 An employee **will be** punished **if** he or she **breaks**
　　　　　　　　　 미래시제　　　 조건의 부사절 접속사　　 현재시제
company regulations.

해석 직원은 그 또는 그녀가 회사 규정을 어기면 처벌받을 것이다.

어휘 punish 처벌하다, 벌주다　regulation 규정

4 정답 turned → had turned

해설 If you **had turned** a light toward Mars that day, it
　　　　　　 had p.p.
would have reached Mars in 186 seconds.
　 would + have p.p.

해석 만약 당신이 그날 화성을 향해 빛을 비추었다면, 그것은 186초 후에 화성에 도달했을 것이다.

어휘 Mars 화성　reach 도달하다, 이르다

5 정답 use → used

해설 It **would be** much more convenient to communicate if
　　　 would + 동사원형
the people around the world **used** only one language.
　　　　　　　　　　　　　 과거시제

해석 만약 전 세계의 사람들이 단 하나의 언어를 사용한다면 의사소통하기가 훨씬 더 편할 것이다.

6 정답 would become → will become

해설 If you **don't clean** your computer keyboard, it **will become**
　조건의　　 현재시제　　　　　　　　　　　　　　　 미래시제
부사절 접속사
as dirty as a toilet bowl.

해석 만약 당신이 당신의 컴퓨터 키보드를 청소하지 않으면, 그것은 변기만큼 더러워질 것이다.

불변의 패턴 20　as if 가정법의 동사는 실제 시제보다 하나 앞선 시제를 사용해야 한다.　　본책 p.69

1 정답 donated → had donated

해설 as if절이 문맥상 '(사실은 그렇지 않지만) 마치 과거(지난달)에 기부를 했던 것처럼'이라는 의미로 과거 사실을 반대로 가정해 보고 있으므

로, had donated(had p.p.)가 와야 한다.

해석 Patrick은 마치 지난달에 그의 돈을 자선 단체에 기부했던 것처럼 행동했지만, 그의 주장은 사실이 아니었다.

2 정답 **O**

해설 as if 앞의 내용을 보았을 때 '국가는 성장하고 있다'라고 했으므로, 문맥상 '경제가 이전 어느 때보다 더 강하다'라는 의미의 실제 그럴 가능성 있는 일을 나타내고 있다. 따라서 현재시제 is가 온 것이 적절하다.

해설 그 국가는 현재 성장하고 있으며, 경제는 마치 이전 어느 때보다 더 강한 것처럼 보인다.

3 정답 **O**

해설 as if절이 문맥상 '(사실은 그렇지 않지만) 마치 현재 우주 비행사인 것처럼'이라는 의미로 현재 사실을 반대로 가정해 보고 있으므로, 과거시제 were가 온 것이 적절하다.

해석 나의 여동생은 마치 그녀가 실제 우주 비행사인 것처럼 그녀의 장난감 우주선을 가지고 논다.

4 정답 **heard → had heard**

해설 as if절이 문맥상 '(사실은 그렇지 않지만) 마치 과거에 아무것도 듣지 못했던 것처럼'이라는 의미로 과거 사실을 반대로 가정해 보고 있으므로, had heard(had p.p.)가 와야 한다.

해설 Conan은 소리로 Meredith가 다쳤을 리가 없다고 판단했고, 그래서 그는 마치 아무것도 듣지 못했던 것처럼 뒤돌아보지 않았다.

어휘 judge 판단하다 turn 뒤돌아보다, 돌다

Mini TEST 불변의 패턴 19~20

1 정답 **have → had**

해설 If they **had** thirty minutes of free time, they **would take**
　　　　과거시제　　　　　　　　　　　　　　　　　　would + 동사원형
a break for a while, but actually they are too busy.

주절의 동사가 would take(would + 동사원형)이며, 문맥상 '바빠서 시간이 없지만 자유시간이 있다면'이라는 의미로 현재 사실을 반대로 가정해 보는 가정법 과거 문장이므로, if절에는 과거시제 had가 와야 한다. (불변의 패턴 19)

해석 만약 그들이 30분의 자유시간이 있다면 잠시 휴식을 취하겠지만, 사실 그들은 너무 바쁘다.

2 정답 **lived → had lived**

해설 Lawrence Brown never visited Spain, but he spoke the Spanish language **as if** he **had lived** there for his entire life.
　　　　　　　　　　　　　　　　　　　　　　　had p.p.

as if절이 문맥상 '(사실은 그렇지 않지만) 마치 과거에 그곳에서 살았던 것처럼'이라는 의미로 과거 사실을 반대로 가정해 보고 있으므로, had lived(had p.p.)가 와야 한다. (불변의 패턴 20)

해석 Lawrence Brown은 스페인을 방문한 적이 전혀 없지만, 그는 마치 평생 동안 그곳에서 살았던 것처럼 스페인어를 말했다.

3 정답 **did → does**

해설 If the itch **does** not disappear, you **should stop** scratching
　　　　조건의 부사　　　현재시제　　　　　　　　should + 동사원형
and take the medicine.

문맥상 '(미래에) 가려움이 사라지지 않으면 약을 먹어야 한다'라는 의미로 실제 일어날 가능성이 있는 일에 대해 말하고 있으므로, 가정법 문장이 아니라 조건절 문장이다. 따라서 if절에는 현재시제 does가 와야 한다. (불변의 패턴 19)

해석 만약 가려움이 사라지지 않으면, 당신은 긁는 것을 멈추고 약을 먹어야 한다.

어휘 itch 가려움 disappear 사라지다

4 정답 **O**

해설 **Were** it not for antibiotics, many people **would get**
　　　　과거시제　　　　　　　　　　　　　　　　　　would + 동사원형
seriously sick after even routine surgeries.

주절의 동사가 would get(would + 동사원형)이며, 문맥상 '(현재 항생제가 있지만) 항생제가 없다면 사람들이 아플 것이다'라는 의미로 현재 사실을 반대로 가정해 보는 가정법 과거 문장이므로, 과거시제 Were가 온 것이 적절하다. were it not for는 '~이 없다면'이라는 뜻의 if가 없는 가정법 표현이다. (불변의 패턴 19, 20 함께 알아두기)

해석 항생제가 없다면, 많은 사람들은 일반적인 수술 후에도 심하게 아플 것이다.

어휘 antibiotic 항생제 routine 일반적인, 보통의 surgery 수술

5 정답 **followed → had followed**

해설 If the workers **had followed** the instructions in the
　　　　　　　　　　　　had p.p.
employee manual, they **would have avoided** the security
　　　　　　　　　　　　　　　　would + have p.p.
accident.

주절의 동사가 would have avoided(would + have p.p.)이며, 문맥상 '(과거에) 지시를 따랐다면, 사고를 피했을 것이다'라는 의미로 과거 사실을 반대로 가정해 보는 가정법 과거완료 문장이므로, if절에는 had followed(had p.p.)가 와야 한다. (불변의 패턴 19)

해석 만약 근무자들이 직원 매뉴얼에 있는 지시를 따랐다면, 그 보안 사고를 피했을 것이다.

어휘 instruction 지시, 설명 security 보안, 안보

6 정답 **the rescue boat had not discovered the people in the sea, they would have died**

해설 Yesterday, if the rescue boat **had not discovered** the
　　　　　　　　　　　　　　　　　　　　　　had p.p.
people in the sea, they **would have died**.
　　　　　　　　　　　　　　would + have p.p.

과거(어제)의 상황을 반대로 가정해 보기 위해서는 가정법 과거완료 문장으로 써야 한다. 따라서 if절의 동사는 '발견하지 못했다'라는 뜻의 had not discovered(had p.p.)로 쓰고, 주절의 동사는 '죽었을 것이다'라는 뜻의 would have died(would + have p.p.)로 바꾸어 써야 한다. (불변의 패턴 19)

24 영어 실력을 높여주는 다양한 학습 자료 제공 HackersBook.com

01	have released		02	have watched			
03	increases		04	had thought		05	were
06	taste	07	keep	08	○	09	traveled	10	○
11	③	12	①	13	⑤	14	④	15	②

16 (1) ⓐ humiliated → humiliate, ⓑ see → have seen
(2) If I had been more careful, I could have avoided embarrassment.

01 정답 have released

해설 The pop singer **could have released** more albums, ~.
　　　　　　　　추측 조동사　　have p.p.

'(과거에) 더 많은 음반을 발매할 수도 있었다'라는 의미이므로, 조동사 could 뒤에서 과거 일에 대한 추측을 나타내는 have released(have p.p.)가 와야 한다. (불변의 패턴 16-1)

해석 그 팝 가수는 더 많은 음반을 발매할 수도 있었지만, 대신 음악계에서 은퇴하는 것을 선택했다.

어휘 release 발매하다　industry 업계, 산업

02 정답 have watched

해설 If the TV in our apartment **had not broken**, we **would**
　　　　　　　　　　　　　　　　　　　　had p.p.
have watched the soccer game at home last night.
would + have p.p.

if절의 동사가 had not broken(had p.p.)이며, 문맥상 '(과거에) TV가 고장 나지 않았다면, 축구 경기를 봤을 것이다'라는 의미로 과거 사실을 반대로 가정해 보는 가정법 과거완료 문장이므로, 주절에는 would 뒤에 have watched(have p.p.)가 와야 한다. (불변의 패턴 19)

해석 만약 우리 아파트에 있는 TV가 고장 나지 않았다면, 우리는 어젯밤에 집에서 축구 경기를 봤을 것이다.

03 정답 increases

해설 In his book on management, Elton Mayo **suggests** that
　　　　　　　　　　　　　　　　　　　　　제안 동사
having many different cultures in a community greatly
　　단수주어(동명사구)　　　　수식어(전치사 + 명사)
increases conflicts.
　단수동사

동사 suggests의 목적어로 쓰인 that절이 문맥상 어떤 일을 해야 한다는 의미가 아니라 '갈등을 증가시킨다'라는 의미로 어떤 일이 일어난다는 내용이므로, 단수주어(동명사구) having many different cultures에 수 일치하는 단수동사 increases가 와야 한다. (불변의 패턴 17, 02)

해석 경영에 관한 그의 책에서, Elton Mayo는 한 공동체 내에서 많은 다양한 문화를 갖는 것은 갈등을 크게 증가시킨다는 것을 시사한다.

어휘 management 경영, 운영　community 공동체, 지역 사회
conflict 갈등, 대립

04 정답 had thought

해설 I wish I **had thought** about my decision longer before
　　　　　　　　had p.p.
I quit my job last month.

I wish 뒤에 문맥상 '과거(지난달)에 더 오래 생각했다면 좋을 텐데'라는 의미로 과거의 일을 반대로 가정해보는 내용이 이어지고 있으므로, had thought(had p.p.)가 와야 한다. (불변의 패턴 20 함께 알아두기)

해석 내가 지난달에 일을 그만두기 전에 내 결정에 대해 더 오래 생각했다면 좋을 텐데.

어휘 quit 그만두다

05 정답 were

해설 They look **as if** they **were** twin sisters, but in fact they
aren't even related.　　　과거시제

as if절이 문맥상 '(사실은 그렇지 않지만) 마치 현재 쌍둥이 자매인 것처럼'이라는 의미로 현재 사실을 반대로 가정해 보고 있으므로, 과거시제 were가 와야 한다. (불변의 패턴 20)

해석 그들은 마치 쌍둥이 자매인 것처럼 보이지만, 사실 그들은 친척 관계도 아니다.

06 정답 tasted → taste

해설 ~ the chef **recommended** that we **taste** a small piece
　　　　　　　　제안 동사　　　　　(should) taste
first.

제안의 의미를 가진 동사 recommended의 목적어로 쓰인 that절이 문맥상 '맛보아야 한다'라는 의미로 어떤 일을 해야 한다는 내용이므로 should를 생략한 동사원형 taste가 와야 한다. (불변의 패턴 17)

해석 그 음식이 매우 매웠기 때문에, 그 요리사는 작은 조각부터 먼저 맛보아야 한다고 권고했다.

07 정답 have kept → keep

해설 ~, you **should keep** asking yourself what the author's main
　　　　　　　should 동사원형
idea is.

'(현재나 미래에) 스스로에게 계속 물어봐야 한다'라는 의미이므로, 조동사 should 뒤에 현재/미래의 일을 나타내는 동사원형 keep이 와야 한다. should have kept asking은 '물어봤어야 했는데 못 했다'라는 의미로 과거 사실에 대한 후회를 나타내므로 적절하지 않다. (불변의 패턴 16-2)

해석 당신은 책을 읽는 동안, 작가의 요지가 무엇인지를 스스로에게 계속 물어봐야 한다.

08 정답 ○

해설 ~, arts education **does solve** problems.
　　　단수주어　　강조 do동사 동사원형

일반동사의 동사원형 solve 앞에 의미를 강조하는 do동사가 올 수 있으며, 이때 주어 arts education이 단수주어이면서 문장이 일반적인 사실에 대한 내용으로 현재시제이므로 does가 온 것이 적절하다. (불변의 패턴 18)

해석 예술은 문제들을 해결하지는 않지만, 우리가 그것들의 존재를 의식하게 한다. 반면에, 예술 교육은 문제들을 정말 해결한다.

어휘 aware of ~을 의식하는, 깨닫는　existence 존재

09 정답 travel → traveled

해설 If spaceships **traveled** faster than the speed of light,
　　　　　　　　　과거시제
we **could visit** other solar systems.
　could + 동사원형

주절의 동사가 could visit(could + 동사원형)이며, 문맥상 '(빛의 속도보다 빠르지 않지만) 우주선이 빛의 속도보다 더 빠르게 이동한다면'이라는 의미로 현재 사실을 반대로 가정해 보는 가정법 과거 문장이므로, if절에는 과거시제 동사 traveled가 와야 한다. (불변의 패턴 19)

해석 만약 우주선이 빛의 속도보다 더 빠르게 이동한다면, 우리는 다른 태양계들을 방문할 수 있을 것이다.

어휘 travel 이동하다, 여행하다　solar system 태양계

10 정답 ○

해설 ~ the ancestor of Neanderthals, living about 400,000
years ago, **may have used** pretty complex language.
　　　　　　추측 조동사　have p.p.

'(과거에) 꽤 복합적인 언어를 사용했을지도 모른다'라는 의미이므로, 조동사 may 뒤에 과거 일에 대한 추측을 나타내는 have used(have p.p.)가 온 것이 적절하다. (불변의 패턴 16-1)

해석 최신의 증거는 약 40만 년 전에 살았던 네안데르탈인들의 조상이 꽤

복합적인 언어를 사용했을지도 모른다는 것을 시사한다.

어휘 ancestor 조상 pretty 꽤, 매우 complex 복합적인, 복잡한

---

11 정답 ③ hated – have been – have forgiven

해설 (A) However, if I **hated** a person, I **would forgive** him as
　　　　　　　　　　과거시제　　　　　　　would + 동사원형
soon as possible.

주절의 동사가 would forgive(would + 동사원형)이며, 문맥상 '(사람을 미워하지 않지만) 한 사람을 미워한다면'이라는 의미로 현재 사실을 반대로 가정해 보는 가정법 과거 문장이므로, if절에는 과거시제 동사 hated가 와야 한다. (불변의 패턴 19)

(B) He **must have been** stressed, too.
　　추측 조동사　have p.p.

'(과거에) 그도 스트레스를 받았음이 틀림없다'라는 의미이므로, 조동사 must 뒤에 과거 일에 대한 추측을 나타내는 have been(have p.p.)이 와야 한다. (불변의 패턴 16-1)

(C) I **should have forgiven** him sooner.
　　후회 조동사　have p.p.

'(과거에) 더 빨리 용서했어야 했지만 그렇지 못했다'라는 의미이므로, 조동사 should 뒤에 과거 일에 대한 후회를 나타내는 have forgiven(have p.p.)이 와야 한다. (불변의 패턴 16-2)

해석 나는 아무도 미워하지 않는다. 하지만, 만약 내가 한 사람을 미워한다면, 나는 가능한 한 빨리 그를 용서할 것이다. 나는 누군가를 미워하는 것은 아주 무거운 짐처럼 내 등에 그 사람을 업고 다니는 것과 같다는 것을 경험으로 알게 되었다. 몇 년 전에, 나는 동료와 큰 싸움을 했고 그를 미워했다. 나는 그를 볼 때마다, 매우 스트레스를 받았다. 그도 스트레스를 받았음이 틀림없다. 결국, 1년 정도 뒤에, 우리는 서로를 용서했고, 그 이후로 나는 마음의 평화를 찾았다. 나는 그를 더 빨리 용서했어야 했다.

어휘 weight (무거운) 짐, 무게 eventually 결국, 마침내

---

12 정답 ① make – have been – put

해설 (A) This movement **does** certainly **make** the child feel
　　　　　　　　　　　　　강조 do동사　　동사원형
much heavier.

일반동사의 의미를 강조하는 do동사 does가 앞에 있으므로, 주어 This movement가 단수주어이더라도 동사원형 make가 와야 한다. (불변의 패턴 18)

(B) Nearly half of serious car accident injuries to young children in recent years **could have been** prevented
　　　　　　　　　　　　　　　　　　could + have p.p.
if child safety seats **had been** used.
　　　　　　　　　　had p.p.

if절의 동사가 had been(had p.p.)이며, 문맥상 '(과거에 사용되지 않았지만) 어린이용 안전 시트가 사용되었다면'이라는 의미로 과거 사실을 반대로 가정해 보는 가정법 과거완료 문장이므로, 주절의 조동사 could 뒤에는 have been(have p.p.)이 와야 한다. (불변의 패턴 19)

(C) That is why the government **urges** that everyone **put**
　　　　　　　　　　　　　　요구 동사　　　　　　(should) put
young children and babies in child safety seats.

요구의 의미를 가진 동사 urges의 목적어로 쓰인 that절이 문맥상 '어린이용 안전 시트에 앉혀야 한다'라는 의미로 어떤 일을 해야 한다는 내용이므로 should를 생략한 동사원형 put이 와야 한다. (불변의 패턴 17)

해석 당신은 어린이용 안전 시트를 사용하는 것 대신에 차에서 아이를 안고 있을 수 있다고 생각할지도 모른다. 하지만 차가 갑자기 멈추면, 아이의 몸은 엄청난 힘과 함께 앞으로 움직인다. 이러한 움직임은 확실히 정말 아이가 훨씬 더 무겁게 느껴지게 만든다. 만약 어린이용 안전 시트가 사용되었다면 최근 몇 년간의 어린아이들의 심각한 교통사고 부상의 거의 절반이 예방될 수 있었을 것이다. 그것이 바로 정부가 모든 사람들이 어린아이들과 아기들을 어린이용 안전 시트에 앉혀야 한다고 촉구하는 이유이다. 따라서, 당신의 가족 중에 아이가 있다면, 지금 바로 가서 어린이용 안전 시트를 구매해라.

어휘 rather than ~ 대신에, ~보다는 certainly 확실히, 분명히
injury 부상 prevent 예방하다, 막다

---

13 정답 ⑤ goes → go

해설 ⑤ When its color **does** eventually **go** back to normal, ~.
　　　　　　　　　　　　　강조 do동사　　동사원형

일반동사의 의미를 강조하는 do동사 does가 앞에 있으므로 주어 its color가 단수주어이더라도, 동사원형 go가 와야 한다. (불변의 패턴 18)

오답분석 ① 주어 the color가 동사 mimic이 나타내는 '모방하는' 행위의 대상이므로 be동사 뒤에서 수동태 동사를 만드는 mimicked가 온 것이 적절하다. of ~ surroundings는 주어와 동사 사이에 온 수식어(명사구)이다. (불변의 패턴 11-1)

② (현재나 미래에) 화가 나면 어떻게 변할 수 있을까'라는 의미이므로, 조동사 might 뒤에서 현재/미래 일에 대한 추측을 나타내는 change(동사원형)가 온 것이 적절하다. 의문사 how로 시작하는 의문문이므로 조동사 might가 주어 its color 앞에 왔다. (불변의 패턴 16-1)

③ 주어 the chance가 단수명사이므로 단수동사 is가 온 것이 적절하다. to see one은 수 일치에 영향을 미치지 않는 수식어(to부정사구)이다. (불변의 패턴 01-2)

④ had better(~하는 것이 더 낫다)는 두 단어로 이루어진 조동사이므로, 뒤에 동사원형 move가 온 것이 적절하다. (불변의 패턴 16 함께 알아두기)

해석 어떤 동물들은 그들의 몸의 색깔을 바꿀 수 있다. 문어가 그들 중 하나이고, 주변 환경의 색깔이 최대한 비슷하게 모방된다. 그러나 그것이 화가 났을 때 그것의 색깔은 어떻게 변할 수 있을까? 그것은 전체적으로 창백해지거나 갈색, 혹은 심지어 보라색으로 변할 것이다. 문어는 진정될 때까지 잇따라서 계속 색깔을 바꾼다. 그래서 비록 그것을 볼 기회가 매우 드물더라도, 당신이 바닷속에서 문어를 보면 그것의 색깔을 확인해 보아라. 만약 그것이 갈색이나 보라색이라면, 당신은 그것으로부터 떨어지는 것이 좋다. 마침내 그것의 색이 정상으로 돌아오면, 문어는 아주 쉽게 보이지는 않을 것이다.

어휘 surrounding (둘러싸는) 환경, 주변 mimic 모방하다
pale 창백한 one after another 잇따라서, 하나씩 하나씩
rare 드문, 희귀한 normal 정상인, 전형적인

---

14 정답 ④ found → had found

해설 ④ In contrast, if his owner **had found** the jewel, she
would have been so happy.　　had p.p.
　would + have p.p.

주절의 동사가 would have been(would + have p.p.)이며, 문맥상 '(사실 주인이 발견하지 않았지만) 그의 주인이 발견했다면'이라는 의미로 과거 사실을 반대로 가정해 보는 가정법 과거완료 문장이므로, if절에는 had found(had p.p.)가 와야 한다. (불변의 패턴 19)

오답분석 ① 주어 a hungry rooster가 동사 scratch for가 나타내는 '이리저리 헤집는' 행위의 주체이므로, be동사 뒤에서 진행시제이면서 능동태 동사를 만드는 scratching이 온 것이 적절하다. (불변의 패턴 11-1)

② 주어 all of the jewels에서 all of는 동사가 of 뒤의 명사에 수 일치해야 하는 부분/수량표현이므로, 복수명사 jewels에 수 일치하는 복수동사 are가 온 것이 적절하다. in the world는 수 일치에 영향을 미치지 않는 수식어(전치사 + 명사구)이다. (불변의 패턴 04, 01-1)

③ '(과거에) 보물을 발견했을 때 실망했음이 틀림없다'라는 의미로 과거 일에 대한 추측을 나타내므로, 조동사 must 뒤에 과거 일에 대한 추측을 나타내는 have felt(have p.p.)가 온 것이 적절하다. (불변의 패턴 16-1)

⑤ 주어 what has value for one은 단수 취급하는 명사절이므로 단수동사 is가 온 것이 적절하다. (불변의 패턴 02)

해석 어느 봄날에, 배고픈 수탉이 흙 속에서 먹이를 찾느라고 이리저리 헤집고 있었다. 갑자기 그의 발톱이 딱딱한 무언가를 파헤쳤고, 그곳 땅 위에서 그는 반짝이는 보석을 보았다. "아" 수탉이 한숨을 쉬었다. 어느 수탉에게든, 보석은 전혀 쓸모가 없다. 수탉에게, 세상의 모든 보석

들은 단 하나의 옥수수 낟알보다도 더 가치가 적다. 그 불쌍한 수탉은 그 보물을 발견했을 때 실망했음이 틀림없다. 그에 반해서, 만약 그의 주인이 그 보석을 발견했다면, 그녀는 매우 기뻤을 것이다. 정말로, 한 사람에게 가치가 있는 것은 다른 사람에게는 가치가 없다.

어휘 rooster 수탉　scratch for (~을 찾느라고) 이리저리 헤집다
dig into ~을 파헤치다　sigh 한숨 쉬다　completely 전혀, 완전히
grain (곡식의) 낟알, 곡물

15 정답 ② were → was

해설 ② **The only way** that he could protect his father's
　　단수주어　　　　수식어(관계절)
emotions **was** to choose hope over despair.
　　　　　단수동사

주어 The only way가 단수명사이므로 단수동사 was가 와야 한다. that ~ emotions는 수 일치에 영향을 미치지 않는 수식어(관계절)이다. (불변의 패턴 01-3)

오답
분석 ① 주어 the son이 동사 fill이 나타내는 '채우는' 행위의 대상이므로 수동태 was filled가 온 것이 적절하다. (불변의 패턴 10)

③ 동사 occur는 뒤에 목적어가 오지 않아 수동태로 쓸 수 없는 자동사이므로 능동태 occurred가 온 것이 적절하다. (불변의 패턴 13)

④ as if절이 문맥상 '(사실은 그렇지 않지만) 마치 과거에 나쁜 마음을 없앴던 것처럼'이라는 의미로 과거 사실을 반대로 가정해 보고 있으므로, had removed(had p.p.)가 온 것이 적절하다. (불변의 패턴 20)

⑤ if가 있는 것은 아니지만 앞에 had p.p.형인 Had it not been for가 있고, 문맥상 '노력이 없었다면, 성공하지 못했을지도 모르지만 성공했다'라는 의미로 과거 사실을 반대로 가정해 보고 있으므로, 조동사 might 뒤에 have succeeded(have p.p.)가 온 것이 적절하다. had it not been for는 '~이 없다면'이라는 뜻의 가정법 표현이다. (불변의 패턴 19, 20 함께 알아두기)

해석 한 젊은이는 사냥하는 동안 그의 아버지가 우발적으로 총을 발사했을 때 그의 시력을 잃었다. 사고 후에, 그 아들은 절망감에 빠졌다. 그러나 한 가지가 그를 구했다. 그는 그의 아버지를 사랑했고 아버지가 슬픔으로 거의 제정신이 아니라는 것을 알았다. 그가 그의 아버지의 정서를 보호할 수 있는 유일한 방법은 절망 대신 희망을 선택하는 것이었다. 그는 그렇지 않았을 때 쾌활한 척을 했다. 그는 포기하고 싶었을 때 삶에 관심을 갖는 척을 했다. 그때 이상한 일이 일어났다. 가장하는 것이 현실이 됐다! 그것은 마치 그가 이 마법의 힘으로 나쁜 마음을 없앴던 것 같았다. 그는 그가 선택한 직업을 추구했고 마침내 유명한 정치인이자 경제학자가 되었다. 그의 노력이 없었다면, 그 젊은이는 성공하지 못했을지도 모른다.

어휘 accidentally 우발적으로, 잘못하여
out of one's mind 제정신이 아닌　grief 슬픔, 비탄
over ~에 대신　pretend ~하는 척하다, 가장하다
pursue 추구하다　politician 정치인　economist 경제학자

16 정답 (1) ⓐ humiliated → humiliate, ⓑ see → have seen
(2) If I had been more careful, I could have avoided embarrassment.

해설 (1) ⓐ Yesterday, I had an experience which **did** terribly
　　　　　　　　　　　　　　　　　　　　강조 do동사
humiliate me.
　동사원형

일반동사의 의미를 강조하는 do동사 did가 앞에 있으므로 과거시제 humiliated가 아니라 동사원형 humiliate가 와야 한다. (불변의 패턴 18)

ⓑ My boyfriend **must have seen** me fall.
　　　　　　추측 조동사　have p.p.

'(과거에) 그가 봤음이 틀림없다'라는 의미이므로, 조동사 must 뒤에 과거 일에 대한 추측을 나타내는 have seen(have p.p.)이 와야 한다. (불변의 패턴 16-1)

(2) If I **had been** more careful, I **could have avoided**
　　　　had p.p.　　　　　　　　　　　could + have p.p.
embarrassment.

'(과거에 조심하지 않았지만) 더 조심했다면, 피할 수 있었다'라는 의미로 과거 사실을 반대로 가정하는 내용이므로, 가정법 과거 완료 문장으로 써야 한다. 따라서 if절의 동사는 had been(had p.p.)으로 쓰고, 주절의 동사는 could have avoided(could + have p.p.)로 바꾸어 써야 한다. (불변의 패턴 19)

해석 어제, 나는 나에게 몹시 창피를 줬던 경험을 했다. 그것은 점심시간에 일어났다. 우리 학교 식당은 지하에 있었기 때문에, 많은 학생들이 계단을 쭉 내려와서 기다리고 있었다. 내가 나보다 몇 계단 아래에 있는 내 남자친구를 발견했을 때 나는 계단 꼭대기에 있었다. 그는 그의 친구들과 이야기를 하고 있었다. 나는 그를 보기 위해 내 목을 길게 뺐고 그때 내가 어디 있는지 잊어버리고 앞으로 발을 내디뎠다. 갑자기, 나는 계단 아래로 굴러떨어졌고, 모두가 나를 쳐다보고 있었다! 내 손과 무릎이 상처를 입었다. 내 남자친구는 내가 넘어지는 걸 봤음이 틀림없다. 만약 내가 더 조심했다면, 창피를 피할 수 있었을 것이다.

어휘 humiliate 창피를 주다　cafeteria 식당, 구내식당
basement 지하　tumble 굴러떨어지다　injure 상처를 입히다
embarrassment 창피, 당혹감

CHAPTER 05 준동사

불변의 패턴 21　동사 자리에는 동사가, 명사/형용사/부사 자리에는 준동사가 와야 한다.

본책 p.78

TYPE 1 동사 자리 　　　　　　　　　　　　p.78

1 정답 **ended**

해설 During the first half century of the sport, **baseball games**,
　　　　　　　　　　　　　　　　　　　　　　　　　　주어
like the traditional workday, **ended** when the sun set.
　　수식어(전치사 + 명사구)　　　　동사

해석 그 스포츠의 처음 반세기 동안, 야구 경기는, 전통적인 근무일처럼, 해가 지면 끝이 났다.

어휘 workday 근무일, 근무 시간대　set (해, 달이) 지다

2 정답 **saving**

해설 For many people, **saving** enough money **for retirement**
　　　　　　　　　　주어(동명사)　　　　　　　수식어(전치사 + 명사)
is a challenge in modern society.
동사

해석 많은 사람들에게, 은퇴를 위한 충분한 돈을 모으는 것은 현대 사회에서 난제이다.

어휘 retirement 은퇴　challenge 난제, 도전

3 정답 **attracts**

해설 **The movie theater**, which is on Main Street, **attracts**
　　　　주어　　　　　　　　수식어(관계절)　　　　　동사
a lot of visitors.

해석 Main가에 있는 그 영화관은 많은 방문객들을 끌어모은다.

어휘 attract 끌어모으다

4 정답 **cut**

해설 When you read the comics section of the newspaper, **cut** out a cartoon that makes you laugh.
명령문의 동사원형

해석 당신이 신문의 만화란을 읽을 때, 당신을 웃게 하는 만화를 오려 내라.

어휘 section (신문의) 난, 부분

5 정답 **dealt**

해설 It is true that <u>the questions</u> <u>from the interview</u> <u>dealt</u>
주어   수식어(전치사 + 명사구)   동사
with very personal issues.

해석 그 인터뷰의 질문들이 매우 개인적인 문제들을 다뤘던 것은 사실이다.

6 정답 **to make**

해설 <u>Some stores</u> <u>put</u> pleasant scents in the air <u>to make</u>
주어   동사   수식어(to부정사)
customers comfortable.

해석 어떤 상점들은 고객을 편안하게 만들기 위해 공기 중에 기분 좋은 향 기를 뿌린다.

어휘 pleasant 기분 좋은, 쾌적한   scent 향기

TYPE 2 주어/보어/(전치사의) 목적어: 명사 역할을 하는 준동사 자리 p.79

1 정답 **expanding**

해설 We often **choose** friends as a way **of expanding** our
동사   전치사
전치사의 목적어(동명사)
sense of identity beyond our families.

해석 우리는 종종 가족을 넘어서 우리의 정체성을 확장하는 방법으로 친구 를 선택한다.

어휘 identity 정체(성), 신분   beyond ~을 넘어서, ~의 범위 바깥에

2 정답 **exercising**

해설 Sometimes, <u>exercising</u> enough <u>is</u> hard because people
주어(동명사)   동사
are too tired after work.

해석 때때로, 사람들은 근무 후에 너무 피곤하기 때문에 충분한 운동을 하 는 것이 힘들다.

3 정답 **seem**

해설 <u>The vases</u> <u>which scientists found in Egypt</u> <u>seem</u> at
주어   수식어(관계절)   동사
least 10,000 years old.

해석 과학자들이 이집트에서 발견했던 꽃병들은 적어도 일만 년은 된 것처 럼 보인다.

어휘 at least 적어도

4 정답 **to get**

해설 However, the lack of time for relaxation <u>makes</u> <u>it</u> more
동사 가목적어
difficult <u>to get</u> the most out of your studies.
목적격보어 진짜 목적어(to부정사)

해석 그러나, 휴식을 위한 시간의 부족이 당신이 공부를 최대한으로 활용하 는 것을 더 어렵게 만든다.

어휘 lack 부족   relaxation 휴식
get the most out of ~을 최대한으로 활용하다

5 정답 **to produce**

해설 It is often believed that <u>the function of school</u> <u>is</u>
주어   동사
<u>to produce</u> knowledgeable people.
주격보어(to부정사)

해석 종종 학교의 기능은 지식 있는 사람들을 배출하는 것이라고 믿어진다.

어휘 function 기능   knowledgeable 지식 있는, 아는 것이 많은

6 정답 **prospered**

해설 Poor weather in August was beneficial for <u>certain</u>
선행사
<u>butterflies</u> <u>which</u> <u>prospered</u> as their enemies decreased
주격 관계대명사 동사
in number.

해석 8월의 나쁜 날씨는 그들의 천적들이 숫자상으로 감소했기 때문에 번 성한 일부 나비들에게 이로웠다.

어휘 beneficial 이로운, 유익한   certain 일부의, 어떤
prosper 번성하다, 번영하다   enemy 천적, 적

TYPE 3 주격보어/명사 수식: 형용사 역할을 하는 준동사 자리 p.80

1 정답 **focus**

해설 Parents even buy <u>books or videos</u> <u>which</u> <u>focus</u> on toilet
선행사   주격 관계대명사 동사
training for their children.

해석 부모들은 그들의 아이들을 위해 심지어 화장실 훈련에 초점을 맞춘 책 이나 비디오를 구입한다.

어휘 focus on ~에 초점을 맞추다, ~에 집중하다

2 정답 **falling**

해설 ~, there <u>are</u> <u>some leaves</u> <u>falling</u> from the trees.
동사   명사(주어)   명사 수식 분사

해석 가을 날씨가 되었기 때문에, 나무에서 떨어지는 나뭇잎들이 있다.

어휘 now that ~이기 때문에

3 정답 **to encourage**

해설 In the early 1990s, ~, and <u>it</u> did <u>seem</u> <u>to encourage</u>
주어 동사 주격보어(to부정사)
environmental innovation.

해석 1990년대 초에, 노르웨이는 탄소세를 도입했고, 그것은 정말 환경적인 혁신을 장려하는 것으로 보였다.

어휘 introduce 도입하다   carbon tax 탄소세   innovation 혁신

4 정답 **to find**

해설 Food labels <u>are</u> <u>a good way</u> <u>to find</u> the information ~.
동사   명사   명사 수식 to부정사

해석 식품 라벨은 당신이 먹는 음식에 대한 정보를 찾는 좋은 방법이다.

5 정답 **stir**

해설 Gradually <u>stir</u> the eggs into the cake mix ~.
명령문의 동사원형

해석 케이크 믹스가 붓기 쉬워질 때까지 그 믹스에 달걀을 넣어서 서서히 저 어라.

어휘 gradually 서서히, 점점   stir 젓다   mix 믹스, 혼합 가루   pour 붓다

6 정답 **injured**

해설 주격 관계대명사
To help the recovery of <u>patients</u> <u>who</u> <u>are</u> badly <u>injured</u>, ~.
선행사   동사   주격보어(분사)

해석 심하게 부상 당한 환자들의 회복을 돕기 위해서, 그 병원은 특수 치료 를 제공한다.

어휘 recovery 회복

TYPE 4 명사 이외 품사 및 문장 전체 수식: 부사 역할을 하는 준동사 자리 p.80

1 정답 **gazing**

해설 <u>He</u> <u>sat</u> for a time in front of the fireplace, <u>gazing</u> at the
주어 동사   분사구문의 분사(~하면서)
warm fire.

해석 그는 따뜻한 불을 응시하면서 벽난로 앞에 잠시 앉았다.

어휘 for a time 잠시, 당분간   fireplace 벽난로   gaze at ~을 응시하다

2 정답 **swam**

해설 The penguins that we rescued swam back to their home.
　　　 주어　　　　 수식어(관계절)　　 동사

해석 우리가 구조한 펭귄들은 그들의 집으로 헤엄쳐 돌아갔다.

어휘 rescue 구조하다, 구하다

3 정답 **to lower**

해설 We've done everything we can to lower costs ~.
　　　 동사　　　　　　　　　　 동사 수식 to부정사(~하기 위해서)

해석 우리는 품질을 놓치지 않고 비용을 낮추기 위해 우리가 할 수 있는 모든 것을 해왔다.

어휘 lower 낮추다, 줄이다   quality 품질, 특성

4 정답 **to break**

해설 Bad habits, ~, are extremely hard to break.
　　　　　　　　　　 동사　　　 형용사 형용사 수식 to부정사(~하기에)

해석 우리 모두가 알다시피, 나쁜 습관들은 고치기 매우 어렵다.

어휘 extremely 매우, 지나치게

5 정답 **Compared**

해설 Compared to the old model, the new smartphone is
　　　 분사구문의 분사(~하면)　　　　　　　　 주어　　　　　 동사
much lighter and faster.

해석 예전 모델에 비교하면, 새로운 스마트폰은 훨씬 더 가볍고 빠르다.

6 정답 **received**

해설 A study of the 1974 Canadian elections found that
attractive candidates received more votes ~.
　　　 주어　　　　　　　 동사

해석 1974년의 캐나다 선거에 대한 연구는 매력적인 후보들이 매력적이지 않은 후보들보다 더 많은 표를 받았다는 것을 알아냈다.

어휘 election 선거   attractive 매력적인   candidate 후보

본책 p.81

Mini TEST 불변의 패턴 21

1 정답 **walk → walking 또는 to walk**

해설 ~, walking [to walk] became easier for her every day.
　　　 주어(동명사/to부정사)　　 동사

문맥상 '걷는 것은 더 쉬워졌다'라는 의미가 되는 것이 자연스러우며, 뒤에 동사 became이 따로 있다. 따라서 명사 역할을 하여 주어 자리에 올 수 있는 동명사 walking 또는 to부정사 to walk가 와야 한다. (불변의 패턴 21-2)

해석 Jenny의 부러진 다리가 낫기 시작하면서, 걷는 것은 그녀에게 날마다 더 쉬워졌다.

어휘 heal 낫다, 치유하다

2 정답 **arguing → argues**

해설 Judith Harris, who is a psychologist, argues that three
　　　 주어　　　　 수식어(관계절)　　　　 동사
main forces shape our development.
　　　　　　 동사 argues의 목적어(명사절)

문맥상 'Judith Harris는 주장한다'라는 의미가 되는 것이 자연스러우며, 동사가 따로 없으므로 동사 argues가 와야 한다. who ~ psychologist는 주어 Judith Harris를 수식하는 수식어(관계절)이며 that ~ development는 동사 argues의 목적어 역할을 하는 명사절이다. (불변의 패턴 21-1)

해석 심리학자인 Judith Harris는 세 가지의 주요한 힘이 우리의 발달의 형태를 만든다고 주장한다.

어휘 psychologist 심리학자   force 힘
shape ~의 형태를 만들다. 형성하다

3 정답 **express → expressing**

해설 "Monumental" is a word that comes very close to
　　　　　　　　　　　　　　　　　　　　　 to(전치사)
expressing the basic characteristic of Egyptian art.
전치사의 목적어(동명사)

'come close to는 '~에 근접하다'는 뜻의 표현으로, 이때 to는 전치사이다. 따라서 동사원형 express가 아니라, 명사 역할을 하여 전치사의 목적어 자리에 올 수 있는 동명사 expressing이 와야 한다. (불변의 패턴 21-2)

해석 '장엄한'은 이집트 미술의 기본적 특징을 표현하는 데에 매우 근접한 단어이다.

어휘 monumental 장엄한   characteristic 특징

---

4 정답 **O**

해설 One exercise in teamwork I do on company trips is
　　　 주어　　　　　　　　　　　　　　　　　　　 동사
to put eight people in a circle.
주격보어(to부정사)

문맥상 '한 가지 활동은 8명의 사람들을 원 안에 넣는 것이다'라는 의미가 되는 것이 자연스러우며, 앞에 동사 is가 따로 있다. 따라서 주격보어 자리에 올 수 있도록 형용사 역할을 하는 to부정사 to put이 온 것이 적절하다. in teamwork(전치사 + 명사)와 I ~ trips(관계절)는 둘 다 주어 One exercise를 수식하는 수식어이다. (불변의 패턴 21-3)

해석 회사 여행에서 내가 팀과 협동해서 하는 한 가지 활동은 8명의 사람들을 원 안에 넣는 것이다.

5 정답 **making → make**

해설 문맥상 '반드시 초콜릿을 적절한 온도에 가져다 둬라'라는 의미의 명령문인 것이 자연스럽다. 명령문은 주어 you를 생략하고 동사원형으로 시작하므로 make가 와야 한다. (불변의 패턴 21-1)

해석 또한, 언 초콜릿은 아무런 맛이 없기 때문에, 먹기 전에 반드시 초콜릿을 적절한 온도에 가져다 둬라.

어휘 temperature 온도   tasteless 아무런 맛이 없는

6 정답 **it was a taboo to store reindeer and seal meat**

해설 For the Inuit, it was a taboo to store reindeer and seal
　　　　　　　 가주어　　　　　 진짜 주어(to부정사구)
meat together.

가주어 it 뒤에 진짜 주어로 올 수 있는 것은 명사 역할을 하는 to부정사이다. 따라서 동사 store를 '저장하는 것'이라는 의미로 진짜 주어 자리에 올 수 있는 to부정사 to store로 바꾸어 써야 한다. (불변의 패턴 21-2)

어휘 taboo 금기사항   store 저장하다, 금기하다   reindeer 사슴
seal 물개

TYPE 1　동명사나 to부정사 중 하나만 목적어로 취하는 동사　　p.82

1　정답　**moving**
　　해설　consider는 동명사를 목적어로 취하는 동사이므로 moving이 와야 한다.
　　해석　처음에, 그들은 결혼 후에 미국으로 이주하는 것을 고려했지만, 그들은 그들의 마음을 바꿨다.

2　정답　**to find**
　　해설　need는 to부정사를 목적어로 취하는 동사이므로 to find가 와야 한다.
　　해석　당신의 직업과 관련하여, 당신은 어디에서 일할 수 있고 얼마를 벌 것인지에 대한 정보를 찾아야 한다.

3　정답　**talking**
　　해설　stop은 동명사를 목적어로 취하는 동사이므로 talking이 와야 한다. stop 뒤에는 to부정사가 올 수도 있지만, 이때는 '~하기 위해 (하던 일을) 멈추다'라는 뜻이므로 to talk가 오는 것은 문맥상 적절하지 않다.
　　해석　Dana는 불이 꺼지고 영화가 시작한 후에야 겨우 말하는 것을 멈추었다.

4　정답　**to live**
　　해설　choose는 to부정사를 목적어로 취하는 동사이므로 to live가 와야 한다.
　　해석　안타깝게도, 많은 사람들은 여전히 거리에서 살고 돈을 구걸하는 것을 선택한다.
　　어휘　unfortunately 안타깝게도, 불행히도　beg 구걸하다, 간청하다

TYPE 2　동명사나 to부정사 둘 다 목적어로 취하는 동사　　p.83

1　정답　**to feel → feeling**
　　해설　문맥상 '(과거에) 향수병에 걸렸던 것을 기억한다'라는 의미가 되는 것이 자연스럽고, remember 뒤에서 '(과거에) ~한 것을 기억하다'라는 의미가 되는 것은 동명사이므로 feeling이 목적어로 와야 한다.
　　해석　나는 작년에 해외에서 공부하고 있었을 때 향수병에 걸렸던 것을 기억하지만, 그것은 좋은 경험이었다.
　　어휘　feel homesick 향수병에 걸리다

2　정답　**O**
　　해설　begin은 목적어로 동명사와 to부정사를 모두 취할 수 있고, 이때 의미 차이가 없으므로, 동명사 smashing이 온 것이 적절하다.
　　해석　도착하자마자, 소방관 두 명이 즉시 도끼로 문을 부수기 시작했다.
　　어휘　smash 부수다, 박살 내다　ax 도끼

3　정답　**telling → to tell**
　　해설　문맥상 '(미래에) 이것을 말하게 되어 유감이다'라는 의미가 되는 것이 자연스럽고, regret 뒤에서 '(미래에) ~하게 되어 유감이다'라는 의미가 되는 것은 to부정사이므로 to tell이 목적어로 와야 한다.
　　해석　나는 당신에게 이것을 말하게 되어 유감이지만, 우리는 이번 주의 피크닉을 취소해야 한다.

4　정답　**O**
　　해설　prefer는 목적어로 동명사와 to부정사를 모두 취할 수 있으므로, to부정사 to be가 온 것이 적절하다.
　　해석　남수단의 종족 집단들 중 하나인 누에르족은 그들이 기르는 소의 이름으로 불리는 것을 선호한다.
　　어휘　ethnic 종족의, 민족의　cattle 소

TYPE 1　목적어가 목적격보어가 나타내는 행위의 주체일 때　　p.84

1　정답　**to have**
　　해설　allow는 to부정사를 목적격보어로 취하는 동사이므로 to have가 와야 한다.
　　해석　그 대회들은 그의 학생들이 수학을 공부하는 동안 즐길 수 있게 해주었다.
　　어휘　have fun 즐기다, 즐거운 시간을 보내다

2　정답　**read**
　　해설　have는 동사원형을 목적격보어로 취하는 사역동사이므로 read가 와야 한다.
　　해석　그 감독은 촬영 전에 항상 그의 모든 배우들이 함께 대본을 읽게 한다.
　　어휘　script 대본　filming 촬영

3　정답　**appealing**
　　해설　find는 현재분사를 목적격보어로 취하는 동사이므로 appealing이 와야 한다.
　　해석　어떤 것들에 대해 모든 것이 명백하지 않으면, 우리는 그것들이 더 매력적이라고 생각하는 경향이 있다.
　　어휘　tend to ~하는 경향이 있다　appeal 매력적이다, 호소하다

4　정답　**wake**
　　해설　help는 to부정사를 목적격보어로 취하지만, 이때 to를 생략하고 동사원형을 목적격보어로 취할 수도 있는 동사이므로 wake가 와야 한다.
　　해석　당신은 잠을 깨는 것을 돕는 한 잔의 커피를 마시고 싶지만 카페인이 당신의 건강에 해롭기 때문에 그것을 자제합니까?
　　어휘　avoid 자제하다, 피하다

5　정답　**try**
　　해설　watch는 동사원형을 목적격보어로 취하는 지각동사이므로 try가 와야 한다.
　　해석　나는 지하철에 있는 한 남자가 열차에서 내리려고 시도하다가 실패하는 것을 보았다.

6　정답　**to work**
　　해설　ask는 to부정사를 목적격보어로 취하는 동사이므로 to work가 와야 한다.
　　해석　인상주의는 보는 사람에게 이미지를 이해하기 위해 열심히 노력하도록 요구하지 않는 예술 형식이다.
　　어휘　impressionism 인상주의　imagery 이미지, 형상

1 정답 to repair → repaired

해설 동사 want의 목적어 it(The heating system)이 목적격보어 repair가 나타내는 '수리하는' 행위의 대상이므로 과거분사 repaired가 와야 한다.

해석 사무실의 난방 시스템이 작동하지 않고 있고, 직원들은 그것이 바로 수리되기를 원한다.

어휘 work 작동하다 right away 바로, 즉시

2 정답 eaten → to eat

해설 목적어 people이 목적격보어 eat이 나타내는 '먹는' 행위의 주체이며, 동사 lead는 to부정사를 목적격보어로 취하는 동사이므로 to eat이 와야 한다.

해석 음식의 더 큰 다양성은 사람들이 그래야 하는 것보다 더 많이 먹도록 이끈다.

어휘 variety 다양성, 차이

3 정답 O

해설 동사 let의 목적어 their children이 목적격보어 play가 나타내는 '노는' 행위의 주체이며, 동사 let은 동사원형을 목적격보어로 취하는 동사이므로 play가 온 것이 적절하다.

해석 한 설문조사에서, 부모 10명 중 7명은 절대로 그들의 아이들이 장난감 총을 가지고 놀게 두지 않겠다고 말했다.

4 정답 speaking → spoken

해설 동사 hear의 목적어 them(Native American languages)이 목적격보어 speak가 나타내는 '말하는' 행위의 대상이므로 과거분사 spoken이 와야 한다.

해석 많은 아메리카 원주민 언어들이 사라지고 있어서, 요즘 그것들이 말해지는 것을 듣는 것은 드물다.

Mini TEST 불변의 패턴 22~23

1 정답 O

해설 The smell of vanilla **helps people relax**.
　　　　　　　　　　　동사(help) 목적어 목적격보어(동사원형)

목적어 people이 목적격보어 relax가 나타내는 '긴장을 푸는' 행위의 주체이며, help는 to부정사를 목적격보어로 취하지만 to를 생략하고 동사원형만을 쓸 수도 있는 동사이므로, 목적격보어 자리에 동사원형 relax가 온 것이 적절하다. (불변의 패턴 23-1)

해석 바닐라의 향은 사람들이 긴장을 풀도록 돕는다.

어휘 relax 긴장을 풀다, 휴식을 취하다

2 정답 to report → reporting

해설 "I can **remember reporting** Simba's birth like it was
　　　　　　　동사(remember) 목적어(동명사)
yesterday," said a zookeeper after the lion died.

문맥상 '(과거에) 알렸던 것을 기억한다'라는 의미가 되는 것이 자연스럽고, remember 뒤에서 '(과거에) ~한 것을 기억하다'라는 의미가 되는 것은 동명사이므로 reporting이 와야 한다. (불변의 패턴 22-2)

해석 "저는 Simba의 탄생을 알렸던 것을 마치 그것이 어제였던 것처럼 기억할 수 있어요."라고 그 사자가 죽은 후 동물원 사육사가 말했다.

어휘 zookeeper 동물원 사육사

3 정답 O

해설 The Ministry of Culture and Tourism **advises all tourists**
　　　　　　　　　　　　　　　　　　　　 동사(advise) 목적어
to travel in groups ~.
목적격보어(to부정사)

목적어 all tourists가 목적격보어 travel이 나타내는 '여행하는' 행위의 주체이며, advise는 to부정사를 목적격보어로 취하는 동사이므로, to travel이 온 것이 적절하다. (불변의 패턴 23-1)

해석 최근에 강도 사건의 증가가 있었기 때문에 문화관광부는 모든 관광객에게 단체로 여행하는 것을 권고한다.

어휘 robbery 강도 사건, 강도

4 정답 to leave → leave

해설 The manager of the apartment building **made everyone**
　　　　　　　　　　　　　　　　　　　　　　　　　 동사(make) 목적어
leave because of the fire.
목적격보어(동사원형)

목적어 everyone이 목적격보어 leave가 나타내는 '떠나는' 행위의 주체이며, make는 동사원형을 목적격보어로 취하는 사역동사이므로, leave가 와야 한다. (불변의 패턴 23-1)

해석 그 아파트 건물의 관리인은 화재 때문에 모든 사람들이 떠나도록 했다.

5 정답 to lie → lying

해설 ~, and **stop lying** to yourself about what is going on.
　　　　　　 동사(stop) 목적어(동명사)

stop은 동명사를 목적어로 취하는 동사이므로 lying이 와야 한다. stop 뒤에는 to부정사가 올 수도 있지만, 이때는 '~하기 위해 (하던 일을) 멈추다'라는 뜻이므로 문맥상 적절하지 않다. (불변의 패턴 22-1)

해석 오늘 모든 변명을 끝내기로 결심하고, 무슨 일이 일어나고 있는지에 대해 자신에게 거짓말을 하는 것을 멈춰라.

어휘 excuse 변명

6 정답 When people want their problem solved

해설 When people **want their problem solved**, a question
　　　　　　　　　 동사(want) 목적어 목적격보어(과거분사)
like "What's the problem?" is important.

문맥상 '그들의 문제가 해결되다'라는 의미가 되는 것이 자연스러우므로, their problem이 목적어로, solve가 목적격보어로 와야 한다. 목적어 their problem이 목적격보어 solve가 나타내는 '해결하는' 행위의 대상이므로 solve를 과거분사 solved로 바꾸어 써야 한다. (불변의 패턴 23-2)

불변의 패턴 24 분사의 의미상 주어가 분사가 나타내는 행위의 주체면 현재분사, 대상이면 과거분사가 와야 한다. 본책 p.86

TYPE 1 명사를 수식하는 분사   p.86

1 정답 tossed

해설 수식 받는 명사 wood가 toss가 나타내는 '던지는' 행위의 대상이므로 과거분사 tossed가 와야 한다.

해석 물에 던져진 나무 조각은 가라앉는 대신 뜬다.

어휘 toss 던지다 float 뜨다 sink 가라앉다

2 정답 **locked**

해설 수식 받는 명사 door가 lock이 나타내는 '잠그는' 행위의 대상이므로 과거분사 locked가 와야 한다.

해석 우리는 열쇠가 없었기 때문에 잠긴 문을 열 수 없었다.

3 정답 **meaning**

해설 수식 받는 명사 'cor'가 mean이 나타내는 '의미하는' 행위의 주체이므로 현재분사 meaning이 와야 한다.

해석 '용기'라는 단어는 '심장'을 의미하는 라틴어 'cor'에서 유래되었다.

4 정답 **designed**

해설 수식 받는 명사 system이 design이 나타내는 '고안하는' 행위의 대상이므로 과거분사 designed가 와야 한다.

해석 추측을 하는 대신, 과학자들은 그들의 생각이 사실인지 거짓인지를 증명하기 위해 고안된 시스템을 따른다.

어휘 guess 추측   design 고안하다, 만들다

5 정답 **rising**

해설 수식 받는 명사 smoke가 rise가 나타내는 '올라오는' 행위의 주체이므로 현재분사 rising이 와야 한다.

해석 어느 날 나의 가족과 함께 집으로 차를 타고 가다가, 나는 아파트 건물의 옥상에서 올라오는 연기를 알아챘다.

6 정답 **unwashed**

해설 수식 받는 명사 jeans가 unwash가 나타내는 '세탁하지 않는' 행위의 대상이므로 과거분사 unwashed가 와야 한다.

해석 15개월 동안 세탁되지 않은 청바지 한 벌을 입은 후, Josh는 McQueen 박사에게 그것을 건넸다.

어휘 hand 건네다, 넘겨주다

TYPE 2 「with + (대)명사 + 분사」에서 분사　p.87

1 정답 **closed**

해설 수식 받는 명사 her eyes가 close가 나타내는 '감는' 행위의 대상이므로 과거분사 closed가 와야 한다.

해석 그녀는 눈을 감은 채로 소원을 빌고 촛불을 껐다.

어휘 make a wish 소원을 빌다   blow out (불어서) 끄다

2 정답 **making**

해설 수식 받는 명사 the kids가 make가 나타내는 '만드는' 행위의 주체이므로 현재분사 making이 와야 한다.

해석 나는 집중하려고 노력했지만, 그 아이들이 너무 많은 소음을 만들었기 때문에 강의를 듣는 데 힘든 시간을 보냈다.

3 정답 **appealing**

해설 수식 받는 명사 its summer scenes and bright colours가 appeal이 나타내는 '시선을 끄는' 행위의 주체이므로 현재분사 appealing이 와야 한다.

해석 이 그림은 그것의 여름 풍경과 밝은 색상이 시선을 끌면서 보기에 '편안'하다.

4 정답 **using**

해설 '대부분'이라는 의미의 대명사 most가 use가 나타내는 '사용하는' 행위의 주체이므로 현재분사 using이 와야 한다.

해석 청소년들은 의사소통을 하기 위해 대부분이 인터넷을 사용하기 때문에 새로운 기술을 받아들이는 데에 빨랐다.

어휘 adolescent 청소년

TYPE 3 분사구문을 만드는 분사　p.88

1 정답 **taking**

해설 분사구문의 주어가 따로 없으므로 주절의 주어 A cat이 분사구문의 의미상 주어이다. A cat이 take가 나타내는 '차지하는' 행위의 주체이므로 현재분사 taking이 와야 한다.

해석 작은 상자 안의 고양이는 액체처럼 움직여서 모든 공간을 차지할 것이다.

어휘 behave 움직이다, 행동하다   fluid 액체

2 정답 **Built**

해설 분사구문의 주어가 따로 없으므로 주절의 주어 the palace가 분사구문의 의미상 주어이다. the palace가 build가 나타내는 '짓는' 행위의 대상이므로 과거분사 Built가 와야 한다.

해석 14세기에 지어져서, 그 궁전은 그 나라의 가장 잘 알려진 고딕 건축 양식의 예시이다.

어휘 architecture 건축 양식

3 정답 **getting**

해설 분사구문 앞에 분사구문의 주어 the climate이 따로 있다. the climate이 get이 나타내는 '~해지는' 행위의 주체이므로 현재분사 getting이 와야 한다.

해석 매년 기후가 더 따뜻해지면서, 과학자들은 상승하는 해수면에 대해 더 우려하고 있다.

어휘 concerned 우려하는   sea level 해수면

4 정답 **asked**

해설 분사구문의 주어가 따로 없으므로 주절의 주어 I가 분사구문의 의미상 주어이다. I가 ask가 나타내는 '질문하는' 행위의 대상이므로 과거분사 asked가 와야 한다. 분사구문 앞의 When은 분사와 주어의 관계에는 영향을 미치지 않는 접속사이다.

해석 나의 할머니에게 질문을 받았을 때, 나는 "네, 저는 정말 큰 변화가 일어난 것처럼 느껴요."라고 대답했다.

어휘 take place 일어나다

5 정답 **attending**

해설 분사구문의 주어가 따로 없으므로 주절의 주어 I가 분사구문의 의미상 주어이다. I가 attend가 나타내는 '참가하는' 행위의 주체이므로 현재분사 attending이 와야 한다. 분사구문 앞의 while은 분사와 주어의 관계에는 영향을 미치지 않는 접속사이다.

해석 내 16살짜리 아들의 고등학교 육상 경기 대회에 참가하는 동안 나는 일반 운동화를 신고 달리는 유일한 한 소년을 주목했다.

어휘 regular 일반적인, 정기적인   sneakers (스니커즈) 운동화　track meet 육상 경기 대회

6 정답 **broken**

해설 분사구문 앞에 분사구문의 주어 her ankle이 따로 있다. her ankle이 break이 나타내는 '부러뜨리는' 행위의 대상이므로 과거분사 broken이 와야 한다.

해석 그 등반 사고 이후, 추락으로 인해 발목이 부러져서 그 등산객은 응급처치를 받아야 했다.

어휘 emergency treatment 응급처치

TYPE 4 감정동사의 분사　p.88

1 정답 **fascinated**

해설 주어 I가 '매력을 느끼게 하는' 행위의 대상이므로 과거분사 fascinated가 와야 한다.

해석 나는 맹그로브의 아름다운 잎과 꽃에 매력을 느꼈다.

어휘 mangrove 맹그로브, 홍수림

2 정답 humiliating

해설 수식 받는 명사 defeat이 '굴욕감을 주는' 행위의 주체이므로 현재분사 humiliating이 와야 한다.

해석 그 선수는 3년 전에 선수권 대회에서 그가 겪은 굴욕감을 주는 패배를 반복하고 싶지 않았다.

어휘 defeat 패배 championship 선수권 대회

3 정답 exhausted

해설 주어 He는 '지치게 하는' 행위의 대상이므로 과거분사 exhausted가 와야 한다.

해석 그가 지쳐 보여서, 나는 그가 책들을 챙기고 잠자리에 들도록 했다.

4 정답 discouraging

해설 분사구문의 주어가 따로 없으므로 주절의 The local soccer team이 의미상 주어이다. The local soccer team이 discourage가 나타내는 '낙담하게 하는' 행위의 주체이므로 현재분사 discouraging이 와야 한다.

해석 그 지역 축구팀은 형편없게 져서, 그 지역 사회의 사람들을 낙담하게 했다.

어휘 community 지역 사회, 공동체

Mini TEST 불변의 패턴 24

1 정답 O

해설 The phrase, 'jack-of-all-trades' is a <u>shortened version</u>
　　　　　　　　　　　　　　　　　　　과거분사 수식 받는 명사
of 'jack-of-all-trades and master of none.' (줄이는 행위의 대상)

문맥상 '줄여진 버전'이라는 의미로, 수식 받는 명사 version이 shorten이 나타내는 '줄이는' 행위의 대상이므로 과거분사 shortened가 온 것이 적절하다. (불변의 패턴 24-1)

해석 '만물박사'라는 말은 '무엇이든지 다 할 수 있는 사람은 뛰어난 재주가 없다'의 줄여진 버전이다.

어휘 phrase 말, 구절

2 정답 exposing → exposed

해설 <u>Most plastics</u> break down into smaller and smaller pieces
　　　문장의 주어(노출하는 행위의 대상)
when <u>exposed</u> to ultraviolet (UV) light.
　접속사　과거분사구문

분사구문에 주어가 따로 없으므로 주절의 주어 Most plastics가 분사구문의 의미상 주어이다. 문맥상 '대부분의 플라스틱이 자외선에 노출된다'라는 의미로, Most plastics가 expose가 나타내는 '노출하는' 행위의 대상이므로 과거분사 exposed가 와야 한다. 분사구문 앞의 when은 분사와 주어의 관계에는 영향을 미치지 않는 접속사이다. (불변의 패턴 24-3)

해석 대부분의 플라스틱은 자외선에 노출되었을 때 점점 더 작은 조각으로 분해된다.

어휘 break down into ~로 분해되다 expose 노출시키다
ultraviolet light 자외선

3 정답 possessed → possessing

해설 My parents worshipped medical doctors as if they were
<u>exceptional beings</u> <u>possessing</u> godlike qualities.
　수식 받는 명사　　　현재분사
　(소유하는 행위의 주체)

문맥상 '능력을 소유한 특별한 존재'라는 의미로, 수식 받는 명사 exceptional beings가 possess가 나타내는 '소유하는' 행위의 주체이므로 과거분사 possessed가 아니라 현재분사 possessing이 와야 한다. (불변의 패턴 24-1)

해석 나의 부모님은 의사들을 마치 그들이 신과 같은 능력을 소유한 특별한 존재들인 것처럼 숭배했다.

어휘 worship 숭배하다, 존경하다 being 존재, 실재
godlike 신과 같은 quality 능력, 질

4 정답 overwhelming → overwhelmed

해설 When <u>you</u> are feeling <u>overwhelmed</u> by tests, you will
　　　주어(압도하는 행위의 대상)　　과거분사
probably spend all your time studying to deal with these pressures.

문맥상 '당신이 압도된 것처럼 느끼다'라는 의미로, 주어 you가 감정동사 overwhelm이 나타내는 '압도하는' 행위의 대상이므로 과거분사 overwhelmed가 와야 한다. (불변의 패턴 24-4)

해석 당신이 시험에 의해 압도된 것처럼 느끼고 있을 때, 당신은 아마도 이러한 압박을 감당하기 위해 공부하는 데 당신의 모든 시간을 쓸 것이다.

어휘 deal with 감당하다, 처리하다 pressure 압박, 압력

5 정답 O

해설 <u>Situated</u> at a height of 1,350m, <u>the city of Kathmandu</u>
　　과거분사구문　　　　　　　　문장의 주어(위치시키는 행위의 대상)
enjoys a warm climate year-round.

분사구문 Situated ~ 1,350m에 주어가 따로 없으므로 주절의 주어 the city of Kathmandu가 분사구문의 의미상 주어이다. 문맥상 '카트만두 시가 해발 1,350미터에 위치하다'라는 의미로, the city of Kathmandu가 situate가 나타내는 '위치시키는' 행위의 대상이므로 과거분사 Situated가 온 것이 적절하다. (불변의 패턴 24-3)

해석 해발 1,350미터에 위치한 카트만두 시는 연중 내내 따뜻한 기후를 누린다.

어휘 height 해발, 높이 year-round 연중 내내

6 정답 Bill was sitting patiently with his legs crossed

해설 While other participants were waiting nervously, Bill was sitting patiently with <u>his legs</u> <u>crossed</u>.
　　　　　　　　　　　　　　명사(꼬는 행위의 대상)　과거분사

'Bill이 참을성 있게 앉아 있었다'라는 의미의 Bill was sitting patiently 뒤에 '~한 채로'라는 의미를 만들기 위해 「with + (대)명사 + 분사」를 써야 한다. 이때 his legs가 cross가 나타내는 '꼬는' 행위의 대상이므로 cross를 과거분사 crossed로 바꾸어 써야 한다. (불변의 패턴 24-2)

어휘 nervously 초조하게 patiently 참을성 있게

불변의 패턴 25 동명사/to부정사의 능동형과 수동형을 구분해야 한다.

1 정답 be educated

해설 to부정사 앞에 의미상 주어 for all children이 있다. all children이 educate가 나타내는 '교육하는' 행위의 대상이므로, 수동형(to be p.p.)이 되도록 be educated가 와야 한다.

Chapter 05 준동사 33

해석 모든 아이들이 좋은 매너와 어떻게 행동해야 하는지에 대해 교육받는 것은 중요하다.

2 **정답 meet**

해설 문맥상 '당신이 충족시키다'라는 의미가 되는 것이 자연스러우므로, 능동형이 되도록 to 뒤에 동사원형 meet이 와야 한다.

해석 당신이 충족시키려고 애쓰고 있을 기준이 사실은 당신 자신의 것이 아닐 수도 있다.

어휘 struggle 애쓰다, 투쟁하다   meet 충족시키다

3 **정답 performing**

해설 동명사 앞에 의미상 주어 your(소유격)가 있다. you가 perform이 나타내는 '수행하는' 행위의 주체이므로, 능동형 performing이 와야 한다.

해석 활동, 친구, 그리고 취미는 당신이 당면한 실제 업무를 수행하는 데 약간의 어려움을 초래할 수도 있다.

어휘 pastime 취미, 오락   perform 수행하다   at hand 당면한, 가까운

4 **정답 being criticized**

해설 문맥상 '유명 인사들이 비판받는다'라는 의미가 되는 것이 자연스러우므로, 동명사의 수동형(being p.p.)인 being criticized가 와야 한다.

해석 오늘날의 소셜 미디어 세계에서, 유명 인사들은 그들의 잘못 때문에 비판받는 것에 익숙하다.

어휘 celebrity 유명 인사   criticize 비판하다, 비난하다

5 **정답 kill**

해설 to부정사 앞에 의미상 주어 for them(Wolves)이 있다. Wolves가 kill이 나타내는 '죽이는' 행위의 주체이므로 동사원형 kill이 와야 한다.

해석 늑대들은 탁월한 사냥꾼이지만, 어떤 동물들은 그들이 죽이기에 너무 크다.

6 **정답 being awarded**

해설 동명사 앞에 의미상 주어 him이 있다. him(The scientist)이 award가 나타내는 '수여하는' 행위의 대상이므로, 동명사의 수동형(being p.p.)인 being awarded가 와야 한다.

해석 그 과학자의 동료들은 그가 과학 대회에서 금메달을 수여받은 것을 축하했다.

어휘 colleague 동료   award 수여하다

본책 p.91

불변의 패턴 26 동명사/to부정사/분사구문의 의미를 부정하는 not은 준동사 앞에 와야 한다.

1 **정답 O**

해설 문맥상 '화나게 하지 않기 위해'라는 뜻으로 not이 to부정사 to anger를 부정하고 있으므로, not to anger 순으로 온 것이 적절하다.

해석 항의를 할 때는, 침착할 것을 기억하고 그 사람을 화나게 하지 않기 위해 노력해라.

어휘 make a complaint 항의하다, 불만을 제기하다   anger 화나게 하다

2 **정답 taking not → not taking**

해설 문맥상 '조치를 취하지 않은 것'이라는 뜻으로 not이 동명사 taking을 부정하고 있으므로, taking not이 아니라 not taking 순으로 와야 한다.

해석 많은 나라들이 기후 변화에 대한 조치를 더 빨리 취하지 않은 것을 후회할 것이다.

어휘 take action 조치를 취하다

3 **정답 Understanding not → Not understanding**

해설 문맥상 '이해하지 못해서'라는 뜻으로 not이 현재분사 understanding을 부정하고 있으므로, Understanding not이 아니라 Not understanding 순으로 와야 한다.

해석 수학 수업을 이해하지 못해서, 나는 나의 누나에게 도움을 청했다.

4 **정답 O**

해설 문맥상 '낭비하지 않기로'라는 뜻으로 not이 to부정사 to waste를 부정하고 있으므로, not to waste 순으로 온 것이 적절하다.

해석 그들의 꿈이 실현되게 하기 위해, Mike와 Amy는 돈을 낭비하지 않기로 결심했다.

어휘 in order to ~하기 위해   come true 실현되다

Mini TEST 불변의 패턴 25~26

본책 p.93

1 **정답 to write → writing**

해설 The researchers had 57 young adults <u>spend five minutes</u>
　　　　　　　　　　　　　　　　　　　　　　　　spend　　시간
before bed <u>writing</u> a to-do list for the days ahead.
　　　　　　동명사

'~하는데 시간/돈/노력을 쓰다'라는 의미로 「spend + 시간/돈/노력 + (in) + v-ing」를 관용적으로 사용하므로, to write가 아니라 동명사 writing이 와야 한다. (불변의 패턴 26 함께 알아두기)

해석 연구원들은 57명의 젊은 성인들이 다음 날의 할 일 목록을 작성하는 데 취침 전 5분을 쓰게 했다.

어휘 to-do list 할 일 목록

2 **정답 being taught → teaching**

해설 I would get used to **teaching** the girls, who, although they
　　　　주어　　　　　　　　v-ing
　　(가르치는 행위의 주체)
were very poor, ~.

문맥상 '내가 그 소녀들을 가르친다'라는 의미로, 주어 I가 '가르치는' 행위의 주체이므로 동명사의 수동형 being taught가 아니라 능동형 teaching이 와야 한다. get used to(~하는 데 익숙해지다) 뒤에 동명사가 와야 하는 전치사 to를 포함한 표현임을 익혀둔다. (불변의 패턴 25, 21-2)

해석 나는 비록 매우 가난하긴 하지만 영국의 가장 좋은 가문의 아이들만큼 훌륭할 수 있는 그 소녀들을 가르치는 데 익숙해질 것이다.

3 **정답 O**

해설 Vision is normally so swift and sure, and so effortless that
we <u>take it for granted</u>.
　　　take ~ for granted(과거분사)

'~을 당연하게 여기다'라는 의미로 take ~ for granted를 관용적으로 사용하므로 과거분사 granted가 온 것이 적절하다. (불변의 패턴 26 함께 알아두기)

해석 시각은 보통 매우 즉각적이고 확실하며, 너무나 노력을 필요로 하지 않아서 우리는 그것을 당연하게 여긴다.

어휘 vision 시각, 시력 swift 즉각적인, 신속한
effortless 노력을 필요로 하지 않는, 힘들지 않은

4 정답 **to deliver → to be delivered**

해설 The professor is still waiting **for the research paper**
〔to부정사 의미상 주어(전달하는 행위의 대상)〕
to be delivered to his office.
〔to be + p.p.〕

to부정사 앞에 의미상의 주어 for the research paper가 있다. the
research paper는 deliver가 나타내는 '전달하는' 행위의 대상이므로,
능동형 to deliver가 아니라 수동형 to be delivered가 와야 한다. (불
변의 패턴 25)

해석 그 교수는 아직도 연구 논문이 그의 사무실로 전달되기를 기다리고 있다.

어휘 paper 논문 deliver 전달하다, 배달하다

5 정답 **O**

해설 ~, their brains actually **appear to have shrunk** over the
〔현재시제〕   〔to부정사 완료형〕
last few centuries.   〔(보이는 것보다 앞선 시점에 줄어듦)〕

코알라의 뇌가 줄어든 것은 지금 보이는 것보다(appear) 앞선 시점에
일어난 일이므로, to부정사의 완료형(to have p.p.) to have shrunk가
온 것이 적절하다. (불변의 패턴 25 함께 알아두기)

해석 사실, 코알라는 생각하는 데 거의 시간을 쓰지 않는다; 그들의 뇌는 실
제로 지난 몇 세기 동안 줄어온 것으로 보인다.

어휘 shrink 줄어들다

6 정답 **My son told Eric not to worry about the money**

해설 **My son told Eric not to worry** about the money for
〔주어 동사 목적어 not 목적격보어(to부정사)〕
the running shoes.

'나의 아들이 Eric에게 말했다'라는 의미이므로 My son이 주어, told
가 동사, Eric이 목적어이다. 목적어 Eric이 '걱정하는' 행위의 주체이
고, tell은 to부정사를 목적격보어로 취하는 동사이므로, worry는 to
worry로 바꾸어 써야 한다. 또한 '걱정하지 않도록'이라는 의미로 to
worry의 의미를 부정하는 not은 to worry 앞에 써야 한다. (불변의 패
턴 23-1, 26)

어법 만점 TEST

본책 p.94

01	thinking	02	depressed	03	allow	04	be worn
05	pay	06	occupied	07	show	08	filled
09	O	10	O	11	③	12	②
13	①	14	③	15	④		

16 (1) ⓐ interact, ⓑ touching, ⓒ to have, ⓓ sent
(2) it is easy for the users to learn how to use touch screens

01 정답 **thinking**

해설 문맥상 '생각하는 것을 멈추다'라는 의미인 것이 자연스럽고, stop은
동명사를 목적어로 취하는 동사이므로 thinking이 와야 한다. stop 뒤
에 to부정사가 올 수도 있지만, 이때는 '~하기 위해 (하던 일을) 멈추다'
라는 의미의 부사적 용법이다. (불변의 패턴 22-1)

해석 많은 과학자들은 문제에 대해서 같은 방식으로 생각하는 것을 멈추는
방법을 모르기 때문에 창의적이지 않다.

02 정답 **depressed**

해설 문맥상 '나는 우울함을 느꼈다'라는 의미로, 주어 I가 감정동사
depress가 나타내는 '우울하게 하는' 행위의 대상이므로 과거분사
depressed가 와야 한다. (불변의 패턴 24-4)

해석 첫 번째 날의 마지막엔, 나는 내 앞에 있는 힘든 일들 생각에 매우 우
울함을 느꼈다.

어휘 quite 매우, 꽤 ahead of ~의 앞에

03 정답 **allow**

해설 The washing machine and other household appliances,
〔주어〕
by reducing housework, **allow** women to enter the
〔수식어(전치사 + 명사구)〕   〔동사〕
workforce.

문맥상 '세탁기와 다른 가전제품들이 ~하게 한다'라는 의미가 되는 것
이 자연스러우며, 주어 The washing machine and other household
appliances의 동사가 따로 없으므로 동사 allow가 와야 한다. (불변의
패턴 21-1)

해석 세탁기와 다른 가전제품들은 집안일을 줄임으로써 여성들이 노동 인
구에 진입하게 한다.

어휘 household appliance 가전제품 enter 진입하다, 들어가다
workforce 노동 인구, 노동력

04 정답 **be worn**

해설 문맥상 '안전 장치는 착용 되어야 한다'라는 의미로, 주어 Proper
safety gear가 '착용하는' 행위의 대상이므로 to부정사의 수동형
(to be p.p.)을 만드는 be worn이 와야 한다. (불변의 패턴 25)

해석 적절한 안전 장치는 그들이 공장의 조립 라인에 있을 때 모든 직원들
에 의해 착용 되어야 한다.

어휘 safety gear 안전 장치 assembly line 조립 라인

05 정답 **pay**

해설 ~, I hope you will not **make us pay** for the labor
〔동사(make) 목적어 목적격보어(동사원형)〕
component of its repair.

목적어 us가 pay가 나타내는 '지불하는' 행위의 주체이고, make는 동
사원형을 목적격보어로 취하는 동사이므로, 동사원형 pay가 와야 한
다. (불변의 패턴 23-1)

해석 결함을 고치는 것은 전적으로 회사의 책임이기 때문에, 당신이 우리에
게 그것의 수리 작업 부분에 대해 지불하게 하지 않기를 나는 바란다.

어휘 entirely 전적으로 correct 고치다, 바로잡다

06 정답 **to occupy → occupied**

해설 Examine your thoughts, and you will **find them** wholly
〔동사 목적어〕
occupied with the past or the future.
〔목적격보어(과거분사)〕   〔(사로잡는 행위의 대상)〕

목적어 them(thoughts)이 목적격보어 occupy가 나타내는 '사로잡는'
행위의 대상이므로 과거분사 occupied가 와야 한다. (불변의 패턴 23-2)

해석 당신의 생각을 검토해라, 그러면 당신은 그것들이 과거 또는 미래에 완
전히 사로잡혀 있는 것을 발견할 것이다.

어휘 examine 검토하다, 조사하다 occupy 사로잡다, 차지하다

07 정답 **showing → show**

해설 문맥상 '관계를 보여주기 위해 사용된다'라는 의미가 되는 것이 자연
스러우며, be used 뒤에 와서 '~하기 위해 사용되다'라는 의미를 만드
는 것은 부사 역할을 하는 to부정사이므로, showing이 아니라 show
가 와야 한다. be used to 뒤에 동명사가 올 때는 '~하는 데 익숙하다'
라는 의미이다. (불변의 패턴 21-4, 21-2)

해석 "당신은 당신이 먹는 것이다." 이 문구는 종종 당신이 먹는 음식과 신체

Chapter 05 준동사 35

적인 건강의 관계를 보여주기 위해 사용된다.

어휘 relationship 관계 physical 신체적인, 물리적인

08 정답 filling → filled

해설 문맥상 '열대우림으로 가득 찬 장소'라는 의미로, 수식 받는 명사 a mere fantastic place가 fill이 나타내는 '채우는' 행위의 대상이므로 현재분사 filling이 아니라 과거분사 filled가 와야 한다. (불변의 패턴 24-1)

해석 많은 어린이들은 자연 세계를 단지 멸종 위기에 처한 열대우림으로 가득 찬 환상적인 장소로 여긴다.

어휘 regard A as B A를 B로 여기다 mere 단지 ~에 불과한, 단순한 endangered 멸종 위기에 처한

09 정답 O

해설 문맥상 '(과거에) 차를 본 것을 기억한다'라는 의미가 되는 것이 자연스럽고, remember 뒤에서 '(과거에) ~한 것을 기억하다'라는 의미가 되는 것은 동명사이므로, seeing이 목적어로 온 것이 적절하다. remember 뒤에 to부정사가 올 때는 '(미래에) ~할 것을 기억하다'라는 의미이다. (불변의 패턴 22-2)

해석 판사에 따르면, 목격자들은 범죄 지역 근처에서 검은색 차를 본 것을 기억한다.

어휘 judge 판사 witness 목격자

10 정답 O

해설 The sun moving behind the mountains, the last light
분사구문의 주어 (이동하는 행위의 주체) 현재분사구문 주절의 주어
of day began to disappear.

분사구문 앞에 분사구문의 주어 The sun이 따로 있다. The sun이 move가 나타내는 '이동하는' 행위의 주체이므로 현재분사 moving이 온 것이 적절하다. (불변의 패턴 24-3)

해석 태양이 산 너머로 이동하면서, 하루의 마지막 빛이 사라지기 시작했다.

11 정답 ③ Renewing – extended – send

해설 (A) Renewing your subscription now will make sure ~.
주어(동명사) 동사

문맥상 '귀하의 구독을 갱신하는 것'이라는 의미가 되는 것이 자연스러우며, 조동사 will 뒤에 동사 make가 따로 있다. 따라서 주어 자리에 올 수 있도록 명사 역할을 하는 동명사 Renewing이 와야 한다. (불변의 패턴 21-2)

(B) You'll get extended delivery of the excellent stories and news ~. 과거분사 수식 받는 명사(연장하는 행위의 대상)

문맥상 '연장된 배달'이라는 의미로, 수식 받는 명사 delivery가 extend가 나타내는 '연장하는' 행위의 대상이므로 과거분사 extended가 와야 한다 (불변의 패턴 24-1)

(C) Simply send back the card today ~.
동사원형

문맥상 '엽서를 다시 보내라'라는 의미의 명령문인 것이 자연스럽다. 명령문은 주어 you를 생략하고 동사원형으로 시작하므로 send가 와야 한다. (불변의 패턴 21-1)

해석 Hane씨께

귀하께 드리는 저희의 메시지는 간단하지만, 중요합니다. 귀하의 Winston 잡지 구독이 곧 종료되며 저희는 귀하로부터 그것을 갱신하는 것에 대해 듣지 못했습니다. 저희는 귀하에서 단 하나의 다음 호조차 놓치고 싶지 않으실 것이라고 확신합니다. 지금 귀하의 구독을 갱신하는 것은 귀하의 서비스가 중단 없이 계속되게 할 것입니다. 귀하는 Winston 잡지를 미국에서 가장 빠르게 성장하는 잡지로 만드는 훌륭한 기사와 뉴스의 연장된 배달을 받으실 것입니다. 귀하께서 지금 하시는 것을 최대한 쉽게 하도록, 저희가 귀하에서 기입하실 답신용 엽서를 보내드렸습니다. 그저 오늘 그 엽서를 다시 보내시기만 하면 귀하께서는 Winston 잡지의 월간 호를 계속 받으실 것입니다.
Thomas Strout 드림

어휘 subscription 구독 renew 갱신하다 issue (출판물의) 호, 문제 interruption 중단, 방해

12 정답 ② buying – changing – make

해설 (A) However, what often happens is that shoppers end up buying things that are not really needed. end up 동명사

'결국 ~하게 되다'라는 의미로 「end up + v-ing」를 관용적으로 사용하므로, 동명사 buying이 와야 한다. what often happens는 '종종 일어나는 일'이라는 뜻의 명사절 주어이다. (불변의 패턴 26 함께 알아두기)

(B) Take half an hour out of the day to do a little research
동사
at the grocery store as a method of changing this
전치사 전치사의 목적어(동명사구)
bad habit.

'습관을 바꾸는'이라는 의미로 전치사 of의 목적어 자리에 와야 하므로 동명사 changing이 와야 한다. (불변의 패턴 21-2)

(C) In the end, it will help you make a really good plan
동사(help) 목적어 목적격보어(동사원형)
for grocery shopping.

목적어 you가 목적격보어 make가 나타내는 '만드는' 행위의 주체이며, help는 to부정사를 목적격보어로 취하지만 to를 생략하고 동사원형을 취할 수도 있는 동사이므로, 목적격보어 자리에 동사원형 make가 와야 한다. (불변의 패턴 23-1)

해석 많은 사람들에게, 식료품점으로의 이동은 하루의 즐거운 휴식이다. 하지만, 종종 일어나는 일은 쇼핑객들이 결국 정말 필요하지 않은 물건들을 사게 된다는 것이다. 이 나쁜 습관을 바꾸는 하나의 방법으로, 하루 중 30분을 식료품점에서 약간의 조사를 하는 데 써라. 그저 펜과 종이를 들고 돌아다니면서 당신이 사려는 것을 봐라. 가격이 덜 비싸거나 당신의 필요에 더 맞는 다른 선택지들이 있는지 확인해라. 결국, 그것은 당신이 식료품 쇼핑을 위한 정말 좋은 계획을 만드는 것을 도울 것이다.

어휘 method 방법 whether ~인지 (아닌지) in the end 결국, 마침내

13 정답 ① shine → shining

해설 ① ~, you'll see a sky full of stars brightly shining like
동사 수식 받는 명사(빛나는 행위의 주체) 현재분사
thousands of brilliant jewels.

문맥상 '밝게 빛나는 별들'이라는 의미로 stars를 수식하는 것이 자연스러우며, 조동사 'll(will) 뒤에 문장의 동사 see가 따로 있다. 따라서 명사 stars를 수식하는 형용사 역할을 하는 준동사가 와야 한다. 수식 받는 명사 stars가 shine이 나타내는 '빛나는' 행위의 주체이므로 현재분사 shining이 와야 한다. (불변의 패턴 21-3, 24-1)

오답 분석 ② 주어 this amazing sight가 confuse가 나타내는 '혼란스럽게 하는' 행위의 주체이므로 현재분사 confusing이 온 것이 적절하다. (불변의 패턴 24-3)

③ 분사의 의미를 부정하는 not은 분사 앞에 와야 하므로 Not knowing 순으로 온 것이 적절하다. (불변의 패턴 26)

④ 관계대명사 that 뒤에 주어 없이 동사가 바로 왔으므로 that은 주격 관계대명사이고, 동사는 선행사에 수 일치해야 한다. 선행사 five stars가 복수명사이므로 복수동사 look이 온 것이 적절하다. (불변의 패턴 05)

⑤ 문맥상 '사물들을 가리키기 위해'라는 의미가 되는 것이 자연스러우며, 앞에 동사 look for가 따로 있다. 따라서 '~하기 위해'라는 의미로 동사 look for를 수식하는 부사 역할을 하는 to부정사 to point가 온 것이 적절하다. (불변의 패턴 21-4)

해석 다음에 당신이 맑고 어두운 하늘 아래에 나가 있을 때, 위를 올려다봐라. 만약 당신이 별을 관찰하기 좋은 장소를 골랐다면, 수천 개의 눈부신 보석처럼 밝게 빛나는 별들이 가득한 하늘을 보게 될 것이다. 하지만 이 놀라운 별들의 광경은 또한 혼란스러울 수 있다. 별 하나를 누군가에게 가리켜 봐라. 당신이 정확히 어떤 별을 가리키는지 알지 못하면, 그 사람은 그것을 찾는 데 힘든 시간을 보낼 것이다. 만약 당신이 별의 패턴을 묘사하면 더 쉬울 수도 있다. 당신은 "저기 큰 삼각형 모양의 밝은 별들 보이지?"와 같이 말할 수 있을 것이다. 혹은, "대문자 W처럼 보이는 저 다섯 개의 별들이 보여?" 당신이 그렇게 할 때, 당신은 정확히 우리 모두가 별을 볼 때 하는 것을 하

고 있다. 우리는 다른 사람들에게 사물들을 가리키기 위해 패턴을 찾는데, 왜냐하면 그것이 우리 인간들이 항상 해왔던 것이기 때문이다.

어휘 stargaze 별을 관찰하다   point out 가리키다
refer 가리키다, 지시하다   describe 묘사하다

---

14 **정답** ③ putting → put

해설 ③ Similarly, <u>Native Americans</u> in old movies, in order to
주어   수식어(전치사 + 명사구)
<u>detect distant footsteps</u>, <u>put</u> their ears to the ground.
수식어(전치사 + 명사구)   동사

문맥상 '아메리카 원주민들이 귀를 댔다'라는 의미가 되는 것이 자연스러우며, 문장에 동사가 따로 없으므로 putting이 아니라 동사 put이 와야 한다. (불변의 패턴 21-1)

**오답
분석** ① think 뒤의 that절(that ~ air)은 동사 think의 목적어 역할을 하는 명사절이며, that절 내의 주어 the medium이 단수명사이므로 단수동사 is가 온 것이 적절하다. through ~ carried는 주어 the medium을 수식하는 수식어(관계절)로 주어-동사 수 일치에 영향을 미치지 않는다. (불변의 패턴 01-3)

② 문맥상 '(과거에) 소리가 도달했음이 틀림없다'라는 의미이므로, must 뒤에서 과거 일에 대한 추측을 나타내는 have reached(have p.p.)가 온 것이 적절하다. (불변의 패턴 16-1)

④ 분사구문 carried ~ earth에 주어가 따로 없으므로 주절의 주어 such sounds가 분사구문의 의미상 주어이다. 문맥상 '그러한 소리가 전달되다'라는 의미로, such sounds가 carry가 나타내는 '전달하는' 행위의 대상이므로 과거분사 carried가 온 것이 적절하다. 분사구문 앞의 When은 분사와 주어의 관계에는 영향을 미치지 않는 접속사이다. (불변의 패턴 24-3)

⑤ 주어 a gentle tapping은 단수명사이면서, 동사 hear가 나타내는 '듣는' 행위의 대상이므로, 단수동사이면서 p.p.(heard) 앞에서 수동태 동사를 만드는 is가 온 것이 적절하다. at ~ table은 주어 a gentle tapping을 수식하는 수식어(전치사 + 명사구)로 주어와 동사의 수 일치나 관계에 영향을 미치지 않는다. (불변의 패턴 11-2, 01-1)

해석 대부분의 사람들은 소리가 전달되는 매개체가 공기라고 생각한다. 하지만, 항상 그런 경우인 것은 아니다. 예를 들면, 당신은 큰 소음을 냈을 때 물 속의 물고기가 깜짝 놀라는 것을 본 적이 있을 것이다. 그 경우에, 소리가 물을 통해 그들에게 도달했음이 틀림없다. 마찬가지로, 옛날 영화 속의 아메리카 원주민들은 먼 곳의 발소리를 감지하기 위해 그들의 귀를 땅에 댔다. 땅을 통해 전달될 때 그러한 소리는 비교적 선명하다. 또한, 당신이 귀를 탁자에 바짝 댔을 때, 긴 탁자의 반대쪽 끝에서 가볍게 두드리는 소리는 선명하게 들린다. 이러한 사실로부터, 우리는 소리가 다양한 물질들을 통해 귀로 전달될 수 있음을 알 수 있다.

어휘 medium 매개체, 수단   frightened 깜짝 놀란, 무서워하는
Native American 아메리카 원주민   press 바짝 대다, 누르다
tapping 가볍게 두드리는 소리, 가볍게 두드리기

---

15 **정답** ④ Formed → Forming

해설 ④ <u>Forming</u> special bonds with the artists he worked with,
현재분사구문
<u>he</u> was able to capture vivid and iconic imagery.
문장의 주어(형성하는 행위의 주체)

분사구문 Formed ~ worked with에 주어가 따로 없으므로 주절의 주어 he가 분사구문의 의미상 주어이다. 문맥상 '그가 유대감을 형성하다'라는 의미로, he가 form이 나타내는 '형성하는' 행위의 주체이므로 과거분사 Formed가 아니라 현재분사 Forming이 와야 한다. (불변의 패턴 24-3)

**오답
분석** ① 문맥상 '존경받는 사진작가'라는 의미로, 수식 받는 명사 a 20th-century photographer가 admire가 나타내는 '존경하는' 행위의 대상이므로 과거분사 admired가 온 것이 적절하다. (불변의 패턴 24-1)

② to부정사가 photographer를 수식하여 '그래미 공로상을 받은 사진작가'라는 의미가 되는 것이 자연스러우므로 to뒤에서 to부정사의 수동형(to be p.p.)을 만드는 be awarded가 온 것이 적절하다. (불변의 패턴 25)

③ 주어 He가 동사 give가 나타내는 '주는' 행위의 대상이므로, 수동

태 was given이 온 것이 적절하다. 동사 give는 목적어 2개가 올 수 있는 4형식 동사이므로, 수동태 동사 뒤에 남은 직접목적어 unrivaled access를 보고 능동태 동사가 와야 한다고 착각하지 않도록 주의한다. (불변의 패턴 14)

⑤ 동사 appear는 뒤에 목적어가 오지 않아 수동태로 쓸 수 없는 자동사이므로 능동태 appear로 온 것이 적절하다. he took은 주어 the photographs를 수식하는 관계절로 목적격 관계대명사가 생략되어 있다. (불변의 패턴 13)

해석 Jim Marshall은 유명 인사들의 생생한 사진으로 존경받는 20세기 사진작가였다. 그는 그래미 공로상을 받은 최초이자 유일한 사진작가였다. 그는 1959년에 전문 사진작가로 시작했다. 그는 롤링 스톤스, 밥 딜런, 레이 찰스 등 록 음악의 가장 인기 있는 아티스트들과의 독보적인 접촉 기회가 주어졌다. 그는 비틀스의 마지막 단독 콘서트의 백스테이지 입장을 허락받은 유일한 사진작가였다. 그가 함께 일했던 아티스트들과 특별한 유대감을 형성하면서, 그는 생생하고 상징적인 이미지를 포착할 수 있었다. 50년이 넘는 경력 동안, 그가 찍은 사진들이 500장이 넘는 앨범 표지에 실렸다.

어휘 vivid 생생한   unrivaled 독보적인, 비할 데 없는
access 접촉 기회, 접근   bond 유대감, 유대   capture 포착하다
iconic 상징적인, 상징이 되는

---

16 **정답** (1) ⓐ interact, ⓑ touching, ⓒ to have, ⓓ sent
(2) it is easy for the users to learn how to use touch screens

해설 (1) ⓐ Touch screens <u>let the user interact</u> with a
사역동사   목적어보어(동사원형)
computer ~.
목적어
(상호작용하는 행위의 주체)

문맥상 '사용자가 상호작용하다'라는 의미가 되는 것이 자연스러우므로, 보기 중 interact가 적절하다. 목적어 the user는 interact가 나타내는 '상호작용하는' 행위의 주체이고, let은 목적격보어 자리에 동사원형을 취하는 동사이므로 빈칸에는 동사원형 interact가 와야 한다. (불변의 패턴 23-1)

ⓑ <u>A finger touching</u> the screen interrupts the beams, ~.
수식 받는 명사   현재분사
(접촉하는 행위의 주체)

문맥상 '접촉하는 손가락'이라는 의미가 되는 것이 자연스러우므로, 보기 중 touch가 적절하다. 수식 받는 명사 A finger가 '접촉하는' 행위의 주체이므로, 빈칸에는 현재분사 touching이 와야 한다. (불변의 패턴 24-1)

ⓒ You don't <u>need to have</u> special skills to use it.
동사(need) 목적어(to부정사)

문맥상 '기술을 가질 필요가 없다'라는 의미가 되는 것이 자연스러우므로, 보기 중 have가 적절하다. need는 to부정사를 목적어로 취하는 동사이므로 빈칸에는 to have가 와야 한다. (불변의 패턴 22-1)

ⓓ ~ you must do to <u>have your requests sent</u>.
사역동사   목적어   목적격보어(과거분사)
(보내는 행위의 대상)

문맥상 '당신의 요청이 보내지도록 하다'라는 의미가 되는 것이 자연스러우므로, 보기 중 send가 적절하다. 동사 have는 동사원형을 목적격보어로 취하는 사역동사이지만, 목적어 your requests가 send가 나타내는 '보내는' 행위의 대상이므로 과거분사 sent가 와야 한다. (불변의 패턴 23-2)

(2) In addition, <u>it</u> is easy <u>for the users</u> <u>to learn how to use</u>
가주어   to부정사 의미상 주어   진짜 주어
<u>touch screens</u>.

가주어 it 뒤에 진짜 주어로 올 수 있는 것은 명사 역할을 하는 to부정사이다. 따라서 동사 learn을 '배우는 것'이라는 의미의 to learn으로 바꾸어 써야 한다. to learn이 나타내는 '배우는' 행위를 하는 the users는 to부정사의 의미상 주어이므로 for the users로 바꿔서 to부정사 앞에 써야 한다. (불변의 패턴 21-2, 25)

해석 터치스크린은 손가락의 접촉을 통해 사용자가 컴퓨터와 상호작용할 수 있게 해준다. 화면을 터치하면, 사용자들은 키보드나 마우스 없이

도 명령을 내릴 수 있다. 터치스크린의 중요한 장점들 중 하나는 사용하기가 매우 쉽다는 것이다. 그 이유는 손가락으로 사물들을 가리키는 것이 자연스럽기 때문이다. 게다가, 사용자들이 터치스크린을 사용하는 방법을 배우는 것은 쉽다. 화면에 접촉하는 손가락은 빔을 방해하고, 전자 신호를 만든다. 당신은 그것을 사용하기 위해 특별한 기술을

가질 필요가 없다. 손가락으로 가리키는 것이 당신의 요청이 보내지도록 하기 위해 당신이 해야 하는 유일한 일이다.

어휘 interact 상호작용을 하다   command 명령
significant 중요한, 의미 있는   electronic 전자의

CHAPTER 06   명사·대명사·한정사

불변의 패턴 27   명사의 의미에 따라 가산/불가산, 단수/복수를 구분해야 한다.   본책 p.100

TYPE 1   의미에 따라 가산명사 또는 불가산명사가 되는 명사   p.100

1   정답   work
해설 문맥상 '일을 할 준비가 되다'라는 의미인 것이 자연스럽다. work는 '일'이라는 뜻일 때 단수나 복수로 쓸 수 없는 불가산명사이므로 work가 와야 한다.
해석 우리의 말들은 주말에 쉰 후에 새로운 에너지로 가득 차고 일을 할 준비가 되어 있다.
어휘 have ~ off ~에 쉬다

2   정답   a light
해설 문맥상 '조명을 설치했다'라는 의미인 것이 자연스럽다. light는 '조명, 전등'이라는 뜻일 때 단수나 복수로 써야 하는 가산명사이므로 a light가 와야 한다.
해석 정비 직원은 야간의 더 나은 안전을 위해 문밖에 조명을 설치했다.
어휘 maintenance 정비, 유지   install 설치하다

3   정답   papers
해설 문맥상 '신문들은 보도했다'라는 의미인 것이 자연스럽다. paper는 '신문, 논문'이라는 뜻일 때 단수나 복수로 써야 하는 가산명사이므로 papers가 와야 한다.
해석 2차 세계대전 내내, 전 세계의 신문들은 계속되는 전투들에 대해 보도했다.
어휘 report 보도하다, 보고하다

4   정답   room
해설 문맥상 '실수할 여유가 없다'라는 의미인 것이 자연스럽다. room은 '여유, 공간'이라는 뜻일 때 단수나 복수로 쓸 수 없는 불가산명사이므로 room이 와야 한다.
해석 실수할 여유가 없을 때, 우리는 의사소통에서 애매함을 피하라고 배운다.
어휘 avoid 피하다, 방지하다   vagueness 애매함, 막연함

TYPE 2   의미에 따라 단수 또는 복수를 다르게 쓰는 명사   p.101

1   정답   a glass → glasses
해설 문맥상 '또렷하게 보기 위해 안경이 필요하다'라는 의미인 것이 자연스러우므로, '유리잔'을 뜻하는 a glass가 아니라 '안경'을 뜻하는 복수형 glasses가 와야 한다.
해석 나의 할머니는 이제 70세가 넘으셨기 때문에, 그녀는 또렷하게 보기 위해 안경이 필요하다.
어휘 clearly 또렷하게, 분명히

2   정답   O
해설 문맥상 '한 손에는 장갑 한 짝을 끼다'라는 의미인 것이 자연스러우므로, '장갑 한 짝'을 뜻하는 단수형 a glove가 온 것이 적절하다.
해석 골프 치는 사람들은 종종 한 손에는 장갑 한 짝을 끼고 다른 한 손은 맨손으로 둔다.
어휘 bare 맨, 벌거벗은

3   정답   trunks → trunk
해설 문맥상 '그것의 줄기에 있는 원을 살펴보다'라는 의미로, 나무 하나의 줄기를 가리키는 것이 자연스럽다. 따라서 '(운동용) 반바지'나 '나무 줄기/여행용 가방/코끼리 코 여럿'을 가리키는 복수형 trunks가 아니라 단수형 trunk가 와야 한다.
해석 당신은 줄기에 있는 원을 살펴봄으로써 나무의 나이를 알 수 있다.
어휘 tell 알다, 알리다   examine 살펴보다, 조사하다

4   정답   O
해설 문맥상 '낡은 청바지를 입다'라는 의미인 것이 자연스러우며, '청바지'와 같이 두 개의 부분이 모여 하나의 사물을 가리키는 명사는 항상 복수형으로 써야 하므로 jeans가 온 것이 적절하다.
해석 사실, 백만장자들은 낡은 청바지를 입고 오래된 소형 오픈 트럭을 운전할 가능성이 더 많다.
어휘 millionaire 백만장자   be more likely to ~할 가능성이 더 많다
pickup truck 소형 오픈 트럭

불변의 패턴 28   대명사는 그것이 가리키는 명사와 수가 일치해야 한다.   본책 p.102

1   정답   their
해설 문맥상 '그들의 생산물을 판매하는 현지의 농부들'이라는 의미인 것이 자연스러우므로, 대명사가 가리키는 대상은 복수명사 local farmers이다. 따라서 복수대명사 their가 와야 한다.
해석 농장과 학교의 연계 프로그램은 학교 구내식당에 그들의 생산물을 판매하는 현지의 농부들에게 좋다.
어휘 product 생산물, 상품   cafeteria 구내식당, 카페테리아

2   정답   it
해설 문맥상 it은 '외계인이 존재하는 것'을 가리키는 가목적어이며, 가목적어로는 them이 아니라 it이 와야 한다. real은 목적격보어이고, that aliens exist가 진짜 목적어이다.
해석 증거의 부족에도 불구하고, 어떤 사람들은 외계인이 존재하는 것이 진짜라고 생각한다.
어휘 lack 부족   evidence 증거   alien 외계인   exist 존재하다

3 정답 **that**

해설 문맥상 '울타리 건너편의 잔디보다'라는 의미인 것이 자연스러우므로, 대명사가 가리키는 대상은 불가산명사 grass이다. 따라서 단수대명사 that이 와야 한다.

해석 이 정원에 들어서자마자, 나는 발목 높이의 잔디가 울타리 건너편 의 것보다 더 푸르다는 것을 알아챈다.

어휘 notice 알아채다, 의식하다

4 정답 **it**

해설 문맥상 '고수의 맛이 비누 같고 불쾌하다'라는 의미인 것이 자연스러 우므로, 대명사가 가리키는 대상은 단수명사 the taste of coriander 이다. 따라서 단수대명사 it이 와야 한다.

해석 어떤 사람들은 고수의 맛을 좋아하는 반면 다른 사람들은 그것이 비누 같고 불쾌하다고 생각한다.

어휘 coriander 고수 soapy 비누 같은

5 정답 **its**

해설 문맥상 '부화한 도둑 벌의 희생양'이라는 의미인 것이 자연스러우므로, 대명사가 가리키는 대상은 단수명사 the thief bee이다. 따라서 단수 대명사 its가 와야 한다.

해석 도둑 벌의 알이 부화하면, 그것은 숙주 벌의 새끼를 죽이고 나서 그것 의 희생양의 먹이를 먹는다.

어휘 hatch 부화하다 offspring 새끼 victim 희생양, 피해자

6 정답 **ones**

해설 문맥상 '방송에 나오는 사이버 범죄들보다'라는 의미인 것이 자연스러 우므로, 대명사가 가리키는 대상은 복수명사 Cyber crimes이다. 따라 서 복수대명사 ones가 와야 한다.

해석 사이버 범죄들은 텔레비전 방송에 나오는 것들보다 덜 복잡하다.

어휘 crime 범죄 complex 복잡한

Mini TEST 불변의 패턴 27~28

본책 p.103

1 정답 **its → their**

해설 문맥상 '일들의 최악의 상태'라는 의미인 것이 자연스러우므로, 대명 사가 가리키는 대상은 복수명사 Things이다. 따라서 단수대명사 its가 아니라 복수대명사 their가 와야 한다. (불변의 패턴 28)

해석 일들은 더 나아지기 직전에 종종 그것들의 최악의 상태에 있는 것처럼 보인다.

어휘 at one's worst 최악의 상태에

2 정답 **a company → company**

해설 문맥상 '손님이 있을 때'라는 의미인 것이 자연스럽다. company는 '손 님, 동반'이라는 뜻일 때 단수나 복수로 쓸 수 없는 불가산명사이므로 a company가 아니라 company가 와야 한다. watching sports는 '운 동 경기를 보면서'라는 뜻의 분사구문이다. (불변의 패턴 27-1)

해석 당신은 내가 손님이 있을 때 내 남편이 운동 경기를 보면서 거실에 앉 아 있어야 한다고 생각하나요?

3 정답 **O**

해설 문맥상 '코끼리들의 코를 서로의 입속으로 뻗다'라는 의미인 것이 자 연스럽다. trunk는 '코끼리의 코'라는 뜻일 때 단수나 복수로 써야 하는 가산명사이고, 문맥상 여러 코끼리의 코를 가리키고 있으므로 복수형 trunks가 온 것이 적절하다. (불변의 패턴 27-2)

해석 코끼리들은 단순히 그들의 코를 서로의 입속으로 뻗음으로써 서로 인 사할 수도 있다.

어휘 greet 인사하다, 맞이하다 reach 뻗다, 닿다

4 정답 **O**

해설 문맥상 it은 '그렇게 하는 것(부당한 제안을 거절하는 것)'을 가리키는 가주어이며, 가주어 자리에 it이 온 것이 적절하다. 뒤에 있는 to부정 사구 to do so가 진짜 주어이다. (불변의 패턴 28)

해석 경제학자들은 그렇게 하는 것이 그들에게 비용이 들게 하더라도 사람 들은 부당한 제안들을 거절한다는 것을 몇 번이고 보여주어 왔다.

어휘 economist 경제학자 unfair 부당한, 불공평한
cost ~에게 …을 들게 하다

5 정답 **those → that**

해설 문맥상 '스페인에서 산타에게 보내진 편지들의 수'라는 의미인 것이 자 연스러우므로, 대명사가 가리키는 대상은 단수명사 The number이다. 따라서 복수대명사 those가 아니라 단수대명사 that이 와야 한다. (불 변의 패턴 28)

해석 포르투갈에서 산타에게 보내진 편지들의 수는 스페인에서 산타에게 보내진 편지들의 수보다 더 적었다.

6 정답 **it is not safe to sail on a small boat**

해설 주어가 '작은 배를 타고 항해하는 것'이라는 의미로 길기 때문에, 긴 주 어를 대신해서 가주어 역할을 할 수 있는 it으로 시작해야 한다. 가주 어 it 뒤에서 진짜 주어 역할을 할 수 있는 것은 to부정사이므로 sail은 to sail로 바꾸어 써야 한다. (불변의 패턴 28)

어휘 sail 항해하다

불변의 패턴 29 목적어가 주어와 다른 대상이면 목적격 대명사로, 동일한 대상이면 재귀대명사로 써야 한다. 본책 p.104

1 정답 **ourselves**

해설 문맥상 '우리가 우리 자신에게 물어보다'라는 뜻으로, asking의 목적 어가 asking의 주체인 We와 동일한 대상을 가리키므로 재귀대명사 ourselves가 와야 한다.

해석 우리는 인간이 무엇에 좋은지를 계속해서 우리 자신에게 물어보는 데 에 다음 30년을 보낼 것이다.

어휘 decade 10년

2 정답 **himself**

해설 문맥상 '사람이 그 자신에게 붙들어 두다'라는 뜻으로, 전치사 to의 목

적어가 주어 a man과 동일한 대상을 가리키므로 재귀대명사 himself 가 와야 한다.

해석 사람이 그의 정보를 그 스스로에게 붙들어 두고 있는 한, 그는 그것을 모르는 사람들보다 우월하다고 느낄 수도 있다.

어휘 superior to ~보다 우월한, 우수한

3 정답 **them**

해설 문맥상 '모든 사람들이 헬리콥터들을 알아차리다'라는 뜻으로, 전치사 of의 목적어가 주어 everyone과 다른 대상인 helicopters를 가리키므 로 목적격 대명사 them이 와야 한다.

해설 헬리콥터들이 너무 소리가 커서 마을에 있는 모든 사람들이 그것들을 알아차렸다.

어휘 take notice of ~을 알아차리다

4 정답 **themselves**

해설 문맥상 '아이들이 그들 자신을 생각하고 행동하게 만든다'라는 뜻으로, forcing의 목적어가 forcing의 주체인 Children과 동일한 대상을 가리키므로 재귀대명사 themselves가 와야 한다.

해석 놀고 있는 아이들은 종종 다른 역할을 맡아서, 기꺼이 그들 자신을 다른 누군가처럼 생각하고 행동하게 만든다.

어휘 at play 놀고 있는 happily 기꺼이, 행복하게
force ~하게 만들다, 강요하다

5 정답 **yourself**

해설 문맥상 '당신이 당신 자신을 알다'라는 뜻으로, know의 목적어가 명령문의 생략된 주어인 You와 동일한 대상을 가리키므로 재귀대명사 yourself가 와야 한다.

해석 당신 자신을 진정으로 알게 되고 당신의 약점이 무엇인지 배워라.

어휘 weakness 약점

6 정답 **her**

해설 문맥상 '엘리자베스 1세가 메리 여왕을 대신하다'라는 뜻으로, replaced의 목적어가 문장의 주어인 Elizabeth I와 다른 대상을 가리키므로 목적격 대명사 her가 와야 한다.

해석 메리 여왕의 죽음 이후에, 엘리자베스 1세는 영국의 여왕으로서 그녀를 대신했다.

어휘 replace 대신하다, 대체하다

불변의 패턴 30 앞서 언급한 명사와 종류만 같은 다른 대상은 that/those로 써야 한다. 본책 p.105

1 정답 **it → that**

해설 문맥상 '남쪽을 향하는 성의 부분'이라는 뜻으로 대명사가 앞에 언급된 part를 가리키지만, 앞에 언급된 part(단수명사)는 '북쪽을 향하는 성의 부분'을 가리키므로 종류가 같을 뿐 바로 그 대상은 아니다. 따라서 it이 아니라 that이 와야 한다.

해석 이쪽에서는, 북쪽을 향하는 성의 부분이 남쪽을 향하는 성의 부분보다 더 낮아 보인다.

어휘 face ~쪽을 향하다, 직면하다

2 정답 **O**

해설 문맥상 '정글에 있는 많은 개구리들 중 일부'라는 뜻으로 대명사가 가리키는 것은 앞서 언급한 Many frogs(복수명사)와 동일한 바로 그 대상이다. 따라서 them이 온 것이 적절하다.

해석 정글에 있는 많은 개구리들은 밝은 색깔이며, 그들 중 일부는 독이 있다.

어휘 colored ~한 색깔의 poisonous 독이 있는, 유독한

3 정답 **them → those**

해설 문맥상 '그렇지 않은(책상 근처에 창문이 있지 않은) 직원들'이라는 뜻으로 대명사가 앞에 언급된 workers를 가리키지만, 앞에 언급된 workers(복수명사)는 '책상 근처에 창문이 있는 직원들'을 가리키므로 종류가 같을 뿐 바로 그 대상은 아니다. 따라서 them이 아니라 those가 와야 한다.

해석 사무실에서, 그들의 책상 근처에 창문이 있는 직원들은 그렇지 않은 직원들보다 더 열심히 일한다.

4 정답 **O**

해설 문맥상 '그것(실험)을 고안하다'라는 뜻으로 대명사가 가리키는 것은 앞서 언급한 an experiment(단수명사)와 동일한 바로 그 대상이다. 따라서 it이 온 것이 적절하다.

해석 아무도 그것을 고안한 그 과학자보다 실험의 위험 요소에 대해 더 잘 알지 못한다.

어휘 be aware of ~을 알다, 깨닫다 risk 위험 요소, 위험
devise 고안하다

5 정답 **it → that**

해설 문맥상 '다른 어떤 나라의 경치'라는 뜻으로 대명사가 앞에 언급된 scenery를 가리키지만, 앞에 언급된 scenery(단수명사)는 '뉴질랜드의 경치'를 가리키므로 종류가 같을 뿐 바로 그 대상은 아니다. 따라서 it이 아니라 that이 와야 한다.

해석 많은 경험이 풍부한 여행가들은 뉴질랜드의 경치가 다른 어떤 나라의 그것만큼 아름답다고 생각한다.

6 정답 **them → those**

해설 뒤에 있는 in need의 수식을 받아 '어려움에 처한 사람들'이라는 의미이므로, them이 아니라 '~한 사람들'이라는 뜻의 대명사 those가 와야 한다.

해석 Tony는 매우 동정심 있고 이타적인 사람이라서 어려움에 처한 사람들을 돕기 위해 항상 자원봉사를 한다.

어휘 caring 동정심 있는, 남을 배려하는 unselfish 이타적인

불변의 패턴 31 가산명사 앞에는 many와 (a) few가 오고, 불가산명사 앞에는 much와 (a) little이 와야 한다. 본책 p.106

TYPE 1 many vs. much p.106

1 정답 **many**

해설 수식 받는 명사 fish가 가산명사(복수)이므로 many가 와야 한다. fish는 단수형과 복수형의 형태가 같은 명사이다.

해석 때때로 돌고래들은 가능한 한 많은 물고기를 잡기 위해 넓은 무리로 흩어진다.

어휘 spread out 흩어지다, 떨어져 나가다

2 정답 **much**

해설 수식 받는 명사 evidence가 불가산명사이므로 much가 와야 한다.

해석 그 형사들은 그 범죄에 대한 수사 동안 많은 증거를 찾지 못했다.

어휘 detective 형사 evidence 증거 investigation 수사

3 정답 **many**

해설 of 뒤의 명사 these positive experiences가 가산명사(복수)이므로 many가 와야 한다.

해석 우리는 우리 대학의 저널리즘 프로그램이 당신에게 이러한 많은 긍정적인 경험들의 원천이었다는 것을 안다.

어휘 journalism 저널리즘, 신문학과 source 원천, 근원
positive 긍정적인 experience 경험

4 정답 **much**

해설 of 뒤의 명사 damage가 불가산명사이므로 much가 와야 한다.

해석 다행스럽게도, 도심 건물들에 생긴 많은 피해가 보수될 수 있었다.
어휘 fortunately 다행스럽게도, 다행히

TYPE 2 (a) few vs. (a) little   p.107

1 정답 **a little**
해설 수식 받는 명사 money가 불가산명사이므로 a little이 와야 한다.
해석 비록 당신이 지금 약간의 돈을 저축할지라도, 당신은 여전히 백만장자가 아니다.
어휘 millionaire 백만장자

2 정답 **few**
해설 수식 받는 명사 advertisements가 가산명사(복수)이므로 few가 와야 한다.

3 정답 **a few**
해설 수식 받는 명사 changes가 가산명사(복수)이므로 a few가 와야 한다.
해석 우리는 약간의 변경을 했지만, 그 결과들이 결코 빨리 나타나는 것 같지는 않다.
어휘 result 결과

4 정답 **little**
해설 수식 받는 명사 information이 불가산명사이므로 little이 와야 한다.
해석 그 출판사는 그 책의 무명작가에 대한 정보를 거의 주지 않았다.
어휘 publishing 출판

해석 유선 방송이 처음 시작되었을 때, 사람들은 유선 방송에서 광고를 거의 보지 못했다.
어휘 cable television 유선 방송, 케이블 텔레비전
advertisement 광고

Mini TEST 불변의 패턴 29~31   본책 p.107

1 정답 **it → that**
해설 문맥상 '다른 행성들의 기후'라는 뜻으로 대명사가 앞에 언급된 climate을 가리키지만, 앞에 언급된 climate(불가산명사)은 '지구의 기후'를 가리키므로 종류가 같을 뿐 바로 그 대상은 아니다. 따라서 it이 아니라 that이 와야 한다. (불변의 패턴 30)
해석 지구의 기후는 태양계에 있는 다른 행성들의 기후보다 훨씬 더 온화하다.
어휘 mild 온화한, 포근한 solar system 태양계

2 정답 **themselves → them**
해설 문맥상 '미세 플라스틱 조각을 모으는 데 사용되는 그물'이라는 뜻으로, collect의 목적어가 분사 used의 주체인 nets와 다른 대상을 가리키므로 재귀대명사 themselves가 아니라 목적격 대명사 them이 와야 한다. (불변의 패턴 29)
해석 이 미세 플라스틱 조각들은 그것들을 모으기 위해 일반적으로 사용되는 그물을 통과할 수 있을 정도로 충분히 작다.
어휘 microplastic 미세 플라스틱 조각 net 그물 typically 일반적으로

3 정답 **Many → Much**
해설 수식 받는 명사 furniture가 불가산명사이므로, Many가 아니라 불가산명사 앞에 올 수 있는 Much가 와야 한다. (불변의 패턴 31-1)
해석 그 오래된 궁전의 많은 가구들은 매우 진귀하고 많은 돈의 가치가 있다.
어휘 palace 궁전 rare 진귀한, 희귀한

4 정답 **O**
해설 문맥상 '어려움을 견디는 사람들'이라는 의미인 것이 자연스러우므로, 분사구의 수식을 받으면서 '~한 사람들'이라는 뜻의 대명사인 those가 온 것이 적절하다. (불변의 패턴 30)
해석 반려동물의 지속적인 애정은 고난을 견디는 사람들에게 매우 중요해진다.
어휘 affection 애정 endure 견디다 hardship 고난

5 정답 **few → little**
해설 수식 받는 명사 snow가 불가산명사이므로, few가 아니라 불가산명사 앞에 올 수 있는 little이 와야 한다. (불변의 패턴 31-2)
해석 일부 계곡에는 눈이 거의 없는데, 강한 바람이 그것이 쌓이도록 허락하지 않기 때문이다.
어휘 allow ~하게 허락하다 build up 쌓아 올리다, 강화하다

6 정답 **submit a selfie of yourself enjoying science**
해설 '셀피를 제출해라'라는 뜻의 명령문이므로 주어 you를 생략하고 동사원형인 submit으로 시작해야 한다. '당신이 당신 자신의 셀피를 제출해라'라는 뜻으로 전치사 of의 목적어가 주어와 동일한 대상을 가리키므로 you는 재귀대명사 yourself로 바꾸어 써야 한다. (불변의 패턴 29)
어휘 goody 좋은 것, 갖고 싶은 것
selfie 셀피(스마트폰 등으로 찍은 자신의 사진)

불변의 패턴 32 단수명사 앞에는 every, another, either/neither가 오고, 복수명사 앞에는 all, other, both가 와야 한다.
본책 p.108

TYPE 1 every vs. all   p.108

1 정답 **every**
해설 수식 받는 명사 page가 단수명사이므로 every가 와야 한다.
해석 John이 겨우 두 살이었을 때, 그가 읽은 거의 모든 페이지를 외울 수 있었다.
어휘 memorize 외우다

2 정답 **All**
해설 수식 받는 명사 milk가 불가산명사이므로 All이 와야 한다.

해석 모든 우유는 비타민 D를 함유하고 있는데, 이것은 건강한 뼈와 피부에 중요하다.
어휘 contain 함유하다, 포함하다

3 정답 **every**
해설 수식 받는 명사 student가 단수명사이므로 every가 와야 한다.
해석 동기 부여는 내가 모든 학생에게 주는 존중에서 나올지도 모른다.
어휘 motivation 동기 부여

4 정답 **all**

해설 of 뒤의 명사 his silk goods가 복수명사이므로 all이 와야 한다.

해석 한 상인이 장사를 잘해왔는데, 그는 그의 모든 비단 제품을 팔았고, 그의 가방을 금과 은으로 가득 채웠다.

어휘 merchant 상인 goods 제품, 상품

TYPE 2 another vs. other   p.109

1 정답 **other**

해설 수식 받는 명사 foreign languages가 복수명사이므로 other가 와야 한다.

해석 우리는 안내 데스크에서 영어와 다른 외국어들을 말할 수 있는 직원들이 필요하다.

2 정답 **another**

해설 수식 받는 명사 town이 단수명사이므로 another가 와야 한다.

해석 오후에, 그는 그의 말에게 먹이를 주기 위해 다른 마을에 들렀다.

어휘 stop in 들르다 feed 먹이를 주다

3 정답 **another**

해설 문맥상 앞의 단수명사 camera를 가리켜 '다른 하나의 카메라'라는 뜻이 되는 것이 자연스러우므로, '다른 하나'라는 뜻의 대명사 another가 와야 한다.

해석 그 카메라의 문제들에 대비하기 위해서, 그는 다른 하나를 예비품으로 가져왔다.

어휘 backup 예비(품), 대체

4 정답 **others**

해설 문맥상 앞의 복수명사 cultures를 가리켜 '다른 문화 공동체들'이라는 뜻이 되는 것이 자연스러우므로, '다른 여럿'이라는 뜻의 대명사 others가 와야 한다. other는 대명사로 쓸 수 없다.

해석 예를 들어, 뱀은 어떤 문화 공동체들에 의해 숭배되고 다른 여럿들에 의해서는 미움받는다.

어휘 honor 숭배하다, 존경하다 culture 문화 (공동체)

TYPE 3 either vs. neither vs. both   p.109

1 정답 **O**

해설 수식 받는 명사 shoes가 복수명사이므로, both가 온 것이 적절하다.

해석 대부분의 사람들이 다른 쪽보다 약간 더 큰 한쪽 발을 가지고 있기 때문에, 두 쪽 신발을 모두 신어봐라.

어휘 slightly 약간, 조금

2 정답 **Both → Neither**

해설 수식 받는 명사 airline이 단수명사이고 문맥상 '두 항공사 모두 제공하지 않는다'라는 의미인 것이 자연스러우므로, Both가 아니라 Neither가 와야 한다.

해석 두 항공사 모두 베를린으로 가는 항공편을 제공하지 않아서, 그는 그 도시를 방문하려는 그의 계획을 포기해야 했다.

3 정답 **Both → Either**

해설 수식 받는 명사 form이 단수명사이고 문맥상 '두 신분증 종류 중 무엇이든 하나가 허용된다'라는 의미인 것이 자연스러우므로, Both가 아니라 Either가 와야 한다.

해석 당신은 당신의 운전면허증이나 여권을 보여줘야 한다. 두 신분증 종류 중 무엇이든 하나가 허용된다.

어휘 acceptable 허용되는, 받아들일 수 있는

4 정답 **O**

해설 of 뒤에 the pills(복수명사)가 있고 문맥상 '두 알약 중 무엇이든 하나가 완화시킨다'라는 의미인 것이 자연스러우므로, Either가 온 것이 적절하다.

해석 두 알약 중 무엇이든 하나가 당신의 두통을 완화시키므로, 당신은 당신이 원하는 어떤 것이든 복용할 수 있다.

어휘 pill 알약 relieve 완화시키다, 안심시키다

불변의 패턴 33 부정의 의미를 가진 어구가 포함된 문장에 no는 올 수 없고 any가 와야 한다.   본책 p.110

1 정답 **no → any**

해설 부정의 의미를 가진 어구 little(거의 ~ 없는)이 문장에 이미 포함되어 있으므로 no가 아니라 any가 와야 한다.

해석 나는 신체적인 운동을 필요로 하는 어떤 게임에도 관심이 거의 없다.

어휘 physical 신체적인, 물리적인

2 정답 **O**

해설 '어떤 감염된 환자든지 치료했다면'이라는 뜻의 if절이므로 any가 온 것이 적절하다.

해석 만약 의사들이 어떤 감염된 환자든지 치료했다면, 그들은 즉시 보고해야 한다.

어휘 infected 감염된 make a report 보고하다
immediately 즉시

3 정답 **O**

해설 문맥상 '어떤 식물도 자랄 수 없다'라는 의미인 것이 자연스럽고, no 이외의 부정의 의미를 가진 어구가 없으므로 no가 온 것이 적절하다.

해석 당신은 남극 대륙에서 어떤 식물도 자랄 수 없다고 생각할 수도 있지만, 놀랍게도 그것들은 자랄 수 있다.

어휘 Antarctica 남극 대륙

4 정답 **no → any**

해설 부정의 의미를 가진 어구 without(~ 없이)이 문장에 이미 포함되어 있으므로 no가 아니라 any가 와야 한다

해석 신세계의 최초의 영국 탐험가들은 지도 없이 왔고, 그래서 그들을 안내할 까마귀를 데려왔다.

어휘 explorer 탐험가 crow 까마귀

Mini TEST 불변의 패턴 32~33   본책 p.111

1 정답 **another → other**

해설 수식 받는 명사 minor details가 복수명사이므로 another가 아니라 other가 와야 한다. (불변의 패턴 32-2)

해석 시기와 다른 사소한 세부 사항들이 변경되지만 『지옥의 묵시록』의 주제들은 『어둠의 심연』의 주제들과 동일하다.

어휘 period 시기, 기간 minor 사소한 detail 세부 사항 theme 주제

2 정답 every → all

해설 수식 받는 명사 people이 복수명사이므로 every가 아니라 all이 와야 한다. every는 단수명사 앞에만 올 수 있다. (불변의 패턴 32-1)

해석 마야인들은 모든 사람이 옥수수 신에서 생겨났다고 믿었고, 이것은 가장 중요한 신으로 여겨졌다.

3 정답 ○

해설 수식 받는 명사 country가 단수명사이고 문맥상 '두 나라 모두 갖고 있지 않다'라는 의미인 것이 자연스러우므로, neither가 온 것이 적절하다. (불변의 패턴 32-3)

해석 북유럽의 두 나라는 관광객들에게 인기가 있지만, 두 나라 모두 그들이 이용할 수 있는 고속철도 시스템을 갖고 있지 않다.

어휘 high-speed railway 고속철도

4 정답 nothing → anything

해설 부정의 의미를 가진 어구 unable(~할 수 없는)이 문장에 이미 포함되어 있으므로 nothing이 아니라 anything이 와야 한다. (불변의 패턴 33)

해석 루게릭병을 앓았기 때문에, 스티븐 호킹은 그의 눈과 손가락 세 개 외에는 아무것도 움직일 수 없었다.

어휘 suffer (병을) 앓다   except 외에는, 제외하고는

5 정답 either → both

해설 수식 받는 명사 hands가 복수명사이므로 either가 아니라 both가 와야 한다. either는 단수명사 앞에만 올 수 있다. (불변의 패턴 32-3)

해석 우리가 현관 쪽으로 걸어갔을 때, 그는 작은 나무에서 잠시 멈춰서 두 손 모두로 나뭇가지의 끝을 만졌다.

어휘 pause 잠시 멈추다   briefly 잠시   tip 끝   branch 나뭇가지

6 정답 All our recipes are unique, and every dish is organic.

해설 '우리의 조리법들'이라는 뜻의 our recipes는 복수명사이므로 앞에 all을 쓰고, 복수동사 are를 쓴다. '음식'을 가리키는 dish는 단수명사이므로 앞에 every를 쓰고, 단수동사 is를 써야 한다. (불변의 패턴 32-1)

어휘 recipe 조리법, 레시피   organic 유기농의, 유기체의

어법 만점 TEST

01	them	02	time	03	All	04	themselves
05	another	06	those	07	○	08	a little
09	○	10	yourself	11	③	12	①
13	④	14	⑤	15	③		

16 (1) ⓑ Other → Another, ⓒ that → those
   (2) Italy's birth rate is lower than that of many other countries.

01 정답 them

해설 문맥상 '제품이 고객들에게 효과가 있을지'라는 의미인 것이 자연스러우므로, 대명사가 가리키는 대상은 복수명사 customers이다. 따라서 복수대명사 them이 와야 한다. (불변의 패턴 28)

해석 광고 없이는, 고객들은 제품이 존재한다는 것이나 그것이 그들에게 효과가 있을지를 알지 못할 것이다.

어휘 advertisement 광고   exist 존재하다   work 효과가 있다

02 정답 time

해설 문맥상 '더 많은 시간을 할애하다'라는 의미인 것이 자연스럽다. time은 '시간'이라는 뜻일 때 단수나 복수로 쓸 수 없는 불가산명사이므로 time이 와야 한다. time이 가산명사일 때에는 '횟수, ~번'이라는 뜻이다. (불변의 패턴 27-1)

해석 온라인 쇼핑객들은 그들이 2년 전에 그랬던 것보다 '구매하기' 버튼을 클릭하는 데 현재 더 많은 시간을 할애하고 있다.

03 정답 All

해설 수식 받는 명사 our native birds가 복수명사이므로 All이 와야 한다. every는 단수명사 앞에만 올 수 있다. (불변의 패턴 32-1)

해석 우리의 모든 토종 새들은 외래종 뱀의 유입 후에 사라졌다.

어휘 native 토종의, 토박이의   introduction 유입, 도입

04 정답 themselves

해설 문맥상 '사람들이 그들 자신에게 관심을 끈다'라는 뜻으로, 전치사 to의 목적어가 문장의 주어인 People과 동일한 대상을 가리키므로 재귀대명사 themselves가 와야 한다. (불변의 패턴 29)

해석 나쁘게 행동하는 사람들은 그들 자신에게 많은 부정적인 관심을 끈다.

어휘 draw attention 관심을 끌다   negative 부정적인

05 정답 another

해설 문맥상 앞의 단수명사 the desk lamp를 대체할 수 있도록 '다른 하나의 탁상용 스탠드'라는 뜻이 되는 것이 자연스러우므로, '다른 하나'라는 뜻의 대명사 another가 와야 한다. other는 대명사로 쓸 수 없고 복수명사 앞에만 올 수 있다. (불변의 패턴 32-2)

해석 만약 당신이 탁상용 스탠드를 받았을 때 손상되어 있다면, 그 회사는 그것을 다른 것으로 교체해줄 것이다.

어휘 damage 손상시키다   replace 교체하다, 대체하다

06 정답 them → those

해설 문맥상 '블랙베리나 라즈베리 관목의 가시'라는 뜻으로 대명사가 앞에 언급된 thorns(복수명사)를 가리키지만, 앞에 언급된 they는 '새먼베리의 가시'를 가리키므로 종류가 같을 뿐 바로 그 대상은 아니다. 따라서 them이 아니라 those가 와야 한다. (불변의 패턴 30)

해석 비록 새먼베리는 가시가 있지만, 그것들은 블랙베리나 라즈베리 관목의 가시보다 훨씬 더 작다.

어휘 thorn 가시   bush 관목, 덤불

07 정답 ○

해설 문맥상 '어느 개인이든 움직임을 시작하다'라는 의미인 것이 자연스러우므로, 긍정문이라도 Any가 온 것이 적절하다. any는 보통 부정문/의문문에 쓰지만, if절이나 '어떤 ~든지'라는 뜻으로 쓸 때는 긍정문에도 쓸 수 있다. (불변의 패턴 33)

해석 어느 개인이든 방향의 전환과 같은 움직임을 시작할 수 있으며, 이것은 매우 빠른 속도로 집단에 퍼질 수 있다.

어휘 individual 개인   direction 방향   spread 퍼지다   rapid 빠른

08 정답 a few → a little

해설 수식 받는 명사 luggage가 불가산명사이므로, a few가 아니라 a little이 와야 한다. a few는 가산명사 앞에만 올 수 있다. (불변의 패턴 31-2)

해석 타이타닉호의 3등 칸 승객들은 항해를 위해 약간의 짐을 가지고 왔다.

어휘 third-class 3등 칸의   passenger 승객   voyage 항해, 여행

09 정답 ○

해설 문맥상 '무인 우주 비행 임무보다 더 많은 비용이 든다'라는 의미인 것이 자연스러우므로, 대명사가 가리키는 대상은 복수명사 space missions이다. 따라서 복수대명사 ones가 온 것이 적절하다. (불변의 패턴 28)

해석 유인 우주 비행 임무는 무인 우주 비행 임무보다 더 많은 비용이 들지만, 더 성공적이다.

어휘 manned 유인의, 사람을 실은   space mission 우주 비행 임무
costly 많은 비용이 드는

10 정답 ④ **you → yourself**

해설 문맥상 '당신 자신에게 물어보라'라는 뜻으로 ask의 목적어가 주어인 you와 동일한 대상을 가리키므로, 목적격 대명사 you가 아니라 재귀대명사 yourself가 와야 한다. yourself는 4형식 동사 ask의 간접목적어이고, why ~ intended는 직접목적어인 명사절이다. (불변의 패턴 29)

해석 당신이 무언가를 하려고 시도하다가 실패하면, 당신이 의도했던 것을 하는 데 왜 실패했는지 당신 자신에게 물어보아야 한다.

어휘 attempt 시도하다   intend 의도하다

11 정답 ③ **them – many – it**

해설 (A) 문맥상 '밤의 어둠은 사람들에게 선택권을 거의 주지 않았다'라는 의미인 것이 자연스러우므로, 대명사가 가리키는 대상은 복수명사 people이다. 따라서 복수대명사 them이 와야 한다. (불변의 패턴 28)

(B) 수식 받는 명사 activities가 가산명사(복수)이므로 many가 와야 한다. much는 불가산명사 앞에만 올 수 있다. (불변의 패턴 31-1)

(C) 문맥상 '바쁜 직장인들이 그 체육관을 방문할 수 있다'라는 뜻으로 대명사가 가리키는 것은 앞서 언급한 a gym in New York(단수명사)과 동일한 바로 그 대상이다. 따라서 목적격 대명사 it이 와야 한다. (불변의 패턴 30)

해석 대부분의 사람들은 그들의 인생의 거의 3분의 1을 잠든 채로 보내고, 전구의 발명까지, 밤의 어둠은 그들에게 선택권을 거의 주지 않았다. 인공 조명은 구하기 어려워서, 사람들은 동틀 녘에 일어나고 해가 진 후에 곧 잠자리에 들었다. 그러나 지난 몇 세기 동안, 인공 조명은 24시간 내내 이용 가능해졌고, 낮이나 밤 어느 시간에든 할 수 있는 일이 많다. 따라서, 밤에 자는 것은 더 이상 유일한 선택지가 아니다. 잠을 자는 것 대신에, 사람들은 밤에 많은 활동들을 할 수 있다. 예를 들어, 뉴욕의 한 체육관은 하루 24시간 내내 문을 열어서 바쁜 직장인들이 한밤중에 그것을 방문할 수 있다.

어휘 electric light bulb 전구   nighttime 밤, 야간
artificial 인공적인   dawn 동틀 녘, 새벽
after dark 해가 진 후에   available 이용 가능한
around the clock 24시간 내내   activity 활동

12 정답 ① **a company – All – themselves**

해설 (A) 문맥상 '미용 제품을 판매하는 회사'라는 의미인 것이 자연스럽다. company가 '회사, 단체'라는 뜻일 때 단수나 복수로 써야 하는 가산명사이므로 a company가 와야 한다. company가 단수나 복수로 쓸 수 없는 불가산명사일 경우 '손님, 동반'이라는 뜻이다. (불변의 패턴 27-1)

(B) 수식 받는 명사 their banners가 복수명사이므로 All이 와야 한다. Every는 단수명사 앞에만 올 수 있다. (불변의 패턴 32-1)

(C) 문맥상 '마케팅 담당자들은 그들 자신들을 더 경쟁력 있게 만든다'라는 뜻으로 are making의 목적어가 주어인 Marketers와 동일한 대상을 가리키므로, 재귀대명사 themselves가 와야 한다. (불변의 패턴 29)

해석 비록 많은 소기업들이 좋은 웹사이트를 가지고 있지만, 그들은 종종 온라인 마케팅을 할 여유가 없다. 이 경우에, 좋은 선택은 다른 소기업들과의 광고 교환이다. 예를 들어, 미용 제품을 판매하는 회사는 여성용 신발을 판매하는 사이트에 그것의 배너를 게시할 수 있다. 그리고 다음으로 신발 회사는 미용 제품 사이트에 배너를 게시할 수 있다. 모든 그들의 배너들은 무료로 게시되는데, 그들은 단순히 광고 공간을 교환하는 것이다. 그들의 예산에 충분한 자금을 가지고 있지 않은 마케팅 담당자들은 광고 교환을 이용함으로써 그들 자신들을 더 경쟁력 있게 만들고 있다. 그렇게 함으로써, 광고주들은 그렇지 않으면 그들이 비용을 지불할 여유가 없는 광고 대상자들에게 접촉하는 새로운 출구를 찾는다.

어휘 business 기업, 사업체   afford (~을 지불할) 여유가 있다
in turn 다음으로, 차례로   free of charge 무료로
competitive 경쟁력 있는   outlet 출구   reach 접촉하다, 닿다
target audience 광고 대상자

13 정답 ④ **its → their**

해설 ④ 문맥상 '사람들의 믿음 중의 하나는 ~이다'라는 의미인 것이 자연스러우므로, 대명사가 가리키는 대상은 복수명사 people이다. 따라서 단수대명사 its가 아니라 복수대명사 their가 와야 한다. (불변의 패턴 28)

오답 분석 ① 문맥상 '설명을 제공하는 이야기'라는 의미로 명사 stories를 수식하는 것이 자연스럽고, 수식 받는 명사 stories가 '제공하는' 행위의 주체이므로 현재분사 offering이 온 것이 적절하다. how ~ down은 전치사 of의 목적어로 쓰인 명사절이다. (불변의 패턴 21-3, 24-1)

② 주어 One of the stories에서 one of는 단수 취급하는 표현이므로 단수동사 says가 온 것이 적절하다. that is often told는 stories를 수식하는 수식어(관계절)로 주어-동사 수 일치에는 영향을 미치지 않는다. that after ~ down은 동사 says의 목적어로 쓰인 명사절이다. (불변의 패턴 04, 01-3)

③ 장소를 나타내는 어구인 There가 문장의 앞쪽에 와서 도치가 되었으므로, 동사는 뒤에 나오는 복수주어 countless beliefs에 수 일치해야 한다. 따라서 복수동사 are가 온 것이 적절하다. (불변의 패턴 07)

⑤ 주어 the seeds가 동사 soak가 나타내는 '적시는' 행위의 대상이므로, 「have동사 + been」 뒤에서 완료시제 수동태 동사를 만드는 soaked가 온 것이 적절하다. in which ~ soaked는 앞에 있는 명사 water를 수식하는 관계절이다. (불변의 패턴 11-1)

해석 바오밥 나무는 일 년 중 대부분 동안 잎이 없고 정말로 그것의 뿌리가 공중에 불쑥 튀어나와 있는 것처럼 보인다. 그 나무가 어떻게 땅에 거꾸로 쑤셔서 박히게 되었는지에 대한 설명을 제공하는 수많은 이야기들이 있다. 흔히 전해지는 이야기들 중 하나는 그것이 신에 의해 심어진 후에도 계속 움직여서, 신이 그것을 거꾸로 다시 심었다고 한다. 아프리카 원주민들 사이에서는 그 나무의 힘에 관한 셀 수 없이 많은 믿음들이 있다. 어떤 사람들은 바오밥의 힘을 두려워하는데, 그들의 믿음 중 하나는 그것의 꽃을 꺾는 사람은 누구든 사자에게 잡아 먹힐 것이라는 것이다. 반면에, 만약 당신이 그 씨앗이 적셔진 물을 마시면, 악어의 공격으로부터 안전할 것이다.

어휘 stick up 불쑥 튀어나오다   numerous 수많은
stuff 쑤셔 박다, 쑤셔 넣다   upside down 거꾸로, 반대로
soak 적시다

14 정답 ⑤ **you → yourself**

해설 ⑤ 문맥상 '(당신은) 당신 자신을 따뜻하게 유지해라'라는 뜻으로, keep의 목적어가 명령문의 생략된 주어인 you와 동일한 대상을 가리키므로, 목적격 대명사 you가 아니라 재귀대명사 yourself가 와야 한다. (불변의 패턴 29)

오답 분석 ① 문맥상 '(과거에) 이런 표현들을 들어보았음에 틀림없다'라는 의미로 과거 일에 대한 추측을 나타내므로, 조동사 must 뒤에 과거 사실에 대한 추측을 나타내는 have heard(have p.p.)가 온 것이 적절하다. (불변의 패턴 16-1)

② 문맥상 it은 '당신이 감기에 걸릴 것'을 가리키는 가목적어이며, 가목적어 자리에 it이 온 것이 적절하다. more likely는 목적격보어이고, that you will catch a cold가 진짜 목적어이다. (불변의 패턴 28)

③ 문맥상 '귀 기울이지 않는 사람들'이라는 의미인 것이 자연스러우므로, 관계절 who ~ wisdom의 수식을 받으면서 '~한 사람들'이라는 뜻의 대명사인 those가 온 것이 적절하다. (불변의 패턴 30)

④ 분사구문 doing this에 주어가 따로 없으므로 주절의 주어 your body가 분사구문의 의미상 주어이다. 문맥상 '당신의 몸이 이렇게 하다'라는 의미로, your body가 '하는' 행위의 주체이므로 현재분사 doing이 온 것이 적절하다. While은 분사구문의 의미를 명확하게 하기 위해 분사구문 앞에 온 접속사이다. (불변의 패턴 24-3)

해석 "모자와 코트를 입어라, 그렇지 않으면 감기에 걸릴 것이다." 혹은 "감기에 걸리기 전에 젖은 옷을 벗어라." 당신은 이런 표현들을 들어보았음에 틀림없다. 하지만, 젖거나 추운 것은 감기를 유발하지 않는다. 그렇지만 그것이 당신이 감기에 걸릴 것을 더 가능하게 만들기는 한다. 따라서 그 옛 표현들은 과학적으로 정확하지 않을 수도 있지만, 그것들의 지혜에 귀 기울이지 않는 사람들은 아마도 병이 들 것이다. 당신의 몸은 열을 필요로 한다. 바깥이 아무리 추울지라도, 당신의 몸은

36.5℃의 온도를 가져야 한다. 만약 당신이 추워지면, 당신의 몸은 여분의 열을 발생시켜야 한다. 이렇게 하는 동안, 당신의 몸은 감기균이 당신을 공격하는 것을 막을 충분한 세균 저항 세포들을 만들지 못한다. 그러므로, 추운 날씨 동안에는 반드시 당신 자신을 따뜻하게 유지해라.

어휘 expression 표현 cause 유발하다, 초래하다 accurate 정확한 demand 필요로 하다, 요구하다 temperature 온도 germ 세균 cell 세포

15 정답 ③ receive → receiving

해설 ③ 문맥상 '초기의 거절을 당하는 것에 실망하다'라는 의미로 전치사 with의 목적어 자리에 올 수 있는 것은 동명사이므로 receive가 아니라 receiving이 와야 한다. (불변의 패턴 21-2)

오답분석 ① 문맥상 '조언을 요청하기 위해'라는 의미가 되는 것이 자연스러우며, 앞에 동사 decided가 따로 있다. 따라서 부사 역할을 하는 to부정사 to ask가 온 것이 적절하다. (불변의 패턴 21-4)

② 수식 받는 명사 weeks가 가산명사(복수)이므로 a few가 온 것이 적절하다. (불변의 패턴 31-2)

④ 주어 he가 감정동사 discourage가 나타내는 '낙담하게 하는' 행위의 대상이므로 과거분사 discouraged가 와야 한다. (불변의 패턴 24-4)

⑤ 부정의 의미를 가진 어구 without(~ 없이)이 문장에 이미 포함되어 있으므로 any가 온 것이 적절하다. (불변의 패턴 33)

해석 Scott Adams가 역대 가장 성공적인 만화들 중 하나의 창작자가 되기 전에, 그는 만화가가 되는 것에 대한 조언을 요청하기 위해 텔레비전 방송의 진행자인 Jack Cassady에게 편지를 쓰기로 결심했다. 매우 놀랍게도, 그는 몇 주 안에 Cassady로부터 손으로 쓴 편지의 형태로 답신을 받았다. 그 편지는 Adams에게 초기의 거절을 당하는 것에 실망하지 말라고 조언했다. Adams는 영감을 받았고 몇 편의 만화를 제출했지만, 금방 거절당했다. Cassady의 조언을 따르지 않고, 그는 낙담했고 그의 도구들을 치웠다. 대략 15개월 후에, 그는 Cassady로부터 다른 편지 한 통을 받고 놀랐는데, 특히 그가 처음 편지 이후로 그와 어떤 연락도 없이 지내왔기 때문이다. 그는 Cassady의 격려에 따라 다시 행동했고, 이번에 그는 성공했다.

어휘 comic strip (신문 등의 연재) 만화 of all time 역대 host 진행자 cartoonist 만화가 to one's surprise 놀랍게도 inspired 영감을 받은 submit 제출하다 material 도구, 자료 act on ~에 따라 행동하다 encouragement 격려

16 정답 (1) ⓑ Other → Another, ⓒ that → those
(2) Italy's birth rate is lower than that of many other countries.

해설 (1) ⓑ 수식 받는 명사 cause가 단수명사이므로 Other가 아니라 Another가 와야 한다. other는 복수명사 앞에만 올 수 있다. (불변의 패턴 32-2)

ⓒ 문맥상 '과거의 여성들보다'라는 의미인 것이 자연스러우므로, 대명사가 가리키는 대상은 복수명사 women이다. 따라서 단수대명사 that이 아니라 복수대명사 those가 와야 한다. (불변의 패턴 28)

오답분석 (1) ⓐ 문맥상 '사람들은 더 적은 수의 아이들을 갖는 것을 선택했다'라는 의미인 것이 자연스러우므로, 대명사가 가리키는 대상은 복수명사 people이다. 따라서 복수대명사 they가 온 것이 적절하다. (불변의 패턴 28)

ⓓ '정부는 스스로가 받아들이게 해야 했다'라는 뜻으로, force의 목적어가 주어인 the government와 동일한 대상을 가리키므로 재귀대명사 itself가 온 것이 적절하다. (불변의 패턴 29)

해설 (2) 이탈리아의 출생률이 ~보다 더 낮다'라는 의미의 Italy's birth rate is lower than을 먼저 쓴다. than 뒤에 와야 하는 '많은 다른 나라들의 출생률'에서 '출생률'은 앞에 있는 '이탈리아의 출생률'과 종류만 같을 뿐 다른 대상이므로 that of를 써야 한다. 또한, '다른 나라들'이라는 뜻의 other countries는 복수명사이므로 앞에 many를 써야 한다. (불변의 패턴 30, 31-1)

해석 이탈리아의 출생률은 많은 다른 나라들의 출생률보다 낮다. 사실, 이탈리아의 출생률은 수십 년간 줄어들고 있고, 그들의 더 낮은 출생률에는 여러 가지 원인들이 있다. 한 가지 원인은 1970년대에 증가하는 실업이 사람들이 재정적으로 불안정하게 느끼게 했고, 그들은 더 적은 수의 아이들을 갖는 것을 선택했다는 점이다. 다른 원인은 더 많은 사람들이 시골에서 도시 지역으로 이주했다는 점이다. 도시에서 생활하고 아이들을 기르는 것의 비용이 더 높아서, 사람들은 많은 아이들을 갖지 않았다. 세 번째 이유는 지금은 여성들이 과거의 여성들보다 더 많이 집 밖에서 직업을 가진다는 점이다. 이러한 변화들 때문에, 비록 그것(더 낮은 출생률)이 미래의 더 적은 인구를 의미하더라도, 정부는 스스로가 국가의 더 낮은 출생률의 현실을 받아들이게 해야 했다.

어휘 birth rate 출생률, 출산율 unemployment 실업 financially 재정적으로 insecure 불안정한 rural 시골의, 지방의 urban 도시의 force (억지로) ~하게 만들다 accept 받아들이다 population 인구

CHAPTER 07 형용사·부사·비교구문

불변의 패턴 34 명사는 형용사가 수식하고, 명사 이외의 것은 부사가 수식해야 한다. 본책 p.118

1 정답 important

해설 '중요한 정보'라는 의미로 뒤에 있는 명사 information을 수식하고 있으므로 형용사 important가 와야 한다.

해석 우리의 행동과 태도는 우리의 성격에 대한 중요한 정보를 드러낸다.

어휘 attitude 태도 reveal 드러내다 personality 성격

2 정답 brilliantly

해설 '찬란하게 빛난다'라는 의미로 앞에 있는 동사 shine을 수식하고 있으므로 부사 brilliantly가 와야 한다.

해석 공기는 더 상쾌하게 느껴지고, 별들은 밤하늘에서 더 찬란하게 빛난다.

어휘 brilliantly 찬란하게, 뛰어나게

3 정답 directly

해설 '직접적으로 비추다'라는 의미로 앞에 있는 동사 flashes를 수식하고 있으므로 부사 directly가 와야 한다.

해석 눈에 직접적으로 비추는 빛은 당신의 시력을 더 나빠지게 할 수 있다.

어휘 flash 비추다, 비치다 directly 직접적으로, 곧장

4 정답 full

해설 '가득 찬 붉은 고기'라는 의미로 앞에 있는 명사구 red meat을 뒤에서 수식하고 있으므로 형용사 full이 와야 한다.

해석 수의사가 와서 그 사자에게 약으로 가득 찬 붉은 고기를 주려고 시도했다.

5 정답 **amazingly**

해설 '놀랍게도 그것은 큰 인기작이 되었다'라는 의미로 뒤에 있는 절 전체 it ~ hit을 수식하고 있으므로 부사 amazingly가 와야 한다.

해석 몇몇 사람들은 그 록밴드의 새 앨범이 성공하지 못할 것이라고 생각했지만, 놀랍게도 그것은 큰 인기작이 되었다.

6 정답 **ultimately**

해설 '마침내는 급격한'이라는 의미로 뒤에 있는 형용사 dramatic을 수식하고 있으므로 부사 ultimately가 와야 한다.

해석 Peter Gray 교수는 어린이들이 자신만의 방식으로 놀 기회의 지속적이고 마침내는 급격한 감소를 보고했다.

어휘 continuous 지속적인 ultimately 마침내, 궁극적으로
dramatic 급격한, 극적인 decline 감소, 약화

불변의 패턴 35 보어 자리에는 부사가 아닌 형용사가 와야 한다.
본책 p.118

TYPE 1 주격보어 자리
p.119

1 정답 **unfair**

해설 looks(look)는 주격보어를 취하는 동사이므로, 형용사 unfair가 와야 한다.

해석 그 회사는 엔지니어의 업무에 대한 비용을 청구하는데, 그것은 부당해 보인다.

어휘 charge for ~에 대해 비용을 청구하다 unfair 부당한

2 정답 **effortlessly**

해설 '쉽게 흡입하다'라는 뜻으로 동사 take in을 수식하고 있으므로 부사 effortlessly가 와야 한다.

해석 공기에서 산소를 얻기 위해, 곤충들은 그들의 몸에 있는 좁은 숨구멍을 이용하는데, 이는 쉽게 공기를 흡입한다.

어휘 oxygen 산소 take in 흡입하다, 섭취하다
effortlessly 쉽게, 노력하지 않고

3 정답 **quiet**

해설 kept(keep)는 주격보어를 취하는 동사이므로, 형용사 quiet이 와야 한다.

해석 새가 다가왔을 때 두 어린 소녀들은 나무집에서 계속 조용히 있었다.

어휘 approach 다가오다

4 정답 **foolish**

해설 appear는 주격보어를 취하는 동사이므로, 형용사 foolish가 와야 한다.

해석 사람들은 마치 그들이 갖고 있지 않은 지식을 갖고 있는 것처럼 행동할 때 실제로 더 바보처럼 보일 수 있다.

어휘 actually 실제로 foolish 바보 같은

5 정답 **unique**

해설 be동사 are는 주격보어를 취하는 동사이므로, 형용사 unique가 와야 한다. 부정의 의미를 나타내는 어구 Not only가 문장의 앞에 와서 동사 are가 주어 humans 앞으로 도치되어 있는 문장이다.

해석 인간은 우리의 도구 사용에 있어서 유일무이할 뿐만 아니라, 우리는 또한 에너지를 위해 연료를 사용하는 유일한 종이다.

어휘 unique 유일무이한, 특별한 species 종 fuel 연료

6 정답 **noticeably**

해설 '눈에 띄게 필요해지다'라는 뜻으로 형용사 necessary를 수식하고 있

으므로, 부사 noticeably가 와야 한다.

해석 악기와 음악이 더 복잡해지면서, 올바른 연주 기법을 배우는 것이 눈에 띄게 필요해진다.

어휘 complex 복잡한 technique 기법, 기술 noticeably 눈에 띄게

TYPE 2 목적격보어 자리
p.120

1 정답 **warm**

해설 make는 목적격보어를 취하는 동사이므로, 목적어 their tiny house 뒤에 형용사 warm이 와야 한다.

해석 그 소녀의 가족은 그들의 작은 집을 따뜻하게 하는 데 필요한 장작이 다 떨어졌다.

어휘 run out of ~이 다 떨어지다 firewood 장작

2 정답 **substantially**

해설 '상당히 더 많은'이라는 뜻으로 형용사 many의 비교급 more를 수식하고 있으므로 부사 substantially가 와야 한다.

해석 대부분의 8세 아이들은 흔한 야생 동물 종보다 상당히 더 많은 애니메이션 캐릭터들을 알아볼 수 있다는 점을 고려해라.

어휘 recognize 알아보다, 인정하다 substantially 상당히
wildlife 야생 동물

3 정답 **unclear**

해설 목적격보어를 취하는 동사 leave의 수동태 are left 뒤에는 목적격보어가 와야 하므로, 형용사 unclear가 와야 한다. 문장을 능동태로 바꿔 보면 「주어 + leave(동사) + many science topics about astronomy(목적어) + unclear (목적격보어)」 형태가 된다.

해석 천문학에 대한 많은 과학 논제는 많은 조사 후에도 여전히 불확실하게 남겨져 있다.

어휘 astronomy 천문학 unclear 불확실한

4 정답 **advantageous**

해설 believe는 목적격보어를 취하는 동사이므로, 가목적어 it 뒤에 형용사 advantageous가 와야 한다. to hire someone else가 진짜 목적어이다.

해석 의사들은 그들의 기록을 유지하고 관리하기 위해 다른 누군가를 고용하는 것이 이롭다고 거의 항상 생각할 것이다.

어휘 advantageous 이로운, 유리한 hire 고용하다 manage 관리하다

Mini TEST 불변의 패턴 34~35
본책 p.121

1 정답 **actively → active**

해설 become은 주격보어를 취하는 동사이므로, 부사 actively가 아니라 형용사 active가 와야 한다. (불변의 패턴 35-1)

해석 봄에, 암컷 모기들은 서서히 활동적이게 되고, 먹이인 신선한 피를 찾아 주변을 날아다닌다.

어휘 mosquito 모기

2 정답 O

해설 목적격보어를 취하는 5형식 동사 consider의 수동태 are considered 뒤에는 목적격보어가 와야 하므로, 형용사 wrong이 온 것이 적절하다. 문장을 능동태로 바꿔보면 「주어 + consider(동사) + them(목적어) + wrong(목적격보어)」의 형태가 된다. (불변의 패턴 35-2)

해석 젊은 사람들은 그들이 종종 틀리다고 여겨지기 때문에 그들의 생각을 나타낼 필요를 느끼지 못한다.

어휘 present 나타내다

3 정답 eagerly → eager

해설 문맥상 '간절히 바라는 10대'라는 의미로 앞에 있는 명사구 a teenager를 뒤에서 수식하고 있으므로 부사 eagerly가 아니라 형용사 eager가 와야 한다. (불변의 패턴 34)

해석 환자이자 대학교로 돌아가는 것을 간절히 바라는 10대로서, 나는 나를 진찰한 각각의 의사에게 "무엇이 제 병을 유발했나요?"라고 물었다.

어휘 eager to ~하기를 간절히 바라는 examine 진찰하다, 검사하다
cause 유발하다

4 정답 diversely → diverse

해설 문맥상 '다양한 문화들'이라는 의미로 명사 Cultures를 수식하고 있으므로 부사 diversely가 아니라 형용사 diverse가 와야 한다. as diverse ~ Canada는 「as + 원급 + as」 형태의 비교구문으로, 두 개의 as를 제외

하고 보면 명사 Cultures를 수식하는 형용사 자리임을 더 쉽게 확인할 수 있다. (불변의 패턴 34)

해설 일본, 과테말라의 마야, 캐나다 북서부의 이누이트만큼 다양한 문화들은 부모와 유아의 '공동 수면'을 행한다.

어휘 diverse 다양한 practice (실)행하다, 연습하다

5 정답 O

해설 부사절 접속사 If 뒤에 「주어 + be동사」(the tennis player is)가 생략되어 있다. be동사 is는 주격보어를 취하는 동사이므로 형용사 available이 온 것이 적절하다. (불변의 패턴 35-1)

해석 만약 시간이 있으면, 그 테니스 선수는 지역 문화 회관에서 미취학 아동들을 가르칠 것이다.

어휘 available 시간이 있는 preschooler 미취학 아동

6 정답 look through enormous amounts of soil to find a relatively small amount of gold

해설 명사를 수식하는 데는 형용사가 와야 하므로 '엄청난 양'과 '적은 양'이라는 뜻으로 amount(s)를 수식하는 enormous와 small은 형용사형 그대로 써야 한다. 그러나 '상대적으로 적은'이라는 의미로 형용사 small을 수식하기 위해서는 부사가 필요하므로 relative는 부사 relatively로 바꾸어 써야 한다. (불변의 패턴 34)

어휘 miner 광부 enormous 엄청난 relatively 상대적으로

불변의 패턴 36 형용사와 부사 둘 다로 쓰이는 단어에 주의해야 한다. 본책 p.122

1 정답 hardly → hard

해설 '열심히 하는 일'이라는 의미로 명사 work를 수식해야 하므로, 부사 hardly가 아니라 형용사 hard가 와야 한다. hardly는 '거의 ~않다'라는 뜻의 부사이다.

해석 Hammer와 Shaw는 인생에서 어떤 것도 열심히 하는 일을 대신할 수 없다고 나에게 동의했을 것이다.

어휘 replace 대신하다, 대체하다

2 정답 O

해설 '그렇게 크지 않다'라는 의미로 형용사 great을 수식해야 하므로, '그렇게, 그 정도로'라는 뜻의 부사 that이 온 것이 적절하다. that은 '저, 그'라는 뜻의 형용사로도 쓸 수 있다.

해석 성공과 실패 사이의 차이는 그렇게 크지 않다.

3 정답 late → lately

해설 '최근에 증가해왔다'라는 의미로 동사 has increased를 수식해야 하므로, '최근에'라는 의미의 부사 lately가 와야 한다. late도 부사로 쓸 수 있지만 '늦게'라는 의미이다.

해석 자전거 타는 사람들의 수가 최근에 증가해와서, 정부는 새로운 자전거 전용 도로를 지을 계획을 하고 있다.

어휘 bicycle path 자전거 전용 도로

4 정답 closely → close

해설 문맥상 '(양어장과) 가까운 지역'이라는 의미로 명사 areas를 수식해야 하므로, 부사 closely가 아니라 형용사 close가 와야 한다. closely는 '자세히, 긴밀하게'라는 뜻의 부사이다.

해석 양어장과 가까운 지역에 사는 야생 동물에 대한 부정적인 영향이 계속 사회적 문제가 되고 있다.

어휘 impact 영향 inhabit 살다 fish farm 양어장 public 사회(전체)의

5 정답 O

해설 '매우 곤란한'이라는 의미로 형용사 troubled를 수식하는 부사가 오는 것이 자연스러우므로 부사 deeply가 온 것이 적절하다.

해석 나 대신 Linda가 이겼다는 것을 알았을 때, 나는 매우 곤란하고 불행했다.

어휘 troubled 곤란한, 힘든

6 정답 shortly → short

해설 목적격보어를 취하는 동사 consider의 수동태 be considered 뒤에는 목적격보어가 와야 하므로 부사 shortly가 아니라 형용사 short가 와야 한다.

해석 고대 사람들은 현대의 신장 기준에 따르면 키가 작다고 여겨질 것이다.

어휘 ancient 고대의 standard 기준, 표준

불변의 패턴 37 enough는 명사의 앞에 오거나, 형용사/부사의 뒤에 와야 한다. 본책 p.123

1 정답 O

해설 '충분히 빠르게'라는 의미로 enough가 부사 quickly를 수식하고 있으므로, quickly 뒤에 온 것이 적절하다.

해석 우리는 기차를 잡을 만큼 충분히 빠르게 달리지 않아서, 그것을 놓쳤다.

2 정답 O

해설 '충분한 정보'라는 의미로 enough가 명사 information을 수식하고 있으므로, information 앞에 온 것이 적절하다.

해석 지역 도서관은 그녀의 조사를 위한 충분한 정보를 가지고 있지 않았다.

3 정답 enough experienced → experienced enough

해설 '충분히 경험이 있는'이라는 의미로 enough가 형용사 experienced를 수식하고 있으므로, experienced 뒤에 와야 한다. experienced와 같은 분사는 명사를 수식하거나 보어 자리에 올 수 있는 형용사로 취급한다.

해석 그 지원자는 그 직위에 충분히 경험이 있어서, 우리는 그를 즉시 채용

하기로 계획했다.

어휘 candidate 지원자, 후보자 position 직위, 자리 immediately 즉시

4 정답 enough lucky → lucky enough

해설 '충분히 운이 좋은'이라는 의미로 enough가 형용사 lucky를 수식하고

있으므로, lucky 뒤에 와야 한다.

해석 만약 당신이 복권에 당첨될 만큼 충분히 운이 좋다면, 그 돈으로 무엇을 하겠습니까?

어휘 lottery 복권

불변의 패턴 38 명사 수식은 most가 하고, 형용사/부사 수식은 almost가 해야 한다. 본책 p.124

1 정답 Almost

해설 '거의 모든'이라는 뜻으로 형용사 all을 수식해야 하므로, 부사 Almost가 와야 한다.

해석 거의 모든 주요 스포츠 활동들은 공을 가지고 경기 된다.

2 정답 most

해설 '상금 중 대부분'이라는 뜻이므로, '대부분, 대다수'라는 의미의 대명사 most가 와야 한다.

해석 그들은 상금 중 대부분을 연말 현장학습에 썼다.

어휘 end-of-the-year 연말의 field trip 현장학습

3 정답 almost

해설 '거의 완전히'라는 뜻으로 부사 completely를 수식해야 하므로, 부사 almost가 와야 한다.

해석 여름 동안에, 사슴뿔영양의 털은 더 가벼워지고, 거의 완전히 하얗다.

어휘 coat (동물의) 털, 가죽 completely 완전히

4 정답 Most

해설 '대부분의 식물들'이라는 뜻으로 명사 plants를 수식해야 하므로, 형용사 Most가 와야 한다.

해석 사막의 대부분의 식물들은 오직 적은 양의 비로도 생존할 수 있다.

불변의 패턴 39 명사 수식은 such가 하고, 형용사/부사 수식은 so가 해야 한다. 본책 p.124

1 정답 such

해설 '그렇게 형식에 얽매이지 않는 그림'이라는 뜻으로 「형용사 + 명사」 'informal' paintings를 수식해야 하므로 such가 와야 한다.

해석 인상파 화가의 그림들이 처음 전시되었을 때, 대중은 그렇게 '형식에 얽매이지 않는' 그림을 전에 전혀 결코 본 적이 없었다.

어휘 impressionist 인상파 화가
informal 형식에 얽매이지 않는, 비공식의

2 정답 such

해설 '그렇게 어린 사람들'이라는 뜻으로 「a + 형용사 + 명사」 a young population을 포함한 어구를 수식해야 하므로 such가 와야 한다.

해석 우리 지역 사회의 그렇게 어린 사람들이 교육의 빛을 보지 못하는 것은 큰 실망이다.

어휘 disappointment 실망 population (특정 계층의) 사람들, 인구

3 정답 so

해설 '매우 기쁜'이라는 뜻으로 형용사 delighted를 수식해야 하므로, so가 와야 한다. delighted와 같은 분사는 명사를 수식하거나 보어 자리에 올 수 있는 형용사로 취급한다.

해석 나는 당신의 편지를 받고 당신이 대학에 합격했다는 것을 알게 되어서 매우 기뻤다.

4 정답 So

해설 '너무 긴장한'이라는 뜻으로 형용사 nervous를 수식해야 하므로, So가 와야 한다. 형용사 주격보어 So nervous가 문장 앞쪽에 와서 동사 were가 주어 the children 앞으로 도치된 문장이다.

해석 그 아이들은 너무 긴장해서 무대에 오르는 것을 두려워했다.

Mini TEST 불변의 패턴 36~39 본책 p.125

1 정답 O

해설 be동사는 주격보어를 취하는 동사이므로 형용사가 와야 한다. friendly는 -ly로 끝나지만 부사가 아닌 형용사이므로 friendly가 온 것이 적절하다. (불변의 패턴 36 함께 알아두기)

해석 Steve는 Dave에게 친절하려고 노력했지만, 그는 상관하지 않는 것처럼 보였다.

2 정답 so → such

해설 '너무 큰 파도'라는 뜻으로 「형용사 + 명사」 large waves를 수식해야 하므로, so가 아니라 such가 와야 한다. (불변의 패턴 39)

해석 바다에 너무 큰 파도가 쳐서, 그 배의 선장은 배를 돌려서 해안으로 돌아가기로 결정했다.

어휘 captain 선장 shore 해안

3 정답 nearly → near

해설 '가까이에 남아있다'라는 뜻으로 동사 remain을 수식하는 부사가 와야 한다. near는 형용사와 부사 둘 다 쓰이는 단어로 부사일 때 '가까이'라는 뜻이므로, '거의'라는 뜻의 부사 nearly가 아니라 near가 와야 한다. remain은 주격보어를 취하는 동사이기도 하지만, 이 문장에서는 보어를 취하지 않는 1형식 동사(완전 자동사)로 쓰였다. (불변의 패턴 36)

해석 하마는 자주 수영을 하고 완전히 마르지 않게 할 수 있는 물 가까이에 남아 있어야 한다.

어휘 hippo 하마 remain 남아 있다 keep from ~하지 않게 하다
dry out 완전히 마르다

4 정답 **O**

해설 문맥상 '제빵사와 소비자 사이에서 비슷하게'라는 의미로 앞에 있는 전치사구 among bakers and consumers를 수식해야 하므로 부사가 와야 한다. alike는 '비슷한, 서로 같은'이라는 뜻의 형용사 '비슷하게, 마찬가지로'라는 뜻의 부사 둘 다 쓸 수 있으므로 alike가 온 것이 적절하다. (불변의 패턴 36)

해석 충분히 흥미롭게도, 제빵에서의 많은 기술적 발달은 제빵사와 소비자 사이에서 비슷하게 반응을 일으켰다.

어휘 advance 발달, 발전 spark ~을 일으키다, 유발하다

5 정답 **most → almost**

해설 '거의 즉시'라는 뜻으로 부사 instantly를 수식해야 하므로, 형용사 most가 아니라 부사 almost가 와야 한다. (불변의 패턴 38)

해석 각각의 새는 무리 속에서 동료들의 움직임에 거의 즉시 반응한다.

어휘 individual 각각의, 개인의 respond 반응하다 instantly 즉시, 즉각 flock 무리, 떼

6 정답 **highly successful and wealthy enough to own a private jet**

해설 '매우 성공한'이라는 의미로 형용사 successful을 수식하는 부사가 와야 하므로, high는 '매우'라는 뜻의 부사 highly로 바꾸어 써야 한다. 또한 '충분히 부유한'이라는 의미로 enough가 형용사 wealthy를 수식하고 있으므로, enough를 형용사 뒤에 쓰고, to부정사구 to own a private jet은 enough 뒤에 써야 한다. (불변의 패턴 36, 37)

불변의 패턴 40 원급/비교급/최상급 비교구문의 형태를 구분해야 한다. 본책 p.126

1 정답 **O**

해설 앞에 '더 이득이 되는'이라는 뜻의 비교급 more profitable이 있으므로, 비교급과 함께 비교구문을 만드는 than이 온 것이 적절하다.

해석 변호사에게는, 타자 치는 데 쓰인 한 시간보다 의뢰인과 함께 보낸 한 시간이 더 이득이 된다.

어휘 profitable 이득이 되는, 유익한

2 정답 **last → latest**

해설 문맥상 '최신의 장비'라는 뜻이 되는 것이 적절하므로, last가 아니라 '최신의'라는 뜻의 최상급 latest가 와야 한다. last는 '지난, 마지막의, 마지막에'라는 뜻의 최상급이다.

해석 우리의 청소 밴은 고도로 훈련된 전문가들, 특수한 세척 용액, 그리고 최신의 장비가 딸려 있다.

어휘 come with ~이 딸려 있다 solution 용액 equipment 장비

3 정답 **further → far**

해설 앞뒤에 as ~ as가 있으므로, 비교급 further가 아니라 as ~ as와 함께 원급 비교구문을 만들 수 있는 far가 와야 한다.

해석 슈베르트는 많은 그의 동료들만큼 멀리 음악을 탐구했다.

어휘 explore 탐구하다 peer 동료, 동배

4 정답 **as → than**

해설 앞에 '더 좋은'이라는 의미의 비교급 better가 있으므로, as가 아니라 비교급과 함께 비교구문을 만드는 than이 와야 한다.

해석 분필은 지우기에 더 쉽기 때문에 한 장의 종이보다 칠판에 계산을 하는 것이 더 좋다.

어휘 mathematics 계산, 수학 blackboard 칠판 chalk 분필

5 정답 **cold → colder**

해설 문맥상 '다른 환경들보다 더 추운'이라는 뜻이고 뒤에 than이 있으므로, 비교급 colder가 와야 한다.

해석 대기가 매우 건조하기 때문에 사막은 다른 환경들보다 밤에 더 추운 경향이 있다.

6 정답 **O**

해설 문맥상 '태양으로부터 가장 먼'이라는 뜻이 되는 것이 적절하므로, '가장 먼'이라는 뜻의 최상급 farthest가 온 것이 적절하다.

해석 태양계의 8개 행성 중에서, 해왕성은 태양으로부터 가장 먼 행성이다.

어휘 planet 행성 solar system 태양계 Neptune 해왕성

불변의 패턴 41 비교급 강조는 much/even/(by) far/still/a lot 등이 해야 한다. 본책 p.127

1 정답 **very → much/even/(by) far/still/a lot 등**

해설 뒤에 있는 비교급 sharper를 수식해서 '훨씬 더 선명한'이라는 뜻이 되는 것이 적절하므로, 비교급을 강조하는 부사 much/even/(by) far/still/a lot 등이 와야 한다. very는 비교급을 강조할 수 없다.

해석 사람의 기억은 심지어 긴 시간의 경과 후에도 훨씬 더 선명해질 수 있다.

어휘 sharp 선명한, 뚜렷한 passage (시간의) 경과, 흐름

2 정답 **O**

해설 뒤에 있는 원급 shocked를 수식해서 '매우 충격을 받은'이라는 뜻이 되는 것이 적절하므로, very가 온 것이 적절하다.

해석 그 어린아이들은 동물원의 아픈 동물이 죽었다는 소식을 듣고 매우 충격을 받았다.

3 정답 **O**

해설 뒤에 있는 비교급 more를 수식해서 '훨씬 더 많은'이라는 뜻이 되는 것이 적절하므로, 비교급을 강조하는 부사 far가 온 것이 적절하다.

해석 새로운 고효율 식기세척기는 더 오래된 모델들보다 훨씬 더 많은 물을 절약한다.

4 정답 **much → very**

해설 뒤에 있는 원급 well을 수식해서 '매우 잘'이라는 뜻이 되는 것이 적절하므로, very가 와야 한다. much/even/(by) far/still/a lot 등은 원급이 아니라 비교급의 의미를 강조한다.

해석 개구리의 폐는 매우 잘 작동하지는 않으며, 그것은 피부를 통해 호흡함으로써 산소의 일부를 얻는다.

어휘 lung 폐 work 작동하다 oxygen 산소

1 정답 **O**

해설 앞뒤에 as ~ as가 있으므로, as ~ as와 함께 원급 비교구문을 만들 수 있는 important가 온 것이 적절하다. (불변의 패턴 40)

해석 사회적 변화의 측면에서, 인터넷 혁명은 다른 가전제품만큼 중요하지 않았다.

어휘 in terms of ~의 측면에서
household appliance 가전제품, 가정용 기기

2 정답 **very → much/even/(by) far/still/a lot 등**

해설 뒤에 있는 비교급 greater를 수식해서 '훨씬 더 큰'이라는 뜻이 되는 것이 적절하므로, 비교급을 강조하는 부사 much/even/(by) far/still/a lot 등이 와야 한다. very는 비교급을 수식할 수 없다. (불변의 패턴 41)

해석 나는 경험의 가치가 내가 그에게 해줄 수 있는 어떤 조언보다 훨씬 더 클 것이라고 생각했다.

3 정답 **O**

해설 문맥상 '한층 더한 성장'이라는 뜻이 되는 것이 적절하므로, far의 비교급으로 '한층 더한'이라는 의미를 가진 further가 온 것이 적절하다. (불변의 패턴 40)

해석 우리 회사의 10주년을 기념하고 한층 더한 성장을 북돋우기 위해서, 우리는 작은 행사를 마련했다.

어휘 boost 북돋우다 arrange 마련하다

4 정답 **simplest → simple**

해설 '가능한 한 ~하게'라는 의미로 as ~ as possible과 함께 쓰이는 것은 원급이므로, 최상급 simplest가 아니라 원급 simple이 와야 한다. (불변의 패턴 41 함께 알아두기)

해석 그는 자신의 그림들을 가능한 한 단순하게 만들려고 노력해 온 예술가이다.

5 정답 **O**

해설 앞에 비교급 faster and stronger가 있으므로, 비교급과 함께 비교구문을 만드는 than이 온 것이 적절하다. (불변의 패턴 40)

해석 같은 양의 물은 탁 트인 바다를 가로지르는 것보다 좁은 해협을 통해 더 빠르고 강하게 흐른다.

어휘 strait 해협

6 정답 **The sooner people prepare for their future, the closer they get to their goals.**

해설 '더 ~할수록, 더 …하다'라는 의미로 「the + 비교급 ~, the + 비교급 …」을 쓰므로, 원급 soon과 close를 The sooner와 the closer로 바꾸어 쓰고 그 뒤에 각각 주어와 동사 순으로 써야 한다. (불변의 패턴 41 함께 알아두기)

01	so	02	even	03	different	04	best
05	conveniently	06	short	07	O	08	O
09	aggressive	10	most	11	②	12	①
13	②	14	⑤	15	④		
16	(1) ⓑ easy → easier, ⓓ adventurously → adventurous						
	(2) one of the best ways to make valuable opportunities						

01 정답 **so**

해설 문맥상 '매우 고마워하는'이라는 뜻으로 형용사 grateful을 수식해야 하므로 so가 와야 한다. (불변의 패턴 39)

해석 말할 필요도 없이, 쿠폰이 그들의 비용을 절반으로 줄여주었기 때문에, 방문객들은 매우 고마워했다.

어휘 needless to say 말할 필요도 없이 grateful 고마워하는

02 정답 **even**

해설 뒤에 있는 비교급 longer를 수식해서 '훨씬 더 오래'라는 뜻이 되는 것이 적절하므로 비교급을 강조하는 부사 even이 와야 한다. even 이외에 much/(by) far/still/a lot 등도 비교급을 강조할 수 있지만, very는 원급 앞에만 온다. (불변의 패턴 41)

해석 배에서 컨테이너들이 분실된 후에, 그것들 중 일부는 알래스카 해안을 따라 떠다녔고, 다른 것들은 훨씬 더 오래 바다에 머물렀다.

어휘 float 떠다니다, 뜨다 coast 해안

03 정답 **different**

해설 '다른 의견'이라는 의미로 앞에 있는 명사 opinions를 수식하고 있으므로, 형용사 different가 와야 한다. (불변의 패턴 34)

해석 다양한 사람들과 토론을 함으로써, 당신은 당신의 것과 다른 의견을 가진 사람들을 존중하는 법을 배울지도 모른다.

어휘 various 다양한 respect 존중하다

04 정답 **best**

해설 문맥상 '가장 좋은 것'이라는 뜻이 되는 것이 적절하므로 '가장 좋은'이라는 뜻의 최상급 best가 와야 한다. most는 '가장 많은, 가장 많이'라는 뜻의 many/much의 최상급이다. (불변의 패턴 40)

해석 어떤 음악 팬이라도 아는 것처럼, 가장 인기 있는 공연이 반드시 가장 좋은 것과 같지는 않다.

어휘 performance 공연 necessarily 반드시

05 정답 **conveniently**

해설 '쉽게 허용하다'라는 의미로 뒤에 있는 동사 lets를 수식하고 있으므로, 부사 conveniently가 와야 한다. (불변의 패턴 34)

해석 동물의 지능을 인정하지 않는 것은 우리가 동물의 정서적 능력에 대한 잘못된 믿음을 고수하도록 쉽게 허용한다.

어휘 intelligence 지능 conveniently 쉽게, 편리하게
maintain 고수하다, 유지하다

06 정답 **shortly → short**

해설 동사 find는 목적격보어를 취하는 동사이므로 목적어 the story 뒤는 목적격보어 자리이다. 목적격보어 자리에는 형용사가 와야 하므로, 부사 shortly가 아니라 형용사 short가 와야 한다. (불변의 패턴 35-2)

해석 비록 대부분의 독자들이 그 이야기가 짧다고 느끼지만, 그들은 그것이 삶에 대한 귀중한 교훈을 가르친다는 것에 동의한다.

07 정답 **O**

해설 앞뒤에 as ~ as가 있으므로, as ~ as와 함께 원급 비교구문을 만들 수 있는 easily가 온 것이 적절하다. (불변의 패턴 40)

해석 우리는 아직 평범한 3살 어린이가 할 수 있는 것만큼 쉽게 체스 기물들을 인식할 수 있는 컴퓨터를 설계하는 것에서는 멀리 있다.

어휘 design 설계하다 be capable of ~할 수 있다

recognize 인식하다 typical 평범한, 일반적인

08 정답 O

해설 be동사 is는 주격보어를 취하는 동사이므로, 뒤에 형용사가 와야 한다. likely는 -ly로 끝나지만 부사가 아닌 형용사인 단어이므로 likely가 온 것이 적절하다. It은 가주어, that ~ opportunity는 진짜 주어이며, highly는 '매우, 고도로'라는 뜻의 부사이다. (불변의 패턴 35-1, 36 함께 알아두기)

해석 지금부터 1년 후에 당신은 배우자와의 말다툼, 실수 또는 잃어버린 기회에 대해 신경 쓰지 않을 가능성이 매우 높다.

어휘 argument 말다툼, 논쟁 spouse 배우자

09 정답 aggressively → aggressive

해설 be동사 'm(am)은 주격보어를 취하는 동사이므로, 부사 aggressively가 아니라 형용사 aggressive가 와야 한다. 문장에서 less ~ than을 제외하고 보면 보어 자리인 것을 쉽게 확인할 수 있다. (불변의 패턴 35-1)

해석 누군가는 "저는 막내이고, 그래서 저의 형들과 누나들보다 덜 공격적이기 때문에 사업에서 그다지 성공적이지 못합니다."라고 말할지도 모른다.

어휘 aggressive 공격적인

10 정답 almost → most

해설 '대부분의 스포츠'라는 뜻으로 명사 sports를 수식해야 하므로, 부사 almost가 아니라 형용사 most가 와야 한다. (불변의 패턴 38)

해석 단단한 고무공은 대부분의 스포츠용으로는 너무 잘 튀고, 점토로 만들어진 단단한 공은 전혀 튀지 않을 것이다.

어휘 solid 단단한 bouncy 잘 튀는, 탄력 있는 clay 점토, 찰흙

11 정답 ② interesting – nearly – excessively

해설 (A) 동사 sound는 주격보어를 취하는 동사이므로, 형용사 interesting이 와야 한다. interesting과 같은 분사는 명사를 수식하거나, 보어 자리에 올 수 있는 형용사로 취급된다. (불변의 패턴 35-1)

(B) '거의 떨어뜨릴 뻔했다'라는 뜻으로 동사 dropped를 수식하는 부사가 와야 하므로 nearly가 와야 한다. near는 형용사와 부사 둘 다로 쓰지만, 부사일 때는 '가까이'라는 뜻이다. (불변의 패턴 36)

(C) '매우 흥분한'이라는 의미로 뒤에 있는 형용사(분사) excited를 수식하고 있으므로 부사 excessively가 와야 한다. (불변의 패턴 34)

해석 집으로 돌아오는 길에, Shirley는 길 건넛집 앞에 주차되어 있는 트럭을 발견했다. 새 이웃이다! Shirley는 그들에 대해 몹시 알고 싶어 했다. 그녀의 아빠는 "네게 흥미롭게 들릴 만한 것이 하나 있어."라고 말했다. Shirley는 매우 궁금해졌다. 아빠는 "그들에게 딱 네 나이대의 여자아이가 있단다. 아마도 그녀는 너의 놀이 친구가 되고 싶어 할 거야."라고 즐겁게 말했다. Shirley는 그녀의 포크를 바닥에 거의 떨어뜨릴 뻔했다. 그녀가 친구를 달라고 얼마나 많이 기도를 했던가? 마침내 그녀의 기도가 응답받았다! 그녀는 저녁 식사 내내 그녀의 새 이웃을 생각하며 매우 흥분했다. 그녀와 새로 온 여자아이는 함께 학교에 가고, 함께 놀고, 가장 친한 친구가 될 수 있을 것이다.

어휘 be dying to 몹시 ~하고 싶어 하다 playmate 놀이 친구 nearly 거의 excessively 매우, 과도하게

12 정답 ① essential – much – late

해설 (A) 동사 consider는 목적격보어를 취하는 동사이므로 목적어 breakfast 뒤의 목적격보어 자리에 형용사 essential이 와야 한다. (불변의 패턴 35-2)

(B) 뒤에 있는 비교급 better를 수식해서 '훨씬 더 잘'이라는 뜻이 되는 것이 적절하므로 비교급을 강조하는 부사 much가 와야 한다. much 이외에 even/(by) far/still/a lot 등도 비교급을 강조할 수 있고, very는 원급 앞에만 온다. (불변의 패턴 41)

(C) 문맥상 '늦게 자는 것'이라는 의미인 것이 자연스러우므로 '늦게'라는 뜻의 부사 late가 와야 한다. lately는 '최근에'라는 뜻의 부사이다. (불변의 패턴 36)

해석 당신은 아침 식사가 필수적이라고 여기지 않을지도 모르지만, 사실은

당신은 그래야 한다. 당신이 아침 식사를 거를 때, 당신은 연료 없이 달리려고 하는 차와 같다. 전문가들은 영양이 있는 아침 식사는 뇌의 연료라고 말한다. 연료가 충분히 공급되는 뇌는 훨씬 더 잘 집중하고 문제를 더 빨리 해결한다. 어떤 학생들은 오트밀 한 그릇을 먹는 것보다 몇 분 더 잠자는 것이 더 중요하다고 말하지만, 그들은 틀렸다. 물론, 자는 것은 중요하지만, 30분 더 일찍 잠자리에 드는 것이 늦게 자고 아침 식사를 거르는 것보다 더 나을 것이다. 학교 공부를 잘하고 싶은 학생들에게는, 아침 식사가 하루 중 가장 중요한 식사이다. 당신의 뇌에게 그것이 잘 작동하기 위해 필요로 하는 연료를 공급해라. 더 명확하고 빠르게 생각하기 위해, 좋은 아침 식사를 먹어라.

어휘 essential 필수적인 skip 거르다, 건너뛰다
fuel 연료; 연료를 공급하다 nutritious 영양가 있는
concentrate 집중하다 do well in school 학교 공부를 잘하다

13 정답 ② take → taking

해설 ② 문장에 동사 Think가 따로 있고, 문맥상 '여행을 하는 사람'이라는 의미로 명사 a person을 수식하는 것이 자연스러우므로, 동사 take는 올 수 없다. 수식 받는 명사 a person이 '여행을 하는' 행위의 주체이므로, 현재분사 taking이 와야 한다. (불변의 패턴 21-3, 24-1)

오답 분석 ① 뒤에 있는 비교급 more interesting을 수식해서 '훨씬 더 흥미로운'이라는 뜻이 되는 것이 적절하므로 비교급을 강조하는 부사 far가 온 것이 적절하다. (불변의 패턴 41)

③ '운전자와 승객들은 그들의 안전벨트를 매야 한다'라는 의미이므로, 복수명사 drivers and passengers를 가리키는 복수대명사 their가 온 것이 적절하다. (불변의 패턴 28)

④ '안전하게 수행하다'라는 의미로 앞에 있는 동사 conduct를 수식해야 하므로, 부사 safely가 온 것이 적절하다. (불변의 패턴 34)

⑤ 목적격보어를 취하는 동사 keep의 수동태 be kept 뒤에는 목적격보어가 와야 하므로, 형용사 secure가 온 것이 적절하다. (불변의 패턴 35-2)

해석 과학에 대해 읽는 것보다 학교 실험실에서 과학을 하는 것이 훨씬 더 흥미로울 수 있다. 그러나, 당신은 사고의 가능성을 줄이기 위해 안전 수칙을 엄격하게 따라야 한다. 당신은 언제 일이 잘못될지 예측할 수 없다. 차를 타고 여행을 가는 사람을 생각해 봐라. 누군가가 어딘가로 운전하는 시간의 대부분에는, 자동차 충돌사고 같은 사고는 발생하지 않는다. 하지만 안전하기 위해, 차량에 탄 운전자와 승객들은 항상 그들의 안전벨트를 매야 한다. 마찬가지로, 당신이 실험을 하든 혹은 단지 관찰만 하고 있든, 당신은 실험실에서 항상 안전 장비를 착용하고 사용해야 한다. 어떤 실험에서는 가장 중요한 부분은 그것을 안전하게 수행하는 것이다. 실험실은 모든 사람이 위험을 피할 수 있도록 항상 안전하게 유지되어야 한다.

어휘 laboratory 실험실 strictly 엄격하게
decrease 줄이다, 감소시키다 possibility 가능성
predict 예측하다 occur 발생하다 gear 장비 conduct 수행하다
experiment 실험 observe 관찰하다 secure 안전한

14 정답 ⑤ confidently → confident

해설 ⑤ 동사 feel은 주격보어를 취하는 동사이므로 부사 confidently가 아니라 형용사 confident가 와야 한다. (불변의 패턴 35-1)

오답 분석 ① 동사 is making이 따로 있고, 문맥상 '좋은 보살핌을 제공하는 것'이라는 의미가 되는 것이 자연스럽다. 따라서 전치사 of의 목적어 자리에 올 수 있도록 명사 역할을 하는 동명사 providing이 온 것이 적절하다. (불변의 패턴 21-2)

② 문맥상 '동물들은 그들 자신들이 갖기를 원한다'라는 뜻으로 want의 목적어가 주어인 animals와 동일한 대상을 가리키므로 재귀대명사 themselves가 온 것이 적절하다. (불변의 패턴 29)

③ 주어 an animal이 단수명사이므로 단수동사 is가 온 것이 적절하다. that ~ provided는 수 일치에 영향을 미치지 않는 수식어(관계절)이다. (불변의 패턴 01-3)

④ '가득 찬 그릇'이라는 의미로 앞에 있는 명사 a bowl을 수식하고 있으므로 형용사 full이 온 것이 적절하다. (불변의 패턴 34)

해석 좋은 보살핌을 제공하는 것의 가장 중요한 측면들 중 하나는 동물의

욕구가 일관되게 충족되고 있음을 확실히 하는 것이다. 인간처럼, 동물들도 그들 자신들이 통제감을 갖기를 원한다. 그래서 충분한 먹이를 얻을 수 있지만 언제 먹이가 제공될지 알지 못하는 동물은 고통을 경험하기 쉽다. 우리는 우리의 동물이 예측 가능한 환경을 갖는 것을 보장함으로써 통제감을 제공할 수 있다. 예를 들어, 당신은 매일 아침 같은 곳에 신선한 음식과 물로 가득 찬 그릇을 놔둘 수 있다. 이렇게 하면, 그들이 일어났을 때 먹고 마실 무언가가 항상 있다. 인간 동반자들은 한순간에는 사랑을 주고 다음 순간에는 사랑을 주지 않는 것이 아니라, 한결같은 정서적 지지를 보여줄 수 있다. 동물들이 무엇을 예상할지 알 때, 그들은 더 자신감 있게 느낄 수 있다.

어휘 aspect 측면 consistently 일관되게, 항상
distress 고통, 괴로움 ensure 보장하다
predictable 예측 가능한 companion 동반자, 친구
withhold 주지 않다 confident 자신감 있는, 확신하는

15 정답 ④ so → such

해설 ④ '매우 특수한 잡지들'이라는 뜻으로 「형용사 + 명사」 specific magazines를 수식해야 하므로, so가 아니라 such가 와야 한다. (불변의 패턴 39)

오답 분석 ① '거의 모든'이라는 뜻으로 형용사 all을 수식해야 하므로, 부사 Almost가 온 것이 적절하다. (불변의 패턴 38)
② 앞에 '더 적은'이라는 뜻의 비교급 less가 있으므로, 비교급과 함께 비교구문을 만드는 than이 온 것이 적절하다. (불변의 패턴 40)
③ 목적어 you가 subscribe가 나타내는 '구독하는' 행위의 주체이며, encourage는 목적격보어로 to부정사를 취하는 동사이므로, 목적격보어 자리에 to subscribe가 온 것이 적절하다. (불변의 패턴 23-1)
⑤ '긴밀하게 관련이 있는'이라는 의미로 뒤에 있는 형용사(분사) related를 수식하는 것이 자연스러우므로, '긴밀하게'라는 뜻의 부사 closely가 온 것이 적절하다. close는 형용사와 부사 둘 다 쓰지만, 부사일 때는 '가까이'라는 뜻이다. (불변의 패턴 34)

해석 대부분의 상업 잡지는 구독에 의존한다. 거의 모든 잡지의 판매는 구독으로 이루어진다. 낱권, 다시 말해 가판대 판매가 나머지를 차지한다. 그러나 낱권의 판매는 중요하다. 구독 가격은 일반적으로 낱권을 구입하는 가격보다 최소 50퍼센트 더 적기 때문에, 낱권 판매가 잡지 한 권당 더 많은 수익을 가져온다. 더 나아가, 잠재적인 독자들은 낱권을 구입함으로써 새로운 잡지를 살펴보고, 당신이 구독하도록 권유하기 위해 모든 구독 제안 광고들이 잡지에 포함된다. 그러나 일부 잡지는 오직 구독으로만 배부된다. 전문 잡지 또는 무역 잡지는 매우 특수한 잡지들이어서 그것들은 흔히 전문 협회에 의해 발행된다. 따라서, 그것들의 내용은 그것들의 목표 독자층과 긴밀하게 관련된다.

어휘 consumer magazine 상업 잡지, 소비자 잡지

subscription 구독, 구독료 single-copy 낱권
newsstand 가판대의 account for 차지하다 revenue 수익
typically 일반적으로 encourage 권유하다 distribute 배부하다
specific 특수한, 특정한 association 협회

16 정답 (1) ⓑ easy → easier, ⓓ adventurously → adventurous
(2) one of the best ways to make valuable opportunities

해설 (1) ⓑ 뒤에 than to face challenges가 있으므로, than과 함께 비교구문을 만드는 비교급 easier가 와야 한다. (불변의 패턴 40)
ⓓ 동사 consider는 목적격보어를 취하는 동사이므로 목적어 themselves 뒤의 목적격보어 자리에 형용사 adventurous가 와야 한다. (불변의 패턴 35-2)

오답 분석 (1) ⓐ '가능한 가장 ~한'라는 뜻으로 「the + 최상급 + possible」을 쓰므로, 최상급 뒤에 possible이 온 것이 적절하다. (불변의 패턴 41 함께 알아두기)
ⓒ '매우 긴장한'이라는 의미로 뒤에 있는 형용사 nervous를 수식해야 하므로 부사 terribly가 온 것이 적절하다. make는 목적격보어를 취하는 동사로, them이 목적어, nervous는 목적격보어이다. (불변의 패턴 34, 35-2)
ⓔ be동사 are는 주격보어를 취하는 동사이므로, 형용사가 와야 한다. likely는 -ly로 끝나지만 부사가 아닌 형용사인 단어이므로 likely가 온 것이 적절하다. (불변의 패턴 35-1, 36 함께 알아두기)

해설 (2) '가장 ~한 … 중 하나'라는 뜻으로 「one of the + 최상급 + 복수명사」를 쓰므로, 원급 형용사 good을 최상급 best로 바꾸어 써야 한다. 또한 '소중한 기회를 만드는'이라는 의미의 to make valuable opportunities를 수식 받는 명사 ways 뒤에 써야 한다. (불변의 패턴 41 함께 알아두기)

해석 우리는 모두 가능한 한 가장 좁은 조건 안에 그들의 삶을 제한하는 사람들을 만난 적이 있다. 그들은 도전에 직면하는 것보다 그들의 안정된 영역에 머무는 것이 더 쉽다고 느낀다. 어떤 사람들은 발표하는 것이 그들을 매우 긴장하게 만들기 때문에 대중 앞에서 발표할 기회를 피한다. 다른 사람들은 그들 자신들이 모험심이 강하다고 여기지 않기 때문에 해외에서 공부할 기회를 거부한다. 사람들은 그들의 한계들에 대한 그들만의 관념에 갇히게 되어서, 그것들을 너머로 나서라고 요구되는 것에 조차 화를 내기 매우 쉽다. 그러나 삶에 대한 이러한 태도는 큰 실수이다. 새로운 도전을 적극적으로 받아들이도록 노력해라. 그것은 당신의 삶에서 소중한 기회들을 만드는 가장 좋은 방법들 중 하나이다.

어휘 term 조건, 기간 face 직면하다 trap 가두다
conception 관념, 신념 attitude 태도 embrace 받아들이다
actively 적극적으로

CHAPTER 08 전치사·접속사·관계사

불변의 패턴 42 명사 역할의 단어/구 앞에는 전치사가 오고, 절 앞에는 부사절 접속사가 와야 한다. 본책 p.136

1 정답 despite → although/though

해설 뒤에 주어(the fireworks)와 동사(were canceled)가 포함된 절이 왔으므로 전치사 despite가 아니라 접속사 although/though가 와야 한다.

해석 비록 폭우 때문에 불꽃놀이가 취소되었지만, 사람들은 축제에서 즐거운 시간을 보냈다.

어휘 enjoy oneself 즐거운 시간을 보내다 firework 불꽃놀이

2 정답 because → because of

해설 뒤에 명사구(recent advances)가 왔으므로 접속사 because가 아니라 전치사 because of가 와야 한다.

해석 그리고, 부분적으로 심리학의 최근의 발전 때문에, 우리는 감성 지능의 중요성을 인식하기 시작했다.

어휘 psychology 심리학 realize 인식하다, 자각하다
emotional intelligence 감성 지능, 정서 지능

3 정답 while → during

해설 뒤에 명사구(World War II)가 왔으므로 접속사 while이 아니라 전치사 during이 와야 한다.

해석 제2차 세계대전 중에 그의 부모님이 돌아가셨을 때 홀로 남겨져서, 그는 그의 숙모에 의해 길러졌다.

어휘 raise 기르다, 키우다   aunt 숙모, 고모, 이모

4 정답 **O**

해설 뒤에 주어(one)와 동사(gets)가 포함된 절이 왔으므로 전치사와 접속사 둘 다로 쓰이는 as가 온 것이 적절하다.

해석 일반적으로, 사람이 나이가 듦에 따라 어떠한 시기에 대한 기억이라도 필연적으로 흐려진다.

어휘 in general 일반적으로   period 시기, 기간
necessarily 필연적으로

5 정답 **because of → because**

해설 뒤에 주어(light)와 동사(reflects)가 포함된 절이 왔으므로 전치사

because of가 아니라 접속사 because가 와야 한다.

해석 빛이 표면에서 반사해서 우리의 눈에 들어오기 때문에 우리는 형상을 볼 수 있다.

어휘 image (망막·필름 등에 맺히는) 형상, 모습   reflect 반사하다
surface 표면

6 정답 **O**

해설 뒤에 명사 역할을 하는 동명사구(building public libraries)가 왔으므로 전치사와 접속사 둘 다로 쓰이는 like가 온 것이 적절하다.

해석 지역 지도자들은 모든 구역에 공공 도서관을 짓는 것과 같이 도시에서의 삶을 개선하기 위한 방법을 찾아냈다.

어휘 improve 개선하다, 향상시키다   neighborhood 구역, 인근

불변의 패턴 43   생각/감정을 나타내는 형용사 뒤에 전치사 또는 접속사 that 중 하나가 와야 한다   본책 p.137

1 정답 **that**

해설 뒤에 주어(it)와 동사(is)가 포함된 절이 왔으므로 접속사 that이 와야 한다.

해석 어떤 사람들은 그 그림이 가짜 피카소 작품이라고 생각하지만, 전문가들은 그것이 진짜라고 확신한다.

어휘 fake 가짜의, 위조의   expert 전문가

2 정답 **at**

해설 뒤에 명사구(your slow progress)가 왔으므로 전치사 at이 와야 한다.

해석 그 목표는 달성하기 어려울 것이고, 당신은 분명히 당신의 느린 진척에 실망할 것이다.

어휘 achieve 달성하다, 성취하다   certainly 분명히, 틀림없이

3 정답 **about**

해설 뒤에 동명사구(breaking ~ vase)가 왔으므로 전치사 about이 와야 한다.

해석 그는 매우 비싼 꽃병을 깨뜨린 것에 대해 미안했고, 그것을 교체하기 위해 돈을 지불하겠다고 약속했다.

4 정답 **that**

해설 뒤에 there, be동사(is), 주어(a thing)가 포함된 절이 왔으므로 접속사 that이 와야 한다.

해석 우리는 시각적 의사소통 같은 것이 있다는 것을 대체로 모른다.

어휘 largely 대체로, 주로   ignorant (어떤 일을) 모르는, 무지한
visual 시각적인

불변의 패턴 44   적절한 의미로 절과 절을 연결하는 부사절 접속사가 와야 한다.   본책 p.138

1 정답 **since**

해설 문맥상 '영화를 본 이래로 간절히 바라 왔다'라는 의미가 되는 것이 자연스러우므로 '~한 이래로'라는 의미의 since가 와야 한다.

해석 그 아이들은 굉장한 우주 여행에 대한 영화를 본 이래로 우주 비행사가 되기를 간절히 바라 왔다.

어휘 eager 간절히 바라는, 열렬한   astronaut 우주 비행사

2 정답 **while**

해설 문맥상 '내가 피아노를 연주하는 동안에 그녀는 노래를 불렀다'라는 의미가 되는 것이 자연스러우므로 '~하는 동안'이라는 의미의 while이 와야 한다.

해석 내 파트너와 나는 함께 성공적인 콘서트를 했다. 내가 그녀를 위해 피아노를 연주하는 동안에 그녀는 아름답게 노래를 불렀다.

3 정답 **if you stop**

해설 절(Your ~ needs)과 절(you ~ vegetables) 사이에 접속사가 따로 없으므로, '만약 ~라면'이라는 의미의 접속사 if를 포함한 if you stop이 와야 한다.

해석 만약 당신이 채소를 먹는 것을 멈춘다면 당신의 몸은 그것이 필요로 하는 충분한 영양을 모두 얻지 못할 것이다.

어휘 nutrition 영양

4 정답 **as**

해설 문맥상 '모든 식당들이 문을 닫았기 때문에'라는 의미가 되는 것이 자연스러우므로 '~기 때문에'라는 의미의 as가 와야 한다.

해석 모든 식당들이 문을 닫았기 때문에, 우리는 집에서 저녁을 먹어야 했다. 우리 동네에는 오후 9시 이후에 영업하는 식당이 없다.

5 정답 **if**

해설 문맥상 '만약 당신의 아버지의 머리카락이 희끗희끗해지면'이라는 의미가 되는 것이 자연스러우므로 '만약 ~라면'이라는 의미의 if가 와야 한다.

해석 다시 말해서, 만약 당신의 아버지가 꽤 젊을 때 그의 머리카락이 희끗희끗해지면, 당신의 머리카락도 희끗희끗해질 가능성이 있다.

어휘 in other words 다시 말해서   gray (머리카락이) 희끗희끗한

6 정답 **just as you enjoy**

해설 Remember that 뒤에 절(you ~ others)과 절(your readers ~ you) 사이에 접속사가 따로 없으므로, '꼭 ~처럼'이라는 의미의 접속사 just as 포함한 just as you enjoy가 와야 한다.

해석 꼭 당신이 다른 사람에 대한 이야기를 읽는 것을 즐기는 것처럼, 당신의 독자들은 당신에게 일어나는 일들에 대한 이야기를 읽는 것을 즐길 것이다.

1 정답 **O**

해설 뒤에 주어(it)와 동사(tends)가 포함된 절이 왔고, 문맥상 '쉽게 깨지는 경향이 있기 때문에'라는 의미가 되는 것이 자연스러우므로 '~기 때문에'라는 의미를 가진 부사절 접속사 as가 온 것이 적절하다. (불변의 패턴 42, 44)

해석 비록 언 초콜릿이 쉽게 깨지는 경향이 있기 때문에 장식에 사용되어서는 안 되지만, 당신은 여전히 그것을 먹을 수는 있다.

어휘 frozen 언, 냉동된 decoration 장식 tend to ~하는 경향이 있다, ~하기 쉽다

2 정답 **O**

해설 뒤에 주어(your life)와 동사(is)가 포함된 절이 왔고, 문맥상 '마치 인생이 완벽한 것처럼'이라는 의미가 되는 것이 자연스러우므로 '마치 ~인 것처럼'이라는 의미를 가진 부사절 접속사 as though가 온 것이 적절하다. (불변의 패턴 42, 44)

해석 당신은 마치 당신의 인생이 모든 방면에서 완벽한 것처럼 마음이 가볍고 행복하게 느낀다.

3 정답 **of → that**

해설 생각/감정을 나타내는 형용사 confident 뒤에 주어(the artist)와 동사(will convey)가 포함된 절이 왔으므로, 전치사 of가 아니라 접속사 that이 와야 한다. (불변의 패턴 43)

해석 톨스토이는 자부심을 가진 예술가가 보는 사람에게 그 감정을 전달할 것이라고 자신한다.

어휘 convey 전달하다 viewer 보는 사람, 시청자

4 정답 **while → during**

해설 뒤에 명사구(the winter months)가 왔으므로 접속사 while이 아니라 전치사 during이 와야 한다. (불변의 패턴 42)

해석 다람쥐들은 날씨가 다시 따뜻해질 때까지 겨울의 달들 동안에 충분한 음식을 먹기 위해서 견과를 모으고 저장한다.

5 정답 **alike → like**

해설 뒤에 명사 역할을 하는 동명사구(being wrapped)가 왔으므로, 형용사 또는 부사로만 쓰이는 alike가 아니라 전치사 like가 와야 한다. (불변의 패턴 42 함께 알아두기)

해석 사랑에 빠지는 것은 마법의 구름에 싸인 것과 같다.

6 정답 **The explorer was returning to Spain when the ship got caught**

해설 '그 탐험가가 스페인으로 돌아오는 중이었다'라는 의미의 절 The explorer was returning to Spain 뒤에 '배가 갇히다'라는 의미의 절 the ship got caught를 부사절 접속사 when으로 연결해야 한다. (불변의 패턴 45)

불변의 패턴 45 선행사의 종류와 격에 맞는 관계사가 와야 한다.

본책 p.140

1 정답 **who**

해설 관계절이 수식하는 선행사 a teenager가 사람을 가리키는 명사이므로 관계대명사 who가 와야 한다.

해석 그 숙련된 정비사는 자동차에 대해 아무것도 알지 못하는 유니폼을 입은 10대로 교체되었다.

어휘 skillful 숙련된 mechanic 정비사 replace 교체하다, 대체하다

2 정답 **which**

해설 절(She ~ libraries)과 절(none ~ copy)사이에 따로 접속사가 없고, 명사 the city's libraries를 보충 설명하는 절(none ~ copy)을 연결해야 하므로, 관계대명사 which가 와야 한다.

해석 그녀는 도시의 모든 도서관에서 그 책을 찾았지만, 그곳들 중 어느 곳도 한 부도 소장하지 않았다.

어휘 copy (책·신문 등의) 한 부

3 정답 **whose**

해설 뒤에 있는 명사 material과 함께 '그들의 자료(their material)'라는 뜻이 되어야 하므로, 소유격 대명사 their를 대신하는 소유격 관계대명사 whose가 와야 한다.

해석 대부분의 출판사들은 그들의 자료에 너무 많은 실수가 있는 작가들과 시간을 낭비하고 싶어 하지 않을 것이다.

어휘 publisher 출판사 material 자료, 소재

4 정답 **where**

해설 관계절이 수식하는 선행사 The location이 장소를 가리키는 명사이므로 관계부사 where가 와야 한다.

해석 그 배가 가라앉은 장소는 스쿠버 다이빙을 위한 인기 있는 장소가 되었다.

5 정답 **O**

해설 뒤에 동사(sleeps)만 있고 주어가 없는 불완전한 절이 왔으며 선행사 a child가 사람을 가리키는 명사이므로, 주격 관계대명사 who가 온 것이 적절하다.

해석 6개월 쯤이면, 규칙적으로 부모의 방에서 잠을 자는 아이는 의존적이 되기 쉽다.

어휘 regularly 규칙적으로 dependent 의존적인

6 정답 **O**

해설 관계대명사가 '몇 개월의 극심하게 건조한 기후가 농부들의 일을 어렵게 만들었다'라는 절 전체 내용을 가리키므로 which가 온 것이 적절하다.

해석 몇 개월의 극심하게 건조한 기후가 농부들의 일을 어렵게 만들었고, 그것이 많은 농작물이 나빠진 이유이다.

어휘 crop 농작물, 수확량

7 정답 **how → when**

해설 관계절이 수식하는 선행사 a season이 시간을 가리키는 명사이므로 관계부사 when이 와야 한다. of much activity는 선행사가 아니라 a season을 수식하는 「전치사 + 명사구」이다.

해석 사람들은 읽을 시간이 거의 없는 활동이 많은 계절 동안에 너무 많은 크리스마스 카드를 받는다.

8 정답 **its**

해설 절(The koala ~ animal)과 절(brain ~ skull)사이에 따로 접속사 and가 이미 있으므로, 뒤에 있는 brain과 함께 '그것의 뇌'라는 의미를 만드는 소유격 대명사 its가 와야 한다.

해석 코알라는 느리게 움직이고, 공격적이지 않은 동물이며, 뇌가 그것의 두 개골의 절반만 채운다.

어휘 unaggressive 공격적이지 않은, 평화로운 skull 두개골

불변의 패턴 46 불완전한 절 앞에는 관계대명사가 오고, 완전한 절 앞에는 관계부사 또는 「전치사 + 관계대명사」가 와야 한다.

본책 p.142

1 정답 **in which**

해설 뒤에 주어(you), 동사(will be doing), 목적어(exercise)가 모두 있는 완전한 절이 왔으므로, 「전치사 + 관계대명사」 in which가 와야 한다.

해석 당신이 운동할 환경에 적절한 옷을 선택해라.

어휘 appropriate 적절한 environment 환경

2 정답 **where**

해설 뒤에 주어(many other students)와 동사(lived)가 모두 있는 완전한 절이 왔으므로, 관계부사 where가 와야 한다.

해석 뉴욕대학교의 신입생인 Ryan Holmes는 많은 다른 학생들이 사는 건물에서 알맞은 방을 발견했다.

어휘 freshman 신입생 affordable 알맞은, 감당할 수 있는

3 정답 **which**

해설 뒤에 동사(are)와 주격보어(different)만 있고 주어가 없는 불완전한 절이 왔으므로, 관계대명사 which가 와야 한다.

해석 많은 젊은 사람들이 전통적인 직업들과는 매우 다른 첨단 기술의 직업들을 추구하고 있다.

어휘 pursue 추구하다 career 직업 traditional 전통적인

4 정답 **when → which**

해설 뒤에 동사(should allow)와 간접목적어(me), 직접목적어(time)만 있

고 주어가 없는 불완전한 절이 왔으므로 관계부사 when이 아니라 관계대명사가 와야 한다. 이때, 관계대명사가 문맥상 '마지막 근무일이 7월 31일이라는 것'이라는 의미로 앞에 있는 절 전체의 내용을 가리키는 것이 적절하므로, 관계대명사 which가 와야 한다.

해석 나의 마지막 근무일은 7월 31일일 것이고, 이는 내게 다른 직장을 찾을 시간을 줄 것이다.

5 정답 **which → where 또는 in which**

해설 선행사 Countries가 장소이고, 뒤에 주어(break time)와 동사(has decreased)가 모두 있는 완전한 절이 왔으므로, 관계대명사 which가 아니라 장소를 나타내는 관계부사 where 또는 「전치사 + 관계대명사」 in which가 와야 한다.

해석 휴식 시간이 가장 많이 줄어든 나라들은 최대의 정신 장애 증가를 겪었다.

어휘 disorder 장애

6 정답 **O**

해설 뒤에 주어(other people), 동사(notice), 목적어(us)가 모두 있는 완전한 절이 왔으므로, 「전치사 + 관계대명사」 to which가 온 것이 적절하다.

해석 조명 효과는 중앙 무대에 있는 우리 자신을 보는 것을 의미하며, 따라서 다른 사람들이 우리를 주목하는 정도를 잘못 추측하는 것이다.

어휘 spotlight effect 조명 효과 extent 정도

Mini TEST 불변의 패턴 45~46

본책 p.143

1 정답 **whose → who/that**

해설 뒤에 주어 없이 동사 invented가 왔으므로, 소유격 관계대명사 whose가 아니라 주어 역할을 하는 주격 관계대명사 who/that이 와야 한다. (불변의 패턴 45)

해석 많은 사람들이 여전히 토머스 에디슨이 최초의 전구를 발명한 사람이라고 잘못 믿는다.

어휘 wrongly 잘못되게, 그릇되게

2 정답 **where → which/that**

해설 뒤에 동사(are)와 주격보어(capable)만 있고 주어가 없는 불완전한 절이 왔으며, 관계절이 수식하는 선행사 aircraft가 사물을 가리키는 명사이므로 관계부사 where가 아니라 주격 관계대명사 which/that이 와야 한다. (불변의 패턴 46)

해석 사기업들이 이제 우주로 여행을 할 수 있는 항공기를 만들고 있다.

어휘 private 사적인, 사유의 be capable of ~할 수 있다, ~할 능력이 있다

3 정답 **them → whom**

해설 절(The doctor ~ patients)과 절(many ~ therapy)사이에 따로 접속사가 없고, 명사구 chronic-pain patients를 보충 설명하는 절(many ~ therapy)을 연결해야 하므로 them이 아니라 관계대명사 whom이 와야 한다. (불변의 패턴 45)

해석 그 의사는 만성 통증 환자들을 치료하는 어려운 업무를 맡았는데, 그들 중 다수가 전통적인 치료법에 잘 반응하지 않았었다.

어휘 take on 맡다, 떠맡다 chronic 만성적인 therapy 치료법

4 정답 **which → where 또는 in which**

해설 뒤에 주어(humans)와 동사(live)가 모두 있는 완전한 절이 왔으므로, 관계대명사 which가 아니라, 관계부사 where 또는 「전치사 + 관계대

명사」 in which가 와야 한다. (불변의 패턴 46)

해석 인간이 함께 살고 있는 집단에서, 개인은 사회적 관계를 수립하기 위해 공통점을 가져야 한다.

어휘 individual 개인 common ground 공통점
     establish 수립하다 relationship 관계

5 정답 **O**

해설 뒤에 주어(they), 동사(train), 목적어(their soldiers)가 모두 있는 완전한 절이 왔으므로 that이 온 것이 적절하다. that이 관계대명사일 때는 불완전한 절 앞에 오지만, 관계부사 when/where/why/how를 대신할 때는 완전한 절 앞에 올 수 있다. 이때의 that은 방법을 나타내는 선행사 the way를 가리키는 관계부사 how를 대신한다. (불변의 패턴 46 함께 알아두기)

해석 그 국가의 군대는 그들의 병사들을 훈련하는 방식에 몇 가지의 주요한 변화들을 고려하고 있다.

어휘 military 군대 consider 고려하다 soldier 병사, 군인

6 정답 **a world in which information about us will be preserved forever**

해설 문맥상 toward 뒤에 '우리에 대한 정보가 영원히 보존될 세계'라는 의미의 어구가 오는 것이 자연스러우므로, 선행사 a world를 먼저 쓰고, 그 뒤에 a world를 수식하는 관계절을 써야 한다. 수식어를 제외하고 보면 관계절은 주어 information, 동사 will be preserved로 완전한 절이 되므로 「전치사 + 관계대명사」 in which로 연결해야 한다. (불변의 패턴 46)

어휘 head 향하다; 머리 preserve 보존하다

1 정답 where
- 해설 뒤에 주어(they), 동사(were), 주격보어(lost)가 모두 있는 완전한 절이 왔으므로 where가 와야 한다. where ~ lost는 전치사 from의 목적어 역할을 하는 명사절이다.
- 해석 7개월 후에, 분실된 장난감들은 그것들이 분실된 장소에서 3,540킬로미터 떨어진 알래스카 근처의 해변에서 발견되었다.

2 정답 how
- 해설 뒤에 부사 powerfully가 왔으며, 그 뒤에 주어(the new rules), 동사(would affect), 목적어(their opportunities)가 모두 있는 완전한 절이 왔으므로, how가 와야 한다. how ~ employment는 동사 see의 목적어 역할을 하는 명사절이다.
- 해석 대부분의 사람들은 새로운 규정이 그들의 취업 기회에 얼마나 강력하게 영향을 미칠지 알 수 있다.
- 어휘 affect 영향을 미치다　employment 취업, 고용

3 정답 if
- 해설 뒤에 주어(she), 동사(could leave), 목적어(her jewelry)가 모두 있는 완전한 절이 왔으며, 문맥상 '보석을 금고에 둘 수 있는지'라는 의미가 되는 것이 자연스러우므로 '~인지 (아닌지)'라는 의미로 완전한 절 앞에 오는 if가 와야 한다. if ~ safe는 동사 inquired의 목적어 역할을 하는 명사절이다.
- 해석 호텔 방을 본 후에, 그녀는 직원 데스크에 가서 그녀의 보석을 금고에 둘 수 있는지 물었다.
- 어휘 inquire 묻다　safe 금고

4 정답 which → that
- 해설 뒤에 주어(the storm), 동사(was), 주격보어(serious)가 모두 있는 완전한 절이 왔으므로 which가 아니라 that이 와야 한다. that ~ serious는 동사 judged의 목적어 역할을 하는 명사절이다.
- 해석 그들은 번개와 천둥으로 보아 폭풍이 매우 심각하다고 판단했다.
- 어휘 judge 판단하다　serious 심각한

5 정답 what → whether/if
- 해설 뒤에 주어(it), 동사(is having), 목적어(a positive impact)가 모두 있는 완전한 절이 왔으며, 문맥상 '그것이 영향을 미치고 있는지'라는 의미가 되는 것이 자연스러우므로, '~인지 (아닌지)'라는 의미로 완전한 절 앞에 오는 whether/if가 와야 한다. whether/if ~ impact는 전치사 about의 목적어 역할을 하는 명사절이다.
- 해석 자선단체에 기부하는 사람들은 그것이 정말로 긍정적인 영향을 미치고 있는지에 대한 정보를 찾는다.
- 어휘 donate 기부하다　charity 자선단체　impact 영향

6 정답 O
- 해설 뒤에 동사(was eaten)만 있고 주어는 없는 불완전한 절이 왔으므로, '무엇이 ~하는지'라는 의미로 불완전한 절 앞에 오는 what이 온 것이 적절하다. what ~ patient는 동사 includes의 목적어 역할을 하는 명사절이다.
- 해석 의사가 가장 먼저 알아야 할 것은 무엇이 환자에 의해 섭취되었는지를 포함한다.

1 정답 that
- 해설 뒤에 주어(birth order), 동사(affects), 목적어(personality)가 모두 있는 완전한 절이 왔으므로 that이 와야 한다.
- 해석 많은 사회과학자들은 한동안 출생 순서가 성격에 직접적으로 영향을 미친다고 믿어 왔다.
- 어휘 order 순서　directly 직접적으로　personality 성격

2 정답 that
- 해설 문맥상 '그들이 설명할 수 없는 새로운 정보'라는 의미로, that 또는 what이 이끄는 절이 new information(선행사)을 수식하는 것이 자연스러우므로 that이 와야 한다. what은 선행사를 수식하는 관계사로는 쓸 수 없다.
- 해석 오래된 개념들은 전문가들이 그들이 설명할 수 없는 새로운 정보를 발견할 때 바뀐다.

3 정답 What
- 해설 문맥상 '뱀처럼 보였던 것은 막대기였다'라는 의미이므로, That 또는 What이 이끄는 절은 주어 역할을 하는 명사절이다. 뒤에 동사(looked)만 있고 주어가 없는 불완전한 절이 왔으므로 What이 와야 한다.
- 해석 등산로에서 뱀처럼 보였던 것은 그냥 막대기였다.
- 어휘 hiking trail 등산로, 하이킹 코스

4 정답 that → what
- 해설 문맥상 '19세기 후반에 있었던 것보다'라는 의미이므로, 밑줄 친 that이 이끄는 절은 전치사 than의 목적어 역할을 하는 명사절이다. 뒤에 동사(happened)만 있고 주어가 없는 불완전한 절이 왔으므로, that이 아니라 what이 와야 한다. that도 명사절 접속사로 쓸 수 있지만, 완전한 절 앞에 온다.
- 해석 전자 통신에서의 최근의 발전은 19세기 후반에 있었던 것보다 더 획기적이지 않다.
- 어휘 progress 발전　telecommunications 전자 통신　revolutionary 획기적인, 혁명적인

5 정답 what → that
- 해설 문맥상 markets(선행사)를 수식하여 '상품을 팔 수 있는 시장'이라는 의미가 되는 것이 자연스러우므로, what이 아니라 that이 와야 한다. 참고로 that 대신 사물인 선행사 markets를 수식하는 관계대명사 which가 올 수도 있다.
- 해석 그 섬에서, 상인들은 그들의 배를 고치는 동안 자신들의 상품을 팔 수 있는 시장을 발견했다.
- 어휘 trader 상인　goods 상품

6 정답 that → what
- 해설 문맥상 '마틴 루서 킹 주니어가 이룬 것을 이해하다'라는 의미이므로, to부정사 to understand의 목적어 역할을 하는 명사절이 와야 한다. 뒤에 주어(Martin Luther King Jr.)와 동사(accomplished)만 있고 목적어가 없는 불완전한 절이 왔으므로 that이 아니라 what이 와야 한다. that도 명사절 접속사로 쓸 수 있지만, 완전한 절 앞에 온다.
- 해석 마틴 루서 킹 주니어가 이룬 것을 진정으로 이해하는 것은 미국을 발전시키는 데 있어 그의 역할을 이해하는 것을 필요로 한다.
- 어휘 accomplish 이루다, 성취하다　appreciate 이해하다, 진가를 알아보다, 고마워하다

1 정답 what → that

해설 뒤에 주어(each of our students), 동사(will have), 목적어(the opportunity)가 모두 있는 완전한 절이 왔고, '학생들이 음악적 능력을 계발할 기회를 가질 것이라는 희망'이라는 뜻으로 앞에 있는 명사 the hope의 내용을 풀어서 설명하고 있으므로 동격 that이 와야 한다. what은 불완전한 절 앞에 오는 명사절 접속사이다.

해석 올해, 우리는 우리의 학생 각자가 음악적 능력을 계발할 기회를 가질 것이라는 희망에서 음악 수업을 추가하고자 한다.

2 정답 O

해설 '그 배가 마지막으로 목격된 것은 9월이었다'라는 의미인 것이 자연스러우므로, it-that 강조 구문이 되어야 한다. 단, 강조 대상 September가 시간을 나타내므로 이므로 that 대신 when이 온 것이 적절하다.

해석 그 배가 남극 대륙 주변의 위험한 해역에서 마지막으로 목격된 것은 바로 9월이었다.

어휘 waters 해역, 영해 Antarctica 남극 대륙

3 정답 that → what

해설 문맥상 '상으로 무엇을 받을지를 듣고'라는 의미로, 밑줄 친 that이 이끄는 절은 to부정사 to hear의 목적어 역할을 하는 명사절이다. 뒤에 주어(he), 동사(would get)만 있고 목적어가 없는 불완전한 절이 왔으므로 명사절 접속사 what이 와야 한다.

해석 David는 장기자랑에서 우승한 상으로 무엇을 받을지를 듣고서 매우 흥분했다.

어휘 talent contest 장기자랑

4 정답 O

해설 생각/감정 형용사 sure 뒤에 주어(you), 동사(will be), 주격보어(satisfied)가 모두 있는 완전한 절이 왔고, 문맥상 '~해서/~라는 것이 확실하다'라는 의미가 되어야 하므로 that이 온 것이 적절하다.

해석 우리는 당신이 우리의 경험 많은 개인 지도 교사들에 만족할 것이라고 확신한다.

어휘 satisfied 만족하는 well-experienced 경험 많은, 숙련된
tutor 개인 지도 교사, 가정 교사

5 정답 which → that

해설 뒤에 주어(I), 동사(could communicate)가 모두 있는 완전한 절이 왔고, such와 함께 문맥상 '너무 ~해서 ~하다'라는 의미가 되어야 하므로, such ~ that 구문을 만드는 that이 와야 한다.

해석 마을 사람들 중 일부는 너무 강한 시골 억양을 갖고 있어서 나는 그들과 거의 의사소통을 할 수 없었다.

어휘 accent 억양 hardly 거의 ~아니다

6 정답 which → that

해설 뒤에 주어(people), 동사(should be evaluated)가 모두 있는 완전한 절이 왔고, '사람들이 평가받아야 한다는 믿음'이라는 뜻으로, 앞에 있는 명사 the belief의 내용을 풀어서 설명하고 있으므로 동격 that이 와야 한다. of his friend는 the belief를 수식하는 「전치사 + 명사구」이다.

해석 그는 사람들이 그들이 한 일에 근거하여 평가받아야 한다는 친구의 믿음을 인정하기 시작했다.

어휘 evaluate 평가하다 based on ~에 근거하여

Mini TEST 불변의 패턴 47~49

1 정답 What → That

해설 문맥상 '몇몇의 동물들이 굶주려야 한다는 것은 불행하다'라는 의미이므로, 주어 역할의 명사절을 이끄는 접속사가 와야 한다. 뒤에 주어(some animals)와 동사(must starve)가 모두 있는 완전한 절이 왔으므로, What이 아니라 That이 와야 한다. What은 불완전한 절 앞에 오는 명사절 접속사이다. (불변의 패턴 47, 48)

해석 몇몇의 동물들이 자연에서 굶주려야 한다는 것은 매우 불행하고 슬프다.

어휘 starve 굶주리다 deeply 매우 unfortunate 불행한

2 정답 what → whether/if

해설 뒤에 주어(the subject's responses), 동사(are), 주격보어(typical or atypical)가 모두 있는 완전한 절이 왔으며, 문맥상 '반응들이 일반적인지 이례적인지'라는 의미가 되는 것이 자연스러우므로, '~인지 (아닌지)'라는 의미로 완전한 절 앞에 올 수 있는 명사절 접속사 whether/if가 와야 한다. what은 불완전한 절 앞에 온다. (불변의 패턴 47)

해석 실험 대상의 반응이 일반적인지 이례적인지 알 방법이 없기 때문에, 단일 실험 대상에서 나온 실험 결과는 제한된 가치를 갖는다.

어휘 experimental 실험의 subject 실험 대상, 피험자 value 가치
response 반응 typical 일반적인 atypical 이례적인

3 정답 what → which/that

해설 뒤에 동사(bring)와 목적어(a feeling)만 있고 주어가 없는 불완전한 절이 왔으며, 문맥상 '감정을 일으키는 화학물질'이라는 의미로 선행사 chemicals를 수식하는 관계대명사가 와야 한다. chemicals는 사물을 나타내는 명사이므로 주격 관계대명사 which/that이 와야 한다. (불변의 패턴 48)

해석 대부분의 사람들은 밝은 햇빛 아래에서 가장 행복한데, 이것은 정서적 행복의 감정을 일으키는 신체 내 화학 물질의 분비를 유발할 수 있다.

어휘 cause 유발하다, 야기하다 release 분비, 방출 chemical 화학 물질
well-being 행복, 웰빙

4 정답 O

해설 be동사 is 뒤에서 주격보어 역할의 명사절을 이끄는 접속사가 와야 한다. 뒤에 주어(we)와 동사(would expect)만 있고 목적어가 없는 불완전한 절이 왔으므로 what이 온 것이 적절하다. (불변의 패턴 48)

해석 공감의 감소는 사회적으로 놀 기회가 거의 없는 아이들에게서 정확히 우리가 예상하는 것이다.

어휘 decline 감소 empathy 공감, 감정이입 socially 사회적으로

5 정답 that → what

해설 문맥상 '표현된 것에 있어서 새로웠다'라는 의미이므로, 전치사 in의 목적어 역할을 하는 명사절을 이끄는 접속사가 와야 한다. 뒤에 동사(was expressed)만 있고 주어가 없는 불완전한 절이 왔으므로, that이 아니라 what이 와야 한다. that이 명사절 접속사일 때는 완전한 절 앞에 온다. (불변의 패턴 48)

해석 사람들이 사실주의 예술에 익숙했기 때문에, 인상파 예술은 표현된 것에 있어서 새로웠다는 점을 기억하는 것이 중요하다.

어휘 impressionist 인상파의 realistic 사실주의의

6 정답 The fact that we can do online shopping at home

해설 '사실'이라는 의미의 명사 The fact를 먼저 쓰고, 뒤의 내용은 동격 that을 사용해서 연결해야 한다. that 뒤에는 주어 we, 동사 can do, 목적어 online shopping을 순서대로 써야 한다. (불변의 패턴 49)

01	where	02	because of	03	where	04	on which
05	that	06	that	07	which	08	what
09	○	10	that	11	⑤	12	①
13	①	14	③	15	③		
16	(1) ⓒ because → because of, ⓓ which → when 또는 at which (2) so severely that it can't[cannot] swim to the surface						

01 정답 where

해설 뒤에 there, be동사(is), 주어(enough light)가 모두 있는 완전한 절이 왔으므로, 관계부사 where가 와야 한다. (불변의 패턴 46)

해석 충분한 빛이 있는 바다의 표면 근처에서는, 아마추어 사진작가가 멋진 사진들을 찍는 것이 가능하다.

어휘 surface 표면 amateur 아마추어의, 취미로 하는 shot 사진

02 정답 because of

해설 뒤에 명사구(the decreased number)가 왔으므로 전치사 because of가 와야 한다. (불변의 패턴 42)

해석 그 나라의 많은 학교들은 줄어든 학생 수 때문에 이미 문을 닫았다.

어휘 decreased 줄어든

03 정답 where

해설 뒤에 주어(the tree), 동사(is getting), 목적어(it)가 모두 있는 완전한 절이 왔으므로 완전한 절 앞에 올 수 있는 명사절 접속사 where가 와야 한다. what은 불완전한 절 앞에 오는 명사절 접속사이다. (불변의 패턴 47)

해석 물의 일부는 지하 수원에서 오고 일부는 비에서 오므로, 그 나무가 어디에서 그것을 얻고 있는지 측정하는 것은 어렵다.

어휘 underground source 지하 수원 measure 측정하다

04 정답 on which

해설 뒤에 주어(actors)와 동사(appeared)가 모두 있는 완전한 절이 왔으므로 「전치사 + 관계대명사」인 on which가 와야 한다. 관계대명사 which는 불완전한 절 앞에 온다. the screen ~ appeared는 분사구문으로 the screen이 분사 corresponding의 의미상의 주어이다. (불변의 패턴 46)

해석 영화는 처음에 일종의 마술사의 극장으로 여겨졌고, 화면은 배우들이 등장했던 무대에 해당했다.

어휘 illusionist 마술사, 요술쟁이
correspond to ~에 해당하다, 상응하다

05 정답 that

해설 문맥상 objects(선행사)를 수식하여 '5,000평방피트 집을 차지하는 물건들'이라는 의미가 되는 것이 자연스러우므로 관계사 that이 와야 한다. what은 선행사를 수식하는 관계사로 쓸 수 없다. (불변의 패턴 48)

해석 당신은 5,000평방피트 집을 차지하는 물건들을 2,000평방피트의 아파트에 억지로 넣을 수는 없다.

어휘 object 물건, 물체 occupy 차지하다 square-foot 평방피트

06 정답 which → that

해설 문맥상 '그 정보를 제삼자에게 공개하지 않을 것임을 보장해야 한다'라는 의미인 것이 자연스러우므로 밑줄 친 which가 이끄는 절은 동사 assure의 목적어 역할을 하는 명사절이다. 밑줄 뒤에 주어(they), 동사(will not reveal), 목적어(the information)가 모두 있는 완전한 절이 왔으므로 which가 아니라 that이 와야 한다. 명사절 접속사일 때 that은 완전한 절 앞에 오며, which는 불완전한 절 앞에 온다. (불변의 패턴 47)

해석 변호사들은 법적 자문을 구하는 사람들에게 그들이 제삼자에게 어떤 정보도 공개하지 않을 것임을 보장해야 한다.

어휘 assure 보장하다, 확인하다 legal 법적인 advice 자문, 조언
reveal 공개하다 third party 제삼자

07 정답 them → which

해설 절(Scientists ~ viruses)과 절(both ~ jungle) 사이에 접속사가 따로 없고, 명사구 two animal viruses 뒤에 보충 설명하는 절(both ~ jungle)을 연결해야 하므로 대명사 them이 아니라 관계대명사 which가 와야 한다. (불변의 패턴 46)

해석 과학자들은 두 개의 동물 바이러스를 연구하고 있는데, 그것들 둘 다 인간에게는 위험하지만 아마존 정글에서는 흔하다.

08 정답 that → what

해설 Consumers ~ so that they get what they desire ~.
(동사 / 명사절 접속사 / 주어 / 동사)

문맥상 '그들이 원하는 것을 얻다'라는 의미이므로, 밑줄 친 that이 이끄는 절은 동사 get의 목적어 역할을 하는 명사절이다. 뒤에 주어(they)와 동사(desire)만 있고 목적어가 없는 불완전한 절이 왔으므로, that이 아니라 what이 와야 한다. that도 명사절 접속사로 쓸 수 있지만, 완전한 절 앞에 온다. (불변의 패턴 47, 48)

해석 소비자들은 그들이 힘들게 번 돈으로 원하는 것을 얻기 위해 상품을 비교하고 구매할 수 있다.

어휘 compare 비교하다 goods 상품 desire 원하다, 바라다

09 정답 ○

해설 뒤에 주어(you)와 동사(wear)를 포함한 절이 왔으며, 문맥상 '당신이 찢어진 청바지를 입든'이라는 의미가 되는 것이 자연스러우므로 '~이든 (아니든)'이라는 의미의 부사절 접속사 Whether가 온 것이 적절하다. (불변의 패턴 44)

해석 당신이 찢어진 청바지를 입든 시를 읽는 것을 좋아하든, 그렇게 함으로써 당신은 자신이 어떤 집단에 속하는지를 다른 이들에게 보여준다.

어휘 poetry 시 belong to ~에 속하다

10 정답 which → that

해설 뒤에 주어(animals), 동사(have), 목적어(moral behavior)가 모두 있는 완전한 절이 왔고, '동물이 도덕적인 행동을 할 가능성'이라는 뜻으로 앞에 있는 명사 the possibility의 내용을 풀어서 설명하고 있으므로, which가 아니라 동격 that이 와야 한다. which는 불완전한 절 앞에 온다. (불변의 패턴 49)

해석 동물이 도덕적인 행동을 할 가능성을 다루는 것보다 동물의 도덕성을 부정하는 것이 더 쉽다.

어휘 deny 부정하다 morality 도덕성 deal with ~을 다루다, 대처하다

11 정답 ⑤ in which – although – why

해설 (A) 뒤에 주어(people), 동사(must remove), 목적어(their shoes)가 모두 있는 완전한 절이 왔으므로, 완전한 절 앞에 올 수 있는 「전치사 + 관계대명사」 in which가 와야 한다. (불변의 패턴 46)

(B) 뒤에 주어(many people)와 동사(go)가 포함된 절이 왔으므로 접속사 although가 와야 한다. (불변의 패턴 42)

(C) 앞에 가주어 It이 있고 문맥상 '왜 이러한 관습을 가지고 있는지는 명확하지 않다'라는 의미가 되는 것이 자연스러우므로 진짜 주어 역할을 하는 명사절 접속사가 와야 한다. 뒤에 주어(they), 동사(have), 목적어(this custom)가 모두 있는 완전한 절이 왔으므로 '왜 ~하는지, ~하는 이유'라는 의미로 완전한 절 앞에 올 수 있는 명사절 접속사 why가 와야 한다. (불변의 패턴 47)

해석 아프리카인들은 발과 신발과 관련하여 다른 문화들에서도 발견되는 동일한 믿음과 관습들 중 일부를 가지고 있다. 예를 들어, 아프리카의 많은 지역에서 발과 신발 둘 다 그것들과 관련된 불결한 속성들을 지닌다. 실제로, 사람들이 집에 들어가기 전에 그들의 신발을 벗어야 하

는 많은 아프리카 지역들이 있다. 게다가, 비록 많은 사람들이 맨발로 다니지만, 다른 사람들에게 발바닥을 보여주는 것은 용납할 수 없다. 그들이 왜 이러한 관습을 가지고 있는지는 명확하지 않다. 그럼에도 불구하고, 만약 당신이 방문할 계획이라면 이것은 알아둘 만한 가치가 있는 관습이다.

어휘 **practice** 관행, 관례 **quality** 속성, 특징 **associate** 관련시키다
sole 발바닥, 밑창 **unacceptable** 용납할 수 없는
barefoot 맨발로; 맨발의 **custom** 관습

12 정답 ① **when – what – unless**

해설 (A) 뒤에 주어(Salva)와 동사(spoke)가 모두 있는 완전한 절이 왔고, 선행사 the first time이 시간을 나타내므로 관계부사 when이 와야 한다. (불변의 패턴 46)

(B) '그가 말해야 하는 것에'라는 의미로, 전치사 in의 목적어 역할을 하는 명사절이다. that 또는 what 뒤에 주어(he)와 동사(had to say)만 있고 목적어가 없는 불완전한 절이 왔으므로, that이 아니라 what이 와야 한다. that도 명사절 접속사로 쓸 수 있지만, 완전한 절 앞에 온다. (불변의 패턴 47, 48)

(C) 문맥상 '그들이 환영받는다고 느끼지 않는다면 자신감이 없다'는 의미로 절(most ~ others)과 절(they feel welcomed)을 연결하는 것이 자연스러우므로, '만약 ~아니라면'이라는 뜻의 부사절 접속사 unless가 와야 한다. (불변의 패턴 44)

해석 Salva는 남수단을 돕기 위한 프로젝트를 위해 돈을 모아야 했다. Salva가 청중 앞에서 연설한 것은 그때가 처음이었다. 백 명이 넘는 사람들이 있었다. Salva가 마이크 쪽으로 걸어갈 때 그의 무릎은 떨리고 있었다. "아, 아, 안녕하세요"라고 그가 말했다. 그의 손이 떨리면서, 그는 청중들을 살펴보았다. 그 순간에, 그는 모든 얼굴들이 그가 말해야 하는 것에 관심 있어 보인다는 것을 알아차렸다. 사람들은 미소를 짓고 있었고 우호적으로 보였다. 그것이 그가 조금 더 기분 좋게 느끼도록 만들어서, 그는 다시 마이크에 대고 말을 했다. "안녕하세요"라고 그는 반복했다. 그는 편안함을 느끼며 미소를 지었고, 말을 이었다. Salva와 같이, 많은 사람들은 만약 그들이 환영받는다고 느끼지 않는다면 다른 사람들 앞에서 자신감이 없다.

어휘 **raise** 모으다 **tremble** 떨리다, 떨다 **at ease** 마음이 편안한

13 정답 ① **what → that**

해설 ① I have believed for a long time **that a person can find**
　　　동사　　　　　　　　　　　명사절 접속사　주어　　동사

truth ~.
목적어

동사 have believed의 목적어 역할을 하는 명사절이 와야 한다. 뒤에 주어(a person), 동사(can find), 목적어(truth)가 모두 있는 완전한 절이 왔으므로, 밑줄 친 곳에는 what이 아니라 that이 와야 한다. that과 what은 둘 다 명사절 접속사이지만 that은 완전한 절 앞에 오고, what은 불완전한 절 앞에 온다. (불변의 패턴 47, 48)

오답 분석 ② 문맥상 '그의 일에 전념해 온 목수'라는 의미로 a carpenter(선행사)를 수식하는 것이 자연스러우므로 관계사가 와야 한다. 뒤에 동사(has devoted)와 목적어(himself)만 있고 주어가 없는 불완전한 절이 왔으며, 선행사 a carpenter는 사람을 가리키는 명사이므로 주격 관계대명사 who가 온 것이 적절하다. (불변의 패턴 45, 46)

③ 동사 grow는 주격보어를 취하는 동사이며, 주격보어 자리에는 형용사가 와야 하므로 impatient가 온 것이 적절하다. (불변의 패턴 35-1)

④ 뒤에 주어(their work)와 동사(will lead)가 모두 있는 완전한 절이 왔으며, 문맥상 '일이 어떤 의미 있는 것으로 이어질지를 궁금해하다'라는 의미로 동사 wonder의 목적어 역할을 하는 명사절이 와야 하므로, '~인지 (아닌지)'라는 의미로 완전한 절 앞에 올 수 있는 명사절 접속사 if가 온 것이 적절하다. (불변의 패턴 47)

⑤ '한 가지 기술을 발달시키는 것'이라는 의미의 동사 can show의 주어가 필요하다. 따라서 주어 자리에 올 수 있도록 명사 역할을 하는 동명사 developing이 온 것이 적절하다. (불변의 패턴 21-2)

해석 나는 오랜 시간 동안 사람이 한 가지 일에 집중하고 그것을 통달함으로써 삶의 진리를 찾을 수 있다고 믿어 왔다. 예를 들어, 나는 수년 동안 그의 일에 전념해 온 목수를 알고 있다. 그는 훌륭한 기술들을 가지

고 있고 또한 인생에 대해 많은 것을 말할 수 있다. 안타깝게도, 학교를 졸업하는 젊은 사람들은 그들의 재미없고, 기본적인 수준의 일에 금방 조급해진다. 그들은 자신들의 일이 의미 있는 어떤 것으로 이어질지를 궁금해하고 다른 책무를 요구하지만, 그들은 절대 만족하지 못할 수도 있다. 만약 우리의 지식이 넓지만 얕다면, 우리는 사실 아무것도 모른다. 그러나 한 가지 기술을 엄청난 깊이로 발달시키는 것은 삶의 진리를 보여줄 수 있다.

어휘 **master** 통달하다, 숙달하다 **devote** 전념하다, 몰두하다
impatient 조급한, 초조한 **unattractive** 재미없는, 매력적이지 못한
responsibility 책무, 책임 **shallow** 얕은

14 정답 ③ **which → where 또는 in which**

해설 ③ However, we live in **a society where/in which gender**
　　　　　　　　　　　　선행사(장소) 관계부사 / 「전치사 + 관계대명사」
roles and boundaries are not as **strict** as in ~.
　　　주어　　　　　　동사　　　　주격보어

뒤에 주어(gender roles and boundaries), 동사(are), 주격보어(strict)가 모두 있는 완전한 절이 왔고 선행사 a society가 장소를 나타내므로, which가 아니라 관계부사 where 또는 「전치사 + 관계대명사」 in which가 와야 한다. 관계대명사 which는 불완전한 절 앞에 온다. (불변의 패턴 46)

오답 분석 ① 뒤에 주어(women), 동사(are encouraged), 목적격보어(to care)가 모두 있는 완전한 절이 왔으므로 「전치사 + 관계대명사」 in which가 온 것이 적절하다. 5형식 동사인 encourage를 수동태로 쓰면, 능동태 문장의 목적어가 주어(women)가 되면서 동사 뒤에 목적어 없이 목적격보어(to care)가 바로 온다. (불변의 패턴 46)

② 문맥상 '스스로에 대해 자랑스럽다고 느끼는 것'이라는 의미로, 전치사 of의 목적어가 to부정사의 의미상 주어인 men과 동일한 대상을 가리키므로 재귀대명사 themselves가 온 것이 적절하다. make는 5형식 동사로, it이 가목적어, difficult는 목적격보어, to feel ~ success가 진짜 목적어이다. for men은 진짜 주어인 to부정사의 의미상 주어를 나타낸다. (불변의 패턴 29)

④ 절(We ~ stereotyping)과 절(there ~ individuals)이 연결되어야 하며, 문맥상 '개인들 사이에 차이가 있기 때문에 위험성을 인지해야 한다'라는 의미가 되는 것이 자연스러우므로 '~기 때문에'라는 의미를 가진 접속사 as가 온 것이 적절하다. (불변의 패턴 44)

⑤ 전치사 on의 목적어 역할을 하는 명사절이 와야 한다. 밑줄 친 단어 뒤에 주어(people), 동사(perceive, interpret, and respond to), 목적어(conflict)가 모두 있는 완전한 절이 왔으며, 문맥상 '어떻게 사람들이 갈등을 인지하고, 해석하고, 대응하는지'라는 의미가 되는 것이 자연스러우므로 '어떻게 ~하는지, ~하는 방법'이라는 의미로 완전한 절 앞에 올 수 있는 명사절 접속사 how가 온 것이 적절하다. (불변의 패턴 47)

해석 몇몇 성별 연구는 서양 문화권의 여성들이 남성들보다 더 배려하는 경향이 있다고 시사한다. 이러한 경향은 여성이 가족을 돌보도록 권장되고 남성은 업무 환경에서 경쟁하도록 권장되는 사회화 과정에서 비롯될 수 있다. 이러한 환경들은 남성들이 그들 자신들의 성공에 대한 칭찬이 주어지지 않을 때 스스로에 대해 자랑스럽다고 느끼는 것을 어렵게 만든다. 그러나, 우리는 성 역할과 경계가 이전의 세대만큼 엄격하지 않은 사회에서 산다. 개인들 사이에 상당한 차이가 있기 때문에 우리는 고정관념을 형성하는 것의 위험성을 인지해야 한다. 문화와 성별은 어떻게 사람들이 갈등을 인지하고 해석하고 대응하는지에 영향을 미칠 수 있지만, 우리는 과잉일반화를 피하고 개인의 차이를 고려하도록 주의를 기울여야 한다.

어휘 **suggest** 시사하다 **caring** 배려하는 **tendency** 경향
socialization 사회화 **competitive** 경쟁을 하는
credit 칭찬, 공 **boundary** 경계 **generation** 세대
stereotype 고정관념을 형성하다 **significant** 상당한, 중요한
perceive 인지하다 **interpret** 해석하다 **conflict** 갈등
overgeneralization 과잉일반화

15 정답 ③ it → they

해설 ③ <u>Most people</u> understood this ~ and, <u>they</u> continued
　　　　　복수명사　　　　　　　　　　　복수대명사
doing it the same way.

and 뒤가 문맥상 '대부분의 사람들은 계속 같은 방식으로 했다'라는 의미로, 앞서 언급된 복수명사 Most people을 가리키므로, 단수대명사 it이 아니라 복수대명사 they가 와야 한다. (불변의 패턴 28)

오답 ① 절(freestyle ~ strokes)과 절(each ~ performed)사이에 따로 접
분석 속사가 없고, 명사구 swimming strokes를 보충 설명하는 절(each ~ performed)을 연결해야 하므로, 관계대명사 which가 온 것이 적절하다. (불변의 패턴 45)

② 주어 their arms가 동사 pull이 나타내는 '당기는' 행위의 대상이므로, 수동태 were pulled가 온 것이 적절하다. (불변의 패턴 10)

④ '효과적으로 경쟁하다'라는 의미로 앞에 있는 동사 compete를 수식하고 있으므로 부사 effectively가 온 것이 적절하다. (불변의 패턴 34)

⑤ 문맥상 '그들의 결정이 무엇인지 공표했다'라는 의미이므로, 동사 declared의 목적어 역할을 하는 명사절이 와야 한다. 뒤에 주어 (their decision)와 be동사(was)만 있고 주격보어가 없는 불완전한 절이 왔으며, 문맥상 '그들의 결정이 무엇인지'라는 의미가 되는 것이 자연스러우므로 '무엇이 ~하는지'라는 의미로 불완전한 절 앞에 올 수 있는 명사절 접속사 what이 온 것이 적절하다. (불변의 패턴 47)

해석 1920년대까지, 자유형, 배영, 평영이 유일한 세 가지 경기용 영법이었고, 그것들 각각에는 그것이 어떻게 행해져야 하는지를 설명하는 구체적인 규칙들이 있었다. 사람들이 배영을 할 때, 그들의 팔은 물속에서 같이 당겨진 후 동시에 당기는 자세의 처음으로 되돌아갔다. 대부분의 사람들은 이러한 팔 움직임을 물속에서의 움직임으로 이해했고, 그들은 계속 같은 방식으로 그것을 했다. 그러나 1920년대에, 일부 수영선수들은 그들의 팔을 물 밖으로 들어올리기 시작했다. 이 새로운 배영이 약 15퍼센트 더 빨랐기 때문에, 기존의 형식을 이용하는 사람들은 그들의 경쟁자들과 효과적으로 경쟁할 수 없었다. 그 문제를 해결하기 위해 무언가가 행해져야만 했다. 수영 관계자들은 곧 그들의 결정이 무엇인지 공표했고, 그들은 그것을 별개의 영법으로 만들었다. 이 새로운 영법은 '접영'으로 알려지게 되었고, 1956년에 올림픽 경기로 도입되었다.

어휘 freestyle 자유형　backstroke 배영　breaststroke 평영
swimming stroke 영법　specific 구체적인
simultaneously 동시에, 일제히　conventional 기존의, 관습적인
official 관계자　declare 공표하다, 선언하다
separate 별개의, 서로 다른　butterfly 접영

16 정답 (1) ⓒ because → because of
　　　　ⓓ which → when 또는 at which

(2) so severely that it can't[cannot] swim to the surface

해설 (1) ⓒ 뒤에 온 its own weight는 명사구이므로, because가 아니라 because of가 와야 한다. (불변의 패턴 42)

ⓓ 뒤에 주어(an elephant)와 동사(falls down)가 모두 있는 완전한 절이 왔고 선행사 the moment가 시간을 나타내므로, 관계대명사 which가 아니라 관계부사 when 또는 「전치사 + 관계대명사」at which가 와야 한다. 관계대명사 which는 불완전한 절 앞에 온다. (불변의 패턴 46)

오답 (1) ⓐ 문맥상 '동물의 행동을 연구하는 일이 주어졌던 과학자들'이
분석 라는 의미로, 앞에 있는 명사 Scientists를 수식하는 것이 자연스럽고, 밑줄 친 단어 뒤에 동사(were given), 직접목적어(the task)만 있고 주어가 없는 불완전한 절이 왔다. 따라서 사람을 가리키는 선행사 Scientists 뒤에 올 수 있는 관계대명사 who가 온 것이 적절하다. (불변의 패턴 45, 46)

ⓑ 문맥상 '동물들이 어떻게 돕는지 보여주었다'라는 의미이므로, 동사 showed의 목적어 역할을 하는 명사절이 와야 한다. 뒤에 주어(some animals), 동사(help), 목적어(other injured ones)가 모두 있는 완전한 절이 왔으며, 문맥상 '동물들이 다른 다친 동물들을 어떻게 돕는지'라는 의미가 되는 것이 자연스러우므로 '어떻게 ~하는지, ~하는 방법'이라는 의미로 완전한 절 앞에 올 수 있는 명사절 접속사 how가 온 것이 적절하다. (불변의 패턴 47)

해설 (2) For instance, if a dolphin is wounded <u>so severely that</u>
　　　　　　　　　　　　　　　　　　　　　　　　so　　부사　　　that
<u>it can't[cannot] swim</u> to the surface by itself, other
　주어　　　　동사
dolphins push it upward.

주어진 문장이 '너무 (형용사/부사)해서 ~하다'라는 의미이므로 that을 쓰는 특수한 구문인 「so + 형용사/부사 + that + 주어 + 동사」 형태로 써야 한다. 따라서 so severely 뒤에 접속사 that을 함께 쓰고 주어(it), 동사(can't[cannot] swim)를 써야 한다. (불변의 패턴 49)

해석 동물의 행동을 연구하는 일이 주어졌던 과학자들은 놀라운 발견을 했다. 그들의 연구는 몇몇 동물들이 다른 다친 동물들을 어떻게 돕는지 보여주었다. 예를 들어, 만약 돌고래가 너무 심하게 다쳐서 그것이 혼자서 수면으로 헤엄칠 수 없다면, 다른 돌고래들이 그것을 밀어 올린다. 만약 필요하다면, 그들은 몇 시간 동안 이것을 계속할 것이다. 같은 종류의 일이 코끼리들 사이에서 일어난다. 쓰러진 코끼리는 그것의 몸무게 때문에 숨 쉬는 데 어려움을 겪거나, 햇볕에서 과열될 수 있다. 많은 코끼리 전문가들은 코끼리가 쓰러지는 순간에, 무리의 다른 구성원들이 그것을 일으켜 세우려 한다고 보고했다.

어휘 task 일, 과업　discovery 발견　wounded 다친
severely 심하게　surface 수면　overheat 과열되다

CHAPTER 09 병렬·생략·어순·도치

불변의 패턴 50　and/or/but 앞뒤로 형태와 기능이 대등한 것끼리 나열되어야 한다.　본책 p.154

TYPE 1 동사는 동사끼리　p.154

1 정답 refuse

해설 <u>He can take</u> what's offered <u>or refuse</u> to take anything.
　　　　주어 조동사 동사원형　등위접속사 동사원형

해석 그는 제공되는 것을 받아들이거나 어떤 것이든 받는 것을 거절할 수 있다.

어휘 refuse 거절하다

2 정답 are

해설 <u>Productivity improvements</u> generally <u>raise</u> the standard
　　　　복수주어　　　　　　　　　　　　　복수동사
of living for everyone <u>and are</u> good indications ~.
　　　　　　　　　　등위접속사 복수동사

해석 생산성 향상은 일반적으로 모든 사람의 생활 수준을 높이고 건강한 경제의 좋은 지표이다.

어휘 productivity 생산성　improvement 향상　indication 지표, 조짐

3 정답 **remarked**

해설 <u>The security officer</u> <u>accepted</u> the responsibility for the
　　　　주어　　　　　　　　　동사
expensive jewelry <u>and</u> <u>remarked</u>, "I'll be very glad ~."
　　　　　　　　　등위접속사　동사

해석 그 경비원은 비싼 보석에 대한 책임을 받아들였고 "당신을 위해 그것
을 맡게 되어 매우 기쁠 것입니다"라고 말했다.

어휘 security 경비, 보안　responsibility 책임
remark 말하다, 언급하다

4 정답 **buying → buy**

해설 If you want a smaller place, <u>get</u> rid of your belongings
　　　　　　　　　　　　　　　명령문의 동사원형
<u>and</u> <u>buy</u> a small apartment.
등위접속사　동사원형

해석 만약 당신이 더 작은 장소를 원한다면, 당신의 소유물을 처분하고 작
은 아파트를 사라.

어휘 get rid of ~을 처분하다, 없애다　belonging 소유물, 소지품

5 정답 **walks → walk**

해설 <u>The driver</u> <u>must</u> <u>get</u> out of the car, <u>pump</u> the gas, <u>and</u>
　　　　주어　　조동사　동사원형　　　　　동사원형　　　등위접속사
<u>walk</u> over to the booth to pay.
동사원형

해석 운전자는 차에서 내리고, 기름을 넣고, 돈을 내기 위해 부스까지 걸어
가야 한다.

어휘 get out of (차에서) 내리다, ~에서 나오다
pump the gas (차량 등에) 기름을 넣다

6 정답 **ignoring → ignores**

해설 When <u>the doctor</u> only <u>spends</u> funding on the latest
　　　　　　단수주어　　　　단수동사
medical equipment <u>but</u> <u>ignores</u> the cost, financial
　　　　　　　　　등위접속사　단수동사
problems can occur.

해석 의사가 최신 의료 장비에만 자금을 쓰고 비용을 무시하면, 재정적 문
제가 발생할 수 있다.

어휘 funding 자금　latest 최신의

TYPE 2 동명사는 동명사끼리, to부정사는 to부정사끼리　p.155

1 정답 **cutting**

해설 <u>By</u> <u>living</u> with their parents <u>and</u> drastically <u>cutting</u> their
전치사　동명사　　　　　　　등위접속사　　　　　　동명사
leisure expenses, ~.

해석 그들의 부모와 함께 살고 여가 비용을 과감하게 줄임으로써, 그들은
차를 살 돈을 모으기를 희망했다.

어휘 drastically 과감하게　cut 줄이다　leisure 여가　expense 비용

2 정답 **act**

해설 The tools of the digital age give us <u>a way</u> to easily <u>get</u>,
　　　　　　　　　　　　　　　　명사　　to부정사
　　　　　　　　　등위접속사
<u>share</u>, <u>and</u> <u>act on</u> information in new ways.
to를 생략한　to를 생략한 동사원형
동사원형

해석 디지털 시대의 도구들은 새로운 방식으로 우리가 정보를 쉽게 얻고, 공
유하고, 그에 따라서 행동하는 방법을 제공한다.

어휘 act on ~에 따라서 행동하다

3 정답 **to enjoy**

해설 In the late 1700s, the circus <u>encouraged</u> millions of people
<u>to see</u> wild animals <u>or to enjoy</u> stage shows ~,
to부정사　　　　　　　등위접속사　to부정사

해석 1700년대 후반에, 서커스는 수백만 명의 사람들이 야생동물들을 보
는 것이나 굉장한 엔터테이너들에 의해 행해지는 무대 공연을 즐기는
것을 장려했다.

4 정답 **mailing**

해설 <u>Instead of</u> <u>writing</u> a letter with pen and paper <u>and</u> then
전치사　　동명사　　　　　　　　　　　　　등위접속사
<u>mailing</u> it, we send an e-mail.
동명사

해석 펜과 종이로 편지를 쓰고 나서 그것을 우편으로 보내는 대신에, 우리
는 이메일을 보낸다.

어휘 mail (우편으로) 보내다

TYPE 3 분사/형용사는 분사/형용사끼리　p.156

1 정답 **O**

해설 Your dog automatically knows the way to make you
<u>feel</u> <u>important</u> <u>and</u> <u>loved</u>.
　　　형용사　등위접속사　분사

해석 당신의 개는 당신이 중요하고 사랑받는다고 느끼게 만드는 방법을 무
의식적으로 안다.

어휘 automatically 무의식적으로, 자동으로

2 정답 **excitedly → excited**

해설 Looking <u>lively</u> <u>and</u> <u>excited</u>, ~.
　　　　　형용사　등위접속사　분사

해석 기운차고 신나 보이는 채로, Johnny는 수영장으로 달려가서 뛰어 들
어갔다.

3 정답 **while it is making → making**

해설 ~, <u>increasing your confidence</u> <u>and</u> <u>making the</u>
　　　　　　분사구문　　　　　　　등위접속사　　분사구문
<u>presentation easier</u>.

해석 당신의 부정적인 생각들을 직시하는 것은 자신감을 높이고 발표를 더
쉽게 만들면서, 당신이 어려움을 극복하는 것을 돕는다.

어휘 face 직시하다, 받아들이다　overcome 극복하다

4 정답 **O**

해설 Old coins are far more valuable if they are <u>neither</u> too
<u>worn</u> nor too <u>damaged</u>.　　　　상관접속사(neither ~ nor)
분사　　　　　분사

해석 오래된 동전들은 만약 그것들이 너무 닳거나 너무 손상되지 않았다면
훨씬 더 가치가 크다.

어휘 valuable 가치가 큰, 귀중한　worn 닳은

1 정답 **to place → placing**

해설 Compared to robots, humans are more capable **of** **operating** machines **and placing** them in ~. (전치사)
동명사 / 등위접속사 동명사

문맥상 '기계를 조작하고 그것들을 배치하는 것을 더 잘할 수 있다'라는 의미로 전치사 of의 목적어 두 가지가 나열되는 것이 자연스럽다. 전치사의 목적어 operating은 동명사이므로, and 뒤에 placing이 와야 한다. (불변의 패턴 50-2)

해석 로봇에 비해, 인간은 기계를 조작하고 그것들을 적절하고 유용한 위치에 배치하는 것을 더 잘할 수 있다.

어휘 operate 조작하다 place 배치하다, 놓다 appropriate 적절한

2 정답 **dropping → dropped**

해설 **The researchers took** a light, **tied** it to a rope, **and dropped** it into the cave.
주어 / 동사 / 동사 / 등위접속사 / 동사

문맥상 '연구원들이 전등을 가져와서, 밧줄에 묶고, 떨어뜨렸다'라는 의미로 주어 The researchers의 동사 3개가 나열되는 것이 자연스럽다. took과 tied는 과거시제 동사이므로, and 뒤에 dropped가 와야 한다. (불변의 패턴 50-1)

해석 그 연구원들은 전등을 가져와서, 밧줄에 묶고, 그것을 동굴 안으로 떨어뜨렸다.

어휘 light (전)등, 조명 lower 내리다, 낮추다

3 정답 **O**

해설 Staying in ~ humans **learned to cultivate** plants **and tame** animals.
to부정사 / 등위접속사
to를 생략한 동사원형

문맥상 '식물을 재배하고 동물을 길들이는 데에 도움이 되었다'라는 의미로 동사 helped의 목적어 2개가 나열되는 것이 자연스럽다. 따라서 to cultivate와 대등한 to부정사가 와야 하지만, 뒤에 나열된 to부정사는 to를 생략할 수 있으므로, 동사원형 tame이 온 것이 적절하다. (불변의 패턴 50-2)

해석 한 지역에 긴 시간 머무르는 것은 초기 인류가 식물을 재배하고 동물을 길들이는 데 도움이 되었다.

어휘 extended 긴, 장기간에 걸친 cultivate 재배하다, 경작하다 tame 길들이다

4 정답 **O**

해설 ~ when you **are lonely and frustrated**.
형용사 등위접속사 분사

문맥상 '외롭고 좌절감을 느낄 때'라는 의미로 형용사 2개가 연결되는 것이 자연스럽다. lonely는 -ly로 끝나지만 형용사이고, frustrated는 형용사 역할을 하는 분사이므로 함께 나열될 수 있다. 따라서 and 뒤에 frustrated가 온 것이 적절하다. (불변의 패턴 50-3)

해석 요가의 장점은 그것이 당신이 외롭고 좌절감을 느낄 때 당신을 도울 수 있다는 것이다.

어휘 frustrated 좌절감을 느끼는

5 정답 **leaves → leave**

해설 These bees are similar to **cuckoo birds, which lay** an egg
선행사(복수명사) 주격 관계대명사 복수동사
in the nest of another bird **and leave** it for that bird to raise.
등위접속사 복수동사

문맥상 '알을 낳고 그것을 내버려 둔다'라는 의미로 선행사 cuckoo birds를 주어로 하는 동사 2개가 나열되는 것이 자연스럽다. cuckoo birds가 복수명사이므로, and 뒤에도 leaves가 아니라 leave가 와야 한다. (불변의 패턴 50-1)

해석 이 벌들은 뻐꾸기와 비슷한데, 뻐꾸기는 다른 새의 둥지에 알을 낳고 그 새가 그것을 기르도록 내버려 둔다.

어휘 cuckoo bird 뻐꾸기 lay (알을) 낳다 nest 둥지 raise 기르다, 키우다

6 정답 **is not to replace verbal communication but rather complement it**

해설 The aim of non-verbal communication is **not to replace** verbal communication **but rather** **complement** it.
to부정사
to를 생략한 동사원형

'대체하기 위한 것이 아니라 오히려 보완하기 위한 것이다'라는 의미가 되어야 하므로 'A가 아니라 오히려 B'라는 의미의 not A but rather B의 A 자리에 to replace verbal communication이 오고, B 자리에 complement it이 와야 한다. to replace는 to부정사이지만, 뒤에 나열되는 to부정사에서 to는 생략 가능하며, to complement로 쓰면 11단어가 되어 조건에 맞지 않기 때문에 complement를 동사원형 그대로 써야 한다. (불변의 패턴 50-2)

어휘 non-verbal 비언어적인 replace 대체하다 complement 보완하다

불변의 패턴 51 and/but/or 뒤에 반복되는 어구를 생략하고 남는 것이 그대로 와야 한다.

본책 p.158

1 정답 **Alton's Cookie is, wraps → wrapped**

해설 문맥상 and 뒤가 'Alton's 쿠키는 개별적으로 포장되어 있다'가 되는 것이 자연스러우므로, 생략 전 내용은 Alton's Cookie is wrapped individually가 되어야 한다. 따라서 and 앞에서 언급된 Alton's Cookie is가 생략되어 있고, 밑줄 친 곳에는 wrapped가 와야 한다.

해석 Alton's 쿠키는 직사각형 모양이며 개별적으로 포장되어 있다.

어휘 rectangular 직사각형의 wrap 포장하다 individually 개별적으로, 각각 따로

2 정답 **the criminals were, deny → denying**

해설 문맥상 but 뒤가 '그 범죄자들은 자신들의 역할을 부인하고 있었다'가 되는 것이 자연스러우므로, 생략 전 내용은 the criminals were denying their role이 되어야 한다. 따라서 but 앞에서 언급된 the criminals were가 생략되어 있고, 밑줄 친 곳에는 denying이 와야 한다.

해석 그 범죄자들은 그 범죄에서의 자신들의 역할을 인정하는 게 아니라 부인하고 있었다.

어휘 criminal 범죄자 admit 인정하다, 시인하다 deny 부인하다

3 정답 **because he was, allow → allowed**

해설 문맥상 or 뒤가 '그가 전화기를 사용하는 것이 허용되지 않았기 때문에'가 되는 것이 자연스러우므로, 생략 전 내용은 because he was not allowed to use his phone이 되어야 한다. 따라서 or 앞에서 언급된 because he was가 생략되어 있고, 밑줄 친 곳에는 allowed가 와야 한다.

해석 그가 업무로 바빴거나 그의 전화기를 사용하는 것이 허용되지 않았기 때문에 Jeremy는 전화를 받지 않았다.

어휘 occupied 바쁜, 열중해 있는 allow 허용하다, 허락하다

4 정답 **we tend to, argued → argue**

해설 문맥상 and 뒤가 '우리는 같은 사실에 대해 언쟁을 하는 경향이 있다'가 되는 것이 자연스러우므로, 생략 전 내용은 we tend to argue over the same sets of facts가 되어야 한다. 따라서 and 앞에서 언급된 we

tend to가 생략되어 있고, 밑줄 친 곳에는 argue가 와야 한다.

해석 우리는 같은 일에 신경 쓰이고, 같은 상황에 짜증이 나고, 같은 사실에 대해 언쟁을 하는 경향이 있다.

어휘 bother 신경 쓰이게 하다, 괴롭히다 argue 언쟁을 하다, 주장하다

불변의 패턴 52 반복되는 내용 대신 쓰는 do/be/have동사는 그것이 대신하는 동사와 종류가 일치해야 한다. 본책 p.158

1 정답 **did**

해설 문맥상 as 뒤가 '그것이 르네상스에 발전했다'인 것이 자연스러우므로, 생략 전 내용은 it developed in the Renaissance로 볼 수 있다. 반복되는 동사가 일반동사의 과거형 developed이므로 do동사의 과거형 did가 와야 한다.

해석 중세 시대에는, 과학 지식이 르네상스에 그랬던 만큼 크게 발전하지 않았다.

어휘 Middle Ages 중세 시대

2 정답 **have**

해설 문맥상 but 뒤가 '그것과 동반한 강풍은 문제를 초래했다'인 것이 자연스러우므로, 생략 전 내용은 the strong winds that came with it have caused problems로 볼 수 있다. 반복되는 동사가 have caused이므로, have가 와야 한다.

해석 그 폭풍의 폭우는 아무 문제도 초래하지 않았지만, 그것과 동반한 강풍은 그랬다.

어휘 cause 초래하다, 일으키다

3 정답 **did**

해설 문맥상 than 뒤가 '그들이 페르시아인이나 그리스인이 아닌 사람들과 거래했다'인 것이 자연스러우므로, 생략 전 내용은 they traded with Persians or other non-Greeks로 볼 수 있다. 반복되는 동사가 일반동사의 과거형 traded이므로 do동사의 과거형 did가 와야 한다.

해석 그리스인들은 그들이 페르시아인이나 그리스인이 아닌 사람들과 그랬던 것보다 서로 훨씬 더 자주 거래했다.

어휘 trade 거래하다

4 정답 **does → is**

해설 문맥상 as 뒤가 '그것이 개인 사업에 중요하다'인 것이 자연스러우므로, 생략 전 내용은 it is important to the individual business로 볼 수 있다. 반복되는 동사가 be동사 is이므로 does가 아니라 is가 와야 한다.

해석 생산성은 그것이 개인 사업에 중요한 만큼 경제에 중요하다.

5 정답 **is → does**

해설 문맥상 but 뒤가 '그것은 훨씬 더 적은 에너지로 잘 세탁한다'인 것이 자연스러우므로, 생략 전 내용은 it cleans clothes well with far less energy ~로 볼 수 있다. 반복되는 동사가 일반동사의 3인칭 단수형 cleans이므로 is가 아니라 does가 와야 한다.

해석 그 세탁기는 옷을 잘 세탁할 뿐만 아니라, 그것은 손으로 세탁하는 것보다 훨씬 더 적은 에너지로 그렇게 한다.

6 정답 **have → are**

해설 문맥상 but 뒤가 '그들이 극도로 아프다면 응급실로 가야 한다'인 것이 자연스러우므로, 생략 전 내용은 if they are extremely sick으로 볼 수 있다. 반복되는 동사가 are로 be동사이므로, have가 아니라 are가 와야 한다.

해석 극도로 아프지 않은 사람은 진료 예약을 해야 하지만, 만약 그들이 그렇다면 응급실로 가야 한다.

어휘 extremely 극도로 doctor's appointment 진료 예약 emergency room 응급실

불변의 패턴 53 간접의문문은 「의문사 + 주어 + 동사」 순으로 와야 한다. 본책 p.160

1 정답 **what are you doing → what you are doing**

해설 what ~ doing은 전치사 about의 목적어로 문장의 일부를 이루는 간접의문문이므로, what are you doing이 아니라 「의문사 + 주어 + 동사」 순인 what you are doing 순서로 와야 한다.

해석 당신은 항상 스스로에게 그 순간에 당신이 무엇을 하고 있는지에 대한 질문을 하고, 진행할 가장 좋은 방법을 결정해야 한다.

어휘 proceed 진행하다

2 정답 **O**

해설 when ~ return은 전치사 about의 목적어로 문장의 일부를 이루는 간접의문문이므로, 「의문사 + 주어 + 동사」 순인 when gas prices will return 순서로 온 것이 적절하다.

해석 그 국가 공무원은 언제 유가가 정상으로 돌아올지에 대한 연설을 할 계획을 한다.

어휘 official 공무원, 관리 gas price 유가, 연료비

3 정답 **where they spend → where do they spend**

해설 but 뒤의 내용이 '그들은 어디에서 겨울을 보내는가?'라는 의미의 일반적인 의문문이므로, where they spend가 아니라 「의문사 + 동사 + 주어」 순의 where do they spend 순서로 와야 한다.

해석 이 새들이 가을에 그 지역을 떠난다는 것이 확실하지만, 그들은 어디

에서 겨울을 보내는가?

4 정답 **how vast was it → how vast it was**

해설 how ~ it은 동사 remembered의 목적어로 문장의 일부를 이루는 간접의문문이므로, how vast was it이 아니라 「의문사 + 주어 + 동사」 순인 how vast it was 순서로 와야 한다. 간접의문문의 「주어 + 동사」 앞에는 how vast와 같이 how + 형용사(얼마나 ~한)가 올 수 있다.

해석 그 아이들이 양배추밭을 봤을 때, 그들은 그것이 얼마나 광활했는지 불현듯 기억했다.

어휘 cabbage 양배추 patch 밭, (특히 채소나 과일을 기르는) 작은 땅 suddenly 불현듯, 갑자기 vast 광활한, 광대한

5 정답 **what methods can they use → what methods they can use**

해설 what ~ use는 동사 are discussing의 목적어인 간접의문문이므로, what methods can they use가 아니라 「의문사 + 주어 + 동사」 순인 what methods they can use 순서로 와야 한다. 간접의문문의 「주어 + 동사」 앞에는 what + 명사(어떤 ~)가 올 수 있다.

해석 전문가들은 미래에 기름 유출로 인한 수질 오염을 방지하기 위해 그들이 어떤 방법을 사용할 수 있을지 논의하고 있다.

어휘 water pollution 수질 오염

6 정답 **O**

해설 how ~ built는 전치사 about의 목적어로 문장의 일부를 이루는 간접 의문문이므로,「의문사 + 주어 + 동사」순인 how the Egyptians built 순서로 온 것이 적절하다.

해석 이집트인들이 어떻게 고대 피라미드를 건설했는지에 관한 몇 가지 다른 이론들이 있다.

어휘 ancient 고대의

Mini TEST 불변의 패턴 51~53

본책 p.161

1 정답 **has → is**

해설 문맥상 than 뒤가 '전통 스포츠 팬들의 수가 증가하고 있다'인 것이 자연스러우므로, 생략 전 내용은 the number of traditional sports fans is increasing으로 볼 수 있다. 반복되는 내용이 is increasing이므로 has가 아니라 is가 와야 한다. (불변의 패턴 52)

해석 e스포츠를 보는 팬들의 수는 전통 스포츠 팬들의 수가 증가하는 것보다 훨씬 더 빠르게 증가하고 있다.

어휘 rapidly 빠르게

2 정답 **O**

해설 문맥상 as 뒤가 '묽은 수프가 매우 높은 수분 함량을 갖고 있다'인 것이 자연스러우므로, 생략 전 내용은 broth-based soups have a very high water content로 볼 수 있다. 반복되는 동사가 일반동사 have이므로 do동사 do가 오는 것이 적절하다. (불변의 패턴 52)

해석 상추, 오이, 토마토와 같은 샐러드 채소 또한 묽은 수프가 그렇듯이 매우 높은 수분 함량을 가지고 있다.

어휘 lettuce 상추 water content 수분 함량, 수분 broth 묽은 수프

3 정답 **how long had her mother been dead → how long her mother had been dead**

해설 how ~ dead는 동사 know의 목적어로 문장의 일부를 이루는 간접의문문이므로, how long had her mother been dead가 아니라 「의문사 + 주어 + 동사」순인 how long her mother had been dead 순서로 와야 한다. (불변의 패턴 53)

해석 Thomas는 그녀의 아버지가 어땠는지, 그리고 그녀의 어머니가 돌아가신 지 얼마나 오래됐는지 알고 싶어 했다.

4 정답 **change → changed**

해설 문맥상 and 뒤가 '음악이 소리로 다시 변경될 수 있다'가 되는 것이 자연스러우므로 생략 전 내용은 music can be changed back ~이 되어야 한다. 이중 and 앞의 언급된 어구와 반복되는 music can be가 생략되면, 밑줄 친 곳에는 change가 아니라 changed가 와야 한다. (불변의 패턴 51)

해석 음악은 MP3 또는 WAV 파일과 같이 디지털 방식으로 저장되고 나서 우리가 들을 수 있는 소리로 다시 변경될 수 있다.

5 정답 **has → does**

해설 문맥상 세미콜론(;) 뒤가 '씨앗이 잘 자랄 환경을 만드는 것은 많은 정보를 필요로 한다'인 것이 자연스러우므로, 생략 전 내용은 creating an environment ~ requires great intelligence로 볼 수 있다. 반복되는 동사가 requires로 일반동사의 3인칭 단수형이므로 has가 아니라 does가 와야 한다. (불변의 패턴 52)

해석 씨앗을 심는 것은 많은 정보를 필요로 하지 않지만, 씨앗이 잘 자랄 환경을 만드는 것은 그렇다.

어휘 intelligence 정보, 지능 successfully 잘, 성공적으로

6 정답 **what the computer problem was and when it was broken**

해설 '컴퓨터의 문제가 무엇이었고 언제 그것이 고장 났는지'가 동사 asked의 목적어로 문장의 일부를 이루는 간접의문문이므로 「의문사 + 주어 + 동사」순인 what the computer problem was와 when it was broken의 순서로 써야 한다. (불변의 패턴 53)

어휘 technician 기술자

불변의 패턴 54 「타동사 + 부사」의 목적어가 대명사면 타동사와 부사 사이에 와야 한다.

본책 p.162

1 정답 **woke up them → woke them up**

해설 wake up은 「타동사 + 부사」이고, 이때 목적어가 대명사이면 타동사와 부사 사이에 와야 하므로, woke up them이 아니라 woke them up 순으로 와야 한다.

해석 사람들은 무언가가 그들을 깨웠다고 주장하며 한밤중에 경찰에 신고했다.

어휘 claim 주장하다

2 정답 **O**

해설 put out은 「타동사 + 부사」이고, 이때 목적어가 명사이면 타동사와 부사 사이에 오거나 부사 뒤에 올 수 있으므로, putting the fire out 순으로 온 것이 적절하다.

해석 그 소방대 팀은 불을 끄는 것에 진전을 보이기 시작했다.

어휘 crew (함께 일을 하는) 팀 progress 진전, 진척

3 정답 **deals it with → deals with it**

해설 deal with는 「자동사 + 전치사」이고, 이때 목적어는 전치사 뒤에 와야 하므로, deals it with가 아니라 deals with it 순으로 와야 한다.

해석 나의 어린 시절은 어려웠고, 나의 새 책 중 대부분은 그것을 다룬다.

4 정답 **O**

해설 give away는 「타동사 + 부사」이고, 이때 목적어가 대명사이면 타동사와 부사 사이에 와야 하므로, given him away 순으로 온 것이 적절하다.

해석 할머니는 동물 보호소에서 개를 한 마리 입양했는데, 그 보호소는 한 가족이 그 동물을 줘버린 이후에 그를 보살펴 왔다.

1 정답 O

해설 <u>Beneath the stamped mark</u> <u>was</u> <u>a note</u> from the bank
　　 장소를 나타내는 어구　　　　　동사　주어
in ink.

해석 도장이 찍힌 표시 아래에 은행으로부터 온 메모가 잉크로 적혀 있었다.

어휘 beneath ~ 아래에, 밑에　stamp (도장 등을) 찍다

2 정답 I realized → did I realize

해설 <u>Not until</u> I got home and reached for the house key <u>did</u>
　　 부정 의미의 어구　　　　　　　　　　　　　　　　　　 조동사
<u>I realize</u> that I had left my purse ~.
　주어 동사원형

해석 나는 집에 도착해서 집 열쇠로 손을 뻗을 때에서야 내가 버스 정류장 벤치에 지갑을 두고 왔다는 것을 깨달았다.

어휘 realize 깨닫다, 알아차리다

3 정답 they can create → can they create

해설 ~, rarely <u>can</u> <u>they</u> <u>create</u> danger for humans.
　　 부정 의미의 어구 조동사 주어 동사원형

해석 그 뱀들은 매우 독성이 강하지만, 그들은 인간에게 위험을 거의 야기할 수 없다.

어휘 poisonous 독성의, 독이 있는

4 정답 O

해설 <u>Across the sea</u> <u>sailed</u> <u>the ship</u>, ~
　　 방향을 나타내는 어구　동사　주어

해석 바다를 가로질러 배가 항해했고, 그 배는 이민자들을 새 땅으로 데려 갔다.

어휘 immigrant 이민자

5 정답 Never violence is → Never is violence
　　　　　　　　　　　　　　　동사

해설 <u>Never</u> <u>is</u> <u>violence</u> an appropriate response to a situation,
　　 부정 의미의 어구　주어
so it is important to control your temper.

해석 폭력은 절대로 상황에 대한 적절한 반응이 아니므로, 당신의 화를 조절하는 것이 중요하다.

어휘 violence 폭력, 폭행　response 반응, 응답　temper 화, 성미

6 정답 hardly Greg had fallen → hardly had Greg fallen
　　　　　　　　　　　　　have동사
해설 ~ <u>hardly</u> <u>had</u> <u>Greg</u> fallen asleep on Saturday night.
　　 부정 의미의 어구　　주어

해석 토요일 밤 그의 이웃이 음악을 시끄럽게 틀기 시작했을 때, Greg는 겨우 잠이 들어 있었다.

Mini TEST 불변의 패턴 54~55

1 정답 put down it → put it down

해설 put down은 「타동사 + 부사」이고, 이때 목적어가 대명사이면 타동사와 부사 사이에 와야 하므로, put down it이 아니라 put it down 순으로 와야 한다. (불변의 패턴 54)

해석 그 책이 너무 흥미진진해서 그녀는 그것을 내려놓을 수 없었다.

어휘 absorbing 흥미진진한, 아주 재미있는

2 정답 O

해설 장소를 나타내는 어구 Inside the boxes가 절의 앞쪽에 왔으므로 동사가 주어 앞으로 도치된다. 따라서 are computers 순으로 온 것이 적절하다. (불변의 패턴 55)

해석 그 상자 안에는 컴퓨터, 통신 장비, 그리고 모든 종류의 다른 최첨단 기기들이 있다.

어휘 equipment 장비　sort 종류, 유형
high-tech 최첨단의, 첨단 기술의

3 정답 waited him for → waited for him

해설 wait for는 「자동사 + 전치사」이고, 이때 목적어는 전치사 뒤에 와야 하므로, waited him for가 아니라 waited for him 순으로 와야 한다. (불변의 패턴 54)

해석 그 가수는 무대에 오를 준비가 되었고, 팬들은 흥분하여 그를 기다렸다.

4 정답 people will → will people

해설 제한의 의미를 가진 어구 Only if가 절의 앞쪽에 왔으므로 조동사 will이 주어 앞으로 도치되어야 한다. 따라서 people will이 아니라 will people 순으로 와야 한다. (불변의 패턴 55)

해석 오직 이 비밀 유지 의무가 준수되어야만 사람들은 마음 놓고 변호사와 상담할 것이다.

어휘 duty 의무　confidentiality 비밀 유지
respect 준수하다, 존중하다　consult 상담하다, 상의하다

5 정답 O

해설 관계대명사 which가 앞에 있는 선행사 a 'technology shelf'를 가리키므로, 「전치사 + 관계대명사」 on which는 장소를 나타내는 어구와 같다. 따라서 뒤에 이어지는 절에서 동사가 주어 앞으로 도치될 수 있으므로, were placed technical solutions 순으로 온 것이 적절하다. (불변의 패턴 55 함께 알아두기)

해석 한 회사는 '기술 선반'이라고 불리는 것을 개발했는데, 그 위에는 다른 팀들이 미래에 사용할 수 있는 기술적 해결책들이 놓여졌다.

어휘 develop 개발하다　solution 해결책

6 정답 why don't you turn off the TV [turn the TV off] and walk the dog

해설 '~하는 것이 어때?'라는 의미의 표현인 why don't you를 먼저 쓰고 '~을 끄다'라는 의미의 「타동사 + 부사」 turn off를 써야 한다. 그런데 목적어 the TV는 대명사가 아니라 명사이므로 타동사와 부사 뒤에 쓰거나, 타동사와 부사 사이에 쓸 수도 있다. (불변의 패턴 54)

어휘 concern 관심사

01	review	02	is	03	setting him up	04	heard
05	awarded	06	has the quality of architecture	07	unhurried		
08	○	09	collect	10	○	11	④
12	③	13	③	14	①	15	⑤

16 (1) ⓐ how do predators know → how predators know
ⓑ identify → identifying
(2) did predators attempt to drag away the black-and-white foxes

01 정답 review

해설 I became a medical curiosity, <u>causing</u> <u>some specialists</u>
　　　　　　　　　　　　　　동사　　　　목적어
<u>to take</u> an interest in me <u>and review</u> my case.
to부정사　　　　　　　　　등위접속사 to를 생략한 동사원형

문맥상 '나에게 관심을 가지고 나의 사례를 검토하다'라는 의미로 목적어 some specialists 뒤에 목적격보어 2개가 나열되는 것이 자연스럽다. 따라서 to take와 대등한 to부정사가 와야 하지만, 뒤에 나열된 to부정사는 to를 생략할 수 있으므로, 동사원형 review가 와야 한다. (불변의 패턴 50-2)

해석 나는 의학적인 호기심거리가 되었고, 몇몇 전문가들이 나에게 관심을 가지고 나의 사례를 검토하게 했다.

어휘 medical 의학적의, 의학의 curiosity 호기심
specialist 전문가 review 검토하다

02 정답 is

해설 문맥상 than 뒤가 'Denali산이 높다'인 것이 자연스러우므로, 생략 전 내용은 it(Denali) is high로 볼 수 있다. 반복되는 내용이 is high이므로 is가 와야 한다. (불변의 패턴 52)

해석 비록 Denali산은 북아메리카에서 가장 높은 산이지만, 에베레스트산은 그것이 그런 것보다 훨씬 더 높다.

03 정답 setting him up

해설 set up은 「타동사 + 부사」이고, 이때 목적어가 대명사이면 타동사와 부사 사이에 와야 하므로, setting him up 순으로 와야 한다. (불변의 패턴 54)

해석 은행 강도 사건의 각각의 용의자는 서로가 범행에서 자신을 함정에 빠뜨렸다고 죄를 씌웠다.

어휘 suspect 용의자 accuse ~에게 죄를 씌우다, 고발하다
set up ~을 함정에 빠뜨리다, ~을 설치하다 crime 범행, 범죄

04 정답 heard

해설 ~ small girls <u>should be seen</u> <u>and</u> not <u>heard</u>.
　　　　　　　　　　조동사　be p.p. 등위접속사　　 p.p.

문맥상 and 뒤가 '작은 소녀들은 들려서는 안 된다'인 것이 자연스러우므로, 생략 전 내용은 small girls should not be heard가 되어야 한다. 따라서 and 앞의 언급된 어구와 반복되는 small girls should be가 생략되고 남는 것은 not heard이므로, heard가 와야 한다. (불변의 패턴 51)

해석 Matilda가 어렸을 때, 그녀의 부모님은 그녀를 시끄러운 수다쟁이라고 불렀고 그녀에게 작은 소녀들은 보여져야 하고 들려서는 안 된다고 말했다.

어휘 chatterbox 수다쟁이

05 정답 awarded

해설 He <u>filled</u> a bowl with marbles, <u>asked</u> the students to
　　 주어　동사　　　　　　　　　　　　동사
guess how many marbles there were, <u>and awarded</u> a free
　　　　　　　　　　　　　　　　　　등위접속사　동사
lunch to the winner.

문맥상 '그가 구슬로 그릇을 채워서, 알아맞혀 보라고 요구하고, 우승자에게 공짜 점심을 주었다'라는 의미로, 주어 He의 동사 3개가 나열되는 것이 자연스럽다. filled와 asked는 과거시제 동사이므로, and 뒤에 awarded가 와야 한다. (불변의 패턴 50-1)

해석 그는 구슬들로 그릇을 채워서, 학생들에게 얼마나 많은 구슬들이 있는지 알아맞혀 보라고 요구하고, 우승자에게 공짜 점심을 주었다.

어휘 marble 구슬 guess 알아맞히다, 추측하다
award 주다, 수여하다

06 정답 the quality of architecture has → has the quality of architecture

해설 <u>Never since</u> <u>has</u> <u>the quality of architecture</u> been
　　부정 의미의 어구　조동사　　　　　주어
achieved as fully as it was in Egypt.

부정의 의미를 가진 어구 Never since가 절의 앞쪽에 왔으므로 조동사인 have동사가 주어 앞으로 도치되어야 한다. 따라서 the quality of architecture has가 아니라 has the quality of architecture 순으로 와야 한다. (불변의 패턴 55)

해석 그 이래로 이집트에서 그것이 그랬던 것만큼 건축물의 우수성이 완전히 달성된 적은 없었다.

어휘 architecture 건축(물), 건축학 achieve 달성하다
fully 완전히, 충분히

07 정답 unhurriedly → unhurried

해설 The pace of the baseball game is <u>leisurely</u> <u>and</u> <u>unhurried</u>,
like the world before ~.　　　　형용사　등위접속사 형용사

문맥상 '야구 경기의 속도가 여유롭고 느긋하다'라는 의미로 형용사 2개가 나열되는 것이 자연스러우므로, and 뒤에 부사 unhurriedly가 아니라 unhurried가 와야 한다. leisurely는 -ly로 끝나서 부사인 것처럼 보이지만, 형용사와 부사 둘 다로 쓰이며, 이 문장에서는 be동사 is의 보어로 쓰인 형용사이다. (불변의 패턴 50-3)

해석 야구 경기의 속도는 측정된 시간의 규율이 있기 이전의 세상처럼 여유롭고 느긋하다.

어휘 pace 속도, 속도감 leisurely 여유로운, 한가한
unhurried 느긋한, 서두르지 않는 discipline 규율

08 정답 ○

해설 If cars have mapping systems, the systems show <u>where</u>
<u>they</u> <u>are going</u> and ~.　　　　　　　　　　　　　　의문사
　주어　동사

where ~ going은 동사 show의 목적어로 문장의 일부를 이루는 간접의문문이므로, 「의문사 + 주어 + 동사」 순인 where they are going 순으로 온 것이 적절하다. (불변의 패턴 53)

해석 만약 차량에 지도 시스템이 있으면, 그 시스템은 그들이 어디로 가고 있는지와 한 장소로 가는 가장 좋은 방법을 보여준다.

09 정답 collecting → collect

해설 A designer <u>must</u> both <u>examine</u> the conditions of a
　　　　　　　조동사　　　동사원형
problem and <u>collect</u> data to solve it.
　　　　　　　동사원형

문맥상 '상태를 살펴볼 뿐만 아니라 데이터도 수집해야 한다'라는 의미로 must 뒤에 동사 2개가 나열되는 것이 자연스럽다. 조동사 must는 뒤에 동사원형이 와야 하므로, both ~ and 뒤에 collecting이 아니라 collect가 와야 한다. (불변의 패턴 50-1)

해석 설계자는 문제의 상태를 살펴볼 뿐만 아니라 그것을 해결할 데이터도 수집해야 한다.

어휘 collect 수집하다

10 정답 ○

해설 문맥상 but also 뒤가 '이긴 사람들'인 것이 자연스러우므로, 생략 전 내용은 those who win으로 볼 수 있다. 반복되어 생략된 동사가 일반동사 win이므로 do동사 do가 온 것이 적절하다. (불변의 패턴 52)

해석 성과에 대한 피드백은 이기지 못한 참가자뿐만 아니라 이긴 사람들에 게도 매우 도움이 될 수 있다.

어휘 performance 성과, 실적 participant 참가자

11 정답 ④ instructed – impressive – did

해설 (A) **I have** coached Ashley in soccer for three years **and**
　　반복되는 내용　　　　　　　　　　　　　　　　등위접속사
instructed her in Spanish for the past two years.
(= I have instructed)

문맥상 and 뒤가 '나는 그녀를 지도했다'가 되는 것이 자연스러우므로 생략되기 전 내용은 I have instructed가 되어야 한다. 이 중 and 앞의 언급된 어구와 반복되는 I have는 생략되고 남은 instructed가 와야 한다. (불변의 패턴 51)

(B) The commitment ~ has **not only** been **inspiring** but
　　　　　　　　　　　　　　　　　　　　　　　　　분사
impressive.
형용사

문맥상 '헌신은 고무적일 뿐만 아니라 인상적이었다'라는 의미로 형용사 2개가 연결되는 것이 자연스럽다. inspiring은 형용사 역할을 하는 분사이고, 분사는 형용사와 함께 나열될 수 있으므로, but 뒤에 형용사 impressive가 와야 한다. inspiring과 impressive는 동사 has been의 보어이다. (불변의 패턴 50-3)

(C) I believe she will **take an active role** in college, as
　　　　　　　　　　　반복되는 내용
she did in high school, and recommend ~.
(= she **took** an active role in high school)
일반동사

문맥상 as 뒤가 '그녀가 고등학교에서 적극적인 역할을 했다'인 것이 자연스러우므로, 생략 전 내용은 she took an active role in high school로 볼 수 있다. 반복되는 동사가 일반동사의 과거형 took이므로 do동사 과거형 did가 와야 한다. (불변의 패턴 52)

해석 저는 Ashley Hale을 위해서 당신에게 글을 씁니다. 저는 3년 동안 Ashley에게 축구를 지도했고 지난 2년 동안 그녀에게 스페인어를 가르쳤습니다. Ashley가 그녀의 운동과 학업 수행에 보여준 헌신은 고무적일 뿐만 아니라 인상적이었습니다. 그녀는 자주 그녀의 반 친구들이나 팀원들이 그들의 목표를 달성할 수 있도록 돕기 위해 한층 더 노력합니다. 저는 그녀가 고등학교에서 그랬던 것만큼 대학에서도 적극적인 역할을 할 것이라고 생각하고, 당신이 그녀를 당신의 대학에 입학시키는 것을 권합니다. 만약 당신이 추가 정보가 필요하면, 언제든지 제게 연락 주세요. 시간 내주셔서 감사합니다.

어휘 on behalf of ~을 위해, ~을 대신하여 commitment 헌신
athletic 운동의 academic 학업의
inspiring 고무적인, 격려하는 frequently 자주
go the extra mile 한층 더 노력하다

12 정답 ③ admit – is it – give it up

해설 (A) Asking a few simple questions gives people the
chance **to explain** themselves **or admit** they ~.
　　　　to부정사　　　　　등위접속사 to를 생략한 동사원형

문맥상 '해명하거나 인정할 기회'라는 의미로 명사 the chance를 수식하는 to부정사 2개가 나열되는 것이 자연스럽다. 따라서 or 뒤에 to explain과 대등한 to부정사가 와야 하지만, 뒤에 나열된 to부정사는 to를 생략할 수 있으므로, 동사원형 admit이 와야 한다. (불변의 패턴 50-2)

(B) "Yuck, **not only is it** disgusting, but ~."
　　　　　부정 의미의 어구 동사 주어

부정의 의미를 가진 어구 not only가 절의 앞쪽에 왔으므로 be동사 is가 주어 앞으로 도치되어야 한다. 따라서 is it 순으로 와야 한다. (불변의 패턴 55)

(C) It will also encourage her ~, and she may choose to **give**
it up on her own.
목적어 부사　　　　　　타동사
(대명사)

give up은 「타동사 + 부사」이고, 이때 목적어가 대명사이면 타동사와 부사 사이에 와야 하므로, give it up 순으로 와야 한다. (불변의 패턴 54)

해석 누군가가 체면을 세우는 것을 도울 가장 좋은 방법들 중 하나는 그들이 스스로 틀렸다는 결론에 이르게 하는 것이다. 몇 가지 간단한 질문을 하는 것은 사람들에게 그들 자신들의 입장을 해명하거나 그들이 처음부터 다시 시작해야 한다는 것을 인정할 기회를 준다. 예를 들어, 당신의 가장 친한 친구는 그녀의 혀를 뚫고 싶어 한다. 당신은 "웰, 그건 역겨울 뿐만 아니라, 피어싱은 너무 구식이야"라고 말할 수 있다. 대신에, "아플 것 같지 않아? 감염되면 어떻게 하지?"와 같은 몇 가지 유도 질문을 하는 것은 어떤가? 이것은 당신이 그녀의 건강에 대해 걱정한다는 것을 보여줄 것이다. 그것은 또한 그녀가 그녀의 결정을 신중하게 고려하도록 장려할 것이고, 그녀는 스스로 그것을 포기하는 것을 선택할지도 모른다.

어휘 save face 체면을 세우다, 창피를 면하다 conclusion 결론
explain oneself 자기 입장을 해명하다
go back to the drawing board 처음부터 다시 시작하다
pierce 구멍을 뚫다 disgusting 역겨운 infected 감염된

13 정답 ③ reaching → reached

해설 ③ 문맥상 '우리는 밧줄을 믿었고, 정상에 도달했다'라는 의미로 주어 We의 동사 2개가 나열되는 것이 자연스럽고, trusted가 과거시제 동사이므로, reaching이 아니라, 동사 역할을 할 수 있는 reached가 와야 한다. (불변의 패턴 50-1)

오답 ① 문맥상 '우리는 우리 자신을 묶었다'라는 뜻으로, 동사 tied의 목적
분석 어가 주어 we와 동일한 대상을 가리키므로 재귀대명사 ourselves가 온 것이 적절하다. (불변의 패턴 29)

② '1,000피트 아래로 떨어지는 것'이라는 의미로 전치사 from의 목적어 자리에 와야 하므로 동명사 taking이 온 것이 적절하다. keep A from B는 'A가 B하는 것을 막다'라는 뜻이다. (불변의 패턴 21-2)

④ 문맥상 '다른 사람들을 믿는 것이 중요하다는 것과 이것이 인생의 다른 부분에 적용된다는 것을 안다'라는 의미로 동사 learn의 목적어 역할을 하는 명사절 2개가 나열되는 것이 자연스럽다. and/or/but을 사이에 두고 기능이 같은 절과 절이 나열될 수 있으므로 명사절 접속사 that이 온 것이 적절하다. (불변의 패턴 50-3 함께 알아두기)

⑤ 문맥상 '밧줄이 더 많을수록, 성공 가능성은 더 커진다'인 것이 적절하고 앞에 The more가 있으므로, 「the + 비교급 ~, the + 비교급…」(더 ~할수록, 더 …하다)을 만들 수 있는 비교급 better가 온 것이 적절하다. (불변의 패턴 41 함께 알아두기)

해석 등산가인 나의 형이 13,776피트의 Grand Teton에 나를 데리고 올라간 적이 있다. 그것은 무서웠다! 우리가 올라갈수록, 그 산은 가팔라졌다. 그 시점에서, 우리는 우리 중 한 명이 떨어져도 우리의 목숨을 구하기 위해 우리 자신들의 몸을 함께 밧줄로 묶었다. 그 밧줄은 내가 1,000피트 아래로 떨어져 죽는 것을 두 번 막아 주었다. 우리는 그 밧줄이 우리의 안전을 지켜준다고 믿었고 마침내 정상에 도달했다. 당신도 밧줄로 서로를 묶으면, 당신은 다른 사람들을 믿는 것이 중요하다는 것과 이것이 인생의 다른 부분에 적용된다는 것을 알게 될 것이다. 당신이 가진 밧줄이 더 많을수록, 당신의 성공 가능성은 더 커질 것이다.

어휘 rope up 밧줄로 서로를 묶다 apply 적용되다

14 정답 ① what → that

해설 ① Since ~ led people **to believe** **that dreams were**
　　　　　　　　　　　　　　to부정사　　명사절　주어　be동사
　　　　　　　　　　　　　　　　　　접속사
messages from the other world.
주격보어

문맥상 '꿈이 메시지라고 믿는다'라는 의미가 되는 것이 자연스러우므로, 밑줄 친 단어가 이끄는 절은 to부정사 to believe의 목적어 역할을 하는 명사절이다. 밑줄 뒤에 주어(dreams), be동사(were), 주격보어(messages)가 모두 있는 완전한 절이 왔으므로, 밑줄 친 곳에는 what이 아니라 that이 와야 한다. that은 명사절 접속사일 때 '~라고, ~라는 것'이라는 의미로 완전한 절 앞에 올 수 있고, what은 불완전한 절 앞에 오는 명사절 접속사이다. (불변의 패턴 47, 48)

오답 ② 분사구문 Though ~ future에 주어가 따로 없으므로 주절의 주어
분석 dreams가 분사구문의 의미상 주어이다. 문맥상 '꿈이 전언으로 여겨진다'라는 의미로, dreams가 regard가 나타내는 '여기는' 행위의

대상이므로 과거분사 regarded가 온 것이 적절하다. (불변의 패턴 24-3)

③ that절의 주어 individuals가 복수명사이므로 복수동사 dream이 온 것이 적절하다. who ~ one(관계절)은 수 일치에 영향을 미치지 않는 수식어이다. 문장을 전체적으로 보면, 맨 앞의 It은 가주어이고, that부터 one more까지가 진짜 주어인 that절이다. (불변의 패턴 01-3)

④ 문맥상 '그 꿈을 꾼 사람이 누군가에게 전화를 걸고 알게 되다'라는 의미로 주어 the dreamer의 동사 2개가 나열되는 것이 자연스럽다. 주어 the dreamer가 단수명사이므로, and 뒤에도 단수동사 finds가 온 것이 적절하다. (불변의 패턴 50-1)

⑤ 뒤에 주어(one), 동사(has), 목적어(concerns and fears)가 모두 있는 완전한 절이 왔으므로 「전치사 + 관계대명사」 about which가 온 것이 적절하다. (불변의 패턴 46-2)

해석 태초부터, 꿈의 불가사의한 본질은 사람들로 하여금 꿈이 다른 세상으로부터의 메시지라고 믿게 했다. 때때로 미래에 대한 의미 있는 전언으로 여겨지지만, 꿈이 반드시 어떤 것을 예견하는 것은 아니다. 사실, 이 이론에 대한 과학적 증거는 전혀 없다. 사랑하는 사람을 잃는 것에 대해 걱정하는 사람들이 그 사랑하는 사람에 대해 꿈을 더 꾸는 것은 분명히 사실이다. 만약 그 꿈을 꾼 사람이 잠에서 깨어난 후에 누군가에게 전화를 걸어 사랑하는 사람이 죽었다는 것을 알게 된다면, 그 혹은 그녀가 그 꿈을 죽음의 예견이라고 여기는 것은 당연하다. 하지만 이것은 오류이다. 그것은 단순히 어떤 사람이 걱정하고 두려워하는 상황이다.

어휘 mysterious 불가사의한, 신비한 nature 본질, 특징
communication 전언, 소통 predict 예견하다, 예측하다
absolutely 전혀, 절대적으로 theory 이론
assume 여기다, 추정하다 vision 예견, 선견지명

15 정답 ⑤ were → did

해설 ⑤ 문맥상 so 뒤가 '대학들과 기업들이 그들의 컴퓨터를 연결했다'인 것이 자연스러우므로, 생략 전 내용은 colleges and businesses linked up their computers로 볼 수 있다. 반복되는 동사가 일반동사의 과거형 linked이므로 were가 아니라 do동사의 과거형 did가 와야 한다. 「so + do/be/have동사 + 주어」는 '(주어)도 역시 그렇다'라는 의미의 표현으로, do/be/have동사가 주어 앞으로 도치되어 있다. (불변의 패턴 52, 55 함께 알아두기)

오답 분석 ① turn on은 「타동사 + 부사」이고, 이때 목적어가 명사이면 타동사와 부사 사이에 오거나 부사 뒤에 올 수 있으므로, turn your computer on 순으로 온 것이 적절하다. (불변의 패턴 54)

② 문맥상 '누가 만들었는지 궁금하다'라는 의미가 되는 것이 자연스러우므로, 밑줄 친 who가 이끄는 절은 동사 wonder의 목적어 역할을 하는 명사절이다. 뒤에 동사(made), 목적어(it)만 있고, 주어가 없는 불완전한 절이 왔으며, '누가'라는 의미가 되어야 하므로 who가 온 것이 적절하다. who ~ it은 문장의 일부를 이루는 간접의문문으로도 볼 수 있는데, when ~ began과 함께 and 앞뒤로 나열된 2개의 명사절 목적어이며, 의문사 자체가 간접의문문의 주어 역할을 하는 경우, 「의문사 + 동사」의 형태로 온다. (불변의 패턴 47)

③ 문맥상 '컴퓨터들을 연결하고 정보를 공유하기를 원했다'라는 의미로 동사 wanted의 목적어 역할을 하는 to부정사 2개가 나열되는 것이 자연스럽다. and 뒤에 to connect와 대등한 to부정사가 와야 하지만, 뒤에 나열된 to부정사는 to를 생략할 수 있으므로, 동사원형 share가 온 것이 적절하다. (불변의 패턴 50-2)

④ 주어 four computers가 복수명사이므로 복수동사 were가 온 것이 적절하다. in different cities는 수 일치에 영향을 미치지 않는 수식어(전치사 + 명사구)이다. (불변의 패턴 01-1)

해석 인터넷은 정말 놀랍지 않은가? 당신의 컴퓨터를 켜면, 당신은 정보를 찾고 심지어 게임을 하는 데에 그것을 사용할 수 있다. 당신은 인터넷이 언제 시작되었고 누가 그것을 만들었는지 궁금해할지도 모른다. 사실, 인터넷은 1960년대에 시작되었다. 미국 정부가 그것을 시작했다. 그 정부는 서로 다른 장소에 있는 컴퓨터들을 연결하고 그것들 간에 정보를 공유하기를 원했다. 이것은 새로운 발상이었으며, 사람들은 이전에 컴퓨터를 함께 연결해 본 적이 없었다. 그 정부는 방법을 알아내야 했다. 그것은 몇 년이 걸렸다. 마침내, 서로 다른 도시에 있는 네 대

의 컴퓨터가 전화선을 통해 함께 연결되었다. 그 컴퓨터들은 정보를 공유했고, 인터넷이 탄생했다. 곧, 더 많은 컴퓨터들이 추가되었다. 다른 집단들도 인터넷에 함께하기를 원했다. 과학자들은 그들의 컴퓨터를 연결했고, 대학들과 기업들도 그렇게 했다. 이후에, 집에 있는 사람들이 그들의 컴퓨터를 연결했고, 인터넷은 거대해졌다.

어휘 wonder 궁금해하다 figure out 알아내다 hook up 연결하다

16 정답 (1) ⓐ how do predators know → how predators know
ⓑ identify → identifying
(2) did predators attempt to drag away the black-and-white foxes

해설 (1) ⓐ She wanted to learn **how predators know** a skunk is a skunk.
의문사 주어 동사

how ~ is a skunk는 동사 learn의 목적어로 문장의 일부를 이루는 간접의문문이므로, how do predators know가 아니라, 「의문사 + 주어 + 동사」 순인 how predators know 순으로 와야 한다. (불변의 패턴 53)

ⓑ She concluded that experiences **of encountering** a
전치사 동명사

skunk **and identifying** its colors and shape teach ~.
등위접속사 동명사

문맥상 '스컹크와 마주치고 색깔과 생김새를 확인한 경험'이라는 의미로 전치사 of 뒤에 목적어 두 가지가 나열되는 것이 자연스럽다. 전치사는 목적어로 동명사를 취하며 encountering은 동명사이므로, and 뒤에 identify가 아니라 identifying이 와야 한다. (불변의 패턴 50-2)

(2) **Never did predators attempt** to drag away the
부정 의미 조동사 주어 동사원형

black-and-white foxes as well as the gray skunks.

부정의 의미를 가진 어구 Never가 절의 앞쪽에 왔으므로 조동사가 주어 앞으로 도치되어야 한다. 문장의 동사 attempted가 일반동사의 과거형이므로 Never 바로 뒤에 일반동사를 대신하는 do동사의 과거형 did를 먼저 쓰고, 그 뒤에 주어 predators와 동사원형 attempt를 써야 한다. (불변의 패턴 55)

해석 야생 동물 연구원인 Jennifer Hunter에 따르면, 스컹크에 대한 경험이 있는 포식자들은 그들의 색깔과 독특한 생김새 둘 다 때문에 그들을 피한다. 그녀는 포식자들이 스컹크가 스컹크라는 것을 어떻게 아는지 알고 싶어 했다. 그녀는 검은색과 흰색의 박제된 스컹크와, 이와 거의 같은 크기인 회색의 박제된 여우를 많이 준비했다. 그녀는 박제된 스컹크들은 회색으로 염색했고 박제된 여우들은 흰색과 검은색으로 염색했다. 그리고 나서 그녀는 그 동물들을 캘리포니아 근처의 많은 장소에 놓아두었다. 포식자들은 회색 스컹크뿐만 아니라 검은색과 흰색 여우를 끌고 가려고 전혀 시도하지 않았다. 그녀는 스컹크와 마주치고 그것의 색깔과 생김새를 확인한 경험이 포식자들에게 미래에 그것을 피하도록 알려준다고 결론을 내렸다.

어휘 wildlife 야생 동물 predator 포식자 coloration 색깔
distinctive 독특한 stuffed 박제된 dye 염색하다
attempt 시도하다 conclude 결론을 내리다
encounter 마주치다 identify 확인하다, 식별하다

CHAPTER 01 주어-동사 수 일치

1. 단수동사　2. 복수주어

불변의 패턴 01

워크북 p.2

1. 수식어　2. 수 일치　3. fills

1 **정답** seem

해설 Memories of my behavior during childhood seem funny
　　　복수주어　　전치사 + 명사구　　전치사 + 명사　　복수동사
to me today.

해석 어린 시절 나의 행동에 대한 기억은 오늘날 나에게 우스워 보인다.

어휘 behavior 행동

2 **정답** does

해설 Artificial light, which contains only a few wavelengths
　　　단수주어　　　　　　관계절
of light, does not have the same effect as sunlight.
　　　　단수동사

해석 인공 빛은 빛의 일부 파장만 포함하고 햇빛과 같은 효과를 가지고 있지 않다.

3 **정답** is

해설 The historical idea, formed in the concept of us versus
　　　단수주어　　　　분사구
them, is strong enough ~.
　　단수동사

해석 우리 대 그들이라는 개념에서 형성된 역사적인 관념은 많은 사람들을 논쟁하게 만들 만큼 충분히 강력하다.

어휘 historical 역사적인　form 형성하다　argue 논쟁하다

4 **정답** are

해설 The bodies of flowing ice we call glaciers are the most
　　　복수주어　　전치사 + 명사구　　관계절　　복수동사
amazing of natural features.

해석 우리가 빙하라고 부르는 흐르는 얼음덩어리들은 가장 놀라운 자연적인 특징 중 하나이다.

어휘 body 덩어리, 물체　glacier 빙하　feature 특징, 볼거리

5 **정답** has → have

해설 As a result, our efforts to develop technologies have
　　　　　　　복수주어　　to부정사구　　복수동사
shown meaningful results.

해석 결과적으로, 기술을 개발하려는 우리의 노력은 의미 있는 성과를 보여주었다.

어휘 effort 노력　develop 개발하다　meaningful 의미 있는

6 **정답** O

해설 Although **sound** that humans can sense **is** usually carried
　　　　단수주어　　　　관계절　　　단수동사
through air and water, ~.

해석 인간이 감지할 수 있는 소리는 보통 공기와 물을 통해 전달되지만, 진동은 암석을 포함한 토양을 통해 전해질 수도 있다.

어휘 sense 감지하다, 느끼다　soil 토양, 흙

7 **정답** ensure → ensures

해설 This way of building new knowledge on older discoveries
　　　단수주어　　전치사 + 명사구　　　전치사 + 명사구
ensures that scientists correct their mistakes.
단수동사

해석 더 오래된 발견들에 새로운 지식을 쌓는 이 방법은 과학자들이 자신들의 실수를 반드시 바로잡게 한다.

어휘 knowledge 지식　discovery 발견　ensure 반드시 ~하게 하다

8 **정답** are → is

해설 Stonehenge, the 4,000-year-old ring of stones in southern
　　　단수주어　　　　　　　　　　　　삽입구
Britain, is perhaps the best-known monument in the world.
　　　단수동사

해석 영국 남부의 4,000년 된 암석들의 고리인 스톤헨지는 아마도 세계에서 가장 잘 알려진 유적일 것이다.

어휘 monument 유적

불변의 패턴 02

워크북 p.3

1. 단수동사　2. 동명사구　3. is

1 **정답** helps

해설 In most cases, planning for our future goals helps us
　　　　　　　단수주어(동명사구)　　　단수동사
reach them.

해석 대부분의 경우, 우리의 미래 목표들을 위해 계획하는 것은 우리가 그것들에 도달할 수 있도록 도와준다.

어휘 plan 계획하다　future 미래　reach 도달하다

2 **정답** reveals

해설 Usually, who people have as friends reveals much
　　　　　　단수주어(명사절)　　　　단수동사
about their personalities.

해석 보통, 사람들이 친구로 두는 이들은 그들의 성격에 대해 많은 것을 드러낸다.

어휘 reveal 드러내다　personality 성격

3 **정답** wear

해설 At the marathon, competing athletes in the event wear
　　　　　　　athletes를 수식하는 현재분사　복수주어　전치사 + 명사구　복수동사
uniforms made by our company.

해석 그 마라톤에서, 대회에 참가하는 선수들은 우리 회사가 만든 유니폼을 입는다.

어휘 compete (시합·경기 등에) 참가하다, 경쟁하다　athlete (운동) 선수

4 **정답** depends

해설 Whether climate change gets worse depends on the
　　　　　　　단수주어(명사절)　　　　　단수동사
choices of humans.

해석 기후 변화가 더 심각해질지 아닐지는 인간의 선택에 달려 있다.

어휘 climate change 기후 변화

불변의 패턴 03

워크북 p.4

1. 복수동사　2. 형용사　3. poor　4. 나이가 든 사람들　5. blind
6. think

1 **정답** requires → require

해설 The aged require health care services more often
　　　복수주어　　복수동사
　　(the + 형용사)
than young people.

해석 나이가 든 사람들은 젊은 사람들보다 건강 관리 서비스를 더 자주 필요로 한다.

어휘 require 필요로 하다

2 정답 O

해설 Unfortunately, <u>the poor</u> in this country <u>have</u> few
　　　　　　　　복수주어　　　전치사 + 명사구　　복수동사
　　　　　　　　(the + 형용사)
resources ~.

해석 불행하게도, 이 나라의 가난한 사람들은 자신들의 삶을 향상시키는 데
도움이 될 자원을 거의 가지고 있지 않다.

어휘 resource 자원

3 정답 were → was

해설 <u>The homeless man</u> carrying the boxes <u>was</u> living in
　　　　단수주어　　　　　　분사구　　　　단수동사
a tent under the bridge.

해석 상자들을 나르고 있는 노숙자는 다리 아래의 텐트에서 살고 있었다.

4 정답 O

해설 These days, <u>the unemployed receive</u> many benefits ~.
　　　　　　　복수주어(the + 형용사) 복수동사

해석 요즘, 실업자들은 정부로부터 많은 혜택들을 받는다.

불변의 패턴 04　　　　　　　　　　　　　워크북 p.4

1. 부분/수량표현 2. was 3. 많은 ~ 4. 명사 5. are

1 정답 have

해설 <u>A number of new species have</u> been discovered ~.
　　　　주어(a number of + 명사)　복수동사

해석 과학 연구팀에 의해 많은 새로운 종들이 발견되었다.

어휘 species 종 discover 발견하다

2 정답 was

해설 Last year, <u>20 percent of economic growth was</u> due to
　　　　　　주어(퍼센트 + of + 불가산명사)　　단수동사
increases in exports.

해석 작년에, 경제 성장의 20퍼센트는 수출의 증가 때문이었다.

어휘 economic 경제의 growth 성장

3 정답 advises

해설 <u>One of our friends</u> who was a teacher <u>advises</u> giving
　　　　주어(one of + 명사)　　　　관계절　　　　단수동사
calendars to children ~.

해석 교사였던 우리 친구들 중 한 명은 아이들에게 달력을 주고 그들의 인
생에서 중요한 모든 사건들을 적으라고 권한다.

어휘 advise 권하다, 조언하다

4 정답 has → have

해설 Clearly, <u>some of these practices</u>, <u>such as eating a</u>
　　　　　　주어(some of + 복수명사)　　　전치사 + 동명사구
<u>high-carbohydrate meal the night before a sports game</u>,
<u>have</u> become common.
복수동사

해석 분명히, 스포츠 경기 전날 밤에 고탄수화물 식단을 먹는 것과 같은 이
러한 관행들 중 일부는 흔해졌다.

어휘 practice 관행 common 흔한

5 정답 contain → contains

해설 <u>Much of literature contains</u> a rich source of information ~.
　　　　주어(much of + 명사)　단수동사

해석 많은 문학은 문화에 대한 풍부한 지식의 원천을 담고 있다.

어휘 literature 문학 rich 풍부한

6 정답 O

해설 Because <u>most of the planets</u> in the solar system <u>have</u>
　　　　　　주어(most of + 복수명사)　　전치사 + 명사구　복수동사
harsh environments, ~.

해석 태양계에 있는 대부분의 행성들이 황량한 환경을 가지고 있기 때문에,
그곳들에서 생명체의 증거를 찾는 것은 가망이 없다.

어휘 planet 행성 solar system 태양계 harsh 황량한, 거친
environment 환경 evidence 증거
unlikely 가망이 없는, 성공할 것 같지 않은

불변의 패턴 05　　　　　　　　　　　　　워크북 p.6

1. 선행사 2. 선행사 3. are

1 정답 receives

해설 As time passes, she could become <u>a famous artist who</u>
　　　　　　　　　　　　　　　　선행사(단수명사)　주격
finally <u>receives</u> praise for her excellent paintings. 관계대명사
　　　단수동사

해석 시간이 지남에 따라, 그녀는 마침내 자신의 뛰어난 그림으로 찬사를
받는 유명한 예술가가 될 수 있을 것이다.

어휘 praise 찬사, 칭찬

2 정답 share

해설 Judith Rich Harris, a psychologist, says the world <u>that</u>
　　　　　　　　　　　　　　　　　　　　목적격 관계대명사
<u>children</u> <u>share</u> with their peers is what shapes their
복수주어　복수동사
behavior.

해석 심리학자인 Judith Rich Harris는 아이들이 그들의 또래와 공유하는
세상이 그들의 행동을 형성하는 것이라고 말한다.

어휘 psychologist 심리학자 peer 또래, 동료

3 정답 was

해설 There is a gold crown in the temple along with the bones
of <u>a person, who</u>, it is assumed, <u>was</u> an ancient king.
　　선행사(단수명사) 주격　　삽입절　　단수동사
　　　　　　　관계대명사

해석 사원에는, 추정되기를, 고대 왕이었던 사람의 뼈와 함께 금관이 있다.

어휘 crown 왕관 temple 사원 assume 추정하다 ancient 고대의

4 정답 we, was → were

해설 I wanted to know more about the inventors <u>who we</u>
　　　　　　　　　　　　　　　　　　　　　목적격 복수주어
<u>were</u> learning about in the last class.　　　관계대명사
복수동사

해석 나는 우리가 지난 수업에서 배우고 있었던 발명가들에 대해 더 알고
싶었다.

어휘 inventor 발명가

5 정답 a simple matter, are → is

해설 Offering help is <u>a simple matter that is</u> not so difficult ~.
　　　　　　　　　선행사(단수명사) 주격 단수동사
　　　　　　　　　　　　　　　관계대명사

해석 도움을 주는 것은 그리 어렵지 않은 간단한 일이며, 우울한 사람에게
친절한 말을 건네는 것을 기억하는 것과 같다.

6 정답 a few devices, tests → test

해설 The spacecraft carry <u>a few devices which</u> precisely
　　　　　　　　　　　　선행사(복수명사) 주격 관계대명사
<u>test</u> the characteristics of planets.
복수동사

해석 그 우주선은 행성들의 특성을 정밀하게 시험하는 몇 가지 장치를 가지

고 있다.

어휘 spacecraft 우주선 device 장치 precisely 정밀하게
characteristic 특성, 특징

불변의 패턴 06
워크북 p.6

1. 주어 2. enables

1 정답 causes

해설 ~, it is a construction project that causes citizens to
　　　　　강조 대상(단수명사)　　　　　단수동사
be stuck in traffic.

해석 간혹, 시민들을 교통 체증에 갇히게 하는 것은 건설 사업이다.

어휘 construction 건설 citizen 시민 stuck 갇힌 traffic 교통

2 정답 are

해설 ~, it is leopard seals that are the most common predators
　　　　　강조 대상(복수명사)　　복수동사
of penguins.

해석 생물학 교과서에 따르면, 펭귄의 가장 흔한 포식자는 표범 물개이다.

어휘 biology 생물학 leopard seal 표범 물개 predator 포식자

3 정답 discuss

해설 It is the moon that members of the astronomy club mainly
　　　　　　　　　　　　복수주어　　　전치사 + 명사구
discuss during their weekly meetings.
복수동사

해석 천문학 동아리의 회원들이 그들의 주간 모임에서 주로 논의하는 것은
달이다.

어휘 astronomy 천문학 discuss 논의하다

4 정답 matters

해설 Most people agree that it is love that really matters ~.
　　　　　　　　　　　강조 대상(불가산명사)　　　단수동사

해석 대부분의 사람들이 부모와 자식 간의 관계에서 정말 중요한 것은 사랑
이라는 점에 동의한다.

어휘 agree 동의하다 relationship 관계

불변의 패턴 07
워크북 p.7

1. 동사 2. 부정/제한 3. not only 4. are

1 정답 is → are

해설 Rarely are the waves dangerous in this area of the sea, ~.
　　　　　부정 복수동사 복수주어

해석 바다의 이 지역은 파도가 위험한 경우가 드물어서, 요트 타기로 인기
가 있다.

2 정답 O

해설 ~, then there is a chance of false results.
　　　　　　　장소 단수동사 단수주어

해석 만약 제약회사가 그들의 제품이 얼마나 효과를 잘 내는지 확인하기 위
해 실험에 비용을 지불한다면, 잘못된 결과가 나올 가능성이 있다.

어휘 experiment 실험 product 제품

3 정답 was → were

해설 On the roof of the apartment building were placed
　　　　　　　　　　장소　　　　　　　복수동사
solar panels that supply power for the residents.
복수주어

해석 그 아파트 건물의 옥상에는 주민들에게 전력을 공급하는 태양 전지판

들이 설치되어 있었다.

어휘 solar panel 태양 전지판 supply 공급하다 resident 주민

4 정답 O

해설 Not only do we cooperate with others to build
　　　　부정　　복수동사 복수주어
relationships, but we also compete with others for friends.

해석 우리는 관계를 형성하기 위해 다른 사람들과 협력할 뿐만 아니라, 친구
들을 위해 다른 사람들과 경쟁하기도 한다.

어휘 cooperate 협력하다 relationship 관계 compete 경쟁하다

실전 테스트
워크북 p.8

01	②	02	③	03	②

04	(1) ⓑ promise → promises, ⓓ seeks → seek
	(2) control of our desires looks like a key to happiness

01 정답 ② leads – are – interest

해설 (A) This is because a thought without clear strategies
　　　　　　　　　　　　　단수주어　　　수식어(전치사 + 명사구)
leads nowhere on its own.
단수동사

주어 a thought은 단수명사이므로 단수동사 leads가 와야 한다.
without clear strategies(전치사 + 명사구)는 수 일치에 영향을
미치지 않는 수식어이다. (불변의 패턴 01-1)

(B) Take a tip from writers, who know that the only good
　　　　　　　　　　　　　　　　　　　　　　복수주어
ideas that come to life are the ones that get written
down.　　　수식어(관계절)　　복수동사

주어 the only good ideas가 복수명사이므로 복수동사 are가 와
야 한다. that come to life(관계절)는 수 일치에 영향을 미치지 않
는 수식어이다. (불변의 패턴 01-3)

(C) You'll have a reminder and motivator to get going
on those things that interest you, and you also
　　선행사(복수명사)　주격　복수동사
　　　　　　　　관계대명사
won't have the burden of remembering all of them.

관계대명사 that 뒤에 주어 없이 동사가 바로 왔으므로 that은 주
격 관계대명사이고, 동사는 선행사인 those things에 수 일치해야
한다. those things가 복수명사이므로 복수동사 interest가 와야
한다. (불변의 패턴 05)

해석 당신의 머릿속에 좋은 아이디어들이 계속 떠돌게 하는 것은 그것들이
일어나지 않게 하는 좋은 방법이다. 분명한 전략이 없는 생각은 그것
스스로를 어떠한 곳으로도 이끌지 못하기 때문이다. 실현되는 좋은 아
이디어들만이 기록된 것들이라는 점을 아는 작가들로부터 조언을 얻
어라. 한 장의 종이를 꺼내 언젠가 당신이 하고 싶은 모든 것들을 기록
하고 100가지의 꿈을 적는 것을 목표로 삼아 보아라. 당신은 당신을
흥미롭게 하는 그러한 일들을 계속해 나가도록 상기시켜주는 것과 동
기 부여 하는 것을 얻게 될 것이며, 당신은 그것들을 모두 기억해야 한
다는 부담을 갖지 않을 것이다. 당신이 당신의 꿈들을 글로 표현하면
당신은 그것들을 행동으로 옮기기 시작하는 것이다.

어휘 float 떠돌다 strategy 전략 reminder 상기시키는 것
motivator 동기 부여 하는 것 burden 부담(감)

02 정답 ③ meets → meet

해설 ③ These are good strategies: climbing stairs provides
a good workout, and people who walk or ride a bicycle
　　　　　　　　　　　　복수주어　　　　　수식어(관계절)
for transportation most often meet their needs for
수식어(전치사 + 명사)　　　　　　　　복수동사
physical activity.

주어 people이 복수명사이므로 복수동사 meet이 와야 한다.

who walk or ride a bicycle(관계절)과 for transportation(전치사 + 명사)은 수 일치에 영향을 미치지 않는 수식어이다. (불변의 패턴 01-1, 01-3)

오답 분석 ① 주어 The recent increase는 단수명사이므로 단수동사 concerns가 온 것이 적절하다. in overweight people(전치사 + 명사구)은 수 일치에 영향을 미치지 않는 수식어이다. (불변의 패턴 01-1)

② that절의 주어 one of the ways에서 one of는 항상 of 앞을 단수 취급하는 수량표현이므로 단수동사 is가 온 것이 적절하다. to become healthier(to부정사구)는 수 일치에 영향을 미치지 않는 수식어이다. (불변의 패턴 04, 01-2)

④ 부정의 의미를 나타내는 어구 seldom이 문장의 앞에 와서 도치가 되었으므로 동사는 뒤에 나오는 주어 they에 수 일치해야 한다. they가 복수대명사이므로 복수동사 do가 온 것이 적절하다. (불변의 패턴 07)

⑤ 주어 people이 복수명사이므로 복수동사 use가 온 것이 적절하다. living in neighborhoods(분사구)와 with safe biking and walking lanes(전치사 + 명사구)는 수 일치에 영향을 미치지 않는 수식어이다. (불변의 패턴 01-1, 01-2)

해석 과체중 인구의 최근 증가는 건강 전문가들을 우려하게 만든다. 전문가들은 더 건강해지는 방법들 중 하나를 '엘리베이터 대신 계단을 이용하는 것' 또는 '걷거나 자전거를 타고 출근하는 것'이라고 말한다. 이것들은 좋은 전략인데, 계단을 오르는 것은 충분한 운동을 제공하고, 교통수단으로 걷거나 자전거를 타는 사람들은 자주 그들의 신체 활동에 대한 필요를 충족시키기 때문이다. 그러나, 많은 사람들이 그들의 환경에서 이러한 선택들을 막는 장애물을 직면한다. 안전한 보도나 표시된 자전거 전용 도로가 없는 도로에서 걷거나 자전거 타기를 선택하는 사람은 거의 없다. 마찬가지로, 그들은 현대식 건물의 불편하고 안전하지 않은 계단통에서 계단을 오르는 것을 거의 선택하지 않는다. 반대로, 안전한 자전거 도로와 보도가 있는 동네에 사는 사람들은 그것들을 자주 이용하며 그들의 환경은 신체 활동을 촉진한다.

어휘 overweight 과체중의 professional 전문가 expert 전문가
workout 운동 face 직면하다 barrier 장애물, 장벽
environment 환경 prevent 막다 lack ~이 없다
inconvenient 불편한 neighborhood 동네 surroundings 환경

03 정답 ② are → is

해설 ② Though we don't know a lot about dinosaurs, **what we do know is** that they are fascinating to children
단수주어(명사절) 단수동사
of all ages.

주어 what we do know는 단수 취급하는 명사절 주어이므로 단수동사 is가 와야 한다. (불변의 패턴 02)

오답 분석 ① 주어 Something은 단수대명사이므로 단수동사 seems가 온 것이 적절하다. about these extinct creatures(전치사 + 명사구)는 수 일치에 영향을 미치지 않는 수식어이다. (불변의 패턴 01-1)

③ 주어 the reason이 단수명사이므로 단수동사 is가 온 것이 적절하다. why kids like dinosaurs(관계절)는 수 일치에 영향을 미치지 않는 수식어이다. (불변의 패턴 01-3)

④ 주어 Jack Horner가 단수명사이므로 단수동사 explains가 온 것이 적절하다. a technical advisor for the *Jurassic Park* films(삽입구)는 수 일치에 영향을 미치지 않는 수식어이다. (불변의 패턴 01-4)

⑤ 관계대명사 that 뒤에 주어 없이 동사가 바로 왔으므로 that은 주격 관계대명사이고, 동사는 선행사인 the characteristic에 수 일치해야 한다. the characteristic이 단수명사이므로 단수동사 inspires가 온 것이 적절하다. (불변의 패턴 05)

해석 의심할 여지 없이, 공룡은 전 세계의 아이들에게 인기 있는 주제이다. 이 멸종된 생명체에 대한 것들은 남녀노소 거의 모두의 관심을 끄는 것처럼 보인다. 비록 우리가 공룡에 대해 많이 알지는 못하지만, 우리가 아는 것은 그것들이 모든 연령의 아이들에게 매력적이라는 것이다. 하지만 왜 그런 것일까? 나는 아이들이 공룡을 좋아하는 이유가 그것들이 크고, 오늘날 살아 있는 어떤 것과도 다르고, 멸종되었기 때문이라고 생각한다. 「쥐라기 공원」 영화의 기술 고문인 Jack Horner가 말

한 대로, "그것들은 상상의 원동력이다." 그래서 공룡의 미스터리는 아이들이 공룡에 대해 상상하고 글을 쓰도록 크게 영감을 주는 특징일 것이다. 또한, 그 누구도 공룡이 실제로 어떤 색이었는지 모르기 때문에, 아이는 자신이 상상하는 대로 공룡을 그리기 위해 그가 가진 정보와 그의 상상력을 이용할 수 있다.

어휘 doubt 의심 topic 주제 creature 생명체 attention 관심
fascinating 매력적인 advisor 고문
imagination 상상, 상상력 inspire 영감을 주다

04 정답 (1) ⓑ promise → promises, ⓓ seeks → seek
(2) control of our desires looks like a key to happiness

해설 (1) ⓑ However, according to wise men throughout the years, **decreasing your desires promises** a sure
동명사구 주어 단수동사
way to happiness.

주어 decreasing your desires는 단수 취급하는 동명사구 주어이므로 단수동사 promises가 와야 한다. (불변의 패턴 02)

ⓓ He found that **the people** who are less happy
복수주어 수식어(관계절)
seek much more than what they already have.
복수동사

that절의 주어 the people이 복수명사이므로 복수동사 seek이 와야 한다. who are less happy(관계절)는 수 일치에 영향을 미치지 않는 수식어이다. (불변의 패턴 01-3)

오답 분석 (1) ⓐ 부정의 의미를 나타내는 어구 Rarely가 문장의 앞에 와서 도치가 되었으므로 동사는 뒤에 나오는 주어 we에 수 일치해야 한다. we가 복수대명사이므로 복수동사 do가 온 것이 적절하다. (불변의 패턴 07)

ⓒ 주어 The scientific study는 단수명사이므로 단수동사 supports가 온 것이 적절하다. of desires(전치사 + 명사)는 수 일치에 영향을 미치지 않는 수식어이다. (불변의 패턴 01-1)

ⓔ 주어 most of us에서 most of는 동사가 of 뒤의 명사에 수 일치해야 하는 부분/수량표현이므로, 복수대명사 us에 수 일치하는 복수동사 want이 온 것이 적절하다. (불변의 패턴 04)

해설 (2) Thus, **control** of our desires **looks** like a key to
단수명사 수식어(전치사 + 명사구) 단수동사
happiness.

수식어를 제외하고 보면 '통제가 ~처럼 보인다'는 뜻의 문장이므로, control이 주어, look이 동사로 와야 한다. 주어 control은 단수명사이므로, 동사는 단수형인 looks로 써야 한다. '우리의 욕망에 대한'이라는 의미의 수식어 of our desires(전치사+명사구)는 주어와 동사 사이에 와야 한다. (불변의 패턴 01-1)

해석 우리는 우리의 욕망을 장애물로 거의 생각하지 않는다. 그러나, 여러 해에 걸쳐 현명한 사람들에 따르면, 당신의 욕망을 줄이는 것은 행복으로 가는 확실한 길을 보장한다. 그리고 그들이 맞을지도 모른다. 욕망에 대한 과학적 연구는 이 관점을 뒷받침한다. 과학자 Alex Michalos는 학생들에게 그들의 행복과 인생에서 무엇을 원하는지에 관해 물었다. 그는 덜 행복한 사람들이 그들이 이미 가지고 있는 것보다 훨씬 더 많이 추구한다는 점을 발견했다. 그 불일치가 대부분의 사람들이 그들의 월급이 오를수록 더 행복해지지 못하는 이유를 설명할지도 모른다. 만족하기보다는 우리 대부분은 단지 더 많은 것을 원한다. 따라서, 우리의 욕망에 대한 통제가 행복의 열쇠처럼 보인다.

어휘 rarely 거의 ~ 않는 desire 욕망 barrier 장애물
decrease 줄이다 support 뒷받침하다 view 관점
seek 추구하다 gap 불일치, 격차 satisfied 만족하는
merely 단지, 그저

CHAPTER 02 동사의 시제

1. 단순 2. 완료진행

불변의 패턴 08
워크북 p.10

1. 현재완료 2. since 3. has taken 4. 과거의 한 시점 5. last
6. visited

1 정답 **has worked**

해설 ~ he **has worked** at his current job **for five years**.
　　　　　　現在完了(현재완료)　　　　　　　　　　(지금까지) 5년 동안

해석 Jonathan은 컴퓨터 공학자이며, 그는 그의 현재 직장에서 5년 동안 일해왔다.

어휘 computer scientist 컴퓨터 공학자 current 현재의

2 정답 **left**

해설 The young birds **left** the safety of the nest for the
　　　　　　　　　　　単純過去(단순과거)
first time **last week**.
　　　　　　지난주에

해석 어린 새들이 지난주에 처음으로 둥지의 안전함으로부터 떠났다.

어휘 safety 안전(함) nest 둥지

3 정답 **was**

해설 Artificial pesticide use has increased ten times since
it **was** invented **in the early 20th century**.
　단순과거　　　　　　　　　20세기 초에

해석 인공 살충제의 사용은 그것이 20세기 초에 발명된 이래로 10배 증가했다.

어휘 artificial 인공의 pesticide 살충제, 농약 invent 발명하다

4 정답 **used → have used**

해설 Koreans ~ **have used** high-quality paper **since around**
　　　　　　　　현재완료　　　　　　　　서기 1000년경 이래로 (지금까지)
1000 AD.

해석 한국인들은 종이 제작의 오랜 역사를 가지고 있으며 서기 1000년경 이래로 고품질의 종이를 사용해 왔다.

5 정답 **has obtained → obtained**

해설 Elizabeth Catlett ~ **obtained** Mexican citizenship **in the**
　　　　　　　　　　　　　　　　단순과거
summer of 1962.
　1962년 여름에

해석 Elizabeth Catlett은 멕시코에서 50년 동안 살았고 멕시코 시민권을 1962년 여름에 취득했다.

어휘 obtain 취득하다, 얻다 citizenship 시민권

6 정답 **O**

해설 ~, we can now discover how humans evolved and
how long they **have made** tools.
(지금까지) 얼마나 오래　　현재완료

해석 기술의 진보 때문에, 우리는 이제 어떻게 인간이 진화했고 얼마나 오랫동안 도구를 만들어왔는지를 알아낼 수 있다.

어휘 technological 기술의 advance 진보 discover 알아내다
evolve 진화하다 tool 도구

불변의 패턴 09
워크북 p.12

1. 현재시제 2. 시간/조건 3. ~하자마자 4. unless 5. provide
6. 명사절

1 정답 **cares**

해설 **If** someone **cares** deeply about something he or she will ~.
조건의 부사절 접속사　　　현재시제
(만약 ~한다면)

해석 만약 누군가가 무엇에 대해 깊이 신경 쓴다면, 그 혹은 그녀는 그것에 더 큰 가치를 둘 것이다.

어휘 care 신경 쓰다 deeply 깊이 place 두다 value 가치

2 정답 **will depart**

해설 ~ and nobody is sure about **when** it **will depart**.
　　　　　　　　　　　　　　명사절 접속사　 미래시제
　　　　　　　　　　　　(전치사 about의 목적어)

해석 그 비행기는 날씨 때문에 이륙할 수 없으며, 누구도 그것이 언제 출발할지 모른다.

어휘 take off 이륙하다 depart 출발하다

3 정답 **get**

해설 Sometimes we will not realize our mistake **until** we **get**
　　　　　　　　　　　　　　　　　　시간의 부사절 접속사 현재시제
an email pointing it out.　　　　　　　　　(~할 때까지)

해석 때때로 우리는 우리의 실수를 지적하는 이메일을 받기 전까지 그 실수에 대해 깨닫지 못할 것이다.

어휘 realize 깨닫다 point out 지적하다

4 정답 **publish → will publish**

해설 The writer wonders **if** The Coast Times **will publish** her
　　　　　　　　　　　　　명사절 접속사　　　　　　미래시제
　　　　　　　　　　　　(동사 wonders의 목적어)
article on their website next Monday.

해석 그 저자는 『The Coast Times』가 그녀의 기사를 다음 주 월요일에 그들의 웹사이트에 게재할 것인지 궁금해한다.

어휘 publish 게재하다, 출판하다 article 기사

5 정답 **will use → use**

해설 What you buy will be just a waste **unless** you **use** it.
　　　　　　　　　　　　　　　　　조건의 부사절 접속사　 현재시제
　　　　　　　　　　　　　　　　　(만약 ~하지 않는다면)

해석 당신이 구매하는 것은 그것을 사용하지 않는 한 낭비일 뿐일 것이다. 그래서 당신이 쇼핑을 할 때에 신중하게 생각하는 것이 좋다.

어휘 waste 낭비

6 정답 **O**

해설 **After** the price of something important like electricity
시간의 부사절 접속사
(~한 후에)
drops greatly someday, the whole world will change.
현재시제

해석 언젠가 전기와 같은 중요한 것의 가격이 크게 하락한 후에, 전 세계가 바뀔 것이다.

어휘 electricity 전기

실전 테스트
워크북 p.14

01	③	02	③	03	⑤
04	(1) ⓐ will choose → choose, ⓑ has been → was				
	(2) the word was made, people have chosen careers				

01 정답 **③ have learned – research – was**

해설 (A) ~, we **have learned** new skills **since** ancient times.
　　　　　　　　현재완료　　　　　　~이래로 (지금까지)

since ancient times는 과거와 현재를 모두 포함하는 시간 표현이므로 현재완료 have learned가 와야 한다. (불변의 패턴 08-1)

(B) ~, you will be better prepared **if** you **research** how
조건의 부사절 접속사   현재시제
(만약 ~한다면)

the native inhabitants dress, work, and eat.

if가 이끄는 절이 조건의 의미를 나타내는 부사절이므로, 조사하는 것이 미래에 일어날 일이더라도 현재시제 research가 와야 한다. (불변의 패턴 09)

(C) For example, Nicholas Miller, an explorer, **was** lost in the Amazon jungle **last month**, ~.
                                          단순과거
지난달에

last month는 과거의 한 시점만을 나타내는 시간 표현이므로 단순 과거 was가 와야 한다. (불변의 패턴 08-2)

해석 인류의 지속적인 생존은 환경에 적응하는 우리의 능력에 의해 설명될 수 있다. 우리가 문명화된 사회에서의 생활로 이행하면서 많은 생존 기술들을 잃었지만, 우리는 고대 이래로 새로운 기술들을 배워왔다. 오늘날, 현대 기술로 인해, 한때 우리가 가졌던 기술들과 지금 우리가 가진 기술들 간의 차이는 매우 크다. 그래도, 당신이 황무지에 들어가게 되었을 때, 원주민들이 어떻게 옷을 입고 일하고 먹었는지를 조사한다면 당신은 더 잘 준비되어 있을 것이다. 그들이 삶에 적응해온 방식은 당신이 그 환경을 이해하고 최고의 장비를 선택하는 데 도움을 줄 것이다. 예를 들어, 탐험가 Nicholas Miller는 지난달에 아마존 정글에서 길을 잃었고, 그녀는 위험한 상황들을 피할 수 있었는데, 이는 그녀가 철저하게 준비를 해왔었기 때문이다.

어휘 continued 지속적인 human race 인류 adapt 적응하다
transition 이행 civilized 문명화된 wilderness 황무지
inhabitant 주민 gear 장비 thoroughly 철저하게

02 정답 ③ **are → is**

해설 ③ **Walking a few blocks is** often easier and cheaper ~.
동명사구 주어   단수동사

주어 Walking a few blocks는 단수 취급하는 동명사구 주어이므로 단수동사 is가 와야 한다. (불변의 패턴 02)

오답 분석 ① since ~ century는 과거와 현재를 모두 포함하는 시간 표현이므로 현재완료 has lived가 온 것이 적절하다. (불변의 패턴 08-1)
② 주어 people이 복수명사이므로 복수동사 walk가 온 것이 적절하다. living and working in cities(분사구)는 수 일치에 영향을 미치지 않는 수식어이다. (불변의 패턴 01-2)
④ once가 이끄는 절이 조건의 의미를 나타내는 부사절이므로, 이사하는 것이 미래에 일어날 일이더라도 현재시제 move가 온 것이 적절하다. (불변의 패턴 09)
⑤ 주어 most of the public transportation options에서 most of는 동사가 of 뒤의 명사에 수 일치해야 하는 부분/수량표현이므로, 복수명사 the public transportation options에 수 일치하는 복수동사 are가 온 것이 적절하다. (불변의 패턴 04)

해석 세계 인구의 대부분은 21세기 초 이래로 도시 지역에서 살아왔고, 이 지역은 더 많은 경제적 기회들을 제공한다. 대부분의 경우, 도시에서 살고 일하는 사람들은 주차장에서 사무실까지 가기 위해, 쇼핑을 하기 위해, 용무를 보기 위해 온종일 걷는다. 몇 블록을 걷는 것은 택시나 지하철을 기다리는 것보다 더 쉽고 돈이 더 적게 든다. 이런 식으로, 운동은 일상생활 속에 구성될 수 있다. 이는 일단 그들이 교외로 이사하면 그렇지 않을 것이다. 교외는 널리 퍼져 있기 때문에, 사무실까지 걷거나 상점까지 뛰어가기에 너무 멀다. 버스 정류장까지 걸어가는 것은 적어도 어느 정도의 움직임을 제공했지만, 지금은 대부분의 대중교통 선택권이 제한적이어서, 교외 사람들은 모든 곳에 운전을 해서 간다. 그들이 지불하는 대가는 하루 동안의 제한적인 신체 활동이다.

어휘 population 인구 urban 도시의 opportunity 기회
run errands 용무를 보다 structure 구성하다 routine 일상
suburb 교외 spread out 더 널리 퍼지다, 넓은 공간을 차지하다
public transportation 대중교통 limited 제한적인

03 정답 ⑤ **will focus → focuses**

해설 ⑤ **As long as** he **focuses** on rising higher above all else, ~.
조건의 부사절 접속사 현재시제
~하는 한에는

As long as가 이끄는 절이 조건의 의미를 나타내는 부사절이므로, 집중하는 것이 미래에 일어날 일이더라도 현재시제 focuses가 와야 한다. (불변의 패턴 09)

오답 분석 ① 주어 The person이 단수명사이므로 단수동사 stays가 온 것이 적절하다. who ~ others(관계절)는 수 일치에 영향을 미치지 않는 수식어이다. (불변의 패턴 01-3)
② 관계대명사 who 뒤에 주어 없이 동사가 왔으므로 who는 주격 관계대명사이고, 동사는 선행사인 those에 수 일치해야 하므로 복수동사 are가 온 것이 적절하다. in his imagination(전치사 + 명사구)은 수 일치에 영향을 미치지 않는 수식어이다. (불변의 패턴 05, 01-1)
③ 주어 The only way는 단수명사이므로 단수동사 is가 온 것이 적절하다. to get through life(to부정사구)와 he concludes(삽입절)는 수 일치에 영향을 미치지 않는 수식어이다. (불변의 패턴 01-2, 01-4)
④ In the past는 과거의 한 시점만을 나타내는 시간 표현이므로 단순 과거 needed가 온 것이 적절하다. (불변의 패턴 08-2)

해석 자신을 다른 사람들과 비교하는 사람은 두려움의 상태에 머무른다. 그는 자신의 상상 속에서 자기보다 위에 있는 사람들을 두려워한다. 그들이 우월하다고 믿으며, 그는 그가 그들에게 절대 필적할 수 없을 것이라고 느낀다. 그는 또한 자기보다 아래에 있는 사람들도 두려워하는데, 그들이 따라잡을 것 같기 때문이다. 그는 항상 누가 위협적인 존재로 보이는지 확인하기 위해 그의 주위를 둘러본다. 그는 삶을 헤쳐나가는 유일한 방법이 사람들을 이기는 것이라고 결론 짓는다. 과거에, 사람들은 살아남기 위해 경쟁해야 했기 때문에 이러한 태도가 필요했다. 하지만 이러한 사고방식은 더 이상 생존에 필수적이지 않다. 그가 다른 모든 이들보다 더 높이 올라가는 것에 집중하는 한, 그의 삶은 즐거움을 잃게 될 것이다.

어휘 compare 비교하다 state 상태 superior 우월한
match 필적하다 catch up 따라잡다 threat 위협적인 존재
conclude 결론 짓다 beat 이기다 attitude 태도
compete 경쟁하다 survive 생존하다 essential 필수적인
focus 집중하다

04 정답 (1) ⓐ **will choose → choose**, ⓑ **has been → was**
(2) **the word was made, people have chosen careers**

해설 (1) ⓐ Most people today will consider if a job will be fulfilling or not **before** they **choose** a job.
시간의 부사절 접속사   현재시제
(~하기 전에)

before가 이끄는 절이 시간의 의미를 나타내는 부사절이므로, 직업을 선택하는 것이 미래에 일어날 일이더라도 현재시제 choose를 써야 한다. if ~ not은 조건의 의미를 나타내는 부사절이 아니라 동사 consider의 목적어로 쓰이는 명사절이므로 미래시제 will be를 쓴다. (불변의 패턴 09)

ⓑ However, the idea of fulfillment **was** just not on people's minds **hundreds of years ago**.
단순과거
수백 년 전에

hundreds of years ago는 과거의 한 시점만을 나타내는 시간 표현이므로 단순과거 was가 와야 한다. (불변의 패턴 08-2)

오답 분석 (1) ⓒ in 1755는 과거의 한 시점만을 나타내는 시간 표현이므로 단순과거 was가 온 것이 적절하며, 주어 A Dictionary of the English Language가 단수명사이므로, 단수동사 doesn't가 온 것이 적절하다. which was published in 1755(관계절)는 수 일치에 영향을 미치지 않는 수식어이다. (불변의 패턴 08-1, 01-3)

해설 (2) Certainly, **since the word was made**, people
그 단어가 만들어진 이래로 (지금까지)
have chosen careers that they find personally
현재완료
fulfilling.

since ~ made가 '만들어진 이래로 (지금까지)'라는 의미로 과거와 현재를 모두 포함한 시간 표현이므로, 동사 choose를 현재완료로 써야 하는데 주어 people이 복수명사이므로 복수동사인 have를 사용해 have chosen으로 써야 한다. 또한, 단어가 만들어진 것은 과거의 한 시점이므로 단순과거 was made로 써야 한다. (불변의 패턴 08-1, 08-2)

해석 대부분의 사람들은 오늘날 그들이 직업을 선택하기 전에 그 직업이 성취감을 줄 것인지를 고려할 것이다. 그러나, 성취에 대한 개념은 수백 년 전만 해도 사람들의 머릿속에 있지 않았다. 수 세기 동안, 서구 세계의 대부분의 사람들은 그들의 기본적인 욕구를 충족시키기 위해 애쓰느라 바빴다. 그들은 자신들의 재능을 이용하고 복지를 향상시키는 흥미로운 직업을 가졌는지에 대해서 신경 쓸 수 없었다. 1755년에 출간된 『A Dictionary of the English Language』는 '성취'라는 단어를 언급조차 하지 않는다. 분명히, 그 단어가 만들어진 이래로, 사람들은 개인적으로 성취감을 느끼는 직업을 선택해 왔다.

어휘 fulfilling 성취감을 주는 fulfillment 성취 struggle 애쓰다
meet 충족시키다 basic 기본적인 need 욕구 talent 재능
wellbeing 복지 publish 출간하다, 출판하다 mention 언급하다

CHAPTER 03 동사의 능동태·수동태

1. 능동태 2. 대상

불변의 패턴 10 워크북 p.16

1. 수동태 2. 능동태 3. 행위의 대상 4. 과거분사(p.p.) 5. were lost

1 정답 **are trapped**

해설 **We are trapped** deep in a difficult situation ~.
　　주어　　수동태
(가두는 행위의 대상)

해석 우리는 지금 어려운 상황에 깊이 갇혀 있다. 우리는 반드시 우리의 목표들을 먼저 분명히 하고 나서 그것들을 달성하기 위해 노력해야 한다.

어휘 trap 가두다 achieve 달성하다

2 정답 **be kept**

해설 Though **chocolate** may **be kept** in the refrigerator, ~.
　　　　주어(보관하는 행위의 대상)　수동태

해석 비록 초콜릿이 냉장고 안에 보관될 수 있지만, 그것에 다른 음식들의 냄새가 서릴 것이다.

어휘 keep 보관하다, 넣다 refrigerator 냉장고 take on 서리다, 띠다

3 정답 **defines**

해설 ~ how **a person defines** a problem.
　　　　　　주어　　능동태
　　　(정의하는 행위의 주체)

해석 해결책의 본질은 사람이 문제를 어떻게 정의하는가와 밀접하게 관련된다.

어휘 nature 본질 solution 해결책 connect 관련시키다
define 정의하다

4 정답 **was thrown**

해설 ~ a tape measure was employed to determine the distance **a javelin was thrown**.
　　　　　　　　　　　　주어　　수동태
　　　　　　　　　(던지는 행위의 대상)

해석 이전 올림픽에서는, 창이 던져진 거리를 측정하기 위해 줄자가 사용되었다.

어휘 previous 이전의 tape measure 줄자 employ 사용하다
determine 측정하다

불변의 패턴 11 워크북 p.17

1. v-ing 2. p.p. 3. taught 4. 주체 5. 대상 6. has

1 정답 **have**

해설 ~, **they have sent** almost 13,000 volunteers to 25 countries.
　　　　주어　have동사 p.p.
　　(보내는 행위의 주체)

해석 그 단체들이 시작된 이래로, 그들은 약 1만 3천명의 자원봉사자들을 25개국에 보냈다.

어휘 organization 단체 volunteer 자원봉사자

2 정답 **advertised**

해설 Imagine that **a product**, ~, is not **advertised**.
　　　　　　　주어　　be동사　　p.p.
　　　　(광고하는 행위의 대상)

해석 어떤 제품이, 비록 시장에 잠깐 출시되었다 하더라도, 광고되지 않는다고 상상해 보아라.

3 정답 **used**

해설 **The stones** may even **have been used** ~.
　　주어(사용하는 행위의 대상)「have동사 + been」p.p.

해석 그 돌들은 심지어 몇몇 문화권에서 태양의 일식과 달의 월식을 예측하는데 사용되었을 수도 있다.

어휘 predict 예측하다

4 정답 **produced → producing**

해설 **Electronics companies are producing** faster computers
　　　주어(생산하는 행위의 주체)　be동사　v-ing
and laptops these days.

해석 전자 기기 회사들은 요즘 더 빠른 컴퓨터와 노트북을 생산하고 있다.

어휘 electronics 전자 기기

5 정답 **expressing → expressed**

해설 ~ **the idea has been expressed** in different ways over time.
　　　　주어　「have동사 + been」 p.p.
　　(표현하는 행위의 대상)

해석 성공은 쉽게 설명될 수 없는데, 이 개념이 시간이 지나면서 다양한 방식들로 표현되어 왔기 때문이다.

어휘 success 성공 describe 설명하다 express 표현하다

6 정답 **O**

해설 **This evidence has raised** the problem ~.
　　주어(제기하는 행위의 주체) have동사 p.p.

해석 이 증거는 '빙하기'의 원인에 대한 문제를 제기했고, 현대 과학자들이 새로운 이론들을 찾도록 이끌었다.

어휘 evidence 증거 raise 제기하다 ice age 빙하기 theory 이론

불변의 패턴 12 워크북 p.18

1. 선행사 2. 능동태 3. 수동태 4. be seen

1 정답 **touching**

해설 ~ try to feel **everything that is touching** your skin.
　　　　　　　선행사　　주격　　능동태
　　　　　(닿는 행위의 주체) 관계대명사

해석 눈을 감고 당신의 피부를 건드리고 있는 모든 것을 느껴보아라.

2 정답 **searched**

해설 ~, **many of whom searched** all night for the missing
　　　　주어(수색하는 행위의 주체)　능동태
hikers.

해석 우리는 구조대원들에게 매우 감사하며, 그들 중 많은 수가 실종된 등

산객을 밤새 수색했다.

어휘 rescue worker 구조대원

3 정답 **collected**

해설 People <u>whose stamps have been collected</u> with much
주어(수집하는 행위의 대상)　　　수동태
effort do not use them ~.

해석 많은 노력을 기울여 그들의 우표가 수집된 사람들은 그것들을 우편물
을 보내는 데 지불하기 위해 사용하지 않는다.

4 정답 **are included**

해설 ~ for <u>the harmful ingredients that are included</u> in the
선행사(포함하는 행위의 대상)　주격 관계대명사　수동태
product.

해석 오늘날의 소비자들은 더 많은 정보를 원하는데, 특히 제품에 포함된
해로운 성분들에 대한 정보를 원한다.

어휘 consumer 소비자 information 정보 especially 특히
harmful 해로운 ingredient 성분, 재료 product 제품

불변의 패턴 13 　　　　　　　　　　워크북 p.19

1. 자동사 2. remain 3. 일어나다, 벌어지다 4. lie 5. emerged

1 정답 **occurred**

해설 동사 occur는 목적어가 오지 않아 수동태로 쓸 수 없는 자동사이므로
능동태 occurred가 와야 한다.

해석 그녀가 교실에 도착했을 때, 그녀는 자신이 집에 숙제를 두고 왔을지도
모른다는 생각이 들었다.

어휘 arrive 도착하다 assignment 숙제

2 정답 **are stored**

해설 주어 large containers가 동사 store가 나타내는 '보관하는' 행위의 대
상이므로 수동태 are stored가 와야 한다.

해석 일부 문화에서는, 와인이 마실 준비가 될 때까지 와인이 담긴 큰 용기
들이 지하에 보관된다.

어휘 container 용기, 그릇 store 보관하다, 저장하다

3 정답 **happened**

해설 동사 happen은 목적어가 오지 않아 수동태로 쓸 수 없는 자동사이므
로 능동태 happened가 와야 한다.

해석 화재나 홍수와 같은 자연재해들은 세계 어딘가에서 항상 발생했다.

어휘 natural disaster 자연재해 flood 홍수

4 정답 **place → be placed**

해설 주어 Small carry-on bags가 동사 place가 나타내는 '놓는' 행위의 대
상이므로, 능동태 placed가 아니라 수동태 be placed가 와야 한다.

해석 소형 휴대용 가방들은 당신 앞의 승객 좌석 아래에 놓여야 한다.

5 정답 **is become → becomes**

해설 동사 become은 목적어가 오지 않아 수동태로 쓸 수 없는 자동사이므
로 능동태 becomes가 와야 한다.

해석 만약 다른 사람이 당신에게 동의하지 않는다면, 그것은 때때로 '그들은
그냥 이해하지 못해요!'의 문제가 된다.

어휘 disagree 동의하지 않다 very often 때때로 matter 문제

6 정답 **O**

해설 동사 lie는 목적어가 오지 않아 수동태로 쓸 수 없는 자동사이므로 능
동태 lies가 와야 한다. '~을 놓다'라는 뜻의 타동사 lay(lay-laid-laid)와
혼동하지 않도록 주의한다.

해석 포식자로부터의 거북이의 주요 보호책은 그것의 바깥 껍데기에 있는
데, 그것은 매우 단단하다.

어휘 protection 보호책, 보호 predator 포식자 shell 껍데기, 껍질

불변의 패턴 14 　　　　　　　　　　워크북 p.20

1. 목적어 2. 행위의 대상 2 3. 간접목적어 4. 직접목적어 5. give
6. grant 7. were given

1 정답 **are offered**

해설 ~, <u>teens are offered the chance</u> to learn what type of
주어　4형식 수동태　직접목적어
(제공하는 행위의 대상)
jobs they like.

해석 비록 몇몇 부모들은 아르바이트가 시간 낭비라고 생각하지만, 십 대들
은 그들이 어떤 종류의 직업을 원하는지 배울 기회를 제공받는다.

어휘 part-time job 아르바이트 waste 낭비

2 정답 **taught**

해설 ~, <u>he taught his students lessons</u> to help them do their
주어 4형식 능동태 간접목적어　직접목적어
(가르치는 행위의 주체)
best.

해석 이번 주 후반에 있을 시험 준비로, 그는 그의 학생들에게 그들이 최선
을 다할 수 있도록 돕는 수업을 가르쳤다.

어휘 preparation 준비

3 정답 **grant**

해설 Shakespeare, Milton, and Keats all hoped that <u>poetic</u>
주어(부여하는 행위의 주체)
<u>greatness</u> would <u>grant them a kind of immortality</u>.
4형식 간접목적어　직접목적어
능동태

해석 셰익스피어, 밀턴, 그리고 키츠 모두 시의 위대함이 그들에게 일종의
불멸을 부여하길 바랐다.

어휘 poetic 시의, 시적인 greatness 위대(함)

4 정답 **are being given**

해설 ~, <u>many patients in need are being given a new life</u>.
주어　수식어　4형식 수동태　직접목적어
(주는 행위의 대상) (전치사 + 명사)

해석 만약 사람들이 죽음 후에 그들의 장기를 기증한다면, 어려움에 처한
많은 환자들은 새 생명을 받게 된다.

어휘 donate 기증하다 organ 장기

불변의 패턴 15 　　　　　　　　　　워크북 p.21

1. 목적격보어 2. 수동태 3. 목적격보어 4. to부정사 5. v-ing
6. is expected

1 정답 **was made → made**

해설 <u>Increased trade</u> between Britain and India <u>made</u>
주어(만드는 행위의 주체)　　　　　5형식 능동태
<u>tea a popular drink</u> ~.
목적어　　목적격보어
(만드는 행위의 대상)

해석 영국과 인도 사이의 증가된 무역은 1600년대 영국에서 차를 인기 있
는 음료로 만들었다.

어휘 trade 무역

2 정답 **told → were told**

해설 Before the hurricane arrived, <u>all residents were told to</u>
주어　5형식수동태 목적격보어
(말하는 행위의 대상)
<u>leave</u> the area as soon as possible.

해석 허리케인이 오기 전에, 모든 주민들은 가능한 한 빨리 그 지역에서 벗어나라고 들었다.

어휘 resident 주민

3 정답 O

해설 ~, <u>the children</u> <u>left</u> their wet <u>clothes</u> <u>hanging</u> in the
주어　　　5형식 능동태　　목적어　　목적격보어
(두는 행위의 주체)　　(두는 행위의 대상)
sun to dry.

해설 바다에서 수영을 한 후, 아이들은 그들의 젖은 옷을 말리기 위해 햇볕에 걸어 두었다.

4 정답 O

해설 ~, <u>laws</u> in other countries <u>are expected</u> to <u>acknowledge</u>
주어(예상하는 행위의 대상)　　　　　5형식 수동태　　목적격보어
similar rights in the future.

해설 에콰도르가 자연에 법적 권리를 부여했기 때문에, 다른 나라의 법들도 미래에 유사한 권리를 인정할 것으로 예상된다.

어휘 legal 법적인　right 권리

실전 테스트

워크북 p.22

01	⑤	02	⑤	03	③
04	(1) ⓐ cleaned → were cleaned, ⓑ was appeared → appeared				
	(2) were given the pleasure of splashing in the stream, splashing in the stream was given to some boys				

01 정답 ⑤ be studied – distributed – occur

해설 (A) <u>Sharing</u> can <u>be studied</u> in a laboratory ~.
주어(연구하는 행위의 대상)　수동태

주어 Sharing이 동사 study가 나타내는 '연구하는' 행위의 대상이므로 수동태 be studied가 와야 한다. (불변의 패턴 10)

(B) ~ until <u>all food</u> <u>has been</u> <u>distributed</u>.
주어　「have동사 + been」 p.p.
(분배하는 행위의 대상)

주어 all food가 동사 distribute가 나타내는 '분배하는' 행위의 대상이므로 「have동사 + been」 뒤에서 수동태 동사를 만드는 distributed가 와야 한다. (불변의 패턴 11-1)

(C) 동사 occur는 뒤에 목적어가 오지 않아 수동태로 쓸 수 없는 자동사이므로 능동태 occur가 와야 한다. it ~ circle은 강조 구문이고, 강조 대상 the possessor가 사람이므로 that 대신에 who를 사용했다. (불변의 패턴 13)

해석 공유는 연구실에서 한 침팬지에게 수박 혹은 잎이 무성한 나뭇가지와 같이 많은 양의 음식을 건네주고, 다음에 어떤 일이 일어나는지 관찰함으로써 연구될 수 있다. 소유자가 핵심 대상이고, 그 혹은 그녀 주변에 다른 침팬지 무리가 함께할 것이다. 그리고 나서 모든 음식이 분배될 때까지 새로운 무리가 그들과 합류하고 그들의 몫을 받을 것이다. 구걸하는 침팬지들이 불평을 하고 울 수도 있지만, 공격적인 충돌은 좀처럼 일어나지 않는다. 충돌이 발생할 때, 그 집단에서 누군가를 떠나게 만들려는 자는 바로 소유자이다. 자신을 홀로 내버려 둘 때까지 그녀는 자신의 나뭇가지로 그들의 머리 위를 때리거나 아주 높은 톤의 목소리로 그들에게 소리칠 것이다. 그들의 서열이 무엇이든, 소유자가 식량 흐름을 통제한다.

어휘 sharing 공유　laboratory 연구실　leafy 잎이 무성한
branch 나뭇가지　observe 관찰하다　owner 소유자, 주인
center stage 핵심, 주요한 역할　distribute 분배하다
beggar 구걸하는 자, 거지　aggressive 공격적인　conflict 충돌
rare 좀처럼 ~않는, 드문　possessor 소유자　circle 집단
bark 소리치다　high-pitched (음이) 아주 높은

02 정답 ⑤ is seemed → seems

해설 ⑤ 동사 seem은 뒤에 목적어가 오지 않아 수동태로 쓸 수 없는 자동사이므로 능동태 seems가 와야 한다. (불변의 패턴 13)

오답분석 ① 주어 158 moviegoers가 복수명사이면서 동사 provide가 나타내는 '제공하는' 행위의 대상이므로 p.p. 앞에서 수동태 동사를 만드는 복수동사 were가 온 것이 적절하다. in Philadelphia(전치사 + 명사)는 수 일치에 영향을 미치지 않는 수식어이다. (불변의 패턴 11-2, 01-1)

② 주어 popcorn이 동사 eat이 나타내는 '먹는' 행위의 대상이므로 「have동사 + been」 뒤에서 수동태 동사를 만드는 eaten이 온 것이 적절하다. (불변의 패턴 11-1)

③ 주어 The moviegoers가 동사 ask가 나타내는 '묻는' 행위의 대상이므로, be동사 뒤에서 수동태 동사를 만드는 asked가 온 것이 적절하다. 동사 ask는 2개의 목적어를 갖는 4형식 동사이므로 수동태 문장에서도 동사 뒤에 목적어 하나가 남는다. if ~ not은 동사 ask의 직접목적어로 쓰인 명사절이고, 수동태 동사 뒤에 남은 직접목적어 if ~ not을 보고 능동태 동사가 와야 한다고 착각하지 않도록 주의한다. (불변의 패턴 11-1, 14)

④ 관계대명사 who 뒤에 동사가 바로 왔으므로 who는 주격 관계대명사이다. 선행사 moviegoers가 관계절의 동사 give가 나타내는 '주는' 행위의 대상이므로 관계절의 동사는 수동태 were given이 온 것이 적절하다. 동사 give는 2개의 목적어를 갖는 4형식 동사이므로 수동태 문장에서도 동사 뒤에 목적어 하나가 남는다. 수동태 동사 뒤에 남은 직접목적어 fresh popcorn을 보고 능동태 동사가 와야 한다고 착각하지 않도록 주의한다. (불변의 패턴 12, 14)

해석 한 연구에서, 필라델피아의 158명의 영화 관람객들이 갓 만들었거나 그렇지 않은 무료 팝콘이 담긴 중간 크기의 혹은 큰 용기를 제공받았다. 영화가 끝난 후, 팝콘이 얼마나 많이 먹어졌는지 확인되었다. 영화 관람객들은 팝콘이 맛있었는지 아닌지에 대한 질문도 받았다. 그 결과는 갓 만든 팝콘을 받은 영화 관람객들은 그것이 큰 용기에 제공되었을 때 45.3퍼센트 더 많은 팝콘을 먹었다는 것을 보여주었다. 팝콘이 맛이 좋지 않았을 때조차도, 사람들은 중간 크기의 용기보다 큰 용기로 먹을 때 여전히 33.6퍼센트 더 많은 팝콘을 먹었다. 음식 용기의 크기는 사람들이 먹는 음식의 양에 영향을 주는 것으로 보인다.

어휘 moviegoer 영화 관람객　container 용기　fresh 갓 만든
influence 영향을 주다　amount 양

03 정답 ③ does → do

해설 ③ Today, <u>rarely do</u> <u>3D printers</u> require an original
부정 복수동사　복수주어
object to copy.

부정의 의미를 나타내는 어구 rarely가 문장의 앞쪽에 와서 도치가 되었으므로 뒤에 오는 복수주어 3D printers에 수 일치하는 복수동사 do가 와야 한다. (불변의 패턴 07)

오답분석 ① 주어 3D printing technology가 동사 use가 나타내는 '사용하는' 행위의 대상이므로 수동태 was used가 온 것이 적절하다. (불변의 패턴 10)

② since는 과거와 현재를 모두 포함하는 시간 표현이므로 현재완료 has become이 온 것이 적절하다. (불변의 패턴 08-1)

④ as long as가 이끄는 절이 조건의 의미를 나타내는 부사절이므로, 그림이 물체를 묘사하는 것이 미래에 일어날 일이더라도 현재시제 describes가 온 것이 적절하다. (불변의 패턴 09)

⑤ 관계대명사 that 뒤에 동사가 바로 왔으므로 that은 주격 관계대명사이다. 선행사 plates가 관계절의 동사 print가 나타내는 '인쇄하는' 행위의 대상이므로 수동태 are printed가 온 것이 적절하다. (불변의 패턴 12)

해석 이전에는, 3D 인쇄 기술이 회사와 대학교에서만 사용되었다. 그러나, 3D 프린터의 가격이 하락하기 시작한 2010년경 이래로, 그 기술은 더 널리 이용 가능해졌다. 우리는 미래에 모든 가정이 3D 프린터를 소유하고 있는 것을 상상할 수 있다. 오늘날, 3D 프린터는 복사할 원본의 물체를 거의 필요로 하지 않는다. 어떠한 그림이라도 그것이 물체를 정

확하게 묘사하기만 한다면 가능할 것이다. 곧 누구나 가정용 스케치 도구를 사용해 적합한 디자인을 만들어낼 수 있으며, 그 후에 가정용 프린터는 실제 복사본을 만들 수 있을 것이다. 예를 들어, 손님을 위한 저녁 접시가 충분하지 않다면, 당신은 당신의 가정용 컴퓨터에서 인쇄된 접시들을 그들에게 제공할 수 있다.

어휘 previously 이전에 technology 기술 available 이용 가능한
original 원본의 object 물체 precisely 정확하게

04 정답 **(1) ⓐ cleaned → were cleaned,**
ⓑ was appeared → appeared
(2) were given the pleasure of splashing in the stream,
splashing in the stream was given to some boys

해설 (1) ⓐ <u>The roads and the trees</u> <u>were cleaned</u> of dirt and
　　주어(씻는 행위의 대상)　　　수동태
dust.
주어 The roads and the trees가 동사 clean이 나타내는 '씻는' 행위의 대상이므로 수동태 were cleaned가 와야 한다. (불변의 패턴 10)

ⓑ 동사 appear는 뒤에 목적어가 오지 않아 수동태로 쓸 수 없는 자동사이므로 능동태 appeared가 와야 한다. (불변의 패턴 13)

(2) • <u>Some boys</u> <u>were given</u> <u>the pleasure</u> of splashing
　　주어(주는 행위의 대상) 4형식 수동태 직접목적어
in the stream <u>by the rain</u>.
수식어(전치사 + 명사구)　by + 주는 행위의 주체

• <u>The pleasure</u> of splashing in the stream <u>was given</u>
　주어(주는 행위의 대상)　수식어(전치사 + 명사구)　4형식 수동태
to some boys <u>by the rain</u>.
전치사 간접목적어　by + 주는 행위의 주체

동사 give는 2개의 목적어를 갖는 4형식 동사이므로, 간접목적어 some boys와 직접목적어 the pleasure를 각각 주어로 하는 수동태 문장으로 바꾸어야 한다. 첫 번째 문장의 주어인 Some boys는 복수명사이므로 동사 give를 복수동사이면서 수동태인 were given으로 바꾸고 뒤에 직접목적어 the pleasure를 쓴다. 두 번째 문장의 주어인 The pleasure는 단수명사이므로 동사 give를 단수동사이면서 수동태인 was given으로 바꾸고 뒤에 전치사 to와 간접목적어 some boys를 쓴다. 본래 문장의 주어(행위의 주체) The rain은 by와 함께 문장 뒤에 왔다. (불변의 패턴 14)

해석 비가 그쳤다. 도로와 나무는 흙과 먼지가 씻겨졌다. 세상이 상쾌해졌다. 개구리들은 연못에서 시끄러웠다. 그것들은 컸고, 그것들의 목소리는 즐거움으로 가득 차 있었다. 잔디는 작은 물방울들로 반짝거렸다. 비는 몇몇 소년들에게 개울에서 첨벙거리는 즐거움을 주었다. 그들과 그들의 빛나는 눈을 보는 것이 좋았다. 그들은 그들의 삶의 시간을 보내고 있었고, 그들의 얼굴에 밝은 미소가 띄었다. 한 명이 그들에게 무언가를 말했을 때 비록 그들이 한마디도 이해하지 못했더라도 그들은 즐거움에 웃었다.

어휘 dirt 흙, 먼지 dust 먼지 earth 세상, 땅 refreshed 상쾌한
pond 연못 throat 목 swell 가득하다 sparkling 반짝거리는
splash 첨벙거리다 stream 개울

CHAPTER 04 조동사와 가정법

1. 조동사

불변의 패턴 16　　　　워크북 p.24

1. 동사원형 2. have p.p. 3. must 4. have seen 5. should
6. have received

1 정답 **see**
해설 '내일(미래에) 돌고래들을 볼 수도 있다'라는 의미이므로, 조동사 could 뒤에서 현재/미래 일에 대한 추측을 나타내는 see(동사원형)가 와야 한다.
해석 당신이 운이 좋다면, 당신은 내일 우리의 유람선 여행 중에 배와 나란히 헤엄치는 돌고래들을 볼 수도 있다.
어휘 alongside ~과 나란히 cruise 유람선 여행

2 정답 **have landed**
해설 'Pytheas가 (과거에) 아이슬란드에 상륙했었을지도 모른다'라는 의미이므로, 조동사 might 뒤에서 과거 일에 대한 추측을 나타내는 have landed(have p.p.)가 와야 한다.
해석 몇몇 역사학자들은 고대 그리스 탐험가인 Pytheas가 아이슬란드에 상륙했었을지도 모른다고 생각한다.
어휘 historian 역사학자 ancient 고대의 explorer 탐험가
land 상륙하다, 착륙하다

3 정답 **have prepared**
해설 'Chuck은 (과거에) 기말고사를 준비했어야 했는데 안 했다'라는 의미이므로, 조동사 should 뒤에서 과거 일에 대한 후회를 나타내는 have prepared(have p.p.)가 와야 한다.
해석 Chuck은 기말고사를 준비했어야 했지만, 그의 친구들과 함께 댄스 파티에 갔고 시험에서 떨어졌다.

4 정답 **be**
해설 '(현재/미래에) 개들은 쉽게 알아챌 수 있을 것임이 틀림없다'라는 의미이므로, 조동사 must 뒤에서 현재/미래 일에 대한 추측을 나타내는 be(동사원형)가 와야 한다.
해석 개들은 그들의 코를 사용하는 것을 매우 잘하기 때문에, 그들은 우리가 쿠키 통을 열 때 쉽게 알아챌 수 있을 것임이 틀림없다.
어휘 sense 알아채다, 감지하다

불변의 패턴 17　　　　워크북 p.25

1. 동사원형 2. should 3. 주장하다 4. 권고하다 5. put
6. 일어나다

1 정답 **have**
해설 제안의 의미를 가진 동사 advised의 목적어로 쓰인 that절이 문맥상 '사람들이 건강 진단을 받아야 한다'라는 의미로 어떤 일을 해야 한다는 내용이므로, should를 생략한 동사원형 have가 와야 한다.
해석 의사는 25세 이상의 모든 사람들이 정기적인 건강 진단을 받아야 한다고 충고했다.
어휘 regular 정기적인 physical examination 건강 진단, 신체검사

2 정답 **learn**
해설 제안의 의미를 가진 동사 recommends의 목적어로 쓰인 that절이 문맥상 '나의 아이가 ~을 배워야 한다'라는 의미로 어떤 일을 해야 한다는 내용이므로, should를 생략한 동사원형 learn이 와야 한다.
해석 그 교사는 나의 아이가 이기지 않고도 게임을 즐길 수 있다는 것을 배워야 한다고 권고한다.
어휘 instructor 교사, 강사 recommend 권고하다

3 정답 **crashed**
해설 동사 insisted의 목적어로 쓰인 that절이 문맥상 '비행기가 추락했다'라는 의미로 어떤 일이 일어났다는 내용이므로, 과거시제 crashed가 와야 한다.
해석 항공사는 그 비행기가 엔진 고장으로 인해 추락했다고 주장했다. 그것이 제대로 제작되었다면 어떠한 사고도 일어나지 않았을 것이다.
어휘 crash 추락하다 failure (기계 등의) 고장 properly 제대로, 올바르게

4 정답 **increases**

해설 동사 suggests의 목적어로 쓰인 that절이 문맥상 '사고의 위험을 증가시킨다'라는 의미로 어떤 일이 일어난다는 내용이므로, 현재시제 increases가 와야 한다.

해석 새로운 연구는 운전 중에 문자 메시지를 주고받는 것이 사고의 위험을 증가시킨다고 제시한다.

어휘 risk 위험

불변의 패턴 18
워크북 p.26

1. 동사원형 **2.** does **3.** solve

1 정답 **O**

해설 ~, make sure that you **do read** it carefully one last time.
　　　　　　　　　　　　　강조 do동사　동사원형

해석 당신이 이메일을 보내기 전에, 마지막으로 한 번 그것을 정말로 주의 깊게 읽어보았는지 확인해야 한다.

2 정답 **visited → visit**

해설 ~, but he **did** occasionally **visit** his brother who lived abroad.
　　　　　　　강조 do동사　　　　동사원형

해석 Jones씨는 긴 휴가를 거의 가지 않았지만, 그는 정말 가끔 해외에 사는 자신의 형을 방문했다.

어휘 occasionally 가끔 abroad 해외에

3 정답 **lies → lie**

해설 ~, so when a person **does lie**, the responses will come more slowly.
　　　　　　　　　강조 do동사　동사원형

해석 뇌는 정보를 처리하는 데 더 많은 시간을 필요로 하기 때문에, 어떤 사람이 정말로 거짓말을 할 때, 대답은 더 느리게 나올 것이다.

어휘 process 처리하다 response 대답, 반응

4 정답 **O**

해설 ~ they **do** probably **need** assistance.
　　　　　　　강조 do동사　　동사원형

해석 리모델링 작업을 해왔던 건축업자들은 그들이 아마 정말로 도움이 필요할 것이라고 말했다.

어휘 builder 건축업자 assistance 도움

불변의 패턴 19
워크북 p.26

1. if절 **2.** 과거시제 **3.** 과거완료 **4.** have p.p. **5.** be

1 정답 **knew**

해설 If we **knew** the way, then we **would have** no need to use
　　　　　　과거시제　　　　　　　would + 동사원형
the map ~!

해석 만약 우리가 길을 안다면, 애초에 지도를 사용할 필요가 없을 텐데!

2 정답 **had bent**

해설 I **could have been** sent to jail if I **had bent** the law ~.
　　　could + have p.p.　　　　　　　had p.p.

해석 내가 지난달에 싱가포르에 있었을 때 법을 악용했다면 감옥에 갔을 수도 있었다.

어휘 jail 감옥 bend 악용하다, 부정하게 이용하다

3 정답 **have been**

해설 **Would** you **have been** able to tell me if I **had asked**
　　　would + have p.p.　　　　　　　　　　　had p.p.
you to tell me ~?

해석 너는 내가 어제 네가 어디 있었는지 말해달라고 했었다면 내게 말해줄 수 있었을까?

4 정답 **grow**

해설 If I **had** the space for my own garden, I **would grow**
　　　　 과거시제　　　　　　　　　　　　　　 would + 동사원형
some food, ~.

해석 만약 나에게 나만의 정원을 위한 공간이 있다면, 나는 약간의 먹거리를 재배할 수 있겠지만, 내 집엔 마당이 없다.

불변의 패턴 20
워크북 p.27

1. 시제 **2.** had p.p. **3.** 마치 ~인 것처럼 **4.** lived

1 정답 **were**

해설 as if절이 문맥상 '(사실은 그렇지 않지만) 마치 현재 내가 여기에 있지 않은 것처럼'이라는 의미로 현재 사실을 반대로 가정해 보고 있으므로, 과거시제 were가 온 것이 적절하다.

해석 그녀는 내가 방에 들어갔을 때 나를 봤지만, 마치 그녀는 내가 여기에 있지 않은 것처럼 행동하고 있다.

어휘 pretend ~인 것처럼 행동하다, ~인 척하다

2 정답 **had completed**

해설 as if절이 문맥상 '(사실은 그렇지 않지만) 마치 과거에 과제를 혼자서 끝낸 것처럼'이라는 의미로 과거 사실을 반대로 가정해 보고 있으므로, had completed(had p.p.)가 와야 한다.

해석 Mike는 마치 그가 혼자서 그 과제를 끝낸 것처럼 말했지만, 사실 누군가가 그를 도와줬다.

어휘 complete 끝내다, 완료하다 assignment 과제, 숙제 by oneself 혼자서 in fact 사실은, 실제로

3 정답 **had arrived**

해설 as if절이 문맥상 '(사실은 그렇지 않지만) 마치 과거에 그들이 제때 도착한 것처럼'이라는 의미로 과거 사실을 반대로 가정해 보고 있으므로, had arrived(had p.p.)가 와야 한다.

해석 그 학생들은 마치 그들이 수업에 제때 도착한 것처럼 행동했지만, 그들은 10분 늦었다.

4 정답 **felt**

해설 as if절이 문맥상 '(사실은 그렇지 않지만) 마치 현재 아픈 것처럼'이라는 의미로 현재 사실을 반대로 가정해 보고 있으므로, 과거시제 felt가 온 것이 적절하다.

해석 Kevin은 괜찮지만, 그는 약간 피곤해서, 마치 여전히 아픈 것처럼 보인다.

실전 테스트
워크북 p.28

01	②	02	③	03	②

04 (1) ⓐ save → have saved, ⓒ knew → know
(2) If Neil hadn't fixed my computer, I would have lost my script.

01 정답 **② want – have worked – had built**

해설 (A) ~, but he **did** really **want** to retire.
　　　　　　　　강조 do동사　　동사원형
일반동사의 의미를 강조하는 do동사 did가 앞에 있으므로, 동사원형 want가 와야 한다. (불변의 패턴 18)

(B) He **should have worked** hard on his final task but ~.
　　　　후회 조동사　　 have p.p.
'(과거에) 마지막 일을 열심히 했어야 했는데 안 했다'라는 의미

이므로, 조동사 should 뒤에서 과거 일에 대한 후회를 나타내는 have worked(have p.p.)가 와야 한다. (불변의 패턴 16-2)

(C) He **would have been** rewarded even more if he
would + have p.p.

had built the house well.
had p.p.

주절의 동사가 would have been(would + have p.p.)이며, 문맥상 '(과거에) 집을 잘 지었더라면 훨씬 더 많은 보상을 받았을 텐데'라는 의미로 과거 사실을 반대로 가정해 보는 가정법 과거완료 문장이므로, if절에는 had built(had p.p.)가 와야 한다. (불변의 패턴 19)

해석 한 나이가 든 목수가 그의 사장에게 더 느긋한 삶을 살기 위해 은퇴할 그의 계획에 대해 말했다. 그는 매주 급료를 받지 못하게 되겠지만, 정말로 은퇴하기를 원했다. 그 사장은 자신의 좋은 직원이 떠나는 것을 보게 되어 유감이었고 개인적인 부탁으로 집을 한 채만 더 지어줄 수 있을지 물었다. 목수는 알겠다고 답했지만, 시간이 지나면서 그의 마음이 그 일에 없다는 것을 쉽게 알 수 있었다. 그는 그의 마지막 일을 열심히 했어야 했지만, 그것에 많은 시간이나 노력을 기울이지 않았다. 그것은 그의 일생의 경력을 마무리하기에 바람직하지 않은 방식이었다. 그가 그의 작업을 끝냈을 때, 그의 사장이 집을 확인하러 왔다. 그리고, 그는 그 직원에게 현관 열쇠를 건네주며 "여기는 당신의 집이에요, 당신에게 주는 내 선물입니다."라고 말했다. 그가 집을 잘 지었더라면 그는 훨씬 더 많은 보상을 받았을 것이다.

어휘 elderly 나이가 든, 연세가 드신 carpenter 목수 retire 은퇴하다
leisurely 느긋한, 여유 있는 paycheck 급료 personal 개인적인
favor 부탁 task 일, 과업 unfortunate 바람직하지 않은, 불행한
lifelong 일생의 career 경력 reward 보상을 주다

02 정답 ③ are → is

해설 ③ **The difference** in distance between the two routes
단수주어   수식어(전치사 + 명사) 수식어(전치사 + 명사구)

is ~.
단수동사

주어 The difference는 단수명사이므로 단수동사 is가 와야 한다. in distance와 between the two routes는 수 일치에 영향을 미치지 않는 수식어(전치사 + 명사(구))이다. (불변의 패턴 01-1)

오답 분석 ① 관계대명사 that 뒤에 주어 없이 동사가 바로 왔으므로 that은 주격 관계대명사이고, 동사는 선행사 two cities에 수 일치해야 한다. two cities가 복수명사이므로 복수동사 are가 온 것이 적절하다. (불변의 패턴 05)

② 주절의 동사가 would be(would + 동사원형)이며, 문맥상 '(현재) 지구가 평평하다면, 가장 짧은 경로는 동쪽으로 직진하는 것일 텐데'라는 의미로 현재 사실을 반대로 가정해 보는 가정법 과거 문장이므로, if절에는 과거시제 were가 온 것이 적절하다. if절의 동사가 be동사일 경우, I/he/she 주어에도 were를 쓸 수 있다. (불변의 패턴 19)

④ 주어 Much fuel이 동사 waste가 나타내는 '낭비하는' 행위의 대상이므로 수동태 be wasted가 온 것이 적절하다. (불변의 패턴 10)

⑤ 주장의 의미를 가진 동사 insist의 목적어로 쓰인 that절이 '대권 경로를 따라야 한다'라는 의미로 어떤 일을 해야 한다는 내용이므로 should를 생략한 동사원형 follow가 온 것이 적절하다. (불변의 패턴 17)

해석 당신이 거의 같은 위도에 있는 두 도시인 뉴욕에서 마드리드로 이동하고 싶었다고 상상해보아라. 만약 지구가 평평하다면, 가장 짧은 경로는 동쪽으로 직진하는 것일 것이다. 만약 당신이 그렇게 한다면, 당신은 마드리드에 3,707마일을 이동한 후 도착할 것이다. 그러나 당신이 대권 경로를 따라간다면, 당신은 오직 3,605마일 만에 그곳에 도착할 수 있다. 두 경로 간의 거리상의 차이는 지구의 곡면 때문이다. 만약 당신이 다른 경로를 선택한다면 많은 연료가 낭비될 수 있다. 항공사들은 이를 알기 때문에, 그들은 모든 조종사가 대권 경로를 따라야 한다고 주장한다.

어휘 flat 평평한 route 경로 great-circle (지구의) 대권 distance 거리
curved 곡선의 surface 표면 waste 낭비하다 insist 주장하다

03 정답 ② feel → have felt

해설 ② ~, so the older group **must have felt** time passing
추측 조동사 have p.p.
more quickly when they counted.

문맥상 '수를 세었을 때(과거에) 시간이 더 빨리 지나간다고 느꼈음이 틀림없다'라는 의미이므로, 조동사 must 뒤에서 과거 일에 대한 추측을 나타내는 have felt(have p.p.)가 와야 한다. (불변의 패턴 16-1)

오답 분석 ① when절의 주어 people이 동사 ask가 나타내는 '요청하는' 행위의 대상이므로 수동태 were asked가 온 것이 적절하다. ask는 to부정사를 목적격보어로 취하는 5형식 동사이므로, 뒤에 있는 to count는 목적격보어이다. 이 목적격보어를 목적어로 생각하여 능동태 동사가 와야 한다고 착각하지 않도록 주의한다. (불변의 패턴 15)

③ 장소를 나타내는 어구 there가 절의 앞쪽에 와서 도치가 되었으므로 동사는 뒤에 있는 주어 a lot of benefits에 수 일치해야 한다. a lot of는 동사가 of 뒤의 명사에 수 일치해야 하는 부분/수량표현이므로 복수명사 benefits에 수 일치하는 복수동사 are가 온 것이 적절하다. (불변의 패턴 07, 04)

④ 일반동사의 의미를 강조하는 do동사 does가 앞에 있으므로, 동사원형 feel이 온 것이 적절하다. (불변의 패턴 18)

⑤ as if절이 문맥상 '(사실은 그렇지 않지만) 마치 현재 훨씬 더 짧은 시간 동안 달린 것처럼'이라는 의미로 현재 사실을 반대로 가정해 보고 있으므로, 과거시제 ran이 온 것이 적절하다. (불변의 패턴 20)

해석 한 실험에서, 65세 이상의 사람들이 그들의 머릿속으로 3분을 세라고 요청받았을 때, 그들은 25세인 사람들보다 덜 정확하게 세었다. 그들은 25세인 사람들과 비교했을 때 평균적으로 40초 정도를 초과했으므로, 더 나이가 많은 그룹은 그들이 수를 세었을 때 시간이 더 빨리 지나간다고 느꼈음이 틀림없다. 이것이 의미 없어 보일지 모르지만, 65세 사람들처럼 시간을 인식하는 것에 많은 이점들이 있다. 예를 들어, 만약 당신이 프로젝트를 8시간째 해오고 있지만, 그것이 고작 6시간처럼 느껴진다면, 당신은 계속할 수 있는 더 많은 에너지를 가지게 될 것이다. 운동을 할 때에도 마찬가지인데, 예를 들어, 당신이 매우 젊었을 때는 10분의 달리기가 끝이 없다고 느껴졌다. 그러나 지금 당신은 마치 훨씬 더 짧은 시간 동안 달린 것처럼 느낄 것이다.

어휘 experiment 실험 accurately 정확하게 on average 평균적으로
compare 비교하다 meaningless 의미 없는 benefit 이점
perceive 인식하다, 인지하다 endless 끝이 없는

04 정답 (1) ⓐ save → have saved, ⓒ knew → know
(2) If Neil had not fixed my computer, I would have lost my script.

해설 (1) ⓐ I **should have saved** it to another device, but
후회 조동사   have p.p.
I didn't.

문맥상 '(과거에) 다른 장치에 저장했었어야 했는데 안 했다'라는 의미이므로, 조동사 should 뒤에서 과거 일에 대한 후회를 나타내는 have saved(have p.p.)가 와야 한다. (불변의 패턴 16-2)

ⓒ Thankfully, Neil **did** exactly **know** how to remove it.
강조 do동사   동사원형

일반동사의 의미를 강조하는 do동사 did가 앞에 있으므로, 동사원형 know가 와야 한다. (불변의 패턴 18)

오답 분석 (1) ⓑ '(과거에) 스파이웨어에 걸렸음이 틀림없다'라는 의미이므로, 조동사 must 뒤에서 과거 일에 대한 추측을 나타내는 have gotten(have p.p.)이 온 것이 적절하다. (불변의 패턴 16-1)

ⓓ 제안의 의미를 가진 동사 recommended의 목적어로 쓰인 that절이 '보안 프로그램을 설치해야 한다'라는 의미로 어떤 일을 해야 한다는 내용이고, 주어 a security program이 동사 install이 나타내는 '설치하는' 행위의 대상이므로, should를 생략한 동사원형 수동태 be installed가 온 것이 적절하다. (불변의 패턴 17, 10)

해설 (2) If Neil **had not fixed** my computer, I **would have lost**
had p.p.   would + have p.p.
my script.

주어진 문장이 '나의 컴퓨터를 고쳤기 때문에, 내 원고를 잃지 않았다'라는 의미의 과거시제 문장이므로, 이를 반대로 가정해 보기 위해서는 가정법 과거완료 문장으로 써야 한다. 따라서 if절의 동사는 '고치지 못했다'라는 뜻의 had not fixed(had p.p.)로 쓰고, 주절의 동사는 '잃었을 것이다'라는 뜻의 would have lost(would + have p.p.)로 바꿔서 써야 한다. (불변의 패턴 19)

해석 내 노트북이 고장 났을 때, 나는 내 소설이 그 컴퓨터의 하드 드라이브에만 있다는 것을 깨달았다. 나는 그것을 다른 장치에 저장했었어야 했는데 그러지 않았다. 나는 그것이 사라졌을까 봐 걱정되어서, 컴퓨터 공학자인 내 친구 Neil을 불렀다. 그는 내가 최근에 새로운 프로그램을 다운받았는지 물었다. 나는 그렇다고 대답했다. 그는 나의 컴퓨터가 감염된 파일로부터 스파이웨어에 걸렸음이 틀림없다고 말했다. 이 문제는 내가 세심한 주의를 기울이지 않았기 때문에 발생했다. 다행히도, Neil이 그것을 제거하는 방법을 정말 정확히 알고 있었다. Neil이 내 컴퓨터를 고쳤기 때문에, 나는 내 원고를 잃지 않았다. 그는 앞으로 내 컴퓨터를 보호하기 위해 보안 프로그램을 설치할 것을 권고했다.

어휘 crash 고장 나다　novel 소설　device 장치　recently 최근에 infected 감염된　remove 제거하다　security 보안 install 설치하다

CHAPTER 05 준동사

1. 동명사　2. to부정사　3. 분사

불변의 패턴 21　　　워크북 p.30

1. 준동사　2. 동명사　3. 형용사　4. to부정사　5. sat
6. 목적어　7. Living 또는 To live　8. devoted　9. 부사　10. to buy

1 **정답** to show

해설 It is not easy to show courage in the face of opposition.
가주어　동사　　진짜 주어(to부정사)

해석 반대에 직면하여 용기를 보여주는 것은 쉽지 않다.

어휘 courage 용기　in the face of ~에 직면하여　opposition 반대

2 **정답** Adopt

해설 Adopt a strategy of sleeping less and working more, ~.
명령문의 동사원형

해석 잠을 덜 자고 더 많이 일하는 전략을 취해라, 그러면 당신은 머지않아 건강이 안 좋아질 것이고 그 삶의 질은 더 나빠질 것이다.

어휘 adopt 취하다, 채택하다　strategy 전략　quality 질

3 **정답** made

해설 The priests were not happy that someone invented
동사
a clock made of water buckets.
명사　명사 수식 분사

해석 사제들은 누군가가 물통으로 만들어진 시계를 발명했다는 것에 기쁘지 않았다.

어휘 invent 발명하다　bucket 통

4 **정답** waiting

해설 This false version of nature is no more real ~, waiting
주어　　　　　　동사　　분사구문의 분사
to be discovered.　　　　　　　　　　(~하면서)

해석 이러한 자연의 가장된 형태는 발견되기를 기다리면서, 그들의 문 바로 밖의 일상적인 자연만큼 현실적이지 않다.

어휘 false 가장된, 가짜의　discover 알아채다, 발견하다

5 **정답** O

해설 To teach the idea of time to students, Chinese priests
동사 수식 to부정사 (~하기 위해)
used to hang a rope ~.
동사

해석 시간의 개념을 학생들에게 가르치기 위해, 중국 사제들은 시간을 보여줄 밧줄을 천장에 매듭으로 걸어 놓곤 했다.

어휘 hang 걸다　ceiling 천장　knot 매듭

6 **정답** promote → promoting

해설 Traditionally, intellectual property has played little role
동사
in promoting basic science.
전치사　전치사의 목적어(동명사)

해석 전통적으로, 지적 재산권은 기초 과학을 장려하는 데 거의 역할을 하지 못했다.

어휘 traditionally 전통적으로　promote 장려하다, 촉진시키다

7 **정답** lacking → lack

해설 Researchers found that even our closest cousins, the
주어
chimpanzees, lack the ability ~.
수식어(삽입구)　동사

해석 연구원들은 우리의 가장 가까운 종족인 침팬지조차 거울 속에서 자신을 식별하는 능력이 부족하다는 것을 발견했다.

어휘 lack 부족하다, 없다　identify 식별하다

8 **정답** injure → injured

해설 The animal protection group rescues wild animals that
are severely injured and helps them recover.
동사　　　　주격보어(분사)

해석 동물 보호 단체는 심각하게 다친 야생 동물들을 구조하고 그들이 회복하도록 돕는다.

어휘 protection 보호　rescue 구조하다　severely 심각하게 injured 다친, 상처를 입은　recover 회복하다

불변의 패턴 22　　　워크북 p.32

1. 동명사　2. to부정사　3. operating　4. 동명사　5. to부정사
6. forget　7. ~하려고 노력하다　8. to turn

1 **정답** to drive

해설 decide는 to부정사를 목적어로 취하는 동사이므로 to drive가 와야 한다.

해석 Michael은 그의 부모님이 플로리다까지 내내 운전하기로 결정하시지 않을 것이라고 확신한다.

2 **정답** feeling

해설 문맥상 '(과거에) 긴장했던 것을 기억한다'라는 의미가 되는 것이 자연스럽고, remember 뒤에서 '(과거에) ~했던 것을 기억하다'라는 의미가 되는 것은 동명사이므로 feeling이 와야 한다.

해석 나는 연설 전에 긴장했던 것을 기억하지만, 연설을 하기 시작한 후에는 더 편안해졌다.

3 **정답** pumping

해설 stop은 동명사를 목적어로 취하는 동사이므로 pumping이 와야 한다. stop 뒤에 to부정사가 올 수도 있지만, 이때는 '~하기 위해 (하던 일을) 멈추다'라는 뜻이므로 to pump가 오는 것은 문맥상 적절하지 않다.

해석 많은 주유소에서, 손님들의 무례한 행동 때문에 직원들이 주유하는 것을 중단했다.

어휘 rude 무례한

4 정답 **to turn**

해설 문맥상 '(미래에) 보안 경보기를 켜는 것을 잊지 말아라'라는 의미가 되는 것이 자연스럽고, forget 뒤에서 '(미래에) ~할 것을 잊다'라는 의미가 되는 것은 to부정사이므로 to turn이 와야 한다.

해석 오늘 일을 끝낸 후, 당신이 퇴근할 때 보안 경보기를 켜는 것을 잊지 말아라.

5 정답 **eating**

해설 avoid는 동명사를 목적어로 취하는 동사이므로 eating이 와야 한다.

해석 만약 체중을 감량하고 싶다면, 당신은 자주 운동하고 정크 푸드를 먹는 것을 피해야 한다.

어휘 junk food 정크 푸드(열량은 높지만 영양가는 낮은 음식)

6 정답 **throwing 또는 to throw**

해설 start는 목적어로 동명사와 to부정사 모두 취할 수 있고, 이때 의미 차이가 없으므로, throwing 또는 to throw가 와야 한다.

해석 나는 테니스공들을 한 사람에게 건넸고 그에게 그것들을 최대한 멀리 던지기 시작하라고 요청했다.

불변의 패턴 23
워크북 p.34

1. 주체   2. to부정사   3. 동사원형   4. to fall   5. 동사원형
6. 과거분사   7. prepared

1 정답 **to help**

해설 allow는 to부정사를 목적격보어로 취하는 동사이므로 to help가 와야 한다.

해석 나의 아들과 나는 우리가 그 아이를 당황하게 하지 않고 그를 도와줄 수 있게 하는 계획을 세웠다.

어휘 embarrass 당황하게 하다

2 정답 **sound**

해설 make는 동사원형을 목적격보어로 취하는 사역동사이므로 sound가 와야 한다.

해석 그 분야에 있는 생물학자들의 몇몇 글들은 그들의 연구를 흥미롭게, 때로는 쉽게 들리게 한다.

어휘 biologist 생물학자

3 정답 **broken**

해설 목적어 it(the door handle)이 목적격보어 break이 나타내는 '부수는' 행위의 대상이므로 과거분사 broken이 와야 한다.

해석 투숙객이 문손잡이를 거친 방식으로 사용했기 때문에, 호텔 주인은 그것이 완전히 부서진 것을 발견했다.

어휘 rough 거친

4 정답 **O**

해설 목적어 their own housekeeper가 목적격보어 clean이 나타내는 '청소하는' 행위의 주체이고, have는 동사원형을 목적격보어로 취하는 사역동사이므로 clean이 온 것이 적절하다.

해석 많은 사람들은 그들만의 가사 도우미가 자신들의 집을 청소해주길 바라지만 비용 때문에 그것을 피한다.

어휘 housekeeper 가사 도우미, 호텔 객실 청소 매니저

5 정답 **moved → move/moving**

해설 목적어 a glacier는 목적격보어 move가 나타내는 '움직이는' 행위의 주체이고, see는 동사원형을 목적격보어로 취하는 지각동사이므로 move가 와야 한다. 또한, 목적어가 어떤 행동을 하는 중이라는 의미일 때 지각동사는 현재분사를 목적격보어로 취할 수도 있으므로 moving이 올 수도 있다.

해석 빙하의 움직임이 너무 느려서 빙하가 움직이는 것을 보는 것은 불가능하다.

6 정답 **to protect → protected**

해설 목적어 the river가 목적격보어 protect가 나타내는 '보호하는' 행위의 대상이므로 과거분사 protected가 와야 한다.

해석 오염 문제로 인해 물고기의 수가 줄어들면서, 많은 어부와 어업 업체들은 강이 보호되기를 희망한다.

어휘 decrease 줄어들다   pollution 오염

불변의 패턴 24
워크북 p.36

1. 의미상 주어   2. 과거분사   3. traveling   4. raised   5. considered
6. 감정동사   7. 놀라게 하는-놀라움을 느끼는
8. 우울하게 하는-우울함을 느끼는   9. 굴욕감을 주는-굴욕감을 느끼는
10. interesting

1 정답 **tiring**

해설 주어 it(Fluorescent lighting)이 '피곤하게 하는' 행위의 주체이므로 현재분사 tiring이 와야 한다.

해석 형광 조명은 당신의 눈을 아프게 할 수 있고, 그것은 또한 피곤하게 할 수도 있다.

2 정답 **supplied**

해설 수식 받는 명사 photocopier가 '공급하는' 행위의 대상이므로 과거분사 supplied가 와야 한다.

해석 나는 당신이 3개월 전에 우리에게 공급된 복사기에 대해서 지난 월요일에 한 우리의 논의를 기억하길 바란다.

어휘 discussion 논의   supply 공급하다

3 정답 **using**

해설 분사구문에 주어가 따로 없으므로 명령문인 주절에서 생략된 주어 You가 분사구문의 의미상 주어이다. You가 '사용하는' 행위의 주체이므로 현재분사 using이 와야 한다.

해석 거울을 들여다볼 기회를 가지고 당신의 얼굴 하관만을 사용하여 미소를 만들어 보아라.

어휘 opportunity 기회   manufacture 만들다

4 정답 **unsuspecting**

해설 수식 받는 명사 woman이 '의심하지 않는' 행위의 주체이므로 현재분사 unsuspecting이 와야 한다.

해석 도둑들은 의심하지 않는 여성에게 접근해, 그녀의 가방을 훔치고, 어둠 속으로 달아났다.

어휘 thief 도둑   approach 접근하다

5 정답 **adapted**

해설 명사 eyes가 '적응하는' 행위의 대상이므로 과거분사 adapted가 와야 한다.

해석 우리는 눈이 햇빛 속에서 사는 데에 적응되었기 때문에 낮 동안에 활동적인 생명체이다.

어휘 adapt 적응하다

6 정답 **fixed**

해설 분사구문 앞에 분사구문의 주어 Their minds가 따로 있다. Their minds가 '집중시키는' 행위의 대상이므로 과거분사 fixed가 와야 한다.

해석 그들의 마음이 선수권을 차지하는 것에 집중되어 있기 때문에, 축구선수들은 매일 열심히 연습한다.

어휘 fix 집중시키다   championship 선수권

7 정답 **dealing**

해설 수식 받는 명사 man이 '대하는' 행위의 주체이므로 현재분사 dealing이 와야 한다.

해석 Jack은 무책임한 아이를 대하는 책임감 있는 남자였고, 그는 그 아이에게 더 나은 삶을 주길 원했다.

어휘 responsible 책임감 있는 deal with ~을 대하다, 다루다 irresponsible 무책임한

8 정답 **faced**

해설 분사구문에 주어가 따로 없으므로 주절의 주어 we가 분사구문의 의미상 주어이다. we가 '대면하는' 행위의 대상이므로 과거분사 faced가 와야 한다. 분사구문 앞의 When은 분사와 주어의 관계에는 영향을 미치지 않는 접속사이다.

해석 한 무리의 적과 대면했을 때, 우리는 곧바로 그들이 우리보다 더 많은지를 알아야 했다.

어휘 face 대면하다 enemy 적 instantly 곧바로, 즉시

불변의 패턴 25   워크북 p.38

1. being + p.p. **2.** to be + p.p. **3.** be disturbed **4.** 소유격 **5.** for
6. being selected

1 정답 **speaking**

해설 동명사 speaking 앞에 의미상 주어 his가 있다. he가 speak이 나타내는 '말하는' 행위의 주체이므로 능동형 speaking이 와야 한다.

해석 그가 나에게 말을 거는 것이 두려워서, 나는 통화하고 있는 척했다.

2 정답 **to solve**

해설 문맥상 '네가 문제를 풀다'라는 의미로, you가 solve가 나타내는 '문제를 푸는' 행위의 주체이므로 to부정사의 능동형 to solve가 와야 한다.

해석 네가 풀려고 하는 그 수학 문제는 너에게 너무 어려울지도 모른다.

어휘 solve 풀다, 해결하다

3 정답 **selling**

해설 문맥상 '그들이 제품을 판매함으로써'라는 의미로 They가 sell이 나타내는 '판매를 하는' 행위의 주체이므로 동명사의 능동형 selling이 와야 한다.

해석 그들은 고객을 응대하는 오래된 방식들을 선반에서 제품을 바로 판매하는 것으로 대체했다.

어휘 replace 대체하다 method 방식 serve 응대하다, 대접하다

4 정답 **to be stored**

해설 to부정사 to store 앞에 의미상 주어 for them(The vaccines)이 있다. The vaccines가 store가 나타내는 '보관하는' 행위의 대상이므로 수동형 to be stored가 와야 한다.

해석 그 백신들은 절대 따뜻해지면 안 되기 때문에, 그것들이 시원한 곳에 보관되는 것은 중요하다.

불변의 패턴 26   워크북 p.39

1. 앞 **2.** not **3.** not being

1 정답 **O**

해설 '결국 가지 못했다'라는 뜻으로 동명사 going을 부정하므로 not이 going 앞에 온 것이 적절하다.

해석 그들은 하이킹을 가려고 계획했었지만, 결국 날씨 때문에 가지 못했다.

어휘 end up v-ing 결국 ~하다

2 정답 **O**

해설 '계속하지 않기로'라는 뜻으로 to부정사 to continue를 부정하므로 not이 to continue 앞에 온 것이 적절하다.

해석 NASA는 우주 비행사들의 안전이 보장되지 않을 수 있다는 점을 우려하여, 우주 임무를 계속하지 않기로 결정했다.

어휘 astronaut 우주 비행사 guarantee 보장하다

3 정답 **Believing not → Not believing**

해설 '믿지 않기 때문에'라는 뜻으로 분사 believing을 부정하므로 not이 believing 앞에 와야 한다.

해석 지구가 둥글다는 것을 믿지 않기 때문에, 고대 선원들은 그들이 지구의 가장자리에 다다르면 떨어질 것이라고 생각했다.

어휘 ancient 고대의 sailor 선원 edge 가장자리

4 정답 **known not → not known**

해설 '알려지지 않았지만'이라는 뜻으로 분사 known을 부정하므로 not이 known 앞에 와야 한다.

해석 비록 국제적으로 알려지지는 않았지만, 그 가수는 그녀의 본국에서 매우 유명하다.

어휘 internationally 국제적으로

실전 테스트   워크북 p.40

01	④	02	④	03	③

| 04 | (1) ⓐ saying, ⓑ living, ⓒ filled, ⓓ ignored |
| | (2) You are allowing someone else to have control |

1 정답 **④ acquiring – Keep – succeeding**

해설 (A) In these studies, **students acquiring** just one positive
　　　　　　　　　　　　　　　수식 받는 명사　현재분사
　　　　　　　　　　　　　　　　　　(얻는 행위의 주체)
habit ~.

문맥상 '단 하나의 긍정적인 습관을 얻은 학생들'이라는 의미로, 수식 받는 명사 students가 '얻는' 행위의 주체이므로 현재분사 acquiring이 와야 한다. (불변의 패턴 24-1)

(B) **Keep** working on one habit long enough, ~.
　　 명령문의 동사원형

문맥상 and 앞이 '계속 노력을 기울여라'라는 의미의 명령문인 것이 자연스럽다. 명령문은 주어 you를 생략하고 동사원형으로 시작하므로 동사원형 Keep이 와야 한다. (불변의 패턴 21-1)

(C) It's why those with the right habits **seem** to be more
capable **of succeeding** than others. 동사
　　　　전치사　전치사의 목적어
　　　　　　　　(동명사)

문맥상 '성공하는 것'이라는 의미가 되는 것이 자연스러우며, 앞에 동사 seem이 따로 있다. 따라서 전치사의 목적어 자리에 올 수 있도록 명사 역할을 하는 동명사 succeeding이 와야 한다. (불변의 패턴 21-2)

해석 최근 연구들은 습관 형성에 관한 흥미로운 결과를 보여준다. 이 연구들에서, 단 하나의 긍정적인 습관을 얻은 학생들은 더 적은 스트레스, 더 적은 충동적인 소비, 더 나은 식습관, 감소된 카페인 섭취, 더 적은 TV 시청 시간, 그리고 심지어 더 적은 더러운 설거짓감을 두는 것을 보고했다. 한 가지 습관에 충분히 오래 계속 노력을 기울여라, 그러면 그것이 더 쉬워질 뿐만 아니라, 다른 것들도 더 쉬워진다. 올바른 습관을 가진 사람들이 다른 사람들보다 더 성공할 수 있어 보이는 것이 바로 이 때문이다. 그들은 가장 중요한 것을 규칙적으로 하고 있으며, 그 결과, 다른 모든 것들이 더 쉬워진다.

어휘 formation 형성 acquire 얻다 impulsive 충동적인 spending 소비 dietary 식사의, 음식물의 consumption 섭취 capable 할 수 있는 succeed 성공하다 regularly 규칙적으로

2 정답 ④ covering → covered

해설 ④ In 2013, he set up fly traps made from zebra skin and, for comparison, <u>others covered</u> in antelope skin.
　　　 　　　　　　　　　　　　　　　　　　수식 받는 명사　과거분사
　　　 　　　　　　　　　　　　　　　　　　　(덮는 행위의 대상)

문맥상 '영양의 가죽으로 덮인 다른 것들(파리통)'이라는 의미로, 수식 받는 명사 others가 '덮는' 행위의 대상이므로 과거분사 covered가 와야 한다. (불변의 패턴 24-1)

오답 ① 주어 The question이 단수명사이므로 단수동사 has가 본 것이 적
분석 절하다. of ~ stripes는 수 일치에 영향을 미치지 않는 수식어(전치사 + 명사절)이다. (불변의 패턴 01-1)

② 문맥상 '이 미스터리를 풀기 위해'라는 의미가 되는 것이 자연스러우며, 앞에 동사 put이 따로 있다. 따라서 동사 put을 수식하는 부사 역할을 하는 to부정사 to solve가 온 것이 적절하다. (불변의 패턴 21-4)

③ 문맥상 '헷갈려 하다'라는 의미로, 주어 predators가 감정동사 confuse가 나타내는 '헷갈리게 하는' 행위의 대상이므로 과거분사 confused가 온 것이 적절하다. (불변의 패턴 24-4)

⑤ 문맥상 '줄무늬가 있는 것은 얼룩말을 지켜줄 수 있다'라는 의미가 되는 것이 자연스러우며, 뒤에 동사 can save가 따로 있다. 따라서 that절의 주어 자리에 올 수 있도록 명사 역할을 하는 동명사 having이 온 것이 적절하다. (불변의 패턴 21-2)

해석 얼룩말은 흑백의 눈에 띄는 모습을 하고 있다. 그러한 무늬가 어떤 목적에 기여하는가? 얼룩말이 줄무늬를 가짐으로써 무엇을 얻을 수 있는가의 질문은 한 세기 이상 동안 과학자들을 혼란스럽게 해왔다. 야생동물 생물학자인 Tim Caro는 이 미스터리를 풀기 위해 탄자니아의 얼룩말을 연구하는 데 시간과 노력을 쏟았다. 그는 답을 찾기 전에 줄무늬가 그들을 시원하게 해주지 않으며, 포식자들이 그 줄무늬 때문에 헷갈려 하지 않는다는 등의 거듭되는 이론들을 거부했다. 2013년에, 그는 얼룩말 가죽으로 만들어진 파리통과, 비교를 위해 영양의 가죽으로 덮인 파리통을 만들었다. 그는 파리들이 줄무늬에 내려앉는 것을 피하는 것을 보았다. 더 많은 연구 후에, 그는 줄무늬가 있는 것은 질병을 옮기는 곤충들로부터 얼룩말을 지켜줄 수 있다고 결론을 내렸다.

어휘 strikingly 눈에 띄게　purpose 목적
puzzle 혼란스럽게 하다, 곤혹하게 하다　reject 거부하다
theory 이론　fly trap 파리통　comparison 비교　land 내려앉다
conclude 결론을 내리다　disease 질병　insect 곤충

03 정답 ③ to grow → growing

해설 ③ While feet <u>stop growing</u> in length by age twenty, ~.
　　　 　　　　　　　 동사　목적어(동명사)

stop은 동명사를 목적어로 취하는 동사이므로 growing이 와야 한다. stop 뒤에 to부정사가 올 수도 있지만, 이때는 '~하기 위해 (하던 일을) 멈추다'라는 뜻이므로 to grow가 오는 것은 문맥상 적절하지 않다. (불변의 패턴 22-1)

오답 ① 목적어 people이 feel이 나타내는 '느끼는' 행위의 주체이며,
분석 make는 동사원형을 목적격보어로 취하는 사역동사이므로, 동사원형 feel이 온 것이 적절하다. (불변의 패턴 23-1)

② 분사구문에 주어가 따로 없으므로 주절의 주어 they가 분사구문의 의미상 주어이다. they(Most adults)가 '구매하는' 행위의 주체이므로 현재분사 buying이 온 것이 적절하다. 분사구문 앞의 when은 분사와 주어의 관계에는 영향을 미치지 않는 접속사이다. (불변의 패턴 24-3)

④ 주어 the size가 단수명사이므로 단수동사 changes가 온 것이 적절하다. of your feet(전치사 + 명사구)은 수 일치에 영향을 미치지 않는 수식어이다. (불변의 패턴 01-1)

⑤ 문맥상 '변할 수 있다는 것을 기억하라'라는 의미의 명령문인 것이 자연스럽다. 명령문은 주어 You를 생략하고 동사원형으로 시작하므로 동사원형 remember가 온 것이 적절하다. (불변의 패턴 21-1)

해석 잘못된 사이즈의 신발을 신는 것은 사람들이 불편함을 느끼게 한다. 성인 대부분은 그들이 자신의 정확한 발 사이즈를 안다고 생각해서, 그들은 새로운 신발을 구매할 때 발 크기를 재지 않는다. 따라서, 많은

사람들은 같은 신발 사이즈에 몇 년, 혹은 심지어 몇십 년 동안 밀어 넣는다. 20살쯤에 발은 길이가 자라는 것을 멈추지만, 대부분의 발은 나이가 들면서 점차 넓어지고 때때로 여성의 발은 출산 후에 '커진다'. 게다가, 당신의 발 사이즈는 하루 동안에 변하고, 더 커졌다가 다음 날 아침이면 '보통'으로 돌아온다. 그러므로, 당신이 다음에 신발을 구매할 때에는, 당신의 발 사이즈가 변할 수 있다는 것을 기억하라.

어휘 uncomfortable 불편한　measure 재다, 측정하다
squeeze 밀어 넣다　decade 10년　gradually 점차
widen 넓어지다

04 정답 (1) ⓐ saying, ⓑ living, ⓒ filled, ⓓ ignored
(2) You are allowing someone else to have control

해설 (1) ⓐ How many of <u>you</u> have difficulty <u>saying</u> no to others?
　　　 　　　　　　　　 문장의 주어　　　　　　　 현재분사구문
　　　 　　　　　　　 (말하는 행위의 주체)

'안된다고 말하다'라는 의미가 자연스러우므로, 보기 중 say가 오는 것이 적절하다. '~하는 데 어려움을 겪다'라는 의미로 「have difficulty + v-ing」를 관용적으로 사용하므로 동명사 saying이 와야 한다. (불변의 패턴 26 함께 알아두기)

ⓑ This <u>is</u> not a healthy way <u>of living</u> a life ~.
　　　 동사　　　　　　　　　 전치사　전치사의 목적어(동명사)

'삶을 살아가는 건강한 방식'이라는 의미가 자연스러우므로, 보기 중 live가 오는 것이 적절하다. 앞에 동사 is가 따로 있으며, 전치사 of의 목적어 자리에 와야 하므로 동명사 living이 와야 한다. (불변의 패턴 21-2)

ⓒ You will create a <u>life filled</u> with stress.
　　　 　　　　　　 수식 받는 명사　과거분사
　　　 　　　　　　 (채우는 행위의 대상)

'스트레스로 가득 찬 삶'이라는 의미가 자연스러우므로, 보기 중 fill이 오는 것이 적절하다. 수식 받는 명사 life가 '채우는' 행위의 대상이므로 과거분사 filled가 와야 한다. (불변의 패턴 24-1)

ⓓ When <u>ignored repeatedly</u>, <u>your stress</u> will eat ~.
　　　 　　 과거분사구문　　　　　 문장의 주어
　　　 　　　　　　　　　 (무시하는 행위의 대상)

'반복적으로 무시될 때'라는 의미가 자연스러우므로, 보기 중 ignore가 오는 것이 적절하다. 분사구문에 주어가 따로 없으므로 주절의 주어 your stress가 분사구문의 의미상 주어이다. your stress가 '무시하는' 행위의 대상이므로 과거분사 ignored가 와야 한다. 분사구문 앞의 When은 분사와 주어의 관계에 영향을 미치지 않는 접속사이다. (불변의 패턴 24-3)

(2) You <u>are allowing</u> someone else <u>to have</u> control
　　　 　　 동사　　　　　 목적어　　　 목적격보어
　　　 　　　　　　　　　　　　　　　　 (to부정사)
over your life.

'다른 사람이 통제권을 가지도록 허용하다'라는 뜻으로, 동사 are allowing의 목적어로는 someone else를 써야 한다. 목적어 someone else가 '가지는' 행위의 주체이며, allow는 to부정사를 목적격보어로 취하는 동사이므로, 목적격보어 자리에 to have를 써야 한다. (불변의 패턴 23-1)

해석 여러분 중 몇 명이 다른 사람들에게 안된다고 말하는 데 어려움을 겪는가? 누군가 당신에게 무엇을 부탁하든, 그것이 당신에게 얼마나 많은 불편함을 야기하든, 당신은 그들이 요구하는 것을 한다. 이것은 삶을 살아가는 건강한 방식이 아닌데, 항상 좋다고 말함으로써, 당신은 불편함의 감정을 쌓아 올리고 있기 때문이다. 결국 어떤 일이 일어날지 당신은 아는가? 당신은 스트레스로 가득 찬 삶을 만들게 될 것이다. 당신은 당신을 행복하게 하는 것에 대한 통제권을 더 이상 가질 수 없기 때문에 안된다고 말할 수 없는 사람을 원망하게 될 것이다. 당신은 다른 사람이 당신의 삶에 대한 통제권을 가지도록 허용하고 있다. 반복적으로 무시되면, 당신의 스트레스는 당신이 셋까지 셀 수 있는 것보다 더 빠르게 당신을 사로잡을 것이다.

어휘 inconvenience 불편함　pose 야기하다, 제기하다
resent 원망하다, 분개하다　ignore 무시하다, 못 본 척하다
repeatedly 반복적으로

CHAPTER 06 명사·대명사·한정사

1. 명사   2. 대명사   3. 한정사

불변의 패턴 27   워크북 p.42

1. 가산명사   2. 전등   3. 공간, 여지   4. 신문, 논문   5. company
6. hair   7. trunks

1 정답 **a company**
해설 문맥상 '그의 발명품을 한 회사에 팔았다'라는 의미인 것이 자연스럽다. company는 '회사, 단체'라는 뜻일 때 단수나 복수로 쓸 수 있는 가산명사이므로 a company가 와야 한다.
해석 그 독일 과학자는 그의 발명품을 프랑스에 있는 한 회사에 만 달러에 팔았다.
어휘 invention 발명품

2 정답 **room**
해설 문맥상 '더 많은 공간이 있는 차를 구입했다'라는 의미인 것이 자연스럽다. room은 '공간, 여지'라는 뜻일 때 단수나 복수로 쓸 수 없는 불가산명사이므로 room이 와야 한다.
해석 그들의 셋째 아이가 태어난 후, 그 가족은 더 많은 공간이 있는 차를 구입했다.

3 정답 **Glasses**
해설 문맥상 '와인잔들이 놓일 것이다'라는 의미인 것이 자연스럽다. glass는 '유리잔'이라는 뜻일 때 단수나 복수로 쓸 수 있는 가산명사이므로 Glasses가 와야 한다.
해석 손님들이 즐길 수 있도록 와인잔들이 각 테이블마다 놓일 것이다.

4 정답 **paper**
해설 문맥상 '종이가 다 떨어졌다'라는 의미인 것이 자연스럽다. paper는 '종이'라는 뜻일 때 단수나 복수로 쓸 수 없는 불가산명사이므로 paper가 와야 한다.
해석 사무실의 모든 사람들은 프린터가 고장 났다고 생각했지만, 사실 종이가 다 떨어졌다.

불변의 패턴 28   워크북 p.43

1. 수   2. 단수대명사   3. it/its/it   4. those   5. ones   6. its

1 정답 **it**
해설 '막대가 눌러지면 음식이 나타난다는 것을 알게 되었고 그것을 누르기 시작했다'라는 의미이므로, 대명사가 가리키는 대상은 단수명사 a bar이다. 따라서 단수대명사 it이 와야 한다.
해석 실험에서, 쥐들은 막대가 눌러지면 음식이 나타난다는 것을 알게 되었고, 음식을 얻기 위해 그것을 누르기 시작했다.
어휘 experiment 실험   appear 나타나다   press 누르다

2 정답 **that**
해설 '도심 지역에서의 교통량이 도시 밖의 것보다 더 많다'라는 의미이므로, 대명사가 가리키는 대상은 단수 취급하는 불가산명사 the traffic이다. 따라서 단수대명사 that이 와야 한다.
해석 내가 주말마다 알게 되는 것은 도심 지역에서의 교통량이 도시 밖의 것보다 더 많다는 것이다.
어휘 traffic 교통(량)   downtown area 도심 지역

3 정답 **their**
해설 '그리스인들의 초점은 그들의 실패를 초래했다'라는 의미이므로, 대명사가 가리키는 대상은 복수명사 Greeks이다. 따라서 복수대명사 their가 와야 한다.
해석 물체의 시각적 특징들에만 맞춰진 그리스인들의 초점은 그것의 본질을 이해하는 데에 있어서 그들의 실패를 초래했다.
어휘 visible 시각적인, 눈에 보이는   feature 특징   object 물체, 물건   nature 본질

4 정답 **it → them**
해설 '화분에 씨앗들을 넣고 그것들이 자라나는 것을 지켜보다'라는 의미이므로, 대명사가 가리키는 대상은 복수명사 seeds이다. 따라서 복수대명사 them이 와야 한다.
해석 화분에 씨앗들을 넣고 그것들이 자라나는 것을 지켜보는 것은 쉽다.
어휘 insert 넣다, 삽입하다   seed 씨앗   flower pot 화분

5 정답 **O**
해설 '변화들에 관해서라면, 가장 최근의 것들이 가장 중요한 것처럼 보인다'라는 의미이므로, 대명사가 가리키는 대상은 복수명사 changes이다. 따라서 복수대명사 ones가 온 것이 적절하다.
해석 우리의 삶의 변화들에 관해서라면, 가장 최근의 것들이 종종 가장 중요한 것처럼 보인다.
어휘 when it comes to ~에 관해서라면   recent 최근의

6 정답 **they → it**
해설 '창의성은 매우 중요한 부분인데, 그것이 성공의 기회를 향상시킬 수 있기 때문이다'라는 의미이므로, 대명사가 가리키는 대상은 단수 취급하는 불가산명사 Creativity이다. 따라서 단수대명사 it이 와야 한다.
해석 창의성은 모든 사업 결정에서 매우 중요한 부분인데, 그것이 당신의 성공의 기회를 향상시킬 수 있기 때문이다.
어휘 creativity 창의성   decision 결정   improve 향상시키다   success 성공

불변의 패턴 29   워크북 p.44

1. 동일한 대상   2. 재귀대명사   3. them

1 정답 **yourself**
해설 문맥상 '당신이 당신 자신에게 물어보아라'라는 뜻으로, ask의 목적어가 명령문에서 생략된 주어인 you와 동일한 대상을 가리키므로 재귀대명사 yourself가 와야 한다.
해석 당신이 누군가의 감정을 상하게 할 때, 항상 당신 자신에게 왜 당신이 그들에게 더 잘 대해주지 않았는지 물어보아라.
어휘 treat 대하다

2 정답 **them**
해설 문맥상 '아는 것은 그들을 기분 좋게 만든다'라는 뜻으로, makes의 목적어가 주어 Knowing ~ kind와 다른 대상을 가리키는 것이 자연스러우므로 목적격 대명사 them이 와야 한다.
해석 그들이 친절하다는 것을 아는 것은 그들의 행동의 영향과 상관없이 그들을 기분 좋게 만든다.
어휘 regardless ~와 상관없이   impact 영향

3 정답 **him**
해설 문맥상 '그가 당황하지 않게 하기 위해 모든 다른 사람들이 똑같은 행동을 했다'라는 뜻으로, keep의 목적어가 주어인 all the other people과 다른 대상인 A man을 가리키므로 목적격 대명사 him이 와야 한다.
해석 한 남자가 자신의 무릎에 음식을 쏟았고, 그가 당황하지 않게 하기 위해 모든 다른 사람들이 똑같은 행동을 했다.
어휘 spill 쏟다   lap 무릎   embarrassment 당황함

4 정답 **themselves**

해설 문맥상 '그 종(인간)은 그들 자신을 깨어 있게 만든다'라는 뜻으로, force의 목적어가 주격 관계대명사가 가리키는 선행사 species (human beings)와 동일한 대상을 가리키므로 재귀대명사 themselves가 와야 한다.

해석 슬프게도, 인간들은 사실 그들이 졸릴 때 그들 자신을 깨어 있게 만들 유일한 종이다.

어휘 species 종

불변의 패턴 30
워크북 p.44

1. that/those   2. it   3. that

1 정답 **O**

해설 문맥상 '창의성을 향상시키기 위함이다'라는 뜻으로 대명사가 가리키는 것은 앞에 언급된 creativity(불가산명사)와 동일한 대상이므로 it이 온 것이 적절하다.

해석 그러한 교육과정들은 창의성을 제한하기 위해 만들어지는 것이 아니라, 도리어 새로운 훈련생들에게서 그것을 향상시키기 위함이다.

어휘 educational 교육의   creativity 창의성   trainee 훈련생

2 정답 **that → those**

해설 문맥상 '홀로 서 있었던 등산객들'이라는 뜻으로 대명사가 가리키는 것은 앞에 언급된 hikers이지만, 앞에 언급된 hikers(복수명사)는 '친한 친구들과 함께 서 있었던 등산객들'을 가리키므로 종류가 같을 뿐 바로 그 대상은 아니다. 따라서 that이 아니라 those가 와야 한다.

해석 친한 친구들과 함께 언덕의 정상에 서 있었던 등산객들은 홀로 서 있었던 등산객들보다 언덕의 가파름에 대해 덜 걱정했다.

어휘 concerned 걱정하는

3 정답 **O**

해설 문맥상 '접촉들은 가끔씩만 일어났다'라는 뜻으로 대명사가 가리키는 것은 앞에 언급된 contacts(복수명사)와 동일한 대상이므로 they가 온 것이 적절하다.

해석 7세기 이전에, 두 국가 간의 접촉은 보통 폭력적일 뿐만 아니라 짧았고, 그것들은 가끔씩만 일어났다.

어휘 contact 접촉   violent 폭력적인   brief 짧은   occur 일어나다, 발생하다   occasionally 가끔

4 정답 **it → that**

해설 문맥상 '중앙아시아와 중동 언어의 문법'이라는 뜻으로 대명사가 가리키는 것은 앞에 언급된 grammar이지만, 앞에 언급된 grammar(불가산명사)는 '한국어 문법'을 가리키므로 종류가 같을 뿐 바로 그 대상은 아니다. 따라서 it이 아니라 that이 와야 한다.

해석 한국어 문법은 몇몇 중앙아시아와 중동 언어들의 문법과 유사하다.

불변의 패턴 31
워크북 p.45

1. 가산명사(복수)   2. 불가산명사   3. much   4. 가산명사(복수)
5. 불가산명사   6. a few

1 정답 **many**

해설 수식 받는 명사 students가 가산명사(복수)이므로 many가 와야 한다.

해석 나는 당신이 Mount Pleasant 고등학교에서 일해 온 20년 동안 많은 학생들을 도와왔다는 것을 안다.

2 정답 **a little**

해설 수식 받는 명사 shade가 '그늘'이라는 의미의 불가산명사이므로 a little이 와야 한다.

해석 Andy는 그의 집에 약간의 그늘을 제공했던 세 그루의 바나나 나무의 잎을 먹었다.

3 정답 **much**

해설 수식 받는 명사 value가 '가치'라는 의미의 불가산명사이므로 much가 와야 한다.

해석 Drake 박사는 아동에게 있어서 미술 작품의 가치의 많은 부분이 그것을 만드는 데 있다고 말한다.

4 정답 **few**

해설 수식 받는 명사 people이 가산명사(복수)이므로 few가 와야 한다.

해석 반면에, 일본인들은 보통 그들과 아주 가까운 소수의 사람들 외에는 다른 사람들에게 자신들에 대해 이야기하지 않는다.

어휘 except ~외에, 제외하고

불변의 패턴 32
워크북 p.46

1. every   2. all   3. all   4. 단수명사   5. 복수명사   6. another
7. either   8. both   9. both

1 정답 **another**

해설 수식 받는 명사 company가 단수명사이므로 another가 와야 한다.

해석 그 CEO는 항상 다른 회사를 시작하는 것에 대해 생각해왔다.

2 정답 **all**

해설 of 뒤의 the remaining planets가 복수명사이므로 all이 와야 한다.

해석 목성은 너무 커서 태양계의 모든 나머지 행성들이 그것의 안에 들어맞을 것이다.

어휘 Jupiter 목성   remaining 나머지의, 남은   solar system 태양계

3 정답 **both**

해설 수식 받는 명사 political candidates가 복수명사이므로 both가 와야 한다.

해석 지난밤의 토론 중에, 양측의 정치 후보자들은 매우 강한 주장을 펼쳤다.

어휘 debate 토론   political 정치의   candidate 후보자   argument 주장

4 정답 **All → Every**

해설 수식 받는 명사 young child가 단수명사이므로, All이 아니라 단수명사 앞에 올 수 있는 Every가 와야 한다.

해석 모든 어린아이는 놀이를 통해 우정의 가치를 배운다.

5 정답 **Both → Neither**

해설 수식 받는 명사 theater가 단수명사이고, '우리 동네의 어느 극장도 문을 열지 않았다'라는 의미이므로, both가 아니라 단수명사 앞에서 '둘 다 ~ 아닌'이라는 뜻인 Neither가 와야 한다.

해석 우리 동네의 어느 극장도 문을 열지 않아서, 나는 그냥 집에서 텔레비전을 보기로 결정했다.

6 정답 **O**

해설 수식 받는 명사 one이 단수대명사이고, '쌍둥이 중 한 명은 비흡연자이고 나머지 한 명은 흡연자이다'라는 의미이므로, 단수명사 앞에 오면서 '나머지'라는 뜻의 the other가 온 것이 적절하다.

해석 몇몇 연구원들은 쌍둥이 중 한 명은 비흡연자이고, 나머지 한 명은 흡연자인 50쌍의 쌍둥이들을 발견했다.

불변의 패턴 33

1. any **2.** any **3.** 어떤 ~든지

1 정답 **no → any**

해설 부정의 의미를 가진 어구 't(not)'이 이미 포함되어 있는 문장이므로 no가 아니라 any가 와야 한다.

해석 우리는 어떠한 음식도 판매하지 않을 것인데, 더운 날씨에 그것이 상할 수 있기 때문이다.

어휘 spoil 상하다

2 정답 **O**

해설 If절이 문맥상 '만약 당신이 어떠한 정보라도 가지고 있다면'이라는 의미인 것이 자연스러우므로 any가 온 것이 적절하다.

해석 만약 당신이 그 사고와 관련된 어떠한 정보라도 가지고 있다면, 즉시 경찰에게 전화해주세요.

3 정답 **O**

해설 '스스로의 행동을 후회하는 어떤 사람에게든지 다른 기회를 주어야 한다'라는 의미이므로 anyone이 온 것이 적절하다.

해석 당신은 그들에게 꼬리표를 붙이기 전에 그들의 행동을 후회하는 어떤 사람에게든지 다른 기회를 주어야 한다.

어휘 regret 후회하다 label 꼬리표를 붙이다

4 정답 **nothing → anything**

해설 부정의 의미를 가진 어구 hardly(거의 ~ 아니다)가 이미 포함되어 있는 문장이므로 nothing이 아니라 anything이 와야 한다.

해석 거의 아무것도 하지 않는 것처럼 보이는 사람들은 무언가를 할 충분히 좋은 이유를 찾지 못했을 뿐이다.

실전 테스트

01	②	02	②	03	④
04	(1) ⓒ its → their, ⓔ it → that (2) many artists need to protect themselves by using this licensing system				

01 정답 **② that – yourself – them**

해설 (A) 문맥상 '사람들의 성격'이라는 뜻으로 대명사가 가리키는 것은 앞에 언급된 personality이지만, 앞에 언급된 personality(불가산명사)는 '한 사람의 성격'을 가리키므로 종류가 같을 뿐 바로 그 대상은 아니다. 따라서 that이 와야 한다. (불변의 패턴 30)

(B) 문맥상 '당신 자신을 둘러싸라'라는 뜻으로 surround의 목적어가 명령문에서 생략된 주어인 you와 동일한 대상을 가리키므로, 재귀대명사 yourself가 와야 한다. (불변의 패턴 29)

(C) 문맥상 '당신은 좋은 친구들에게서 도움을 얻을 수 있다'라는 의미인 것이 자연스러우므로, 복수명사 Good friends를 가리키는 복수대명사 them이 와야 한다. (불변의 패턴 28)

해석 보통, 한 사람의 성격은 그들이 시간을 함께 보내는 사람들의 성격과 비슷할 가능성이 있는데, 사람들은 그들 주변에 있는 사람들을 의식적으로 그리고 무의식적으로 모방하는 경향이 있기 때문이다. 그것이 최근 연구가 행복, 우울증 그리고 비만 같은 것들이 소셜 네트워크를 통해 들불처럼 퍼질 수 있다는 것을 보여주는 이유이다. 그러므로, 당신 자신을 롤 모델도 될 수 있는 친구들로 둘러싸라. 당신은 당신이 바라는 대로 보이고 행동하는 사람들과 어울릴 수 있다. 사회적 모방은 자기 개선의 가장 쉬운 형태이다. 사회적 지지는 모든 종류의 행동을 변화시키는 데에 대단히 중요하다. 좋은 친구들은 힘든 시기 동안 당신을 도와줄 수 있고, 당신은 그들에게서 도움을 얻어 당신의 목표에 집중할 수 있다.

어휘 personality 성격 imitate 모방하다 consciously 의식적으로 unconsciously 무의식적으로 depression 우울증 obesity 비만 wildfire 들불 surround 둘러싸다 self-improvement 자기 개선 critical 대단히 중요한 assistance 도움

02 정답 **② a little → a few**

해설 ② 수식 받는 명사 seconds가 가산명사(복수)이므로 a few가 와야 한다. a little은 불가산명사 앞에만 올 수 있다. (불변의 패턴 31-2)

오답 분석 ① 부정의 의미를 나타내는 어구인 Rarely가 문장의 앞쪽에 와서 도치가 되었으므로, 복수주어 many people에 수 일치하는 복수동사 do가 온 것이 적절하다. (불변의 패턴 07)

③ 문맥상 '후보자들이 그들 자신을 소개하다'라는 뜻으로 introduce의 목적어가 부사절의 주어인 they와 동일한 대상을 가리키므로, 재귀대명사 themselves가 온 것이 적절하다. (불변의 패턴 29)

④ 문맥상 '빠른 판단들은 사랑과 관계에도 적용될 수 있다'라는 뜻으로 대명사가 가리키는 것은 앞에 언급된 복수명사 quick judgements와 동일한 대상이다. 따라서 they가 온 것이 적절하다. (불변의 패턴 28, 30)

⑤ '빨지 않은 옷'이라는 의미로 수식 받는 명사 clothes가 '빨지 않는' 행위의 대상이므로 과거분사 unwashed가 온 것이 적절하다. (불변의 패턴 24-1)

해석 당신은 아마 "첫인상이 매우 중요하다"라는 표현을 들어본 적이 있을 것이다. 많은 사람들이 좋은 첫인상을 만들기 위한 두 번째 기회를 거의 얻지 못한다. 한 사람이 다른 사람을 평가하는 데 단 몇 초가 걸린다고 밝혀졌다. 이는 채용에서 사실인데, 고위 채용자들이 보통 어떤 후보자에 대한 결정을 그들이 그들 자신을 소개한 직후에 내리기 때문이다. 따라서, 한 후보자의 이력서는 그들의 첫인상보다 덜 중요할지도 모른다. 이런 방식으로, 빠른 판단들은 채용에 관련될 뿐만 아니라, 그것들은 사랑과 관계에도 적용될 수 있다. 멋진 사람과 데이트를 할 때, 입 냄새나 빨지 않은 옷과 같은 미묘한 것들이 당신의 숭고한 노력을 망칠 수 있다.

어휘 first impression 첫인상 matter 중요하다 determine 밝혀내다, 알아내다 assess 평가하다 recruitment 채용 recruiter 채용자 candidate 후보자 judgement 판단 apply 적용하다 subtle 미묘한 bad breath 입 냄새 spoil 망치다

03 정답 **④ have → has**

해설 주어 One study는 단수명사이므로 단수동사 has가 와야 한다. of ~ users(전치사 + 명사구)는 수 일치에 영향을 미치지 않는 수식어이다. (불변의 패턴 01-1)

오답 분석 ① 주어 whether ~ communications는 단수 취급하는 명사절 주어이므로 단수동사 is가 온 것이 적절하다. (불변의 패턴 02)

② 문맥상 '대면 상호작용을 통해 표현되는 의미들'이라는 의미인 것이 자연스러우므로, 대명사가 가리키는 대상은 복수명사 Meanings이다. 따라서 복수대명사 ones가 온 것이 적절하다. (불변의 패턴 28)

③ 문맥상 '이모티콘이 많은 사람들이 의사소통하는 것을 편하게 만든다'라는 뜻으로 make의 목적어가 주어인 emoticons와 다른 대상인 many people을 가리킨다. 따라서 목적격 대명사 them이 온 것이 적절하다. (불변의 패턴 29)

⑤ 앞에 동사 were가 따로 있고, '강도를 강화하는 것에 유용했다'라는 의미로 전치사 for의 목적어 자리에 올 수 있도록 명사 역할을 하는 동명사 strengthening이 온 것이 적절하다. (불변의 패턴 21-2)

해석 이모티콘의 광범위한 사용을 고려할 때, 그것들이 인터넷 사용자들이 온라인 의사소통에서 감정을 이해하도록 돕는지는 중요한 문제이다. 이모티콘을 통해 표현된 의미들은 대면 상호작용을 통해 표현되는 것들보다 훨씬 더 모호한 경향이 있다. 그럼에도 불구하고, 많은 사람들은 이모티콘이 그들로 하여금 온라인상의 문자로 의사소통하는 것을 편하게 만든다고 말한다. 137명의 인스턴트 메시지 사용자들에 대한 한 연구는 이모티콘이 사용자들이 다른 사람들의 감정들과 태도들을

정확히 이해할 수 있게 했다고 밝혔다. 유사하게, 또 다른 연구는 이모
티콘이 언어적인 메시지의 강도를 강화하는 것에 유용했음을 보여주
었다.

어휘 widespread 광범위한 interaction 상호작용
nonetheless 그럼에도 불구하고 reveal 밝히다 attitude 태도
strengthen 강화하다 intensity 강도

04 정답 **(1) ⓒ its → their, ⓔ it → that**
(2) many artists need to protect themselves by using
this licensing system

해설 (1) ⓒ '몇몇 음악가들은 그것을 그들의 작품인 것처럼 시장에 내놓는
다'라는 의미인 것이 자연스러우므로, 대명사가 가리키는 대상
은 복수명사 Some musicians이다. 따라서 복수대명사 their가
와야 한다. (불변의 패턴 28)

ⓔ 문맥상 '원곡자의 음악'이라는 뜻으로 대명사가 가리키는 것은
앞에 언급된 music이지만, 앞에 언급된 music(불가산명사)은
'복제하는 음악가의 음악'을 가리키므로 종류가 같을 뿐 바로
그 대상은 아니다. 따라서 that이 와야 한다. (불변의 패턴 30)

오답
분석
(1) ⓐ 문맥상 '많은 젊은 사람들이 음악 산업에 매료된다'라는 뜻으
로 대명사가 가리키는 것은 앞에 언급된 The music business
(단수명사)와 동일한 대상이며, The music business는 단수
명사이므로 목적격 단수대명사인 it이 온 것이 적절하다. (불
변의 패턴 28, 30)

ⓑ 부정의 의미를 가진 어구 without(~ 없이)이 문장에 이미 포함
되어 있으므로 any가 온 것이 적절하다. (불변의 패턴 33)

ⓓ 수식 받는 명사 creators가 복수명사이므로 other가 온 것이
적절하다. (불변의 패턴 32-2)

해설 (2) 주어 '많은 예술가들'에서 artists는 가산명사(복수)이므로 앞에
many를 써야 하고, 동사 need는 목적어로 to부정사를 취하므로
to protect로 바꿔서 써야 한다. 문맥상 '그들(예술가들) 자신을 보
호해야 한다'라는 의미로 protect의 목적어가 주어 many artists
와 동일한 대상을 가리키므로 them은 재귀대명사 themselves로
바꿔서 써야 한다. (불변의 패턴 22, 29, 31)

해석 음악 산업은 매우 인기 있고, 당신과 같은 많은 젊은 사람들이 그것에
매료된다. 음악이 점점 더 이용하기 쉬워지면서, 창작자에게 그 혹은
그녀의 작품에 대한 어떠한 공로도 인정하지 않고 음악이 복제되는 것
은 점점 더 쉬워진다. 몇몇 음악가들은 유명한 예술가를 모방하고 그
것을 그들의 작품인 것처럼 시장에 내놓음으로써 다른 사람의 작품을
훔친다. 그것이 음악 라이센싱이 중요한 이유이다. 당신의 원곡이 도용
되는 것으로부터 보호하기 위해, 당신은 그것들에 라이센스를 부여하
고 나서 다른 창작자들에게 그것들을 판매할 수 있다. 그러면, 비록 누
군가가 당신의 음악을 사용하더라도, 원작자인 당신은 여전히 돈을 받
을 수 있다. 따라서, 라이센싱은 복제하는 음악가가 사용권에 대한 비
용을 지불하는 한 복제하는 음악가의 음악이 원작자의 음악과 비슷함
을 허용한다. 다른 예술 분야에서도, 많은 예술가들은 이 라이센싱 시
스템을 사용함으로써 그들을 보호해야 한다.

어휘 attract 매료하다, 끌어들이다 accessible 이용하기 쉬운
give credit for ~의 공로를 인정하다 usage 사용 right 권리

CHAPTER 07 형용사·부사·비교구문

1. 명사 2. 부사

불변의 패턴 34 워크북 p.50

1. 형용사 2. unexpected

1 정답 **strong**

해설 '튼튼한 장벽'이라는 의미로 뒤에 있는 명사 walls를 수식하고 있으므
로 형용사 strong이 와야 한다.

해석 황제는 그의 부하들에게 추가적인 보호를 위해 튼튼한 장벽을 갖춘
그의 성을 짓도록 요구했다.

어휘 emperor 황제 protection 보호

2 정답 **uncontrollably**

해설 '감당할 수 없게 이동하다'라는 의미로 앞에 있는 동사 moves를 수식
하고 있으므로 부사 uncontrollably가 와야 한다.

해석 그 바이러스는 감당할 수 없게 몸 전체에서 이동하고, 세포들을 공격
한다.

어휘 uncontrollably 감당할 수 없게 attack 공격하다 cell 세포

3 정답 **full**

해설 '가득 찬 양동이'라는 의미로 앞에 있는 명사 bucket을 수식하고 있으
므로 형용사 full이 와야 한다.

해석 그 시계는 물로 가득 찬 큰 양동이에 구멍을 뚫어, 시간을 표시함으로
써 작동되었다.

어휘 punch 구멍을 뚫다 bucket 양동이

4 정답 **O**

해설 '매우 당황한'이라는 의미로 뒤에 있는 형용사 upset을 수식하고 있으
므로 부사 terribly가 온 것이 적절하다.

해석 보통, 엔진 고장 또는 히터가 작동하지 않는 고객들은 그들의 문제에
대해 매우 당황한다.

어휘 function 작동하다, 기능하다

5 정답 **differently → different**

해설 '다양한 제품들'이라는 의미로 앞에 있는 명사 Products를 수식하고
있으므로 형용사 different가 와야 한다.

해석 스마트폰, 배터리, 그리고 DVD와 같은 다양한 제품들은 생산하기 위
해 희귀한 금속을 필요로 한다.

6 정답 **exclusive → exclusively**

해설 '오직 그림의 대상에'라는 의미로 뒤에 있는 전치사구 on the subject
of the painting을 수식하고 있으므로 부사 exclusively가 와야 한다.

해석 이러한 경우에는, 배경에 주의가 기울여지지 않고 초점이 오직 그림의
대상에 있다.

어휘 exclusively 오직 subject 대상, 주제 background 배경

불변의 패턴 35 워크북 p.51

1. 형용사 2. feel 3. positive 4. 목적격보어 5. keep 6. painful

1 정답 **effective**

해설 be동사 is는 주격보어를 취하는 동사이므로 형용사 effective가 와야
한다. how ~ is는 주격보어 effective가 의문사 how와 함께 「주어 +
동사」 앞에 있는 간접의문문이다.

해석 물론, 그 CEO는 그 광고가 얼마나 효과적인지 알고 싶어 한다.

어휘 effective 효과적인 advertising 광고

2 정답 **exactly**

해설 '정확하게 계산하다'라는 의미로 앞에 있는 to부정사의 동사원형
count를 수식하는 부사 exactly가 와야 한다.

해석 시장은 매일 얼마나 많은 차가 그 도시를 통과해서 이동하는지 정확하
게 계산하기 위한 계획을 고려했다.

3 정답 **difficult**

해설 find는 목적격보어를 취하는 동사이므로, 목적어 an article 뒤의 목적

격보어 자리에 형용사 difficult가 와야 한다. of ~ 1300은 목적어를 수식하는 수식어(전치사 + 명사구)이다.

해석 연구원들은 그들이 특수 교육을 받지 않는 한 1300년의 기사를 이해하기가 매우 어렵다는 것을 알게 된다.

---

4 **정답** helplessly → helpless

해설 render(renders)는 목적격보어를 취하는 동사이므로, 목적어 them 뒤의 목적격보어 자리에 부사 helplessly가 아니라 형용사 helpless가 와야 한다.

해석 개미들의 느린 속도는 그들을 도마뱀과 같은 더 빠른 포식자들에 무력하게 만든다.

어휘 render ~하게 하다   helpless 무력한   lizard 도마뱀

5 **정답** evidently → evident

해설 became(become)은 주격보어를 취하는 동사이므로 부사 evidently가 아니라 형용사 evident가 와야 한다. It은 가주어, that ~ value가 진짜 주어이다.

해석 이러한 전문가들의 지식이 제한적이었고 실용적인 가치가 없었다는 것이 곧 분명해졌다.

어휘 evident 분명한   expert 전문가   practical 실용적인

6 **정답** O

해설 feel은 주격보어를 취하는 동사이므로 형용사 anxious가 온 것이 적절하다.

해석 우리가 특히 불안함을 느낄 때마다, 우리는 우리 자신들을 기분 좋게 만들기 위해 음식에 의지한다.

불변의 패턴 36   워크북 p.52

1. 거의   2. 고도로, 매우   3. 최근에   4. 거의 ~ 않다   5. alike
6. free

1 **정답** short

해설 think는 목적격보어를 취하는 동사이므로, 목적어 others 뒤의 목적격보어 자리에 형용사 short가 와야 한다. shortly는 '곧, 간단히'라는 뜻의 부사이다.

해석 네덜란드인들은 세계에서 가장 키가 커서, 그들은 해외여행을 할 때 다른 사람들이 키가 작다고 생각할지도 모른다.

어휘 Dutch 네덜란드인의

2 **정답** lately

해설 '최근에 힘든 시간을 보내고 있다'라는 의미로 동사 've(have) been having을 수식하는 부사가 오는 것이 자연스러우므로 '최근에'라는 뜻의 부사 lately가 와야 한다. late는 '늦게'라는 뜻의 부사 또는 '늦은, ~말의'라는 뜻의 형용사이다.

해석 나는 당신이 최근에 힘든 시간을 보내고 있고, 정말 기분이 좋지 않거나 당신의 삶에 대해 긍정적이지 않다는 것을 알고 있다.

3 **정답** hard

해설 '열심히 노력했다'라는 의미로 동사 worked를 수식하는 부사가 오는 것이 자연스러우므로 '열심히'라는 뜻의 부사 hard가 와야 한다. hardly는 '거의 ~ 않다'라는 뜻의 부사이다.

해석 아이였을 때, 우리는 자전거 타는 법을 배우려고 열심히 노력했고, 그것이 우리에게 간단한 일이 될 때까지, 우리는 넘어지면 다시 올라탔다.

어휘 second nature 간단한 일, 제2의 천성

4 **정답** highly

해설 '매우 예측할 수 없는'이라는 의미로 형용사 unpredictable을 수식하는 부사가 오는 것이 자연스러우므로 '매우'라는 뜻의 부사 highly가 와야 한다. high는 '높이, 높게'라는 뜻의 부사 또는 '높은'이라는 뜻의 형

용사이다.

해석 당신에게 날씨가 매우 예측할 수 없다는 것을 상기시켜주는 것은 바로 허리케인과 열대 폭풍우와 같은 자연재해들이다.

어휘 natural disaster 자연재해   tropical 열대의   storm 폭풍우
unpredictable 예측할 수 없는

불변의 패턴 37   워크북 p.52

1. 앞   2. 뒤   3. carefully enough

1 **정답** enough thick → thick enough

해설 '충분히 두꺼운'이라는 의미로 enough가 형용사 thick을 수식하고 있으므로, 「형용사 + enough」 순서인 thick enough로 와야 한다.

해석 안타깝게도, 호수 위의 얼음은 우리가 위에서 스케이트를 탈 정도로 충분히 두껍지 않다.

2 **정답** O

해설 '충분한 기금'이라는 의미로 enough가 명사 funds를 수식하고 있으므로, 「enough + 명사」 순서인 enough funds로 온 것이 적절하다.

해석 Friends of Local Artists 단체 덕분에, 우리는 아트 센터를 리모델링하기에 충분한 기금을 성공적으로 모았다.

어휘 successfully 성공적으로   raise (자금·사람 등을) 모으다

3 **정답** enough brightly → brightly enough

해설 '충분히 밝게'라는 의미로 enough가 부사 brightly를 수식하고 있으므로, 「부사 + enough」 순서인 brightly enough로 와야 한다.

해석 우주의 몇몇 별들은 망원경을 사용해도 인간이 그것들을 볼 수 있을 만큼 충분히 밝게 빛나지 않는다.

4 **정답** enough hard → hard enough

해설 '충분히 세게'라는 의미로 enough가 부사 hard를 수식하고 있으므로, 「부사 + enough」 순서인 hard enough로 와야 한다.

해석 Keith는 소리가 발코니에 닿을 만큼 충분히 세게 피아노를 쳤다.

불변의 패턴 38   워크북 p.53

1. most   2. 형용사/부사   3. 명사   4. almost   5. 대부분의
6. 부사   7. most

1 **정답** almost

해설 '거의 항상'이라는 뜻으로 부사 always를 수식하고 있으므로 부사 almost가 와야 한다.

해석 Brian은 거의 항상 혼자 식사를 했고, 그는 절대 동료와 함께 먹지 않았다.

2 **정답** almost

해설 '거의 동일한'이라는 뜻으로 형용사 equal을 수식하고 있으므로 부사 almost가 와야 한다.

해석 인기 있는 두 여행지는 시애틀과 런던이며, 이 도시들은 거의 동일한 기상 상태를 보인다.

3 **정답** most

해설 '대부분의 사람들'이라는 뜻으로 명사 people을 수식하고 있으므로 형용사 most가 와야 한다.

해석 설문 조사에 따르면, 대부분의 사람들이 무서워하는 동물들은 뱀과 거미이다.

4 **정답** most

해설 '대부분의 문제들'이라는 뜻으로 명사 troubles를 수식하고 있으므로

형용사 most가 와야 한다.

해석 대비는 중요한데 대부분의 문제들이 피할 수 있었던 사건들의 결과로서 발생하기 때문이다.

어휘 preparation 대비, 준비 crucial 중요한, 중대한

불변의 패턴 39
워크북 p.54

1. 명사 2. so 3. 복수명사 4. 단수명사 5. 형용사 6. so

1 정답 such

해설 '매우 멋진 풍경'이라는 뜻으로「형용사 + 명사」amazing scenery를 수식하고 있으므로 such가 와야 한다.

해석 자연을 사랑하는 사람들은 뉴질랜드에 끌리는데, 그곳이 매우 멋진 풍경을 가지고 있기 때문이다.

어휘 attract 끌다 scenery 풍경

2 정답 so

해설 '매우 어리석게'라는 뜻으로 부사 foolishly를 수식하므로 so가 와야 한다.

해석 우리는 매우 어리석게 행동해서 우리의 것이 아닌 시대에서 서성거린다.

3 정답 so

해설 문맥상 '매우 멋진'이라는 뜻으로 형용사 beautiful을 수식하므로 so가 와야 한다.

해석 함께 일함으로써 어떻게 문제가 축복으로 바뀔 수 있는지를 지켜보는 것은 매우 멋졌다.

어휘 blessing 축복

4 정답 such

해설 문맥상 '매우 빠른 속도'라는 뜻으로「a + 형용사 + 명사」a fast speed를 수식하고 있으므로 such가 와야 한다.

해석 10메가헤르츠는 매우 빠른 속도였기 때문에 많은 작업들을 빠르게 수행하는 컴퓨터의 능력을 설명하기 위해 새로운 단어가 필요했다.

어휘 describe 설명하다 ability 능력 perform 수행하다 task 작업

불변의 패턴 40
워크북 p.54

1. as 2. than 3. worse 4. less 5. latest 6. long

1 정답 O

해설 문맥상 '호흡처럼 자연스러운'이라는 의미로, as ~ as 사이에 형용사의 원급 natural을 쓴 것이 적절하다.

해석 이러한 사고방식은 호흡처럼 자연스럽지만, 당신은 그것이 과학에서 인정받는다고 생각하지 않을 것이다.

어휘 natural 자연스러운 breathing 호흡 recognized 인정받은

2 정답 important → more important

해설 뒤에 '~보다'라는 뜻으로 비교급과 함께 비교구문을 만드는 than이 있으므로, 형용사의 비교급 more important가 와야 한다.

해석 사진술을 효과적으로 사용하는 방법을 아는 것은 이 디지털 시대에서 그 어느 때보다 더 중요하다.

어휘 photography 사진술 effectively 효과적으로

3 정답 worse → bad

해설 문맥상 '독감의 증상들만큼이나 심한'이라는 뜻이 되는 것이 적절하고 앞뒤에 as ~ as가 있으므로, 원급 비교구문을 만들 수 있는 bad가 와야 한다.

해석 때때로, 흔한 감기의 증상들은 독감의 증상들만큼이나 심할 수 있다.

4 정답 O

해설 문맥상 '오늘날보다 더 거대한'이라는 의미가 되는 것이 자연스러우므로, 형용사의 비교급 more massive와 than을 함께 쓴 것이 적절하다.

해석 빙하의 현재 위치는 우리로 하여금 그것들이 한때 오늘날보다 더 거대했다는 것을 추론할 수 있게 한다.

어휘 current 현재의 glacier 빙하 enable ~을 할 수 있게 하다 infer 추론하다

불변의 패턴 41
워크북 p.55

1. 강조 2. much 3. 비교급 4. 원급 5. 훨씬
6. much/even/(by) far/still/a lot

1 정답 very

해설 뒤에 있는 원급 pleased를 수식해서 '매우 기쁜'이라는 뜻이 되는 것이 적절하므로 원급 앞에 오는 부사 very가 와야 한다. a lot은 비교급을 강조한다.

해석 그 환자는 의사로부터 좋은 건강 보고서를 받아서 매우 기뻤다.

어휘 patient 환자 receive 받다

2 정답 far

해설 뒤에 있는 비교급 more educational을 수식해서 '훨씬 더 교육적인'이라는 뜻이 되는 것이 적절하므로 비교급을 강조하는 부사 far가 와야 한다. very는 비교급을 수식할 수 없다.

해석 나는 그의 실패로 인한 수치심이 내가 그에게 줄 수 있는 어떤 조언보다도 훨씬 더 교육적일 것이라고 생각했다.

어휘 shame 수치심, 창피 educational 교육적인 advice 조언

3 정답 very

해설 뒤에 있는 원급 quickly를 수식해서 '매우 빠르게'라는 뜻이 되는 것이 적절하므로 원급 앞에 오는 부사 very가 와야 한다. much는 비교급을 강조한다.

해석 산불 이후에, 몇몇 동물들은 회복이 더뎠지만, 다른 동물들은 매우 빠르게 정상으로 돌아왔다.

4 정답 much

해설 뒤에 있는 비교급 less satisfactory를 수식해서 '훨씬 덜 만족스러운'이라는 뜻이 되는 것이 적절하므로 비교급을 강조하는 부사 much가 와야 한다. very는 비교급을 수식할 수 없다.

해석 시간이 지남에 따라, 이 디자인은 훨씬 덜 만족스러우므로, 새로운 디자인이 유리할 것이다.

어휘 satisfactory 만족스러운 beneficial 유리한, 이로운

실전 테스트
워크북 p.56

01	⑤	02	⑤	03	④

04	(1) ⓑ almost → most, ⓒ strong → stronger
	(2) Jupiter is such a large planet that it easily pulls
	또는 Jupiter is so large a planet that it easily pulls

01 정답 ⑤ deeply – far – hopeless

해설 (A) 문맥상 '매우 문제가 있는'이라는 의미로 뒤에 있는 형용사 problematic을 수식하고 있으므로 '매우'라는 뜻의 부사 deeply가 와야 한다. deep은 '깊이, 깊게'라는 뜻의 부사이다. (불변의 패턴 34)

(B) 뒤에 있는 비교급 more cautious를 수식해서 '훨씬 더 조심스러운'이라는 뜻이 되는 것이 적절하므로 비교급을 강조하는 부사 far가 와야 한다. far 이외에 much/even/by far/still/a lot 등도 비교급을 강조할 수 있고, very는 원급 앞에 온다. (불변의 패턴 41)

(C) 동사 feel은 주격보어를 취하는 동사이다. 주격보어 자리에는 형용사가 와야 하므로 형용사 hopeless가 와야 한다. 동사 leave는 목적격보어를 취하는 동사로, kids가 목적어, feeling이 목적격보어이다. (불변의 패턴 35-1)

해석 당신의 아이의 지능이나 재능을 칭찬하는 것은 그의 자존감을 끌어 올리고 그에게 동기부여 하는 것처럼 보일 수도 있다. 그러나 이러한 종류의 칭찬은 매우 문제가 있을 수 있다는 것이 밝혀진다. Carol Dweck과 그녀의 동료들은 "우리가 그들의 능력에 대해 아이들을 칭찬할 때, 아이들은 훨씬 더 조심스러워집니다. 그들은 도전을 피합니다."라며 일련의 실험 연구에서 그 영향을 입증했다. 마치 그들은 자신들이 실패하거나 자신의 높은 평가를 잃게 만들지도 모르는 어떠한 것들도 하기 두려워하는 것처럼 보인다. 아이들은 지능이나 재능이 사람들이 가지고 있거나 가지고 있지 않은 것이라는 메시지를 받을 수도 있다. 이것은 아이들이 실수를 할 때 절망적으로 느끼게 한다. 만약 당신의 실수가 당신이 지능이 부족하다는 것을 보여준다면 나아지고자 노력하는 것의 목적이 무엇이겠는가?

어휘 praise 칭찬하다 intelligence 지능 boost 끌어 올리다
self-esteem 자존감, 자존심 motivate 동기부여 하다
problematic 문제가 있는, 문제가 많은 demonstrate 입증하다
cautious 조심스러운 appraisal 평가 hopeless 절망적인
improve 나아지다, 개선하다 indicate 보여주다

02 정답 ⑤ mutual → mutually

해설 ⑤ 문맥상 '서로 극복할 수 있을 것이다'라는 의미로 앞에 있는 동사 could overcome을 수식하고 있으므로 부사 mutually가 와야 한다. (불변의 패턴 34)

오답 분석 ① 앞에 '더 빠른'이라는 의미의 비교급 quicker가 있으므로, '~보다'라는 뜻으로 비교급과 함께 비교구문을 만드는 than이 온 것이 적절하다. (불변의 패턴 40)

② '유익한 초청'이라는 의미로 앞에 있는 명사 invitation을 수식하고 있으므로 형용사 useful이 온 것이 적절하다. (불변의 패턴 34)

③ '그 이웃들이 그들 자신들이 좋은 사람이라는 것을 보여주다'라는 뜻으로, show의 목적어가 주어인 the neighbors와 동일한 대상을 가리키므로 재귀대명사 themselves가 온 것이 적절하다. (불변의 패턴 29)

④ make는 목적격보어를 취하는 동사이므로 목적어 the latter 뒤의 목적격보어 자리에 형용사 comfortable이 온 것이 적절하다. (불변의 패턴 35-2)

해석 벤자민 프랭클린은 언젠가 '한번 당신에게 친절을 베푼 사람들은 당신이 친절을 베푼 사람들보다 더 빠르게 당신에게 또 다른 친절을 베풀 것이다'라는 옛 격언을 인용하며, 동네에 새로 온 사람이 이웃 사람들에게 그 혹은 그녀의 부탁을 들어달라고 요청해야 한다고 제안했다. 프랭클린의 의견으로는, 누군가에게 무언가를 부탁하는 것은 사회적 상호작용에 유익한 초청이었다. 새로 온 사람 쪽에서의 그러한 부탁은 그 이웃들이 첫 만남에 그들 자신들이 좋은 사람들이라는 것을 보여줄 기회를 만들어 주었다. 보답으로, 증가한 친근함과 신뢰가 후자가 전자에게 부탁하는 것을 편하게 만들어 줄 수 있다. 이런 식으로, 양 당사자들은 그들의 당연한 망설임을 서로 극복할 수 있을 것이다.

어휘 newcomer 새로 온 사람 cite 인용하다 interaction 상호작용
opportunity 기회 encounter 만남 familiarity 친근함
latter 후자 former 전자 hesitancy 망설임 mutual 서로의

03 정답 ④ searching → search

해설 ④ '베토벤 교향곡을 검색해라'라는 의미로, 주어 you를 생략한 명령문이므로 동사원형 search가 와야 한다. (불변의 패턴 21-1)

오답 분석 ① 주어 many more가 동사 add가 나타내는 '추가하는' 행위의 대상이므로, be동사 뒤에서 수동태 동사를 만드는 added가 온 것이 적절하다. (불변의 패턴 11-1)

② get은 주격보어를 취하는 동사이므로 형용사 nervous가 온 것이 적절하다. make는 목적격보어를 취하는 동사로, you가 목적어, get이 목적격보어이다. (불변의 패턴 35-1)

③ be는 주격보어를 취하는 동사이므로 형용사 specific이 온 것

적절하다. 「as + 원급 + as」 또는 「비교급 + than」과 같은 비교구문에서도 보어 자리에는 형용사가 와야 한다. (불변의 패턴 35-1)

⑤ 분사구문에 주어가 따로 없으므로 주절의 주어 spending ten minutes or so가 분사구문의 의미상 주어이다. 주어 spending ten minutes or so가 reduce가 나타내는 '줄이는' 행위의 주체이므로 현재분사 reducing이 온 것이 적절하다. (불변의 패턴 24-3)

해석 우리가 인터넷에서 무언가를 검색할 때, 우리는 왜 11,980,764개의 결과를 얻는가? 수천만 개의 페이지가 인터넷에 존재하고, 더 많은 것들이 매일 추가된다. 당신이 급할 때, 그렇게 많은 양의 결과들은 당신을 긴장하게 만든다. 결과의 방대한 목록을 방지하려면, 당신은 최대한 구체적이어야 한다. 예를 들어, 클래식 음악에 대해 검색하기보다는 베토벤 교향곡에 대해 검색하고, 케이크 요리법보다는 초콜릿 케이크 요리법을 검색하라. 또한, 검색 엔진의 검색 팁을 읽는 데에 10여 분 정도를 쓰는 것은 당신의 시간을 아껴주며, 당신의 좌절감의 정도를 줄여준다.

어휘 search for ~을 검색하다, 찾다 exist 존재하다
prevent 방지하다, 막다 gigantic 방대한 specific 구체적인
symphony 교향곡 frustration 좌절감, 실패

04 정답 (1) ⓑ almost → most, ⓒ strong → stronger
(2) Jupiter is such a large planet that it easily pulls
또는 Jupiter is so large a planet that it easily pulls

해설 (1) ⓑ '대부분의 물체들'이라는 뜻으로 명사 objects를 수식하고 있으므로 형용사 most가 와야 한다. (불변의 패턴 38)

ⓒ 뒤에 '다른 모든 행성들보다'라는 의미의 than all the other planets가 있으므로, than과 함께 비교구문을 만드는 비교급 stronger가 와야 한다. (불변의 패턴 40)

오답 분석 (1) ⓐ '더 ~할수록, 더 …하다'라는 뜻의 「the + 비교급 ~, the + 비교급 …」 형태를 만드는 The further와 the less가 온 것이 적절하다. (불변의 패턴 41 함께 알아두기)

해설 (2) '매우 ~해서 …하다'라는 의미로 'so/such ~ that …」 구조를 사용한다. that 앞의 절은 '목성은 매우 큰 행성이다'라는 의미로 주어 Jupiter, 동사 is를 쓰고, 그 뒤에 「such + a + 형용사 + 명사」순으로 such a large planet을 쓰거나, 「so + 형용사 + a + 명사」순으로 so large a planet으로 쓴다. 동사를 수식하는 것은 부사이므로, easy는 부사 easily로 바꾸어 easily pulls로 써야 한다. (불변의 패턴 34, 39)

해석 중력은 물체들을 땅 쪽으로 끌어당기는 보이지 않는 힘이다. 당신이 우주에서 더 멀리 나갈수록, 더 적은 중력이 있을 것이다. 사람들이 우주 왕복선에서 나올 때, 그들은 줄에 걸린 상태로 있어야 한다. 그렇게 하지 않았다면, 그들은 정말로 떠다닐 것이다! 그러나 물체들은 다른 것들을 자신들 쪽으로 끌어당기는 중력을 가지고 있다. 대부분 물체들의 중력은 그것들의 크기에 따라 결정된다. 예를 들어, 목성은 매우 큰 행성이어서, 그것은 근처에 있는 모든 물체들을 그것 쪽으로 쉽게 끌어당긴다. 그것은 다른 모든 행성들보다 더 강한 중력을 가지고 있다.

어휘 gravity 중력 invisible 보이지 않는 space shuttle 우주 왕복선
hook ~을 걸다 float away 떠다니다 object 물체
determine 결정하다

CHAPTER 08   전치사·접속사·관계사

1. 전치사 2. 절 3. 관계사

불변의 패턴 42
워크북 p.58

1. 동사 2. because of 3. while 4. although 5. because
6. since 7. like

1 정답 **during**

해설 뒤에 명사구(the winter holiday)가 왔으므로 전치사 during이 와야 한다.

해석 겨울 휴가 동안 저희 집을 계속 지켜봐 주신다면 정말 감사하겠습니다.

2 정답 **though**

해설 뒤에 주어(they)와 동사(didn't understand)가 포함된 절이 왔으므로 접속사 though가 와야 한다.

해석 비록 그들은 한 마디도 이해하지 못했지만, 그들은 그 외국 코미디 영화를 보면서 웃었다.

3 정답 **because of**

해설 뒤에 명사구(their successful use)가 왔으므로 전치사 because of가 와야 한다.

해석 그러한 식단들은 자신들의 경기에서 뛰어났던 사람들에 의한 그들의 성공적인 이용 때문에 운동선수들에게 제안될 수 있다.

어휘 diet 식단 athlete 운동선수 individual 사람, 개인

4 정답 **○**

해설 뒤에 주어(Steven Mithen)와 동사(emphasizes)가 포함된 절이 왔으므로 전치사와 접속사 둘 다로 쓰이는 as가 온 것이 적절하다.

해석 Steven Mithen이 자신의 책에서 강조하듯이, 몇몇 단순한 사회들은 동물과 식물들을 그들의 공동체의 구성원으로 보는 경향이 있다.

어휘 emphasize 강조하다 tend (~하는) 경향이 있다 community 공동체

5 정답 **because of → because**

해설 뒤에 주어(their slow lifestyle)와 동사(kept)가 포함된 절이 왔으므로 접속사 because가 와야 한다.

해석 오랜 시간 동안, 많은 과학자들은 거북이들의 느린 생활방식이 그 동물들을 매우 평온한 상태로 유지시켰기 때문에 거북이들이 그렇게 오래 살았다고 추측했다.

어휘 suspect 추측하다 lifestyle 생활방식 calm 평온한, 차분한

6 정답 **alike → like**

해설 뒤에 명사 역할을 하는 동명사(flying)가 왔으므로 전치사 like가 와야 한다.

해석 스카이다이빙은 당신이 땅으로 거의 바로 떨어진다는 점을 제외하면, 공중에서 나는 것과 같다.

불변의 패턴 43 워크북 p.59

1. 전치사 2. that 3. ignorant of 4. disappointed at/with 5. at

1 정답 **that**

해설 뒤에 주어(you)와 동사(will be)가 포함된 절이 왔으므로 접속사 that이 와야 한다.

해석 우리는 당신이 우리의 훌륭한 제품에 만족할 것이라고 확신한다.

2 정답 **that**

해설 뒤에 주어(his construction team)와 동사(could not finish)가 포함된 절이 왔으므로 접속사 that이 와야 한다.

해석 그 엔지니어는 그의 공사 팀이 제시간에 건축을 완료할 수 없는 것에 대해 미안하게 생각한다.

어휘 construction 공사

3 정답 **of**

해설 뒤에 명사구(the angry dog)가 왔으므로 전치사 of가 와야 한다.

해석 동물 센터의 직원들은 화가 난 개가 우리 안에 넣어질 때까지 그 개를 두려워했다.

4 정답 **at**

해설 뒤에 명사구(the news)가 왔으므로 전치사 at이 와야 한다.

해석 분명히, 여행객들은 모든 국제 항공편들이 취소되었다는 소식에 놀랐다.

어휘 international 국제의 cancel 취소하다

불변의 패턴 44 워크북 p.60

1. since 2. ~이든 아니든 3. ~인지 아닌지 4. unless
5. as though 6. unless

1 정답 **unless**

해설 문맥상 '사진 신분증이 없다면 술을 구매할 수 없다'라는 의미가 되는 것이 자연스러우므로 '만약 ~아니라면'이라는 의미의 unless가 와야 한다.

해석 그 누구도 그들의 나이를 증명하는 사진 신분증이 없다면 술을 구매할 수 없다.

어휘 ID 신분증 proof 증명, 증거

2 정답 **since**

해설 문맥상 'Emily가 이사한 이래로 그녀에게 전화를 하지 않았다'라는 의미가 되는 것이 자연스러우므로 '~한 이래로'라는 의미의 since가 와야 한다.

해석 나는 Emily가 지난달에 뉴욕으로 이사한 이래로 그녀에게 전화를 하지 않았다. 그녀는 나에게 그녀의 새 아파트의 주소만 주었다.

3 정답 **A turtle**

해설 절(A turtle ~ pond) 뒤에 절(it ~ cold)을 연결하는 부사절 접속사 if가 이미 있으므로 주어 자리에 올 수 있는 명사 A turtle이 와야 한다.

해석 거북이는 너무 추워지면 연못 바닥의 진흙에 깊게 구덩이를 판다.

어휘 dig 파다 mud 진흙 bottom 바닥 pond 연못

4 정답 **whether**

해설 문맥상 '저렴하든 비싸든 그 예식장을 예약할 것이다'라는 의미가 되는 것이 자연스러우므로 '~이든 아니든'이라는 의미의 whether가 와야 한다.

해석 그 커플은 비용과 상관없이 그들의 결정을 바꾸지 않을 것이다. 그들은 저렴하든 비싸든 그 예식장을 예약할 것이다.

어휘 regardless ~와 상관없이 reserve 예약하다

5 정답 **as**

해설 문맥상 '천연재료로만 만들어지기 때문에 피부에 안전하다'라는 의미가 되는 것이 자연스러우므로 '~기 때문에'라는 의미의 as가 와야 한다.

해석 이 로션은 천연재료로만 만들어지기 때문에 피부에 안전하다. 이것은 또한 식품의약품안전처에 의해 승인되었다.

어휘 ingredient 재료 approve 승인하다 Ministry of Food and Drug Safety 식품의약품안전처

6 정답 **Once the young man**

해설 절(the young man ~ roof)과 절(he ~ trouble)이 연결되어야 하므로, 부사절 접속사 Once를 포함한 Once the young man이 와야 한다.

해석 그 젊은 남자가 지붕의 가장 높은 지점에 도착했을 때, 그는 자신이 곤경에 빠졌다는 것을 깨달았다.

어휘 roof 지붕 in trouble 곤경에 빠져서

불변의 패턴 45
워크북 p.61

1. 주격   2. whose   3. 관계부사   4. why   5. 생략   6. who
7. where   8. which

1 정답 **who**
해설 뒤에 동사(was lying)만 있고 주어가 없는 불완전한 절이 왔으므로, 주격 관계대명사 who가 와야 한다.
해석 나는 최근에 몇 가지 민감한 주제들에 대해 거짓말을 하고 있었던 한 친구와 뉴스 인터뷰를 보았다.

2 정답 **where**
해설 관계절이 수식하는 선행사 a market이 장소를 가리키는 명사이므로 관계부사 where가 와야 한다. full of people 역시 a market을 수식하는 형용사구이다.
해석 그 관광 그룹 구성원들은 많은 전통 예술품과 공예품이 팔리는 사람으로 가득한 시장을 방문했다.
어휘 traditional 전통적인   craft 공예(품), 기술

3 정답 **them**
해설 절(Two art movements ~ expressionism)과 절(both ~ quickly)을 연결하는 접속사 and가 있고, 두 번째 절의 주어가 '그것들 둘 다'라는 의미가 되는 것이 자연스러우므로 대명사 them이 와야 한다.
해석 근대 유럽에서 발생했던 두 가지의 예술 운동은 인상주의와 표현주의였으며, 그것들 둘 다 빠르게 퍼져 나갔다.
어휘 movement 운동, 움직임   arise 발생하다   spread 퍼지다

4 정답 **O**
해설 문맥상 명사 book과 함께 '그의 책'이라는 뜻이 되면서, 뒤에 동사(became), 주격보어(one ~ bestsellers)만 있고 주어는 없는 불완전한 절이 왔으므로, 「whose + 명사」를 만드는 소유격 관계대명사 whose가 온 것이 적절하다. A Brief ~ Time은 책의 제목을 설명하는 삽입구이다.
해석 결국, 이 사람은 『A Brief History of Time』이라는 자신의 책이 역대 최고 베스트셀러 중 하나가 된 사람이다.

5 정답 **which → they**
해설 절과 절 사이에 접속사 so가 이미 있고 뒤에 주어 없이 동사(are)만 있으므로, 관계대명사 which가 아니라 주격 대명사 they가 와야 한다.
해석 새로운 세금 규정들은 복잡하고 불분명해서, 그것들은 많은 사업주들에게 혼란스럽다.
어휘 regulation 규정, 규제   confusing 혼란스러운, 혼란을 주는

6 정답 **when → why**
해설 관계절이 수식하는 선행사가 the reason(이유)이므로 관계부사 why가 와야 한다. in his view는 선행사가 아니라 '그가 생각하기에'라는 의미의 수식어이다.
해석 Harper씨는 그가 생각하기에 마케팅팀이 확대되어야 하는 이유를 제공했다.
어휘 expand 확대시키다, 확장하다

불변의 패턴 46
워크북 p.62

1. 불완전한 절   2. 주어   3. 완전한 절   4. where 또는 at which
5. which

1 정답 **in which**
해설 뒤에 주어(you), 동사(have observed), 목적어(a smile)가 모두 있는 완전한 절이 왔으므로, 「전치사 + 관계대명사」 in which가 와야 한다.
해석 당신이 미소를 보고 그것이 진짜가 아니라는 것을 느낄 수 있는 때가

있었다.
어휘 occasion (어떤 일이 일어나는 특정한) 때   observe 보다   sense 느끼다

2 정답 **which**
해설 뒤에 주어(they)와 동사(spend)만 있고 목적어가 없는 불완전한 절이 왔으므로, 목적격 관계대명사 which가 와야 한다.
해석 고래는 여름에 먹이를 먹기 위해 차가운 물로 이동하지만, 그들은 겨울에 떠나 더 따뜻한 물에서 겨울을 보낸다.

3 정답 **where**
해설 뒤에 주어(the best)와 동사(is praised)가 모두 있는 완전한 절이 왔으므로, 관계부사 where가 와야 한다.
해석 경쟁적인 활동들은 최고로 칭찬받고 나머지는 무시되는 단순한 행사 그 이상의 것이 될 수 있다.
어휘 competitive 경쟁적인   praise 칭찬하다   ignore 무시하다

4 정답 **which → when 또는 in which 또는 during which**
해설 뒤에 주어(peace ~ opportunity)와 동사(increased)가 모두 있는 완전한 절이 왔으므로 관계부사 또는 「전치사+관계대명사」가 와야 한다. 선행사 the 1920s가 시간을 나타내므로 관계부사 when이 오거나, '1920년대에/1920년대 동안에'라는 의미가 될 수 있는 in which 또는 during which가 와야 한다.
해석 미국의 과거에서 중요한 10년은 1920년대로, 그때 평화, 자유 그리고 경제적 기회가 증가했다.
어휘 decade 10년   economic 경제의   opportunity 기회

5 정답 **where → which/that**
해설 뒤에 주어(it)와 동사(lives)는 있지만 전치사 in의 목적어가 없는 불완전한 절이 왔고 관계절이 사물을 가리키는 명사구 the environment를 수식하고 있으므로 관계대명사 which/that이 와야 한다.
해석 어떤 종도 그것이 살고 있는 환경에 존재하는 모든 냄새를 감지할 수 없다.

6 정답 **O**
해설 뒤에 주어(a single word "uncle"), 동사(means), 목적어(the brother ~ mother)가 모두 있는 완전한 절이 왔으므로 「전치사 + 관계대명사」 in which가 온 것이 적절하다.
해석 당신은 '삼촌'이라는 한 단어가 누군가의 아버지의 남자 형제와 누군가의 어머니의 남자 형제를 의미하는 상황을 이해할 수 있는가?

불변의 패턴 47
워크북 p.63

1. 완전한   2. 불완전한   3. what   4. whether   5. how
6. 완전한   7. how

1 정답 **where**
해설 뒤에 주어(the seller), 동사(got), 목적어(it)가 모두 있는 완전한 절이 왔으므로 where가 와야 한다. where ~ it은 동사 consider의 목적어 역할을 하는 명사절이다.
해석 집에 가져갈 기념품을 고르기 전에, 그것이 어떻게 만들어졌고 판매자가 그것을 어디서 구했는지를 고려해라.

2 정답 **if**
해설 뒤에 주어(the service), 동사(had been), 주격보어(satisfying)가 모두 있는 완전한 절이 왔으며, 문맥상 '서비스가 만족스러웠는지'라는 의미가 되는 것이 자연스러우므로 '~인지 (아닌지)'라는 의미로 완전한 절 앞에 오는 if가 와야 한다. if ~ satisfying은 동사 were asked의 직접목적어 역할을 하는 명사절이다.
해석 설문조사에서, 고객들은 서비스가 만족스러웠는지에 대한 질문도 받았다.

3 정답 why

해설 뒤에 주어(we), 동사(study), 목적어(philosophy)가 모두 있는 완전한 절이 왔으므로 why가 와야 한다. why ~ philosophy는 전치사 of의 목적어 역할을 하는 명사절이다.

해석 그 사실은 우리가 왜 철학을 공부하는지에 대한 질문에 직접적으로 관련이 있다.

어휘 fact 사실 related 관련이 있는 philosophy 철학

4 정답 what

해설 뒤에 be동사(was)만 있고 주어가 없는 불완전한 절이 왔으므로 what이 와야 한다. what ~ him은 동사 produced의 목적어 역할을 하는 명사절이다.

해석 슈베르트는 단지 그의 안에 있는 것들을 만들어 냈고, 우리에게 음악의 귀중한 보물을 가져다주었다.

5 정답 which → that

해설 뒤에 주어(you), 동사(accept), 목적어(the responsibility)가 모두 있는 완전한 절이 왔으며, 문맥상 '책임감을 받아들인다는 것'이라는 의미가 되는 것이 자연스러우므로 '~라는 것, ~라고'라는 의미로 완전한 절 앞에 오는 that이 와야 한다. which는 불완전한 절 앞에만 오는 명사절 접속사이므로 틀리다. that ~ with it은 동사 means의 목적어 역할을 하는 명사절이다.

해석 일자리를 수락한다는 것은 당신이 그것에 따르는 책임감을 받아들인다는 것을 의미한다.

어휘 accept 수락하다, 받아들이다 responsibility 책임감

6 정답 what → whether/if

해설 뒤에 주어(the memories), be동사(are), 주격보어(true or not)가 모두 있는 완전한 절이 왔으며, 문맥상 '기억들이 사실인지 아닌지'라는 의미가 되는 것이 자연스러우므로 '~인지 (아닌지)'라는 의미로 완전한 절 앞에 오는 whether/if가 와야 한다. what은 불완전한 절 앞에만 오는 명사절 접속사이므로 틀리다. whether/if ~ not은 to부정사 to know의 목적어 역할을 하는 명사절이다.

해석 불행하게도, 사람들이 가지고 있는 기억들이 사실인지 아닌지를 알 길은 없다.

7 정답 O

해설 뒤에 주어(animals)와 동사(are understood and treated)가 모두 있는 완전한 절이 왔으며, 문맥상 '동물들이 이해되고 다뤄지는 방법'이라는 의미가 되는 것이 자연스러우므로 '~하는 방법, 어떻게 ~하는지'라는 의미로 완전한 절 앞에 오는 how가 온 것이 적절하다. how ~ treated는 전치사 on의 목적어 역할을 하는 명사절이다.

해석 과학자들의 태도 변화는 동물들이 이해되고 다뤄지는 방법에 큰 영향을 미친다.

어휘 attitude 태도 influence 영향 treat 다루다

8 정답 that → which/who

해설 뒤에 동사(had been born)만 있고 주어가 없는 불완전한 절이 왔으며, 문맥상 '(둘 중) 누가 먼저 태어났는지'라는 의미가 되는 것이 자연스러우므로 which/who가 와야 한다. that은 완전한 절 앞에만 오는 명사절 접속사이므로 틀리다. which/who ~ first는 to부정사 to의 목적어 역할을 하는 명사절이다.

해석 우리가 쌍둥이를 만났을 때, 우리는 자연스럽게 누가 먼저 태어났는지를 알고 싶었다.

불변의 패턴 48

워크북 p.64

1. what　2. 선행사　3. 불완전한　4. what　5. what　6. that

1 정답 that

해설 문맥상 '사람들이 더 적은 칼로리를 섭취했다는 것을 알아냈다'라는

의미이므로, that 또는 what이 이끄는 절은 동사 found의 목적어 역할을 하는 명사절이다. 뒤에 주어(people), 동사(ate), 목적어(fewer calories)가 모두 있는 완전한 절이 왔으므로 that이 와야 한다.

해석 최근, 한 연구는 식사 전에 두 잔의 물을 마신 사람들이 더 적은 칼로리를 섭취했고 더 많은 체중을 감량했다는 것을 알아냈다.

어휘 consume 섭취하다

2 정답 what

해설 문맥상 '당신이 해야 하는 것'이라는 의미이므로, that 또는 what이 이끄는 절은 동사 do의 목적어 역할을 하는 명사절이다. 뒤에 주어(you)와 동사(have to do)만 있고 목적어가 없는 불완전한 절이 왔으므로 what이 와야 한다.

해석 만약 당신이 어떤 분야에서 약점을 가지고 있다면, 교육을 받고 상황을 개선하기 위해 스스로 당신이 해야 하는 것을 하라.

어휘 weakness 약점 certain 어떤 educated 교육을 받은

3 정답 that

해설 문맥상 '이 원천에서 정보를 얻는다는 것은 필연적이다'라는 의미이므로, that 또는 what이 이끄는 절이 진짜 주어 역할을 하는 명사절이고 it은 가주어이다. 뒤에 주어(they), 동사(get), 목적어(information)가 모두 있는 완전한 절이 왔으므로 that이 와야 한다.

해석 인터넷이 젊은 사람들에게 친숙한 자원이기 때문에, 그들이 이 원천에서 정보를 얻는다는 것은 필연적이다.

어휘 familiar 친숙한 resource 자원 logical (논리상) 필연적인, 논리적인

4 정답 that

해설 문맥상 '당신이 보지 못하는 문제들'이라는 의미로 명사 issues를 수식하는 것이 자연스러우므로 issues 뒤의 절은 선행사를 수식하는 관계절이다. 주어(you)와 동사(do not see)만 있고 목적어가 없으므로 불완전한 절 앞에 와서 명사(선행사)를 수식할 수 있는 that이 와야 한다. that 뒤에 목적어가 없으므로 that은 목적격 관계대명사이다.

해석 당신은 당신이 보지 못하지만 다른 사람들에게는 명백한 문제들을 간과하지 않으려고 노력해야 한다.

어휘 overlook 간과하다 obvious 명백한, 분명한

5 정답 O

해설 문맥상 '달성하기 어려워 보이는 목표들'이라는 의미로 명사 goals를 수식하는 것이 자연스러우므로 goals 뒤의 절은 선행사를 수식하는 관계절이다. 동사(seem)와 주격보어(hard)만 있고 주어가 없으므로 불완전한 절 앞에 와서 명사(선행사)를 수식할 수 있는 that이 온 것이 적절하다. that 뒤에 주어가 없으므로 that은 주격 관계대명사이다.

해석 달성하기 어려워 보이는 목표들에 대한 당신의 견해는 아마도 당신의 동료들에 의해 공유되지 않을 것이다.

6 정답 what → that

해설 문맥상 '어린 시절은 절대 되돌릴 수 없다는 것을 가르쳐 주었다'라는 의미이므로, 밑줄 친 what이 이끄는 절은 동사 taught의 직접목적어 역할을 하는 명사절이다. 뒤에 주어(their childhood)와 동사(could never be recovered)가 모두 있는 완전한 절이 왔으므로 that이 와야 한다. what은 불완전한 절 앞에만 오는 명사절 접속사이므로 틀리다.

해석 더 중요하게, 그 이야기는 학생들에게 일단 시간이 지나면, 그들의 어린 시절은 절대 되돌릴 수 없다는 것을 가르쳐 주었다.

어휘 recover 되찾다, 회복하다

7 정답 that → what

해설 문맥상 '어린아이들이 가장 필요로 하는 것'이라는 의미이므로, 밑줄 친 that이 이끄는 절은 be동사(are)의 보어 역할을 하는 명사절이다. 밑줄 친 that 앞에 선행사가 될 수 있는 명사가 없고, 뒤에 주어(young children)와 동사(need)만 있고 목적어가 없는 불완전한 절이 왔으므로 what이 와야 한다. that은 불완전한 절 앞에 오면 앞에 있는 명사(선행사)를 수식하는 관계사이고, 명사절 접속사일 때는 완전한 절 앞에 오므로 틀리다.

해석 그 작가는 사랑과 관심이 어린아이들이 가장 필요로 하는 것이라고 결론 짓는다.

어휘 author 작가 conclude 결론 짓다 attention 관심

8 정답 **that → what**

해설 문맥상 '예상될 수 있는 것'이라는 의미이므로, 밑줄 친 that이 이끄는 절은 전치사 to의 목적어 역할을 하는 명사절이다. 밑줄 친 that 앞에 선행사가 될 수 있는 명사가 없고, 뒤에 동사(might be expected)만 있고 주어가 없는 불완전한 절이 왔으므로 what이 와야 한다. that은 불완전한 절 앞에 오면 앞에 있는 명사(선행사)를 수식하는 관계사이고, 명사절 접속사일 때는 완전한 절 앞에 오므로 틀리다.

해석 동물들이 그들의 몸 형태로부터 예상될 수 있는 것과 완전히 반대로 행동한다는 것을 추측하는 것은 불가능하다.

어휘 impossible 불가능한 contrary 반대의 expect 예상하다

불변의 패턴 49

워크북 p.65

1. so 2. 생각/감정 3. 동격 that 4. fact 5. 가능성
6. 보장 7. that 8. when 9. who/that

1 정답 **what → that**

해설 문맥상 '결과에 너무 실망해서 그 실험을 포기했다'라는 의미로 문장에 so가 있으므로 「so + 형용사/부사 + that + 완전한 절」 구문을 만드는 that이 와야 한다.

해석 연구원들은 결과에 너무 실망해서 그 실험을 포기했다.

어휘 disappointed 실망한 result 결과 give up 포기하다

2 정답 **O**

해설 밑줄 친 that 뒤가 '행성들이 태양 주위를 돈다'라는 뜻으로 앞에 있는 명사 The notion의 내용을 풀어서 설명하는 내용이므로 동격 that이 온 것이 적절하다.

해석 행성들이 태양 주위를 돈다는 개념은 중세 시대의 사람들에게 낯설었을 것이다.

3 정답 **O**

해설 문맥상 '크리스토퍼 콜럼버스가 상륙했던 곳은 인도가 아니었다'라는 의미의 강조구문이며, 강조 대상 India가 장소를 나타내므로 that 대신 where가 온 것이 적절하다.

해석 크리스토퍼 콜럼버스가 1492년에 상륙한 곳은 인도가 아니었다.

어휘 land 상륙하다

4 정답 **which → that**

해설 뒤에 가주어(it), 동사(is), 진짜 주어(to know ~ products)가 모두 있는 완전한 절이 왔고, 문맥상 '고객들은 제품에 어느 화학 물질들이 사용되는지 알기가 어렵다는 것을 안다'라는 의미로 문장에 생각/감정 형용사 aware가 있으므로 「생각/감정 형용사 + that + 완전한 절」 구문을 만드는 that이 와야 한다.

해석 오늘날 고객들은 제품에 어느 화학 물질들이 들어가는지 정확히 알기가 간혹 어렵다는 것을 안다.

어휘 chemical 화학 물질

실전 테스트

워크북 p.66

01	②	02	④	03	④

04	(1) ⓐ what → that, ⓓ which → where 또는 at which
	(2) someone has helped you, focus on what the person has done for you

01 정답 ② **that – whom – where**

해설 (A) The title ~ was based on **the belief that globalization**
　　　　　　　　　　　　　　　　　　　　　동격 that　　주어
would inevitably bring us closer together.
동사　　　　　　목적어

문맥상 '세계화가 우리를 더 가깝게 만들 것이라는 믿음'이라는 의미가 되는 것이 자연스럽고, that 또는 what이 이끄는 절은 주어(globalization), 동사(would bring), 목적어(us)를 갖춘 완전한 절이다. 따라서 '~라는 것, ~라고'라는 의미로 완전한 절 앞에 오면서, 앞에 있는 명사 the belief의 내용을 풀어서 설명하는 동격 that이 와야 한다. (불변의 패턴 48, 49)

(B) ~, **it has given a voice** to new cyber tribes, some of
　　주어 동사　목적어
whom spend too much time creating division on the
관계대명사 동사　목적어
Internet.

절(it ~ tribes)과 절(some ~ Internet)이 연결되어야 하므로, 명사구 new cyber tribes를 가리키는 관계대명사 whom이 와야 한다. (불변의 패턴 45)

(C) Is it possible for these tribes to coexist in **a world**
　　　　　　　　　　　　　　　　　　　　　　　　선행사(장소)
where the concept of "us and them" **remains**?
관계부사　　주어　　　　　　　　　　　　　동사

뒤에 주어(the concept)와 동사(remains)가 모두 있는 완전한 절이 왔고 선행사 a world가 장소를 나타내므로 관계부사 where가 와야 한다. (불변의 패턴 46)

해석 토머스 프리드먼의 2005년 책인 『The World Is Flat』의 제목은 세계화가 필연적으로 우리를 더 가깝게 만들 것이라는 믿음을 바탕으로 했다. 그러나, 그것은 또한 우리가 위협에 직면했을 때, 다른 집단들에 대해 장벽을 세우도록 고무시켰다. 어떤 면에서, 소셜 미디어는 우리를 통합시켰지만, 동시에, 그것은 새로운 사이버 집단에게 발언권을 주었고, 그중 몇몇은 인터넷에서 분열을 만들어 내는 데에 너무 많은 시간을 보낸다. 지금 많은 집단들이 있고, 그 어느 때보다 그들 사이에 더 많은 갈등이 있다. '우리와 그들'의 개념이 남아있는 세상에서 이 집단들이 공존하는 것이 가능할까?

어휘 base A on B A의 바탕을 B에 두다 belief 믿음
globalization 세계화 inevitably 필연적으로, 불가피하게
threat 위협 unite 통합시키다 division 분열 conflict 갈등

02 정답 ④ **which → that**

해설 ④ They **learn** from the rereading **that the story has**
　　　　　　동사　　　　　　　　　　　　명사절 접속사 주어 동사
personal meaning for them.
목적어

문맥상 '그 이야기가 개인적인 의미가 있다는 것을 배운다'라는 의미이므로, 밑줄 친 which가 이끄는 절은 동사 learn의 목적어 역할을 하는 명사절이다. 뒤에 주어(the story), 동사(has), 목적어(personal meaning)가 모두 있는 완전한 절이 왔으므로 that이 와야 한다. which는 불완전한 절 앞에만 오는 명사절 접속사이므로 틀리다. (불변의 패턴 47)

오답 ① 주어 The habit이 단수명사이므로 단수동사 encourages가 온 것
분석　이 적절하다. of reading books multiple times(전치사 + 명사구 (동명사구))는 수 일치에 영향을 미치지 않는 수식어이다. (불변의 패턴 01-1)

② 문맥상 '야기된 감정'이라는 의미로, 수식 받는 명사 emotions가 cause가 나타내는 '야기하는' 행위의 대상이므로 과거분사 caused가 온 것이 적절하다. (불변의 패턴 24-1)

③ 뒤에 온 their familiarity는 명사구이므로, 명사 역할을 하는 단어나 구 앞에 올 수 있는 전치사 Despite가 온 것이 적절하다. (불변의 패턴 42)

⑤ 준사역동사 help의 목적격 보어이고, 문맥상 '사람들이 이해할 수 있도록'이라는 의미로, 의미상의 주어인 목적어 people이 목적격 보어 understand가 나타내는 '이해하는' 행위의 주체이므로 동사원형 understand가 온 것이 적절하다. (불변의 패턴 23-1)

해석 책들을 여러 번 읽는 습관은 사람들이 그것들과 감정적으로 관계를 맺도록 고무시킨다. 만약 그들이 책을 한 번만 읽는다면, 그들은 그 안의 사건과 이야기에만 집중하는 경향이 있다. 그러나 두 번째 통독을 통해, 반복된 경험은 그 책에 의해 야기된 처음의 감정을 다시 불러일으키고, 사람들이 그 감정들을 다시 느끼게 해준다. 그들의 이야기에 대한 익숙함에도 불구하고, 다시 읽는 것은 새로워진 이해를 가져온다. 그들은 그 이야기가 그들에게 개인적인 의미가 있다는 것을 다시 읽기에서 배운다. 유사하게, 한 장소를 다시 방문하는 것 또한 사람들이 그 장소와 그들 자신들 모두를 더 잘 이해할 수 있도록 도울 수 있다. 엄청난 이점을 생각했을 때, 다시 시간을 쓰는 것을 시도하는 데에 망설이지 말아라.

어휘 engage 관계를 맺다　emotionally 감정적으로
read-through 통독　initial 처음의, 초기의　familiarity 익숙함
immense 엄청난　benefit 이점, 장점　hesitate 망설이다
consume 소모하다, 소비하다

03 정답 ④ that → what

해설 ④ ~ and services <u>is</u> <u>what</u> <u>customers</u> <u>were</u> <u>interested in</u>.
be동사　명사절　주어　동사　주격보어 전치사
　　　　접속사

문맥상 '고객들이 관심을 가졌던 것이다'라는 의미가 되는 것이 자연스러우므로, 밑줄 친 that이 이끄는 절은 be동사(is)의 주격보어 역할을 하는 명사절이다. 밑줄 뒤에 주어(customers), 동사(were), 주격보어(interested), 전치사(in)는 있지만 전치사(in)의 목적어가 없는 불완전한 절이 왔으므로, 밑줄 친 곳에는 '무엇이(무엇을) ~하는지, ~하는 것'이라는 의미로 불완전한 절 앞에 올 수 있는 명사절 접속사 what이 와야 한다. that은 불완전한 절 앞에 오면 앞에 있는 명사(선행사)를 수식하는 관계이고, 명사절 접속사일 때는 완전한 절 앞에 오므로 틀리다. (불변의 패턴 47, 48)

오답 ① 뒤에 주어(customers)와 동사(experienced)만 있고 목적어가 없
분석 는 불완전한 절이 왔고 선행사 the difficulties가 사물을 나타내므로 사물 선행사 뒤에 오는 관계대명사 which가 온 것이 적절하다. (불변의 패턴 46)

② 부정의 의미를 나타내는 어구인 No longer가 문장의 앞쪽에 와서 도치가 되었으므로 there 뒤에 오는 복수주어 any controlled communications에 수 일치하는 복수동사 were가 온 것이 적절하다. (불변의 패턴 07)

③ 뒤에 주어(they)와 동사(wanted)만 있고 목적어가 없는 불완전한 절이 왔으며, 문맥상 '원했던 무엇이든'이라는 의미가 되는 것이 자연스러우므로 '~하는 무엇이든'이라는 의미로 불완전한 절 앞에 올 수 있는 명사절 접속사 whatever가 온 것이 적절하다. whatever ~ company는 동사 learn의 목적어 역할을 하는 명사절이다. (불변의 패턴 47)

⑤ 문맥상 '쉽게 얻다'라는 의미로 앞에 있는 to부정사 to get을 수식하고 있으므로 부사 easily가 온 것이 적절하다. (불변의 패턴 34)

해석 인터넷과 함께, 모든 것이 바뀌었다. 제품 문제, 고객 지원의 부족, 숨겨진 수수료 등 고객들이 실제로 마케팅 기관으로부터 경험한 모든 어려움들은 갑자기 드러났다. 더 이상 통제된 의사소통이나 사업 체계는 존재하지 않았다. 고객들은 일반적으로 웹을 통해 회사에 대해 원했던 무엇이든 알 수 있었다. 한 회사의 제품과 서비스에 대한 진실을 아는 것이 고객들이 관심을 가졌던 것이다. 인터넷은 고객들에게 이러한 정보를 쉽게 얻을 수 있는 수단을 만들어 주었다. 그리고 그들은 또한 마케팅 담당자와 즉시 소통할 수 있는 방법을 가지고 있었다.

어휘 lack 부족　hidden 숨겨진　fee 수수료　organization 기관
controlled 통제된　method 수단　instantly 즉시

04 정답 (1) ⓐ what → that, ⓓ which → where 또는 at which
　　　　(2) someone has helped you, focus on what the person has done for you

해설 (1) ⓐ ~, many people are <u>so</u> <u>selfish</u> <u>that</u> <u>they</u> <u>ignore</u>
　　　　　　　　　　　　　　　　　so　형용사　that　주어　동사
<u>the good</u> done for them.
목적어

뒤에 주어(they), 동사(ignore), 목적어(the good)가 모두 있는

완전한 절이 왔고, 문맥상 '너무 이기적이어서 선을 무시한다'라는 의미로 문장에 so가 있으므로, 「so + 형용사/부사 + that + 주어 + 동사」 구문을 만드는 that이 와야 한다. (불변의 패턴 49)

ⓓ It was that point in <u>the letter</u> <u>where [at which]</u>
　　　　　　　　　　　　 선행사(장소)　관계부사 /
　　　　　　　　　　　　　　　　　　전치사 + 관계대명사
<u>I felt hurt</u>.
주어 동사 주격보어

뒤에 주어(I), 동사(felt), 주격보어(hurt)가 모두 있는 완전한 절이 왔고 선행사 that point가 장소를 나타내므로 관계부사 where나, '내가 상처를 받은 점'이라는 의미로 「전치사 + 관계대명사」 at which가 와야 한다. (불변의 패턴 46-1, 46-2)

오답 (1) ⓑ 뒤에 온 the student's selfish behavior는 명사구이므로, 명사
분석 역할을 하는 단어나 구 앞에 올 수 있는 전치사 because of가 온 것이 적절하다. (불변의 패턴 42)

ⓒ 뒤에 주어(I), 동사(forgot), 목적어(to give)가 모두 있는 완전한 절이 왔으므로, 완전한 절 앞에 올 수 있는 「전치사 + 관계대명사」 to which가 온 것이 적절하다. (불변의 패턴 46-2)

ⓔ 뒤에 주어(you), 동사(should express), 목적어(gratitude)가 모두 있는 완전한 절이 왔으며, 문맥상 '네가 감사를 표해야 하는 이유'라는 의미가 되는 것이 자연스러우므로 '~하는 이유, 왜 ~하는지'라는 의미로 완전한 절 앞에 올 수 있는 명사절 접속사 why가 온 것이 적절하다. why ~ you는 to부정사 to teach의 직접목적어 역할을 하는 명사절이다. (불변의 패턴 47)

(2) When someone has helped you, focus <u>on</u> <u>what the</u>
　　　　　　　　　　　　　　　　　　　　　전치사 명사절 접속사
<u>person has done</u> for you.
　　주어　　　동사

'누군가가 당신을 도왔을 때'라는 의미의 When someone has helped you 뒤에, '집중하라'라는 뜻의 명령문이 와야 하므로 동사 focus가 와야 한다. 전치사 on 뒤에는 목적어 역할을 하는 명사절이 와야 하고, 주어진 단어 중 주어(the person), 동사(has done)만 있고 목적어가 없으므로, '~하는 것'이라는 뜻으로 불완전한 절 앞에 오는 명사절 접속사 what을 써야 한다. 관계대명사 that을 사용하여 focus on the thing that the person has done for you로 쓸 수도 있지만, 이 경우 단어 수가 맞지 않아 틀리다. (불변의 패턴 21-1, 47, 48)

해석 누군가가 당신을 도왔을 때, 그 사람이 당신을 위해 한 것에 집중하라. 비록 이는 도덕적으로 명백해 보일지 몰라도, 많은 사람들이 너무 이기적이어서 그들은 그들에게 행해진 선을 무시한다. 한 교사가 이전에 한 학생의 많은 질문들을 다룬 긴 편지를 썼다. 그는 곧 실망스러운 답변을 받았다. 교사는 그 학생의 이기적인 행동으로 인해 상처를 받았다. "감사의 말도 없었을 뿐만 아니라, 내가 답을 주어야 할 것을 잊은 네 질문들에 대해 상기시키기까지 했다. 그것이 내가 편지에서 상처를 받은 점이었단다." 그는 그 학생에게 계속 말을 이어갔다. "나는 네가 너를 도와줬던 사람들에게 감사를 표해야 하는 이유를 너에게 가르쳐 주기 위해 이것을 말하는 거란다."

어휘 morally 도덕적으로　good 선　disappointing 실망스러운
remind 상기시키다

CHAPTER 09 　병렬·생략·어순·도치

1. 병렬　2. 생략　3. 도치

불변의 패턴 50 　워크북 p.68

1. 대등　2. A = B　3. both　4. A뿐 아니라 B도　5. involves
6. 동사원형　7. sliding　8. smooth

1 정답 **using**

해설 ~, I <u>tried</u> <u>working</u> by a window <u>and</u> <u>using</u> new bulbs
동사 동명사 등위접속사 동명사
in my desk lamp.

해석 내 업무 공간에 최적의 빛을 얻기 위해, 나는 창가에서 일해보고 나의 탁상용 스탠드에 새 전구를 사용해 보았다.

어휘 workplace 업무 공간 bulb 전구

2 정답 **evaluate**

해설 <u>Our ability</u> <u>to understand</u> <u>and</u> <u>evaluate</u> our own
명사구 to부정사 등위접속사 to를 생략한 동사원형
thoughts is an evolutionary gift.

해석 일반적인 사고 과정을 이해하고 스스로의 생각을 처리하는 우리의 능력은 진화의 선물이다.

어휘 ability 능력 normal 일반적인, 정상의 evaluate 처리하다

3 정답 **lowered**

해설 In 1856, <u>William</u> <u>waterproofed</u> a simple camera, <u>attached</u>
주어 동사 동사
it to a pole, <u>and</u> <u>lowered</u> it ~.
등위접속사 동사

해석 1856년에, William은 단순한 카메라를 방수 처리하고, 그것을 막대기에 붙이고, 그것을 영국 남부 인근 해안가의 바다 아래로 내렸다.

어휘 waterproof 방수 처리하다 attach 붙이다 lower 내리다, 낮추다

4 정답 **making → makes**

해설 <u>Going through difficult times</u> <u>does not harm</u> us <u>but</u>
주어 동사 등위접속사
rather <u>makes</u> us stronger.
동사

해석 힘든 시기를 겪는 것은 우리에게 해를 끼치는 것이 아니라 오히려 우리를 더 강하게 만든다.

어휘 go through ~을 겪다 harm 해를 끼치다

5 정답 **○**

해설 The delivery was <u>early</u> <u>and</u> <u>unexpected</u> ~.
형용사 등위접속사 분사

해석 그 배송은 다음 주에 도착하기로 되어 있었기 때문에 빠르고 예상 밖이었다.

어휘 delivery 배송 unexpected 예상 밖의 arrive 도착하다

6 정답 **to receive → receive**

해설 In the experiment, the rat <u>might</u> <u>press</u> ~, <u>and</u> as a
조동사 동사원형 등위접속사
consequence <u>receive</u> some food.
동사원형

해석 실험에서, 쥐는 우연히 혹은 단순히 호기심에 막대기를 누르고, 그 결과로 약간의 음식을 받을 수 있다.

어휘 accidentally 우연히 out of curiosity 호기심에

불변의 패턴 51
워크북 p.70

1. 반복 **2.** given

1 정답 **loneliness can be, avoided**

해설 문맥상 or 뒤가 '외로움은 예방될 수 있다'가 되는 것이 자연스러우므로 loneliness can be avoided가 되어야 하며, 이 중 앞에 언급된 어구와 반복되는 loneliness can be는 생략된다.

해석 외로움은 사회적 장벽이 제거될 때에만 조절되거나 예방될 수 있다.

어휘 loneliness 외로움 control 조절하다

2 정답 **the factory's owner is, accepting**

해설 문맥상 but 뒤가 '그 공장의 주인은 비난을 받아들이고 있다'가 되는 것이 자연스러우므로 the factory's owner is accepting blame이 되어야 하며, 이 중 but 앞에 언급된 어구와 반복되는 the factory's owner is는 생략된다.

해석 그 공장의 주인은 부인하는 것이 아니라 그의 공장의 수질 오염에 대한 비난을 받아들이고 있다.

3 정답 **since he was, required**

해설 문맥상 and 뒤가 '그가 그곳에 있으라는 요구를 받지 않았다'가 되는 것이 자연스러우므로 since he was not required to be there가 되어야 하며, 이 중 and 앞에 언급된 어구와 반복되는 since he was는 생략된다.

해석 Ross씨는 피곤했고 그곳에 있으라는 요구를 받지 않았기 때문에 회의에 참석하지 않았다.

어휘 attend 참석하다 require 요구하다, 필요하다

4 정답 **that it should, dropped**

해설 문맥상 and 뒤가 '그것이 떨어뜨려지면 안 된다'가 되는 것이 자연스러우므로 that it should not be dropped가 되어야 하며, 이 중 and 앞에 언급된 어구와 반복되는 that it should는 생략된다.

해석 그 상자에 유리가 들어 있기 때문에, 나는 우체부에게 그것이 조심해서 다뤄져야 하고 떨어뜨려지면 안 된다고 말했다.

어휘 handle 다루다, 취급하다 care 조심, 주의

불변의 패턴 52
워크북 p.70

1. do/be/have **2.** 일반동사 **3.** do

1 정답 **does**

해설 문맥상 and 뒤의 「so + do/be/have동사 + 주어」가 '그것의 가치도 변한다'는 의미인 것이 자연스러우므로, 생략 전 내용은 its value changes over time으로 볼 수 있다. 반복되는 동사가 일반동사의 3인칭 단수형 changes이므로 do동사의 3인칭 단수형 does가 와야 한다.

해석 한 그림의 인기는 시간이 지남에 따라 변하고, 그 결과로 그것의 가치도 그렇다.

어휘 popularity 인기

2 정답 **was**

해설 문맥상 as difficult as 뒤가 '고대 시대에 그것이 어려웠다'인 것이 자연스러우므로, 생략 전 내용은 it was difficult in ancient times로 볼 수 있다. 반복되는 동사가 be동사 was이므로 was가 와야 한다.

해석 오늘날 음식과 깨끗한 생수의 이용은 그것이 고대 시대에 그러했던 것만큼 대체로 어렵지 않다.

3 정답 **do**

해설 문맥상 than 뒤가 '그들이 정상인 상태에서 기억을 발생시킨다'인 것이 자연스러우므로, 생략 전 내용은 they generate memories in a normal state로 볼 수 있다. 반복되는 동사가 일반동사 generate이므로 do동사 do가 와야 한다.

해석 최면 상태의 사람들은 그들이 정상인 상태에서 그런 것보다 더 많은 '기억'을 발생시킨다.

4 정답 **has**

해설 문맥상 but 뒤가 '그녀는 의학 교수로서도 일해왔다'인 것이 자연스러우므로, 생략 전 내용은 she also has worked as a professor of medicine으로 볼 수 있다. 반복되는 동사가 have p.p인 has worked이므로 have동사 has가 와야 한다.

해석 Parker씨는 의사로 일해왔을 뿐만 아니라, 그녀는 의학 교수로서도 오랫동안 그래왔다.

어휘 medicine 의학

불변의 패턴 53　　　　　　　　　　워크북 p.71

1. 주어 + 동사　2. where they had　3. 형용사/부사　4. what

1　정답　**where did the company make → where the company made**

해설　where ~ products는 to부정사 to know의 목적어로 문장의 일부를 이루는 간접의문문이므로, 「의문사 + 주어 + 동사」 순인 where the company made 순서로 와야 한다.

해석　그 고객은 그 회사가 어디에서 그들의 제품을 만들었는지 알고 싶어 했다.

2　정답　**how neat was it → how neat it was**

해설　how ~ it은 동사 believe의 목적어로 문장의 일부를 이루는 간접의문문이므로, 「의문사 + 주어 + 동사」 순으로 와야 한다. 「how + 형용사」는 통째로 의문사 자리에 올 수 있으므로 how neat it was 순서로 와야 한다.

해석　비록 그녀가 자신의 아이를 혼자 남겨두는 것에 대해 걱정했지만, 그녀가 집에 돌아왔을 때, 집이 얼마나 깔끔했는지 믿을 수가 없었다.

3　정답　**O**

해설　'우리가 어떻게 그것들을 볼 수 있을까?'라는 의미의 일반적인 의문문이므로, 「의문사 + 동사 + 주어」 순인 how can we see 순서로 온 것이 적절하다.

해석　별들이 너무 멀리 떨어져 있는데, 어떻게 우리는 망원경을 사용하지 않을 때조차도 그것들을 그렇게 쉽게 볼 수 있을까?

4　정답　**what kind of languages have their applicants learned → what kind of languages their applicants have learned**

해설　what ~ learned는 전치사 in의 목적어로 문장의 일부를 이루는 간접의문문이므로, 「의문사 + 주어 + 동사」 순으로 와야 한다. 「what kind of + 명사」는 통째로 의문사 자리에 올 수 있으므로 what kind of languages their applicants have learned 순서로 와야 한다.

해석　몇몇 고용주들은 그들의 지원자들이 어떤 종류의 언어들을 배웠는지에 대해 관심이 있다.

불변의 패턴 54　　　　　　　　　　워크북 p.72

1. 사이　2. 대명사　3. ~을 미루다　4. bring up
5. write them down　6. deal with

1　정답　**turned the offer down 또는 turned down the offer**

해설　「타동사 + 부사」 turned down의 목적어가 명사일 때 타동사와 부사 사이 또는 부사 뒤에 올 수 있으므로, turned the offer down 또는 turned down the offer 순으로 와야 한다.

해석　Brian은 해외에서 일할 기회가 있었지만, 그는 그 제안을 거절했다.

어휘　oversea 해외에　turn down 거절하다　offer 제안, 제안하다

2　정답　**put it off**

해설　「타동사 + 부사」 put off의 목적어가 대명사일 때 타동사와 부사 사이에 와야 하므로, put it off 순으로 와야 한다.

해석　그 예술 축제 티켓을 구매한 사람들이 거의 없었기 때문에, 그 단체는 그것을 다음 달로 연기하기로 결정했다.

어휘　put off 연기하다

3　정답　**looking for him**

해설　「자동사 + 전치사」 looking for의 목적어는 전치사 뒤에 와야 하므로, looking for him 순으로 와야 한다.

해석　자원봉사자들은 실종된 소년에 대한 소식을 들었고, 지금 그를 찾고 있다.

어휘　volunteer 자원봉사자　missing 실종된

4　정답　**hand them in**

해설　「타동사 + 부사」 hand in의 목적어가 대명사일 때 타동사와 부사 사이에 와야 하므로, hand them in 순으로 와야 한다.

해석　학생들은 설문조사를 작성한 후, 그들은 그것들을 안내 데스크 직원에게 제출해야 한다.

어휘　complete 작성하다, 기입하다　hand in 제출하다

불변의 패턴 55　　　　　　　　　　워크북 p.73

1. 도치　2. 조동사　3. 거의 ~않는　4. only　5. can its possessor
6. 대명사

1　정답　**the ancient Greek citizens believed → did the ancient Greek citizens believe**

해설　Never did the ancient Greek citizens believe ~.
부정 의미의 어구 조동사　주어　동사원형

해석　고대 그리스 시민들은 페르시아 군대가 전쟁에서 이길 것이라고 전혀 생각하지 않았다.

2　정답　**O**

해설　~, and at the bottom of the sea they were buried.
장소를 나타내는 어구　주어(대명사) 동사(be + p.p.)

해석　그 배의 금화들은 배가 가라앉았을 때 사라졌고, 그것들은 바다 밑바닥에 묻혔다.

어휘　sink 가라앉다　bury 묻다

3　정답　**they will → will they**

해설　Only if speakers feel confident will they succeed ~.
제한 의미의 어구　조동사 주어

해석　오직 연설자들이 자신감을 느낄 때에만 그들은 많은 사람들 앞에서 연설하는 데 성공할 것이다.

4　정답　**O**

해설　In the highest levels of government are made
장소를 나타내는 어구　동사(be + p.p.)
decisions that ~.
주어

해석　정부의 최고위층에서 수백만 명의 삶에 영향을 주는 결정들이 내려진다.

어휘　government 정부　decision 결정　influence 영향을 주다

실전 테스트　　　　　　　　　　워크북 p.74

01	④	02	④	03	①

04	(1) ⓐ are → do, ⓑ to hear → hearing, ⓒ you can make → can you make
	(2) what such social proof means because it can set you up for failure

01　정답　**④ common – share – did**

해설　(A) ~, the guest-host relationship was not only valued
분사
but also common.
형용사

문맥상 '소중할 뿐 아니라 흔한'라는 의미로 형용사 역할을 하는 두 가지가 연결되는 것이 자연스럽다. 형용사 역할을 하는 분사와 형용사는 함께 나열될 수 있으므로 but also 뒤에 형용사 common이 와야 한다. (불변의 패턴 50-3)

(B) ~, it was your **duty** <u>to be</u> a good host, <u>give</u> him a
명사　to부정사　　　　　　　　　　　to를 생략한 동사원형
shelter **and share** your food with him.
　　　　　to를 생략한 동사원형

문맥상 '좋은 주인이 되고, 거처를 제공하고, 음식을 나누다'라는
의미로 명사 duty를 수식하는 to부정사 3개가 나열되는 것이 자
연스럽다. 따라서 and 뒤에 to be와 대등한 to부정사가 와야 하지
만, 뒤에 나열된 to부정사는 to를 생략할 수 있으므로, 동사원형
share가 와야 한다. give 역시 to를 생략하고 쓴 동사원형이다. (불
변의 패턴 50-2)

(C) Both the host and the guest refused to <u>break this
relationship</u>, because if <u>they did</u>, it would ~.
　　반복되는 내용　　　　　　　　(= they broke this relationship)

문맥상 if 뒤가 '그들이 이 관계를 깼다'인 것이 자연스러우므로, 생
략 전 내용은 they broke this relationship으로 볼 수 있다. 반복되
는 동사가 일반동사의 과거형 broke이므로 do동사 did가 와야 한
다. (불변의 패턴 52)

해석 지형은 그리스에서 인간관계에 영향을 미쳤다. 그 국토는 이동을 너무
어렵게 만들었기 때문에, 손님과 주인의 관계는 소중할 뿐 아니라 흔
하기도 했다. 만약 낯선 사람이 당신의 현관에 나타난다면, 좋은 주인
이 되어, 그에게 거처를 제공하고, 그와 당신의 음식을 나누는 것은 당
신의 의무였다. 보답으로, 그 손님은 그의 주인에 대한 의무들을 지녔
다. 이것들은 너무 오래, 보통 3일을 넘지 않게 머무름으로써, 그의 주
인의 환대를 남용하지 않는 것을 포함했다. 주인과 손님 모두 이 관계
를 깨기 거부했는데, 만약 그들이 그랬다면, 그것이 인간과 신의 분노
를 불러올 것이기 때문이다.

어휘 geography 지형, 지리학　host 주인　relationship 관계
duty 의무　shelter 거처　abuse 남용하다

02 정답 ④ **did → were**

해설 ④ Over the ten weeks of the study, **contributions** during
　　　　　　　　　　　　　　　　　　반복되는 내용
the 'eyes weeks' <u>were</u> almost three times **higher** than
those during the 'flowers weeks' <u>were</u>.
(= those during the 'flowers weeks' were high)

문맥상 than 뒤가 "'꽃의 주' 동안의 기부금이 많았다'인 것이 자
연스러우므로, 생략 전 내용은 those during the 'flowers weeks'
were high로 볼 수 있다. 반복되는 동사가 be동사 were이므로
were가 와야 한다. (불변의 패턴 52)

오답
분석 ① 뒤에 주어(people), 동사(placed), 목적어(coffee contributions)
가 모두 있는 완전한 절이 왔으므로, 완전한 절 앞에 올 수 있는 「전
치사 + 관계대명사」 in which가 온 것이 적절하다. (불변의 패턴 46-2)
② 문맥상 '눈과 꽃 그림들을 번갈아 보이게 두었고 그림을 매주
맞바꿨다'라는 의미로 동사 2개가 나열되는 것이 자연스럽다.
displayed는 과거시제 동사이므로, and 뒤에 exchanged가 온 것
이 적절하다. (불변의 패턴 50-1)
③ 앞에 '더 많은'이라는 의미의 비교급 bigger가 있으므로, '~보다'
는 뜻으로 비교급과 함께 비교구문을 만드는 than이 온 것이 적절
하다. (불변의 패턴 40)
⑤ how ~ outcomes는 전치사 to의 목적어로 문장의 일부를 이루
는 간접의문문이므로, 「의문사 + 주어 + 동사」 순인 how we can
encourage 순서로 온 것이 적절하다. (불변의 패턴 53)

해석 연구원들은 사람들이 커피 기부금을 넣는 용기인 무인 판매함과 관련
된 흥미로운 경험을 했다. 연구원들은 눈과 꽃의 그림들을 번갈아 보이
게 전시했고 그림을 매주 맞바꿨다. 눈이 전시되었던 모든 주 동안에, 꽃
이 보여졌던 주 동안보다 더 많은 기부금이 모였다. 10주간의 연구 동안,
'눈의 주' 동안의 기부금은 '꽃의 주' 동안의 기부금이 그랬던 것보다 거
의 3배나 많았다. 분명히, '주시 되는 것'이 사람들의 반응에 영향을 미
쳤고, 이 발견은 우리가 어떻게 사회적으로 이로운 결과들을 촉진시킬
수 있는지에 대한 해답을 제공할 수 있을지도 모른다.

어휘 honesty box 무인 판매함　contribution 기부금
alternately 번갈아　apparently 분명히
encourage 촉진하다, 격려하다　beneficial 이로운　outcome 결과

03 정답 ① **that → what**

해설 ① ~ and fight **for what you believe in**.
　　　　　　　　　전치사 명사절 주어　동사 전치사
　　　　　　　　　　　　접속사

문맥상 '당신이 믿는 것을 위해'라는 의미가 되는 것이 자연스러우
므로, 밑줄 친 that이 이끄는 절은 전치사 for의 목적어 역할을 하
는 명사절이다. 밑줄 뒤에 주어(you)와 동사(believe)는 있지만 전
치사(in)의 목적어가 없는 불완전한 절이 왔으므로, 밑줄 친 곳에는
'~하는 것, 무엇이(무엇을) ~하는지'라는 의미로 불완전한 절 앞
에 올 수 있는 명사절 접속사 what이 와야 한다. that은 불완전
한 절 앞에 오면 앞에 있는 명사(선행사)를 수식하는 관계사이고,
명사절 접속사일 때는 완전한 절 앞에 오므로 틀리다. (불변의 패
턴 47, 48)

오답
분석 ② 문맥상 '싸우는 것을 멈추고 다른 사람들의 의견을 신뢰하는 쪽으
로 나아가다'라는 의미로 to부정사 2개가 나열되는 것이 자연스
럽다. 따라서 and 뒤에 to stop과 대등한 to부정사가 와야 하지만,
to부정사가 접속사 뒤에 나열된 때에는 to를 생략할 수 있으므로,
동사원형 move가 온 것이 적절하다. (불변의 패턴 50-2)
③ that절의 주어 the conclusions는 복수명사이므로 복수동사 are
가 온 것이 적절하다. of a trustworthy group(전치사 + 명사구)은
수 일치에 영향을 미치지 않는 수식어이다. (불변의 패턴 01-1)
④ 문맥상 '다른 사람들의 조언을 고려하는 것이 두렵다'라는 의미
가 되는 것이 자연스러우며, 앞에 동사 are가 따로 있다. 따라서
전치사의 목적어 자리에 올 수 있도록 명사 역할을 하는 동명사
considering이 온 것이 적절하다. (불변의 패턴 21-2)
⑤ 부정 의미의 어구 Rarely가 절의 앞쪽에 있으므로, 「조동사 + 주어
+ 동사원형」 순으로 주어와 동사가 도치되어 조동사 do가 주어 앞
에 온 것이 적절하다. (불변의 패턴 55)

해석 당신이 독립적으로 생각하고 당신이 믿는 것을 위해 싸우는 것은 중요
하다. 그러나 당신의 의견을 위해 싸우는 것을 멈추고 다른 사람들의
의견을 신뢰하는 쪽으로 나아가는 것이 더 현명할 때가 온다. 이는 매
우 어려울 수 있지만, 열린 마음으로 신뢰할 수 있는 집단의 결론이 당
신이 생각하는 어떤 것보다 더 낫다는 믿음을 갖는 것이 더 현명하다.
만약 다른 사람들의 조언을 고려하는 것이 두렵다면, 당신은 소중한
기회를 놓치고 있는 것이다. 일부 사람들은 자신이 옳다고 생각했을
때 그들이 반복적으로 나쁜 결과를 직면한 후에도 마음을 열지 못할
수 있다. 이러한 사람들은 자신의 실수들로부터 거의 배우지 못한다.

어휘 independently 독립적으로　open-minded 열린 마음의
faith 믿음　conclusion 결론　trustworthy 신뢰할 수 있는
repeatedly 반복적으로　encounter 직면하다, 마주치다

04 정답 **(1)** ⓐ are → do, ⓑ to hear → hearing,
　　　　　ⓒ you can make → can you make
(2) what such social proof means because it can set
you up for failure

해설 (1) ⓐ **Restaurants** with full parking lots usually **have** better
　　　　　　반복되는 내용
food than **restaurants with empty parking lots do**.
(= restaurants with empty parking lots have good food)

문맥상 than 뒤가 '빈 주차장이 있는 식당들에 괜찮은 음식
이 있다'인 것이 자연스러우므로, 생략 전 내용은 restaurants
with empty parking lots have good food로 볼 수 있다. 반복
되는 동사가 일반동사 have이므로 do동사 do가 와야 한다. (불
변의 패턴 52)

ⓑ ~ **by seeing** others slow down their vehicles **or**
　전치사 동명사　　　　　　　　　　　　　　　　동위
hearing a crash.　　　　　　　　　　　　　　접속사
동명사

문맥상 '다른 사람들이 그들의 차 속도를 줄이는 것을 보거나
충돌 소리를 들음으로써'라는 의미로 전치사 by 뒤에 두 가지
가 나열되는 것이 자연스럽다. seeing은 동명사이므로, or 뒤
에 hearing이 와야 한다. (불변의 패턴 50-2)

ⓒ **Only when** you follow good forms of social proof
제한 의미의 어구

can **you** make the right decision.
조동사 주어 동사원형

제한 의미의 어구 Only when이 절의 앞쪽에 있으므로, 「조동
사 + 주어 + 동사원형」 순으로 도치되어 can you make 순으로
와야 한다. (불변의 패턴 55)

(2) You should be careful about **what such social proof**
                                    의문사   주어

means because it can **set you up** for failure.
동사   접속사   주어   타동사 목적어 부사
                            (대명사)

about 뒤에 '그러한 사회적 증거가 무엇을 의미하는지'라는 의미
의 간접의문문이 와야 하므로, 「의문사 + 주어 + 동사」 순인 what
such social proof means가 와야 한다. because는 절 앞에 오는
접속사이므로 because 뒤에 '그것은 당신을 함정에 빠뜨릴 수 있
다'라는 의미로 「주어 + 동사」 it can set up이 와야 한다. 「타동사
+ 부사」 set up의 목적어가 대명사 you이므로 타동사와 부사 사
이에 와서 set you up 순으로 써야 한다. (불변의 패턴 53, 42, 54)

해석 대부분의 상황에서, 사회적 증거는 매우 유용하다. 주차장이 꽉 찬 식
당들에는 보통 빈 주차장이 있는 식당들이 그러한 것보다 더 나은 음
식이 있다. 다른 사람들을 간과하기보다는 그들이 무엇을 하고 있는지
에 주의를 기울임으로써 당신은 인생에서 더 적은 실수를 할 것이다.
예를 들어, 운전을 하는 중에, 당신은 다른 사람들이 그들의 차 속도를
줄이는 것을 보거나 충돌 소리를 들음으로써 브레이크를 밟아야 한다
는 것을 알 수 있다. 만약 당신이 그 경고들을 무시한다면, 당신은 도로
에서 무언가를 박을 수 있다. 그러나 가끔 사람들은 나쁜 목적을 위해
사회적 증거를 만든다. 당신은 그러한 사회적 증거가 무엇을 의미하는
지에 대해 주의해야 하는데, 왜냐하면 그것은 당신이 실패하도록 함정
에 빠뜨릴 수 있기 때문이다. 당신이 사회적 증거의 좋은 형태를 따를
때에만 올바른 결정을 내릴 수 있다.

어휘 neglect 간과하다, 방치하다 warning 경고 purpose 목적

수능·내신 한 번에 잡는 어법 기본서

해커스
수능 어법
불변의
패턴 필수편

정답 및 해설

| 해커스 중고등 교재 MAP | 나에게 맞는 교재 선택!

	초 5	초 6	예비중	중 1	중 2
문법			Hackers Grammar Smart Starter	Hackers Grammar Smart Level 1	Hackers Grammar Smart Level 2
				기출로 적중 해커스 중학영문법 1학년	기출로 적중 해커스 중학영문법 2학년
서술형				해커스 쓰기 자신감 Level 1	해커스 쓰기 자신감 Level 2
구문					
독해	Hackers Reading Smart Starter Level 1	Hackers Reading Smart Starter Level 2	Hackers Reading Smart Level 1	Hackers Reading Smart Level 2	Hackers Reading Smart Level 3
				Hackers Reading Ground Level 1	Hackers Reading Ground Level 2
				Hackers Reading Path Level 1	Hackers Reading Path Level 2
					해커스 첫수능 영어 기초독해
듣기				해커스 중학영어듣기 모의고사 24회 Level 1	해커스 중학영어듣기 모의고사 24회 Level 2
어휘				해커스 3연타 중학영단어	
				해커스 보카 중학 기초	해커스 보카 중학 필수
					해커스 보카 중학 숙어

	READING	**LISTENING**	**VOCA**
토플	HACKERS APEX READING for the TOEFL iBT Basic/Intermediate/Advanced/Expert	HACKERS APEX LISTENING for the TOEFL iBT Basic/Intermediate/Advanced/Expert	HACKERS APEX VOCA for the TOEFL iBT HACKERS VOCABULARY

수능 · 내신 한 번에 잡는 어법 기본서

해커스
수능 어법
불변의
패턴 필수편

WORKBOOK

📖 해커스 어학연구소

CHAPTER 01 주어-동사 수 일치

동사는 항상 주어와 수 일치를 이루어야 하기 때문에, 단수주어에는 [**1.**] 가 와야 하고, [**2.**] 에는 복수동사가 와야 한다.

불변의 패턴 01 주어와 동사 사이의 [**1.**] 는 제외하고 수 일치해야 한다.

```
            ┌─── 2. ───┐
         주어 + [ 수식어 ] + 동사
```

주어와 동사 사이의 수식어는 아무리 길더라도 주어-동사의 수 일치에 영향을 미치지 않는다. 따라서 수식어를 제외하고 주어와 동사가 수 일치하는지 확인해야 한다.

Type 1 주어 + [전치사 + 명사(구)] + 동사

Type 2 주어 + [to부정사구/분사구] + 동사

Type 3 주어 + [관계절] + 동사

Type 4 주어 + [삽입구/삽입절] + 동사

```
              ┌───── 수 일치 ─────┐
```
▶▶ **The perfume** [**of wildflowers**] ~~fill~~ the air as the grass dances upon a gentle breeze. 〈수능〉
　　단수주어　　　　수식어　　　　　└→ [**3.**]

(TIP) 수식어가 명사로 끝나는 경우, 이 명사를 주어로 착각하기 쉽다. 하나의 의미 덩어리를 이루는 수식어를 정확히 제외하고 주어와 동사의 수 일치를 확인해야 한다.

The popularity [of **fine breads and pastries**] is growing faster than new chefs can be trained. 〈모의〉
　단수주어　　　　　　복수명사　　　단수동사

◉ 네모 안에서 어법상 알맞은 것을 고르세요.

01 Memories of my behavior during childhood [seems / seem] funny to me today. 〈모의응용〉

02 Artificial light, which contains only a few wavelengths of light, [does / do] not have the same effect as sunlight. 〈모의응용〉　　　　　　　　　　　　　　　　*artificial: 인공의　**wavelength: 파장

03 The historical idea, formed in the concept of us versus them, [is / are] strong enough to make a lot of people argue. 〈모의응용〉

04 The bodies of flowing ice we call glaciers [is / are] the most amazing of natural features. 〈모의〉

● 밑줄 친 부분이 틀렸다면 바르게 고치세요. 바르면 ○로 표시하세요.

05 As a result, our efforts to develop technologies <u>has</u> shown meaningful results. 〈모의응용〉

06 Although sound that humans can sense <u>is</u> usually carried through air and water, vibrations can also travel through soil, including rocks. 〈모의〉 *vibration: 진동, 떨림

07 This way of building new knowledge on older discoveries <u>ensure</u> that scientists correct their mistakes. 〈모의〉

08 Stonehenge, the 4,000-year-old ring of stones in southern Britain, <u>are</u> perhaps the best-known monument in the world. 〈모의응용〉 *monument: 유물, 기념비

정답 및 해설 p.69

불변의 패턴 02 동명사구와 명사절이 주어면 │ 1. _____ │ 가 와야 한다.

┌───┐
│   │ 2. _____ │ or **명사절** + **단수동사**   │
│   │
│ 동명사구와 명사절은 전체를 하나의 대상으로 보아 단수로 취급하기 때문에 단수동사가 와야 한다. │
│   │
│ ▶▶ <u>**Adapting popular novels**</u> ~~are~~ one of the most attractive movie projects. 〈수능응용〉 │
│   동명사구 주어   └→ │ 3. _____ │   │
└───┘

● 네모 안에서 어법상 알맞은 것을 고르세요.

01 In most cases, planning for our future goals │ helps / help │ us reach them.

02 Usually, who people have as friends │ reveals / reveal │ much about their personalities.

03 At the marathon, competing athletes in the event │ wears / wear │ uniforms made by our company.

04 Whether climate change gets worse │ depends / depend │ on the choices of humans.

정답 및 해설 p.69

불변의 패턴 03 「the + 형용사/분사」(~한 사람들)가 주어면 1. _____ 가 와야 한다.

---

the + 2. _____ /분사 + 복수동사

다음과 같이 '~한 사람들'이라는 뜻의 「the + 형용사/분사」가 주어 자리에 오면, 복수동사가 와야 한다.

- the 3. _____ 가난한 사람들
- the rich 부유한 사람들
- the homeless 집이 없는 사람들(노숙자들)
- the unemployed 직업이 없는 사람들(실업자들)

- the young 젊은 사람들
- the old/elderly/aged 4. _____
- the 5. _____ 눈이 안 보이는 사람들(시각 장애인들)

▶▶ Market researchers often comment that **the elderly thinks** they are younger than they actually are.
the + 형용사 → 6. _____   〈수능응용〉

● 다음 중 틀린 문장을 두 개 고르고, 틀린 부분을 바르게 고치세요.

01 The aged requires health care services more often than young people.

02 Unfortunately, the poor in this country have few resources to help improve their lives.

03 The homeless man carrying the boxes were living in a tent under the bridge.

04 These days, the unemployed receive many benefits from the government.

정답 및 해설 p.69

불변의 패턴 04 부분/수량표현을 포함하는 주어는 표현에 따라 다른 동사가 와야 한다.

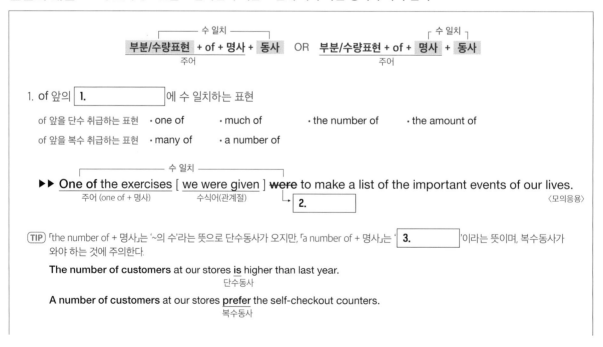

┌─── 수 일치 ───┐
부분/수량표현 + of + 명사 + **동사**   OR   부분/수량표현 + of + **명사** + **동사**
주어   주어
┌ 수 일치 ┐

1. of 앞의 1. _____ 에 수 일치하는 표현

of 앞을 단수 취급하는 표현 · one of   · much of   · the number of   · the amount of

of 앞을 복수 취급하는 표현 · many of   · a number of

┌─────── 수 일치 ───────┐
▶▶ **One of the exercises** [we were given] **were** to make a list of the important events of our lives.
주어 (one of + 명사)   수식어(관계절) → 2. _____   〈모의응용〉

(TIP) 「the number of + 명사」는 '~의 수'라는 뜻으로 단수동사가 오지만, 「a number of + 명사」는 '3. _____'이라는 뜻이며, 복수동사가 와야 하는 것에 주의한다.

The number of customers at our stores **is** higher than last year.
단수동사

A number of customers at our stores **prefer** the self-checkout counters.
복수동사

2. 동사가 of 뒤 | **4.** | 에 수 일치하는 표현

- all of   · half of   · some/any of   · the rest of   · 퍼센트/분수 + of
- most of   · plenty of   · majority of   · a lot [lots] of

┌─── 수 일치 ───┐

▶▶ Because **most of the plastic particles** [in the ocean] ~~is~~ so small, there is no way to clean up
　　　　　　　　　주어 (most of + 복수명사)　　　　수식어　　└→ | **5.** |

the ocean. 〈모의〉

◉ 네모 안에서 어법상 알맞은 것을 고르세요.

01 A number of new species | has / have | been discovered by the scientific research team.

02 Last year, 20 percent of economic growth | was / were | due to increases in exports. *export: 수출

03 One of our friends who was a teacher | advises / advise | giving calendars to children and writing
down all the important events in their life. 〈모의응용〉

◉ 밑줄 친 부분이 틀렸다면 바르게 고치세요. 바르면 ○로 표시하세요.

04 Clearly, some of these practices, such as eating a high-carbohydrate meal the night before a
sports game, <u>has</u> become common. 〈모의응용〉　　　　　　　　*carbohydrate: 탄수화물

05 Much of literature <u>contain</u> a rich source of information about culture.

06 Because most of the planets in the solar system <u>have</u> harsh environments, finding evidence of life
on them is unlikely.

정답 및 해설 p.70

불변의 패턴 05 주격 관계대명사절의 동사는 [1. _____]에 수 일치해야 한다.

┌─ 수 일치 ─┐   ┌──── 수 일치 ────┐
목적격 관계대명사 + 주어 + 동사   VS.   [2. _____] + **주격 관계대명사** + **동사**

목적격 관계대명사절의 동사는 관계대명사절 내의 주어에 수 일치하지만, 주격 관계대명사절에서는 관계대명사가 가리키는 대상인 선행사에 동사가 수 일치하는지 확인해야 한다.

┌──── 수 일치 ────┐
▶▶ There are **many stars** [in the universe] **that is** thousands of times hotter than the sun. 〈모의〉
　　　　선행사(복수명사)　　　수식어　주격 관계대명사 └→ [3. _____]

🔘 네모 안에서 어법상 알맞은 것을 고르세요.

01 As time passes, she could become a famous artist who finally [receives / receive] praise for her excellent paintings.

02 Judith Rich Harris, a psychologist, says the world that children [shares / share] with their peers is what shapes their behavior. 〈모의응용〉

03 There is a gold crown in the temple along with the bones of a person, who, it is assumed, [was / were] an ancient king.

🔘 밑줄 친 동사가 수 일치해야 할 대상에 밑줄을 치고, 동사를 바르게 고치세요.

04 I wanted to know more about the inventors who we <u>was</u> learning about in the last class.

05 Offering help is a simple matter that <u>are</u> not so difficult — remembering to speak a kind word to someone who is down. 〈모의응용〉

06 The spacecraft carry a few devices which precisely <u>tests</u> the characteristics of planets. 〈모의응용〉

정답 및 해설 p.70

불변의 패턴 06 it-that 사이의 강조 대상이 [1. _____] 역할을 하는 that절의 동사는 강조 대상에 수 일치해야 한다.

┌─ 수 일치 ─┐   ┌──── 수 일치 ────┐
it+ 강조 대상 + that + 주어 + 동사   VS.   it + **강조 대상** + that + **동사**

it-that 강조 구문에서 it과 that 사이에 있는 강조 대상이 that 뒤에 나오는 절의 주어 역할을 하면, that절은 「that + 동사」 형태가 되고, 동사는 강조 대상에 수 일치해야 한다.

┌──── 수 일치 ────┐
▶▶ It is **his self-confidence** that ~~enable~~ him to accomplish anything. 〈모의응용〉
　　　　강조 대상(불가산명사) └→ [2. _____]

◉ 네모 안에서 어법상 알맞은 것을 고르세요.

01 Sometimes, it is a construction project that causes / cause citizens to be stuck in traffic.

02 According to the biology textbook, it is leopard seals that is / are the most common predators of penguins.

03 It is the moon that members of the astronomy club mainly discusses / discuss during their weekly meetings.

04 Most people agree that it is love that really matters / matter in the parent-child relationship.

정답 및 해설 p.71

불변의 패턴 07 도치된 문장에서는 동사가 뒤에 있는 주어에 수 일치해야 한다.

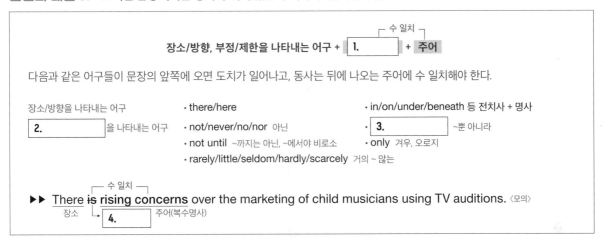

◉ 다음 중 틀린 문장을 두 개 고르고, 틀린 부분을 바르게 고치세요.

01 Rarely is the waves dangerous in this area of the sea, so it is popular for sailing.

02 If a drug company pays for an experiment to test how well its products work, then there is a chance of false results. 〈모의응용〉

03 On the roof of the apartment building was placed solar panels that supply power for the residents.

04 Not only do we cooperate with others to build relationships, but we also compete with others for friends. 〈모의응용〉

정답 및 해설 p.71

◉ (A), (B), (C)의 각 네모 안에서 어법에 맞는 표현으로 가장 적절한 것을 고르세요.

1. Keeping good ideas floating around in your head is a great way to ensure that they won't happen. This is because a thought without clear strategies (A) leads / lead nowhere on its own. Take a tip from writers, who know that the only good ideas that come to life (B) is / are the ones that get written down. Take out a piece of paper and record everything you'd love to do someday — aim to hit one hundred dreams. You'll have a reminder and motivator to get going on those things that (C) interests / interest you, and you also won't have the burden of remembering all of them. When you put your dreams into words you begin putting them into action. 〈모의응용〉

	(A)	(B)	(C)
①	leads	is	interest
②	leads	are	interest
③	leads	are	interests
④	lead	is	interests
⑤	lead	is	interest

◉ 밑줄 친 부분 중 어법상 틀린 것을 고르세요.

2. The recent increase in overweight people ① concerns health professionals. Experts say that one of the ways to become healthier ② is to "take the stairs instead of the elevator" or "walk or bike to work." These are good strategies: climbing stairs provides a good workout, and people who walk or ride a bicycle for transportation most often ③ meets their needs for physical activity. Many people, however, face barriers in their environment that prevent such choices. Few people choose to walk or bike on roadways that lack safe sidewalks or marked bicycle lanes. Similarly, seldom ④ do they choose to walk up stairs in inconvenient and unsafe stairwells in modern buildings. In contrast, people living in neighborhoods with safe biking and walking lanes ⑤ use them often — their surroundings encourage physical activity. 〈모의응용〉

*stairwell: 계단통(계단을 포함한 건물의 수직 공간)

3. Without a doubt, dinosaurs are a popular topic for kids across the planet. Something about these extinct creatures ① <u>seems</u> to hold almost everyone's attention, young or old, boy or girl. Though we don't know a lot about dinosaurs, what we do know ② <u>are</u> that they are fascinating to children of all ages. But why? I think the reason why kids like dinosaurs ③ <u>is</u> that dinosaurs were big, were different from anything alive today, and are extinct. As Jack Horner, a technical advisor for the *Jurassic Park* films, ④ <u>explains</u>, "they are imagination engines." So maybe the mystery of dinosaurs is the characteristic that greatly ⑤ <u>inspires</u> children to imagine and write about them. Also, since no one knows what colors dinosaurs actually were, a child can use what information he has—and his imagination—to draw a dinosaur as he sees it. 〈모의응용〉

*extinct: 멸종된

◉ 다음 글을 읽고 질문에 답하세요.

4. Rarely ⓐ <u>do</u> we think of our desires as barriers. However, according to wise men throughout the years, decreasing your desires ⓑ <u>promise</u> a sure way to happiness. And they may be right. The scientific study of desires ⓒ <u>supports</u> this view. Scientist Alex Michalos asked students about their happiness and about what they wanted in life. He found that the people who are less happy ⓓ <u>seeks</u> much more than what they already have. This gap might explain why most people fail to get happier as their salaries rise. Instead of being satisfied, most of us merely ⓔ <u>want</u> more. (2) 따라서, 우리의 욕망에 대한 통제가 행복의 열쇠처럼 보인다. 〈모의응용〉

(1) 위 글의 밑줄 친 ⓐ~ⓔ 중 어법상 틀린 것을 2개 고르고, 바르게 고치세요.

(2) 주어진 단어들을 사용해서 위 글의 밑줄 친 우리말 해석에 맞는 영어 문장을 쓰세요. 필요한 경우 단어의 형태를 바꾸세요.
(of our desires, like a key, control, to happiness, look)

Thus, _____ .

CHAPTER 02 동사의 시제

영어의 동사는 그 동사가 나타내는 일이 과거/현재/미래 중 언제 일어나는지에 따라 시제가 달라지며, 또한 형태에 따라 **1.**〔⬜〕/진행/완료/ **2.**〔⬜〕으로 구분된다.

불변의 패턴 08 과거와 현재를 모두 포함한 시간 표현은 **1.**〔⬜〕와 쓰고, 과거 한 시점만 나타내는 시간 표현은 단순과거와 써야 한다.

Type 1 과거와 현재 모두 포함하는 시간 표현: since, for, how long

> 현재완료(have/has p.p.) + 과거와 현재 모두 포함하는 시간 표현

다음과 같이 과거의 한 시점부터 현재까지를 모두 포함하는 시간 표현은 단순과거와 쓸 수 없고, 현재완료와 써야 한다.

· **2.**〔⬜〕 ~ 이래로 (지금까지)　　　　· for (지금까지) ~ 동안　　　　· how long (지금까지) 얼마나 오래

▶▶ Seedy Sunday, a seed-exchange event, ~~took~~ place every year since 2002. 〈모의응용〉
　　　　　　　　　　　　　　　　　　　　　 └→ **3.**〔⬜〕

(TIP) since는 '어떤 일을 한 이래로 지금까지'라는 뜻의 접속사로도 쓰일 수 있으며, 이때 since가 이끄는 절의 동사는 단순과거로 온다.
　　Susan and I **have spent** many happy times **since** we first **met** at the airport. 〈모의응용〉
　　　　　　　 현재완료　　　　　　　　　　　　　　　　　　　 단순과거

Type 2 **4.**〔⬜〕을 나타내는 시간 표현: yesterday, ~ ago 등

> 단순과거 + 과거의 한 시점을 나타내는 시간 표현

다음과 같이 과거의 특정한 한 시점을 나타내는 시간 표현은 현재완료와 쓸 수 없고, 단순과거와 써야 한다.

· yesterday 어제　　　　　　　　　　　　· **5.**〔⬜〕 night/week/month 등 지난밤/주/달 등
· ~ ago ~ 전에　　　　　　　　　　　　　· in + 과거 세기/연도/계절/월 등 (과거 세기/연도/계절/월 등)에

▶▶ In the summer of 2001, Jimmy Carter ~~has visited~~ Korea to participate in a house-building project. 〈수능〉
　　　　　　　　　　　　　　　　　　　　　└→ **6.**〔⬜〕

◉ 네모 안에서 어법상 알맞은 것을 고르세요.

01 Jonathan is a computer scientist, and he has worked / worked at his current job for five years.

02 The young birds have left / left the safety of the nest for the first time last week.

03 Artificial pesticide use has increased ten times since it has been / was invented in the early 20th century. 〈모의응용〉
*pesticide: 살충제, 농약

◉ 밑줄 친 부분이 틀렸다면 바르게 고치세요. 바르면 ○로 표시하세요.

04 Koreans have a long history of papermaking and used high-quality paper since around 1000 AD.
〈모의응용〉

05 Elizabeth Catlett lived in Mexico for fifty years and has obtained Mexican citizenship in the summer of 1962. 〈모의응용〉

06 Because of technological advances, we can now discover how humans evolved and how long they have made tools.
*evolve: 진화하다

정답 및 해설 p.73

불변의 패턴 09 시간/조건 부사절의 동사는 미래의 일이라도 | 1. | 로 써야 한다.

---

when/if 등 부사절 접속사 + 주어 + 현재시제

다음과 같은 접속사가 이끄는 | 2. | 부사절의 동사는 아직 일어나지 않은 미래의 일이라도 동사를 미래시제가 아 닌 현재시제로 써야 한다.

시간을 나타내는 부사절 접속사
- when ~할 때
- after ~한 후에
- as soon as | 3. |

- before ~하기 전에
- until[till] ~할 때까지

- while ~하는 동안
- by the time ~할 때쯤에

조건을 나타내는 부사절 접속사
- if 만약 ~한다면
- in case ~하는 경우에 대비해서

- | 4. | 만약 ~하지 않는다면
- as long as ~하는 한에는

- once 일단 ~하면

┌────── 조건을 나타내는 부사절 ──────┐
▶▶ **If schools ~~will provide~~ knowledge only, they will destroy creativity and produce ordinary people.**
└→ | 5. |
〈수능응용〉

(TIP) when/if절이 부사절이 아니라 주어/목적어 등으로 쓰이는 | 6. | 이면, 미래의 일은 미래시제로 쓰는 것에 주의한다.
┌── 동사 know의 목적어로 쓰인 명사절 ──┐
I don't know **when** James **will come** to the office.
미래시제

◉ 네모 안에서 어법상 알맞은 것을 고르세요.

01 If someone | cares / will care | deeply about something, he or she will place greater value on it.
〈모의응용〉

02 The plane cannot take off because of the weather, and nobody is sure about when it
| departs / will depart |.

03 Sometimes we will not realize our mistake until we | get / will get | an email pointing it out. 〈모의〉

◉ 밑줄 친 부분이 틀렸다면 바르게 고치세요. 바르면 ○로 표시하세요.

04 The writer wonders if *The Coast Times* <u>publish</u> her article on their website next Monday.

05 What you buy will be just a waste unless you <u>will use</u> it. So you'd better think carefully when you
shop. 〈모의응용〉

06 After the price of something important like electricity <u>drops</u> greatly someday, the whole world will
change. 〈모의응용〉

정답 및 해설 p.73

◉ (A), (B), (C)의 각 네모 안에서 어법에 맞는 표현으로 가장 적절한 것을 고르세요.

1. The continued survival of the human race can be explained by our ability to adapt to our 〈모의응용〉 environment. While we lost many of our survival skills in the transition to living in civilized society, we (A) have learned / learned new skills since ancient times. Today, the gap between the skills we once had and the skills we now have is extremely large because of modern technology. Still, when you enter into the wilderness, you will be better prepared if you (B) research / will research how the native inhabitants dress, work, and eat. How they have adapted to life will help you to understand the environment and select the best gear. For example, Nicholas Miller, an explorer, (C) has been / was lost in the Amazon jungle last month, and she was able to avoid dangerous situations because she had prepared thoroughly.

*inhabitant: 주민

	(A)	(B)	(C)
①	have learned	research	have been
②	have learned	will research	was
③	have learned	research	was
④	learned	research	was
⑤	learned	will research	have been

◉ 밑줄 친 부분 중 어법상 틀린 것을 고르세요.

2. Most of the world's population ① has lived in urban areas, which offer more economic 〈모의응용〉 opportunities, since the early 21st century. For the most part, people living and working in cities ② walk throughout the day — to go from the parking lot to the office, to shop, and to run errands. Walking a few blocks ③ are often easier and cheaper than waiting for a taxi or the subway. In this way, exercise can be structured into the daily routine. This will not be the case once they ④ move to the suburbs. Because the suburbs are spread out, it's too far to walk to the office or run to the store. Walking to the bus stop used to provide at least some movement, but now most of the public transportation options ⑤ are limited, so suburban people drive everywhere. The price they pay is limited physical movement during the day.

*run errands: 용무를 보다 **suburb: 교외

3. The person who compares himself to others ① <u>stays</u> in a state of fear. He fears those who in his imagination ② <u>are</u> above him. Believing them to be superior, he feels he can never match them. He also fears those who are below him because they seem to be catching up. He always looks around him to see who appears as a threat. The only way to get through life, he concludes, ③ <u>is</u> to beat people. In the past, people ④ <u>needed</u> this attitude because they had to compete to survive. But this way of thinking is no longer essential to survival. As long as he ⑤ <u>will focus</u> on rising higher above all else, his life will lose its enjoyment. ⟨모의응용⟩

⦿ 다음 글을 읽고 질문에 답하세요.

4. ⓐ <u>Most people today will consider if a job will be fulfilling or not before they will choose a job.</u> ⓑ <u>However, the idea of fulfillment has been just not on people's minds hundreds of years ago.</u> For centuries, most people of the Western world were busy struggling to meet their basic needs. They could not care about whether they had an exciting career that used their talents and improved their wellbeing. ⓒ <u>*A Dictionary of the English Language*, which was published in 1755, doesn't even mention the word 'fulfillment.'</u> (2) <u>분명히, 그 단어가 만들어진 이래로, 사람들은 개인적으로 성취감을 느끼는 직업을 선택해 왔다.</u> ⟨모의응용⟩

(1) 위 글의 밑줄 친 ⓐ~ⓒ 문장 중 어법상 틀린 것을 2개 골라 기호를 쓰고, 틀린 부분을 바르게 고치세요.

기호	틀린 표현	고친 표현

(2) 주어진 <조건>에 맞게 위 글의 밑줄 친 우리말을 영작하세요.

─────────── ⟨조건⟩ ───────────
1. people, the word, careers, choose, be made를 활용하고, 필요한 경우 단어의 형태를 바꾸세요.
2. 알맞은 시제를 사용하세요.
3. 8단어로 쓰세요.

Certainly, since _____ that they find personally fulfilling.

CHAPTER 03 동사의 능동태·수동태

문장의 주어가 동사가 나타내는 행위를 하는 주체이면 동사를 $\boxed{\text{1.}}$ 로 쓴다. 주어가 동사가 나타내는 행위의 $\boxed{\text{2.}}$ 이면 동사를 수동태로 써야 한다.

불변의 패턴 10 주어가 동사 행위의 주체이면 능동태, 대상이면 $\boxed{\text{1.}}$ 로 써야 한다.

행위의 주체 + $\boxed{\text{2.}}$
주어   동사

VS.

$\boxed{\text{3.}}$ + **수동태** (be동사 + $\boxed{\text{4.}}$) + (by + 행위 주체)
주어   동사

주어가 동사 행위의 주체라면 능동태 동사가 오고, 행위의 대상이라면 수동태 동사가 와야 한다.

▶▶ **The flavors** of old-fashioned breads ~~lost~~ as baking became more industrialized. 〈모의〉
주어 (상실하는 행위의 대상)   └▶ $\boxed{\text{5.}}$

● 괄호 안에 주어진 동사를 능동태 또는 수동태로 바꾸어 문장을 완성하세요.

01 (trap) We _____ deep in a difficult situation right now. We must make our goals clear first and then try to achieve them. 〈모의응용〉

02 (keep) Though chocolate may _____ in the refrigerator, it will take on the smells of other foods. 〈모의〉

03 (define) The nature of a solution is closely connected to how a person _____ a problem. 〈모의응용〉

04 (throw) In the previous Olympics, a tape measure was employed to determine the distance a javelin _____ . 〈모의응용〉
*javelin: 창

정답 및 해설 p.75

Type 1　be동사 뒤: v-ing vs. p.p.

능동태 동사 (be동사 + v-ing)		수동태 동사 (be동사 + p.p.)	
(현재진행)	am/is/are + v-ing	(단순현재)	am/is/are + p.p.
(과거진행)	was/were + v-ing	(단순과거)	was/were + p.p.
(현재완료진행/과거완료진행)	have/has/had been + v-ing	(현재/과거완료)	have/has/had been + p.p.

VS.

주어가 동사 행위의 주체라면 be동사 뒤에는 p.p.가 아닌 **1.** [　] 가 와야 한다. 반대로 주어가 동사 행위의 대상이라면 be동사 뒤에는 v-ing가 아닌 **2.** [　] 가 와야 한다.

▶▶ Money management is something you will need to learn, and **not everything**
　　is ~~teaching~~ at school. 〈모의〉　　주어 (가르치는 행위의 대상)
　be동사 └▶ **3.** [　]

Type 2　p.p. 앞: have동사 vs. be동사

have동사 + p.p. VS. be동사 + p.p.
능동태 동사(완료시제)　　　　수동태 동사

주어가 동사 행위의 **4.** [　] 라면, p.p. 앞에는 be동사가 아니라 have동사가 와야 한다. 반대로 주어가 동사 행위의 **5.** [　] 이라면 p.p. 앞에 have동사가 아닌 be동사가 와야 한다.

▶▶ **An American company** ~~was~~ invented a new product called Puppy Purse. 〈모의〉
　　주어 (발명하는 행위의 주체) └▶ **6.** [　]

◉ 네모 안에서 어법상 알맞은 것을 고르세요.

01 Since the organizations started, they │ have / were │ sent almost 13,000 volunteers to 25 countries.
〈모의응용〉

02 Imagine that a product, even if it has been on the market for a while, is not │ advertising / advertised │.
〈모의응용〉

03 The stones may even have been │ used / using │ to predict eclipses of the sun and the moon in some cultures. 〈모의응용〉
*eclipse: 일식, 월식

◉ 밑줄 친 부분이 틀렸다면 바르게 고치세요. 바르면 ○로 표시하세요.

04 Electronics companies are <u>produced</u> faster computers and laptops these days.

05 Success cannot easily be described, as the idea has been <u>expressing</u> in different ways over time.

06 This evidence <u>has</u> raised the problem of the cause of the 'ice ages,' leading modern scientists to look for new theories. 〈모의응용〉

정답 및 해설 p.75

불변의 패턴 12   주격 관계대명사절의 동사는 1. [   ] 가 동사 행위의 주체인지 대상인지 확인해야 한다.

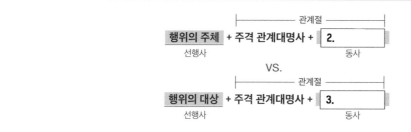

주격 관계대명사절 내의 동사는, 선행사가 동사 행위의 주체라면 능동태로 오고, 동사 행위의 대상이라면 수동태로 와야 한다.

▶▶ The wings of some insects have **bright colors that** can **see** from far away. 〈모의응용〉

선행사   주격
(보는 행위의 대상)   관계대명사   → 4. [   ]

관계절

(TIP) 「(대)명사 + of which/whom」, 「whose + 명사」도 관계절의 주어 역할을 할 수 있으며, 이때는 관계대명사가 가리키는 것을 선행사를 보고 유추하되, 「(대)명사 + of which/whom」과 「whose + 명사」 자체가 동사 행위의 주체인지 대상인지 확인해야 한다.

The TV host interviewed an actor **whose new film** will **be released** next month.
주어 (개봉하는 행위의 대상)

◉ 네모 안에서 어법상 알맞은 것을 고르세요.

01   Close your eyes and try to feel everything that is [touching / touched] your skin. 〈모의〉

02   We are very thankful for the rescue workers, many of whom [searched / were searched] all night for the missing hikers.

03   People whose stamps have been [collecting / collected] with much effort do not use them to pay for sending mail. 〈모의응용〉

04   Today's consumers want more information, especially for the harmful ingredients that [include / are included] in the product. 〈모의응용〉

*ingredient: 성분, 재료

정답 및 해설 p.75

불변의 패턴 13　[**1.**]　는 수동태로 쓸 수 없고, 능동태로 써야 한다.

행위의 주체 + 자동사 능동태 + (보어/수식어 등) ⇒ 수동태 불가능
주어

능동태 문장의 목적어가 수동태 문장의 주어가 되므로, 뒤에 목적어가 오지 않는 자동사는 수동태로 쓸 수 없다.

다음은 수동태로 쓸 수 없는 자동사들이다.

- appear 나타나다, ~처럼 보이다
- seem ~처럼 보이다, ~인 것 같다
- happen [**3.**]
- occur 발생하다, 일어나다
- arise 생기다, 발생하다
- emerge 생겨나다, 드러나다

- [**2.**] 남아 있다, 계속 ~하다
- become ~이 되다, ~해지다
- rise 오르다, 일어나다
- [**4.**] 눕다, 놓여있다, 거짓말하다
- belong (to) (~에) 속하다
- result (in) (~라는) 결과를 낳다

▶▶ The "24-hour" news cycle ~~was emerged~~ from the rise of cable TV, and it is now a thing of the past.
└→ [**5.**]　〈모의응용〉

◉ 네모 안에서 어법상 알맞은 것을 고르세요.

01 When she arrived in the classroom, it | occurred / was occurred | to her that she might have left her assignment at home.

02 In some cultures, large containers of wine | store / are stored | underground until the wine is ready to drink.

03 Natural disasters such as fires and flood have | happened / been happened | all the time somewhere in the world. 〈모의응용〉

◉ 밑줄 친 부분이 틀렸다면 바르게 고치세요. 바르면 ○로 표시하세요.

04 Small carry-on bags should <u>place</u> under the passenger seat in front of you.　*carry-on: 휴대용

05 If other people disagree with you, it very often <u>is become</u> a matter of "they just don't understand!"
〈모의응용〉

06 A turtle's main protection from predators <u>lies</u> in its outer shell, which is very hard.

정답 및 해설 p.76

불변의 패턴 14   4형식 수동태 동사 뒤의 | 1. |를 보고 능동태가 와야 한다고 착각하지 말아야 한다.

행위의 주체 + 능동태 + 행위의 대상 1 + 행위의 대상 2
주어   4형식 동사   간접목적어   직접목적어

→ **행위의 대상 1** + **수동태** + | 2. |
   주어   4형식 동사   직접목적어

→ **행위의 대상 2** + **수동태** + to/for 등 + **행위의 대상 1**
   주어   4형식 동사   전치사   간접목적어

4형식 동사는 2개의 목적어(| 3. |와 직접목적어)가 오기 때문에, 이 2개의 목적어를 각각 주어로 하는 수동태 문장을 쓸 수 있다. 이 중 간접목적어를 주어로 하는 수동태 동사 뒤에는 | 4. |가 바로 나오기 때문에, 이 목적어를 보고 능동태 동사가 와야 한다고 착각해서는 안 된다.

다음은 2개의 목적어를 취할 수 있는 4형식 동사들이다.

- | 5. | 주다
- tell 말해주다
- buy 사주다
- send 보내다

- show 보여주다
- offer 제공해주다
- make 만들어 주다
- | 6. | 허락해주다, 승인해주다

- teach 가르쳐주다
- bring 가져다주다
- ask 물어보다

- lend 빌려주다
- loan 빌려주다, 대출하다
- award 상을 주다, 수여하다

▶▶ **You ~~gave~~ an important message**, if your colleagues told you they didn't understand your idea.
주어   ↳ | 7. | 직접목적어   〈모의응용〉

◉ 네모 안에서 어법상 알맞은 것을 고르세요.

01 Although some parents think part-time jobs are a waste of time, teens | offer / are offered | the chance to learn what type of jobs they like. 〈모의응용〉

02 In preparation for a test later in the week, he | taught / was taught | his students lessons to help them do their best. 〈모의응용〉

03 Shakespeare, Milton, and Keats all hoped that poetic greatness would | grant / be granted | them a kind of immortality. 〈수능〉   *immortality: 불멸

04 If people donate their organs after their death, many patients in need | are giving / are being given | a new life.

정답 및 해설 p.76

불변의 패턴 15 5형식 수동태 동사 뒤의 [1. _____] 를 목적어로 착각하지 말아야 한다.

행위의 주체 + 능동태 + 행위의 대상 + 명사/to부정사/v-ing 등
주어　　　　5형식 동사　　목적어　　　　목적격보어

→　**행위의 대상** + [2. _____] + **명사/to부정사/v-ing 등**
　　　주어　　　　5형식 동사　　　　　목적격보어

5형식 동사는 동사 뒤에 목적어와 목적격보어를 취하므로, 목적어를 주어로 하는 5형식 동사의 수동태 문장에서는 동사 뒤에 [3. _____] 가 남는다.

다음은 목적격보어를 취할 수 있는 5형식 동사들이다.

명사 목적격보어를 갖는 동사	· make	· call	· name	· elect	
[4. _____] 목적격보어를 갖는 동사	· expect	· want	· tell	· ask	· allow
	· compel	· urge	· force	· cause	
[5. _____] 목적격보어를 갖는 동사	· keep	· find	· leave		

▶▶ This year, <u>the amount of venture capital</u> ~~expect~~ to show a steeper decline. 〈수능응용〉
　　　　　　　　주어　　　　　　　　　　└→ [6. _____]　　목적격보어

◉ 다음 중 틀린 문장을 두 개 고르고, 틀린 부분을 바르게 고치세요.

01 Increased trade between Britain and India was made tea a popular drink in England in the 1600s.

02 Before the hurricane arrived, all residents told to leave the area as soon as possible.

03 After swimming in the sea, the children left their wet clothes hanging in the sun to dry.

04 Since Ecuador has given nature legal rights, laws in other countries are expected to acknowledge similar rights in the future. 〈모의응용〉
*acknowledge: 인정하다

정답 및 해설 p.76

◉ (A), (B), (C)의 각 네모 안에서 어법에 맞는 표현으로 가장 적절한 것을 고르세요.

1. Sharing can (A) study / be studied in a laboratory through handing one chimpanzee a large amount of food, such as a watermelon or leafy branch, and then observing what follows. The owner will be center stage, with a group of others around him or her. Then, new groups will join them and get their share until all food has been (B) distributing / distributed. Beggars may complain and cry, but aggressive conflicts are rare. When the conflicts (C) are occurred / occur, it is the possessor who tries to make someone leave the circle. She will hit them over their head with her branch or bark at them in a high-pitched voice until they leave her alone. Whatever their rank, possessors control the food flow. 〈모의응용〉

	(A)	(B)	(C)
①	study	distributed	occur
②	study	distributing	are occurred
③	be studied	distributing	are occurred
④	be studied	distributed	are occurred
⑤	be studied	distributed	occur

◉ 밑줄 친 부분 중 어법상 틀린 것을 고르세요.

2. In a study, 158 moviegoers in Philadelphia ① were provided a medium or a large container of free popcorn that was either fresh or not. After the movie, how much popcorn had been ② eaten was checked. The moviegoers were also ③ asked if the popcorn had been tasty or not. The results showed that moviegoers who ④ were given fresh popcorn ate 45.3% more popcorn when it was given to them in large containers. Even when the popcorn didn't taste good, people still ate 33.6% more popcorn when eating from a large container than from a medium-sized container. The container size of food ⑤ is seemed to influence the amount of food people eat. 〈모의〉

3. Previously, 3D printing technology ① <u>was used</u> only in companies and universities. However, since around 2010 when the price of 3D printers started to fall, the technology ② <u>has become</u> more widely available. We can imagine every home having a 3D printer in the future. Today, rarely ③ <u>does</u> 3D printers require an original object to copy. Any drawing will work, as long as it ④ <u>describes</u> the piece precisely. Soon, anyone can use a home sketching tool to produce the proper design, and then the home printer will be able to create the actual copy. For example, if you don't have enough dinner plates for your guests, you can offer them plates that ⑤ <u>are printed</u> out from your home computer. 〈모의응용〉

⦿ 다음 글을 읽고 질문에 답하세요.

4. It stopped raining. ⓐ <u>The roads and the trees cleaned of dirt and dust.</u> The earth was refreshed. The frogs were loud in the pond. They were big, and their throats were swollen with pleasure. The grass was sparkling with tiny drops of water. (2) <u>The rain gave some boys the pleasure of splashing in the stream.</u> It was good to see them and their bright eyes. ⓑ <u>They were having the time of their lives, and a bright smile was appeared on their faces.</u> They laughed with joy as one said something to them, though they didn't understand a word.

〈모의응용〉

(1) 위 글의 밑줄 친 문장에서 어법상 틀린 곳을 각각 찾아 바르게 고치세요.

ⓐ _____ → _____
ⓑ _____ → _____

(2) 주어진 <조건>에 맞게 위 글의 밑줄 친 문장을 바꿔 쓰세요.

〈조건〉
1. 각각의 단어로 시작하는 수동태 문장으로 바꿔 쓰세요.
2. 두 문장 중 한 문장에 to를 함께 사용하세요.

• Some boys _____ by the rain.
• The pleasure of _____ by the rain.

정답 및 해설 p.77

CHAPTER 04 조동사와 가정법

1. _____ 는 동사 앞에 와서 '~할 수 있다'와 같은 의미를 더해주는 등의 방식으로 동사를 돕는 동사이다. 가정법은 실제로는 그렇지 않거나 불가능한 상황을 사실이라고 가정해 보는 문장이다.

불변의 패턴 16 현재/미래의 일은 「조동사 + **1. _____** 」으로, 과거 일에 대한 추측/후회는 「조동사 + **2. _____** 」로 써야 한다.

조동사 + **동사원형**   VS.   조동사 + **have p.p.**
현재/미래의 일   과거의 일에 대한 추측/후회

현재나 미래의 일을 말할 때는 조동사 뒤에 동사원형이 오지만, 과거의 일에 대한 추측이나 후회의 의미를 나타낼 때는 조동사 뒤에 have p.p.가 와야 한다.

Type 1 추측의 의미를 가진 조동사

현재/미래 일에 대한 추측			과거 일에 대한 추측		
cannot		~일 리가 없다	cannot		~이었을 리가 없다
could	+ 동사원형	~일 수도 있다	could	+ have p.p.	~이었을지도 모른다
may [might]		~일지도 모른다	may [might]		~이었을지도 모른다
must		~임이 틀림없다	**3.**		~이었음이 틀림없다

▶▶ If you've ever gone snorkeling, you **may see** an amazing sight. 〈모의〉
조동사 └→ **4.** _____

Type 2 후회의 의미를 가진 조동사

현재/미래의 일			과거 일에 대한 후회		
can	+ 동사원형	~할 수 있다	can	+ have p.p.	~할 수 있었는데 안 했다
should		~해야 한다	**5.**		~했어야 했는데 안 했다

▶▶ Those students were victims of education because they **should receive** better training to develop creative talents in school. 〈수능응용〉
조동사 └→ **6.** _____

● 네모 안에서 어법상 알맞은 것을 고르세요.

01 If you're lucky, you could | see / have seen | the dolphins swimming alongside the boat during our cruise tomorrow.

02 Some historians think Pytheas, an ancient Greek explorer, might | land / have landed | in Iceland.
〈모의응용〉

03 Chuck should [prepare / have prepared] for the final exam, but he went to a dance party with his friends and failed the test. <모의응용>

04 Because dogs are so good at using their noses, they must [be / have been] able to easily sense when we open the cookie jar. <수능응용>

정답 및 해설 p.78

불변의 패턴 17 주장/제안/요구/명령 동사의 목적어로 쓰인 that절에는 should가 생략된 [**1.**] 이 와야 한다.

어떤 일을 해야 한다

주어 + **주장/제안/요구/명령 동사** + that + 주어 + ([**2.**]) + **동사원형**

주장/제안/요구/명령의 의미를 가진 동사의 목적어 역할을 하는 that절이 '어떤 일을 해야 한다'라는 내용일 때 that절의 조동사 should는 생략될 수 있으며, 이때 should가 없어도 동사는 동사원형으로 와야 한다.

다음은 주장/제안/요구/명령의 의미를 가진 동사들이다.

- insist [**3.**]
- demand 요구하다
- urge 촉구하다
- order 명령하다
- suggest 제안하다
- request 요청하다
- advise 충고하다
- command 명령하다
- propose 제안하다
- ask 요청하다
- recommend [**4.**]

(should)

▶▶ Some people **insist** that the museum ~~puts~~ at least reduced fees on the poor and students. <모의>
주장 동사   └▶ [**5.**]

(TIP) 주장/제안/요구/명령의 의미를 가진 동사 뒤라도 that절이 '어떤 일이 [**6.**]'라는 뜻일 때는 생략된 should가 없으므로 동사원형이 오지 않는다.

어떤 일이 일어나다

The research **suggested** that humans' relationship with dogs **changed** 10,000 years ago. <모의응용>
과거시제

● 네모 안에서 어법상 알맞은 것을 고르세요.

01 The doctor advised that everyone over the age of twenty-five [have / had] a regular physical examination. <수능응용>

02 The instructor recommends that my child [learn / learns] that it's possible to enjoy a game even without winning. <수능응용>

03 The airline insisted that the airplane [crash / crashed] because of engine failure. No accident would have happened if it was made properly.

04 A new study suggests that texting while driving [increase / increases] the risk of accidents.

정답 및 해설 p.78

불변의 패턴 18　do동사가 일반동사를 강조할 때 「do/does/did + [1.   ]」으로 써야 한다.

주어 + **do/ [2.   ] / did** + **동사원형**

일반동사의 앞에 do동사를 써서 일반동사의 의미를 강조할 수 있다. 이때 do동사가 do/does/did의 형태로 시제나 수를 나타내고, do동사 뒤에는 동사원형이 와야 한다.

▶▶ The two mobile phone companies **did** eventually ~~solved~~ the technological problem. 〈수능〉
               강조 do동사   └→ [3.   ]

◉ 밑줄 친 부분이 틀렸다면 바르게 고치세요. 바르면 ○로 표시하세요.

01 Before you send your email, make sure that you do <u>read</u> it carefully one last time. 〈모의응용〉

02 Mr. Jones rarely went on long vacations, but he did occasionally <u>visited</u> his brother who lived abroad.

03 The brain needs more time to process information, so when a person does <u>lies</u>, the responses will come more slowly. 〈모의응용〉

04 The builders who have been working on the remodeling said that they do probably <u>need</u> assistance. 〈모의응용〉

정답 및 해설 p.79

불변의 패턴 19　가정법 문장에서는 [1.   ]과 주절의 동사가 짝이 맞아야 한다.

	┌── if절 ──┐	┌────── 주절 ──────┐
가정법 과거 (현재 상황의 반대)	If + 주어 + [2.]	, 주어 + **would/should/could/might + 동사원형**
가정법 [3.] (과거 상황의 반대)	If + 주어 + **had p.p.** , 주어 +	**would/should/could/might +** [4.]

상황을 반대로 가정해보는 가정법 문장에서는 실제 시제보다 하나 앞선 시제를 사용한다. 가정법 문장에서 if절이나 주절 중 하나의 동사에 밑줄이 있다면, 밑줄이 없는 다른 동사를 보고 짝이 맞는 동사가 왔는지 확인해야 한다.

                ┌── if절 ──┐   ┌────── 주절 ──────┐
▶▶ You live on a farm now, but if you <u>lived</u> in an apartment, you would ~~have been~~ foolish to buy a cow.
                                  과거시제   └→ [5.   ]   〈모의응용〉

● 네모 안에서 어법상 알맞은 것을 고르세요.

01 If we ⎡ knew / had known ⎤ the way, then we would have no need to use the map in the first place!
〈모의응용〉

02 I could have been sent to jail if I ⎡ bent / had bent ⎤ the law when I was in Singapore last month.

03 Would you ⎡ be / have been ⎤ able to tell me if I had asked you to tell me where you were yesterday?

04 If I had the space for my own garden, I would ⎡ grow / have grown ⎤ some food, but there is no yard at my house. 〈모의응용〉

정답 및 해설 p.79

불변의 패턴 20 as if 가정법의 동사는 실제 시제보다 하나 앞선 ⎡ 1. ⎤ 를 사용해야 한다.

| 현재 사실의 반대 | 주어 + 동사 ~ + **as if [as though]** + 주어 + **과거시제** |
| 과거 사실의 반대 | 주어 + 동사 ~ + **as if [as though]** + 주어 + ⎡ 2. ⎤ |

as if 가정법은 '(사실은 그렇지 않지만) ⎡ 3. ⎤ '이라는 뜻으로, 동사는 실제 시제보다 하나 앞선 시제로 와야 한다. as if와 같은 뜻으로 as though를 쓸 수도 있다.

▶▶ The women walking down the street are wearing old-fashioned clothes **as if** they ~~live~~ in the Middle Ages. 〈수능응용〉 ⎡ 4. ⎤

● 네모 안에서 어법상 알맞은 것을 고르세요.

01 She saw me when I entered the room, but she is pretending as if I ⎡ am / were ⎤ not here.

02 Mike talked as if he ⎡ completed / had completed ⎤ the assignment by himself, but in fact someone helped him.

03 The students acted as if they ⎡ arrived / had arrived ⎤ at class on time, but they were 10 minutes late.

04 Kevin is fine, but he's a little tired, so he looks as if he still ⎡ feels / felt ⎤ sick.

정답 및 해설 p.79

실전 테스트

◉ (A), (B), (C)의 각 네모 안에서 어법에 맞는 표현으로 가장 적절한 것을 고르세요.

1. An elderly carpenter told his boss of his plans to retire to live a more leisurely life. He would miss the paycheck each week, but he did really (A) want / wanted to retire. The boss was sorry to see his good worker go and asked if he could build just one more house as a personal favor. The carpenter said yes, but over time, it was easy to see that his heart was not in his work. He should (B) work / have worked hard on his final task, but he didn't put much time or effort into it. It was an unfortunate way to end his lifelong career. When he finished his work, his boss came to check out the house. Then, he handed the front-door key to the worker and said, "This is your house, my gift to you." He would have been rewarded even more if he (C) built / had built the house well. 〈모의응용〉

	(A)	(B)	(C)
①	wanted	work	had built
②	want	have worked	had built
③	want	work	had built
④	want	have worked	built
⑤	wanted	work	built

◉ 밑줄 친 부분 중 어법상 틀린 것을 고르세요.

2. Imagine that you wanted to travel from New York to Madrid, two cities that ① are at almost the same latitude. If the earth ② were flat, the shortest route would be to head straight east. If you do that, you will arrive in Madrid after travelling 3,707 miles. But you can get there in only 3,605 miles if you follow the great-circle route. The difference in distance between the two routes ③ are due to the earth's curved surface. Much fuel can ④ be wasted if you choose to take the other route. Airlines know this, so they insist that every pilot ⑤ follow great-circle routes. 〈모의응용〉

*latitude: 위도

3. In an experiment, when people over 65 years old ① <u>were asked</u> to count three minutes in their heads, they counted less accurately than 25-year-olds. They went over on average by 40 seconds compared to 25-year-olds, so the older group must ② <u>feel</u> time passing more quickly when they counted. This may appear meaningless, but there ③ <u>are</u> a lot of benefits to perceiving time like 65-year-olds. For example, if you have been working on a project for eight hours, but it does only ④ <u>feel</u> like six, you will have more energy to keep going. The same is true when exercising: for example, when you were very young, a ten-minute run felt endless. However, now you would feel as if you ⑤ <u>ran</u> for a much shorter time. 〈모의응용〉

◉ 다음 글을 읽고 질문에 답하세요.

4. When my laptop crashed, I realized that my novel was only on the computer's hard drive. I should ⓐ <u>save</u> it to another device, but I didn't. I was worried that it was lost, so I called my friend Neil, who is a computer scientist. He asked if I had downloaded a new program recently. I said yes. He said that my computer must ⓑ <u>have gotten</u> spyware from an infected file. This problem happened because I hadn't paid close attention. Thankfully, Neil did exactly ⓒ <u>knew</u> how to remove it. (2) As Neil fixed my computer, I didn't lose my script. He recommended that a security program ⓓ <u>be installed</u> to protect my computer in the future. 〈모의응용〉

(1) 위 글의 밑줄 친 ⓐ~ⓓ 중 어법상 틀린 것을 2개 고르고, 바르게 고치세요.

(2) 주어진 <조건>에 맞게 위 글의 밑줄 친 문장을 바꿔 쓰세요.

〈조건〉---
1. If로 시작하는 가정법 문장으로 쓰세요.
2. 13단어로 쓰세요.

준동사란 □ 1._____ (v-ing), □ 2._____ (to + 동사원형), □ 3._____ (v-ing 또는 p.p.)를 가리킨다. 준동사는 동사와는 다른 품사의 역할을 하지만, 동사에서 비롯되었기 때문에 동사처럼 목적어/보어를 갖는 등 동사의 성질을 가지고 있다.

불변의 패턴 21 동사 자리에는 동사가, 명사/형용사/부사 자리에는 □ 1._____ 가 와야 한다.

동사 (~하다) turn(s)/turned 등	VS.	**준동사**	명사 (~하기, ~하는 것)	· □ 2._____ turning · to부정사 to turn
			□ 3._____ (~하는, ~할)	· to부정사 to turn · 분사 turning/turned
			부사 (~하기 위해, ~하면서 등)	· □ 4._____ to turn · 분사 turning/turned

동사 자리에 준동사는 올 수 없고, 주어/목적어/수식어처럼 명사/형용사/부사 등의 다른 품사가 와야 하는 자리에는 동사가 올 수 없다. 동사 자리에는 동사만 오고, 다른 품사 자리에는 준동사가 와야 한다.

Type 1 **동사 자리**
▶▶ A few dozen people from each side ~~sitting~~ down in rows facing each other. 〈모의〉
└→ □ 5._____

Type 2 **주어/보어/(전치사의)** □ 6._____ : 명사 역할을 하는 준동사 자리
▶▶ ~~Live~~ your life in pursuit of someone else's expectations **is** a difficult way to live. 〈모의〉
└→ □ 7._____   동사

Type 3 **주격보어/명사 수식: 형용사 역할을 하는 준동사 자리**
▶▶ To be a mathematician, one thing you need to do **is** to join a club ~~devotes~~ to mathematics. 〈수능응용〉
                                                동사   명사   └→ □ 8._____

Type 4 **명사 이외 품사 및 문장 전체 수식:** □ 9._____ 역할을 하는 준동사 자리
▶▶ Yesterday, I **went** to a bookstore ~~buy~~ a book about computers. 〈수능〉
            동사   └→ □ 10._____

● 네모 안에서 어법상 알맞은 것을 고르세요.

01 It is not easy show / to show courage in the face of opposition. 〈수능〉

02 Adopt / Adopting a strategy of sleeping less and working more, and you will become unhealthy sooner and the quality of that life will be worse. 〈모의응용〉

03 The priests were not happy that someone invented a clock made / was made of water buckets. 〈모의〉

*priest: 사제, 성직자

04 This false version of nature is no more real than the everyday nature right outside their doors, waits / waiting to be discovered. 〈모의응용〉

● 밑줄 친 부분이 틀렸다면 바르게 고치세요. 바르면 ○로 표시하세요.

05 To teach the idea of time to students, Chinese priests used to hang a rope from the ceiling with knots to show the hours. 〈모의응용〉

06 Traditionally, intellectual property has played little role in promote basic science. 〈모의〉

*intellectual property: 지적 재산권

07 Researchers found that even our closest cousins, the chimpanzees, lacking the ability to identify themselves in a mirror. 〈모의응용〉

08 The animal protection group rescues wild animals that are severely injure and helps them recover.

정답 및 해설 p.81

enjoy/postpone 등의 동사 + 동명사   VS.   want/decide 등의 동사 + to부정사

목적어 자리에는 동명사나 to부정사가 와야 하며, 이때 동사가 무엇인지에 따라 동명사나 to부정사 중 적절한 것이 와야 한다.

Type 1 동명사나 to부정사 중 하나만 목적어로 취하는 동사

1. 를 목적어로 취하는 동사	• enjoy • avoid • mind • deny	• suggest • recommend • discuss • consider	• keep • finish • quit • stop	• postpone • imagine • put off • give up
2. 를 목적어로 취하는 동사	• want • need • wish • hope	• offer • ask • promise • agree	• refuse • fail • manage • afford	• expect • plan • decide • choose

※ stop 뒤에 '~하기 위해 (하던 일을) 멈추다'라는 의미로 to부정사가 올 수 있다.
We **stopped to ask** for directions on the way to the concert.

〈수능응용〉
▶▶ The washing machine made a lot of noise, and later it **stopped** ~~to operate~~ entirely.
  └ **3.**

Type 2 동명사나 to부정사 둘 다 목적어로 취하는 동사

1. 목적어로 동명사와 to부정사를 모두 취할 수 있지만 의미가 달라지는 동사

	목적어가 **4.** 일 때	목적어가 **5.** 일 때
• **6.** • remember • regret • try	(과거에) ~한 것을 잊다 (과거에) ~한 것을 기억하다 (과거에) ~한 것을 후회하다 (시험 삼아) ~해보다	(미래에) ~할 것을 잊다 (미래에) ~할 것을 기억하다 (미래에) ~하게 되어 유감이다 **7.**

2. 목적어로 동명사와 to부정사를 모두 취할 수 있으며, 의미 차이가 없는 동사

• begin   • start   • like   • love   • prefer   • hate   • continue

▶▶ When Olivia reached her car, it occurred to her that she might **have forgotten** ~~turning~~ off the gas range. 〈모의〉
  └ **8.**

● 네모 안에서 어법상 알맞은 것을 고르세요.

01 Michael is so sure that his parents will not decide driving / to drive all the way to Florida. 〈모의응용〉

02 I remember feeling / to feel nervous before my speech, but I felt more comfortable after I began to speak.

03 At many stations, employees have stopped pumping / to pump gas because of rude actions by customers. 〈모의응용〉

● 괄호 안에 주어진 단어를 올바른 형태로 바꾸어 문장을 완성하세요.

04 (turn) After you finish work today, please don't forget _____ on the security alarm when you leave the office.

05 (eat) If you want to lose weight, you should exercise often and avoid _____ junk food.

06 (throw) I handed tennis balls to one person and asked him to start _____ them as far as possible. 〈수능응용〉

정답 및 해설 p.81

목적격보어 자리에는 목적어가 목적격보어 행위의 주체인지 대상인지에 따라, 또한 동사가 무엇인지에 따라 각기 다른 준동사가 와야 한다.

Type 1 목적어가 목적격보어가 나타내는 행위의 1. [ ] 일 때

동사 + 목적어 + **to부정사 or 동사원형 or 현재분사**
동사에 따라 한가지 선택

2. [ ]를 목적격보어로 취하는 동사	· want · force · get · tell · compel	· expect · allow · permit · advise · enable	· invite · encourage · cause · ask · require	· lead · warn · forbid · tempt
3. [ ]을 목적격보어로 취하는 동사	사역동사	· make	· have	· let
	지각동사	· see · watch	· listen to · hear	· feel · smell
현재분사를 목적격보어로 취하는 동사	· keep	· find	· leave	

▶▶ Meredith suffered from an unusual disease that **caused her ~~fall~~** occasionally. 〈모의〉
→ 4. [ ]

TIP help는 목적격보어로 to부정사 또는 5. [ ] 을 쓸 수 있다.
Charlie Brown and *Blondie* **help** me **(to) start** the day with a smile. 〈모의〉

Type 2 목적어가 목적격보어가 나타내는 행위의 대상일 때

동사 + 목적어 + 6. [ ]

▶▶ Every farmer knows that the hard part of agriculture **is getting the field ~~to prepare~~**. 〈모의응용〉
7. [ ] ↵

⦿ 네모 안에서 어법상 알맞은 것을 고르세요.

01 My son and I made a plan that would allow us │ help / to help │ the kid without embarrassing him.
〈모의〉

02 Some of the writings of biologists in the field make their work │ sound / to sound │ exciting, sometimes easy. 〈모의응용〉

03 Because the guest used the door handle in a rough way, the hotel owner found it completely │ breaking / broken │.

⦿ 밑줄 친 부분이 틀렸다면 바르게 고치세요. 바르면 ○로 표시하세요.

04 Many people want to have their own housekeeper <u>clean</u> their homes but avoid it because of the cost.

05 The motion of glaciers is so slow that it is impossible to see a glacier <u>moved</u>.
*glacier: 빙하

06 As the number of fish is decreasing due to issues of pollution, many fishermen and fishing companies hope to get the river <u>to protect</u>.

정답 및 해설 p.82

불변의 패턴 24 분사의 [1. _____]가 분사가 나타내는 행위의 주체면 현재분사, 대상이면 [2. _____]가 와야 한다.

Type 1 명사를 수식하는 분사

명사 + 분사   OR   분사 + 명사
의미상 주어   의미상 주어

명사가 분사 행위의 주체이면 현재분사가 오고, 대상이면 과거분사가 와야 한다. 분사는 명사 앞이나 뒤에 온다.

▶▶ On January 10, <u>a ship</u> ~~traveled~~ through rough seas lost 12 cargo containers. 〈수능〉
명사   [3. _____]

Type 2 「with + (대)명사 + 분사」에서 분사

with + (대)명사 + 분사
      의미상 주어

분사 앞에 있는 (대)명사가 분사 행위의 주체이면 현재분사가 오고, 대상이면 과거분사가 와야 한다.

▶▶ They danced in circles making joyful sounds **with** <u>arms</u> ~~raising~~ over their heads. 〈모의〉
명사   [4. _____]

Type 3 분사구문을 만드는 분사

분사구문의 주어 + 분사
     의미상 주어

분사 앞의 주어가 분사 행위의 주체라면 현재분사가 오고, 대상이면 과거분사가 와야 한다.

▶▶ **All these things** ~~considering~~, it's better to ask for the services of a moving company.
분사구문의 주어   [5. _____]   〈수능〉

Type 4 [6. _____]의 분사

분사의 의미상 주어가 감정을 느끼게 하는 행위의 주체라면 현재분사가 와야 하고, 감정을 느끼게 하는 행위의 대상이라면 과거분사가 와야 한다.

- surprising-surprised   [7. _____]
- satisfying-satisfied 만족하게 하는-만족감을 느끼는
- relaxing-relaxed 느긋하게 하는-느긋하게 느끼는
- pleasing-pleased 기쁘게 하는-기쁘게 느끼는
- fascinating-fascinated 매력을 느끼게 하는-매력을 느끼는
- interesting-interested 흥미롭게 하는-흥미를 느끼는
- appealing-appealed 매력을 느끼게 하는-매력을 느끼는
- shocking-shocked 충격을 주는-충격을 받은
- annoying-annoyed 성가시게 하는-성가시게 느끼는
- exhausting-exhausted 지치게 하는-지치게 느끼는
- discouraging-discouraged 낙담하게 하는-낙담을 느끼는
- depressing-depressed   [8. _____]

- frustrating-frustrated 좌절하게 하는-좌절감을 느끼는
- frightening-frightened 무섭게 하는-무서움을 느끼는
- confusing-confused 혼란스럽게 하는-혼란스럽게 느끼는
- humiliating-humiliated | **9.** |
- overwhelming-overwhelmed 압도되게 만드는-압도되게 느끼는
- embarrassing-embarrassed 당황하게 하는-당황을 느끼는

〈모의응용〉
▶▶ While you are listening, you will find that even **boring lecturers** become a bit ~~interested~~.
| **10.** |

◉ 네모 안에서 어법상 알맞은 것을 고르세요.

01 Fluorescent lighting can hurt your eyes, and it can also be | tiring / tired |. 〈모의응용〉   *fluorescent: 형광의

02 I hope you remember our discussion last Monday about the photocopier | supplying / supplied | to us three months ago. 〈수능응용〉

03 Take the opportunity to look in the mirror and manufacture a smile, | using / used | the lower half your face only. 〈모의〉

04 The thieves approached the | unsuspecting / unsuspected | woman, stole her bag, and ran away into the darkness.

◉ 괄호 안에 주어진 단어를 올바른 형태로 바꾸어 문장을 완성하세요.

05 (adapt) We are creatures that are active during the day, with eyes _____ to living in the sun's light. 〈모의응용〉

06 (fix) Their minds _____ on winning the championship, the soccer players practice hard every day.

07 (deal) Jack was a responsible man _____ with an irresponsible kid, whom he wanted to give a better life to.

08 (face) When _____ with a group of enemies, we needed to know instantly whether there were more of them than us. 〈모의응용〉

정답 및 해설 p.82

불변의 패턴 25 동명사/to부정사의 능동형과 수동형을 구분해야 한다.

	<능동형>		<수동형>
동명사	v-ing	VS.	1.
to부정사	to + 동사원형	VS.	2.

동명사나 to부정사가 '~되는 것', '~될' 등의 수동의 의미를 가질 때는 수동형으로 써야 한다. 동명사의 수동형은 「being + p.p.」로 쓰고, to부정사의 수동형은 「to be + p.p.」로 써야 한다.

▶▶ Go to a fairly quiet place where you are not likely **to disturb**. 〈수능〉

                                      └▸ 3.

(TIP) 동명사와 to부정사의 의미상 주어가 따로 있는 경우, 이 주어가 동명사/to부정사가 행위의 주체면 능동형이 오고, 행위의 대상이면 수동형이 와야 한다.

4. _____ /목적격 + 동명사   OR   5. _____ + 목적격 + to부정사
     의미상 주어   의미상 주어

After counting votes, everyone celebrated **her selecting** as student president.

                                       └▸ 6.

◉ 네모 안에서 어법상 알맞은 것을 고르세요.

01 Being afraid of his │ speaking / being spoken │ to me, I pretended I was talking on my phone. 〈모의〉

02 The math problem you are trying │ to solve / to be solved │ may be too difficult for you.

03 They replaced the old methods of serving customers by │ selling / being sold │ goods straight from the shelves. 〈모의〉

04 The vaccines must never get warm, so it is important for them │ to store / to be stored │ in a cool place.

정답 및 해설 p.83

불변의 패턴 26 동명사/to부정사/분사구문의 의미를 부정하는 not은 준동사 $\boxed{1. \qquad}$ 에 와야 한다.

$$\boxed{2. \qquad} + \boxed{\text{동명사/to부정사/분사}}$$

동명사/to부정사/분사구문의 의미를 부정하는 not은 동명사/to부정사/분사 앞에 와야 한다.

▶▶ Karen was blamed by her boss for ~~being not~~ on time. 〈모의〉
   └→ $\boxed{3. \qquad}$

⦿ 다음 중 틀린 문장을 두 개 고르고, 틀린 부분을 바르게 고치세요.

01 They had planned to go hiking, but they ended up not going because of the weather.

02 NASA decided not to continue the space mission, fearing that the safety of the astronauts could not be guaranteed.

03 Believing not that the earth was round, ancient sailors thought that they would fall off when they reached the edge of it.

04 Although known not internationally, the singer is very famous in her own country.

정답 및 해설 p.83

◉ (A), (B), (C)의 각 네모 안에서 어법에 맞는 표현으로 가장 적절한 것을 고르세요.

1. Recent studies show some interesting findings about habit formation. In these studies, students (A) acquiring / acquired just one positive habit reported less stress; less impulsive spending; better dietary habits; decreased caffeine consumption; fewer hours spent watching TV; and even having fewer dirty dishes. (B) Keep / To keep working on one habit long enough, and not only does it become easier, but so do other things as well. It's why those with the right habits seem to be more capable of (C) succeed / succeeding than others. They're doing the most important thing regularly and, as a result, everything else is easier. 〈모의〉

	(A)	(B)	(C)
①	acquired	To keep	succeed
②	acquired	Keep	succeeding
③	acquiring	Keep	succeed
④	acquiring	Keep	succeeding
⑤	acquiring	To keep	succeeding

◉ 밑줄 친 부분 중 어법상 틀린 것을 고르세요.

2. Zebras are strikingly dressed in black and white. What purpose do such patterns serve? The question of what zebras can gain from having stripes ① has puzzled scientists for more than a century. Wildlife biologist Tim Caro put time and effort into studying zebras in Tanzania ② to solve this mystery. He rejected theory after theory — stripes don't keep them cool, and predators don't feel ③ confused due to the stripes — before finding an answer. In 2013, he set up fly traps made from zebra skin and, for comparison, others ④ covering in antelope skin. He saw that flies avoid landing on the stripes. After more research, he concluded that ⑤ having stripes can save zebras from disease-carrying insects. 〈모의응용〉 *antelope: 영양(羚羊)

3. Wearing the wrong size of shoe makes people ① feel uncomfortable. Most adults think they know their exact foot size, so they don't measure their feet when ② buying new shoes. Therefore, many people squeeze into the same shoe size for years, or even decades. While feet stop ③ to grow in length by age twenty, most feet gradually widen with age, and sometimes women's feet "grow" after the birth of a child. Besides, the size of your feet ④ changes throughout the day, getting larger and returning to "normal" by the next morning. So, the next time you buy shoes, ⑤ remember that your foot size can change. 〈모의응용〉

◉ 다음 글을 읽고 질문에 답하세요.

4. How many of you have difficulty ⓐ _____ no to others? No matter what anyone asks of you, no matter how much of an inconvenience it poses for you, you do what they request. This is not a healthy way of ⓑ _____ a life because, by saying yes all the time, you are building up emotions of inconvenience. You know what will happen in the end? You will create a life ⓒ _____ with stress. You will resent the person who you cannot say no to because you no longer have control of what makes you happy. (2) 당신은 다른 사람이 당신의 삶에 대한 통제권을 가지도록 허용하고 있다. When ⓓ _____ repeatedly, your stress will eat you up faster than you can count to three. 〈모의응용〉

(1) <보기> 중 의미상 알맞은 단어를 골라 위 글의 빈칸 ⓐ~ⓓ에 어법에 맞게 쓰세요.

〈보기〉 fill	ignore	live	say
ⓐ _____	ⓑ _____	ⓒ _____	ⓓ _____

(2) 주어진 <조건>에 맞게 위 글의 밑줄 친 우리말을 영작하세요.

─────────────── 〈조건〉 ───────────────
1. have, someone else, are allowing, control을 활용하고, 필요한 경우 단어의 형태를 바꾸세요.
2. 8단어로 쓰세요.

_____ over your life.

CHAPTER 06 명사·대명사·한정사

___1.___ 란 사람/사물/개념 등의 이름을 가리키는 말로, 명사에는 단수/복수로 수를 셀 수 있는 가산명사와 수를 셀 수 없는 불가산명사가 있다. ___2.___ 란 '그들', '이것' 등의 뜻으로 명사를 대신하는 말이며, ___3.___ 란 '그/이/저 ~', '대부분의 ~'등의 뜻으로 명사 앞에서 명사의 수량/범위를 한정해 주는 수식어이다.

불변의 패턴 27 명사의 의미에 따라 가산/불가산, 단수/복수를 구분해야 한다.

Type 1 의미에 따라 가산명사 또는 불가산명사가 되는 명사

다음과 같은 명사들은 의미에 따라 ___1.___ 라면 단수 또는 복수로 써야 하고, 불가산명사라면 a(n)가 붙을 수 없고, 복수로도 쓸 수 없다.

명사	light	time	room	hair
불가산 의미	빛	시간	**3.**	머리카락 전체
가산 의미	**2.**	횟수, ~번	방	머리카락 ~올

명사	paper	work	**5.**	glass
불가산 의미	종이	일	손님, 동반	유리
가산 의미	**4.**	작품	회사, 단체	유리잔, 안경

* '안경'의 뜻일 때는 항상 복수형 glasses

▶▶ Do ~~hairs~~ and fingernails continue to grow after a person dies? 〈모의〉
   └ **6.**

Type 2 의미에 따라 단수 또는 복수를 다르게 쓰는 명사

두 개의 부분이 모여 하나의 사물을 가리키는 명사는 항상 복수명사로 쓰지만, 이런 종류의 명사라도 다른 의미로 쓰였다면 단수 또는 복수 둘 다로 쓸 수 있다.

- trunks (운동용) 반바지 ↔ a trunk 또는 trunks 나무의 줄기, 여행용 가방, 코끼리의 코
- glasses 안경 ↔ a glass 또는 glasses 유리잔

▶▶ My father insists on sitting around the house in his swimming ~~trunk~~. 〈모의〉
   └ **7.**

◉ 네모 안에서 어법상 알맞은 것을 고르세요.

01 The German scientist sold his invention to company / a company in France for ten thousand dollars.

02 After their third child was born, the family bought a car with more room / rooms .

03 Glass / Glasses of wine will be placed on each table for the guests to enjoy.

04 Everyone in the office thought that the printer was broken, but actually it was out of paper / a paper .

정답 및 해설 p.85

불변의 패턴 28 대명사는 그것이 가리키는 명사와 [1.] 가 일치해야 한다.

수 일치			수 일치	
단수명사/불가산명사 + (~) +	**2.**	VS.	**복수명사** + (~) +	**복수대명사**

대명사는 그것이 가리키는 명사와 반드시 수가 일치해야 하므로, 대명사가 가리키는 것이 무엇인지 정확히 파악하는 것이 중요하다.

다음은 수를 구분해야 할 단수/복수 대명사이다.

단수대명사	**3.**	this	that	one
복수대명사	they/their/them	these	**4.**	**5.**

▶▶ With ~~their~~ mechanical system, **the washing machine** is one of the most advanced examples of
└ **6.**   단수명사
a household appliance. 〈모의〉

● 네모 안에서 어법상 알맞은 것을 고르세요.

01 In the experiment, the rats learned that food appeared when a bar was pressed, and began to press it / them to get the food. 〈모의응용〉

02 One thing I notice on the weekends is that the traffic in the downtown area is heavier than that / those outside the city.

03 The Greeks' focus on only the visible features of an object led to its / their failure to understand its nature. 〈수능응용〉

● 밑줄 친 부분이 틀렸다면 바르게 고치세요. 바르면 ○로 표시하세요.

04 Inserting seeds into the flower pot and watching <u>it</u> grow is easy. 〈모의응용〉

05 When it comes to changes in our lives, the most recent <u>ones</u> often seem like the most important.
〈모의응용〉

06 Creativity is a very important part of all business decisions because <u>they</u> can improve your chance of success.

정답 및 해설 p.85

불변의 패턴 29 목적어가 주어와 다른 대상이면 목적격 대명사로, 동일한 대상이면 재귀대명사로 써야 한다.

```
            ┌──── 다른 대상 ────┐              ┌──── 1. ────┐
         주어 + 동사 (~) + 목적격 대명사   VS.   주어 + 동사 (~) + 재귀대명사
                         └─ 목적어 ─┘                        └─ 목적어 ─┘
```

목적어나 전치사의 목적어가 주어와 다른 대상을 가리킨다면 목적격 대명사가 와야 하지만, 주어와 동일한 대상을 가리킨다면
 2.   가 와야 한다.

가리키는 명사에 따라 다음과 같이 목적격 대명사와 재귀대명사를 구분하여 사용한다.

목적격 대명사	me	you	it	him	her	us	them
재귀대명사	myself	yourself/yourselves	itself	himself	herself	ourselves	themselves

▶▶ To show his students **math** could help ~~themselves~~, the teacher held several contests. 〈모의〉
        └ 주어   └→ 3.

◉ 네모 안에서 어법상 알맞은 것을 고르세요.

01 When you hurt someone's feelings, always ask | you / yourself | why you did not treat them better.

02 Knowing that they are being kind makes | them / themselves | feel good, regardless of the impact of their action. 〈수능응용〉

03 A man spilled food on his lap, and in order to keep | him / himself | from any embarrassment, all the other people did the same thing. 〈모의응용〉

04 Sadly, human beings are in fact the only species that will force | them / themselves | awake when they are sleepy. 〈모의응용〉

정답 및 해설 p.85

불변의 패턴 30 앞서 언급한 명사와 종류만 같은 다른 대상은 that/those로 써야 한다.

```
         ┌──── 바로 그 대상 ────┐              ┌─ 종류만 같은 다른 대상 ─┐
      명사 + (~) + it/they/them   VS.   명사 + (~) + 1.
```

앞서 언급한 명사와 동일한 바로 그 대상을 가리킬 때는 2.   (단수) 또는 they/them(복수)이 와야 하고, 종류만 같을
뿐 다른 대상을 가리킬 때는 that(단수) 또는 those(복수)가 와야 한다.

▶▶ **The popularity** of horror movies is twice as high as ~~it~~ of animations. 〈모의〉
                                                      └→ 3.

◉ 밑줄 친 부분이 틀렸다면 바르게 고치세요. 바르면 ○로 표시하세요.

01 Such educational courses are not made to limit creativity, but rather to increase it in new trainees.
〈모의응용〉

02 The hikers who were standing at the top of the hill with close friends were less concerned about the steepness of the hill than that who stood alone. 〈모의응용〉   *steepness: 가파름

03 Before the seventh century, contacts between the two nations normally were not only violent but brief, and they occurred only occasionally. 〈모의응용〉

04 Korean grammar is similar to it of some Central Asian and Middle Eastern languages.

정답 및 해설 p.86

불변의 패턴 31 가산명사 앞에는 many와 (a) few가 오고, 불가산명사 앞에는 much와 (a) little이 와야 한다.

비슷한 뜻을 가진 한정사라도 가산명사 앞에만 올 수 있거나 불가산명사 앞에만 올 수 있는 것이 있으므로, 적절한 한정사가 쓰였는지는 뒤의 명사를 보고 판단해야 한다.

Type 1 **many** vs. **much**

    many + (of) + | 1. | VS.   **much** + (of) + | 2. |

    ▶▶ Robots and astronauts use ~~many~~ of the same equipment in space. 〈수능〉
              | 3. | ↵   불가산명사

Type 2 **(a) few** vs. **(a) little**

    (a) few + | 4. | VS.   **(a) little** + | 5. |

    ▶▶ Shops in the early 1800s sold just ~~a little~~ products such as meat and bread. 〈모의응용〉
            | 6. | ↵   가산명사

◉ 네모 안에서 어법상 알맞은 것을 고르세요.

01 I know you've helped | many / much | students for the twenty years you've worked at Mount Pleasant High. 〈모의〉

02 Andy ate the leaves of the three banana trees which provided | a few / a little | shade for his house. 〈모의응용〉

03 Dr. Drake suggests that | many / much | of the value of art for a child lies in making it. 〈수능응용〉

04 On the other hand, the Japanese usually do not talk about themselves to others except to the | few / little | people with whom they are very close. 〈모의〉

정답 및 해설 p.86

불변의 패턴 32 단수명사 앞에는 every, another, either/neither가 오고, 복수명사 앞에는 all, other, both가 와야 한다.

비슷한 뜻을 가진 한정사라도 단수명사 앞에만 올 수 있거나, 복수명사 앞에만 올 수 있는 것이 있으므로, 적절한 한정사가 쓰였는지는 뒤의 명사를 보고 판단해야 한다.

Type 1 every vs. all

    | 1. | + 단수명사   VS. | 2. | + (of) + 복수명사/불가산명사

▶▶ While playing games will not solve ~~every~~ your problems, it can give you the needed
                                        복수명사
     perspective. ⟨모의응용⟩ | 3. | ↵

Type 2 another vs. other

another + | 4. | VS.   other + | 5. | VS.   the other + 단수명사/복수명사

▶▶ When he went on board, he found ~~other~~ passenger was to share the cabin with him. ⟨모의⟩
                                    | 6. | ↵   단수명사

Type 3 either vs. neither vs. both

    | 7. |/neither + 단수명사

    VS. | 8. | + 복수명사

    VS.   either/neither/both + of + 복수명사

▶▶ Various kinds of wildflowers cover the ground on ~~either~~ sides of the path. ⟨수능응용⟩
                                       | 9. | ↵   복수명사

◉ 네모 안에서 어법상 알맞은 것을 고르세요.

01 The CEO has always thought about starting | another / other | company.

02 Jupiter is so big that | every / all | of the remaining planets in the solar system could fit inside of it.
                                                        ⟨모의응용⟩

03 During last night's debate, | either / both | political candidates made very strong arguments.

◉ 밑줄 친 부분이 틀렸다면 바르게 고치세요. 바르면 ○로 표시하세요.

04 <u>All</u> young child learns the value of friendship through play. ⟨모의응용⟩

05 <u>Both</u> theater in our neighborhood was open, so I just decided to watch television at home.

06 Some researchers found 50 sets of twins in which one twin was a nonsmoker and <u>the other</u> one was a smoker. ⟨모의⟩

정답 및 해설 p.86

불변의 패턴 33 부정의 의미를 가진 어구가 포함된 문장에 no는 올 수 없고 | 1. | 가 와야 한다.

---

not/unable/hardly/little/without 등 (~) + **any**
부정 의미의 어구

not이나 unable/hardly/little/without 등 부정의 의미를 가진 어구가 이미 포함된 문장에 no가 또 올 수 없다. 이때는 any가 와야 한다.

▶▶ If you take some bags to the shop, you will **not** need to bring ~~no~~ more plastic bags home with
부정 의미 어구　　　　　　　→ | 2. |

you. 〈모의〉

(TIP) 1. not ~ any는 no로 바꾸어 쓸 수 있다.

They wanted to go to the seminar, but there were **not any** tickets left.

= They wanted to go to the seminar, but there were **no** tickets left.

2. any는 부정문/의문문에 쓰고 긍정문에는 some을 쓰지만, if절이나, ' | 3. | '라는 뜻으로 쓸 때는 긍정문에도 any를 쓸 수 있다.

Please feel free to contact me at **any** time **if** you have **any** questions regarding my decision. 〈모의〉

※ 대명사 anything/anybody/anyone도 any와 같은 규칙을 따른다.

One of the client's lawyers **hardly** said **anything** during the meeting.
부정 의미의 어구

◉ 밑줄 친 부분이 틀렸다면 바르게 고치세요. 바르면 ○로 표시하세요.

01 We won't sell <u>no</u> food because it might spoil in the hot weather. 〈모의응용〉

02 If you have <u>any</u> relevant information about the accident, please call the police right away.

*relevant: 관련 있는

〈모의응용〉

03 You should give <u>anyone</u> who regrets his or her behavior another opportunity before you label them.

*label: 꼬리표를 붙이다

04 People who seem to hardly do <u>nothing</u> just haven't found a good enough reason to do something.

〈모의〉

정답 및 해설 p.87

◉ (A), (B), (C)의 각 네모 안에서 어법에 맞는 표현으로 가장 적절한 것을 고르세요.

1. Usually, a person's personality is likely to be similar to (A) | it / that | of the people they spend time with, because people tend to imitate those around them consciously and unconsciously. That's why the latest research shows that things like happiness, depression and obesity can spread like wildfires through social networks. So, surround (B) | you / yourself | with friends who can also be role models. You can hang out with people who look and act the way you would like to. Social imitation is the easiest form of self-improvement. Social support is critical to changing all kinds of behavior. Good friends can help you through bad times, and you can get assistance from (C) | it / them | to stay focused on your goals. 〈모의응용〉

	(A)	(B)	(C)
①	that	you	it
②	that	yourself	them
③	that	yourself	it
④	it	yourself	them
⑤	it	you	it

◉ 밑줄 친 부분 중 어법상 틀린 것을 고르세요.

2. You've probably heard the expression, "first impressions matter a lot." Rarely ① do many people get a second chance to make a good first impression. It has been determined that it takes only ② a little seconds for anyone to assess another individual. This is true in recruitment as top recruiters often make their decisions on any candidate soon after they introduce ③ themselves. So, a candidate's CV may be less important than their first impression. In this way, quick judgements are not only related to employment, but ④ they can also be applied to love and relationship. On a date with a wonderful somebody, subtle things like bad breath or ⑤ unwashed clothes may spoil your noble efforts. 〈모의응용〉   *CV: 이력서(curriculum vitae)

3. Given the widespread use of emoticons, whether they help Internet users to understand emotions in online communications ① <u>is</u> an important question. Meanings expressed through emoticons tend to be much more ambiguous than ② <u>ones</u> expressed through face-to-face interaction. Nonetheless, many people say that emoticons make ③ <u>them</u> easy to communicate by text online. One study of 137 instant messaging users ④ <u>have</u> revealed that emoticons allowed users to correctly understand the emotions and attitudes of others. Similarly, another study showed that emoticons were useful for ⑤ <u>strengthening</u> the intensity of a verbal message. 〈모의응용〉

*ambiguous: 모호한 **verbal: 언어적인*

◉ 다음 글을 읽고 질문에 답하세요.

4. The music business is very popular, and many young people like you are attracted towards ⓐ <u>it</u>. As music becomes more accessible, it is increasingly easy for music to be copied without giving the creator ⓑ <u>any</u> credit for his or her work. Some musicians steal other people's work by copying popular artists and presenting it in the market as ⓒ <u>its</u> own work. That is why music licensing is important. To protect your original songs from being stolen, you can license them and then sell them to ⓓ <u>other</u> creators. Then, although someone uses your music, you, the original artist, can still get paid. Thus, licensing allows the music of the copying musician to be similar to ⓔ <u>it</u> of the original artist as long as the copying musician pays for the usage rights. (2) <u>다른 예술 분야에서도, 많은 예술가들은 이 라이센싱 시스템을 사용함으로써 그들을 보호해야 한다.</u> 〈모의응용〉

(1) 위 글의 밑줄 친 ⓐ~ⓔ 중 어법상 틀린 것을 2개 고르고, 바르게 고치세요.

(2) 주어진 <조건>에 맞게 위 글의 밑줄 친 우리말을 영작하세요.

> ─────────── 〈조건〉 ───────────
> 1. need, this licensing system, them, by using, protect, artists를 활용하고, 필요한 경우 단어의 형태를 바꾸세요.
> 2. many와 much 중 알맞은 것 하나만 함께 사용하세요.
> 3. 11단어로 쓰세요.

In other artistic fields, _____ .

CHAPTER 07 형용사·부사·비교구문

형용사는 [1._____]를 수식하거나 보어 자리에 온다. [2._____]는 문장이나 절 전체 또는 명사 이외의 것들을 수식하는 역할을 한다. 형용사와 부사는 역할과 쓸 수 있는 자리가 다르므로 형용사 자리에는 형용사만, 부사 자리에는 부사만 와야 한다.

불변의 패턴 34 명사는 [1._____]가 수식하고, 명사 이외의 것은 부사가 수식해야 한다.

형용사 + 명사 VS. 부사 + 명사 이외 모든 품사 or 절 전체

명사 수식은 형용사가 해야 하고, 명사가 아닌 다른 품사의 단어나 절 전체 수식은 부사가 해야 한다. 형용사/부사는 수식하는 대상의 앞이나 뒤에 올 수 있다.

▶▶ The purpose of philosophy is not to confuse our friends with ~~unexpectedly~~ questions. 〈모의응용〉
  [2._____] 명사

◉ 네모 안에서 어법상 알맞은 것을 고르세요.

01 The emperor asked his men to build his castle with strong / strongly walls for extra protection.
〈모의응용〉

02 The virus moves uncontrollable / uncontrollably through the body, attacking the cells. 〈수능응용〉

03 The clock worked by punching holes in a large bucket full / fully of water, marking the time.
〈모의응용〉

◉ 밑줄 친 부분이 틀렸다면 바르게 고치세요. 바르면 ○로 표시하세요.

04 Usually, customers with engine trouble or a non-functioning heater are <u>terribly</u> upset about their problem. 〈모의응용〉

05 Products as <u>differently</u> as smartphones, batteries, and DVDs require rare metals to produce.

06 In these cases, the focus is <u>exclusive</u> on the subject of the painting, with no attention paid to the background. 〈수능응용〉

정답 및 해설 p.88

불변의 패턴 35 보어 자리에는 부사가 아닌 | 1. [   ] |가 와야 한다.

주격보어와 목적격보어 자리에는 부사가 올 수 없고 형용사가 와야 한다.

Type 1 주격보어 자리

주어 + 동사 + **주격보어**
　　　　　　　　형용사

다음은 형용사 주격보어를 자주 취하는 동사들이다.

상태/상태 추측 (~이다, ~인 것 같다)	· be동사 · seem · appear
상태 변화 (~하게 되다, ~해지다)	· become · come · go · run · get · turn · grow
상태 유지 (계속 ~이다, ~하게 유지하다)	· remain · keep · stay · stand · continue
감각 (~하게 보이다/들리다/느끼다 등)	· look · sound · smell · taste · 2. [ ]

▶▶ Although rewards sound so ~~positively~~, they can lead to negative consequences. 〈모의〉
　　　　　주어　　　　동사　　　　└▶ 3. [   ]

Type 2 4. [   ] 자리

주어 + 동사 + 목적어 + **목적격보어**
　　　　　　　　　　　　　형용사

다음은 형용사 목적격보어를 자주 취하는 동사들이다.

생각하다/알게 되다/느끼다	· think · believe · consider · find · feel
~하게 하다/만들다	· make · drive · render
유지하다/남기다	· 5. [ ] · leave

▶▶ The dead silence in the car made the drive ~~painfully~~. 〈수능〉
　　　주어　　　　　　　　동사　　목적어　└▶ 6. [   ]

◉ 네모 안에서 어법상 알맞은 것을 고르세요.

01 Of course, the CEO wants to know how | effective / effectively | that advertising is. 〈모의응용〉

02 The mayor considered a plan to count | exact / exactly | how many cars travel through the city each day.

03 The researchers find an article of the year 1300 very | difficult / difficultly | to understand unless they have special training. 〈모의응용〉

◉ 밑줄 친 부분이 틀렸다면 바르게 고치세요. 바르면 ○로 표시하세요.

04 Ants' slow speed renders them <u>helplessly</u> against faster predators like lizards.

05 It soon became <u>evidently</u> that these experts' knowledge was limited and had no practical value. 〈모의〉

06 Whenever we feel especially <u>anxious</u>, we turn to food to make ourselves feel better. 〈모의응용〉

정답 및 해설 p.88

불변의 패턴 36 형용사와 부사 둘 다로 쓰이는 단어에 주의해야 한다.

형용사와 부사 둘 다로 쓰이면서, 끝에 -ly가 붙으면 별개의 부사가 되는 단어들이 있다.

형용사 = 부사	+ -ly 부사
• near (형) 가까운 (부) 가까이	• nearly (부) **1.** _____
• close (형) 가까운, 친밀한 (부) 가까이	• closely (부) 자세히, 긴밀하게
• deep (형) 깊은 (부) 깊이, 깊게	• deeply (부) 깊이, 매우
• high (형) 높은 (부) 높이, 높게	• highly (부) **2.** _____
• late (형) 늦은, ~말의 (부) 늦게	• lately (부) **3.** _____
• short (형) 짧은, 키 작은, 부족한 (부) 짧게, 갑자기	• shortly (부) 곧, 간단히
• free (형) 자유로운, 무료인, ~이 없는 (부) 자유롭게, 무료로	• freely (부) 자유롭게
• hard (형) 어려운, 단단한, 열심히 하는 (부) 열심히, 심하게, 세게	• hardly (부) **4.** _____

(TIP) 형용사와 부사 둘 다로 쓰이는 다음 단어들은 부사로 쓰일 때도 끝에 -ly가 붙지 않는다.

- long (형) 긴, 오랜 (부) 길게, 오래
- early (형) 이른, 초기의 (부) 일찍, 초기에
- enough (형) 충분한 (부) 충분히
- fast (형) 빠른 (부) 빠르게, 빨리
- that (형) 저, 그 (부) 그렇게, 그 정도로
- **5.** _____ (형) 비슷한, 서로 같은 (부) 비슷하게, 마찬가지로

▶▶ Three hours will be enough for us to **make** **your home** ~~freely~~ of any dirt. 〈모의〉
　　　　　　　　　　　　　　　　　　동사　　　목적어　　└→ **6.** _____

⦿ 네모 안에서 어법상 알맞은 것을 고르세요.

01 Dutch people are the tallest in the world, so they may think others ⏍short / shortly⏍ when traveling abroad.

02 I know you've been having a difficult time ⏍late / lately⏍, and you aren't feeling really good or positive about your life. 〈수능〉

03 As kids, we worked ⏍hard / hardly⏍ at learning to ride a bike; when we fell off, we got back on again, until it became second nature to us. 〈모의〉

04 It is natural disasters like hurricanes and tropical storms that remind you that weather is ⏍high / highly⏍ unpredictable. 〈모의응용〉

정답 및 해설 p.89

불변의 패턴 37 enough는 명사의 **1.** _____ 에 오거나, 형용사/부사의 **2.** _____ 에 와야 한다.

enough + 명사　VS.　**형용사/부사 + enough**

enough는 명사는 앞에서 수식하고, 형용사/부사는 뒤에서 수식해야 한다

▶▶ I thought to myself, 'Did I work ~~enough carefully~~ to beat the other participants?' 〈모의〉
　　　　　　　　　　　　　　　　└→ **3.** _____

● 밑줄 친 부분이 틀렸다면 바르게 고치세요. 바르면 ○로 표시하세요.

01 Unfortunately, the ice on the lake is not <u>enough thick</u> for us to skate on.

02 Thanks to the Friends of Local Artists group, we've successfully raised <u>enough funds</u> to remodel the arts center. 〈모의응용〉

03 Some stars in space do not shine <u>enough brightly</u> for humans to see them, even with a telescope.

*telescope: 망원경

04 Keith played the piano <u>enough hard</u> to have the sound reach the balconies. 〈수능〉

정답 및 해설 p.89

불변의 패턴 38 명사 수식은 [1.   ] 가 하고, [2.   ] 수식은 almost가 해야 한다.

most + [3.]	VS.	[4.] + 형용사/부사

most는 '[5.]'라는 뜻의 형용사이며, almost는 '거의'라는 뜻의 [6.]이다. 따라서 뒤에서 수식 받는 것이 명사라면 most가 와야 하고, 형용사/부사라면 almost가 와야 한다.

▶▶ The jobs that ~~almost~~ companies are doing with information today would have been impossible
[7.]↵   명사
several years ago. 〈수능〉

● 네모 안에서 어법상 알맞은 것을 고르세요.

01 Brian [most / almost] always ate his meals alone, and he never ate with a colleague. 〈모의응용〉

02 Two popular travel destinations are Seattle and London, cities that have [most / almost] equal weather conditions.

03 According to a survey, the animals that [most / almost] people fear are snakes and spiders.

04 The preparation is crucial because [most / almost] troubles arise as a result of events that could have been avoided. 〈모의응용〉

정답 및 해설 p.89

불변의 패턴 39 1. ⬚ 수식은 such가 하고, 형용사/부사 수식은 2. ⬚ 가 해야 한다.

such + (형용사) + **불가산명사/** 3. ⬚   VS.   so + 5. ⬚ **/부사**

such + a/an + (형용사) + 4. ⬚

such는 명사를 수식하는 반면, so는 형용사/부사를 수식한다.

▶▶ It is ~~such easy~~ to underestimate the value of making small improvements. 〈모의응용〉
　　6. ⬚ ↵ 　형용사

⦿ 네모 안에서 어법상 알맞은 것을 고르세요.

01 Nature lovers are attracted to New Zealand because it has so / such amazing scenery.

02 We behave so / such foolishly that we wander about in times that are not ours. 〈수능응용〉

*wander about: 서성거리다, 돌아다니다

03 It was so / such beautiful to see how a problem could be turned into a blessing by working together. 〈모의〉

04 Ten megahertz was so / such a fast speed that a new word was needed to describe a computer's ability to quickly perform many tasks. 〈수능응용〉

*megahertz: 메가헤르츠 (컴퓨터 등의 속도 측정 단위)

정답 및 해설 p.90

불변의 패턴 40 원급/비교급/최상급 비교구문의 형태를 구분해야 한다.

원급 비교구문　　A ~ + as + **형용사/부사 원급** + 1. ⬚ + B

비교급 비교구문　A ~ + **형용사/부사 비교급** + 2. ⬚ + B

최상급 비교구문　A ~ + **(the)** + **형용사/부사 최상급** + (of/in + 기간/집단 등)

as와 as 사이에 원급이 왔는지, 비교급 뒤에 than이 잘 왔는지 등을 확인해야 한다.

(TIP) 비교급과 최상급의 불규칙한 변화형을 따로 익혀두어야 한다.
- good/well 좋은/잘 - better 더 좋은, 더 잘 - best 가장 좋은, 가장 잘
- bad/ill 나쁜/나쁘게 - 3. ⬚ 더 나쁜, 더 나쁘게 - worst 가장 나쁜, 가장 나쁘게
- many/much 많은, 많이 - more 더 많은, 더 많이 - most 가장 많은, 가장 많이
- little 적은, 적게 - 4. ⬚ 더 적은, 더 적게 - least 가장 적은, 가장 적게
- late 늦은, 늦게 ┌ later 나중의, 나중에 - 5. ⬚ 최신의
　　　　　　　└ latter 후자의, 후반의 - last 지난, 마지막의, 마지막에
- far 먼, 멀리 ┌ farther 더 먼, 더 멀리 - farthest 가장 먼, 가장 멀리
　　　　　　└ further 더 먼, 한층 더한, 더 멀리, 더 나아가 - furthest 가장 먼, 가장 멀리

▶▶ The toothfish can live as ~~longer~~ as 50 years and does not breed until it is at least ten years old.
　　　　　　　　　　　　└→ 6. ⬚ 　　　　　　　　　　　　　　　　　　　　　　〈모의〉

● 다음 중 틀린 문장을 두 개 고르고, 틀린 부분을 바르게 고치세요.

01 This way of thinking is as natural as breathing, but you will not find it recognized in science.
〈모의응용〉

02 Knowing how to use photography effectively is important in this digital age than ever. 〈수능응용〉

03 Sometimes, the symptoms of a common cold can be as worse as those of the flu.

04 The current location of glaciers enables us to infer that they were once more massive than they are today. 〈모의응용〉
*massive: 거대한, 큰

정답 및 해설 p.90

불변의 패턴 41 비교급 **1.** ☐ 는 much/even/(by) far/still/a lot 등이 해야 한다.

| **2.** ☐ /even/(by) far/still/a lot + **3.** ☐ | VS. | very + **4.** ☐ |

비교급의 의미를 강조할 때는 '**5.** ☐ '이라는 뜻의 much/even/(by) far/still/a lot 등의 강조부사가 비교급 앞에 와야 한다. 그러나 very는 원급 앞에만 오고 비교급 앞에 올 수 없다.

▶▶ Machines transform the way we live, making our lives ~~very~~ easier and better. 〈모의〉
      6. ☐   비교급

● 네모 안에서 어법상 알맞은 것을 고르세요.

01 The patient was a lot / very pleased to receive the good health report from the doctor.

02 I realized that the shame from his failure would be far / very more educational than any advice I could give him. 〈모의응용〉

03 After the forest fire, some animals were slow to recover, but others returned to normal much / very quickly.

04 As time passes, this design is much / very less satisfactory, so a new one would be beneficial.
〈모의응용〉

정답 및 해설 p.90

● (A), (B), (C)의 각 네모 안에서 어법에 맞는 표현으로 가장 적절한 것을 고르세요.

1. It might seem that praising your child's intelligence or talent would boost his self-esteem and motivate him. But it turns out that this sort of praise can be (A) deep / deeply problematic. Carol Dweck and her colleagues have demonstrated the effect in a series of experimental studies: "When we praise kids for their ability, kids become (B) very / far more cautious. They avoid challenges." It's as if they are afraid to do anything that might make them fail and lose your high appraisal. Kids might also get the message that intelligence or talent is something that people either have or don't have. This leaves kids feeling (C) hopeless / hopelessly when they make mistakes. What's the point of trying to improve if your mistakes indicate that you lack intelligence? 〈모의〉

	(A)	(B)	(C)
①	deep	far	hopeless
②	deep	very	hopelessly
③	deeply	very	hopelessly
④	deeply	far	hopelessly
⑤	deeply	far	hopeless

● 밑줄 친 부분 중 어법상 틀린 것을 고르세요.

2. Benjamin Franklin once suggested that a newcomer to a neighborhood ask the neighbors to do him or her a favor, citing an old maxim: They that have once done you a kindness will be quicker to do you another ① than they whom you yourself have obliged. In Franklin's opinion, asking someone for something was an invitation ② useful to social interaction. Such asking on the part of the newcomer created an opportunity when the neighbors could show ③ themselves as good people, at first encounter. In return, the increased familiarity and trust can make the latter ④ comfortable to ask the former for a favor. In that manner, both parties could overcome their natural hesitancy ⑤ mutual. 〈모의응용〉

*maxim: 격언 **oblige: ~에게 친절을 베풀다

3. When we search for something on the Internet, why do we get 11,980,764 results? Tens of millions of pages exist on the Internet, and many more are ① added every day. When you are in a hurry, such a huge amount of results make you get ② nervous. To prevent a gigantic list of results, you should be as ③ specific as possible. For example, ④ searching Beethoven symphonies rather than classical music, or chocolate cake recipes rather than cake recipes. Also, spending ten minutes or so to read the search engines' search tips saves you time, ⑤ reducing your frustration level. 〈모의〉

◉ 다음 글을 읽고 질문에 답하세요.

4. Gravity is the invisible force that pulls things toward the ground. ⓐ The further you go out in space, the less gravity there will be. When people leave the space shuttle, they have to stay hooked on the lines. If they didn't, they would just float away! But things hold gravity to pull others towards themselves. ⓑ The gravity of almost objects is determined by their size. (2) 예를 들어, 목성은 매우 큰 행성이어서, 그것은 근처에 있는 모든 물체들을 그것 쪽으로 쉽게 끌어당긴다. ⓒ It has strong gravity than all the other planets. 〈모의응용〉

(1) 위 글의 밑줄 친 ⓐ~ⓒ 문장 중 어법상 틀린 것을 2개 골라 기호를 쓰고, 틀린 부분을 바르게 고치세요.

기호	틀린 표현	고친 표현

(2) 주어진 <조건>에 맞게 위 글의 밑줄 친 우리말을 영작하세요.

〈조건〉
1. planet, easy, Jupiter, pulls, it, large, that을 활용하고, 필요한 경우 단어의 형태를 바꾸세요.
2. so와 such 중 알맞은 것을 함께 사용하세요.
3. 10단어로 쓰세요.

For example, _____ all nearby objects toward it.

정답 및 해설 p.90

CHAPTER 08 전치사·접속사·관계사

┌─────┐
│ 1. │ 뒤에는 명사(구)/대명사/동명사 등 명사 역할을 하는 단어나 구가 오고, 접속사나 관계사 뒤에는 「(주어) +
└─────┘
동사」를 포함한 ┌─────┐ 이 온다. 절과 절을 연결하기 위해서는 반드시 접속사나 ┌─────┐ 가 필요하다.
              │ 2. │   │ 3. │
              └─────┘   └─────┘

불변의 패턴 42 명사 역할의 단어/구 앞에는 전치사가 오고, 절 앞에는 부사절 접속사가 와야 한다.

┌──┐
│   ┌──── 절 ────┐   │
│   전치사 + 명사(구)/대명사/동명사(구)   VS.   부사절 접속사 + 주어 + ┌────┐   │
│   │ 1. │   │
│   ┌────────┐   └────┘   │
│   · │ 2.   │ ~ 때문에   · because ~하기 때문에   │
│   └────────┘   │
│   · during ~ 동안   · ┌────────┐ ~하는 동안   │
│   │ 3.   │   │
│   · despite [in spite of]   └────────┘   │
│   ~에도 불구하고   · ┌────────┐ [though] 비록 ~일지라도   │
│   │ 4.   │   │
│   └────────┘   │
│   │
│ 명사/대명사/동명사 등 명사 역할을 하는 단어/구 앞에는 전치사가 와야 하고, 「주어 + 동사」를 포함한 절 앞에는 부사절 접속 │
│ 사가 와야 한다.   │
│   │
│ ▶▶ We study philosophy ~~because of~~ it helps us develop mental skills. 〈모의응용〉│
│   ┌────────┐↵   주어 동사   │
│   │ 5.   │   │
│   └────────┘   │
│   │
│ (TIP) 다음의 단어들은 전치사와 부사절 접속사 둘 다로 쓰이므로, 뒤에 단어/구나 절이 모두 올 수 있는 것에 주의한다.   │
│   · before (전) ~ 전에 (접) ~하기 전에   · after (전) ~ 후에 (접) ~한 후에   │
│   · until (전) ~까지 (접) ~하기까지   · ┌────┐ (전) ~ 이래로 (접) ~한 이래로, ~하기 때문에 │
│   │ 6. │   │
│   └────┘   │
│   · as (전) ~로서, ~처럼, ~ 만큼 (접) ~하듯이, ~함에 따라, ~하기 때문에   │
│   · ┌────┐ (전) ~과 같은, ~처럼 (접) ~하는 것처럼, ~하듯이   │
│   │ 7. │   │
│   └────┘   │
│   │
│ ※ like는 전치사나 접속사로 쓸 수 있지만, alike는 형용사와 부사로만 쓸 수 있다. 또한 형용사 alike는 명사를 앞에서 수식하는 데는 쓸 수 없고, │
│   동사 뒤에서 보어로만 쓰인다.   │
│   Labels on food are ~~alike the table~~ of contents found in books. 〈모의〉   │
│   like(전치사)↵   명사   │
└──┘

◉ 네모 안에서 어법상 알맞은 것을 고르세요.

01 We would really appreciate you keeping an eye on our house │during / while│ the winter holiday.
〈모의응용〉

02 They laughed as they watched the foreign comedy film, │despite / though│ they didn't understand
a word. 〈모의응용〉

03 Such diets may be suggested to athletes │because of / because│ their successful use by individuals
who were great in their sports. 〈모의응용〉

● 밑줄 친 부분이 틀렸다면 바르게 고치세요. 바르면 ○로 표시하세요.

04 Some simple societies, as Steven Mithen emphasizes in his book, tend to view animals and plants as members of their communities. 〈수능응용〉

05 For a long time, many scientists suspected that turtles lived so long because of their slow lifestyle kept the animals in a very calm state.

06 Skydiving is alike flying through the air, except you fall almost straight down to earth.

정답 및 해설 p.91

불변의 패턴 43 생각/감정을 나타내는 형용사 뒤에 전치사 또는 접속사 that 중 하나가 와야 한다.

생각/감정 형용사 + [1.] + **명사(구)/대명사/동명사**   VS.   생각/감정 형용사 + ([2.]) + **주어 + 동사** ⟵ 절 ⟶

생각/감정을 나타내는 형용사 뒤에 오는 것이 명사 역할을 하는 단어나 구면 전치사가 오고, 「주어 + 동사」를 포함한 절이면 접속사 that이 와야 한다. 단, 이때의 that은 생략하는 것이 가능하다.

다음은 생각/감정을 나타내는 형용사들이다.

명사(구)/대명사/동명사 앞	「주어 + 동사」 포함한 절 앞
• sure of/about ~에 대해 확신하는	• sure (that) ~라고 확신하는
• certain of/about ~에 대해 확신하는	• certain (that) ~라고 확신하는
• confident of ~을 자신하는	• confident (that) ~라는 것에 확신하는
• aware of ~에 대해 알고 있는	• aware (that) ~라는 것을 알고 있는
• [3.] ~에 대해 모르는	• ignorant (that) ~라는 것을 모르는
• proud of ~이 자랑스러운	• proud (that) ~라는 것이 자랑스러운
• afraid of ~이 두려운	• afraid (that) ~인 것이 두려운
• sorry about/for ~에 대해 미안한	• sorry (that) ~라서 미안한
• surprised at ~에 놀란	• surprised (that) ~라서 놀란
• [4.] ~에 실망한	• disappointed (that) ~라서 실망한

▶▶ I was **surprised** ~~that~~ **the large number of books** at the bookstore. 〈수능응용〉
　　　　　감정 형용사　└▶ [5.]　　　명사구

● 네모 안에서 어법상 알맞은 것을 고르세요.

01 We are confident | of / that | you will be satisfied with our excellent products. 〈수능응용〉

02 The engineer is sorry | for / that | his construction team could not finish the building on time.

03 The workers at the animal center were afraid | of / that | the angry dog until it was put in a cage.

〈모의응용〉

04 Certainly, travelers were surprised | at / that | the news that all international flights had been canceled.

정답 및 해설 p.92

불변의 패턴 44 적절한 의미로 절과 절을 연결하는 부사절 접속사가 와야 한다.

절과 절을 연결하는 부사절 접속사는 다양한 의미를 가지는 경우가 많으며, 문맥에 맞는 적절한 접속사가 쓰였는지 확인할 수 있어야 한다.

다음은 의미가 다양한 부사절 접속사들이다.

- while ~하는 동안, 반면에
- if 만약 ~라면
  (명사절 접속사일 때는 ' **3.** ')
- **4.** 만약 ~아니라면, ~하지 않는 한

- **1.** ~한 이래로, ~기 때문에
- whether **2.**
- as ~할 때, ~함에 따라, ~기 때문에
  ※ (just) as (꼭) ~인 것처럼
  5. [as if] 마치 ~인 것처럼

▶▶ The use of flash photography is not permitted inside museums **if** permission is granted. 〈모의응용〉
  └→ **6.**

(TIP) 접속사 없이 절과 절을 연결할 수 없으므로, 적절한 의미로 절과 절을 연결하는 부사절 접속사가 빠져 있는 것은 아닌지 확인해야 한다.

├───── 절 ─────┤├───── 절 ─────┤
The bakery receives many positive reviews ~~it~~ offers great cakes.
  주어   동사   since it ↲ 동사

├───── 절 ─────┤├───── 절 ─────┤
~~The planes~~ were covered in ice, all flights were canceled.
└→ As the planes 동사   주어   동사

● 네모 안에서 의미상 더 적절한 것을 고르세요.

01 Nobody is allowed to buy alcohol | as though / unless | they have a photo ID with proof of their age.

02 I haven't called Emily | since / as if | she moved to New York last month. She only gave me the address of her new apartment.

03 | A turtle / When a turtle | digs a hole deep into the mud at the bottom of a pond if it gets too cold. 〈모의응용〉

04 The couple will not change their decision, regardless of the cost. They will reserve the wedding hall | if / whether | it is cheap or expensive.

05 This lotion is safe for the skin | as / while | it is made only with natural ingredients. It also has been approved by Ministry of Food and Drug Safety.

06 | The young man / Once the young man | got to the highest point of the roof, he realized he was in trouble. 〈모의〉

정답 및 해설 p.92

불변의 패턴 45 선행사의 종류와 격에 맞는 관계사가 와야 한다.

선행사	관계대명사		
	1.	목적격	소유격
사람	who /that	who(m) /that	**2.** + 명사
사물	which /that	which /that	whose + 명사 /명사 + of which

선행사	**3.**
시간	when
장소	where
the reason (이유)	**4.**
the way (방법)	how

※ 단, the way와 how는 함께 쓸 수 없고, 둘 중 하나는 반드시 **5.** 해야 한다.

관계대명사는 「접속사 + 대명사」 역할을 하고, 관계부사는 「접속사 + 부사/전치사+명사(구)」 역할을 한다. 관계대명사와 관계부사는 선행사의 종류에 맞고, 주어/목적어 등 대명사의 원래 역할에 맞는 것이 와야 한다.

▶▶ In 1762, the island was taken by **the English**, ~~whom~~ restored it the following year to the French. 〈모의〉
선행사(사람) → **6.**

▶▶ It is educational for children to visit **a farm** ~~when~~ they can meet animals in person. 〈수능응용〉
선행사(장소) → **7.**

(TIP) 1. which는 앞에 있는 절 전체를 가리키기도 한다, 이때 which 뒤에는 단수동사가 온다.
Susan goes to the gym twice a week, **which** makes her much healthier.

2. 관계대명사 자리에 대명사가 오지 않았는지 확인해야 한다. 명사 뒤에 명사를 수식하거나 보충 설명하는 절을 접속사 없이 연결하기 위해서는 대명사가 아닌 관계대명사가 필요하다.
The market now has **high-efficiency toilets**, some of ~~them~~ use 1.3 gallons per flush. 〈모의응용〉
선행사 → **8.**

◉ 네모 안에서 어법상 알맞은 것을 고르세요.

01 I recently saw a news interview with a friend who / whom was lying about a few sensitive issues. 〈모의응용〉

02 The tour group members visited a market full of people where / how many traditional arts and crafts were sold.

03 Two art movements that arose in modern Europe were impressionism and expressionism, and both of them / which spread quickly. *impressionism: 인상주의 **expressionism: 표현주의

◉ 밑줄 친 부분이 틀렸다면 바르게 고치세요. 바르면 ○로 표시하세요.

04 After all, this is the guy <u>whose</u> book, *A Brief History of Time*, became one of the biggest bestsellers of all time. 〈모의응용〉

05 The new tax regulations are complex and unclear, so <u>which</u> are confusing to many business owners.

06 Mr. Harper provided the reason in his view <u>when</u> the marketing team should be expanded.

정답 및 해설 p.93

불변의 패턴 46 ┌─ **1.** ─┐ 앞에는 관계대명사가 오고, 완전한 절 앞에는 관계부사 또는 「전치사 + 관계대명사」가
                            와야 한다.

주격 관계대명사 + ┌─ **2.** ─┐ 없는 불완전한 절   VS.   관계부사 or 「전치사 + 관계대명사」 + ┌─ **3.** ─┐

목적격 관계대명사 + 목적어 없는 불완전한 절

관계대명사는 주어/목적어가 없는 불완전한 절 앞에 오고, 관계부사와 「전치사 + 관계대명사」는 완전한 절 앞에 온다.

                                                      ┌─── 완전한 절 ───┐

▶▶ People carried their laundry to riverbanks, ~~which~~ they rubbed it against rocks. 〈모의〉
                                   ┌─ **4.** ─┐   주어   동사   목적어

(TIP) 전치사 뒤의 관계대명사로는 which나 whom이 오고, that은 올 수 없는 것에 주의한다.

                                ┌────── 관계절 ──────┐

There are **many examples in** ~~that~~ insect bodies develop differently from our own. 〈모의응용〉
                선행사   전치사 └─ ┌─ **5.** ─┐

● 네모 안에서 어법상 알맞은 것을 고르세요.

01 There have been occasions | which / in which | you have observed a smile and you could sense it was not real. 〈모의〉

02 Whales travel to cold waters in the summer to feed, but they leave in the winter, | which / when | they spend in warmer waters.

03 Competitive activities can be more than just events | which / where | the best is praised and the rest are ignored. 〈모의응용〉

● 밑줄 친 부분이 틀렸다면 바르게 고치세요. 바르면 ○로 표시하세요.

04 An important decade in America's past was the 1920s, <u>which</u> peace, freedom, and economic opportunity increased.

05 No species can sense all of the smells that are present in the environment <u>where it lives in</u>. 〈모의응용〉

06 Can you understand a situation <u>in which</u> a single word "uncle" means the brother of one's father and the brother of one's mother? 〈모의응용〉

정답 및 해설 p.93

불변의 패턴 47 완전한 절과 불완전한 절 앞에 오는 명사절 접속사를 구분해야 한다.

1. 절 앞에 오는 명사절 접속사	VS.	**2.** 절 앞에 오는 명사절 접속사

- that ~라는 것, ~라고
- **4.** /if ~인지 (아닌지)
- when/where/why/how
  언제/어디에서/왜/어떻게 ~하는지, ~하는 시간/장소/이유/방법
- **5.** + 형용사/부사
  얼마나 …한/하게 ~하는지

- **3.** 무엇이(무엇을) ~하는지, ~하는 것
- which/who(m) 무엇이(무엇을)/누가(누구를) ~하는지
- whatever/whichever/who(m)ever
  ~하는 무엇이든지/누구든지

뒤에 오는 절이 완전한 절인지 불완전한 절인지 형태를 보고 올바른 명사절 접속사가 왔는지 확인해야 한다. 또한, 의미가 적절한 것이 왔는지도 확인한다.

▶▶ Everyone looked at ~~what~~ the man held his chopsticks so that they could imitate him. 〈모의〉

         ┌─── **6.** 절 ───┐
         7. ↵   주어   동사   목적어

◉ 네모 안에서 어법상 알맞은 것을 고르세요.

01 Before picking out a souvenir to take home, consider how it was made and ⎡what / where⎤ the seller got it. 〈모의응용〉   *souvenir: 기념품

02 In the survey, customers were also asked ⎡if / that⎤ the service had been satisfying.

03 That fact is directly related to the question of ⎡what / why⎤ we study philosophy. 〈모의〉

04 Schubert just produced ⎡that / what⎤ was in him, and brought us a rich treasure of music. 〈수능〉

◉ 밑줄 친 부분이 틀렸다면 바르게 고치세요. 바르면 ○로 표시하세요.

05 Accepting a job means <u>which</u> you accept the responsibility that goes with it. 〈모의〉

06 Unfortunately, there's no way to know <u>what</u> the memories people have are true or not. 〈모의응용〉

07 Changes in scientists' attitudes have a strong influence on <u>how</u> animals are understood and treated. 〈모의응용〉

08 When we met the twins, we naturally wanted to know <u>that</u> had been born first.

정답 및 해설 p.93

불변의 패턴 48 that은 명사절 접속사와 관계사로 모두 쓸 수 있지만, what은 선행사를 수식하는 관계사로 쓸 수 없다.

명사절 that + 완전한 절 VS. **1.** [_____] + 불완전한 절

관계절 **2.** [_____] + that + 불완전한 절/완전한 절

that이 명사절 접속사일 때는 완전한 절 앞에 오고, 관계사일 때는 완전한 절과 불완전한 절 모두 앞에 올 수 있다. 반면에 what은 명사절 접속사로서, **3.** [_____] 절 앞에만 올 수 있다.

▶▶ There is probably a shop close to your home that sells just ~~that~~ you want. 〈모의〉

목적어 없는 불완전한 절

4. [_____] 주어 동사

(TIP) what은 the thing(s) that과 바꾸어 쓸 수 있고, 따라서 '선행사를 포함한 관계대명사'라고 불리기도 한다. 그러나 what은 앞에 있는 선행사를 수식할 수 없으며, 명사절만을 이끈다.

Finally, people began to believe ~~that~~ we are saying. 〈모의응용〉

5. [_____]

= Finally, people began to believe the thing ~~what~~ we are saying.

선행사 **6.** [_____]

◉ 네모 안에서 어법상 알맞은 것을 고르세요.

01 Recently, a study found [that / what] people who drank two glasses of water before meals consumed fewer calories and lost more weight. 〈모의〉

02 If you have a weakness in a certain area, get educated and do [that / what] you have to do to improve things for yourself. 〈모의〉

03 As the Internet is a familiar resource for young people, it is logical [that / what] they get information from this source. 〈모의응용〉

04 You should try not to overlook issues [that / what] you do not see but that are obvious to others.
〈수능응용〉

◉ 밑줄 친 부분이 틀렸다면 바르게 고치세요. 바르면 ○로 표시하세요.

05 Maybe your views of goals <u>that</u> seem hard to achieve are not shared by your coworkers. 〈모의응용〉

06 More importantly, the story taught the students <u>what</u> once time had passed, their childhood could never be recovered. 〈모의응용〉

07 The author concludes that love and attention are <u>that</u> young children need the most.

08 It is impossible to guess that animals behave in a way quite contrary to <u>that</u> might be expected from their body shapes. 〈모의응용〉

정답 및 해설 p.94

불변의 패턴 49 that만 쓸 수 있는 구문에 주의해야 한다.

'너무 (형용사/부사)해서 ~하다' | **1.** | + 형용사/부사 + **that** + 완전한 절

such + (a/an) + (형용사) + 명사 + **that** + 완전한 절

'~해서/~라는 것이 (형용사)하다' | **2.** | 형용사 + **that** + 완전한 절

'~라는 (사실/희망 등 명사)' **the + 특정 명사** + | **3.** | + 완전한 절

- the | **4.** | that ~라는 사실
- the hope that ~라는 희망
- the idea that ~라는 아이디어
- the possibility that ~라는 | **5.** |
- the perspective that ~라는 관점
- the guarantee that ~라는 | **6.** |

- the news that ~라는 소식
- the belief that ~라는 믿음
- the notion that ~라는 개념

다른 접속사는 쓸 수 없고 that만 쓸 수 있는 구문인지 확인해야 한다. 이러한 that 뒤에는 완전한 절이 온다.

▶▶ Eucalyptus leaves are simply <u>so low</u> in nutrients ~~what~~ <u>koalas have</u> almost <u>no energy</u>. 〈모의〉

so 형용사 | **7.** | 주어 동사 목적어 ← 완전한 절

(TIP) it-that 강조 구문 역시 that을 주로 사용하지만, 강조 대상의 종류에 따라 that 대신 who(사람)/ | **8.** | (시간)/where(장소) 등이 올 수 있는 것에 주의한다.

It was **Dr. Jonas Salk** | **9.** | successfully developed the vaccine in 1955.
강조대상(사람)

◉ 밑줄 친 부분이 틀렸다면 바르게 고치세요. 바르면 ○로 표시하세요.

01 The researchers were so disappointed in the results <u>what</u> they gave up the experiment.

02 The notion <u>that</u> the planets move around the Sun would have been unfamiliar to people in the Middle Ages.

03 It wasn't India <u>where</u> Christopher Columbus landed in 1492.

04 Customers are aware these days <u>which</u> it is sometimes difficult to know exactly what chemicals are used in products. 〈모의응용〉

정답 및 해설 p.95

● (A), (B), (C)의 각 네모 안에서 어법에 맞는 표현으로 가장 적절한 것을 고르세요.

1. The title of Thomas Friedman's 2005 book, *The World Is Flat*, was based on the belief (A) that / what globalization would inevitably bring us closer together. However, it has also inspired us to build barriers against other groups when faced with threats. In some ways, social media has united us, but, at the same time it has given a voice to new cyber tribes, some of (B) them / whom spend too much time creating division on the Internet. There are many tribes now, and there is more conflict among them than ever. Is it possible for these tribes to coexist in a world (C) which / where the concept of "us and them" remains? 〈모의응용〉

*tribe: 집단, 종족

	(A)	(B)	(C)
①	that	whom	which
②	that	whom	where
③	what	them	where
④	what	whom	where
⑤	what	them	which

● 밑줄 친 부분 중 어법상 틀린 것을 고르세요.

2. The habit of reading books multiple times ① encourages people to engage with them emotionally. If they only read a book once, they tend to only focus on the events and stories in it. But with a second read-through, the repeated experience brings back the initial emotions ② caused by the book, and allows people to feel those emotions again. ③ Despite their familiarity with the stories, rereading brings renewed understanding. They learn from the rereading ④ which the story has personal meaning for them. Similarly, re-visiting a place can also help people better ⑤ understand both the place and themselves. Considering the immense benefits, don't hesitate to give re-consuming a try. 〈모의응용〉

3. With the Internet, everything changed. Product problems, the lack of customer support, hidden fees — all of the difficulties ① which customers actually experienced from a marketing organization suddenly popped out of the box. No longer ② were there any controlled communications or even business systems. Consumers could generally learn through the Web ③ whatever they wanted about a company. Learning the truth about a company's products and services is ④ that customers were interested in. The Internet created a method for customers to get this information ⑤ easily. And they also had a way to communicate with the marketer instantly. 〈모의응용〉

◉ 다음 글을 읽고 질문에 답하세요.

4. (2) <u>누군가가 당신을 도왔을 때, 그 사람이 당신을 위해 한 것에 집중하라.</u> ⓐ Although this would seem to be morally obvious, many people are so selfish what they ignore the good done for them. A teacher once wrote a long letter in which he dealt with a student's many questions. He soon received a disappointing reply. ⓑ The teacher was hurt because of the student's selfish behavior. ⓒ "Not only was there no word of thanks, but you also reminded me of your questions to which I forgot to give an answer. ⓓ It was that point in the letter which I felt hurt." He went on to tell the student, ⓔ "I mention this to teach you why you should express gratitude to those who have helped you." 〈모의응용〉   *gratitude: 감사

(1) 위 글의 밑줄 친 ⓐ~ⓔ 문장 중 어법상 틀린 것을 2개 골라 기호를 쓰고, 틀린 부분을 바르게 고치세요.

기호	틀린 표현	고친 표현

(2) 주어진 〈조건〉에 맞게 위 글의 밑줄 친 우리말을 영작하세요.

> ─────────── 〈조건〉 ───────────
> 1. has helped, the person, someone, for you, focus on, you, has done을 바른 어순으로 사용하세요.
> 2. that 또는 what 중 알맞은 것을 함께 사용하세요.
> 3. 13단어로 쓰세요.

When _____.

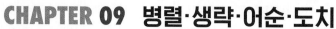

CHAPTER 09 병렬·생략·어순·도치

[1.]이란 여러 가지를 나열할 때, 나열되는 대상이 형태와 기능이 대등한 것이어야 한다는 뜻이다. 그리고 앞에서 언급된 내용 중 반복되는 어구는 쓰지 않는 것을 [2.]이라고 한다. [3.]란 강조되어야 할 어구가 문장의 앞쪽에 왔을 때, 동사가 주어 앞으로 오게 되는 것을 뜻한다.

불변의 패턴 50　and/or/but 앞뒤로 형태와 기능이 [1.]한 것끼리 나열되어야 한다.

[2.]

A + and/but/or + B   OR   ┌── A = B = C ──┐
                              A, B + and/but/or + C

등위접속사 and/but/or를 사용하여 둘 이상의 것을 나열할 때는 and/but/or 앞뒤로 서로 동일한 형태와 기능을 가진 대등한 것이 와야 한다.

TIP 다음과 같은 상관접속사로 연결된 A와 B에도 대등한 것이 와야 한다.

· [3.] A and B A와 B 둘 다
· either A or B A와 B 둘 중 아무거나
· neither A nor B A와 B 둘 중 아무것도 아닌

· not A but (rather) B A가 아니라 (오히려) B
· not only A but (also) B [4.]

Type 1 동사는 동사끼리

동사와 함께 나열되는 것은 동사여야 하며, 준동사는 이 자리에 올 수 없다. and/but/or 뒤에 나열된 동사 역시 주어에 수 일치해야 하며, 조동사가 앞에 있다면 동사원형으로 와야 한다.

▶▶ This decision **is** not an easy one, **and** ~~involving~~ much consideration. ⟨모의⟩
동사　　　　　　　　등위접속사　└→ [5.]

Type 2 동명사는 동명사끼리, to부정사는 to부정사끼리

동명사는 동명사와, to부정사는 to부정사와 나열되어야 한다. 단, 뒤에 나열되는 to부정사는 to를 생략하고 [6.]으로 올 수 있다.

▶▶ In the Paris Métro, you have to open the doors yourself by **pushing** a button, **depressing**
동명사　　　　　　동명사
　　a lever, **or** ~~slide~~ the door. ⟨수능⟩
등위접속사 └→ [7.]

Type 3 분사/형용사는 분사/형용사끼리

분사는 형용사 역할을 할 수 있기 때문에, 분사와 형용사는 함께 나열될 수 있다. 단, 이 자리에 부사는 올 수 없는 것에 주의한다.

▶▶ Fish have bodies which are **streamlined and ~~smoothly~~**, with fins and a powerful tail. 〈모의〉
과거분사   등위접속사   └▶ **8.** ⬚

◉ 네모 안에서 어법상 알맞은 것을 고르세요.

01 To get the best light in my workspace, I tried working by a window and ｜use / using｜ new bulbs in my desk lamp. 〈모의응용〉

02 Our ability to understand our normal thinking processes and ｜evaluate / evaluating｜ our own thoughts is an evolutionary gift. 〈모의응용〉
*evolutionary: 진화의

03 In 1856, William waterproofed a simple camera, attached it to a pole, and ｜lowering / lowered｜ it beneath the waves off the coast of southern England. 〈모의〉

◉ 밑줄 친 부분이 틀렸다면 바르게 고치세요. 바르면 ○로 표시하세요.

04 Going through difficult times does not harm us but rather <u>making</u> us stronger.

05 The delivery was early and <u>unexpected</u> because it was supposed to arrive next week.

06 In the experiment, the rat might press the bar accidentally, or simply out of curiosity, and as a consequence <u>to receive</u> some food. 〈모의〉
*consequence: 결과

정답 및 해설 p.96

불변의 패턴 51 and/but/or 뒤에 [1.   ] 되는 어구를 생략하고 남는 것이 그대로 와야 한다.

$$\underset{A}{\boxed{★ + □}} + \text{and/but/or} + \underset{B}{\overset{(★) +}{\boxed{○}}}$$

and/but/or 뒤에 오는 내용 중 앞에 언급된 어구와 반복되는 어구는 생략할 수 있다.

▶▶ Donate your unwanted shoes! All shoes will be **repaired** and ~~give~~ to children. 〈모의〉
                                     (all shoes will be)
                             분사   → [2.   ]

◉ 괄호 안에 생략되어 있는 내용을 모두 쓰고, 네모 안에서 어법상 알맞은 것을 고르세요.

01 Loneliness can be controlled or (_____) | avoid / avoided | only when social barriers are removed. 〈수능응용〉 *barrier: 장벽, 장애물

02 The factory's owner is not refusing but (_____) | accept / accepting | blame for his factory's pollution of the water.

03 Mr. Ross did not attend the meeting since he was tired and (_____) not | requiring / required | to be there.

04 Because the box contains glass, I told the mailman that it should be handled with care and (_____) not be | drop / dropped |.

정답 및 해설 p.97

불변의 패턴 52 반복되는 내용 대신 쓰는 [1.   ] 동사는 그것이 대신하는 동사와 종류가 일치해야 한다.

〈반복되는 동사〉		〈대신 쓰는 동사〉
do동사/ [2.]	→	do동사(do/does/did)
be동사	→	be동사(am/is/are, was/were)
have동사	→	have동사(have/has/had)

동사부터 그 이후 내용 전체가 앞에 나온 내용을 그대로 반복하고 있다면, do/be/have동사만 쓰고 나머지를 생략할 수 있다. 이때 do/be/have동사는 반복되는 동사와 종류가 일치해야 한다.

                           (= but if you **make** foolish choices,)
                              일반동사

▶▶ You may **make foolish choices**, but if you ~~are~~, you will learn from your mistakes. 〈모의〉
                                     → [3.   ]

(TIP) 다음의 표현에서도 do/be/have동사는 반복되어 생략된 동사의 종류와 일치하는 것이 와야 한다.
- so + do/be/have동사 + 주어 (주어)도 역시 그렇다
- neither + do/be/have동사 + 주어 (주어)도 역시 그렇지 않다
- as + do/be/have동사 + 주어 (주어)가 그렇듯이

Jane **has been** to France, and so **have** I. (= and I **have** been to France too.)
       have동사   have동사

◉ 네모 안에서 어법상 알맞은 것을 고르세요.

01 A painting's popularity changes over time, and as a result so does / is its value. 〈모의응용〉

02 Access to food and clean drinking water today is not nearly as difficult as it was / had in ancient times.

03 People under hypnosis generate more "memories" than they do / are in a normal state. 〈모의〉

*hypnosis: 최면

04 Mrs. Parker has not only worked as a doctor, but she also is / has as a professor of medicine for a long time.

정답 및 해설 p.97

불변의 패턴 53 간접의문문은 「의문사 + 1. [   ]」순으로 와야 한다.

의문사 + **주어** + **동사**

「의문사 + 동사 + 주어」 순으로 오는 일반적인 의문문과 달리, 다른 절에 연결되어서 문장의 일부를 이루는 간접의문문은 「의문사 + 주어 + 동사」 순으로 와야 한다.

▶▶ I asked a clerk ~~where did they have~~ books about computers. 〈수능〉
　　　　　　　└→ 2. [   ]

(TIP) 간접의문문의 「주어 + 동사」 앞에 다음과 같은 형태의 의문사가 올 수도 있다.

· how + 3. [   ] 얼마나 ~한/하게　　　· 4. [   ]/which (kind of) + 명사 어떤 (명사)
· how + many/much (of) + 명사 얼마나 많은 (명사)

◉ 밑줄 친 부분이 틀렸다면 바르게 고치세요. 바르면 ○로 표시하세요.

01 The customer wanted to know where did the company make its products.

02 Although she was worried about leaving her child alone, when she got home, she could not believe how neat was it. 〈수능응용〉

03 With stars being so far away, how can we see them so easily even when we are not using a telescope?

*telescope: 망원경

04 Some employers are interested in what kind of languages have their applicants learned.

정답 및 해설 p.98

불변의 패턴 54 「타동사 + 부사」의 목적어가 대명사면 타동사와 부사 **1.** [　　] 에 와야 한다.

타동사 + **명사** + 부사
　　　　목적어

VS.　타동사 + **2.** [　　　　] + 부사
　　　　　　　　　목적어

타동사 + 부사 + **명사**
　　　　　　목적어

「타동사 + 부사」의 목적어가 명사라면 타동사와 부사 사이에 올 수도 있고, 부사 뒤에 올 수도 있다. 그러나 목적어가 대명사라면 타동사와 부사 사이에만 와야 하고, 부사 뒤에는 올 수 없다.

다음은 자주 쓰이는 「타동사 + 부사」 이다.

- give away ~을 거저 주다
- take away ~을 치우다
- put down ~을 내려놓다
- turn down ~을 거절하다
- write down ~을 적다

- hand in ~을 제출하다
- put on ~을 입다
- put off **3.** [　　　　]
- turn on ~을 켜다
- turn off ~을 끄다

- put out ~을 내놓다, ~을 끄다
- give up ~을 포기하다, ~을 줘버리다
- wake up ~을 깨우다
- **4.** [　　　] (문제)를 꺼내다, ~을 기르다
- set up ~을 설치하다, ~을 함정에 빠뜨리다

▶▶ Possibly the most effective way to focus on your goals is to ~~write down them~~. 〈수능〉

└→ **5.** [　　　　　　　　　]

(TIP) 「자동사 + 전치사」에 주의해야 한다. 자동사는 목적어를 취하지 않는 동사이므로, 목적어는 항상 전치사 뒤에 와야 한다.

- arrive at ~에 도착하다
- laugh at ~을 (비)웃다
- look at ~을 보다
- look after ~을 돌보다
- consist of ~로 구성되다

- ask for ~을 요구하다
- wait for ~을 기다리다
- look for ~을 찾다
- belong to ~에 속하다
- listen to ~을 듣다

- depend on ~에 의존하다
- agree with ~에 동의하다
- cope with ~을 다루다
- **6.** [　　　　　] ~을 다루다

● 괄호 안에 주어진 단어들을 어법상 바른 순서로 쓰세요.

01 (the offer, turned, down) Brian had a chance to work overseas, but he _____ .

02 (it, put, off) Few people bought tickets for the arts festival, so the group decided to _____ until next month.

03 (him, looking, for) Volunteers heard about the missing boy, and they are _____ now.

04 (them, hand, in) After the students complete the surveys, they should _____ to the front-desk staff.

정답 및 해설 p.98

불변의 패턴 55 동사가 주어 앞에 오는 | 1. | 구문의 어순에 주의해야 한다.

| 부정/제한의 의미를 가진 어구 | + | 2. | + | 주어 | + 동사원형/-ing/p.p. 등 |

- no/not/never/nor/neither ~가 아닌
- rarely/little/seldom/hardly/scarcely | 3. |
- | 4. | (when/if) 오직 (~일 때/~라면)

부정/제한의 의미를 가진 어구가 절의 앞쪽에 있으면, do/be/have동사 또는 can/will 등의 조동사가 주어 앞으로 오는 도치
가 일어난다.

▶▶ **Only when** the information is repeated ~~its possessor can~~ turn something that he knows into
      _{제한의 의미를 가진 어구}
something socially valuable. 〈모의응용〉　　　　　　　⌐→ | 5. |

(TIP) 장소/방향을 나타내는 어구가 절의 앞쪽으로 왔을 때도 도치가 일어날 수 있으며, 이때는 일반동사가 그대로 주어 앞으로 오거나,
「be + p.p.」 등과 같은 동사 전체가 주어 앞으로 오기도 한다. 단, 주어가 | 6. | 인 경우에는 도치가 일어나지 않는다.
On the ground before him was placed a stick. 〈모의〉
　　_{장소를 나타내는 어구}　　　　_{동사}　　_{주어}

● **밑줄 친 부분이 틀렸다면 바르게 고치세요. 바르면 ○로 표시하세요.**

01　Never <u>the ancient Greek citizens believed</u> that the Persian army would win the war.

02　The ship's gold coins were lost when the ship sank, and at the bottom of the sea <u>they were</u> buried.

03　Only if speakers feel confident <u>they will</u> succeed in speaking in front of a large crowd.

04　In the highest levels of government <u>are made decisions</u> that influence millions of people's lives.

정답 및 해설 p.98

◉ (A), (B), (C)의 각 네모 안에서 어법에 맞는 표현으로 가장 적절한 것을 고르세요.

1. Geography influenced human relationships in Greece. Because the land made travel so difficult, the guest-host relationship was not only valued but also (A) common / commonly . If a stranger appeared at your door, it was your duty to be a good host, give him a shelter and (B) share / sharing your food with him. In return, the guest had duties to his host. These included not abusing his host's hospitality by staying too long, usually not more than three days. Both the host and the guest refused to break this relationship, because if they (C) did / were , it would bring human and divine anger. ⟨모의응용⟩   *hospitality: 환대 **divine: 신의, 신성한

	(A)	(B)	(C)
①	commonly	sharing	were
②	commonly	share	did
③	common	share	were
④	common	share	did
⑤	common	sharing	were

◉ 밑줄 친 부분 중 어법상 틀린 것을 고르세요.

2. Researchers had an interesting experience with an honesty box, a container ① in which people placed coffee contributions. The researchers alternately displayed images of eyes and of flowers and ② exchanged the images weekly. During all the weeks in which eyes were displayed, bigger contributions were made ③ than during the weeks when flowers were displayed. Over the ten weeks of the study, contributions during the 'eyes weeks' were almost three times higher than those during the 'flowers weeks' ④ did. Apparently, 'being watched' influenced people's answers, and this finding may provide an answer to ⑤ how we can encourage socially beneficial outcomes. ⟨모의응용⟩

3. It's important that you think independently and fight for ① that you believe in. But there comes a time when it's wiser to stop fighting for your view and ② move on to trusting those of other people. This can be extremely difficult, but it's smarter to be open-minded and have faith that the conclusions of a trustworthy group ③ are better than whatever you think. If you are afraid of ④ considering the advice of others, you're missing a valuable opportunity. Some people can't become open-minded even after they have repeatedly encountered bad results when they thought they were right. Rarely ⑤ do these people learn from their own mistakes. 〈모의응용〉

◉ 다음 글을 읽고 질문에 답하세요.

4. In most situations, social proof is very useful. ⓐ Restaurants with full parking lots usually have better food than restaurants with empty parking lots are. You will make fewer mistakes in life by paying attention to what others are doing than by neglecting them. ⓑ For example, while driving, you can learn that you should brake by seeing others slow down their vehicles or to hear a crash. If you ignore the warnings, you may hit something in the road. But sometimes people create social proof for a bad purpose. (2) 당신은 그러한 사회적 증거가 무엇을 의미하는지에 대해 주의해야 하는데, 왜냐하면 그것이 당신이 실패하도록 함정에 빠뜨릴 수 있기 때문이다. ⓒ Only when you follow good forms of social proof you can make the right decision. 〈모의응용〉

(1) 위 글의 밑줄 친 문장에서 어법상 틀린 곳을 각각 찾아 바르게 고치세요.

ⓐ _____ → _____
ⓑ _____ → _____
ⓒ _____ → _____

(2) 주어진 단어들을 사용해서 우리말 해석에 맞는 영어 문장을 쓰세요.
(means, up, can, what, for failure, you, because, set, it, such social proof)

You should be careful about _____.

MEMO